ISBN 978-0-332-04930-4
PIBN 11027290

This book is a reproduction of an important historical work. Forgotten Books uses
state-of-the-art technology to digitally reconstruct the work, preserving the original format
whilst repairing imperfections present in the aged copy. In rare cases, an imperfection in
the original, such as a blemish or missing page, may be replicated in our edition. We do,
however, repair the vast majority of imperfections successfully; any imperfections that
remain are intentionally left to preserve the state of such historical works.

English
Français
Deutsche
Italiano
Español
Português

www.forgottenbooks.com

Mythology Photography **Fiction**
Fishing Christianity **Art** Cooking
Essays Buddhism Freemasonry
Medicine **Biology** Music **Ancient**
Egypt Evolution Carpentry Physics
Dance Geology **Mathematics** Fitness
Shakespeare **Folklore** Yoga Marketing
Confidence Immortality Biographies
Poetry **Psychology** Witchcraft
Electronics Chemistry History **Law**
Accounting **Philosophy** Anthropology
Alchemy Drama Quantum Mechanics
Atheism Sexual Health **Ancient History**
Entrepreneurship Languages Sport
Paleontology Needlework Islam
Metaphysics Investment Archaeology
Parenting Statistics Criminology
Motivational

Reise

durch das

südliche Frankreich

und einen Theil

von

Ober-Italien

von

Christ. Friedr. Mylius.

Zweite Ausgabe.

Zweiter Band.
Erste Abtheilung.

Karlsruhe 1830.
Im Verlage von Ch. Th. Groos.

Kapitel 19.

Landreise von Vienne nach Orange. *)

Von Vienne aus kommt man auf der nach Orange führenden Straße in der ersten Lieue durch die Ebene; weiterhin besteigt man einen Berg, dieser enthält Massen von Pudding, die so fest zusammengebacken sind, daß man sie wie die Massen gewöhnlicher Steinbrüche bearbeitet; man würde die mit Moos bedeckten Blöcke für Granit oder für Schiefermassen halten, wenn nicht hie und da Risse die Kieselsteine verriethen, aus denen sie bestehen. Auf der Höhe dieses Berges erblickt man die berühmten, jenseits der Rhone liegenden Weinorte, Ampuis, und Condrieux. Die Landstraße ist auf dieser Seite mit Kastanien- und Maulbeerbäumen besetzt. Weiterhin wird die Landschaft etwas mager, nur wenige Wohnungen kommen darin zum Vorschein. Man kommt durch Auberive,

*) Entfernungen der Postorte, die auf der Route von Vienne bis Orange auf dem linken Rhoneufer, auf einander folgen: Von Vienne bis Auberive 4 L. — weiter bis Peage de Roussillon 2 L. — bis St. Rambert 3 L. — bis St. Vallier 3 L. — bis Tain 3½ L. — bis Valence 5 L. — bis Paillasse 3 L. — bis Loriol 3 L. — bis Derbieres 3 L. — bis Montelimart 3 L. — bis Donzere 4 L. — bis Palud 4 L. — bis Mornas 3 L. — bis Orange 3 L. — zusammen 46½ L.

ein schlechtes Dorf, 4 L. von Vienne. Von diesem Dorfe
hat man weiter 2 Stunden bis Peage de Rousstllon.
Der Weg ist eben und voller Kieselsteine, wie die Ebene durch
die er führt. Peage ist ein Flecken der 1000 Einwohner
hat. Hier sind auf einer Anhöhe noch die Ruinen einer kleinen Stadt und eines Schlosses. Die Gegend umher scheint
sehr angenehm zu seyn, obgleich der Boden von einer so ungeheuern Menge abgerundeter Kieselsteine bedeckt ist, daß man
kaum etwas Erde zwischen ihnen bemerken kann; die zahlreichen Maulbeerbäume, die hier wachsen, geben der Gegend
das Ansehen eines Obstgartens. *)

Zwischen Peage und St. Rambert, die 3 Stunden
von einander sind, liegt die nemliche wenig fruchtbare Kieselsteinebene; wie man aus Peage kommt, betritt man das
Drome-Departement. St. Rambert ist ein kleiner
Flecken, wo eben so wenig gute Wirthshäuser sind als in Peage.
Auf der rechten Seite der Rhone erblickt man das anmuthige
Dorf Serrieres. Von St. Rambert bis St. Valier
hat man 3 Stunden zu wandern; ist man 2 Stunden weit
gekommen, so sieht man die Zahl der Kiesel sich vermindern,
die Landschaft wird auf einmal angenehmer und fruchtbarer;
kurz vorher, ehe man St. Valier erreicht, sieht man links
ein Schloß am Fuße eines Kalkhügels, dessen Nacktheit
dieser sonst anmuthigen Wohnung einen Anstrich von Traurigkeit giebt. St. Valier ist ein großer Flecken, mit 2000
Einwohnern, hier findet man ein schönes Schloß von gothi-

---

*) „Die Straße von Vienne bis Orange lauft meistens an den
Ufern der Rhone, durch eine äußerst angenehme, höchst vortheilhaft be-
baute, und überaus fruchtbare Gegend hin. Wiesen, Kornfelder,
Weinberge, Gehölze erscheinen abwechselnd, und reizen das Auge, durch
die lieblichste Mannigfaltigkeit reicher mahlerischer Gruppen."

scher Form, Seidenspinnereien, Hutfabriken; die Gegend umher ist lachend, die Wiesen sind gewässert, die Obstgärten fruchtbar, die Hagedornzäune sind von ungewöhnlicher Höhe und Dichtheit, mit Lust ruhet das Auge auf ihrem frischen Grün, besonders wenn man aus der traurigen, dürren Kieselsteingegend von St. Rambert kommt.

Drei Stunden westlich von diesem Flecken, jenseits der Rhone liegt das Städtchen Annonay, das 6000 Einwohner hat, und einen ansehnlichen Manufakturhandel treibt; es ist durch seine vortrefflichen Papierfabriken berühmt, welche die schönsten Papierarten in Frankreich liefern; es verdankt, sagt man, diesen Vorzug der Klarheit des an ihm vorbei-

ländischer Art, die der berühmte Montgolfier hier einführte, der hier seinen ersten Luftball steigen ließ; er dirigirte eine der vornehmsten Papierfabriken dieser Stadt, als er seine Entdeckung machte. Noch mehrere andere minder bedeutende Manufakturen, darunter auch welche für gewöhnliche Tücher sind, tragen bei, die Gegenstände des Handels von Annonay zu liefern.

Von St. Valler ist Tain 3½ Stunde entfernt. Auf dem halben Wege kommt man durchs Dorf Serve. Das Thal verengt sich öfters durch das Zusammentreten der Berge, die überall wo sie erscheinen, eine Granitnatur zeigen. Sie drängen zuweilen den Fluß in einen so schmalen Raum, daß man ihnen mit vieler Mühe die nöthige Breite für die Straße entreissen mußte. Dies bemerkt man, wenn man Serve und Tain näher kommt; man nähert sich ihnen nemlich auf zwei hohen und weithinlaufenden Terrassen; hier wird man auf einmal, auf der einen Seite von herabrollendem Schutte des Berges bedrohet, über dessen Fuß sie sich hinziehen, und auf der andern von der stürmischen Rhone, über der sie wie aufgehängt schweben. Ein schief hinablaufendes Gemäuer ist die Barriere die man den Angriffen dieses Flusses und dem öftern und gefährlichern Andrange des Doxrflusses entgegensetzt, der der 2ten der genannten Chausseen gegenüber, seine Mündung hat, und bei heftigem Anschwellen seinen Weg mitten durch die Rhone nimmt, und die Chaussee zu untergraben strebt.

Tain, das Tournon gerade gegenüber liegt, ist ein Flecken von 15 — 1800 Einwohnern, auf einer kleinen Ebene zwischen den Bergen und der Rhone; am Ufer derselben findet man eine Säule, woran ein Täfelein die Nachricht giebt, daß man hier in dem Gemeinhause, ein merkwürdiges Denkmal des Alterthums sehen könne. Man findet daselbst zwischen 2 antiken Meilensäulen einen taurobolischen Altar, der ehemals da war, wo jetzt die eben genannte Säule steht. Man fand diesen Altar vor etwa 200 Jahren, unter dem Altare der Einsiedelei (hermitage) oben auf dem nächsten Berge, dessen Wein von derselben den Namen Hermitagewein hat. *) Der Einsiedler der hier graben ließ und ihn fand, ließ ihn bei der Thüre seiner Wohnung aufstellen. Neugierige wurden dadurch herbeigezogen und beschenkten ihn. Im Jahre 1724 hatten ihn reisende Engländer schon bis ans Ufer schleppen lassen, und wollten ihn fortführen, sie wurden aber daran gehindert; man stellte ihn nachher in der Nähe der Fähre am Ufer auf, wo er lange aller Witterung und allem Muthwillen der Kinder Preis gegeben war, und einem Kreuze zum Postamente dienen mußte; endlich kam er ins Gemeinhaus, wo man ihn im Eingange sieht. Auf seiner Vorderseite sieht man einen mit Opferbän-

---

*) S. Pitiscus Lexic. II. 964. Cellarius Not. orbis antiqui I. 175. Mémoires de l'Acad. des Inscr. II. 471. V. Chorier Hist. de Dauphiné 245. Breval, Remarks on France, Germany, Italy and Spain I. 247. ——— Remarks on Sicily and the South of France. II. 132.

dern bekränzten Stierkopf, über und unter ihm lauft die Inſchrift quer hin; auf der einen Nebenſeite erblickt man einen
Widderkopf, auf der andern ein tauroboliſches Opfermeſſer.
Die zwei erſten ausgelöſchten Zeilen enthielten offenbar die
Worte: Pro Salute Imperatoris Lucii Aelii Aurelii Commodi
und vielleicht noch einige ſeiner Titel. Zuverläſſig wurden
dieſe Linien ausgelöſcht, als der Senat befahl die Namen des
Commodus, dieſes Ungeheuers, auf allen öffentlichen Monumenten zu vertilgen; ein Umſtand, der dieſem Monumente
ein neues Intereſſe giebt. *) In dem Garten des Maire
Jourdan ſieht man eine antike Meilenſäule mit einer Inſchrift.

Eine Viertelſtunde öſtlich von Tain iſt der Hermitage-
berg, der ſeinen Namen von einer alten Einſiedelei hat,
die auf ſeinem Gipfel war, wo jetzt eine Capelle ſteht. Er
iſt berühmt wegen der Vortrefflichkeit ſeiner weißen und rothen
Weine; die leztern ſind die bekannteſten und beliebteſten in
Frankreich, die weißen ſind die beſten. Die nördlichen Völker
ziehen ſie allen andern Weinen Frankreichs vor. Der Boden
dieſes Berges beſteht aus Granittrümmern; die Burgunder-
und Champagner-Weine wachſen auf einem Kalkboden. Der
beſte Hermitagewein wächst auf einer Fläche von 100 Arpens.
Dieſe Fläche liefert in gemeinen Jahren 300 Fäſſer. — Auf
der Spize dieſer Weinhügel genießt man eine prächtige Ausſicht. Gegen Süden verfolgt das Auge bis in die weitſte
Ferne den Lauf der Rhone, durch die unermeßlichen Ebenen
hin, die er durchſtrömt; auch gegen Norden folgt man ihm
noch ſehr weit; man ſieht wie er ſich endlich gegen Nordoſten
nach Vienne hin beugt. Gegen Oſten folgt man der Iſere
bis Romans; der Blick wird nur durch die Alpen beſchränkt,

---

*) S. Lamprid. in Commodum C. 17 et 18.

deren Centralkette über 30 Lieues entfernt ist. Endlich erscheinen gegen Westen jenseits der Rhone die Landschaften
Vivarais und Lyonnais als ein unermeßliches Gewühl von
Bergen. Die Erde des Hermitageberges taugt gut zu Töpferarbeiten, man macht auch wirklich solche zu Larnage.

Tain gegenüber liegt die Stadt Tournon, eine der
Hauptstädte des Ardechedepartements, wo auch eine Unterpräfektur ist. Sie hat 5000 Einwohner; der größte Theil
derselben beschäftigt sich mit dem Wollenhandel. Ein altes
Schloß der Herzoge von Soubise, beherrscht die Stadt; am
Fuße eines Berges erhebt es sich auf einem steilen Felsen.
Man sieht auch in dieser Stadt eine schöne Douxbrücke,
die nur aus Einem Bogen besteht. Hier ist auch ein berühm-
tes Collegium, das die Stadt dem Cardinal von Tournon
verdankt, es wurde zuerst durch die Jesuiten, die eine prächtige Bibliothek hatten, und dann durch die Väter des Orato-
riums unterhalten; seit der Revolution wurde es nach und
nach wieder auf den alten Fuß gesezt, Erziehung und Unterricht ist hier vortrefflich. Das weitläufige Pensionsgebäude
steht am Ende der Stadt und am Ufer der Rhone. Jeder
Zögling hat sein eigenes Zimmer mit allem Nöthigen; vor
dem Gebäude ist eine Menge Bäume gepflanzt, unter denen
sich die jungen Leute ergözen können, sie haben hier nach allen

---

*) 1804. „Wir besuchten das Collegium von Tournon, und wurden
durch die vortreffliche Einrichtung dieser Anstalt, die jetzt 220 Pensionäre
zählte, ausnehmend befriedigt."

**) „Eine halbe Stunde von Tournon findet man in einem Winkel
der Kirche St. Jean de Mufol eine römische Innschrift, deren
Charaktere von höchster Schönheit sind. Man fand sie in der Gegend;
sie wird von Vorübergehenden und Kindern mißhandelt, und sollte in
Tournon aufgehoben werden. Dieser Stein wurde dem Kaiser Hadrian
von den Rhoneschiffern gewidmet."

Seiten die unvergleichlichsten Aussichten. Die jungen Leute
die aufgenommen werden sollen, dürfen nicht unter 8 — 9
Jahren alt seyn und nicht über 12. Sie tragen alle eine
Uniform. Man bezahlt für einen Zögling jährlich 800 Franken.

* * *

Die Rhone enthält viele gute Fische. Die Alse (Alose,
Mayfisch) kommt den Fluß herauf, indem sie den Salzfischen
folgt; man fischt vortreffliche Aale von ausserordentlicher Größe;
Hechte, die in Absicht des Geschmackes denen vorzuziehen sind,
die in stillen Wassern leben; sehr berühmte Barben und
Karpfen. Auch die Lamprete kommt die Rhone herauf,
in welcher man auch Störe findet. — Auf unserer Fahrt von
Tain nach Valence entdeckten wir nun den berühmten
Mont-Ventoux, den man bis zum Meere hinab nicht mehr
aus dem Gesichte verliert; seine Spize besteht aus 2 Hörnern.
Bald erblickt man auf dem linken Ufer das Schloß *Roche de
la Glun* auf einem Felsen, dessen Fuß die Rhone benezt und
dessen Anblick sehr mahlerisch ist. Weiterhin, einer kleinen
Insel gegenüber, kommt man bey der Mündung der Isere
vorbey. In der Voyage pitt. de l. Fr. Languedoc No. 7. findet
man eine artige Abbildung der Mündung der Isere, die bey
den Römern *Isara* hieß; sie entspringt im Berge Iseran, am
Ende der Tarentaise, und empfängt den Drac unterhalb
Grenoble; von Montmelian aus ist sie schiffbar; ihr Lauf
macht Krümmungen und ist doch reissend. Ihre Ueberschwemmungen sind furchtbar. Vom Schiefer den sie führt, erhält
ihr Wasser eine bläuliche Farbe, wodurch sich dasselbe noch
lange nach ihrer Vereinigung mit der Rhone, von diesem Flusse
unterscheidet; auch vermehrt es die Schnelligkeit seines Laufes.
Bei der Isere hört das Gebiet der alten Allobroger auf und
auf ihrer Südseite nimmt das der St. Galauner, des Dro-

medepartements seinen Anfang. Auf der rechten Seite ist das Gebiet der alten Helvier (Vivarais) das von dem der Arverner (Auvergne) durch das Cevennengebirg getrennt ist. Die Anhöhen auf der Ostseite der Rhône sind mit Reben angepflanzt; die Ebene zwischen ihnen scheint recht fruchtbar zu seyn, aber sie trägt kein Getreide, und unter so vielen Bäumen entdeckt man keinen Obstbaum. Valence liegt am Ende dieser Ebene. — Von der Verbindung der Isere mit der Rhône an, bis nach Montelimart, St. Paul, Trois Chateaux und Buis findet man Ungleichheiten des Bodens, Gewässer und Gehölze sind seltener, die dürren, kahlen Hügel sind blos mit aromatischen Pflanzen bedeckt; diese Gegenden haben endlich in verschiedenen Revieren ein heisses, temperirtes, trockenes, feuchtes, luftiges Clima, nach Beschaffenheit der Höhe der Hügel und der Lage der Thäler; indessen ist im Allgemeinen die Luft trockener und reiner; alles kündigt den Einfluß des Südens an.

Der Gasthof des M. Martin in Valence, wo wir einkehrten, ist der beste den wir auf der ganzen Route fanden; die Zimmer sind sehr bequem und die Tafel ist vortrefflich.

Valence ist von Tain 5 Stunden entfernt; die Landschaft umher ist noch immer voller Kieselsteine; auf dem Wege nach Valence stößt man auf die Isere, über die jetzt eine schöne hölzerne Brücke führt, die in den ersten Jahren der Regierung Napoleons errichtet wurde. Die Isere hat eine mittlere Breite, aber eine beträchtliche Tiefe; sie entspringt auf dem kleinen Bernhard; ihre schwarzgraue Kothfarbe hat sie von dem Wasser und den Trümmern der Schiefersteinbrüche in der Landschaft Tarentaise. Die Arque führt ihr das Gewässer des Mauriennethales, und der Drac die Wasser des Thales von Olsans und anderer Thäler zu. Auf dem Wege

nach Valence, und besonders beim Uebergange über die Isere,
bemerkt man am Horizonte gegen Süd-Südost eine Reihe von
Bergen, an deren einem die nördliche Seite von seinem sehr
hohen Gipfel bis zu seinem Fuße, senkrecht abgeschnitten ist,
es ist der Berg de Roches.

Der Weg führt eine Zeitlang in einer Bogenlinie um
die Mauern von Valence, ehe man an dem südlichen Thore
ankommt, wo die Vorstadt, die Post, und die vornehmsten
Gasthöfe liegen. Die nächste Umgebung der Stadt ist mit
anmuthigen Promenaden geschmückt. Da die Mauern die
Stadt ganz verbergen, und auch wenig Thore haben, so geben
sie ihr das Ansehen eines ungeheuern Klosters. — Eine so
traurige Einfassung ladet die Reisenden nicht ein, das Innere
der Stadt zu sehen. Tritt man aber doch in dieselbe ein,
so findet man eine alte schlechtgebaute Stadt, enge, krumme,
holperichte Gassen, und keine schönen öffentliche Gebäude und
Pläze. *) Die Cathedralkirche verdient so wenig Aufmerksamkeit als die bischöfliche Wohnung; **) jene enthält in einer
Kapelle das Herz und die Eingeweide des Pabsts Pius VI.
der im Sommer 1799 hier starb. Auf der Westseite der
Cathedralkirche St. Apollinaire sieht man ein merkwürdiges kleines viereckiges Gebäude; es war das Mausoleum

*) „Valence ist ungefähr eben so ansehnlich als Vienne; ihre Gassen
sind eng und krumm. Diese Stadt liegt auf dem Abhange eines kleinen Hügels; sie ist von Thälern umringt, welche von einer großen
Anzahl von Quellen benezt und fruchtbar gemacht werden. Eine angenehme Ansicht von Valence ist in der Voyage pittoresque etc.
Dauphiné No. 2."

**) „Der alte bischöfliche Palast ist das schönste Gebäude der Stadt;
von seiner Gallerie hat man eine schöne Aussicht nach der Landschaft,
und nach der Rhone. In der Remise der Präfektur sahen wir eine
römische Meilensäule auf der Erde liegen; sie wurde von Montelimart
hieher gebracht; die Innschrift ist sehr unleserlich geworden."

der Familie von Marcien; auf jeder der 4 Ecken steht
eine zierliche Säule von korinthischer Ordnung; die Schlußsteine an den Bogen der 4 Thore und Fensteröffnungen sind
mit Köpfen oder Wappen geschmückt; ein kleines Gebäude von
einem vortrefflichen Style, das in Kupfer gestochen zu werden
verdiente; ein Caffetier ist jetzt Besitzer desselben und braucht
das ehemalige Todtengewölbe als einen Keller.

Eine gothische Façade an der Wohnung des Buch-
händlers Orel, der sie nicht achtet, und deren die Geographen
nicht erwähnen, scheint eines der kostbarsten Stücke dieser
Art in Frankreich zu seyn. Sie ist mit Bildhauerarbeit bereichert, und mit einer großen Menge von Büsten und Statuen
geziert, deren Ausführung die Epoche des Wiederauflebens
der Künste und den Meisel der besten Künstler dieser Zeit
verräth. Diese Façade, wovon nur noch die Hälfte vollkommen erhalten ist, mußte einem prächtigen Palaste, einer Familie vom höchsten Range angehören; vielleicht wurde er selbst
von den Souverains von Dauphine bewohnt. Im nördlichen
Theile der Stadt, einem mit Bäumen bepflanzten Exercier-
plaze gegenüber, ist eine Citadelle, die man das Gouvernement nennt; hier starb der unglückliche Pius VI;
jetzt hat die Senatorerie ihren Sitz in diesem Gebäude; es ist
elegant und die Gärten sind köstlich wegen ihres Schattens
und der Aussicht die man hier genießt; es ist das angenehmste
Haus der Stadt, so wie die alte Augustinerabtei das
schönste ist.

In dieser Abtei ist jetzt die Präfektur errichtet, und
nicht im bischöflichen Gebäude wie Millin sagt. Man rühmt
ihre Terrasse, deren Aussicht aber nach der Rhone weit unter
der Aussicht der Gärten der Senatorerie ist; sie wird
in einer kleinen Entfernung jenseits des Flußes, durch einen
dürren kahlen Berg von mittlerer Höhe, und schrecklichem An-

ſehen beſchränkt; auf einer der hervorſtehenden Spizen dieſes Berggerippes, ſieht man das alte Schloß von Cruſſol, deſſen Ruinen mehr traurig als mahleriſch ſind; hinter dieſem Felſen iſt das Städtchen gleiches Namens. Die Abhänge dieſer magern Kalkfelſen erzeugen die vortrefflichen berühmten weißen Weine von St. Perai; man erblickt hier auch einen alten Thurm. Beide Rhoneufer ſtehen hier durch eine Fähre in Verbindung. Der Flecken St. Perai liegt am Ufer des Melian, der Valence faſt gegenüber in die Rhone fällt.

Valence iſt eine der älteſten Städte Frankreichs, und war einſt eine römiſche Colonie; die alte Hauptſtadt von der Landſchaft Valentinois, (Civitas Valentinorum) und noch früher die Hauptſtadt der Segalauner, jezt iſt ſie der Hauptort des Dromedepartements; ſie hieß ehemals *Valentia,* vielleicht von einem der römiſchen Kaiſer, die Valentinian hießen; man weiß, daß der 2te dieſes Namens ſich in dieſem Theile Galliens aufhielt, und zu Vienne ermordet wurde, und ſo manche Städte haben aus Dankbarkeit oder Schmeichelei den Namen eines Kaiſers angenommen. Unter Honorius wurde Valence zu Viennoiſe gerechnet; nachher bemächtigten ſich die Burgunder dieſer Stadt; hierauf fiel ſie wieder in die Hände der Söhne Clodowichs, und wurde unter Carl dem Kahlen, mit dem neuen Königreiche von Arles verbunden. Da die Beſizer deſſelben, den Grafen von Provence es leicht machten, ſich auszudehnen, wenn ſie nur ihre Souverainetät anerkannten, ſo machten ſich dieſe vom ganzen Lande Meiſter, das ſich von der Südſeite der Iſere bis zum Mittelmeere erſtreckt; die Landſchaft zwiſchen der Iſere und Durance kam nachher an die Grafen von Toulouſe, unter denen es in jeder Stadt beſondere Grafen gab. Durch Heurath kam die Grafſchaft Valence an die Grafen von Poitiers; Ludwig II. hinterließ ſie durch ein Teſtament dem Könige Carl VI. und ſo kam ſie 1419 an die Krone.

Im Jahre 1499 gab Ludwig XII. der zur Ausführung seiner Projekte in Italien, den Pabst Alexander VI. nöthig hatte, diese Grafschaft dem Cäsar Borgia, dem natürlichen Sohne dieses Pabstes, und erhob sie zu einem Herzogthum. Nach dem Tode dieses Ungeheuers, kam Valentinois an die Krone zurück. Dies Herzogthum, welches ein Geschenk der Politik gewesen war, wurde nun ein Geschenk der Liebe, indem 1548 Heinrich III. die Diana von Poitiers, seine Maitresse, in seinen Besitz setzte. Endlich überließ es Ludwig XIII. dem Honorius von Grimaldi, Fürsten von Monaco, zum Ersatz der Besitzungen, die ihm dieser im Königreiche Neapel eingeräumt hatte. Diese Familie besaß dasselbe bis zur Revolution.

Obgleich Valence für eine der ältesten Städte Galliens gehalten wird, so findet man doch hier aus dem römischen Alterthum, ausser einem Grabsteine mit einer Inschrift, den man in der Straße Gallet vor dem Hause Nro. 644 sieht, nur noch etwas Weniges in der kleinen Antiquitäten-sammlung des Herrn von Suffy, *) in die sich nach seinem unglücklichen Tode, den er auf seiner Rückkehr aus dem ägyptischen Feldzuge in Sicilien fand, seine 2 Schwestern Madame von Chieze, und Madame von Bressac theilten. Man sieht bei der ersten ein Hauptstück, eine Korb-trägerin (Canephora) von Marmor; im Garten des Hauses hat Herr von Suffy mehrere Monumente aufgestellt; in diesem

---

*) M. de Succy war Commissair-Ordonnateur der ägyptischen Armee, und wurde bei seiner Rückkehr, zu Augusta in Sicilien auf eine un-menschliche Art ermordet. (S. Moniteur année VII. oder 1799. Nro. 158 u. 165.) Von seiner ersten Jugend an hatte er ein leidenschaftliches Interesse für alte Denkmäler; immer hatte er in seinem Vaterlande und auf seinen Reisen sich solche zu sammeln bemüht; er brachte auch welche aus Aegypten mit.

kleinen Museum findet man ferner ein prächtiges marmornes
Capital von jonischer Ordnung, das in Vienne gefunden wurde;
dann noch ein kleineres von sehr eleganter Form; man sieht
auch noch im Garten einen taurobolischen Altar, den 4ten
den man zwischen hier und Lyon findet; auch hier ist auf der
Hauptseite eine Inschrift mit einem Stierkopfe in der Mitte,
an dem Opferbinden herabhängen; auch einen Widderkopf
sieht man auf einer seiner 4 Seiten, nebst einem Weihwedel
adspergillum und einem pedum; auf einer andern, einen
Fichtenzapfen, eine Opferschale mit einem Stiele, ein Präfericulum, einen heiligen Kuchen und eine Müze des Atys.
Dieser Altar wurde vor 20 Jahren in der römischen Straße
gefunden, die von der Citadelle von Valence nach Tain führt,
auf dem rechten Ufer der Isere, wo auch die Meilensäule des
M. Jourdan gefunden wurde. Bei Mad. v. Bressac findet
man mehrere griechische Vasen, auf einer derselben sieht man
schwarze Figuren auf rothem Grunde; kleine Figuren von
Bronze, z. E. einen Silen in einem Philosophenmantel; eine
weibliche Büste von gebrannter Erde; eine prächtige sehr große
goldene Schnalle, die sehr gut gearbeitet und ganz unbeschädigt
ist; dieses vorzügliche Stück zogen Fischer in ihren Netzen

Kornähre erblickt, aus der Isere.

Außer der Senatorerie und Präfektur findet man hier
noch eine Secondärschule, ein Civil- und Criminal-
gericht, einen Bischof und ein kleines Theater. Ehemals
war auch eine Universität hier; Ludwig II. hatte sie von
Grenoble hieher verlegt. Die Stadt hat 8—9000 Einwohner,
die sich im Allgemeinen wenig mit dem Handel beschäftigen,
doch ist der Handel mit Wolle und Häuten nicht unbeträchtlich.
Es war eine Wirkung ihrer Gleichgültigkeit in Rücksicht desselben, daß sie das Durchführen der Landstraße von Lyon nach

Marseille, durch ihre Stadt vernachläßigten, die nun ausserhalb derselben um die Wälle herumlauft, und die Geschäfte
und Thätigkeit, die vom Durchgang einer Hauptstraße veranlaßt werden, in der südlichen Vorstadt concentrirt.

Der Hauptpromenadeplatz ist eine viereckige mit
Bäumen bepflanzte Esplanade, die sich südlich von dieser
Vorstadt aus bis zur Grenze der Ebene erstreckt, und daselbst
von einer Terrasse das Rhonethal beherrscht; dieser Platz ist
mit einem Obelisk geziert; hier ergötzt sich die feine und
schöne Welt mit Spazierengehen, und Ballspielen. Eine andere Promenade befindet sich zwischen dem Wall und der Landstraße. Auf dem kleinen Abhange der von der Stadt nach
der Rhone hinabführt, sind 2 öffentliche Badehäuser. In
Valence sind sehr viele alte Familien, eine vortreffliche Gesellschaft, und sehr schöne Weiber. Valence war die Schule
wo sich Napoleons Genie entwickelte; man erinnert sich noch
wohl, wie er immer nachdenklich, mit Instrumenten und
Büchern in der Hand die Hügel durchstrich, voll Eifer, seiner
Bildung die Jahre zu widmen, welche so viele andere mit
Vergnügungen verschleudern.

Die Gegenden und Aussichten um Valence her, sind
so lieblich, freundlich und elysisch, als sich wenige Städte
solcher rühmen können. Um die Stadt zieht sich eine kleine
Anhöhe und macht einen Cirkel umher, der ein Werk der
Kunst zu seyn scheint. Die lieblichen Umgebungen der Stadt
werden durch Quellen belebt, deren Wasser durch Canäle
in die Wiesen umher geführt wird. Einer derselben Le Cha-
ran ist ein der Römer würdiges Werk, er ist so tief, daß
ein Mann aufrecht darin stehen kann; doch ist er nicht so alt,
wie der Canal von Contant, dieser führt der Stadt ihr
Wasser zu, wässert die Wiesen die zunächst bei der Stadt liegen, und zeigt Spuren eines hohen Alterthums. Dicht bei

der Stadt ist das Lustschloß Valentin mit einem ansehnlichen Parke, aus dem großen Saale desselben hat man eine
herrliche Aussicht über den Fluß und die ganze Gegend.
Es gehörte ehemals den alten Herzogen, denen das Land
unterworfen war. So schön die Aussichten umher sind, so
voller Kieselsteine ist auch hier die Landschaft, die daher nicht
sehr fruchtbar ist; das Land umher ist mehr flach als hügelicht;
die meisten Bäume sind Maulbeerbäume, für die Seidenzucht,
seltener sieht man Mandel- und Kastanienbäume; man findet,
ausser den schönen Wiesen die das Rhonethal bedecken, auch
hie und da Kornfelder. *)

Auf der Westseite der Rhone, Valence gegenüber, steigt
der Thurm und die berühmte Anhöhe von St. Peray empor,
wo der Wein gleiches Namens wächst; auf einer fliegenden
Brücke fährt man hier über die Rhone. In der Voyage pitt.
de l. Fr. Dauphiné No. 21. ist eine artige Abbildung dieser
Passage. **)

---

*) „In dem Bezirke des Jakobinerkloßers fließt eine Quelle die im
Sommer kalt und im Winter warm ist. Man treibt in Valence einen
ansehnlichen Handel mit Wolle und Fellen."

**) „Wer auf der Rhone von Valence aus nach Montelimart fährt,
sieht zuerst auf dem rechten Rhoneufer das Dorf St. Peray, dessen
Namen bei den Freunden guter Weine die angenehmsten Erinnerungen
weckt, und Chateauneuf; diese Wohnung sitzt auf einem Felsen
und gewährt einen sehr mahlerischen Anblick; vor sich sieht man den
Mont-Chavate, der in der Ferne die Form einer ägyptischen Pyramide
hat; auf der rechten Seite läßt man das Schloß und Städtchen la
Voute liegen; hier macht die Rhone einen Umweg und strömt mit
großer Heftigkeit zwischen ihren Ufern hin. Das Städtchen Livron
liegt 6 Meilen von Valence, auf einem Hügel in der Nähe der Drome.
Diese entspringt in den Alpen Dauphines, richtet oft Ueberschwemmungen an, und bedeckt den Boden mit einer großen Menge Sand, der
mit Kalktheilen gemischt ist. Sonst mußten die von Lyon nach Mar-

Von Valence aus ist die Landschaft eben und kieselsteinicht. La Paillasse ist ein kleiner Weiler; und Loriol ein kleines Städtchen mit 2000 Einwohnern; eine Viertelstunde ehe man Loriol erreicht, pasirt man die Drome, die an der östlichen Grenze des Departements entspringt und eine halbe Stunde von der Straße in die Rhone fällt; sie ist von keiner großen Bedeutung, schwillt aber oft gewaltig an; eine sehr schöne Brücke führt über dieselbe. Auf dieser Brücke erblickt man, 2 Stunden weit gegen Osten, am Dromeufer, und am Abhange der schon genannten Berge einen Thurm des Schlosses Creß, das ein Staatsgefängniß ist. Seine Lage könnte nicht mahlerischer seyn, und seine Aussicht ist unvergleichlich; am Fuße des Hügels, auf dessen Spize es ist, liegt die Stadt gleiches Namens, und hat 4500 Einwohner; sie treibt einen starken Seidenhandel, und fabricirt Wollen- und Baumwollenzeuge. Die Stadt Die ist noch älter, aber minder bedeutend, hat nur 3400 Einwohner, liegt 7—8 Stunden weiter nordöstlich auch an der Drome. Die Calvinisten hatten hier vor der Wiederrufung des Edikts von Nantes eine Universität. Der blaßrothe und Muscatwein von Die stehen in gutem Rufe. In den Hügeln und Gegenden von Loriol findet man versteinerte Ammonshörner und Meerigel.

---

seille Reisenden, oft 2—3 Tage warten, bis sich ihr Gewässer vermindert hatte, jezt führt eine sehr solide Marmorbrücke mit 3 Bogen über sie. Die Drome ist wegen den vielen Felsen in ihrem Bette nicht schiffbar. Von Livron führt der Weg nach Loriol über mehrere Bäche; man kommt entweder auf Brücken über sie, oder muß sie durchwaten. Wir sahen Loriol auf der linken Seite schon von weitem, es hat ein schlechtes Ansehen, ist aber doch ziemlich bedeutend. Dies Städtchen ist der Wohnplaz des berühmten Faujas de St. Fond, dem seine Arbeiten über die Vulcane von Dauphine und Vivarais, und über die Geologie überhaupt, einen verdienten Ruhm erworben haben."

Weiterhin ändert die Landschaft ihre Natur, die Kieselsteine werden seltener und die Route wird angenehm. Das Rhonethal verengt sich immer mehr bis nach Derbieres, ein Dorf an welches ein Zweig der Berge stößt, die man bisher mit der Straße parallel sah, die sich selten etwas näherten, und sich zuweilen in die weitste Ferne hinauszogen. Zu Montelimart sind die Hügel umher mit Reben bedeckt. Bei dieser Stadt bildet das Rhonethal das sich hier erweitert, ein sehr schönes Bassin, das mit Bäumen, Getreidefeldern und herrlichen Wiesen bedeckt ist. Die Rhone fließt eine gute halbe Stunde auf der Westseite der Stadt am Fuße der Berge von Vivarais vorbei; ehemals soll sie ihren Lauf auf der Ostseite der Stadt gehabt haben; der Augenschein zeigt die Möglichkeit der Sache, wenigstens ließe sich ein etwas tiefer als das übrige Land liegendes Kieselfeld, das sich hinter der Stadt hinab, bis an das wilde Roubtonflüßchen erstreckt, mit viel Wahrscheinlichkeit für das alte Rhonebett ausgeben. Die Wässerung hat hier einen hohen Grad von Vollkommenheit erreicht. Die Wiesen werden 3 — 4 mal gemähet.

Montelimart beherrscht dieses Thal ein wenig, und hat nichts Schönes als seine Lage, und nichts Merkwürdiges, als die Reste seiner alten Citadelle; sie hat 6000 Einwohner, und ist der Sitz einer Unterpräfektur. *)

---

*) ,, Montelimart verdankt seinen Namen den Adhemar von Monteil, welche die Souverainetät darüber hatten; sie nannten sich im Lateinischen *Montelium Adhemari*, daraus entstand Montelimart. In der Voyage pitt. d. l. Fr. Dauphiné No. 9. ist eine Ansicht von Montelimart."

,, Die Wiesen verschaffen Montelimart ansehnliche Vortheile; aber die Industrie geht hauptsächlich auf die Seidenzucht und auf die Pflanzung der Maulbeerbäume. Es giebt hier mehrere Seidenfabriken; sie sind sehr alt. Schon Rabelais lobt das Korduanleder von Montelimart."

Ihr Handel besteht in Seide und sämischem Leder. Man verarbeitet hier Tramseide wie in mehrern benachbarten Orten; hier ist auch eine Saffanfabrik, die einem Deutschen gehört; merkwürdig ist das hiesige harte Mandelbrod. Die Seide ist hier das Hauptprodukt; in Montelimart und Loriol wird der Seidenbau stärker betrieben, als in jedem Theile der Lombardei. Es giebt hier mehrere Seidenfabriken. Man verkauft hier die Kokons zu 27 Sous das Pfund. 1 Unze Eier giebt 60 Pf. Kokons, und 12 Pf. Kokons 1 Pf. Seide; um die Seidenraupen von 1 Unze Eier zu füttern, braucht man 40 mittelmäßige Maulbeerbäume, deren jeder 1 Centner Blätter liefert. Die Eier werden durch künstliche Wärme ausgebrütet. Von 15 — 18 Centner Blätter erhält man 1 Centner Kokons, und dieser giebt 9 Pf. Seide; 1 Pf. Seide kostet im Durchschnitte 19 Liv. Die Puppen der Eier geben den besten Dünger. — In der Gegend von Montelimart sammelt man im November die Blätter von allen Maulbeerbäumen, um sie als Futter für die Schaafe zu brauchen.

Man trinkt hier einen weißen Wein, der Clairette de Die heißt, er hat einen etwas scharfen Geschmack und schäumt wie Champagner. Die Einwohner von Montelimart waren die ersten Bewohner einer Stadt in Frankreich, welche die Calvinische Confeßion annahmen; Montelimart wurde mehrmals erobert, unter Heinrich IV. sah es endlich Frieden und Einigkeit wieder in seine Mauern zurückkehren. Man findet hier noch eine große Anzahl Protestanten, selbst unter den vornehmsten Familien. Die Post ist einer der besten Gasthöfe Frankreichs. Im 17ten Jahrhunderte war die Stadt eine der kleinen blühenden Fabrikstädte der Reformirten, dieser thätigsten Bürger Frankreichs. Dies war die rechte Gegend der Dragonaden, mit den Bewohnern entfloh der ehemalige glänzende Wohlstand. In Montelimart haben ehemals besonders die Weiber ihren Eifer für ihre Confeßion bewiesen; man zeigt noch die verstümmelte Statue der Margot de Lay, welche die Wälle da vertheidigte, wo eine Bresche war, mit eigener Hand einen der vornehmsten Belagerer tödtete, und mit den Siegern in die Stadt zurückkehrte, nachdem sie einen Arm auf dem Schauplaze des Ruhmes zurückgelassen hatte.

Montelimart liegt am Fuße und auf dem Abhange eines Hügels, ist ein ziemlich ansehnlicher Ort, und gut gebauet. Unter seinen Mauern vereinigen sich der Roubion und Jabron, welche nachher sich in die Rhone ergießen; ihre Ufer sind von lachenden Fluren belebt. Die Gebirge, welche die Stadt umringen, bilden einen Bogen, dessen Sehne die Rhone ist. Die Gegenden um sie her, bieten angenehme, mannigfaltige Ansichten dar; hier sind Hügel mit Rebenpflanzungen, Maulbeerbäumen, Olivenbäumen bedeckt; dort Ebenen mit Obstbäumen, Getreidefeldern, Wiesen, Gärten mit Orangen, die in diesem sanften Clima unter freyem Himmel fortkommen. Das Thal enthält eine große Menge Trippelerde; man findet auch Basaltstücke von verschiedener Größe, sie wurden wohl einst von der Rhone herbeigeführt, weil hier keine Spur von Vulcanen ist. Dieser Ort ist natur-historischen Beobachtungen sehr günstig; die Nähe von Vivarais und Velai machen ihn noch interessanter. — Von Valence an, fängt die Rhone an Goldkörnchen bei sich zu führen, man sollte fast vermuthen, daß er sie von der Isere erhalte; es giebt Leute die sich ganz damit beschäftigen diese Körnchen im Ufersande

---

*) „Die Rhone hatte ehemals ihren Lauf auf der Westseite von Montelimart; dies vermuthet man wenigstens aus der großen und tiefen Bank gerollter Kieselsteine die man daselbst bemerkt und die sich bis zum Roubion erstreckt. Man kann aber nicht angeben welches Ereigniß sie zwang ihr Bette zu ändern."

aufzusuchen; doch werden sie bei diesem Metier nicht reich.
Es ist auffallend, daß man in den Bergen von denen man
Trümmer bei ihnen findet, kein Gold entdecken kann. Die
nemliche sonderbare Erscheinung findet man auch bei mehrern
Gewässern der Alpen.

Die zwei Flüßgen Roubion und Jabron, deren erstes
man unter den Stadtmauern und das 2te in kleiner Entfernung von Montelimart, auf dem Wege nach Donzere passirt,
sind nichts weniger als friedliche Gewässer, sie verursachen
zuweilen schreckliche Verwüstungen. In der Nähe von Donzere, das beinahe Viviers gegen über, nur ein wenig weiter südlich liegt, kommt man über den Rücken eines Kalkhügels, auf dessen Höhe man die Alpen entdeckt; er zieht sich
nach der etwa ½ Lieue entfernten Rhone hinüber, wo er sich
mit einer Vorderseite von senkrecht abgeschnittenen Felsen
endigt, und den Fluß wie ein Wall beherrscht. In den
Spalten dieses natürlichen Walles, bemerkt man unter andern
sehr bizarren Erscheinungen, mehrere Grotten; in einer derselben ist noch niemand bis an ihr Ende gekommen; über den
sehr steil sich unter ihr abdachenden Felsenschutt, wo man sehr
unsichere Tritte auf dem unter den Füßen wegrollenden Gesteine hat, kann man nicht leicht zu ihr hinaufklettern. *)

Donzere ist ein Flecken von 1500 Einwohnern; hier
ist eine Post und ein gutes Wirthshaus; man kann im Vorübergehen einen Blick auf die anmuthigen und frischen Gärten

---

*) „Ueber diesen gefährlichen Abhang gieng sonst ein schmaler Fuß-
pfad, dem die enormen Pferde folgen mußten, die bestimmt waren die
Barken der Rhone aufwärts zu ziehen; oft riß sie der wilde Fluß in
seine Fluthen hinab. Dieser Weg ist jezt durch herabgefallenen Felsenschutt und durch die Rhone die ihn untergrub, ganz zerstört. Die dadurch unterbrochene Schiffahrt hat einen Damm an seiner Stelle nöthig
gemacht, der wahrschinlich geendigt seyn wird.“

des Postmeisters werfen; man sieht Olivenbäume darinn, die
in diesem Theile des Südens ein fremdes Gewächs geworden
sind, nachdem sie der Winter von 1788 zerstört hat. Vor
diesem Winter sah man solche sogar in Montelimart. Die
rothen Weine von Donzere genießen eines verdienten günstigen Rufes. Drei Lieues von Donzere auf der Ostseite dieses Fleckens, im nemlichen Departement, liegt die kleine Stadt
Grignan, deren Schloß, das man für eines der schönsten in
der Provence hielt, und das durch die Briefe der Mad. von
Sevigne berühmt war, während der Revolution zerstört wurde.
Das Grabmal der Mad. von Sevigne in der Kirche, ist wie
durch ein Wunder mitten unter revolutionären Verwüstungen
und Entweihungen erhalten worden. Man erblickt auf dem
Wege nach Palud eine endlose Ebene vor sich. Eine Zeitlang folgt man dem Bette eines Wässerungs-Canales, der zu
Anfang des 18ten Jahrhunderts unter dem Namen Canal
von Provence unternommen und bald nachher wieder liegen
gelassen wurde, weil der Pabst nicht erlauben wollte, daß er
durch die Ländereien des Comtats geführt werde. Der Canal
hätte nach dem Plane, bei Donzere Wasser von der Rhone
erhalten, seinen Weg durch Avignon über die Durance nach
St. Chamas nehmen und sich im See von Beree endigen sollen, der mit dem mittelländischen Meere in Verbindung ist.
Ein neu erschienenes Decret befiehlt die Fortsetzung dieses
Canales.

   Es giebt keinen Fluß, bei dem sich eine größere Leichtigkeit fände die benachbarten Landschaften zu wässern, als die
Rhone, da deren Bette sich während ihres Laufes so stark
senkt, und dann auch kein Land, welches der Wässerung so
sehr bedürfte, als die dürre Provence. In der Mitte zwischen Donzere und la Palud kommt man durch die kleine
Stadt Pierrelatte; sie hat 2000 Einwohner und liegt am

Fuße eines breiten isolirten Felsen, von dem sie ihren Nahmen hat; wenn man denselben mitten in der weiten Ebene mit seinem flachen Gipfel, der die Stadt beherrscht, von weitem erblickt, so glaubt man das gothische Schloß einer alten befestigten Stadt zu erblicken. Gerade dieser Stadt gegenüber auf der westlichen Seite der Rhone liegt das Städtchen Bourg St. Andeol. Ehe man nach Palud kommt, läßt man links, in der Entfernung von ⅓ Stunde das Städtchen *St. Paul Trois Chateaux* liegen; hier ist der Berg St. Just wo man Mytuliten, Astroiten, Milleporiten und Bucciniten findet. St. Paul Trois Chateaux war ehemals die Hauptstadt von Tricastin. *) Man schreibt dem August seinen alten Namen *Augusta Tricastinorum* zu, es hat auch noch einige leichte Spuren des Alterthums, und ein schönes Dominicanerkloster, nebst 1900 Einwohnern.

La Palud ist ein mit einer Mauer eingefaßter Flecken, und hat 1000 Einwohner; er ist etwa ¼ Stunde von der Rhone entfernt und ihren Ueberschwemmungen ausgesetzt, welche oft die ganze Ebene in ein Meer verwandeln. **) Eine Viertelstunde ehe man nach La Palud kommt, verläßt man das Dromedepartement und betritt das Departement von Vaucluse.

---

*) „Auf der Rhonefahrt von St. Esprit nach Orange hat man rechts Languedoc und links die Landschaft Tricastin, welche einst die alten Tricastini bewohnten, die von den mächtigern und zahlreichern Cavaren abhiengen. Hier bestehen die beiden Rhoneufer aus Kalkfelsen, durch welche sich die Rhone einen Weg gebahnt zu haben scheint.“

**) „Dieser Fall ereignete sich im Winter des Jahres 1802; in einer Nacht desselben überschwemmte der Fluß plötzlich die ganze Gegend, da ein Damm zerriß, der gegen ein solches Unglück schützen sollte; einige Personen in den untern Stockwerken der Häuser, und eine große Menge eingesperrtes Vieh kamen dabei um das Leben.“

Dem Dromedepartement liegt das Ardechedepartement seiner ganzen Länge nach westlich gegenüber. Die Rhone trennt hier nicht blos 2 Departemens, sondern scheint 2 Nationen von einander abzusondern. Die Landleute beider Ufer kommen nur an den Jahrmärkten zusammen, und etwa sonst noch zuweilen, wenn sie sich abprügeln wollen. Dieser Mangel an Verbindung zwischen beiden Departemens, kommt zum Theil von der Breite der Rhone her, welche nebst dem stürmischen und fast beständigen Wehen des Mistral, die Ueberfahrt beschwerlich macht, noch mehr aber von der wechselseitigen Antipathie ihrer Bewohner. Die Bergbewohner des Ardechedepartements passiren für plump, brutal und für Verräther. Das Volk des Dromedepartements oder von Nieder-Dauphine ist weniger plump, mehr boshaft und nicht weniger brutal. Unterhalb Valence fangen beim gemeinen Volke die Sitten an einen Anstrich von der provençalischen Rauheit zu erhalten. Die Antipathie der Bewohner beider Ufer hängt wohl mit der Verschiedenheit ihrer Sitten zusammen, welche eine Wirkung der Verschiedenheit ihrer Landschaften seyn möchte.

Die Berge des linken Rhoneufers nähern sich dem Flusse nur selten, und entfernen sich zuweilen mehrere Stunden von ihm. Ihre mittlere Höhe beim Flusse, beträgt 4 bis 500 Met. und ihre größte Höhe, steigt nicht über 700 Met. ob sie gleich abgerissene Zweige der Alpen zu seyn scheinen, deren Schneegipfel man nur selten in großer Entfernung durch schmale Oeffnungen der Berge erblickt. Die Berge des rechten Rhoneufers ziehen sich fast immer hart neben ihm hin, ihr Anblick ist ernster, und ihre Höhe sehr viel bedeutender. Einige derselben erreichen eine senkrechte Höhe von 1200 Met. Die Abhänge dieser Berge, die häufig mit wilden Felsen übersäet sind, sind oberhalb Valence schwärzlich und unterhalb dieser Stadt

graulich; hier werden die Berge immer trauriger, die Rebenpflanzungen seltener und die Vegetation verschwindet fast ganz.
Indessen sieht man Loriol gegenüber einige Hügel wieder grün
werden und hie und da ein Schloß glänzen, aber das geht
nicht weit.

Die Bewohner beider Ufer beschäftigen sich gleich stark
mit der Seidenzucht, welche mit den Weinen ihrer Hügel,
den Reichthum dieser Gegenden ausmacht; das Getreide ist
hier ein sehr untergeordnetes Produkt. Der Oelbaum findet
in diesen 2 Departemens noch nicht die Wärme die er ver-
langt, ob sie gleich Nachbarn der Departemens sind, wo man
ihn am meisten pflanzt. Dagegen hat man hier viel Nußöl.
Der schöne Nußbaum giebt dem Thale worin er herrscht, überall wieder ein frisches Ansehen, wenn die zahlreichen Pflanzungen ihrer Blätter beraubter Maulbeerbäume, die immer
unbarmherziger geplündert werden, je mehr sich der Frühling
entwickelt, dasselbe traurig zu machen scheinen. Der Wind
der unter dem Namen Mistral bekannt ist, fängt über Valence
an, und nimmt fühlbar immer mehr zu, wie man weiter nach
Süden kommt, wo er auch gar viel häufiger ist; er macht die
Rhonefahrt sehr beschwerlich und zuweilen unmöglich.

Eine eben so auffallende Erscheinung an den Ufern und
auf den Inseln der Rhone, ist der Biber, dies so interessante,
und in Nordamerika so wundervolle Thier. Das Volk kennt
dasselbe unter dem Namen Bivre. Es lebt hier nicht in
republikanischer Verfassung, und giebt hier keine Proben der
wunderbaren Kunstfertigkeiten, die seinem Instinkte, den ersten
Rang unter allen Arten des Instinktes der Thiere giebt.
Diesen Unterschied muß man dem Zustande des Friedens zuschreiben, den in den feuchten Einöden Canadas, ferne von
den Menschen, ihre Wohnungen genießen, und dem Zustande
des Krieges, worein sie gewöhnlich an den Ufern der Rhone

die Nähe des Menschen versezt, dieses unaufhörlich gegen alle Thiere bewaffneten Feindes. Ueberall macht der Friede, daß die Gesellschaften und Künste in einen blühenden Zustand kommen, und überall zerstört ihn der Jammer des Krieges.

Das Dromedepartement ist eines von den dreyen, aus denen sonst das alte Dauphine bestand. Von Norden nach Süden ist es 30 Stunden lang, und seine mittlere Breite, beträgt 15 — 20 Stunden von Osten nach Westen, woraus eine Territorial-Ausdehnung von 600 ☐ Lieues entsteht. Man giebt dem Departement der Drome eine Bevölkerung von 284,900 Individuen. Der westliche Theil desselben ist eine lange und breite Ebene; der ganze östliche Theil ist in den Bergen, welche ungefähr ⅓ der ganzen Oberfläche des Departements einnehmen; die höchsten und an der Grenze befindlichen, haben eine Höhe von 14 — 1500 Met. — gegen den Süden des östlichen Randes sind sie nackt und dürre, gegen den Norden desselben aber sind sie mit trefflichen Weiden, und diese mit zahlreichen Schaafheerden bedeckt.

Die Drome durchläuft das Departement von Osten nach Westen; ein großer Theil desselben ist keiner Cultur fähig; in mittlern Jahren giebt es nicht genug Getreide für die Einwohner; aber die Ufer der Rhone sind reich an Wein, so wie die Bezirke von Die und Nyons, es giebt weit mehr als die Einwohner brauchen. Auch giebt es eine große Anzahl Oelbäume, und viele Maulbeerbäume; die Seidenzucht ist ein ansehnlicher Erwerbszweig; man schäzt das jährliche Einkommen von den verkauften Seidencocons auf 3 Millionen Franken. Man hat wenig Rindvieh, aber Schafe in großer Anzahl, deren Wolle von den Fabriken des Departements zu groben Tüchern verarbeitet wird. Die medizinischen Kräuter des Departements werden sehr geschäzt. Es giebt auch Gemsen in den Wäldern, in denen man viel zu

Schiffsmasten taugliche Bäume findet. Handel und Industrie sind von ziemlicher Bedeutung, sie beschäftigen sich mit großen Tüchern, Ratinen, Leinwand, Papier, Hüten, Maulbeerblättern, Seidencocons.

Von Palud bis Mornas hat man einen Weg von 3 Stunden; eine Stunde unterhalb Palud läßt man rechts die Route von St. Esprit, und links die von Gap liegen; man ist jezt in den schönen Ebenen von Vaucluse. Sie verbreiten sich zwischen der Rhone, die sich gegen Westen mehr als eine Stunde von der Straße entfernt, und einer Kette von Bergen oder Hügeln, die sich in eine unabsehbare Ferne gegen Osten verlieren. Unterhalb la Palud sind herrliche Ebenen mit Feldern, Wiesen und Waldungen. *) Die von Mauern umgebenen Flecken Montdragon, Mornas und Violenc, deren jeder 8 — 900 Einwohner hat, liegen zwischen der Straße und einem Kalkfelsen, auf dem die Ruinen eines Schlosses erscheinen.

Von der Höhe des Felsen von Mornas, zwang der wilde Baron des Adrets die Catholiken, die er in der Gefangenschaft hatte, sich auf die Spize der Piken seiner Soldaten herabzustürzen; hier soll einer der, zu dieser gräßlichen Todesart verurtheilten Catholiken, auf die Vorwürfe, die ihm der

---

*) „Der Ackerbau machte bisher (von Süden herauf bis nach Palud) eine klägliche Miene, selbst wo guter Boden ist; die Ackergeräthe sind erbärmlich und das Vieh selten besser, elende Ochsen, ein lächerliches Gespann von Pferd und Esel oder Maulthier und Ochs, vor einem Wagen oder Pflug. Die Gegend von La Palud bis Montelimart ist bergig und mager, mit einzelnen schlechten Kornfeldern, mit Maulbeerbäumen und Nußbäumen; doch findet man ziemlich viel Rebenpflanzungen, deren Wein viel Feuer, aber wenig Lieblichkeit hat, (was ich bei den allermeisten gewöhnlichen französischen Weinen auf meiner Reise gefunden habe.)"

Baron darüber machte, daß er schon 2mal an den Rand des
Absturzes gelaufen sey, ohne den Muth gehabt zu haben sich
hinabzustürzen, geantwortet haben: je vous le donne a vous
en trois; eine Antwort die, wie man beifügt, ihm Begnadigung
erwarb. Bei Violene grabt man auch eine mittelmäßige
Art Steinkohlen, schwarzen Agat, Vitriol und Pfeifenerde.
Es sind auch in diesem Flecken, der etwas größer und interessanter ist als die zwei andern, mehrere Seidenspinnereien.
Schon in ziemlicher Ferne erblickt man, wenn man sich Orange
nähert, den, einige hundert Schritte von der Stadt, auf
freiem ebenem Felde, an der Landstraße, isolirt stehenden
prächtigen, römischen Triumphbogen, den man in der Gegend
den Triumphbogen des Marius nennt.

Kapitel 20.

Ich bitte meinen Leser, da die Landreise von Vienne nach
Orange, die ich nicht in der Wirklichkeit, sondern nur auch
wie er, hier auf dem Papier gemacht habe, einen Raum von
etwa 6 Stunden unterhalb Vienne ausgenommen, glücklich geendigt ist, jetzt geduldig noch einmal mit mir nach Vienne
zurück zu kehren, um die Reise nach Orange auch auf der
Rhone mit mir zu machen.

Den 7ten Junius, Nachmittag, es war ein Sonntag, verließen wir Vienne. Am Vormittage hatten wir noch das Vergnügen, eine sehr glänzende Procession durch die Straßen
ziehen zu sehen; ich ergözte mich besonders an der überaus
großen Reihe, Paar und Paar voranziehender weiß gekleideter,
halb und ganz weiß verschleierter lieblich singender Mädchen,
vom 4ten Jahre bis über das 20ste hinaus; die kleinsten
giengen voran und dann kamen sie immer größer; es waren
darunter viele der anmuthigsten reizendsten Gestalten, die wie
luftige, ätherische Wesen dahin schwebten. Eine 2te solche
Processionsgesellschaft, stieß uns am Nachmittage auf, da wir
die Stadt verließen; der vordere Theil des Zuges bestand
wieder aus einer großen Menge weißgekleideter und weiß verschleierter Mädchen von jedem Alter und jeder Größe; auch
hier sah ich wieder manche schlanke Graziengestalt, manches
herzerquickende, holde, jungfräuliche Gesicht, mit sanften und

oft auch sehr feurigen Blicken unter dem aufgeworfenen Schleier.

Da wir kein Schiff fanden, auf dem wir nach Orange fahren konnten, so sezten wir unsere Reise zu Fuße fort; noch einmal sahen wir etwa ¾ Stündchen vor der Stadt den römischen oben beschriebenen Obelisk, nicht weit von der Straße rechts im Kornfelde stehen. Weiterhin fanden wir an der Straße und auf den Feldern eine Menge Reihen von Maulbeerbäumen, von denen aber sehr viele kahl wie im Winter aussahen, da man ihnen schon, zur Fütterung der Seidenraupen, die in diesen Gegenden und weit an der Rhone hinab, in großer Menge gezogen werden, das erste Frühlingslaub geraubt hatte; hie und da bemerkten wir Personen auf den Aesten der Maulbeerbäume, mit großen Fruchtsäcken, die sie mit frischem Laube anfüllten.

Den nächsten Morgen entdeckten wir bald ein großes Schiff, das die Rhone herab kam, auf unser Rufen wurden wir in einem Kahne abgeholt; es war ein Schiff das mit vielen tausend dunkelgrünen Weinbouteillen befrachtet, eine Reise nach Toulouse zu machen hatte. Wir hatten eine äußerst angenehme Fahrt, unaufhörlich boten sich uns reizende romantische Prospekte nach allen Seiten an; — wir sahen schön mit Buschwerk und Baumgruppen verzierte Ufer, mahlerische Felsenpartien, finstere Ruinen alter Burgen an Gebirgabhängen und auf Felsenspitzen, in großer Zahl, angenehme, vom Ufer weit an den Bergabhängen aufsteigende Rebenpflanzungen; vor uns hatten wir oft herrliche Aussichten über das oft sehr weit nach den Seiten, und hinabwärts ausgebreitete glänzende, mit Inseln geschmückte Gewässer der Rhone, und in schöne reiche Fernen; bald erblickte ich das erhabene Gemälde eines in mäßiger Entfernung sich ausdehnenden majestätischen Bergamphitheaters, bald blickten wir rechts oder links in ein schö-

nes fruchtbares Thal; bald schimmerte über fernen, schon in
der Abenddämmerung ruhenden dunkeln Bergreihen, in Osten,
eine noch fernere und höhere Gebirgwelt verklärt, in sanftem
Abendrothe.

Die ganze Umgebung, zwischen der man die Rhone in
diesen Gegenden hinabfährt, hat wegen ihrer vielen romantischen Felsengemählde und Burgruinen auffallende Aehnlichkeit
mit der Uferlandschaft des Rheines zwischen Mainz und Cob-
lenz. Ehe man sich Tournon nähert, erblickt man mitten im
Fluße einen großen oben flachen Felsen, den die Schiffer
Table du Roi nennen. Die Umgebung des Städtchens
Tournon ist wahrhaft paradiesisch, der Fluß wird hier ungeheuer breit; nach allen Seiten hat man die reizendsten Ansichten, ein unvergleichliches Gebirgamphitheater erhebt sich
majestätisch auf der linken Seite, und hinter und über demselben zieht sich eine ferne glänzende Linie savoyischer Schneeberge hin; näher liegt auf dieser Seite der Eremitageberg mit
seinen berühmten Reben, und dem Flecken Tain an seinem
Fuße, der eine entzückende Lage hat, und über eine fruchtbare,
weite Ebene in blaue Fernen blickt, die von schimmernden
Gebirgmassen geschlossen werden.

Gleich vorne am Städtchen Tournon, ganz am Ufer erscheint das berühmte College, oder Pensionsgebäude, mit
schönen grünen Plätzen und schattigten Bäumen; es hat überall
hin die unvergleichlichsten Aussichten, man könnte keinen zweck-
mäßigern, anmuthigern Platz für die Erziehung junger Menschen finden. Für jeden der mehrere Jahre seiner Jugend in
dieser köstlichen Gegend, im Kreise fröhlicher Jugendgespielen
und freundlicher Lehrer zubrachte, müssen, wenn er in spätern
Jahren sich mühsam durch die Klippen, Wirbel und Sandbänke
des Lebens durchkämpft, die Erinnerungen an Tournon, die
ihn zuweilen wie sanfte, tröstende Geister umschweben, die

Erinnerungen an die hierverlebten glücklichen Tage, und genossenen harmlosen Freuden, Rückblicke in einen verblüheten himmlischen Frühling, in ein verlornes Paradies seyn.

Eine halbe Stunde von Tournon findet man in der Kirche St. Jean de Mufol eine schöne antike Inschrift. Ehe man Valence ganz nahe ist, gewährt das alte Schloß Chateaubourg auf der rechten Seite der Rhone mit seiner mahlerischen Umgebung einen reizenden Anblick; ein schöner terrassenmäßig gepflanzter Weinberg erscheint ganz nahe am Ufer; am Fuße desselben ist das Schloß, mahlerische nahe und ferne angenehm colorirte Gebirge, ein reizendes neues Landhaus in der Nähe, wilde romantische sich herandrängende imposante Felsengestalten, mit einem alten Schloße über ihnen, eine liebliche Insel, anmuthig bebüschte Ufer, verschönern das reiche Landschaftgemählde. In der Nähe von Valence, fällt die Isere in die Rhone, ihr schwarzgraues Gewässer unterscheidet sich weit hinab von der klaren Fluth dieses schönen Flußes. Der schöne, stolze Alpensohn scheint wenig Freude an seiner Landsmännin zu haben, und erlaubt ihr nicht so schnell ihre unreinen Wellen mit den seinigen zu mischen.

Auch die Umgebung von Valence ist äußerst reizend; wir schwammen Nachmittags um 2 Uhr beim schönsten Wetter, in einiger Entfernung von dieser Stadt, durch die mahlerische Landschaft, den Fluß hinab; prächtige Felsengruppen auf der rechten Seite der Rhone mit den pittoresken Ruinen des alten Schloßes Crufol auf der Spize eines Felsenkammes geben der Landschaft ein romantisch schönes Ansehen; mit Erstaunen erblickte ich hier auf einem Felsen 3 Säulen, die wohl einem Tempel angehörten; weit hinab decken schöne Rebenpflanzungen auf dieser Seite den Fuß des Gebirges, auch auf der Ostseite zieht sich ein schönes Gebirg nach Süden hinab. Auf der Südseite von Valence sind auf der Anhöhe hin schöne,

Landhäuser zerstreut, deren Aussicht in hohem Grade be-
neidenswerth ist; durch ferner von Osten im Glanze der Sonne
schimmernde Schneeberge, die aufs stärkste mit den hohen finstern Felsen von Vivarais auf der Westseite contrastirten,
erhielt das mir vorschwebende Landschaftgemählde einen seltnen
Zauber. Valence liegt am Ende einer Ebene die neben der
Rhone herabkommt, am Abhange eines Hügels; die Ebene ist
mit einer großen Menge von Maulbeerbäumen bedeckt.

Montelimart fast gegenüber, auf der westlichen Rhoneseite
bei Ancona *) macht die Rhone einen Winkel und das Ufer
erscheint als ein vollkommenes Amphitheater. Dies ist ein
Plaz der trefflich zu einer Naumachie paßte. Hier sieht man
bei Rochemaure 3 prächtige, schwärzliche pyramidenförmige
Lavafelsen, jede dieser Basaltmaffen ist isolirt und von dem
weißlichen Kalkgebirge abgesondert, an das sie sich anzulehnen
scheint. Der unten liegende Flecken ist fast ganz aus solchen
Lavamassen gebauet. Der ganze Berg ist halb kalkartig, halb
basaltigt, daher man eine bizarre Mischung von Weiß und
Schwarz bemerkt. Die Basaltfragmente, die über den Abhang
und das Thal zerstreuet sind, zeigen sich bis auf eine Stunde
östlich jenseits der Rhone. Saussure und Faujas sind der
Meinung, daß diese auf der Ostseite der Rhone liegenden
Basaltmassen auf die Höhen wo man sie findet nicht durch die
Rhone, sondern nur durch das Meer gebracht werden könnten.
Der Gipfel des westlichen Berges ist ganz mit Basalten gekrönt,
auf ihnen und mit ihnen ist das gothische Schloß von Roche-

---

*) („In der Theodosischen Tafel heißt dieser Ort *Acunum*.")
„Als wir die Landspize von Ancona doublirten, hatten wir auf dem
rechten Ufer der Rhone die 3 prächtigen Lavafelsen von Rochemaure
vor uns."

maure *) gebauet, von dem nur noch die Ruinen übrig sind, die aber ein sehr mahlerisches Ansehen haben.

Der Weg zu den Gipfeln dieser Felspyramiden geht durch das sehr angenehme Dörfchen Les Fontaines, das am Fuße eines Berges liegt, der mit Reben und immer grünen Oelbäumen bedeckt ist, und die ersten Strahlen der Morgensonne genießt. Wiesen, Gärten ꝛc. beleben das Prachtgemählde, das man hier vor sich hat; man genießt hier einer ausgedehnten Aussicht, über die Rhone, nach Montelimart, nach Hügeln die mit Reben und Obstbäumen aller Art bedeckt sind, nach einigen Dörfern der Provence, und nach der entfernten Kette der Alpen. Der ansehnlichste und mittlere der 3 Basaltfelsen ist 300 Fuß hoch, fast rund umher senkrecht abgeschnitten und daher mühselig zu erklettern. Die zwei andern, die ihm zur Rechten und Linken stehen, sind niedriger und nur von einer Seite zugänglich; alle 3 bestehen aus einem schwarzen sehr harten Basalte, der bald in großen, unregelmäßigen Massen, bald in der Gestalt unvollkommner Säulen erscheint.

Mr. Faujas de St. Fond äußert in seinem Buche über die erloschenen Vulcane der Landschaft Vivarais (Recherches sur les Volcans éteints du Vivarais pag. 269.) die Vermuthung, daß diese 3 Lavakegel plözlich durch die Crater von Rochemaure und Chenavari aus der Erde

---

*) „Einige Stunden jenseits des Schloßes Rochemaure, sind die Vulcane von Neyrac, und die Grotten von Montbrul, die man als Cratermündungen betrachtet. Die Lage des Schloß:s Rochemaure ist eben so bizarr als seine Bauart; für das mühsame Hinaufklettern zu demselben wird man reichlich durch die Schönheit der Aussicht entschädigt. Diese umfaßt die ganze Ausdehnung Dauphines, von der Rhone bis zu den Alpen, und stellt eine bewundernswürdige Mannigfaltigkeit von Ebenen, Hügeln und Bergen dar. Der Hügel selbst auf dem man steht, hat, aller Schatten und Pflanzungen beraubt, das schaurigste Aussehen."

hervorgestoßen und aufgethürmt worden seyen. Man kann
hier eine schöne Sammlung von Basalten machen. Das
Schloß Rochemaure gehörte ehemals dem Hause von
Soubise, und vorher der Familie von Ventadour. Wenn man
nach dem Schloße von Rochemaure hinaufsteigt, so bemerkt
man rechter Hand oberhalb der Kirche einen Strohm von Lava,
der sich durch abgerundete Kiesel gedrängt hat und mit groben
Achaten und Feuersteinen gemischt ist. Der Flecken und das
Städtchen Rochemaure sind nur 5—600 Schritte von jenen
3 Felsen entfernt. Ein Theil der Häuser steht am Fuße des
Berges, indeß der andere sich amphitheatralisch an der Anhöhe
hinzieht.

Selbst im Flecken Rochemaure steigt ein großer Ba-
salthügel empor, der sich eben so wie die 3 Felsen durch die
Kalkmaterie umher durchgearbeitet hat; auf seiner Spize sieht
man noch die Trümmer einer Art von Fort, die nebst dem
Felsen sich sehr mahlerisch ausnehmen. Mehrere Häuser,
welche die Schloßruine oben umgeben, sind auf Lava gebauet.
Die kleinen Basaltkolonnaden bilden auf eine sonderbare Art
die Treppe einiger Wohnungen; andere Häuser lehnen sich mit
dem Rücken, an vorwärtshängende Lavamassen an. Die Einfassungen der Thüren und Fenster bestehen aus großen regelmäßigen Basaltprismen; Lavastücke in Tafelform werden zu
einer Art von Vordächern gebraucht. Alle diese Häuser, die
amphitheatralisch unter vulcanischen Trümmern stehen, stellen
ein sehr auffallendes Gemählde dar. Sowohl in den großen
Basaltmassen, als Basaltgeschieben des dritten Hügels, findet
man Zoolithen.

Das Schloß war mit steilen Basaltmassen und sehr hohen
und dicken Mauren befestigt, und ist von sehr großem Umfange;
man kommt durch große Vorhöfe ins Innere; aber alles ist

Ruin und Verwirrung; hier sind die Trümmer eines Waffen-
saales, eine Capelle, Cisternen, Gefängnißgewölbe, Höhlen
wo man Münzen prägte, allerlei Säle und Zimmer; alles ist
groß und weitläufig, aber alles trägt die Spuren der Verwüstungen der Zeit.*) Der Hauptthurm ist auf der unzugangbaren
600 Fuß hohen Spize eines nach allen Seiten steilen Basalt-
felszn gebauet, der aus zahllosen prismatischen Säulen in verschiedenen Lagen besteht, und um so mehr auffällt, da man
beim allmähligen Hinansteigen aus dem Flecken auf keine so
große Höhe zu kommen glaubte. Nahe dabei ist ein Crater,
in den man gegen 400 Schuh tief hinabsteigen kann. Gegen
Süden sieht man in eine breite und tiefe Schlucht hinab und
verfolgt die wellenförmig bis in die Ebene hinabgeflossene Lava;
jezt stürzt da mit Getöse ein Bach hinab, wo einst ein feuriger
Strohm floß. Man bemerkt vom Schlosse aus den schönen
Vulcan von Chenavart. In einer kleinen Entfernung,
gegen Osten, grub man Pozzolanerde, aber man fuhr nicht
fort, weil man fand, daß sie von schlechter Qualität
seye.

Da die Wirkungen der in den Landschaften Vivarais
und Velay längst ausgebrannten Vulcane, nicht allein großes
naturhistorisches, sondern auch mahlerisches Interesse haben,
und jeder Reisende, der um seines Vergnügens und seiner

---

*) „In M. Faujas de St. Fond *Recherches sur les Volcans
éteints du Vivarais* p. 271. findet man eine Abbildung dieses sonderbaren
Schlosses. Mehrere Abbildungen sind in der *Voyage pitt. d. l. Fr.
Dauphiné* No. 22. *Vivarais* No. 2 et 3. Man sieht hier die ½ Stunde
vom Orte Rochemaure entfernten Lavafelsen; ferner die Ruinen des
Schlosses Rochemaure auf dem Berge, der die Laven dieser Cantone
ausgespieen hat; die Rhone, die sich mitten durch diesen Berg bei Viviers
einen Weg gebahnt, und einen Theil der Basaltfelsen mit regulären
Prismen, auf denen das Schloß Rochemaure erbauet ist.“

Bildung willen reist, und nach Viviers kommt, nothwendig
seitwärts eine Excursion nach den vornehmsten Gegenden dieser
vulcanischen Landschaften machen sollte, so will ich den Leser
bitten einen kleinen Seitensprung von Rochemaure, aus,
mit mir zu machen, das Schiff mit den grünen Bouteillen
wird schon warten bis wir wieder zurückkommen, um uns vollends nach Orange zu führen.

Spuren ausgebrannter Vulcane findet man hauptsächlich
im südlichen Frankreich in Auvergne, Vivarais, Velay
und Languedoc. Die Gebirge Puy de Dome, Mont
d'Or, und Cantal sind vulcanischen Ursprungs; nur in der
Kette des Puy de Dome zählt man 60 — 70 vulcanische
Berge, deren viele noch einen deutlichen Crater haben. Man
sieht in Auvergne, Vivarais und Velay bewunderungswürdige Basaltcolonnaden, schwarze Felsen, Lavaströme in so
ungeheurer Menge wie in keinem andern Lande, etwa den
Riesendamm in Irland und die Insel Staffa bei
Schottland ausgenommen. Man sieht bizarre Haufen von
Säulen und Prismen, in perpendicularen, schiefen und hori-
zontalen Lagen, Rohre von mehrern Absäzen, in mahlerischen
Gruppirungen von 3 — 9 Seiten.

Vor allen vulcanischen Gegenden zeichnet sich Vivarais
dadurch aus, daß die Ufer seiner meisten Flüße und Bergströme auf beiden Seiten prächtige Dämme von prismatischen
Basaltsäulen darstellen, die allein schon eine Reise verdienen.
Besonders haben sich diese prismatischen Säulen in Nieder-
Vivarais vortrefflich erhalten, einige sind sehr hoch und
bestehen aus Einem Stücke, andere haben Absäze; die Vulcane
in Ober-Vivarais scheinen minder heftig gewüthet zu haben, ihre Produkte sind auch nicht so gut erhalten, wozu das
rauhere Clima in den hohen Berggegenden, Regen, Schnee
und Frost im Winter viel beigetragen haben mögen. Die

Basaltpfeiler sind hier überdies mit unzähligen grauen und gelblichen Flechten überzogen, wodurch die große Wirkung unterbrochen wird, die sonst die nackten Pfeiler machen; höchst wahrscheinlich erlitten sie nach ihrer ersten Bildung noch heftige Revolutionen, die eine große Veränderung in ihrer Lage und Anordnung bewirkten; man trift daher in Ober-Vivarais nirgends solche deutlich charakterisirte Crater an wie in Nieder-Vivarais.

Man kann die Vulcane in Vivarais von Rochemaure an in einer ununterbrochenen Bogenlinie, die 18 M. ausmacht, verfolgen; die Reihe fängt mit dem Berge Coveyrou an, geht über Colombier, Montpezat, bis jenseits Pradelles, an die Grenzen von Velay; man kann die Reihe der Vulcane dann weiter durch Velay und Auvergne verfolgen. Aus den Ruinen des Schloßes Rochemaure sieht man einen fast daran stoßenden, aber viel höhern Berg, den Berg Chenevari, der oben eine, von prismatischen Basalten formirte Fläche hat, und vorzüglich bestiegen zu werden verdient. Ein ziemlich steiler Weg führt vom Schloße dahin. Hinter dem Meierhofe Les Cerusets, paßirt man ein Castanienwäldchen, wo die Basaltgeschiebe anfangen, nachdem der Fuß des Berges Chenevari bis dahin aus Kalkstein bestand. Ist man ½ Stunde gestiegen, so entdeckt man die, rings umher auf ungeheuern schwarzen Basaltsäulen ruhende Platte des Gipfels.

Diese Säulen sind 4 — 8eckig, über 25 Fuß hoch, und haben etliche Fuß im Diameter; die 8eckigen sind aber äußerst selten, und werden in Vivarais nur hier gefunden. Die Platte des Basaltgipfels ist 110 Klafter lang und 20 breit; es entstand auf ihr nach und nach eine Dammerde, von 2—3 Zoll, die mit Rocken und Hafer besäet wird. Auf der Nordecke ist eine konische Bergspize; an ihrem Fuße sieht man graue und röthliche poröse Laven; die Schichten sind irregulär und wieder mit Schichten von Puzzolane bedeckt; dann kommen welche von schwarzem Basalte und endlich wieder eine starke Schicht von rother Pozzolanerde mit prismatischem Geschiebe von schwarzem Schörl.

Stellt man sich auf die Seite gegen Süden, so schaudert man vor dem jähen Absturze des Berges und bewundert die Colonnade auf der linken Hand; man überzeugt sich, daß hier der Schlund eines fürchterlichen Vulcans gewesen seyn müsse, der aber jezt verschloffen ist. Die Colonnade ist wirklich eine erstaunliche Wirkung der Naturkräfte, sie unterstüzt die oberste Platte des Chenevari in einer Länge von 600 F., die Säulen stehen senkrecht und sind über 40 Fuß hoch, von verschiedener Dicke, sie zeichnen sich deutlich aus, und trennen sich leicht von einander. Das Ganze stellt einen unglaublich prächtigen An= blick von Ruinen dar; auf der Colonnade liegen große irregu= läre Basaltklumpen über einander hingeworfen. *)

----

*) „Am untern Theile des Chenevari bemerkt man nur unregel= mäßige Basalte, aber je höher man steigt, desto interessanter wird der Anblick. Als wenn die Natur das Vergnügen des Reisenden stuffen= weise erhöhen wollte, bietet sie ihm anfänglich kleine Massen basaltischer Prismen dar, deren genau an einander gefügte Erdflächen ein mosaisches Pflaster bilden. Kommt er aber auf die Höhe des Berges, so erblickt er eine unermeßliche Colonnade von Basalten, welche den obersten Theil des Berges unterstüzen; dieser Anblick ist einer der auffallendsten.

Man denke sich schwarze Prismen zu Tausenden, an einem Abhange neben einander geordnet, von verschiedener Höhe und Dicke, doch meistens 40 Fuß hoch in einem Raume von 600 Fuß; über der Wand oben, unregelmäßig durch einander geworfene Basaltmassen; ein großer Theil der Säulen ist zerbrochen, und bedeckt den Boden mit Trümmern; man sieht sie in der größten Verwirrung unten am Abhange liegen; auf die bizarreste Art sind hier Stücke von allen Formen auf einander ge= häuft; man möchte sie fast für Reste einer verwüsteten Stadt ansehen. Da sind zerbrochene Säulen, die nur noch ganz schwach an der großen Masse hangen, und nur die leiseste Erschütterung erwarten, um herab=

Von Rochemaure geht der Weg 1 Meile auf der Heerstraße, nach dem Dorfe Theil an der Rhone hin; hier schlägt man sich rechts, von der Straße nach Melas; von hier geht der Weg nach Aubignac, beim Wirthshause von Aps vorbei, nach dem Dorfe St. Jean le Noir, 3 M. von der Rhone, ab Abhange des Berges Jastrie oder Maillas, dessen Felder rings umher mit Geschieben und Säulenstücken von Basalt angefüllt sind; hier zeigt sich eine Reihe von vulcanischen Bergen, mit platten Gipfeln von Lava. Das kleine Dorf St. Jean le Noir ist ganz aus Lava gebauet; indem man hier den Berg Maillas zu ersteigen anfängt, entdeckt man überall eine ungeheure Menge Klumpen von Basalt und Lava übereinander und dazwischen manche alte Eiche, die sich hier herein gedrängt hat. Das Merkwürdigste an diesem Berge, ist der Gipfel, der aus einem ungeheuern Basaltfelsen besteht, der über 400 Klafter lang und gegen 400 Fuß hoch und seiner ganzen Länge nach senkrecht abgeschnitten ist, daher man ihn unten am Fuße genau untersuchen kann; der oberste Theil des Felsen besteht aus horizontalen Schichten, unten scheint der ganze Felsen nur aus perpendiculären Basaltsäulen zu bestehen. Ganze Bündel dieser Säulen sind abgebrochen und liegen auf dem Vordergrunde, theils ganz, theils in Stücken. Unterhalb der horizontalen Schichten in der Höhe, sind viele senkrechte Säulen halb abgebrochen, andere scheinen jeden Augenblick herabstürzen zu wollen, und wieder andere schweben

---

zustürzen, und sich mit dem Ruinenhaufen zu mischen; man wagt es nicht sich zu nähern, und es ist in der That gefährlich die Colonnade zu berühren. Die Grundlage dieses Gebirges besteht aus Lägen von Kalkstein, auf diesen ruhen Bänke abgerundeter Kieselsteine; nur in seiner höhern Region findet man Denkmale vulcanischer Feuer. Alle Laven der Gegend scheinen aus dem Crater des Chenevari gekommen zu seyn."

gleichsam nur in der Lyft, und hängen nur oben an der Decke fest.

Auf der Südseite lauft die Heerstraße am Fuße des Maillas hin, ein Zickzackweg führt auf den steilen Montbrul; man sieht eine Wand von blauen und gelblichen porösen Laven, und darüber prismatische, 20 Fuß hohe Basalte; dann wieder Massen von blauer und rother Lava, mit Pozzolanerde vermischt, darüber 15 Fuß hohe Basaltmassen. Dann kommt eine Abtheilung der längsten von allen, und besteht aus porösen, sehr leicht zerreibbaren Laven von allerlei Farben; in den Seitenwänden stecken in der Lava hin und wieder Kugeln von 5 — 6 Fuß im Diameter von einer halb porösen Lava. Auf dieser Wand ruhen unförmliche prismatische Basaltsäulen über 60 Fuß hoch. Die lezte Abtheilung besteht zum Theil aus großen, 20 Fuß hohen Basalttafeln.

Auf dem Berge ist das Dörfchen Montbrul; hier steigt man in einen merkwürdigen Crater hinab, der 50 Klafter im Durchmesser, und 80 in der Tiefe hat; *) der Weg ist steil,

---

*) »Den Crater beim Dörfchen Montbrul nennt man in der Gegend Les Balmès de Montbrul. Auf der Südseite hat er einen breiten Riß, durch den man in sein Inneres dringen kann; der Gang durch eine sehr steile Schlucht ist mühsam, aber der überraschende Anblick, den man nachher hat, macht, daß man alle erduldeten Mühseligkeiten vergißt. So wie man in das Innere des 480 Fuß tiefen und 300 Fuß breiten Trichters tritt, wird die Aufmerksamkeit nach allen Seiten angezogen, man weiß nicht was man am meisten bewundern soll; diese Mauern die eine so ebene Fläche haben, als wären sie Menschenwerk; diese hervorspringenden Lavamassen, mit ihrem Ansehen von Alterthum, mit ihren Formen von Thürmen, Bastionen, Halbmonden und allen Arten von Festungswerken; oder diese düstern Höhlen die sich in den Berg hinein verlieren, und die Feuerschlünde gewesen zu seyn scheinen.

Was das Erstaunen am meisten noch vermehrt, ist die Menge von weiten Kammern, die, eine über die andere in Lava eingegraben sind;

beschwerlich und schmal, die Wände sind beinahe senkrecht,
überall sieht man calcinirte Laven von verschiedener Form und
Farbe; hie und da sind Spalten und Vertiefungen, die wohl
Feuerschlünde waren. Alles hat ein so frisch verbranntes Ansehen, als wenn das Feuer erst kürzlich ausgelöscht wäre, ob
man gleich nichts hievon weiß; einige dieser Löcher scheinen
Menschenwohnungen gewesen zu seyn; mehrere werden noch
wirklich von einigen Familien bewohnt; man zählt noch 50
solcher Höhlen, sie sind zum Theil über einander, so daß vermuthlich in die Lava gehauene Stufen zu denselben führten;
es sind unbequeme und fürchterliche Wohnpläze; einige sind
so offen und helle, daß man bis in den Hintergrund sieht; in
einigen liegen noch Scherben von Töpfen.

Auf der einen Ecke des Berges sind noch Ruinen eines
alten Schlosses und einer zum Theil in vulcanische Materien
gehauenen Kapelle. Die größte dieser Felsenwohnungen, das
Gefängniß genannt, besteht aus 2 Stockwerken. Das obere
ist ein Heumagazin; es diente wirklich einst zu Gefängnissen,
das zeigen eiserne Ringe umher. Der genannte Crater ist nicht
wie gewöhnlich oben auf dem Berge, sondern am Abhange und

---

in diese unterirdischen Wohnungen, welche Schlupfwinkel wilder Thiere
zu seyn scheinen, haben einst mehrere unglückliche Familien, die keinen
bessern Rettungsort wußten, sich geflüchtet; man kommt auf Stuffen
in dieselben hinein, die in die zarte, poröse Lava eingehauen sind, die
röthlich, gelblich, grau oder blau ist. An einigen Orten ist hier die
Lava so weich geworden, daß die Decke der Kammern eingefallen ist.
In einer Tiefe des Craters von 300 Fuß findet man einen harten dicken
Basalt, und noch tiefer erscheinen basaltische Prismen, die denen ähnlich
sind die man in der Gegend findet. Erhebt man aus der Tiefe des
Abgrundes gegen die obere Gegend den Blick, so entdeckt man auf einem
Lavavorsprunge einen alten Thurm, den Rest eines zerstörten Schlosses;
ein wenig tiefer unter ihm ist eine Höhle, die zum Gefängniß gedient
haben soll und wo man noch eiserne Ringe gesehen haben will."

verdient, daß ihn der Mineralog genau besichtige, da man überall die deutlichsten Spuren des ehemaligen Brandes, und einen unsäglichen Vorrath vulcanischer Materien antrifft.

Von Montbrul eine halbe Stunde nach Berseme liegt auf einer der höchsten Gegenden das Gebirg Coveyrou; man hat noch 1 Meile bergan bis zum Dorfe Freycinet, hier sind alle Felder Pozzolanerde; sie tragen herrliches Getreide, obgleich die Dammerde nur 6 Zoll hoch ist, weswegen kein Baum hier fortkommen kann. Alle Felder sind mit Mauern von groben Basaltsteinen eingefaßt, dies giebt einen traurigen Anblick; beim Sonnenschein blinkern alle Felder wegen der kleinen Lamellen von Schörl, womit sie gleichsam besäet sind. Bei Freycinet war nach Faujas Meinung der fürchterlichste Schlund des Gebirges Coveyrou; er hat 900 Klafter im Durchmesser und 60 in der Tiefe; er ist mit Pozzolanerde bedeckt, und stellt ein kleines fruchtbares Thal vor. Längst müßte das viele hinab gelaufene Wasser, einen See gebildet haben, wenn es nicht durch die poröse Lava, und die übereinander gestürzten vulcanischen Massen, die den Crater nach und nach verschlossen haben, sinterte, und sich vermuthlich in der untern Höhle dieses ungeheuern Schlundes ansammelte.

Von Freycinet setzt man den Weg auf der Heerstraße über der Oberfläche des Berges fort. Nach 1 Stunde entdeckt man am Ende des Coveyrou, Privas auf einem andern Berge; nach 2 Stunden kommt man ins Thal von Privas; dieses Städtchen liegt in Gestalt eines Amphitheaters am Abhange eines Kalkberges, an einem reißenden Bache der in die Rhone fließt. Um nach Aubenas zu kommen, muß man über den hohen Berg Escrenet, man braucht 3 Stunden bis man ihn erstiegen hat; der Weg ist zwar schön aber steil. Fünfzig Klafter über dem Wirthshause, wo man seine mitgebrachte Provision verzehrt, hören die Kalksteine auf, und die Spitze

des Berges besteht aus Basalt. Kommt man auf der andern
Seite wieder zu den Kalksteinen hinab, so findet man darin
hie und da ziemlich große Ammonshörner. Tiefer unten findet
man das artige Städtchen Aubenas auf einem Kalksteinberge,
worin man viele Seekörper, unter andern, Ammonshörner,
und sehr große Belemniten antrifft. Die Ardeche fließt bei
Aubenas vorbei. Aubenas ist eines der wichtigsten Städtchen der Ardeche; hat 3000 Einwohner und liegt 4 L. südwestlich von Rochemaure; es hat ein Handelstribunal,
Seidenspinnereien, die durch die prächtige Maschine, die Vaucanson 1756 hier aufstellte, vervollkommnet wurden; Baum-
wollen- u. Wollenzeugfabriken, die ihre Produkte in die Levante
lieferten. Dieses Städtchen hat eine ausnehmend mahlerische
Lage; sein Gebiet bringt Trüffeln und große Kastanien in
Menge hervor. Die Trüffeln sind auch ein Produkt des Gebietes von Monteltmart, sie sind aber nur von mittlerer Qualität. Die hiesigen bedeutenden Seidenmühlen kaufen das
Pfund Kokons für 28 — 32 Sous. Die Maulbeerbäume werden vor der Verpflanzung gepfropft, dies geschieht, wenn sie
3 Jahre alt sind; es kostet dann jedes Bäumchen 12 — 15
Sous. Im 2ten Jahre nach der Verpflanzung nimmt man
schon Blätter ab.

  Man geht über die Ardechebrücke um nach Vals zu
kommen; unterwegs findet man eine noch nicht lange entdeckte
Höhle, mit schönen Stalactiten. Vor Vals läßt man sich
in einer Fähre über die Ardeche sezen. Vals ist ein Flecken
in einem engen Thale; er hat eine angenehme Lage; von hier
muß man am Flusse Volane hinauf bis zur merkwürdigen
Brücke von Bridon reisen, wo die prächtige Reihe von
Basaltdämmen anfängt, wodurch sich die Landschaft Vivarais
besonders auszeichnet. Man kann sagen, daß die Volane,
2 Meilen lang von dieser Brücke an bis jenseits Entraigues

zwischen dergleichen Dämmen ihren Lauf habe. Die oben
genannten Basaltdämme von Thenevari, und Maillas,
stellen dem Auge ein majestätisches, oft aber unordentliches
Gemählde dar, hingegen der Basaltdamm bei der Brücke
von Bridon, zeigt eine Reihe artig geformter Säulen, welche
die Natur in schöner Ordnung hingestellt hat. Sie sind ziemlich groß, ohne ins Colossale zu fallen und stehen nahe an der
Landstraße, so daß man sie nach Bequemlichkeit betrachten
kann. Die Gegend ist überdies angenehm.

Eine andere Merkwürdigkeit ist es, daß auf beiden Ufern
ein solcher Damm steht, der durch die Kunst gemacht zu seyn
scheint, um den Fluß in Schranken zu halten. In der Höhe
gleicht der Damm einer ziemlich regelmäßig angelegten Mosaike;
auf der einen Seite ruht der Bogen der Brücke auf diesen
Basaltsäulen und an der andern auf Granitfelsen. Die Säulen stehen senkrecht wie Orgelpfeifen neben einander. Man
könnte auf dem 2 Meilen langen Wege von der Brücke von
Bridon bis jenseits Entraigues, wo sich der Säulendamm
endigt, 8 Tage angenehm zubringen, wenn man alle die Verschiedenheiten der Basaltdämme längs der Volane genau
untersuchen wollte.

Die schönsten dieser Dämme trifft man am linken Ufer
des Flüßchens, bald nach Passirung der Brücke, an; sie haben
eine sehr reguläre Form, bald stehen sie senkrecht, und tragen
eine schon bergste Dammerde, bald machen sie Klumpen in
verschiedenen Richtungen aus. An einem Orte sieht man 2,
3, auch wohl 4 Reihen Säulen über einander, welche durch
mehrere Laven zu verschiedenen Zeiten entstanden; an einem
andern haben die Säulen allerlei Richtungen; zuweilen stürzt
ein Wasserfall vom Damme in mehreren Absätzen von einer
Säulenreihe auf die andere herab, und giebt dem Auge und
Ohre die angenehmsten Genüsse. Ein Stück des Dammes be-

steht aus gegliederten Säulen, ein anderer aus kolossalen auf
einmal entstandenen ungetheilten Säulen; an manchen Orten
steht noch alles in schönster Ordnung, an andern Orten erblickt
man ein wildes Chaos von Bruchstücken.

Eine der merkwürdigsten Stellen auf dieser Reise ist bei
der Brücke von Rigaudel, wo an dem Ufer verschiedene
Absäze von gegliederten, prismatischen Basaltpfeilern über einander stehen, und über denen eine Menge von Basaltstücken in
verschiedenen Richtungen chaotisch über und durch einander
geworfen sind. Von Entraigues an, kann man sich nicht
immer dicht an der Volane halten, sondern muß über einen
Berg, und durch einen angenehmen Castanienwald. Auf dieser
Höhe, erblickt man zwischen der Volane und einem Bache der
in sie fällt, das Dorf Entraigues auf einer Anhöhe. Der
Weg geht ½ Stunde vom Berge nach einer Brücke steil herab.
Die Volane hat sich ein sehr breites und tiefes Bette ausge-
wühlt und ist auf beiden Seiten mit prächtigen Dämmen von
prismatischen Basalten eingefaßt. Das Dorf Entraigues
selbst steht auf einer ungeheuern Masse von Lava. *)

Vor dem Dorfe sieht man mit Bewunderung das rechte
Ufer des Flußes, von einem hohen Damme eingefaßt, der

---

*) Bei Entraigues ist die schönste Colonnade, sie stellt sich am
Ufer der Volane und am Fuße des Berges L'a Coupe, dar; auf der
Platteforme des Berges erscheint ein prächtiges Basaltpflaster. Man
kann ferner keinen angenehmern Anblick haben, als den eines Berges,
der sich hinter der Colonnade erhebt und die Form eines abgekürzten
Kegels hat. Der von der Höhe des Berges herabkommende Lavastrom
geht bis zur Basaltchaussee herab. Man sieht noch auf der Höhe des
Berges den Crater, der diese vulcanische Materien ausgeworfen hat; man
kann in denselben hinabsteigen, er ist mit Pozzolanerde und calcinirten
Laven angefüllt; in der Mitte derselben, auf dem Boden der einst der
Zerstörung und Unfruchtbarkeit geweihet war, erscheint ein Kastanienwald.

aus verschiedenen Abfäzen großer Basaltsäulen besteht, und
in der Mitte eine Cascade von Lava, welche aus dem Schlunde
der Coupe oder des Col d'Aisa heraus kommt, den Berg
herablauft, und sich mit dem erwähnten Damme vereinigt.
Man verfolgt hier ihren ganzen Lauf, vom Abhange dieses
hohen konischen Vulcans herab, und überzeugt sich aufs leb-
hafteste, daß die Lava die jezt ein harter Basalt ist, zu verschiedenen Zeiten herabgeflossen seye und den Damm formirt
habe.   Die Lava nimmt ihren Weg über die Heerstraße hin,
in einer Breite von 30 Fuß, ist aber in der Tiefe viel breiter,
wie man aus dem Profile des Dammes erkennen kann.   Der
Fuß der Coupe besteht aus einer ungeheuern Menge über einander geworfener, vulcanischer Materien, besonders aus Stücken von porösen Laven und Schlacken von allerlei Farben.

So mühsam es ist, so ersteige man doch die Coupe, bis
an den Mund des Schlundes, um das Ganze zu übersehen.
Hier zeigt sich deutlich, wie die Lava aus dem Crater heraus-
geflossen, und wellenförmig den Berg heruntergelaufen ist.
Diese Lava und die Säulen am Ufer, bestehen aus dem nemlichen Stoffe.   Man muß die Lava bis zum Flusse hinab verfolgen, wo es sich deutlich zeigt, daß sie, in dem sie noch auf
steilem Abhange floß, und den horizontalen Boden noch nicht
erreicht hatte, bereits prismatische Formen angenommen, und
indem sie zum Fluß hinablief, diese herrliche Colonnade gebildet hat, mit der sie verbunden ist, und ein Ganzes ausmacht.
Man kann keinen deutlichern Beweis verlangen, daß die Basaltpfeiler aus einer flüßigen Lava entstanden.

Der Basaltdamm bei der Brücke de la Baume, oder
bei dem Dorfe Portaloup, ist durch die außerordentliche
Größe und Bildung der Säulen merkwürdig.   Es führt eine
von Aubenas längs der Ardeche mit vielen Kosten gemachte
Straße, dahin.   Der merkwürdigste Anblick ist bei den Häusern,

nicht weit von der Brücke. Linker Hand zeigt sich eine artige Colonnade, von sehr hohen senkrechten gegliederten Basaltsäulen, und darüber sieht man andere die nach der Diagonallinie gesenkt sind. Weiterhin ist eine vulcanische Höhle, die durch Kunst gemacht worden zu seyn scheint; das Gewölbe besteht aus Basaltprismen, wovon eines immer tiefer herabgeht und hervorsticht als das andere. Auf der rechten Seite der Grotte tragen sehr dicke Basaltpfeiler die Last des Basaltfelsen, und weiterhin stehen 2 große Massen sehr hoher Pfeiler, welche durch die ganze Höhe des Felsen gehen, und sich auf die rechte Seite senken.

Um nach dem wegen seiner vulcanischen Umgebung merkwürdigen Dorfe Jaujeac zu kommen, thut man am besten den Weg von Aubenas dahin zu nehmen, der 2 M. beträgt, und über die Brücke de la Beaume zurückzukehren, weil beide Wege ihre besondern Merkwürdigkeiten haben. Kommt man von Aubenas nach Jaujeac, so erblickt man linker Hand beim Dorfe einen schönen konischen Berg, der oben einen prächtigen Crater hat, aus dem alle Laven geflossen sind, aus welchen die Basaltdämme längs des Ufers des Vignon entstanden. Man nennt diese Bergspize Coupe de Jaujeac und sie hat auch viele Aehnlichkeit mit der oben angegebenen Coupe du Col d'Aisa. Der Crater des Jaujeac ist aber noch einmal so weit und auch merklich tiefer. Man sieht den großen Spalt, wodurch die Lava abfloß; die darüber liegenden röthlichen porösen Geschiebe von Lava, machen, daß man den Lavastrohm oben nicht deutlich unterscheidet; aber unten in der Ebene zeigt er sich hin und wieder bis an den Vignon, der am Fuße des Berges hinfließt, und die höchsten Basaltdämme in Vivarais aufzuweisen hat.

Nichts ist interessanter als diese unermeßliche Einfassung des Flusses zu betrachten, welche sich eine Meile weit erstreckt,

man kann sich einen ganzen Tag nüzlich damit beschäftigen,
obgleich die Untersuchung sehr mühsam ist. An einigen Stellen sind die Pfeiler gleichsam aus einem einzigen Guße über
50 Fuß hoch; an andern sind sie gegliedert; zuweilen scheinen
sie gewunden; an noch andern formiren sie verschiedene Stockwerke oder Abfäze über einander bis zu einer Höhe von 140 Fuß.
Dieser Guß von Basalt erstreckt sich längs des Vignon bis zu
seiner Mündung in die Ardeche, wo er sich mit den Laven
vereinigt, welche aus den Vulcanen von Neyrac und Theuyts
entstanden.

Um die natürlichen Merkwürdigkeiten des Dorfes Colombier zu besuchen, wählt man den Weg, der von Aubenas
über die Brücke de la Baume nach Porteloup führt;
hier verläßt man die Straße die nach Theuyts geh, und verfolgt einen Feldweg nach Fes. Das Flüßchen Burge, wo
die vulcanischen Dämme bereits anfangen, passirt man vermittelst der Brücke de la Veyriere und sieht unter dem
Wasser ein schönes Basaltpflaster. Der Weg wird nun ganz
vulcanisch, und die gothische Brücke über dem Strohme Auliere
ist von ausgebrannten Schlacken gebauet. Das einsame Thal,
darin er fließt, ist ganz mit braunen und schwärzlichen Laven
bedeckt; ½ Stunde jenseits der Brücke liegt das Dorf Colombier, am Fuße eines Berges, und an einem Bergstrohme, der
mit den schönsten Basaltdämmen eingefaßt ist. Der Berg bei
Colombier ist ganz vulcanisch; der Berg gegen über hingegen
jenseits des Flußes besteht aus Granit.

Von Colombier bis zum Dorfe Burzet hinauf, trifft
man wieder eine Reihe der schönsten Basaltdämme an. Wer
von hier aus den Berg Gravenne de Montpezat, einen
der wichtigsten Vulcane in Vivarais, besuchen will, nimmt den
Weg über das Dörfchen Champagne basse, welches mit
rothen porösen Laven gebauet ist, die von der Gravenne

herrühren. Der Boden ist hier so hohl, daß es klingt als ritte man über Gewölbe. Der Strohm Montpezat fließt zur Rechten, und ist mit erstaunlichen Basaltdämmen eingefaßt, die an manchen Orten über 150 Fuß hoch sind und insgesammt ihren Ursprung der Gravenne verdanken. Endlich passirt man den Fluß Font-Aultere oder Montpezat, ½ Stunde ehe man das daran liegende Dorf erreicht; man kommt über eine sehr hohe Brücke; nahe dabei ist eine Meierei, neben derselben steigt eine etwa 400 Fuß hohe Basaltwand empor, an der man die verschiedenen Schichten sehr gut bemerken kann. Die Menge der aus diesem Berge geflossenen Basalt-materie muß ungeheuer gewesen seyn, weil daraus Dämme von mehreren Meilen, sowohl in dieser Gegend beim Mont-pezat, als bei der Ardeche nach Theuyts zu entstanden sind. Bei der Brücke über den Montpezat bemerkt man große Basaltflüße, welche sich zwischen den porösen Laven hingedrängt haben. Bis ins Unendliche vermehren sich diese Erscheinungen in der Landschaft Vivarais.

Den Weg von Aubenas nach Theuyts kann man be-quem in 3 Stunden machen. Von der Brücke de la Baume an bis Theuyts ist die Ardeche auf beiden Seiten mit zum Theil hohen Basaltdämmen eingefaßt. Der Weg geht nach dem Flecken hinauf ziemlich steil. Links hat man gegen den Fluß einen fürchterlichen Abhang; auf der Rech-ten eine Wand von poröser Lava, und unter sich nichts als Schlacken und Pozzolanerde. Im Hintergrunde erhebt sich der Berg Gravenne wie ein Kegel bis in die Wolken, und an seinem Fuße nimmt sich der Flecken Theuyts sehr mah-lerisch aus. Von der ungeheuern Menge basaltischer Laven, ist eine ansehnliche Fläche entstanden, die zum Gebiete des Fleckens gehört. Diese Fläche wird von einem ansehnlichen

Basaltdamme unterstützt, der bis ans Ufer der Ardeche reicht und der **Königsfelsen** heißt.

Den ungeheuern Riesendamm an der Ardeche darf kein Liebhaber der Natur zu besuchen versäumen; er ist etwa 300 Schritte von **Theuyts** zu sehen, der Fußweg dahin führt unter einer Brücke von 2 Stockwerken durch, worüber die Straße geht; sie ist über einen 500 Fuß tiefen Abgrund gebauet, der **La Gueule d'Enfer** heißt. Von der Brücke stürzt ein prächtiger Wasserfall mit großem Getöse in den Abgrund hinab, sie selbst ruht an dem einen Ende auf Granit und an dem andern auf Basalt. Der Felsen von basaltischen Prismen geht über das Granitgebirge in die Ebene hinab, wo er einen der schönsten über 100 Fuß hohen Dämme, in **Vivarais** bildet. *)

Hier fangen die hohen Berge der Landschaft **Vivarais** an; von **Theuyts** bis **Pradelles** hat man 5 starke Meilen die meistens aufwärts gehen und 9 Stunden erfordern. Die Straße führt auf **Maires**, und ist ein Werk, das der Römer würdig wäre, sie ist 6100 Klafter lang und 5 breit, durch harte Felsen, einen 200 Klafter hohen Berg hinangeführt.

---

*) „Der Berg **St. Leger**, ist ein Theil einer Kette von Bergen, welche in den ältesten Zeiten Vulcane waren. Der Crater des Vulcans des St. Leger stellt einen cirkelrunden Raum dar, den senkrechte Granitfelsen amphitheatralisch umringen. Sein Inneres besteht aus angebaueten, ebenen Plätzen und ist zum Theil mit warmen und kalten mineralischen Wassern bedeckt, die aus dem Mittelpunkte des Craters oder von den Höhen umher kommen. Dieser Crater unterscheidet sich von andern durch seine geringe Höhe; er ist am Fuße eines Berges, und in einem kleinen Thale, durch welches sich die Ardeche ergießt. Aus diesem Crater steigt eine Menge mephitischer Dünste, die jedes lebende Geschöpf tödten; sie steigen aus der Erde und aus dem Wasser empor und löschen ein darein gehaltenes Licht aus; sie sind die letzte Wirkung der Reste unterirdischer Feuer des ehemaligen Vulcans.“

Die Stände von Languedoc haben vor wenigen Jahren dieſen
Weg anlegen laſſen, um von Montpellier nach Puy in Velay
zu kommen. Ueber die Bergſtröhme haben 22 Brücken, die
zum Theil 2 — 3 Bogen über einander haben, geführt werden
müſſen. So bequem der Weg auch iſt, ſo braucht man doch
2½ Stunde dazu. Das Dörfchen Narſe liegt 200 Klafter
über dem Fuße des Berges; bald ſpürt man Maſſen von Baſalt,
und hier iſt es wo die Vulcane von Ober-Vivarais
ihren Anfang nehmen. Hinter Narſe iſt die Gegend wüſt
und rauh; man ſieht nichts als Granit, Baſalt, vulcaniſchen
Sand; alles zeugt hier von den Verwüſtungen feuerſpeiender
Berge. Der Weg bis Pradelles iſt ziemlich gut; dies
Städtchen liegt in der höchſten Gegend von Vivarais, und iſt
mit nichts als Merkmalen des ehemaligen Brandes der benachbarten Berge umgeben; das Clima iſt hier rauh, man ſieht
eine Menge kleiner Baſaltberge umher. *)

Nicht weit vom Strohme Allier, in der Gegend von
St. Clement, ſind auch ſehr ſchöne vulcaniſche Bergſpizen.
Die Vulcane in Ober-Vivarais ſind darin von denen in Un-
ter-Vivarais verſchieden, daß man den Baſalt gemeiniglich
in größern ungleichen Maſſen, in Tafeln und Kugeln antrift.
Die Prismen ſind nicht ſo regelmäßig und die Crater minder
kenntlich, daher hier größere und heftigere Revolutionen Statt
gefunden haben mögen. Man findet häufig abgerundete Granit-
und Baſaltgeſchiebe unter einander; reißende Ströhme ſcheinen
alles mehr verwüſtet und durch einander gemengt zu haben.

*) „In der Gegend von Pradelles giebt es auf den Bergen unzählige
Kaſtanienbäume; dies iſt wohl eine der bedeutendſten Kaſtaniengegenden
in Frankreich. Die Armen kochen ſie und leben davon, ſie haben den
Preis des Rockens, und ſind ein wichtiger Nährungszweig für die Bewohner dieſer Gegend."

Die Vulcane in Ober-Vivarais haben auch viele Zeichen eines höhern Alters. Die Spize des Ardonne, eines der kleinen Basaltberge bei Pradelles ist wegen ihrer Basaltkugeln merkwürdig.

Bei Pradelles ist ein vereinzelter Hügel, der ganz aus harter Lava besteht. Seine Spize besteht aus ungeheuern viereckigen Basaltbalken, die mancherlei sonderbare Stellungen haben; unten am Hügel ist der Boden mit Kugeln, und Trümmern der Massen die man auf der Höhe erblickt, bestreut. Man sieht eine Menge Kugeln von verschiedener Größe, alle von einer ausnehmend harten Masse und von der größten Reinheit. Mehrere haben sich von den großen Basaltmassen abgelöst; andere sizen noch in denselben fest.

Die größte aller Basaltkugeln, die sich hier befinden, ist auf der Höhe des Hügels, sie ist ungeheuer groß, hat einen Umfang von 45 Fuß und sizt noch zwischen den Basaltbalken eingeklemmt, wo sie sich formirt haben muß, da sie noch mit der ganzen Masse daselbst zusammenhängt. Diese vollkommen sphärische Masse hat ein sehr imposantes Ansehen; ein Theil ist von derselben losgegangen, wodurch sie nur noch interessanter wird, da man nun ihren innern Bau kennen lernen kann; man sieht einen innern Kern der 13 Fuß 6 Zoll im Umfange hat, 6 verschiedene concentrische Lagen über einander, deren jede 1 Schuh dick ist, und die hart an einander angedrückt liegen. Kugeln dieser Art sind in allen Lavaströhmen dieser Gegend zerstreuet; man sieht solche auf den Puys von Chatade, von Chaffort, von Tilly, auf dem Hügel von St. Sandoux beim Dorfe Nohadent. *)

---

*) „Man lese über diese Kugeln Faujas de St. Fond Recherches etc. *De Larbre* Mémoire sur les basaltes en boule, in dem Journal de Physique 1787. *Desmarets* Geographie physique."

Auf dem Wege von Pradelles nach Puy, der Hauptstadt des Ländchens Velay, kommt man zuerst zu dem 2 Meilen
entfernten Dorfe Costeros. Man reist immer auf einer sehr
hoch liegenden Ebene und entdeckt auf allen Seiten, noch höhere
conische Spizen vulcanischer Berge, die nahe an einander
liegen, und einer stürmischen See, mit hohen Wellen gleichen.
Die Lage von Puy ist sehr mahlerisch; man muß einen hohen
Berg hinab, um in das angenehme Thal zu kommen worin
dies Städtchen liegt; diese kleine Landschaft liegt zwischen
Vivarais und Auvergne; sie ist voll hoher Berge, deren Spizen
⅓ Jahr mit Schnee bedeckt sind. Die Viehzucht ist die Haupt-
nahrung der Einwohner. Die Dammerde ist hier fast ganz
vulcanisch. Man findet den Basalt in Velay gemeiniglich in
großen Massen oder Tafeln, nur selten in Prismen,
daher die Dämme von Basaltpfeilern auch hier weit seltener
sind.

In keinem vulcanischen Lande findet man so viele große
Berge von Lava; sie haben alle mögliche Veränderungen erlitten. Die Berge um Polignac, Brives, Mezinc stellen
alle Nüançen derselben und die verschiedenen Grade ihrer,
durch die Länge der Zeit erfolgten Auflösung und Zerstörung,
dar. Der Berg von Mezinc ist vom Fuße bis zum 900
Klafter hohen Gipfel vulcanisch, und mit 25 großen, zu ihm
gehörigen, Basaltspizen umgeben. Die Lage von Puy überrascht den Reisenden sehr angenehm; es liegt in einem großen
wohl angebauten Thale, das mit hohen vulcanischen Bergen
umgeben ist; auf der vornehmsten Bergspize ist Puy amphitheatralisch gebauet, und auf dem höchsten Plaze, ragt die majestätische Cathedralkirche empor. Aus der Vorstadt Aigutlle,
erhebt sich eine freistehende conische Masse, die 200 Fuß hoch
ist; oben darauf steht eine kleine Kirche mit einem gothischen

Thurme. *) Auf den vulcanischen Bergspizen bei Polignac und Expailly sieht man Reste alter Schlösser und Thürme; nicht weit davon lauft die Loire am Fuße einer schönen Carthause vorbei. Der isolirte Felsen, auf dem Puy erbauet ist, hat eine senkrechte Höhe von 500 Fuß und ist eine wahre vulcanische Breccia von allerlei Auswürfen, die mit einem vulcanischen Sande zusammengebacken sind; er hat in der Länge der Zeit große Risse bekommen, und gewaltige Blöcke haben sich von ihm abgesondert.

Der genannte conische Felsen Aiguille macht einen ziemlich steilen, mahlerischen Kegel, der unten etwa 170 Fuß

---

*) „Zwei vulcanische Berge sind der Berg Carneille, auf welchem die Stadt Puy gebauet ist, und der eine Höhe von 500 Schuh hat; der andere ist der Felsen St. Michel, der nur 172 Fuß im Durchschnitt hat, der aber ein noch pittoreskeres Ganzes darstellt. Man mußte in den Basalt eine Treppe von mehr als 250 Stufen einhauen, um bis zum Gipfel dieses Obelisces zu kommen. Folgendes Phänomen ist gänzlich von den bisherigen verschieden, ob es gleich auch vulcanischen Feuern seinen Ursprung zu danken hat. In einiger Entfernung von Goudet und vom Berge Maselaux sieht man nämlich auf der Ostseite der Loire, ein bizarres Felsengebäude, das man lange für ein Menschenwerk zu halten geneigt war, das aber doch die Natur allein hervorbrachte wie alle andern Wunder dieser Gegenden. Man sieht zuerst einen runden Thurm mit einer kegelförmigen Bedeckung, die das Dach zu seyn scheint; dann sieht man eine Façade mit einem prächtigen Fronton und einem Peristyle, das sich in dem Innern einer Art von Gebäude verliert, das mit einer großen Zahl von Säulen geschmückt ist. Die Façade kann 180 Fuß in der Höhe und gegen 30 in der Breite haben. Die Säulen des Peristyls sind einander in der Vertiefung näher als vorne am Eingange. Man erwartet einen schönen Saal hinter einer so schönen Vorhalle, aber man findet nur eine düstere ländliche Grotte; sie scheint ein Ort zu seyn wo einst ferne von profanen Blicken, im Alterthume, in heilige Mysterien Eingeweihte sich versammelten. Der Rest des Gebäudes besteht noch in einigen Gemäuern."

im Durchmesser hat, und besteht aus der nemlichen Materie,
wie der Felsen, auf dem Puy liegt. Am Fuße des Felsen
von Corneille hat man mit vieler Mühe kleine terraßzu-
artige Gärten angelegt. Ein schöner Weg führt zum kleinen
Flecken Brives, der ½ Stunde von Puy entfernt ist; eine
Viertelstunde davon liegt das Dorf Erpailly am Fuße eines
schönen vulcanischen Felsen; hier findet man die schönsten Basaltpfeiler in ganz Velay und Vivarais;
man nennt sie: die Orgel von Erpailly; es sind prächtige, senkrechte Pfeiler, die eine Höhe von mehr als 30 Klaftern haben; sie lehnen sich an einen 3mal höhern Basaltfelsen
an, und fassen das Ufer des Flusses ein, der nach Puy
läuft; hier erblickt man ein altes verfallenes Bergschloß,
worin sich König Carl VII. eine Zeitlang aufhielt.

Der vulcanische Felsen von Polignac steht eine kleine
Meile von Puy ganz frei in einem kleinen Thale. Der Flecken
dieses Namens liegt am Abhange eines Berges, dessen Spize
man nur vermittelst eines schmalen Pfades besteigen kann, der
zu den Ruinen eines ehemaligen Schlosses führt; hier ist
auch eine Capelle mit gothischen Fenstern, man heißt sie den
Tempel Apolls; nahe dabei ist eine andere Capelle, an
einer Ecke derselben, ist eine alte wohlerhaltene römische Inschrift; auf einer Platteforme bemerkt man eine große Oeffnung,
die in einen vulcanischen Felsen gearbeitet ist; sie hat einen
Umfang von 42 Fuß, und der hinabgerollten Steine ungeachtet
noch eine Tiefe von 80 Fuß. Hier soll ein Orakel gewesen seyn;
in einem Hofe des Schlosses sieht man einen kolossalen Kopf
des Apollo von Granit, der fast 3½ Fuß hoch ist, und den Mund
offen hat, durch den wohl die Orakelsprüche gegeben wurden.
Dem Schlosse gegenüber ist ein Basaltfelsen, an dem man die
stuffenweise Auflösung des Basaltes sehen kann.

Kapitel 21.

Da die Arbeit der bei Clermont befindlichen ausgebrannten Vulcane auch so höchst sehenswürdig ist, und auf einer
Reise in das südliche Frankreich leicht auch dahin von Lyon
aus auf der schönen Landstraße die dahin führt, eine Excursion
gemacht werden kann, von wo aus dann die Reise sich weiter
über Montbrison, und St. Etienne, nach Vienne fortsezen ließe, so will ich hier noch einige Nachrichten über die
merkwürdigen vulcanischen Erscheinungen in der Gegend von
Clermont beifügen.

Was man vom Gebirge über Thiers herab sieht und auf
der Ebene von Thiers bis Clermont erblickt, gleicht so wenig
den Gebirgen bei Genf und Lyon und an den Ufern der Loire,
daß man sich in eine ganz neue Natur versezt glaubt. Es ist
unmöglich die Pracht des Anblickes zu schildern, den man genießt wenn man auf den Höhen bei Thiers das jenseitige
Gebirg und das unten liegende große, lebenvolle Thal vor sich
sieht. Ueber die fortlaufende Bergreihe steigen Felsenkegel in
eben solcher Menge empor, wie in Rom über dem Gewühle
der Häuser die Kirchenkuppeln; und wie dort die Kuppel der
Peterskirche alle andern um sich her vernichtet, so drückt hier
der Puy de Dome alle Kegel umher tief unter seine Höhe
herab. Nicht ohne das größte Erstaunen blickt man nach diesem Colossen empor. Die kleinen Bergkegel umher scheinen

wie seine Diener um ihn herzustehen, sie laufen in gerader
Richtung von ihm wie von einem Mittelpunkte aus, und in
weiterer Entfernung treten die Köpfe noch anderer hinter den
erstern hervor, ihre Reihe scheint endlos zu seyn; unter ihnen
zeichnen sich aus, der schön geformte Sarcony, der oben
flach abgeschnittene Pariou, der gewaltige Lauchardiere.

Wie am Vesuv, steigt man am Lavastrohme von Gra-
peneyre empor; große Lavablöcke liegen hier wild unter
einander; die Oberfläche des Berges ist mit kleinen Schlacken-
trümmern bedeckt, und kaum drängen sich zwischen ihnen einige
Aehren oder Weinstöcke durch. Unbeschreiblich ist die Verwüstung am Fuße des Berges mitten zwischen reichen Weingärten und Kornfeldern. Der Lavastrohm wird schmäler wie
er höher liegt, die schwarzen Felsblöcke häufen sich aber desto
mehr; zulezt liegen sie in ungeheuern Massen über einander,
und hier kam der Strohm aus dem Berge hervor, 400 Fuß
unter dem Gipfel; weiter am steilen Berge hinauf, finden sich
solche Blöcke nicht mehr. Der Lavastrohm zieht sich gegen Osten
als ein schwarzer Damm bis ins Thal von Royat; 2 Straßen
durchschneiden ihn, sie heben sich etwa 40 Fuß in die Höhe,
laufen zwischen den zu beiden Seiten aufgehäuften schwarzen
Blöcken gegen 400 Schuh fort, und senken sich dann wieder
aus der Wildniß in die reichen Felder hinab.

Ein Arm dieses Strohmes wendet sich gegen Clermont,
und endigt in Form eines steil abgeschnittenen Vorgebirges
beim Landhause Loradoux; ein anderer Arm, der größere,
hört in gleicher Form, zwischen Beaumont und Aubieres,
1½ Stunde vom Orte seines Ursprunges, auf; gegen Royat
fällt der Strohm mit noch größerer Steilheit herab, er füllt
das Thal zwischen den Granitbergen, erstarrt erst am Ausgange desselben, und bildet ein Vorgebirg, das mehr als
100 Fuß hoch ist. Das Dorf Royat liegt hinter der gewal-

tigen Mauer, und kaum finden die Gewässer des Thales ihren
Ablauf in einer engen Spalte. Diese 3 mächtigen Ströhme
kommen zu gleicher Zeit aus dem nemlichen Orte hervor. In
der Eruption des Vesuvs vom Jahre 1794 stürzten zwei Lavaströhme zu gleicher Zeit von entgegengesezten Seiten des
Berges herab, und doch hatte der westliche, der Torre del
Greco vergrub, fast die Länge einer deutschen Meile.

Man sieht in Clermont die 3 Lavaströhme von
Graveneyre und ihren Vulcan. Der Berg erhebt sich 900
Fuß über die Stadt, er scheint auch von derselben aus ange-
sehen, kegelförmig zu seyn und fällt durch seine äußere Form
auf; aber man sieht keine Spur eines Craters auf ihm, der
Kegel endigt sich in eine stumpfe Spize. Zwischen den Ströhmen von Royat und Beaumont, sieht man in Clermont
noch einen andern Felsenkegel, etwa auf dem 4ten Theil der
Höhe des Berges; es ist der Puy de Montaudour; er
gleicht dem Graveneyre in nichts als in der äußern Form,
denn er ist nicht aus Schlacken gebildet, sondern aus mächtigen Säulen von graulich schwarzem, schimmerndem Basalte;
die basaltischen Säulen stehen auf einem Conglomerat aus
eckigen Basaltstücken und Quarzkörnern gebildet. Man findet
hier auch eine Menge Basaltkugeln, die oft mehrere Fuß im
Durchschnitte haben.

Die erste Gebirgshöhe liegt etwa 900 Fuß über Clermont.
Von hier erst übersieht man die ganze kolossale Gestalt des
Puy de Dome, von seinem Fuße bis zum Gipfel. Gegen
Südosten sinkt er tief und mit großer Steilheit; aber gegen
über auf der nördlichen Seite hängen sich ihm kleinere Kegel
an, die mit breitem Gipfel bis zum Puy de Pariou fort-
laufen, dem auffallendsten, wunderbarsten aller dieser merkwürdigen Berge, der hoch über den Graveneyre wegsteht; auf
seiner Spize erblicket man die Oeffnung eines ungeheuern

Craters, so deutlich und schön, als ihn nur der Vesuv aufweisen kann.

Man wandert bei der Besteigung des Puy de Pariou eine Stunde lang auf einer sanft sich emporhebenden Fläche; plözlich steht man nun auf einem Lavastrohm, der noch rauher und wilder ist als die Ströhme von Graveneyre; man sieht wie er sich in ein Thal Vallon de Greffinier, von dem Granitberge herabstürzt; hier ist keine Spur von Basaltbergen; es ist ein 600 Fuß breiter Damm über dem Boden, ein Gletscher aus Lavablöcken; er führt ohne Unterbrechung höher hinauf gegen den Puy de Pariou; überall sind nichts als Aschenschichten und wild umhergeworfene Blöcke; kein Halm, kein Blättchen wächst auf der öden, dürren Fläche.

Endlich am Fuße des Berges häufen sich die Blöcke des Strohmes zu der Höhe eines eigenen freistehenden Hügels; sie breiten sich hier nach allen Richtungen aus und vereinigen sich erst tiefer unten; und nun wenn man über die Schlacken empor gekommen ist, und die Höhe des Berges erreicht hat, so sieht man sich auf einmal zu seinem höchsten Erstaunen, am Rande des größten, schönsten Craters aller erloschenen Vulcane, — ein ungeheurer Trichter, regelmäßig und vollkommen, als wäre er künstlich ausgedreht worden; in der Tiefe ist eine Ebene, auf der die Pflanzen freudiger wachsen; einzelne größere Schlackenstücke liegen umher, doch aber so wenig, daß sie sich in der allgemeinen Ansicht verlieren. Der Boden des Craters ist 230 Fuß unter dem obern Rande; sein äußerer Umfang beträgt 700 Schritte, dies ist zugleich der äußere Umfang des Berges. Der Kegel allein hat eine Höhe von 600 F.; höher als Clermont liegt der Rand des Craters 2433 F. und 3553 F. höher als das Meer. Man sieht hier mit Einem Blicke wie der Lavastrohm sich am Fuße des Vulcans den Ausgang eröffnete.

Die Bergreihe welche den Puy de Pariou mit dem
Puy de Dome verbindet, wird der kleinere Puy de
Dome genannt; immer sind es nur Schlacken und Asche bis
zum großen Puy de Dome hin. Thäler und Hügel von 60—
100 Fuß wechseln hier in kleinen Entfernungen. Aber eine
solche schreckliche Oede, eine solche Verwüstung giebt es selbst
am Vesuve nicht. Die kleinen Rapilli rollen wie Glas über
einander; so trocken, so wüste, so tod sieht man nicht leicht
eine Gegend. Mitten in dieser fürchterlichen Einöde senken
sich einige kleine Crater in die Tiefe, von denen der eine Le
Nid de la Poule, fast noch regelmäßiger geformt ist als
der des Pariou; er ist völlig cirkelrund, von 300 Fuß Umfang,
und von mehr als 80 F. Tiefe; aber er liegt nicht auf dem
Gipfel der Hügel, diese heben sich über seinen Rand noch
bis gegen 200 Fuß.

Wenige hundert Schritte weiter erreicht man den Fuß
des Puy de Dome, der plözlich und steil aus den Schlacken
emporsteigt, ohne äußere Trennung. Es giebt wohl wenige,
isolirte, so ganz anhaltend steil ansteigende Berge, von der
Höhe des Puy de Dome, der auf der einen Seite 1000 Fuß
und auf der entgegengesezten 1700 F. hoch ist. Sein Gipfel
ist nicht spizig, wie er es von Clermont aus zu seyn scheint,
sondern er ist eine Ebene, die aber einem Crater durchaus
unähnlich ist. Höchst wahrscheinlich, wurden die Kegel dieser
Gegend durch innere vulcanische Kraft in die Höhe gehaben.
Die Kegel gehen vom Puy de Dome zu beiden Seiten, in
einer gleich laufenden doppelten Reihe, aus, wie in Peru
die Vulcane der Andes. Es scheint ein Fluch auf dieser Gegend zu ruhen; Schlackenfelder und unabsehliche Flächen,
mit finsterem Heidekraut bedeckt, sind die einzigen traurigen
Gegenstände umher. Die hie und da zerstreuten Schafheerden finden hier nur eine kümmerliche Nahrung, und von

allen Seiten stehen die Lavakegel in drohenden Formen und erschrecken noch jezt durch den Anblick ihrer Verwüstungen.

Dem Partou gegenüber hebt sich der hohe Puy de Caume, von dessen Fuße ein mächtiger Lavastrohm sich nach Pont Gibaud herabstürzt. Ihm folgt eine Menge unbenannter Lavakegel bis unter Riom hinab. Auf dem Puy de la Chopine ist man im Mittelpunkte dieser Lavakegel, und übersieht sie alle mit Einem Blicke; dieser Berg ist auch merkwürdig wegen seiner steilen, fast senkrechten ungeheuern Felswände. Am Fuße desselben ist man nicht mehr sehr weit von dem Ursprunge des großen Lavastrohmes von Volvic, man entdeckt ihn auch bald von einem kleinen Puy in der Mitte des vulcanischen Thales; man kommt an dem Puy de Chaumont, einem hohen Schlackenberge vorbei und steigt dann am Puy de la Nugere den Vulcan von Volvic hinauf; ein nur wenige hundert Fuß hoher Berg; steigt man dann in den Crater hinunter, so sieht man große Schlackenblöcke angehäuft. Der Crater ist ungeheuer groß, aber nicht vollkommen; gegen Norden fehlt eine Seite, dort ist er offen.

Weiter hinaus stellt sich eine mächtige Schlackenhalde vor die Oeffnung, und nur erst von ihrem Fuße weg verbreitet sich die Lava. Ein ähnlicher Strohm entsteht am Fuße eines noch weiter entlegenen Kegels von Schlacken, sie verbinden sich beide in seiner Nähe und bedecken die ganze ungeheure Ebene umher; der Blick auf sie herab, von der Höhe des Puy de la Nugere, ist ein Blick in das Höllenthal des Vesuv (Valle dell' Inferno) in welches sich seit Jahrtausenden Laven über Laven ergoßen. Eine Granithöhe zertheilt den Strohm in 2 Arme; sie vereinigen sich wieder am Fuße des Hügels; dann erreichen sie das Thal, das sich wie eine Kluft am Gebirge bis in die Ebene von Riom herabzieht; die Lava stürzt sich hinein, der Strohm wird nun ganz schmal zwischen den

eng zusammenstehenden Felsen; am Ausgange des Thales verbreitet er sich dann weit über die Ebene weg und endigt sich
nur erst weniger als ¼ Stunde von Riom.

Südwärts vom Puy de Dome, ist der Puy de Barme
nicht weit von der Straße nach Rochefort; seine Form verräth einen Crater, man findet ihn auch wirklich; sein Rand
ist aber von äußerst ungleicher Höhe; die westliche Umgebung
steht vielleicht mehr als 100 Fuß unter der östlichen, und auch
der innere Abhang geht nicht so regelmäßig trichterförmig
hinab; nördlich bricht an seinem Fuße ein Lavastrohm hervor,
er nimmt den Weg gegen Allagnát, und verbreitet sich dort
auf der Ebene. Größere Verhältnisse sind dem Mont Jughat
eingedrückt, den man von hier aus zuerst in seiner merkwürdigen und auffallenden Form sieht. Er ist ein ganz isolirter
Kegel, auf allen Seiten von niedrigern Kegeln umgeben.

Man sieht schon von weitem in seinen Crater hinein, und
die schwarze Farbe des Berges verräth ihn schon lange ehe
man ihn erreicht als eine neue, als eine der größten Schlacken-
halden dieser vulcanischen Kette. Der Crater ist sehr regelmäßig in seinem Umrisse, wenn gleich nur 150 Fuß tief.
Sein Rand ist fast durchaus von gleicher Höhe; sein Umfang
beträgt mehr als 800 Schritte. Man sucht an seinem Fuße
den Lavastrohm, den man bei einem solchen Vulcane vermuthet,
auch sieht man ihn, aber nicht unmittelbar bei diesem Kegel;
es ist ein ungeheurer Strohm, er bricht aus 2 mit einander
verbundenen Cratern hervor, von denen er scheint die eine
Hälfte bis auf die Tiefe fortgerissen zu haben. Die Reste der
beiden Kegel Puy de la Vache und Puy de las Solas
umgeben mit ihren schroffen Abhängen das schwarze Lavameer
im Halbkreise, und schwarze und rothe Schlacken fahren abwechselnd bis zu ihrem Gipfel hinauf.

Die ganze Lavamasse stürzt aus ihren 2 Cratern mit ungeheurer Breite gegen den Kegel von Vichatel. Dieser zwingt sie ihre Richtung zu ändern, und nun fällt sie zwischen beiden Kegelreihen von Norden gegen Süden herab. Einzelne kleine Ströhme trennen sich vom Hauptstrohme, gehen näher gegen die Kegel heran, verbinden sich aber bald wieder mit der großen Masse und umschließen auf diese Art Vertiefungen von 40 — 60 Fuß Höhe, die noch jezt kleine Seen bilden. Nach einem 1stündigen Laufe, erreicht sie das Thal von Aydat, das sich zwischen engen Granitfelsen von der Höhe bis St. Amand in der Ebene der Limagne herabzieht.

Aufs neue ist sie genöthigt dem Laufe zu folgen, den ihr das Thal vorschreibt; sie häuft sich und wendet sich in einem rechten Winkel, um im engen Grunde des Thales nach der Ebene heraus zu stürzen. Aber nun hat sie für den Bach den Abfluß gehemmt, sie bildet einen Damm vor das Thal, es entsteht der schöne fischreiche See von Aydat. Von hier sezt der Strohm ohne Hinderniß seinen Weg in der engen Umgebung fort, unter St. Amand bis nach Talande hinab. Wilde Verwüstung begleitet ihn von den Puys, bis in dieses schöne Clima, und sogar auch die Straßen von St. Amand, einer Stadt, die auf dem Strohme erbauet ist, erinnern durch ihre Oede und Schwärze, an den ehemaligen Brand des Bodens.

Aber welche Fülle der Vegetation erscheint plözlich da wo der Lavastrohm stockt! welcher Reichthum von Bäumen, welche frische, lebhafte Farbe der unzählichen Pappeln und Eichen, der Obstbäume und Wiesen zwischen denen sich die Häuser von Talande verstecken! das bewirken die unzählichen Quellen, die aus der Lava wie Springbrunnen hervorstürzen; herrliche Gewässer, sie breiten sich in Canälen durchs ganze Thal aus, und alles Leben, das oberhalb des Strohmes aus

dem Thale gewichen zu seyn scheint, ist hier doppelt versammelt.

Und so ist es allenthalben, wo Lavaströhme sich endigen;
so sieht man es zu Royat, bei Nohanent, bei Blanzat,
bei St. Genert, bei Volvic, bei Pont Gibaud und
Massayes. Es scheint fast ein Widerspruch, wenn so reiche
Waffer aus einem Feuerstrohme hervorbrechen. Eben so sehr
erstaunt man über die ungewohnte Stärke, mit der die Quellen
des Thales von Talande aus dem Felsenstrohme hervorkom-
men; dieser Lavastrohm ist vielleicht der längste von allen
welche von den Vulcanen von Clermont herab kommen. Er
durchlauft einen Weg von beinahe 4 Stunden; er beträgt mehr
als 1½ Stunde von den Cratern bis zum See von Aydat und
dann 2 Stunden bis nach Talande.

Oberhalb des Sees endigt sich noch ein anderer Lavastrohm, er kommt vom Fuße des Puy de l'Enfant, des
lezten Kegels der vulcanischen Kette. Fast jeder vulcanische
Kegel dieser Kette von einigem Umfange, ist mit der Ebene
durch einen Lavastrohm verbunden, der am Fuße des Berges
ausbricht. Einige solcher Lavaströhme sind klein, andere mögen vielleicht selbst den Ströhmen von Volvic und Aydat den
Rang in Hinsicht der Größe ihrer Verwüstungen streitig machen;
so etwa die Lavenströhme des Puy de Caume, die sich gegen
Pont Gibaud hinziehen; ihre Wirkungen sind noch sonderbarer, aber eben so deutlich als bei Aydat. Nahe am Ursprunge breitet sich der Strohm fast 1 Stunde weit aus, weiterhin theilt er sich in 2 Arme, wovon einer, der gegen Südwesten lauft, plözlich in seinem Laufe durch einen Basaltberg
gehemmt wird, und sich gegen Nordost, nach Pont Gibaud
hin wendet, und sich unter dieser Stadt endigt. Der andere
stürzt sich auch südwestwärts gegen Ceyrat, dann ins Thal
Stoule hinein, das der Strohm ausfüllt. — Etwas süd-

wärts von Volvic kommt noch ein Lavastrohm vom Gebirge
herab.

Sehr merkliche Verschiedenheiten finden zwischen dem Vesuv
und Aetna und den Vulcanen bei Clermont Statt. Die italienischen Vulcane sind Gruppen von Kegelgebirgen, wo sich
kleinere Kegel hart um einen größern und höhern rund herum
drängen. Der Gipfel in der Mitte und der große Crater sind
eins. Die Vulcane von Clermont ziehen sich dagegen in langer Reihe von Süden nach Norden; alle 60 — 70 Kegel sind
isolirte, von einander unabhängige Massen. Und dann, welcher Unterschied in der Masse der Vulcane in Italien und bei
Clermont! Der Aetna hat eine Höhe von 10,400 Fuß; der
Vesuv ist 3600 Fuß hoch, dabei hat er einen Umfang von
einigen Meilen, und der Umfang seines Craters auf seinem
Gipfel beträgt 5076 Fuß; dagegen ist der größte Vulcan bei
Clermont, der Puy de Pariou, nur 600 Fuß hoch, sein
größter Umfang höchstens ½ Stunde, der Umfang seines Craters 700 Schritte. Sollte man nicht glauben, diese Kegel
seyen nur die Essen eines ihnen allen gemeinschaftlichen größern
Vulcans, tief im Innern des Bodens; nur Eine Ursache hätte
auf alle gewirkt, aber der Oberfläche zu nahe, wäre sie bald
hie bald da ausgebrochen, und begnügte sich nicht an Einem
Ausgange allein, wie es der Fall bei den italienischen Vulcanen ist.

Diese leztern Vulcane haben sich durch unzählige Lavaströhme
und durch fortwährende Ausbrüche, so gewaltige Höhen, und
einen solchen Umfang errungen; aber bei Clermont sieht man
auch nicht zwei verschiedene Lavaströhme von dem nemlichen
Vulcane. Jeder Kegel scheint hier dem von ihm abgehenden
Strohme wesentlich anzugehören; und da doch ein Strohm
nicht ausbricht ohne von Schlackenausbrüchen begleitet zu seyn,
so kann man fast als gewiß annehmen, daß jeder dieser Vul-

5

cane selbst zur Zeit des Lavenausbruches entstand, daß sie also
nichts anders sind, als beim Vesuv die *Bocche Nuove* über
der Lava von 1794; oder die *Vzuli* über dem Strohme desselben von 1530; und als beim Aetna der große Monte rosso
über der Lava von 1661.

Die Reihe von 60 — 70 Vulcanen, die in einem 2 Meilen
langen Raume hinter einander stehen, ist ein Phänomen, das
bei weitem die alle halbe Jahrhunderte sich folgenden Kraft-
äusserungen eines Aetna oder Vesuv übersteigt. Diese Kette hört
gerade dort auf, wo der Fuß des Mont d'Or sich zuerst aus
der Gebirgsebene emporhebt. Clermont ist auf allen Seiten
von Basaltbergen umgeben, so daß wohin man auch sieht,
stets neue sonderbare Formen erscheinen. Die Cote de Prudelle ist ein scharfer felsiger Kamm, der hoch über Clermont
zu schweben scheint; schwarze, wohl 60 Fuß hohe Säulen,
scheinen nur unsicher auf der steil aufsteigenden Fläche des
Granitberges zu ruhen, und der Damm hört plözlich mit einem
steilen senkrechten Absturze auf. Diese Felsen stehen 910 Fuß
über Clermont, man kann von Chamalure hinaufsteigen.
Man findet auf ihnen Basaltkugeln, Basalt in Tafeln zerspal-
ten, die, jede einige Zoll hoch, schichtenweise über einander
liegen. Auf dem Damme oben findet man über der ganzen
Länge des Berges, die schönsten, regelmäßigsten Säulen, meistens sechsseitig und bis zu 3 Fuß im Durchmesser.

Von der nördlichen Seite des Dammes tritt diese Säulenreihe schon von ferne hervor, und wie Riesen stehen die mächtigen Prismen, neben einander geordnet; so gehen sie fort viele
hundert Schritte weit, und verlieren sich fast unmittelbar unter
der Lava des Pariou; nur ein kleines Thal scheidet sie von
dieser Lava, die von der entgegengesezten Seite herabstürzt;
der Basalt ist schwarz und starkschimmernd. Dieser Cote de
Prudelle ähnlich, ist der lange Basaltberg de la Serre

zwischen St. Amand und Chanonat, nur ist bei ihm Alles
größer; auch er fängt in der Höhe der Gebirgsebene an,
nemlich in der Höhe von 900 Fuß über Clermont; auch er ist
ein schmäler, fast senkrechter Damm, über dem schroffen Abhange, neben tiefen Thälern; er ist fast eine Meile lang,
und endigt sich erst unter dem Städtchen Le Crest. Von
seinem Anfange an sinkt die Säulenreihe beständig etwas tiefer
herab; unten in der Ebene scheinen die Säulen auf einer
Schichte unförmlicher Kugeln zu ruhen.

Merkwürdig sind ferner die Basaltberge Mont Rognon
und Puy Giroud. Von Clermont aus sieht man nur jenen,
dieser wird durch ihn verdeckt. Es ist fast nicht möglich den
Blick vom Mont Rognon zu verwenden; im Grunde zweier
Bergreihen schwingt sich dieser Kegel mit solcher Kühnheit in
die Höhe, daß man anfänglich betroffen steht über einer Gestalt, die einem Berge so fremd zu seyn scheint; durch einen
ungeheuern Thurm endigt er sich völlig in einer nadelförmi-
gen Spize. Sein ganzer Abhang ist so sehr mit Fragmenten
von dünnen, unregelmäßigen Säulen bedeckt, daß kein Busch
und kein Halm, durch die Blöcke hervordringen kann; ein
häßlicher, wilder Anblick; zwischen den Trümmern treten viele
Säulenmassen hervor, die am Berge angelehnt und noch in
ihrer ursprünglichen Lage sind. Der Basalt ist sehr schwarz
und hat viele glänzende Punkte. Unten wo der Fuß des Berges sich sanfter zu neigen anfängt, liegt der Absaz mit Kugeln
bedeckt; manche sind wie Bomben, andere haben einen Durchmesser von 2—3 Fuß.

Der Puy Giroud ist ½ Stunde südlich vom Mont
Rognon entfernt; sein Fuß liegt mit dem Thurme desselben
in gleicher Höhe und sein Gipfel ist ungefähr 800 Fuß über
Clermont; auch auf ihm erscheinen die Säulen, gruppenweise,
sie sind dick, nicht gar deutlich und sehr schwarz. Die festen

Säulen ruhen hier auch auf einer Schichte kleiner Basaltkugeln. Diese Basalthöhen sind wahrscheinlich Reste sehr alter Lavaströhme, wo dagegen die Ströhme der oben genannten
Puys wohl aus neuerer Zeit sind. Diese leztern Ströhme lassen
sich bis zu ihrem Crater verfolgen; dahingegen bei jenen ältern, ihr Ursprung, oft auch ihre Richtung in Dunkel verhüllt ist.

Sehr interessante vulcanische Erscheinungen findet man
auch auf und bei dem etwas mehr gegen Süden liegenden
Mont d'Or. „Eine solche alpinische Aussicht wie man sie von
Mont d'Or les Bains nach der Spize und den Felsen des
Mont d'Or hat, giebt es vielleicht in ganz Frankreich bis
in die Pyrenäen nicht wieder; Anblicke wie man sie nicht vermuthet hätte. Wir kamen von Orcival, glaubten einen
großen Wald vor uns fast zu berühren, als wir plözlich tief
unten zwischen uns und dem Walde, das Thal Mont d'Or
wie eine Spalte zwischen den Bergen erblickten, seine grünen
Wiesen, die Orte Mont d'Or und Querail. Wir schwebten auf der Höhe eines tausend Fuß hohen, senkrechten Felsen-
absturzes. Der Weg zwischen den Felsspalten zu den Bädern
Mont d'Or herunter, ist mühsam und nur Fußgängern möglich.
Auch noch von unten scheint das Thal die Berge gewaltsam
zu trennen, und in der That nur Chamounys Umgebungen,
mögen sich an Erhabenheit dem prächtigen Circus vergleichen,
der es im Hintergrunde umschließt.

Nicht blos der hohe Gipfel des Mont d'Or, eine Menge
anderer Berge die sich um ihn her ordnen, stehen mit nackten
senkrechten Felsen um die lezte Fläche des Thales; rauhe und
zackige Kämme steigen dunkel aus Schneemassen auf, und in
tiefen Einschnitten zwischen den Felsen rauschen unsichtbare
Gewässer herab. Hier gegen den Gipfel empor zu steigen,
scheint völlig unmöglich, das ruft uns auch laut der schöne

Bogen zu, in welchem die Dore von den Schneefeldern des Mont d'Orgipfels über die Felswand herabstürzt. Auch das Stürzen und Treiben der Wasser im Grunde, vom ganzen Umkreise her, führt so sehr in die höchsten Alpen zurück, daß wir nur allein noch die Gletscher vermissen, um die große Alpenscene vollständig zu haben. Diese Berge sind von ihrer, vom Thale weggekehrten Seite leicht zu ersteigen. Wie ein enger tiefer Canal zieht sich das Thal Mont d'Or zwischen den Bergen hin, und der Blick in den Circus scheint in einen bodenlosen Abgrund zu fallen. Der Ort Eglise neuve liegt um vieles offener und freier als die Bäder von Mont d'Or.

Diese Berge sind den Puys bei Clermont durchaus nicht ähnlich, sie haben ganz andere Formen und Verbindungen. Hier ist alles zu einem Ganzen geordnet; auf allen Seiten scheinen die niedrigen Berge dem Gipfel des Mont d'Or zu huldigen. Nicht weit von den Bädern vereinigt sich die Dore und die Dogne, um als Dordogne nach der Garonne zu fließen. Die Dogne stürzt auf der Nordseite über die Felsen und bildet einen 250 Fuß hohen Wasserfall; den prächtigen Bogen sieht man sehr weit her im Thale; dann schäumt sie noch 700 Fuß über Felsblöcke in das Thal herab. Das Gestein dieser Felsen ist Porphyr, in dem sich eine Menge Krystalle befindet; hat man sie erstiegen so ist man tausend Fuß höher als das Thal. Wir gehen noch ½ Stunde weiter nach einem Vorgebirge, das den Circus von dieser Seite umgiebt; es ist der Rocher des Cousins, dieser Fels und der Fels Cacadogne stehen einander gegenüber; sie heben sich fast völlig senkrecht aus dem Abgrunde empor, beide sind 5000 und einige hundert Fuß hoch; der Gipfel des Mont d'Or ist diesen Bergen ganz nahe; vom Cacadogne scheidet ihn nur ein kleines, wenig tiefes und flaches Thal; hier sieht man viele schwärzlich grüne sechsseitige Säulen.

Von dem Mont d'Or hat sich eine große Masse gegen den Abgrund gestürzt, aber ein hervorstehender Grat des steilen Abhanges, hat sie einige hundert Fuß unter dem Gipfel erhalten; an ihr sieht man deutlich die schöne Säulenzerspaltung des Ganzen; parallele fünfseitige Säulen neben einander, wie am schönsten Basaltberge. Und so ist der Kegel des Mont d'Or 600 Fuß über der lezten Höhe des Gebirges erhaben, 2784 F. über dem tiefen Thale Mont d'Or, und 5812 Fuß über dem Meere. Im Thale und im Circus fanden wir keine Basalte; aber auf der Höhe des Gebirges nach La Tour d'Auvergne sahen wir nichts als Basalte. Man kommt zum tiefen Thale *Vallée de l'Enfer* und zum Thale *Vallée de la Cour*, dieses leztere hat keinen Ausgang; an seinem Ende kommt man zu einem engen Gange, den zwei dem Anschein nach künstliche Mauern bilden, ihr Gestein besteht aus dünnen 4 — 5seitigen Säulen, sie liegen über einander mit ihren Köpfen gegen die Oeffnung gekehrt, und bekommen dadurch eine täuschende Aehnlichkeit mit dem Opus reticulatum der alten römischen Baukunst.

Auf unserm Wege nach La Tour d'Auvergne stiegen wir die steile südliche Thalumgebung herauf, gegen einen runden, über der obern Höhe frei hervorstehenden Kegel, der seiner besondern Form wegen schon in großer Ferne auffällt, und le Dom du Capucin heißt; unmittelbar an seinem Fuße erreichen wir eine Schichte von Basalt; höher hinauf finden wir die große, über die ganze Fläche des Mont d'Or verbreitete Basaltschichte; sie steht uns entgegen, wie ein Damm, der von dem Gipfel des Mont d'Or gegen die Ebene lauft, eine senkrechte Pfeilerreihe ohne Unterbrechung von oben herab. Wir kommen nur mit Mühe hinauf; in der Höhe verfolgen wir sie, bis zum äußersten Abhange, der, die Thäler de l'Enfer und de la Cour umgebenden Berge, wo sie sich unter der

Menge auf einander gehäufter Basaltblöcke versteckt. Von dort
bildet sie fast ohne Einschneidung eine Decke über die Berge;
wir vergaßen oft, daß wir hier über Basalte wegliefen, sahen
nur wenige Blöcke, doch lag an einigen Orten die Schichte
frei auf der Oberfläche und dann sahen wir die prächtige Säulenzerspaltung, die gewöhnlich der Rasen verbirgt, 5seitige
Säulen von 3 — 4 Fuß im Durchschnitte. Rings um den
Fuß des Mont d'Or erscheinen Basalte in großen Abstürzen,
man ist von herrlichen Basaltfelsen umgeben, wo man nur vom
Gebirge herabsteigt.

Es wäre wirklich möglich, den prächtigen, äußerst zierlichen und künstlichen aus 5seitigen Platten zusammengesezten
Fußboden, über La Tour, für ein Kunstwerk zu halten, sähe
man nicht von der Seite des Absturzes gegen die Stadt, die
Säulen in großer Höhe, und von ungeheurer Größe, neben
einander gereihet, hervortreten; auf allen Seiten sieht man
solche Basaltmassen; sanfte Hügelreihen, die auf der Oberfläche
keine Spur von Felsen verrathen, endigen in den sonderbarsten
Gestalten.

Unter Querail scheint sich das Thal zu schließen. Das
große Thal Prentigarde, kommt seitwärts herab und seine
hohe, steile Umgebung stellt sich dem fernern Fortgange des
Mont d'Orthales entgegen. Es windet sich in Krümmungen
durch diese Felsen, und die Dordogne stürzt in Cascaden herab.
Im Eingange der Engen sind sich die Mont d'Orporphyre noch
immer gleich; aber eine kleine Viertelstunde hinab folgt ein
Conglomerat, aus eckigen und runden Stücken dieser Porphyre
gebildet. Gleich darauf wurden wir durch eine Wand der
prächtigsten Säulen überrascht, 5seitig stehen sie um einen
gemeinschaftlichen Mittelpunkt her. So schöne Basaltsäulen hatten wir noch nicht gesehen; es war aber
auch kein Basalt, sondern ausgezeichneter Porphyr. Balk

erreichten wir wieder eine mächtige Basaltschichte. Die Berge öffnen sich, das Thal wird weiter; nun erscheint in der Entfernung die lezte Schichte dieser Reihe, wie sie von den hohen Bergen über das Thal Prentigarde herabkommt; es ist die säulenförmige mächtige Basaltschichte, wie wir sie auf unserm Wege nach La Tour sahen; auch hier fanden wir eine Schichte vollkommen runder Kugeln, von denen die Verwitterung concentrische Schalen ablößt.

Mit den Bergen unter Murat endigen sich 9 Reihen von Basaltbergen, unter ihnen zeichne ich besonders den Felsen unter dem Vorwerke *Chez Chalorie* aus, so schön habe ich noch nie einen Basaltberg gesehen. Die Säulen stehen 200 Fuß hoch wie Orgelpfeifen neben einander, nur ½ Fuß stark, ein sonderbarer überraschender Anblick. So endigen sich auch hier die Basaltreihen in senkrechten Abstürzen und verrathen dann ihre schöne säulenförmige Struktur. Das merkwürdige Thal Prentigarde zerstört die Reihen des Mont d'Or, und auf seiner westlichen Thalumgebung fangen wieder neue Reihen an. Der Basalt, den wir von dem Gipfel von Cacadogne sich herabsenken sahen, geht bis in die Tiefe des Thales, und bedeckt den ganzen Ostabhang bis zum Croix Morand hinauf. Ein Bach von Cacadogne her, stürzt sich über eine 100 Fuß hohe Basaltwand, und bildet die Cascade du Querail, ein schöner, mahlerischer Wasserfall; dort sahen wir bis oben hin die Säulen in mehrern Gruppen versammelt.

Von den bisherigen Vulcanen, Lavaströhmen und Basaltdämmen, von den grauenvollen Feuerheerden in Vivarais, Velay, bei Clermont und dem Mont d'Or, wo es scheint als hätten vor vielen Jahrtausenden Satan und Adramelech mit ihren Gesellen aus dem Abgrunde, einander gräßliche Dämonenschlachten geliefert, flammende Ströhme gegen einander empört,

zahllose glühende Felsen, wie Hagelwolken auf einander geschleudert und die vorhandenen furchtbaren majestätischen Wälle,
wogegen unsere Festungswälle nur Pigmäenwerk sind, gegen
einander aufgethürmt, kehre ich nun mit meinem gefälligen
Leser wieder zurück nach Rochemaure, wo das Schiff noch
wartet, um weiter nach Süden zu steuern.

Nur noch einige Bemerkungen, über das Ardeche-
Ober-Loire- und Puy de Domedepartement:

Das Ardechedepartement, worin Viviers liegt und
Privas der Hauptort ist, ist aus Vivarais gebildet und war
sonst ein Theil von Languedoc. Dies Departement ist sehr
gebirgig und hat viele Granitfelsen, der Boden ist im Allgemeinen sandig und nicht sehr getreidereich; in den niedrigen
Gegenden hat es sehr reiche Weiden. Die Ardeche fließt von
Westen nach Osten. Dieses von hohen Gebirgen und Ebenen
durchschnittene Departement ist nicht überall gleich fruchtbar;
man kann es in dieser Rücksicht in 2 Theile zerschneiden, der
eine ist mit reichen, gut angebaueten, mit Kastanienbäumen
angefüllten Bergen bedeckt, die noch mehr Getreide tragen als
die Einwohner bedürfen, auf denen man dann noch Gemüse,
Obst und Weiden findet; in der andern Abtheilung sieht man
öde Berge, die nur Futter für die Schafe liefern, doch geben
sie auch eine Menge Kastanien, die unter dem Namen:
Marrons, von Lyon nach Paris kommen.

Der südöstliche Theil des Departements an der Rhone hin,
giebt in guten Jahren viele Seide und Weine, unter denen die
von St. Peray und Cornus die geschätztesten sind. Man
hat viele Seidenmanufakturen, auch Baumwollenspinnereien,
und beträchtliche Papierfabriken; man fabricirt auch Schnupftücher von rother Baumwolle auf ostindische Art, Strümpfe,
Müzen. Der Haupthandel des Departements besteht in seinen

Weinen, in Seidenzeugen, schwarzen Trüffeln, Kastanien, Papier, Schnupftüchern, Hanf.

Das Ober-Loiredepartement, von dem die Stadt Puy mit 16000 Einwohnern der Hauptort ist, besteht aus Belay und den Cevennen, Theilen des ehemaligen Languedoc. Die Loire fließt von Süden nach Nordosten; ein Bergland, das 6 Monat mit Schnee bedeckt ist, wie die Berge des westlichen Cantaldepartements, daher die hier herrschende kühle Luft; es sind sehr hohe Berge die das Departement durchschneiden, man findet keine bedeutenden Ebenen. Der Boden ist fast überall der nemliche, bedeckt mit vulcanischer Erde, Laven und Pozzolanen von aller Art; man erndtet gewöhnlich mehr Getreide als man braucht; man hat Gemüse, Abricots, und anderes Obst, große Kastanien (Marrons) wovon der größte Theil in Lyon verzehrt wird. Dies Departement ist sehr reich an Weiden; daher die Viehzucht der Hauptreichthum des Landes ist. Man findet mehrere Arten von Erz besonders auch Brennerde, Spiesglas, allein diese Dinge werden vernachläßigt. Die Spizen sind die vornehmste Fabrikarbeit, dann fabricirt man noch Couverten, Wollenzeuge, Seidenzeuge, auch giebts bedeutende Gerbereien. Man handelt mit Getreide, Vieh, besonders mit Mauleseln, die man in großer Anzahl hat, auch mit Leder.

„Die Departemens de la Lozere und Ober-Loire (worin die Cevennengebirge liegen), die ganz mit Bergen überdeckt sind, sind vielleicht das einzige Land in Frankreich, welches Wunder der Cultur darbietet, die den Liebhaber des Ackerbaues in Erstaunen sezen müssen. Die Thälchen, welche die steilen Berge zwischen sich lassen, sind wie Gärten angebauet; auf den Bergabhängen, sieht man schöne Getreidefelder, Reben und Baumpflanzungen. Der Regen schwemmt die Erde von den steilen Anhöhen, aber der fleißige Pflanzer trägt sie wieder an ihren Plaz zurück. — Auvergne ist also, wenn gleich meistens bergig-, doch keine armselige Provinz; auch ist der Boden für ein bergiges Land meistens mehr als mittelmäßig; auch weiden auf den höchsten Bergen beträchtliche Heerden Rindvieh, wovon vieles ausgeführt wird."

Das Puy de Domedepartement, dessen Hauptstadt Clermont mit 30,000 Einwohnern ist, hat auf allen Seiten hohe Berge, auf denen man Spuren alter Vulcane sieht, die im Allgemeinen das Land dürre und trocken machen; aber in die Mitte dieser imposanten Umgebung, hat die Natur das Thal Limagne gelegt, das einen kalkartigen Boden hat, von dem Allier bewässert und auf allen Seiten mit Bächen durchschnitten ist, welche vieles beitragen, der Landschaft ein wahrhaft bezauberndes Ansehen zu geben. Der Boden von La Limagne ist ohne Widerspruch einer der besten in der Welt; die ganze Oberfläche besteht aus Mergel mit Pflanzenerde vermischt; einige Naturhistoriker geben diesem Boden eine Tiefe von 20 Schuh.

Dies Departement entstand aus Nieder-Auvergne, und hat seinen Namen von dem Gebirge Puy de Dome (Puy bedeutet in der alten Landessprache einen Berg) das fast in seinem Mittelpunkte in der Nähe von Clermont liegt. Dieses von Ebenen und Bergen durchschnittene Departement, ist eines der fruchtbarsten und am besten angebauten in Frankreich; es erzeugt im Ueberflusse Getreide von jeder Art, Obst, Wein, Hopfen; die Weiden sind zahlreich und vortrefflich, und ernähren viel Vieh, besonders Pferde, Ochsen, Maulesel, Schafe; es giebt auch einige, doch nicht bedeutend einträgliche Blei- und Silberminen. Die Industrie ist sehr ansehnlich; man fabricirt Leinwand, seidene Spizen, Siamoise, und andere Baumwollenzeuge, Sersche, Calmande, Basins, Quincaillerie-waaren, Papier, Bänder. Der Handel besteht im Verkaufe dieser Waaren und den Erzeugnissen des Bodens; besonders handelt man mit Hanf, Ochsen, Leder, Unschlitt, Schnupftüchern, Leinwand, seidenen Spizen, Siamoisen.

Am Fuße des Berges, auf dem der Basaltfels von Rochemaure sich erhebt, hart an der Rhone ist das Dorf Theil. Bald darauf sieht man ein niedliches Schloß am Ufer des Flusses, unten an einem Basaltfelsen; man schifft noch einige Zeit zwischen mahlerischen Aussichten und Maulbeerpflanzungen am Ufer hin und nähert sich endlich dem Städtchen Viviers;*) es liegt an dem westlichen Ufer. Es war gegen Abend, als wir ihm näher kamen; die Umgebung desselben ist nach allen Seiten in hohem Grade mahlerisch schön. Das Städtchen steigt ziemlich hoch an einem Berge empor, kleine zierliche Waldpartien ziehen sich rechts neben hinauf; einen prächtigen Anblick gewährt das, außerhalb der Stadt weiter nördlich auf einem Hügel einzeln stehende, prächtige Seminarium, mit einem sich vorne an ihm herabsenkenden Garten; westlich von ihm erstreckt sich zwischen die Berge hinein, ein liebliches Thal, glänzende Landhäuser erblickt man in demselben mahlerisch schön zerstreut, von der schönsten Vegetation umringt; die Aussichten in diesem Seminarium müssen bezaubernd seyn. Hoch über der, den Berg herabsteigenden Stadt, erhebt sich auf einem Felsen der die Stadt beherrscht, majestätisch die Cathedralkirche, nebst andern Gebäuden; etwas tiefer steigt ein anderer senkrecht abgeschnittener Fels empor, der ganz oben eine Platteforme

---

*) „Bei Viviers fängt man an, den Oelbaum zu bemerken, aber oft täuscht in diesem Clima die Erwartung den Pflanzer. Dieser gegen den Frost sehr empfindliche Baum fordert um zu gedeihen eine immer sanfte Temperatur und geht bei kalten Wintern leicht zu Grunde."

hat, von ferne einem festen Schlosse gleicht und daher *Rocher du Chateau* heißt; weiter links glänzte von einer Bergspize eine Capelle herab, und rechts oben erblickt man eine Einsiedelei.

Gegen den Fluß herab, etwas südöstlicher, sahen wir den schönen b i s ch ö f l i ch e n P a l a ß, mit ansehnlichen Alleen an seiner Seite. Sehr hohe kahle und buschige, mit Disteln und aromatischen Kräutern bewachsene, hellgraue Felsenberge ziehen sich hinter Viviers südlich an der Rhone hinab. Aber noch mehr Erstaunen erweckt der Anblick der, auf der linken Seite der Rhone hart am Ufer sich hinabdehnenden, senkrechten, ungeheuer hohen Felsenmauer, aus der einzelne conische und cylinderförmige entsezliche Massen sich vordrängen und hoch in die Luft emporstarren. Der Anblick den wir an diesem senkrecht abgeschnittenen, graulichgelben Felsenwalle hatten, da wir noch etwa ½ Stündchen von ihm und Viviers entfernt waren, und er im Glanz der Abendsonne schimmerte, indeß der wilde Felsenberg bei Viviers schon in Dämmerung lag, war in Verbindung mit der ganzen schönen Umgebung von Land und Wasser ungemein schön. Grauenvoll, aber erhaben und majestätisch ist der Anblick dieser Felsen, wenn man hart an ihrem Fuße den Fluß hinab fährt. Diese Kalkfelsengebirge an beiden Ufern, besonders das östliche, ziehen sich weiterhin etwas zurück ins Land hinein, und der Blick verliert sich theils über der hier unermeßlichen Wasserfläche hinab, theils in der endlosen Ebene gegen Osten, wo ich am fernen Horizonte den majestätisch über alle Gebirge umher emporsteigenden Ventoux, diesen weitherrschenden König der südlichen Berge zuerst in abendröthlicher Glorie erblickte, und den ich nachher bis zum Meere hinab nicht mehr aus den Augen verlor.

Auf den unfruchtbaren, einander bei Viviers und Donzere gegenüberstehenden, Felsenbergen, die wohl in den ältesten Zeiten der Erde durch Meeresgewässer getrennt worden sind,

geben die hier wachsenden aromatischen Kräuter ein treffliches
Futter für die Schafe; daher das köstliche Hammelfleisch das man
in Viviers findet, und in dem ganzen Ardechedepartement,
das zum Theil aus ähnlichen Bergen besteht, so wie in allen
Ufergegenden der Rhone. Ehemals lief der volle Fluß hart
an der Stadtmauer von Viviers vorbei; jezt ist er etwa einen
Büchsenschuß, mehr gegen Osten; es entstand zwischen dem
westlichen Ufer und dem Hauptbette des Strohmes eine Insel;
der kleine Canal zwischen ihr und dem Ufer ist nicht immer
schiffbar; das alte Bette des Flußes ist mit Kieselsteinen bedeckt,
unter denen ein großer Theil vulcanischer Natur ist. Die
Gartenmauern sind hier größtentheils mit Basaltstücken gebauet,
und die Straßen damit gepflastert.

In Viviers findet man bei Mr. Flaugergues *) eine
antike Mosaike, sie stellt einen mit Epheu bekränzten Faun
dar, mit einem Hirtenstabe in der Hand; ferner 2 kleine antike
Vasen von Bronze, die man in der Gegend fand; eine Sammlung von Mineralien des Landes, auch mehrere Grabinschriften.
Keine Art von Handel wird hier getrieben. Die Gassen sind
enge, die wenigsten sind gepflastert, die meisten mit einer aus-
serordentlichen Menge Buchs bedeckt, den jeder vor seinem
Hause streut, und den man nach einiger Zeit als einen trefflichen Dünger betrachtet. Die Mauern der Häuser haben von
den schwärzlichen Basaltstücken, womit sie gebauet sind, ein
finsteres Ansehen. Das bischöfliche Gebäude, und das Seminarium, beide ausserhalb der Stadt, sind hier die 2 einzigen

---

*) „M. Flaugergues ist der Sohn des M. Honoré Flau-
gergues, der sich durch ausgedehnte Kenntnisse in der Physik, Naturgeschichte und Astronomie ausgezeichnet hat. Er selbst ist einer der thätigsten Correspondenten des M. Lalande, und hat eine große Anzahl
astronomischer Entdeckungen gemacht, die man in den *Connoissances des
temps* findet.“.

merkwürdigen Gebäude; „(1804)" jenes ist für die Senatorerie bestimmt, und dieses für die Ehrenlegion."

So traurig aber das Innere von Viviers ist, so reizend
ist seine Lage, so lachend ist die Landschaft umher. Bei jedem
Schritte stoßt man auf historische Zeugnisse vom Aufenthalte
der Römer in dieser Gegend, oder auf Beweise ehemaliger
großer Revolutionen der Erde. *) Viviers war die Hauptstadt
von Vivarais, ein Land das durch seine Vulcane so berühmt
ist, und von denen Hr. v. Faujas eine so interessante Beschreibung gegeben hat. Viviers hieß ehemals *Vivarium* oder
Vivaria. Als die Stadt *Alba Helviorum* (die Helvier bewohnten nemlich diese Landschaft) im Anfange des 5ten Jahrhunderts von den Vandalen zerstört wurde, welche nach der Meinung des d'Anville und Lancelot **) da stand, wo jezt
Aps ist, 3 Stunden von Viviers, wo man noch viele Trümmer des
Alterthums findet, so wurde Viviers die Hauptstadt des Landes,
das nun Vivarais (Vivariensis pagus) genannt wurde. ***)

---

*) „In der Voyage pittoresque d. l. Fr. Vivarais No. 1. ist eine
Ansicht von Viviers."

**) „S. *Notice de l'ancienne Gaule*, 45. und *Academie des belles
lettres* Tom. VII. Hist. 235."

***) „Unter den Trümmern von Aps (Alba Helviorum) fand man
eine Inschrift worin von einem *Cultor larum* die Rede ist. Jede Familie
bei den Römern hatte ihre Hausgötter — (Lares) diese waren in einer
besondern kleinen Capelle (Lararium) aufgestellt. Diese Bilder nahm
man in die Feldzüge und auf Reisen mit sich; Sclaven hatten den Auftrag ihren Dienst zu besorgen, sie bei Feierlichkeiten, und besonders bei
den ihnen gewidmeten Festen den Compitaliis und Laraliis mit Blumen
zu kränzen. Diejenigen Sclaven, welche besonders für dies zu sorgen
hatten, hießen Cultores larum. Die Cultores larum der Familie August
bildeten ein besonderes Collegium; dies weiß man aus mehrern Inschriften.
S. *Fabretti* Columna Trajana, 206."

Diese alte Hauptstadt von Vivarais, die der Siz eines Bisthums war, hat jezt kaum 2000 Einwohner. Aus diesem unbedeutenden Städtchen, das durch seine Lage nur zum Zufluchtsorte einiger Fischerfamilien bestimmt zu seyn scheint, erhebt einer der berühmten Astronomen Europens, *) seine scharfsichtigen Blicke zu den Gestirnen, und machte verschiedenen Societäten der Wissenschaften, nüzliche Beobachtungen bekannt. Diese Stadt kommt auch in der Geschichte der Religionskriege vor. Im Jahre 1576 bemächtigte man sich, auf Befehl des Herzogs von Uzes, des Schlosses, worein man durch die heimlichen Gemächer gekommen war.

Merkwürdig ist die einige Stunden von Viviers entfernte natürliche Felsenbrücke, die sich über die Ardeche zieht. Man denke sich 2 hohe senkrechte Gebirge, die den Fluß rechts und links zusammendrängen; zwischen ihnen bildet ein grauliches Stück Marmor eine natürliche Brücke, ein majestätisches Werk, das fast 200 Fuß hoch über dem Flusse schwebt. Die Oeffnung der Brücke stellt ein Gewölbe dar, das vielleicht das kühnste in Frankreich ist; die Breite der Oeffnung von einem Pfeiler zum andern beträgt 163 Fuß. Dies prächtige Monument ist ein sehenswürdiges Werk der Natur, dem vielleicht Menschenhände noch nachgeholfen haben. Seit dem Aufenthalte der Römer in diesen Gegenden, hat man sich immer dieser Brücke bedient, um aus den Cevennen nach Vivarais zu kommen; es ist kein anderer Weg in der Nähe, man findet nur steile Felsen, die nirgends einen Uebergang über die Ardeche erlauben. In der Nähe dieser Brücke findet man einige Höhlen, die mit Stalactiten und Seemuscheln angefüllt sind; man schaudert, in diesen düstern einsamen Orten, wenn man daran denkt, daß sie während der bürgerlichen Kriege, den Refor-

---

*) „Mr. Flaugerguet."

mirten zu Zuflüchtsorten gedient haben, und daß sie so wie die
Brücke, welche zur Zeit Ludwig XIII. durch furchtbare Festungswerke vertheidigt wurden, der Schauplatz unerhörter Grausamkeiten waren.

Die Ardeche entsteht aus 36 Ströhmen; viele dieser
Gewässer bilden, indem sie in Cascaden von den höhern Spizen der Gebirge herabstürzen, von allen Seiten mahlerische
Ansichten; sie stehen aber alle an Schönheit der Cascade nach,
welche die Ardeche an dem Orte bildet, wo ihre Gewässer von
einer fast senkrechten Höhe herabstürzen; dies geschieht in der
Nähe einer Cascade, die von einem basaltischen Felsen,
Namens Ray Pie herabfällt, und 20 Toisen über das Bassin
erhaben ist, worein sie fällt.

Unter den Grotten von Vivarais, diesem an sonderbaren
Naturerscheinungen so fruchtbaren Lande, ist die Stalacti-
ten-Grotte von Balon besonders merkwürdig, wegen der
großen Zahl sehenswerther Dinge die sie darstellt; man muß
sie mit einem Führer, mit Fackeln, Feuer und Laterne besuchen.
Vom Schlosse Balon hat man bis zum Berge, auf dessen
Höhe man die Grotte findet, eine Stunde; er ist wegen seiner
starken Abhängigkeit etwas schwer zu ersteigen; die Grotte
liegt in einer Höhe von 50 Toisen. Der Eingang ist ziemlich
enge; eine etwas dicke Dame von Balon blieb einmal darin
stecken, und konnte nicht mehr vor sich und hinter sich kommen,
so daß man Steine wegschlagen mußte, um sie wieder heraus-
zubringen. Ist man einige Toisen weit hineingekrochen, so
erweitert sich auf einmal die Oeffnung, und man sieht einen
ungeheuer langen majestätischen, geräumigen Gang vor sich,
der 20 — 30 Schuh breit ist.

Gegen das Ende des Jahres sammelt sich in dem Eingange dieser Grotte, so weit noch etwas Licht hinein fällt, eine
Menge Insekten, Fledermäuse, Schlangen, die hier ihr Win-

6

terquartier haben. Weiter hinein erblickt man nach allen Seiten, eine Menge gigantischer pyramidenförmiger Stalactiten, die in der Ferne wie weiße Geistergestalten aussehen. Man erblickt überall die sonderbarsten Figuren. Die pyramidenförmigen Stalactiten verdienen in der That unter die prächtigsten Naturerzeugnisse gestellt zu werden; sie sind über 6 Fuß hoch, und an der Basis 4 — 6 Schuh breit. Da und dort senken sich ähnliche Pyramiden von der Decke herab und stoßen mit ihren Spitzen, auf die der untern. Dann sieht man wieder Säulen so hoch als die ganze Grotte, mit kleinern umringt, wie man es bei gothischen Kirchen sieht. Man hat etwa ¼ Viertelstunde bis zur Mitte der Grotte zu gehen. Man findet in Vivarais eine Menge ähnlicher Höhlen z. B. bei Mercuer, Vogue, Chaumeyrac, Virac, Vagnas, Bourg St. Andeol, Viviers, Largentiere, die letzte Grotte besteht aus mehrern Sälen.

Von Viviers an besteht die Landschaft am Ufer der Rhone herab, aus einer Reihe dürrer Berge, bei denen man nur wenige Spuren von Cultur bemerkt. Einige Bäche haben sich einen Durchgang zwischen den Bergen eröffnet; an ihrer Mündung findet man gewöhnlich ein Dorf oder eine kleine Stadt, wie z. B. Viviers, und weiter südlich hinab das an der Rhone liegende Städtchen Bourg St. Andeol. *) Hier findet man ein sehenswürdiges, dem Gotte Mithras geweihtes Monument des Alterthums; um es zu sehen muß man den Weg durch das Städtchen nehmen, man kommt alsdann auf eine Art von Esplanade, die von Felsen umringt ist; aus denselben kommt eine reiche und schöne Quelle **)

---

*) „Bourg St. Andeol hat 3000 Einwohner. Der Bischof von Viviers hatte hier seinen Sitz."

**) „Diese Quelle bricht am Fuße eines Felsen hervor, wo einst ein Tempel des Gottes Mithras war. Man hat Mühe sich zu über-

hervor, die man Grand Goul nennt; sie bildet ein ovales
Bassin; neben an ist eine andere, deren Wasser sich in einem
cirkelförmigen Bassin sammelt.

An der Kalkfelsenwand hinter diesem Bassin, 8 — 9 Fuß
über der Esplanade, ist das Monument; *) es besteht aus
einem vierseitigen Basrelief, das 4 F. hoch, und 6 Fuß breit
ist. Mit Mühe erkennt man noch, wie auf allen Monumenten

und mit einer phrygischen Müze auf dem Kopfe; er will einen
Stier opfern, den ein Skorpion in die Geschlechtstheile sticht,
und dem ein Hund nach dem Halse fährt; unten kriecht eine
Schlange, die auch Absichten auf das arme Thier zu haben
scheint. In der obern linken Ecke ist das Bild der strahlenden
Sonne, in der Ecke zur Rechten ist der wachsende Mond zu
sehen. Unten ist ein Täfelchen auf dem man nur noch wenige
Spuren einer Inschrift entdeckt. Man sieht den Gott Mithras
eben so durch eine strahlende Sonne, auf mehrern Reliefs
vorgestellt, die man in Rom aufbewahrt. Die Verehrung des
Mithras kam durch die Soldaten des Pompejus, zur Zeit der
ersten Kriege der Römer in Asien nach Rom, auch sind die
Denkmäler desselben sehr zahlreich. Dieses merkwürdige Basrelief ist ganz ohne Schutz den Mißhandlungen der Kinder

---

reden, daß das 1 — 2 Schuh hohe Loch eines Felsen, wo man nur auf
dem Bauche kriechend hineinkommen könnte, der Eingang in einen
Tempel habe seyn können; aber die Verehrung des Mithras war etwas
so mysteriöses als seine Gottheit. Die Höhlen, welche die mühseligsten
Zugänge hatten, waren Heiligthümer die ihm angemessen waren. Die
Oeffnung ist schon lange mit Steinen verstopft, welche die Kinder hinein
geworfen haben. Einige Fuß hoch über derselben sieht man ein Relief,
dessen Figuren fast nicht mehr zu erkennen sind. Auf mehreren in Rom
erhaltenen Reliefs, sieht man den Mithras eben so wie hier, durch ein
mit Strahlen umgebenes Gesicht, dargestellt."

*) „S. Caylus Recueil II. pl. 97."

ausgesezt, die es bei ihren Spielen zum Ziele ihrer Stein-
würfe machen. In der Nähe dieses Basreliefs findet man
viele Gerbereien, auch eine Walkmühle wird durch das Wasser
der genannten Quellen in Bewegung gesezt. Es sind Höhlen
in diesen Felsen, in welche zuweilen die Knaben hinein-
kriechen.

In der Hauptkirche des Städtchens zeigt man einen
römischen Sarcophag, mit einer antiken Inschrift, worin einst
die Gebeine des heil. Andeol verwahrt wurden, der hier in
den ersten Zeiten des Christenthumes unter Septimius Severus
den Märtyrertod erduldet haben soll. Der Deckel·hat die
Form eines Daches; auf der vordern Seite ist ein Täfelchen,
das 2 fliegende Genien tragen; über dem einen Fuße eines
jeden derselben, ist eine Taube mit ausgebreiteten Flügeln,
auf jeder Seite des Täfelchens, ist unter den Genien ein
Kaninchen, ein Bogen und Köcher; die schmalen Seiten des
Sarcophags sind mit Guirlanden geschmückt; auf der Inschrift
liest man die Namen der Eltern die ihrem 5jährigen Sohne
(Filio dulcissimo) diesen Sarcophag bestimmten, und über derselben steht, wie bei allen römischen Sarcophagen, ein *D* und
ein *M* (Diis Manibus). Auf der rechten Seite des südlichen
Einganges in die Kirche findet man auch noch einen römischen
Grabstein mit einer Inschrift. Die Umgebung des Städtchens,
das weder schöner noch lebhafter ist als Viviers, ist sehr angenehm; aber der Hafen ist belebter, und dieser Ort scheint
den Handel an sich gezogen zu haben, dessen sich Viviers hätte
bemächtigen sollen.

An dem nemlichen Tage, an dem wir Morgens unser
Bouteillenschiff, etwa 6 Stunden unterhalb Vienne, bestiegen
hatten, Montags den 8ten Jun., kehrten wir Abends auf der
rechten Seite der Rhone in einem ansehnlichen Wirthshause
ein, das einige hundert Schritte vom Ufer ganz einsam auf

einer Anhöhe stand, und mir wie ein Landhaus vorgekommen
war. Hier hatte das Schicksal meinem Reisegefährten einen
großen Schrecken zugedacht. Wir wurden nemlich nach dem
Nachtessen in ein Zimmer geführt, wo bisher Millionen Sei-
denwürmer einquartirt gewesen waren; es waren 4 Betten
darin, wovon wir 2 in Besitz nahmen. Das Licht stand in
einiger Entfernung, so daß es um unsere Betten her ziemlich
dunkel war. Das Bett des Herrn H. stand in einer Ecke,
und etwas von der Wand ab, so daß nun ein finsterer Winkel dahinter war; ehe er zu Bette gieng, fiel ihm etwas in
denselben hinab, er beugte sich nun, ohne an etwas Arges zu
denken, mit dem Gesichte nieder, um die Sache zu suchen,
aber mit Blitzesschnelle und mit einem furchtbaren Zeter- und
Mordgeschrei, das mir durch Mark und Bein drang, und das
ich noch immer höre, fuhr er im nemlichen Augenblicke wieder in die Höhe und taumelte rückwärts aus dem Winkel hervor, ein böses unbekanntes Thier, ein Ungethüm aus der
Hölle, war ihm mit wilder Heftigkeit ins Gesicht gefahren.

Der gute Herr H. war voll panischen Schreckens, und
ganz aus aller Fassung. Ich lief nun eilig mit dem Lichte
herbey, um zu sehen was für ein Ungeheuer, was für ein
Dämon aus dem Abgrunde hinter dem Bette spucke und wirth-
schafte. Mit weit vorgehaltenem Lichte, starrte ich, nicht ganz
ohne einige Bangigkeit in den Winkel; aber auf einmal überfiel mich nun ein so entsezliches Lachen, daß ich fast das
Licht aus der Hand fallen ließ; das vermeinte Ungethüm war
keine Höllenbrut, kein Lindwurm oder Basilisk, kein Crocodil
oder Vogel Greif, sondern ein ehrliches Huhn mit einem
Neste voll zarter Küchlein unter den Flügeln, das für die
Freiheit und das Leben seiner Jungen besorgt war, böse Absichten von dem ins Dunkel sich herabsenkenden und nähernden Antlize argwohnte, und um sie zu schüzen, schnell einen

muthigen Angriff auf dasselbe machte, und hauptsächlich die
stattliche Nase darin, als einen feindlichen Vorposten, als eine
gefährliche Batterie, und ein furchtbares Hornwerk am schärf-
sten attakirte und berennte. Herr H. leistete mir nun im Lachen auch Gesellschaft, so sehr es nur das lädirte Geruchwerk-
zeug erlaubte.

Den nächsten Morgen brachen wir sehr frühe auf; wir
waren nur noch 7 Stunden von Orange entfernt. Der ehrwürdige Ventour blickte linker Hand, jenseits der weiten
ebenen Landschaft, über die noch dämmernden endlosen nach
Süden ziehenden Gebirgketten, von dünnem Nebelgewölk um-
wallt, majestätisch aus dem hellen Morgenhimmel herab, als
König des Landes. Dieser imposante Berg liegt ganz nahe
bei Carpentras, von wo aus man ihn gewöhnlich besteigt.
Die beträchtliche Höhe dieses Berges, der am Rande einer
unermeßlichen Ebene liegt, die sich bis ans Meer erstreckt,
seine Verkettung mit den Gebirgen des Delphinats, und alle
die mittleren Berge, die ihn auf der einen Seite mit dem
Leberon, auf der andern mit den Bergen von Orange
und der Grafschaft Venaissin verbinden, geben ihm ein
großes, stattliches Ansehen; auch die Aussicht auf seiner Spize
ist, wie häufig versichert wird, und wohl begreiflich ist, vortrefflich, belohnt reichlich für die Mühe seiner Besteigung
und zieht viele Reisende herbei. Meistens wehen ungestümme
Winde auf ihm. Er theilt sich in viele Gipfel. Die meisten
Reisenden, die ihn bisher besteigen wollten, mietheten sich im
Dorfe Bedouin Maulesel dazu; dieses Dorf lag auf seiner
Südseite und an seinem Fuße; die Reben- und Maulbeerbaumpflanzungen um dasselbe her, verschönerten die Gegend;
Bedouin trieb einen starken Seidenbau, jezt ist von diesem
Flecken nichts mehr vorhanden als sein Andenken; der revo-
lutionäre Fanatismus hat hier am Ende des 18ten Jahrhun-

derts die Greuel erneuert, die am Ende des 16ten Jahrhunderts, durch den religiösen Fanatismus gegen den Flecken Merindol und Carrieres in der nemlichen Gegend verübt wurden. Zu dieser Besteigung des Bentoux wählt man eine schöne Sommernacht, und sorgt daß man gegen Anbruch des Tages den Gipfel erreiche, wozu man 4 Stunden braucht. Kurz vor Aufgang der Sonne hat die prächtige unermeßliche Aussicht umher, die höchste mögliche Deutlichkeit; diese verliert sich aber nach Sonnenaufgang mit den alsdann überall aufsteigenden Dünsten.

Man entdeckt hier oben bei der Capelle die weiter als 30 Stunden entfernten Gipfel der hohen Alpen, das Meer, den mit dem Meere zusammenhängenden See von Berre, den fruchtbaren Landstrich der Insel Camargue, die weite Kieselsteinebene La Crau, die Berge St. Victoire und Leberon, die lachenden Gefilde, welche die Rhone und die Sorgue wässern, den Lauf der Rhone durch eine unermeßliche Ebene; Avignon, Carpentras, mit ihren reizenden und im höchsten Grade fruchtbaren Landschaften, und eine Menge anderer Städte und Dörfer. Schon Petrarca erstieg vor mehr als 400 Jahren, in Gesellschaft seines Bruders, diesen majestätischen Berg. Der Beschreibung nach, die er in einem seiner Briefe von dieser Wanderung hinterlassen hat, ist die Aussicht auf dem Bentoux, eine der reichsten und ausgedehntesten des Erdbodens. Die Besteigung des Berges ist sehr leicht; alle Jahre wird den 14ten September in einer Capelle auf dem Gipfel Messe gelesen, und so wie der erste Augustsonntag die Anwohner des Jura auf der Dole versammelt, so versäumen hier wenige Landleute am gemeldeten Tage den Gipfel des Bentoux zu besteigen.

Wir näherten uns der Brücke bei St. Esprit, wohin man von Bourg St. Andeol in einer Stunde kommt.

Mit Erstaunen betrachtete ich diese prächtige ungeheuer lange Brücke, ein Werk das der Römer würdig wäre. Sie ist nicht in gerader Linie gebauet, sondern sie biegt sich in der Mitte etwas gegen den Strohm hinab; dies war ein sehr glücklicher Gedanke ihrer Erbauer, sie mußte durch diese Einrichtung sehr vieles an Festigkeit gewinnen. Die Spize des Winkels, der gerade gegen die reißendste Stelle des Flusses, etwas näher an dem Languedokischen Ufer, gerichtet ist, wurde so gegen die Gewalt des Wassers, durch beide divergirende Arme der Brücke gestüzt. Ohne diese Vorsicht würde sie wahrscheinlich dasselbe Schicksal gehabt haben, das ihre ältere Schwester bei Avignon traf, welche schon seit langer Zeit bis auf einen geringen Rest zusammengestürzt ist.

Diese Brücke gehört zu den schönsten in Frankreich, sie hat 26 Bogen, nemlich 19 große und 7 kleinere; gewöhnlich sieht man das Gewässer der Rhone nur unter 18 Bogen; sie hat ferner eine Länge von 145 Klaftern und nur eine Breite von 2 Klaftern; sie ist also ausnehmend schmal, 2 Fuhrwerke haben Mühe einander auszuweichen; aber man muß bemerken, daß zu der Zeit da sie gebauet worden ist, die Carossen und Cabriolets noch nicht erfunden waren; Herrn und Damen ritten, und die Transporte geschahen gewöhnlich auf dem Rücken der Maulesel. Die größten Bogen sind 18 Toisen weit; alle Pfeiler sind durchbrochen, jede Oeffnung hat einen schönen cirkelrunden Bogen, die Pfeileröffnungen sollen vielleicht, wenn der Fluß sehr groß wird, seine gegen die Brücke anstürmende Gewalt durch das Durchlassen vieler seiner wilden Wellen, schwächen; sie lassen das höher anstürmende Wasser durch, indeß die Pfeilerschnäbel das Wasser unter ihnen auf die Seite weisen.

Die Rhone hat hier besonders gegen das westliche Ufer hin eine reißende Geschwindigkeit; mit der Schnelligkeit der

Pfeile schießen die Schiffe zwischen den Bogen dahin, aber
Gefahr ist keine da, wenn das Schiff nur genau nach der
Mitte der Oeffnung gerichtet wird. Auch ist der 2te westliche
Bogen, unter dem die Schiffe gewöhnlich durchfahren, sehr
weit. Der Brückenwächter wohnt im 2ten westlichen Pfeiler,
man muß da hinein gehen, um die Schönheit und Festigkeit
des Baues dieser Brücke zu bemerken, auch wundert man sich
über die Größe des Raumes, den man hier nicht erwartet
hätte. Diese Brücke wurde im Jahre 1265 angefangen; die
Einwohner der Stadt, die bis dahin St. Saturnin du Pont
hieß, baueten, weil bisher schon so viele Schiffe beim Ueber-
fahren über den Strohm verunglückten, von den Beiträgen
unterstüzt, die sie von allen Seiten sammelten, diese Brücke,
die sie Pont du St. Esprit nannten, weil sie den Gedanken derselben der Eingebung des göttlichen Geistes zu-
schrieben. *)

Dies prächtige Meisterstück der Baukunst, das unendlich
viel Mühe, Zeit und Geld kostete, ist von größter Wichtigkeit
für Vivarais und alle umliegenden Departemens. Sollte die
Brücke zusammenstürzen, so würde es eine der kostbarsten und
schwierigsten Unternehmungen seyn, eine neue Brücke über
den so breiten und äußerst reißenden Strohm zu bauen, dabei
wacht man mit der größten Sorgfalt über ihrer Erhaltung;
man läßt nur Fuhrwerke die mit einem gewissen bestimmten
Gewichte beladen sind, darüber gehen. Um allen Unfällen zu-
vorzukommen, muß ein eigenes Bauamt darüber wachen, daß

---

*) „Diese Brücke hat durch ihre Länge ein imposantes Ansehen,
sie ist merkwürdig wegen der Regelmäßigkeit und Zierlichkeit ihres Baues,
und angenehm wegen ihrer Form. Die sämmtlichen Bogen haben in der
Mitte keinen gothischen Winkel, sondern sind wie alle römischen Bogen
cirkelrund."

alles was nur schadhaft zu werden droht, ohne Verzug wieder
hergestellt, die geringste Beschädigung auf der Stelle wieder
ausgebessert werde, daher hat die Brücke bei all ihrem Alter
noch immer ein sehr frisches Ansehen, und man glaubt sie
wäre erst vor kurzer Zeit gebauet worden. *)

Die Stadt St. Esprit ist reinlicher und besser gebauet,
als Viviers und St. Andeol, die Citadelle die 1622 entstand,
ist noch unverletzt, sie hat 4 Bastionen,

*) „Vollständige Nachrichten und Zeichnungen von dieser Brücke
sind in der Histoire du Languedoc Tom. III. p. 506. und in der Voyage
pittoresque de la Fr. Languedoc Tom. II. pl. 73."

Kapitel 22.

Bei der Brücke von St. Esprit sollte man durchaus seinen Weg nach Orange, durch die höchst merkwürdige, nur einige Stunden gegen Osten liegende Stadt Vaison nehmen; diese wegen ihrer noch übrigen wichtigen Monumente des römischen Alterthumes, so interessante, und in dieser Rücksicht berühmteste Stadt des Comtats, war mir ganz aus dem Sinne gekommen, da ich durch diese Gegend kam. „Vaison war einst die Hauptstadt der alten Vocontier, und eine der vornehmsten römischen Colonien, wie die noch vorhandenen Ruinen der Gebäude, die sie einst schmückten, beweisen. Vaison ist jetzt nach Carpentras und Cavaillon, die dritte Stadt des Comtats; sie ist 9 Stunden von Avignon entfernt, hat 1500 Einwohner, liegt auf einer Anhöhe beim Strohme Auvaise und bei den Ruinen der alten gallischen Stadt Vasio, die einst eine große Stadt der Gallier war.”

Die Auvaisebrücke besteht aus einem einzigen Bogen, der sehr fest und breit genug ist, daß 3 Wagen auf ihr neben einander fahren können; die Löcher die in die Steine gegraben sind, und ihre ungeheure Größe zeigen, daß sie ein Werk der Römer ist; sie diente ehemals zur Verbindung beider Quartiere der Stadt, durch die der Fluß ströhmte; ein herrliches Werk! die Natur scheint den Plaz für diese Brücke

angezeigt zu haben, indem sie daselbst 2 Felsen, die sonst
überall sehr von einander entfernt sind, hier sich näher brachte.
Dieses Monument ist das einzige, das sich hier gut erhalten
hat; jeder Fremde sieht es mit Vergnügen, weil es den
Stempel römischer Größe trägt.

Besteigt man den Hügel Puymin, so findet man zwei
wohl erhaltene Arcaden, die man für die Reste eines Amphitheaters ansieht. Die Steine sind ungeheure Massen, wie die
des Coliseums zu Rom; die Arena lag gegen Norden. Man
sieht noch auf der Südseite die Oeffnung eines Vomitoriums, das in den Felsen gebauen ist. Die Länge dieses
Gewölbes betrug ungefähr 16 Toisen, seine Breite 1 Toise.
Die Zuschauer und die wilden Thiere, deren Gefängnisse
(Carçeres) in der Nähe waren, konnten hier leicht ein- und
ausgehen; man sieht noch Reste von Gewölben, worein
man die wilden Thiere einschloß. Die Capelle von St.
Quenin, die jenseits des Flusses liegt, zeigt in ihrem obern
Theile, die Reste eines antiken Tempels, dessen Architektur von korinthischer Ordnung zu seyn scheint. Man glaubt
es wäre ein Tempel der Diana gewesen, stützt sich aber dabey
blos auf einige Figuren von wilden Schweinen, die man hier
fand. Die Säulen die das Aeußere desselben schmücken, sind
aus mehrern Steinmassen zusammengesezt; ein Theil derselben
ist cannelirt, sie sind mit Acanthusblättern geschmückt, die
mit vieler Eleganz gearbeitet sind.

Auf dem Friese sieht man Tänze und bacchische Belusti-
gungen; es ist Schade, daß die Figuren fast ganz ausgelöscht
sind; man sieht nur noch auf den Seiten einige gut erhaltene
Köpfe, kann aber nichts bestimmtes darüber sagen. Zwei
oder drei Figuren sind mit einem militärischen Sagum bekleidet, und haben Piken und Stäbe in den Händen. Das
Innere vom antiken Theile dieses Tempels ist noch viel besser

erhalten, als das Aeußere. Die kleinen Oeffnungen, durch
die er Licht erhält, sind mit sehr gut gearbeiteten Pfeilern
geschmückt; das Gewölb ist ein reiner Bogen; man erblickt
oben im Gewölbe auf dem Schlußsteine einen Wolf, oder ein
wildes Schwein von trefflicher Arbeit, und so gut erhalten,
daß man glauben sollte, daß diese Arbeit eben aus der Hand
des Künstlers gekommen sey). Ueberhaupt ist das Ganze des
Gebäudes noch in sehr gutem Stande, ungeachtet seines Alters
und der darauf gemachten Angriffe der Barbaren. Der Stein
welcher den Altar dieser Kirche bedeckt, ist von Alabaster; er
ist etwa 6 Fuß lang und 3 Fuß breit, und man sieht Trauben
und Kornähren darauf, die sehr zierlich gearbeitet sind; man
glaubt daß er zum Grabmal des heil. Quenin, des Schuz-
patrons dieser Capelle, gehört habe.

Die Mauern der Meierei Máraudi, sind zum Theil
mit alten Basreliefs überzogen; man sieht da einen
Triumph, ein Opfer und mehrere Thiere. Der Fries ist auf
der Ostseite mit den Arbeiten des Hercules geschmückt. Der
Widder und Salamander, welche den beiden Thoren dieses
Gutes zur Verzierung dienen, sind gut gearbeitet. Vom römischen Kai am Ufer der Auvaise, ist nur noch eine Mauer
von etwa 100 Schuh Länge übrig. Dieses Werk, das manches
Jahrhundert hindurch dem Ungestümme des Flusses Troz ge-
boten hatte, würde 1616 fast gänzlich durch eine außerordentliche Ueberschwemmung zerstört; man sieht noch an den von
der Mauer übrigen Steinblöcken, eine Probe von der Festigkeit der römischen Baukunst. Durch diesen Kai waren an
verschiedenen Orten 10 — 12 unterirdische Canäle gebrochen,
welche das Wasser der Stadt nach dem Flusse führen sollten;
ein Mann kann bequem in jeden dieser Canäle eintreten; aber
in dem Canale unter dem Bezirke des ehemaligen Dominicaner-
klosters, könnte ein beladener Karren, ohne Mühe durchkommen.

Vaison hatte Fontainen, die mit prächtigen Säulen-
gängen geschmückt waren; eine Inschrift die man in Avignon,
bei M. Calvet einem gelehrten Alterthumsforscher findet,
läßt darüber keinen Zweifel übrig. Die Römer hatten deswegen einen unterirdischen Canal angelegt, um das Wasser
des Groseau von Malaucene her, in die Stadt zu leiten.
An den noch übrigen Spuren dieses Canals sieht man, daß
er 2 Fuß hoch und 1 Fuß breit, und etwa 2 Zoll hoch mit
einem dichten Kitte überzogen war. Nach dem Einsturz der
großen Mauer des Kai, fand man bleierne Röhre, weit wie
eine Kanone für 24pfündige Kugeln. Die alte, zu Anfang
des 10ten Jahrhunderts erbauete Cathedralkirche, ist ein
schönes Monument der gothischen Baukunst und ist noch ganz
übrig; man findet hier mehrere römische Grabsteine mit Inschriften. Vor der Revolution waren 2 antike Capitäler von
großer Schönheit vorhanden, sie dienten 2 Kreuzen zum Piedestal; das eine war vor dem Hause der Dominicaner und ist
nicht mehr vorhanden, das andere war vor dem Stadtthor,
wo es noch ist. Man hat 30 Postamente von enormen Säulen
auf dem Gute des Herrn von Vilasse, das des Enfers
heißt, und oberhalb des Flusses liegt, entdeckt; sie sind aber
noch nicht hervorgezogen, weil niemand in dieser Gegend die
Kosten der Arbeit übernehmen kann.

Gar häufig findet man in den Feldern musivische
Pflaster. Wenn das Gouvernement jährlich eine Summe
hergeben wollte um nachgraben zu lassen, so würde man in
Vaison noch viele Alterthümer entdecken. Bei Hr. Girand
sieht man einige Alterthümer, die bei der Zerstörung des bischöflichen Palastes gefunden wurden, z. B. einen Kopf, der
einem Apoll gehört zu haben scheint, eine weibliche Statua
ohne Kopf und Füße, die Draperie daran ist sehr schön; einen Weiberkopf mit griechischem Kopfpuze, zwei Männerköpfe,

einen marmornen gekrönten Kopf, Urnen, Schalen ꝛc. das ist
es ungefähr, was von der alten Hauptstadt der Vocontier, die
unter den vornehmsten Städten des Narbönnesischen Galliens,
eine der ersten Stellen hatte, noch übrig ist: Pomponius
Mela nennt sie sogar die erste derselben, und Plinius giebt
ihr den Titel einer Bundesgenossin Roms, ein Vorrecht dessen
sich die andern nicht rühmen konnten. Sie hatte sich wieder
erholt, nachdem sie schon 3 — 4mal durch die Barbaren geplündert worden war, als Raymund VI. dem der Bischof und
die Einwohner, durch die Maximen Gregors VII. irre geführt,
den Eid der Treue verweigert hatten, sie endlich 1183. mit
Feuer und Schwert zerstörte; seit dieser Zeit konnte sie nicht
wieder zu Kräften kommen. Die wieder aufgebauete Stadt
besaß sonst noch eine sehr große Anzahl von Inschriften, aber
fast alle wurden zertrümmert, als der Freiheitsbaum errichtet
wurde; es sind nur noch etwa 20 bei verschiedenen Privatpersonen zu finden. Hr. Millin führt eine gute Parthie davon an.

Als wir nicht mehr weit von Orange waren, zogen sich
rechts und links die Ebenen mit den Bergketten hinter ihnen
immer weiter von uns weg nach Osten und Westen, und vor
uns öffnete sich über die Rhone hinab eine endlose Aussicht
nach Süden; einen besonders prächtigen Anblick gewährte uns
der Ventoux mit seiner hoch am Himmel weit von Norden
kommenden und nach Süden hinabziehenden dämmernden
Bergkette. Ein Dorf mit einer reizenden Umgebung erschien
am rechten Rhoneufer, hinter ihm dehnte sich die weite Ebene
aus, neben ihm blickten Schloßruinen von der Höhe herab.

In der Entfernung von ½ Stunde von Orange verließen
wir endlich unser Schiff, auf dem wir von einem Morgen
bis zum andern in etwa 15 Stunden einen Raum von 40
Stunden durchlaufen hatten. Der Morgen war einer der

schönsten, die heitersten, lachendsten Aussichten umgaben uns
auf allen Seiten, besonders gegen Orange hin, das ½ Stunde
östlich von der Rhone entfernt ist, und wo die ungeheuer hohe
und breite Façade eines römischen Theaters, die uns
schon eine gute Weile auf dem Flusse als eine hoch über Orange
emporstarrende Felsenwand vorgekommen war, uns immer
deutlicher und colossäler vorschwebte; sie erhebt sich am Fuße
eines einzeln aus der Ebene emporsteigenden Hügels; vor der
Theatermauer und auf ihren Seiten breitet sich die Stadt in
der Ebene aus. Voll guten Muthes und der angenehmsten
Erwartungen, steuerten wir auf Orange los; auf diesem Wege
sah ich die ersten Oelbäume ganz in der Nähe; den ersten
im Freien wachsenden großen, einem erwachsenen Quetschen-
baume ähnlichen Feigenbaum, sah ich den folgenden Tag auf
dem Abhange des Schloßberges in Orange, hinter dem Theater.
So stießen wir von jezt an, auf eine freundliche Erscheinung
des südlichen Himmels nach der andern; nach einigen Tagen
sahen wir auch die ersten Mandelbäume, Granatbäume und
Cypressen; nicht ohne innige Herzenslust erblickte ich diese
Verkündiger der Nähe des mittelländischen Meeres und seiner
paradiesischen Ufer; so wie des südlichen Climas, in welches
wir jezt erst eigentlich eintraten. *)

Ueberall sahen wir unzählige Reihen von Maulbeerbäumen, die aber meistens ihres zarten Frühlingskleides, ihres

---

*) „Wer von Süden nach Norden an der Rhone herauf reist und
Orange im Rücken hat, findet nun den Himmel schon nicht mehr so
südlich, die Südfrüchte und Bäume verschwinden; man sieht hinter
Orange keine Feigen- und Oelbäume mehr, dafür hört aber auch das
Land auf so kahl und öde zu seyn und macht laubreichen Bäumen,
fetten Kornfeldern, üppigen schön gewässerten Wiesen immer mehr
Plaz."

schönen breiten, dunkelgrünen glänzenden Blätter beraubt,

gegensehen, welche sie zu Boden stürzen wird; sie streckten ihre

Menschen, gen Himmel; indeß jede Pflanze, jedes Gebüsch

schmucke prangten; traurige Gestalten des Winters im Norden umschwebten uns überall in diesem, von der mildesten Wärme des südlichen Himmels durchströhmten Paradiese; es waren sehr unangenehme Empfindungen die dieser Anblick bei mir erweckte; indeß Gefühle der Freude von allen Seiten auf mich eindrangen. *)

Zwei Departemens von Frankreich zeichnen sich besonders durch die vielen und schönen Ueberreste der römischen Kraft und Größe aus, das Departement von Vaucluse, und das

---

*) ↑ In einiger Entfernung von Carpenträs verließen wir die fruchtbare Ebene des Comtats, um das undankbare und steinigte Gebiet von Orange zu betreten. Diese Stadt, deren Existenz der Eroberung Galliens durch die Römer vorangeht, wo im V. Jahrhundert ein Concilium gehalten wurde, und die ihren Namen dem furchtbarsten Feinde Ludwigs XIV. gab, hat noch ansehnliche Reste von zwei Gebäuden übrig, die ihren ehemaligen Glanz bezeugen, Reste eines Theaters und Triumphbogens."

„Für einen Bewohner nördlicher Gegenden hat die Landschaft von Orange eine wahrhaft neue Gestalt; der fruchtbare Boden ist mit Getreide, Reben und einer großen Menge von Maulbeerbäumen bedeckt; man fängt an, einige Oliven- und Granatbäume zu erblicken. Wir kehrten im Hotel der Post ein, wo wir aus unsern Fenstern den berühmten Triumphbogen entdeckten. Man ist hier auf einem wahrhaft klassischen Boden, je weiter man hier gegen Süden vorrückt, desto bedeutender und zahlreicher werden die Denkmahle, welche die Römer in Gallien hinterlassen haben. Wer von Montdragon kommt, sieht den Triumphbogen von Orange schon über eine Stunde weit.".

Departement Du Gard. In beiden hatten die Römer Colonien angelegt. Unter allen Städten des Vauclusedepartements
verdient unstreitig in antiquarischer Rücksicht, Orange die
meiste Aufmerksamkeit; dagegen ist diese Stadt an und für
sich so wenig einladend für Reisende, daß wenn die prachtvollen Reste des römischen Alterthumes, die man in und bei
ihm findet, und die es so berühmt gemacht haben, nicht wären,
wie man hineintritt, man es gleich wieder verlassen möchte.
Unsern ersten Gang aus dem Wirthshause machten wir nach
dem berühmten römischen Triumphthor, das 4—500 Schritte
von dem Städtchen, gegen Norden neben der Landstraße die von
Lyon nach Marseille führt, ganz einsam dasteht, in Ehrfurcht
gebietender Majestät, und der staunenden Nachwelt durch seine
ungeheure Größe, durch die Festigkeit und geschmackvolle Bearbeitung seiner Masse, eine Probe darstellt, von den eben so
geistreichen als erhabenen und colossalen Ideen und Werken
des Volkes, das einst die Welt beherrschte, und mit geschmackvoll gearbeiteten Riesenwerken der Baukunst, so wie mit dem
Ruhme seiner Thaten erfüllte.

Auch diesem prachtvollen Gebäude, an dem man nicht
ohne Erstaunen emporblickt, sieht man es an, daß es nicht
blos für Jahrhunderte, sondern für Jahrtausende gebauet wurde;
es gehört auch wirklich in die Reihe der am besten erhaltenen
Werke der römischen Baukunst; auch ist seine einsame Stellung auf der weiten Ebene dem großen Eindrucke den es macht,
ausnehmend günstig; zwischen den alten rußigen Häusern von
Orange würde es lange das imposante Ansehen nicht haben,
das es gegenwärtig hat. Alles Große und Herrliche überhaupt,
in der Kunst, Natur und Menschenwelt, sollte als etwas Seltenes, Heiliges und Höheres, auf einen würdigen, freien Platz
gestellt werden, wo alles was gemein und schlecht ist, weit
genug von ihm entfernt wäre, um es nicht berühren, ent-

weihen und beschmuzen zu können, wo es sich frei und unge-
drückt entwickeln, um sich greifen, in seiner ganzen Schönheit
und Würde enthüllen könnte.

Dies Gebäude, das mit einem weiten Cirkel, steinerner
Bänke und junger Pappeln umgeben ist, ist ein Parallelogramm,
das eine Höhe von 60 und eine Breite von 66 Fuß hat, durch
dessen breite Seiten, die gegen Norden und Süden gekehrt
sind, man 3 offene Bogengänge geführt hat, wovon der mittlere höher und breiter als die beiden andern ist, und hauptsächlich für Fuhrwerke bestimmt war. Durch die mittlere
Pforte des Triumphthors, hielten immer auch die trium-
phirenden Feldherrn mit ihrer Heldenschaar den feierlichen
Durchzug; das Volk drängte sich dann durch die Nebenthore.
Auf jeder breiten Seite standen ursprünglich 4 cannelirte,
korinthische Säulen, 2 auf den Ecken des Gebäudes und 2
auf den Seiten des Hauptthores; auch an den 2 schmalen
Seiten standen ehemals 4 Säulen in gleicher Entfernung von
einander; auf der Ostseite sind noch alle 4 vorhanden, auf
der Westseite sind nur noch Fragmente von den 2 mittlern zu
sehen. Auf der nördlichen Seite ist die Ecksäule gegen Westen
verloren gegangen, eben so auf der nach Orange gekehrten
Südseite; so wie auch die Säule auf der Westseite des Hauptthores, die aber wieder durch eine moderne ziemlich plumpe
Säule, die zur Stüzung des Ganzen nöthig war, ersezt worden ist. Es ist sonst auch noch bei dem großen Thore, so wie

Die 2 Säulen neben dem Hauptthore tragen ein drei-

---

*) „S. *Lapise Histoire d'Orange* mit Kupfern."

einem Untersaze; sie ist mit einem schönen Gesimse gekrönt.
Die nördliche, gegen die Landschaft hinaus gekehrte Seite
ist die Hauptfaçade des Gebäudes, sie ist auch noch am
besten erhalten, doch ist hier von der westlichen Ecksäule, nur
der Säulenstuhl noch übrig; von den 3 noch vorhandenen
Säulen ist die östliche Ecksäule die allerschönste, bei ihr so
wie bei den 2 andern, sind die Capitäler vortrefflich gearbeitet
und noch ganz unbeschädigt. Das Basrelief der Attika stellt
ein wildes Schlachtgewühl von Reitern und Fußgängern dar.
Zur Linken der Attika, neben diesem Basrelief, erblickt man
auf einem kleinen viereckigten Vorsprunge, der ihr zur Rechten einen Pendant gehabt zu haben scheint, allerlei Opferwerkzeuge, eine Opferschale, einen Weihwedel (adspergillum),
das Präfericulum, eine Art Opfergefäß, das bei Opferzügen
vorangetragen wurde, das Simpulum, ein einfaches Opfer-
geschirr zum Ausgießen des Opferweins auf den Altar, und
einen gekrümmten Augurstab. Diese nemlichen Opferin-
strumente sieht man auch an dem Tempel des Jupiter Stator
zu Rom.

Die Trophäen auf beiden Seiten des hervortretenden
Frontons, die als Basreliefs auf großen Feldern erscheinen,
sind aus Dingen zusammengesezt die sich auf das Seewesen
beziehen, aus Schiffschnäbeln, Ankern, Rudern, Dreizacken ꝛc.
Unter diesen 2 Feldern erscheinen weiter unten über den
Nebenthoren noch größere, mit andern Trophäen; diese stellen
Angriffs- und Vertheidigungswaffen vor und haben keine Be-
ziehung auf das Seewesen; man erblickt große ovale oder
achtseitige Schilde, Schwerter, Helme, Trompeten, Wurfspieße, Piken, Pfeile, Standarten der Cavallerie, Feldzeichen
mit der Gestalt eines wilden Schweines auf der Spize; queer
über den Schilden sieht man verstümmelte Worte, sehr deutlich liest man auf einem das Wort Doduacus.

Die südliche gegen die Stadt gekehrte Façade hat durch die vom Meere herkommenden Südwinde sehr gelitten, die stark abgeschliffen.

Auch hier sieht man ein Schlachtgetümmel auf der Attika; von den Trophäen in dem obern und untern Felde über dem westlichen Nebenthore, die hier eben so geordnet sind wie auf der Nordseite, ist fast gar nichts mehr zu sehen; die Trophäen aber über dem östlichen Nebenthore, und auch einige Stücke von dem Basrelief über ihnen, sind noch gut erhalten. Auf den Schilden über diesem Nebenthore liest man die Namen Mario, Dacuno, Sacrovir, Udillus. Auf dem Vorsprunge zur Rechten der Attika ist eine weibliche Büste en Medaillon, die den Kopf mit dem Arm unterstützt. Zwischen den Trophäenfeldern rechts über dem östlichen Nebenthore sieht man noch deutlich auf einem schmalen Felde

diatoren. Von den 4 Säulen die hieher gehören, sieht man nur noch die 2 östlichen, beide sind bis über die Mitte herab noch gut cannelirt. Die 3te Säule ist ganz neu, glatt und grob gearbeitet von einem Maurer aus Orange, und nur als Stütze anzusehen; die 4te Säule ist ganz verschwunden.

Bei den 3 Thoren ist auf dieser Seite ausnehmend viel neues Flickwerk angebracht, modern. Das östliche Nebenthor ist

Zunächst über dem mittlern Thore ist fast nichts mehr in gutem Stande. Die Einfassungen der Bogen sind mit Weinlaub, Trauben, Früchten und Blumen verziert, die an einander befestigt wie ein Band am Bogen herumlaufen. An den innern Gewölben der 3 Thore sieht man eingesetzte elegante Rosetten in schönen viereckigen Feldern, wie beim Triumphbogen bei St. Remy. Diese ungemein schönen Verzierungen sind aber nicht alle von Einem Meisel, einzelne Stücke sind minder vollkommen gearbeitet, andere hingegen verrathen einen geschick-

ten Zeichner. Die 2 schmalen Seiten des Triumphthores haben ihre Richtung gegen Osten und Westen. Die Ostseite ist
noch mit 4 schönen gut erhaltenen cannelirten Säulen geschmückt. Der Fries über den Capitälern, auf welchem fech-
tende Gladiatoren vorgestellt werden, hat ein Fronton über
sich, mit einem Brustbilde in der Mitte, ungefähr wie ein
Heiligenbild, mit der Glorie um den Kopf, wahrscheinlich
das Bild der Sonne; auf jeder Seite neben ihm ist ein Horn
des Ueberflusses angebracht, man sieht aber nur noch schwache
Spuren davon. Ueber den abhängenden Seiten des Frontons
liegen Nereiden; über dem Fronton ist auch hier eine Attila,
doch ohne Basreliefs, aber mit einer schönen Karniesverzierung.
Zwischen den 4 Säulen erblickt man 3 Trophäen, die auf
Stöcken angebracht sind, bei jeder sieht man ein Kriegskleid
mit einem Dolche, 2 Schilde, 2 Köcher mit Spießen, einen
Helm und ein Fähnlein mit einem wilden Schweine, das
leztere fehlt aber beym Fähnlein in der mittlern Trophäe.

Unter jeder dieser 3 Trophäen erscheinen 2 Gefangene, die
neben einander stehen und die Hände auf den Rücken gebunden haben; zwischen den 2 mittlern Säulen bemerkte ich einen
bärtigen Greis, in dessen Gesichte man den vollkommensten
Ausdruck von hoffnungsloser Schwermuth findet; nicht ohne
inniges Mitleiden konnte ich den tiefgebeugten Alten ansehen,
mit seinen rückwärts gebundenen Händen, mit seinem seitwärts gesunkenen Haupte, und seinem in eine trostlose gram-
volle Zukunft hinstarrenden Auge. Es ist zum Erstaunen, daß
in mehr als anderthalbtausend Jahren, dieser vortrefflich ge-
lungene Ausdruck von Schwermuth, den ein römischer Künstler
hier in die grobe Steinmasse zu legen wußte, bisher noch durch
alle Sturmwinde, Schnee- Regen- und Hagelschauer, denen
dies Gesicht Preis gegeben war, nicht weggewischt werden
konnte. Von den 4 schönen korinthischen Säulen dieser Ost-

saute, ist die nördliche Ecksäule noch in einem trefflichen Zustande; bei den 2 mittlern Säulen ist die obere Hälfte auch
noch fast wie neu, und die prächtigen Capitäler haben noch
nichts gelitten. Auf den 2 Schilden der mittlern Trophäe
sieht man noch einige schwache Spuren zweier Namen.

Die Westseite dieses Monumentes hat am meisten gelitten,
in der Mitte derselben sieht man von den 4 Säulen, die auch
hier angebracht waren, nur noch von den 2 mittlern, stark
beschädigte Reste der obern Hälfte; die Cannelirung ist noch
sehr deutlich, aber sie sind sehr durch den Regen ausgefressen;
über den Capitälern sind noch 3 antike auch fast ganz abge-
schliffene Quadersteinlagen, die oberste war offenbar der untere
Theil des Frontons, dies verrathen einige noch übrige Verzierungen, die ganz so sind wie auf der Ostseite; die mittlere
Lage ist ein Theil des Frieses, dessen Unterlage die unterste
Steinreihe ist; wahrscheinlich stellte der Fries auch hier wie
auf der Ostseite Gladiatorengefechte dar. Von der Trophäe
die links neben dem Reste der einen mittlern Säule ist, und
von 2 Gefangenen darunter sieht man noch das Meiste ziemlich
gut erhalten; von der Trophäe sieht man noch ganz deutlich das über einen Stock gehängte Kriegskleid, den Helm,
einen Schild und Spies; von den 2 gefangenen Personen
unten daran, ist eine ein Weib mit langen herabhängenden
Haaren, sie hat einen hübschen runden Kopf und runde wohlerhaltene Arme. Alles außer diesen Resten ist späteres Gemäuer, und macht eine große Masse aus.

Ganz in der Höhe dieser schmalen Westseite liest man
folgende moderne Inschrift: *Du regne — De M. Mure —
Roy. — En —* 1706. Die Armbrustschüzengesellschaft von
Orange trug nemlich im Jahre 1706 vieles zur Wiederherstellung dieses beschädigten, den Einsturz drohenden Monumentes bei, und ein gewisser Mure, war damals Schüzenkönig.

Die Grafen von Provence und die Dauphins hatten im 13ten Jahrhunderte, in allen Städten ihrer Staaten eine Bogenschützengesellschaft errichtet oder zu errichten erlaubt; sie wollten durch diese Einrichtung ihre Unterthanen zum Kriegswesen bilden. Solche Gesellschaften ernannten an einem Sonntage nach Ostern, den zu ihrem König, der an einem bestimmten Tage, einen in einer gewissen Entfernung aufgestellten lebendigen oder gemahlten Vogel getroffen hatte; dieser wirkliche oder gemahlte Vogel war ein Papagay, in ältern Zeiten ein Specht; der König behielt seine Würde aber nur ein Jahr. Diese Schützencompagnien waren noch in einigen Städten bis zur Zeit der Revolution vorhanden. Bis ins 16te Jahrhundert waren diese Compagnien mit Bogen und Piken bewaffnet; in der Folge vertauschte man sie mit Musketen. Diese Gesellschaft dauerte in Orange länger als anderswo.

So wie beim Amphitheater in Nimes und Arles, war man auch bei diesem Triumphthore auf den unglücklichen Gedanken gekommen, ihn durch einen hohen, auf ihn gesezten Thurm zu verunstalten; er muß noch zu der Zeit gestanden haben als La Pise seine *Histoire d'Orange* heraus gab, da das Triumphthor darin noch mit dem Thurme abgebildet ist. Man nannte damals auch das ganze Gebäude, *La tour de l'Arc.* Dieses Triumphthor war auch lange in ein, aus mehrern Abtheilungen bestehendes Gebäude eingeschlossen. Doch wurde endlich diese barbarische Einfassung im Jahre 1721. auf Befehl des Prinzen von Conti, dem damaligen Besitzer des Fürstenthums Orange, niedergerissen. *)

---

*) „S. *Dulaure* Description de la France. *Maffei* Galliæ Antiqui *Papon* Histoire de Provence. *Pontani* Itinerarium Galliæ Narbonensi *Mandajors* Histoire critique de la Gaule Narbonnoise. *Spon* Voyag d'Italie, de Dalmatie etc. *Bonaventure* Histoire de la ville d'Orang *Journal* de Trevoux 1729 u. 1730."

„Ueber dieſes berühmte Monument iſt unter den Gelehrten, die wiſſen wollten, wem zu Ehren es errichtet worden ſey, viel geſtritten worden. Man kam zuerſt auf den Gedanken, es ſey dem Cäſar, dem Beſieger von Marſeille, zu Ehren errichtet worden. Dieſe Meinung, ob ſie gleich viele Wahrſcheinlichkeit hat, wurde nachher wieder aufgegeben; und man glaubte ſeit dem 16ten Jahrhunderte, daß dies Monument dem Marius und Quintus Lutatius Catulus geweiht geweſen ſey, die im Jahre Roms 652. in der Nähe von Aix, die Cimbern und Teutonen beſiegten. Die Meinung, daß der Triumphbogen dem Marius geweiht geweſen ſey, behielt lange die Oberhand; allein es ſtreiten folgende Gründe dagegen: Zur Zeit des Marius errichteten die Römer noch keine ſolche Monumente; es ſcheint überhaupt, daß vor den Zeiten der Kaiſer keine Triumphbogen bei den Römern gewöhnlich waren; dann beſiegte Marius die Cimbern, Teutonen und Ambronen nicht bei Orange, ſondern über 20 Stunden weiter, nicht weit von Aix, am Fuße des Berges St. Victoire. Dann ließ Sylla, als er Herr der Republik geworden war, alle Trophäen des Marius niederreißen. Zu dieſem Landtreffen paſſen endlich die Trophäen des Triumphbogens nicht, die ſich auf das Seeweſen beziehen. Die Schifffahrtswerkzeuge dieſer Trophäen haben wohl am meiſten zur Vermuthung beigetragen, daß Cäſars Eroberung von Marſeille dieſen Triumphbogen veranlaßt habe, wie wohl ſeine Stellung bei Orange, 30. Stunden von Marſeille, nicht damit harmoniren will."

„Menard glaubt, der Triumphbogen ſey zu Cäſars Zeiten errichtet worden, zum Andenken an ſeine verſchiedenen Siege zu Land und zu Waſſer über die Gallier. Papon äußert endlich in ſeiner Geſchichte der Provence den Gedanken: Dies

Monument habe das Andenken der Siege der Römer in der Provence erhalten sollen, und wäre unter August errichtet worden."

„Eine Inschrift, aus der sich die Bestimmung dieses Monumentes ersehen ließe, findet man weder auf den unter den Frontons sich hinziehenden Friesen, noch sonst an einem schicklichen Orte. Man sollte eine solche auf dem Friese der nördlichen Hauptfaçade unter dem Fronton erwarten, wie man sie auch an diesem Plaze auf dem Triumphbogen des Titus, auf dem Campo vaccino in Rom findet. Es ist auffallend, daß dieser Fries der Hauptseite ganz leer ist; wären auf ihm auch Gladiatorengefechte dargestellt gewesen, wie man sie noch auf den, mit ihm in gleicher Höhe und Breite hinlaufenden Friesen der Ost- und Südseite erblickt, so läßt sich nicht begreifen, warum man sie allein hätte zerstören sollen, oder wie diese Verzierung allein unter den andern so schön erhaltenen, hätte zu Grunde gehen können. Wahrscheinlich war also auf dem nördlichen Friese eine Inschrift, sie wurde aber, nachdem der Einfluß der Römer auf diese Gegenden aufgehört hatte, von den Einwohnern des Landes, da sie ihnen keine Ehre machte, ausgelöscht."

„Der Styl der Architektur deutet bei diesem Monumente, besonders in Hinsicht seiner Verzierungen, eher auf eine spätere Zeit hin, als die des Augusts oder Hadrians. Das Wort Mario, das wie das Wort Dacuno etc. auf einem Schilde der Trophäen vorkommt, beweist nichts für den Marius; wäre das Monument ihm gewidmet gewesen, so stände sein Name nicht auf einem kleinen Schilde unter den Trophäen besiegter Feinde, sondern er hätte einen schicklichern Plaz erhalten. Wahrscheinlich sind die Namen auf den Schilden, Namen besiegter gallischer Feldherrn. Auch auf Münzen findet man Namen gal

lischer und anderer überwundener Anführer, die im Nominativ
sich mit o endigen. Es ist zu vermuthen, daß dies Monument
nicht einem römischen Feldherrn allein zu Ehren, sondern als
ein Denkmal aller Siege der Römer, nicht allein wie Papon
meint, in der Provence, sondern in der ganzen ehemaligen
Gallia Narbonnensis, worunter die Römer Languedoc und Provence verstanden, in spätern Zeiten, und während des ruhigen
Besitzes dieser Gegenden, hier errichtet worden seye. Die Gefangenen auf der Ost- und Westseite, sind wohl ehemalige Anführer besiegter Völkerstämme, und ihre Namen sind auf den
Schilden der Trophäen eingegraben."

Wir brachten eine gute Weile bei diesem prachtvollen
Monumente des Alterthums zu, das höchst wahrscheinlich sich
innerhalb der alten Stadtmauern befand, und das mir hohen
Genuß gewährte, wenn schon gerade damals der berüchtigte
Mistral, dessen Bekanntschaft ich hier zum ersten male machte,
auf heftigste blies, uns oft mit Staubwolken umhüllte, uns
unsere Zeichnungen aus den Händen riß, und über Stock und
Stein wegjagte, so daß wir ihnen fast nicht schnell genug
nachspringen konnten. Was mir aber mein Vergnügen aufs
äußerste verbittert haben würde, wäre der Gedanke an die
Unglücklichen gewesen, die hier unter dem Hauptbogen dieses
Monumentes, zur Zeit der Revolution, unter gräßlicher Todes-
angst, unschuldig ihr Blut verspritzen lassen mußten; zum
Glücke fiel er mir damals nicht ein. Hier war nemlich der
Schauplatz der schrecklichsten Hinrichtungen; hier floß das Blut
unschuldiger Franzosen unter dem Beile der Henker, die sich
ihre Mitbürger und Brüder nannten; hieher wurden 1793,
mehrere Unglückliche aus den Gefängnissen benachbarter Städte
geschleppt, um hier abgeschlachtet zu werden. Unstreitig wurde
dieses Triumphthor aufgerichtet, um an Schlachten zu erinnern,
die auch Tausenden das Leben kosteten; allein der Krieg hat

sie weggerafft, sie starben im Kampfe für ihr Vaterland, und
dieser Umstand mildert die bittern Gefühle, die der Gedanke
an ihre Aufopferung erregte. Dagegen wurden die Bewohner
von Avignon ꝛc. unter dieses Triumphthor geschleppt, um im
Namen der aufs greulichste entweihten heiligen Menschheit,
ohne Gnade und Barmherzigkeit, ohne ihre Unschuld erweisen
zu dürfen, öffentlich ermordet zu werden.

Nach dem Triumphbogen ist das merkwürdigste Monument
des Alterthumes in Orange, dasjenige, das man fälschlich
Circus, (Le Cirque, le grand Cire) nennt; es ist am Abhange
des isolirten felsigen Kalkhügels, an dessen Fuße Orange gebauet ist, an einem Orte, wo unmöglich ein Circus anzubringen war. Das Ganze ist eigentlich ein Theater, und dieses Monument ist um so schäzbarer, da es das einzige seiner
Art in Frankreich, und noch vollständiger ist, als alle noch
vorhandenen. Der halbcirkelförmige Theil desselben, wo sich
die Size der Zuschauer befanden, war in dem Bergabhange
hinten angebracht. Die zum Theater gehörige, dem Halbcirkel gegenüberstehende Mauer hinter dem Schauplaze, ist noch
ganz vorhanden; ihre Façade, die ihre Richtung gegen die
Stadt und gegen Norden hat, gewährt, wenn man vor ihr
auf dem Marktplaze steht, einen erhabenen, imposanten, Staunen erweckenden Anblick, da diese prächtige, ganz unbeschädigte
Riesenmauer fast 2mal so hoch und 5mal so breit ist als das
Triumphthor; sie hat nemlich eine Höhe von 108 Fuß, eine
Breite von 300 F. und eine Dicke von 12 Fuß. Man kann
sich an dieser so ungeheuern, so gut gebauten, und so gut erhaltenen Mauer fast nicht satt sehen. Laut verkündigt auch
sie die Majestät des römischen Volkes.

Diese Mauer besteht aus schön behauenen gewaltigen
Kalksteinmassen, die ohne Kitt aufs genaueste mit einander
verbunden sind; sie stellt auf der Stadt- oder Nordseite 2 über

einander stehende Bogenreihen dar und endigt mit einer Attika.
Unten in ihrer Mitte ist die große Hauptpforte, die Thore
rechts und links waren ehemals offen, sind aber seit mehr als
einem halben Jahrhunderte zugemauert; die innerhalb der
Bogen angebrachte, mit kleinen Fenstern und Thürchen durch-
brochene, beräucherte, schmuzige Mauern, geben einen häßlichen Anblick; der aus ihnen emporsteigende Rauch schwärzt
strichweise das herrliche Monument.   Der Raum hinter den
Bögen dient Schmieden, Schlossern, Blechnern, Wagnern,
Schustern, Barbierern ꝛc. zu Boutiquen.   Das große Thor in
der Mitte der Mauer, diente gewiß den Schauspielern, und
den zur Bedienung des Theaters bestimmten Personen, zum
Eingange in dasselbe.   Ganz oben an der äußern Façade sind
3 horizontal über einander durch die ganze Breite des Ge-
mäuers hinlaufende Reihen hervorspringender Steine, durch
jeden in der obern Reihe geht senkrecht herab ein Loch, jeder
ist etwa 6 Fuß vom andern entfernt; ohne Zweifel steckte man
Stangen hinein, an deren oberer Spize Tücher befestigt waren, womit man das Theater überdeckte, um die Zuschauer
gegen die Sonnenstrahlen und üble Witterung zu schüzen; die
Stangen ruheten auf den nicht durchlöcherten Steinen der
nächsten Reihe. *)

---

*) „S. Maffei Dissertation über die Theater Frankreichs in
seinen *Antiquitates Galliæ* p. 153.   Der innere und äußere Theil der
schönen Theatermauer in Orange ist sehr gut abgebildet; auch hat er
einen genauen Plan des ganzen Theaters entworfen.   Die äußere Façade
findet man auch sehr gut in *Lapise Histoire de l'Orange*."

„Das Triumphthor von Orange ist ein neuer Beweis, wie unfähig
Werke der Baukunst sind, das Andenken großer Männer und Thaten
auf die ferne Nachwelt zu bringen, und wie ein großer Schriftsteller
in dieser Rücksicht unendlich mehr leisten könne zur Verewigung derselben, als der talentvollste Künstler.   Die Tempel zu Vienne, zu Nîmes,

Vor etwa 60 Jahren kam ein, unten in einer der Boutiquen der Mauer wohnender Schlosser auf den Einfall, zu diesen für die Theaterstangen bestimmten Steinen hinauf zu klettern, um die Aufmerksamkeit des versammelten Publikums von
den Seiltänzern abzulenken, die auf dem Plaze vor der Mauer
ihr Wesen trieben.   Mit der größten Geschicklichkeit sprang er
von einem hervorstehenden Steine auf den andern; als er an
einen Plaz gekommen war, wo ein Stein fehlte, so kletterte
er bis zum Karniese empor und dann wieder herab zum folgenden Steine, und erreichte glücklich das Ende der Reihe,
zur großen Freude der Zuschauer, bei denen, wegen der Angst
die sie während seiner halsbrechenden Sprünge ausstanden,
eine Todtenstille geherrscht hatte.

An den beiden Enden der Mauer sind 2 große Nebengebäude, bei denen der hinten herumlaufende Halbcirkel endigte;
hinter jedem dieser Gebäude führen 2 große Pforten ins Innere des Theaters.   Die meisten noch vorhandenen römischen
Theater haben solche Seitengebäude, die wahrscheinlich die,
zum Dienste des Theaters nöthigen Personen und Decorationen
beherbergten.   Ihre Breite von der großen Mauer an rück-

---

die Säule von Cusso, die antike Pyramide bei Autun ꝛc. wie ungewiß
lassen sie uns über die Personen, zu deren Ehre sie errichtet wurden
Eine Seite eines berühmten Historikers aus dem Alterthume, einig
auf uns gekommene Verse eines alten großen Dichters, werden nie meh
untergehen, so lange Menschen auf der Erde leben. Dies herrlic
Monument des Alterthums verdient, daß man alle Sorgfalt auf sei
Erhaltung verwende. Eine Spalte, die sich von der mittlern Arca
bis zum Gipfel des Gebäudes hinauf zieht, erweckt beim Freunde d
Künste gegründete Besorgnisse. Sehr zu wünschen wäre es, daß m
das Ganze mit einem leichten Dache gegen die verderblichen Wirkung
des Regen- und Schneewassers schützen möchte. Dies kostbare Mor
ment der Stolz des ganzen Vauclusedepartements, verdiente diese El
wohl. *

wärts, mag etwa 40 Schuh betragen. Schon seit langer Zeit
dienen sie zu Gefängnissen. Das Regenwasser, das sich an
verschiedenen Orten sammelt, wird nach runden Oeffnungen
hingeleitet, und fließt von da an der Façade herab, und mishandelt sie; auch macht der Unrath, den die Gefangenen aus-
schütten, eckelhafte Furchen an der Mauer. Aber ungeachtet
der Gleichgültigkeit und Ungerechtigkeit der Menschen gegen
dies herrliche Monument des Alterthums, wird es doch noch
Jahrhunderte lang allen Mishandlungen Troz bieten; mehr
als ein Sturm wird nöthig seyn um diese gigantische Mauer
umzustürzen, die 12 Schuh dick, und aus ungeheuern Steinen
zusammengesezt ist, von denen einige 15 Schuh lang und ver-
hältnismäßig dick sind.

Wenn man nicht ohne Unmuth einen Theil dieses Theaters
zu schmuzigen Gefängnissen verwendet sieht, so ist es noch viel
empörender hinter der Mauer eckelhafte Baracken an einem
Orte zusammengedrängt zu sehen, der einst von der Vorscene
und Scene besezt war, wo gewiß die Comödien des Plautus
und Terenz, und die Tragödien des Seneca vorgestellt wurden.
Elend und Fieberkrankheiten herrschen unaufhörlich in diesen
verpesteten Spelunken, wo keine gesunde Luft durchziehen kann.
Die Ungesundheit dieser Cloaken wird noch dadurch vermehrt,
daß man den Boden mit Thymian- und Safranstengeln be-
streuet, um den Schweinen Lager zu bereiten und Dünger
zu erhalten. Man würde den Künsten und der Menschheit den
größten Dienst erweisen, wenn man für die Gefangenen einen
andern Wohnplaz aufsuchte, und diese armseligen Baracken,
diese Höhlen des Unglücks und Gemächer des Jammers, wo-

„Man sieht noch mitten an der innern, südlichen Seite der
Mauer eine darin ausgegrabene Vertiefung; man glaubt, daß sie das
Podium oder der Siz der Präfekten war."

für die Besitzer leicht zu entschädigen wären; zerstörte und
wegräumte, wie man noch nicht lange in Nimes, im Amphitheater, auf Napoleons Befehl, gethan hat, und auch in Absicht des Amphitheaters in Arles thun sollte.

Es ist zum Erstaunen, daß die noch übrige Mauer des
Theaters allein sich erhalten hat, und daß das Innere desselben, die Cavea, die in den Felsen umher eingehauen war,
die Scene und ihre Seiten, die aus so soliden Materialien
erbauet waren, so übel zugerichtet worden sind. Höchst wahrscheinlich hat man sich der schönen Quadersteine der Theaters
reichlich zur Erbauung des Schlosses oben auf dem Felsen
bedient, und das Innere desselben als eine nahe, bequeme
Steingrube benutzt, wo man auch die Steine schön behauen
fand. Wahrscheinlich war dies Theater auch zu Zeiten des
Krieges ein Zufluchtsort für die Einwohner, und ohne Zweifel
wurden seine Materialien von ihnen zu ihrem Vortheile gebraucht. Gerade seine Festigkeit, seine Lage im Schooße des
Hügels, die es hätte unzerstörbar machen sollen, war wohl
die nächste Ursache seines Ruins. In den unglücklichen Zeiten der Ueberschwemmung des römischen Reiches durch die
nordischen und asiatischen Barbaren, und in fernern unruhi-
gen Zeiten und Kriegen nahmen die Einwohner ihre Zuflucht
in die festen Gebäude dieser Art, die sie so lange gegen ihre
Feinde vertheidigten als sie konnten. Ueber der Belagerung
und Vertheidigung gieng dann gewöhnlich das Gebäude zu
Grunde.

Von den Amphitheatern zu Nimes und zu Arles ist es
gewiß, daß sie wie Festungen gebraucht wurden, und was sonst
überall die Ursache des Unterganges solcher Monumente war,
wurde zu Nimes durch zufällige Umstände Mittel zur Erhaltung
des Amphitheaters. Es entstanden dort Ritter der Arena,
deren Daseyn so genau mit der Erhaltung des Amphitheaters

zusammenhieng, daß diese es durch ihre Sorge bis auf die
Zeiten herab retteten, wo solche Denkmäler der Vorwelt nichts
mehr zu fürchten hatten.

Um auch das Innere des Theaters zu sehen, giengen wir
durch das in der ganzen Arcadenreihe der Mauer allein noch
am rechten Ende derselben offene Thor; hinter dem östlichen
Nebengebäude der Mauer, auf der linken Seite, kommt man
auch noch durch 2 Pforten, wie schon gemeldet worden, in
dasselbe. Ich brachte einige höchst angenehme Abend- und
Morgenstunden im Innern des Theaters auf dem Abhange des
Kalkfelsen zu, wo ehemals die Theatersize sich herumzogen,
indeß Herr H. die Ansicht desselben zeichnete. Es gelang mir
leicht, Reste ehemaliger Size und Gewölbe zu finden. Ausnehmend mahlerisch und reizend war die Aussicht, die ich am
ersten Abend hier zwischen den dunkelgrauen und rauhen
Theatertrümmern östlich und nordöstlich in die Landschaft
hinaus hatte. Majestätisch zog sich der schöne Ventoux mit
seinen ansehnlichen Gebirgreihen neben und vor ihm, in mil-
dem Abendrothe, durch die mannigfaltig beleuchtete und colorirte fruchtbare Ebene hinab. Der Contrast, der im anmuthigsten Abendlichte schimmernden, mit zarten Lichtern und Tinten
überstreuten lebenvollen Landschaft, mit meiner nächsten düstern Umgebung von Hütten der Armuth, von starren Felsen
und Trümmern des Alterthums, war unvergleichlich; es war
ein lachendes Gemälde in das ich hinaus blickte, und an dem
ich von den erhabenen Trümmern der Vorwelt umringt, meine
Herzenslust hatte.

Um das entzückende Gemählde in noch größerer Ausdeh-
nung zu sehen, kletterte ich nachher auf schmalem und rauhem
Pfade auf der Ostseite des Felsen noch weiter in die Höhe.
Da lag sie nun ganz ausgebreitet vor mir, die reiche, am
Fuße der schönen östlichen, mannigfaltig geformten, Berg-

8

reihen, sich nach Süden hinab verlierende Ebene, in allem
Zauber der Abendröthe. Die Straße von Lyon nach Marseille
schlängelte sich durch die grüne Fläche hin; hinter mir zog
sich der Pfad in mancherlei Krümmungen nach der Spize
hinauf, wo ich auf angenehmen Graspläzen eine weidende
Schafheerde zwischen Felsklumpen und ungeheuern umherge-
worfenen Schloßtrümmern zerstreut erblickte. *)

Es sind ungeheure Trümmer des ehemaligen fürstlichen
Schlosses, die man hier erblickt, sie liegen da mehrere Klafter groß wie abgerissene Felsenstücke, und zeugen von der
ehemaligen Festigkeit des Schloßgemäuers, und der fürchterlichen Gewalt des Pulvers, das allein die felsenharten Mauern
so zersprengen konnte. Das Fürstenthum Orange oder Oranien
kam im Jahre 1531. an das Haus Nassau, und blieb ihm bis
zum Utrechter Frieden 1713. wo es Frankreich zufiel. Große
Helden führten seinen Namen, unter ihnen war der furcht-
barste Feind Ludwig XIV.; dieser König ließ das Schloß
zerstören, das Moriz, Prinz von Nassau-Oranien, im J. 1622,
so stark hatte befestigen lassen.

Kein Reisender, der nach Orange kommt, sollte es versäumen, den Schloßfelsen, auf dessen nördlichem Abhange das
Theater liegt, an einem Abend auf der Ostseite und an einem
schönen Morgen auf der Westseite zu besteigen, da die östliche
Landschaft am Abend und die westliche am Morgen im schönsten Glanze, in der günstigsten Beleuchtung erscheint.

Den nächsten Morgen besuchte ich das Innere des Theaters noch einmal, kletterte über Schutt, Gemäuerreste und
Felsen die Anhöhe auf der Westseite hinauf, folgte eine Zeitlang einem Fußpfade, der queer am westlichen Abhange hinlauft

---

*) „Eine Abbildung der ehemaligen Gestalt des Schlosses findet
man in Zeilerus Topographia Galliæ part. XII. p. 28."

und dann in die Höhe hinauf führt. Dieser Pfad hat in der
Nähe der Theatertrümmer, eine Weile ein Gemäuer wie eine
Bruftwehre neben sich; steht man vor demselben, mit dem
Geschte nach Westen gekehrt, so hat man rechts, nördlich
das Theater mit seinem westlichen Nebengebände, neben welchem südlich nach dem Berge her, auch 2 verbauete Thore erscheinen, durch die man ehemals ins Theater kam; wie auf
der Oftseite, die noch gebraucht werden; während ich vor dem
kleinen Gemäuer stand und in der Betrachtung des vor mir
liegenden prächtigen Gemäldes versunken war, hörte ich mehrere Gefangene, im westlichen Nebengebäude des Theaters,
das jetzt ein Gefängnis ift, mit heller Stimme singen, was
einem Deutschen unter solchen Umständen vergehen würde.

Ueber der Attika der großen Theatermauer, glaubte ich
eine Menschengestalt bis unter die Bruft zu sehen, die von
außen hereinzublicken schien; ich stellte mir vor, es wäre der
Geift eines alten Römers, der einst dieses Gebäude in seiner
Herrlichkeit sah, und jetzt mit bitterm Unmuthe in seine Ruinen herabblicke. Unter mir, hart am Fuße des Berges, zog
sich ein großes Stück von Orange nach Süden herab; bei
Erblickung seiner mäßig hohen Schornsteine, fiel mir Besançon
mit seinen häßlichen gigantischen Schornsteinen ein, die wie
ein verbranntes Dorf, über den Dächern in der Luft schweben. Der wüthende Mistral, der sich so oft hier einstellt,
und auch an dem Tage unserer Ankunft in Orange, fürchterlich stürmte, und unaufhörlich Wolken von Staub in die Stadt
hinein jagte, so daß man alle Fenster und Thüren sorgfältig
vor ihm verschließen mußte, und er uns oft faft zu Boden
warf, würde, wenn Besançon hieher versetzt würde, mit jenen
Ungeheuern von Kaminen kurze Umstände machen, und die
Dächer bald von diesem Unflathe gereinigt haben.

Jenseits der Stadt erstreckt sich die unermeßliche Ebene
bis nach den weit entfernten westlichen Bergketten jenseits
der Rhone, und verliert sich gegen Süden hinab in eine unabsehliche Ferne; zahllose vereinzelte Gebäude, schöne Landhäuser und Dörfer, schimmerten auf allen Seiten in der Morgensonne hinter und neben Bäumgruppen, Pappelreihen,
Maulbeerbaumpflanzungen, und Waldparthien auf reichlich
gewässerten schönen Wiesen und Getreidefeldern. Diese endlose, ebene, grüne, mit der mannigfaltigsten Vegetation geschmückte Landschaft, wurde durch zahllose Baumreihen, wie
in einzelne Gartengelände eingetheilt und lag in jeder Rücksicht wie ein Paradies, wie ein Garten Gottes vor mir.

Durch weite Strecken nach Norden und Süden kann
man den Lauf der Rhone verfolgen, man übersieht hier, außer
der lachenden Gegend von Orange, die weite prächtige Ebene
des Comtats oder heutigen Vauclusedepartements; gegen Süden erscheint die Stadt Venasques mit ihren zierlich aus-
gezackten Mauern, und in größerer Ferne das alte düstere
Avignon; man überblickt hier einen Theil von Unter-Provence
und ein großes Stück von Languedoc, gegen Westen; auch entdeckt
man die Stadt St. Esprit und die schöne Rhonebrücke dabei, die
Berge von Dauphiné, den Ventoux, dessen, einen großen Theil
des Jahres, mit Schnee bedeckter Gipfel, diese entzückende
Scene beherrscht; und auf der Nordseite der Stadt, in einiger Entfernung von derselben, den prächtigen Triumphbogen,
die Hauptzierde dieses schönen Landes.

Wie ich weiter den Berg hinaufstieg, erblickte ich da und
dort 10—20 Schuh dicke Mauerstücke der ehemaligen Burg,
sie starrten wie ungeheure Felsenmassen, zum Theil halbunter-
gesunken, aus den großen grünen Weideplätzen empor, die
sich am Abhange, und auf der Höhe des Berges hinziehen,
und auf denen man mit Lust umherirren und sich lagern kann,

ihm mit aller Behaglichkeit, in dem Anblicke des unten her-
aufschimmernden Paradieses zu schwelgen. Als ich endlich
die oberste Höhe des Berges erreichte, so eröffnete sich für
mich nach allen Weltgegenden eine entzückende unermeßliche
Aussicht. Doch zeigte sich die Ostseite der Landschaft, weil
die jezige Stellung der Sonne ihr nicht günstig war, bei
weitem nicht in dem Reize den sie, den vorigen Abend hatte,
auch war auf dieser Seite der großen Ebene die nach Süden
hinabzieht, lange keine so reiche und schöne Vegetation als
auf der Westseite, sie war nicht so schön angebauet als diese.

Doch hat diese Seite, an den ziemlich nahe von Norden
nach Süden streichenden Reihen mannigfaltig gestalteter schöner mahlerischer Gebirge, einen Schmuck, der der Westgegend
fehlt, da die Gebirgkette, die jenseits von Norden nach Süden
sich hinab erstreckt, wegen ihrer großen Entfernung nach Westen, nur als eine undeutliche dunkle Masse erscheint. Der
alte graue Ventour steht hier in der Mitte der weit von
Norden kommenden und bis in eine weite südliche Ferne
sichtbaren Bergketten; ein kleines weißes Gewölk bedeckte sein
kahles Haupt, wie eine Nachtmüze. Auf der etwas niedrigern
Bergkette, vor ihm, erheben sich ihm gerade gegenüber, zwei
ansehnliche Felsenspizen, mehrere solche unregelmäßige, vereinzelte Felsmassen erscheinen weiter oben und unten auf dem
Rücken dieser Vorberge, und dienen, besonders von der Abendsonne beleuchtet und colorirt, dem großen Gemählde nicht
wenig zur Verschönerung.

Weniger Abwechslungen in der Form hat die hintere
höhere Gebirgkette auf der rechten und linken Seite des Ventour, majestätisch zieht sie sich in gewaltiger Masse, in langer,
nur allmählich sich hebender und senkender Linie hoch durch
den Himmel nach Süden hinab; von einem halb durchsichtigen

Dunstflore überdeckt, lag dies majestätische Gebirg jezt wie
ein graues Gewölk) wie ein düsteres Schattenwerk in der
Landschaft, im schönsten Contraste mit der hellglänzenden westlichen Gegend. Von Nordosten kommt der Maineßuß in
diese Ebene herab, läßt die Stadt auf seiner Südseite liegen,
treibt mehrere Mühlen, und wässert einen Theil der reizenden
Landschaft; mehr von Osten kommt der größere und stürmische
Aigues, über den eine hohe Brücke schreitet, sein gegenwär-
tiges Bette wurde absichtlich im Jahre 1441 für ihn gegraben, auch dieser Strohm wässert nebst mehrern Bächen diese
Gegend; beide Bergströhme fallen an verschiedenen Pläzen
½ Stunde von Orange in die Rhone.

Als ich wieder den Berg herab in das Innere des Theaters zurückgekehrt war, und auf einem Gemäuer saß, dachte
ich mirs lebhaft, wie einst vor einer langen Reihe von Jahrhunderten, Tausende hier in weitem Halbcirkel umher saßen
und sich an Meisterstücken der dramatischen Kunst ergözten;
auch betrachtete ich noch einmal die auf der Ost- und Westseite von dem ehemaligen Halbcirkel übrig gebliebenen, zum
Theil sehr hohen Mauern; drei hohe Gemäuer steigen auf der
Westseite bogenförmig hinter einander empor; die 2 zunächst
am Abhange sind 8 Schuh von einander entfernt und das 2te
beugt sich oben noch etwas gegen das erste, mit dem es einst
einen Bogengang bildete. Die 3te Mauer steht 10 Schuh von
der 2ten ab, und beugt sich in einem weiten Bogen in einer
Höhe von 30 — 40 Schuh nach der 2ten Mauer herüber;
eine ziemlich große Oeffnung ist zwischen ihnen und dem Nebengebäude, noch mehrere bogenförmige Mauerreste steigen
hinter ihnen in die Höhe, wo da und dort noch Spuren der
ehemaligen Size erscheinen. Auch auf der Ostseite erhebt sich
noch ein ansehnliches Mauerfragment mit einer Thoröffnung
am Bergabhange. Merkwürdig sind auch die 19 Nischen, die

auf der innern Seite der nördlichen langen Mauer weit oben
horizontal neben einander hinlaufen, und eine sehr große
Nische in der Mitte unterhalb derselben, nebst 2 großen Vertiefungen in der Mauer neben ihr; wahrscheinlich standen
Bildsäulen in allen diesen Nischen. Das Jahr der Erbauung
und den Namen des Erbauers dieses ehrwürdigen Denkmals
der Vorwelt, kennt man durch keine Inschrift; man fand blos
über dem Karnies des Hauptthores die 3 Buchstaben C. J. S.
sie scheinen zu einer größern Inschrift gehört zu haben und
die Anfangsbuchstaben der Worte: Colonia, Julia, Secundanorum gewesen zu seyn, da Orange der Sitz der 2ten, für das
narbonnesische Gallien bestimmten, Legion war.

Orange besaß auch ein Amphitheater, eine Wasserleitung
und Bäder. *) Reste des Amphitheaters sah man ehemals
bei der Stadt, sie verschwanden aber nach und nach, da man
es bequemer fand, ihre schon behauenen Steine zu neuen Gebäuden anzuwenden, als die nöthigen Steine erst in den
Steinbrüchen zu holen und behauen zu lassen. Auf diese Art
wurden schon viele kostbare Denkmale des Alterthums, welche
die Vandalen geschont hatten, späterhin durch die Habsucht
zerstört. Von einer Wasserleitung sieht man noch ein, in
einige Häuser eingebauetes, Bruchstück. Diese Wasserleitung
war aus kleinen gevierten Kalksteinen aufgeführt; ihre Bogen
waren zugemauert und blos durch die etwas vorstehenden
Pfeiler und Archivolten merkbar. **) Ein gewisser Mr. de

---

*) „S. Lapise p. 29, 31, 74."

**) „Wenn man einen schönen Strohm und schöne Quellen in der
Nähe und im Umfange von Orange selbst sieht, so erstaunt man, daß
die Römer das Wasser des Grousel, eines kleinen Strohmes, der in
einer Entfernung von 6 Lieues bei Malaucene noch etwas hinter
Vaison gegen Osten entspringt, herbeileiten mochten; doch dies Erstaunen wecken die Römer gar oft. Die Nothwendigkeit, die Arme der

St. Marcel hatte in seinem Hause ein antikes Bad, mit einer Mosaike; verdrüßlich daß er so oft durch Neugierige incommodirt wurde, ließ er alles zerstören. Hinter der Häuserreihe, die sich auf der Westseite der großen Theatermauer und des Plazes vor ihr, befindet, fand ich ein Stück einer eingemauerten, wahrscheinlich antiken Bogenreihe. *)

Der Boden von Orange ist im Allgemeinen so sehr mit Denkmahlen des Alterthumes angefüllt, daß man nur ein wenig nachgraben darf, um solche zu finden. Man sieht in Orange noch Reste von 2 Mosaiken, die eine ist in dem Keller eines gewissen Weinhändlers, Andreas Guigon, man sieht darauf eine Kaze, die eben eine Maus gefangen hat. Das Stück ist aber schon sehr beschädigt. Die andere Mosaike ist in dem Keller eines Oelhändlers Namens Bayere, (rue des Avenes N°. 31.) sie stellt sehr elegante Verzierungen dar. Es ist hohe Zeit diese Mosaiken aus beiden Kellern zu entfernen, wenn sie nicht bald vollends zu Grunde gehen sollen. Der Boden der Stadt ist jezt höher als ehemals, da diese Mosaiken, diese Fußboden ehemaliger Zimmer, und die Spuren des alten Pflasters 2 Schuh tiefer liegen als das gegenwärtige Pflaster. Bei Herr Sachwalter Nogent, sieht man in einem Holzschopfe, einen 6 Schuh langen und 15 Zoll hohen Sarcophag, nebst einigen eingemauerten Fragmenten von antiken Basreliefs, Inschriften, Karniesen ꝛc. Bei Herrn Kaufmann Jourdan findet man im ersten Stocke

---

Legionen in Friedenszeiten zu beschäftigen, war der Hauptbewegungsgrund zu Aufführung solcher Riesenwerke; dazu kam dann unstreitig auch noch die Neigung dieses großen Volks, auch durch solche coloffale Arbeiten zu glänzen."

*) »Man findet keine merkwürdigen Spuren alter Wasserleitungen, die Wasser nach Orange brachten, als bei Vaison."

Rechten einen Genius, und zur Linken ein Fragment von

Laurent findet man eine tauroba-

Garten.

Orange hieß ehemals Arauſio, dieſen Namen geben ihm
Strabo, Plinius und Pomponius Mela; man betrachtete es
als die Hauptſtadt des Landes der Cavaren; **) es hieß auch
Arauſio Secundanorum, man glaubt deswegen, weil die Colonie,
die es bewohnte, aus Soldaten der 2ten Legion und aus
Veteranen beſtand. Die noch übrigen römiſchen Monumente
und die Ausdehnung, welche die Stadt durch die Reſte der
Fundamente der alten Remparts erhält, beweiſen, daß Orange
einen ausgezeichneten Rang unter den römiſchen Colonien
Galliens hatte. Die Stadt wurde mehrere male durch die
Barbaren verwüſtet. Der erſte Graf von Orange lebte im
Anfange des 11ten Jahrhunderts; einer der folgenden erkaufte
vom Könige Renatus die Souverainität der Grafſchaft.
Das neue Fürſtenthum wurde nach und nach von 4 Familien erblich beſeſſen; im Jahre 1530 fiel es an das Haus
Naſſau. Der Prinz Moriz ließ Orange befeſtigen und in einen
reſpektablen Vertheidigungsſtand verſezen. Der lezte Beſizer
deſſelben, aus dem Hauſe Naſſau, war Wilhelm III. König
von England, von welchem es Friedrich Wilhelm von Preußen
erbte, der es im Utrechter Frieden, im Jahre 1713. an Frankreich überließ. Ludwig XIV. vereinigte 1714. Orange mit

---

*) „S. *Museum Veronense* 419. 17."

**) „S. Strabo IV. 186."

Dauphine. Gegenwärtig ist Orange der Hauptort einer Unterpräfektur des Vauclusedepartements. *)

Unter seinen Fürsten, war Orange eine sehr blühende
Stadt und meistens von Protestanten bewohnt. In den
Religionskriegen des 16ten und 17ten Jahrhunderts erfuhr
diese Stadt oft die grenzenlose Wuth der streitenden Parteyen.
Der Geschichtschreiber der Provence schildert Scenen von
Grausamkeiten der Catholiken, bei einem Ueberfalle der Stadt,
bey deren Lesung man mit Schauer und Entsezen erfüllt wird.
Sobald diese Stadt und das Fürstenthum an Frankreich fiel,
so entfloh auch aller Wohlstand aus derselben. Nach den damaligen Grundsäzen der Regierung mußten die Protestanten
gedrückt, verfolgt, vertilgt werden. Der Magistrat wurde
aufgehoben, das Land dem Parlament von Grenoble unterworfen, die Universität vernichtet, die Handlung erdrückt,
und alle die feindseligen Schritte, die man gegen die Protestanten that, hatten so gute Wirkung, daß mit diesen auch
aller Wohlstand der Stadt zu Grunde gieng. Statt der ehemaligen 15000 Einwohner, sind noch etwa 7 — 8000 hier;
auch ist die Zahl der Reformirten nur noch sehr klein.

Der Handel dieser Stadt ist lange nicht mehr das, was
er unter ihren Souverainen war, die Straßen sind öde und
man sieht wenig Spuren mehr von Industrie und Wohlstand;
ihre berühmten Manufakturen von gedruckter Leinwand sind
bis auf eine verschwunden. Doch wird noch eine große Menge
Seide gezogen und zu Tram für Lyon bearbeitet; die Quan-

---

*) „Orange hat eine Unterpräfektur, ein bürgerliches Tribunal;
wenig Promenaden, mittelmäßige Wirthshäuser, und einen sehr ansehnlichen Handel, der sich mit den verschiedenen Landesprodukten beschäftigt, besonders mit Seide, Safran und Grapp; außer mehrern Seidenspinnereien ist auch eine Fabrik für gedruckte Leinwand hier."

rität dieses Artikels beträgt ein Jahr ins andere 560 Centner.
Fast Jedermann beschäftigt sich hier mit der Seidenzucht.
Unser Wirth hatte auch ein großes Zimmer dazu gewidmet;
es waren darin viereckige Gestelle angebracht, worin mehrere
breite und lange Lagen von Brettern über einander empor-
stiegen; sie waren reichlich mit Maulbeerblättern überstreuet,
und wimmelten von zahllosen Seidenraupen; diese waren jetzt
gerade im Begriffe, sich einzuspinnen, was man ihnen durch
unzählige dürre Zweige von Gebüschen, die man aufrecht
zwischen die Bretterlagen befestigte, zu erleichtern suchte. Die
Serges d'Or sind wegen ihrer Stärke berühmt, und werden
blos vom hiesigen Landvolke getragen. Feigen, Oel, Grapp,
Safran sind noch weitere Erwerbszweige dieser Stadt und Gegend; ein ganz vorzügliches Landes-Produkt ist der Safran;
er zeichnet sich selbst noch vor dem Safran des Comtats durch
einen höhern Grad von Güte aus, und ist auch viel theurer.
Es sind mehrere Seidenspinnereien hier. Hier nimmt eigentlich die Cultur des Oelbaumes ihren Anfang, aber sie ist noch
sehr schwach. Die Reisenden, die ihren Weg nach Marseille
oder Lyon nehmen, geben Orange einiges Leben.

Orange war der Siz der famösen revolutionären Com-
mißion, die der Schrecken dieses südlichen Theils von Frankreich war. Kirchenversammlungen wurden im 5ten, 6ten und
13ten Jahrhunderte hier gehalten. Orange ist ganz von Stein
gebauet, weil in der Nähe schöne Steinbrüche sind, es hat
aber schlechte, krumme Gassen, sie sind enge, düster, schmuzig
und schlecht gepflastert, Gebäude von einiger Bedeutung sieht
man darin nicht. Man kann an heißen Tagen, die Gassen
fast ganz mit Leintüchern, die an Schnüren und Stangen befestigt sind, und häufig ein schlechtes, schmuziges Ansehen haben,
bedeckt sehen. Dieses Mittels sich Schatten zu verschaffen und
die Hize zu mildern, bedient man sich häufig in den südlichen

Städten, besonders in dem Vaucluse und Rhonemündung-Departement; ich habe dies unzählige male bemerkt, besonders bei Caffeehäusern; unter dem, über der Hausthüre und den untern Fenstern ausgespannten, langen und breiten grauen Stück Leinwand sizen die Bewohner des Hauses im Schatten, arbeiten, plaudern, man raucht behaglich seine Pfeife, schlürft seinen Caffee ein, den man auf einem Tischgen vor sich stehen hat, und kritisirt die Vorübergehenden.

Kapitel 23.

Wer den geradsten Weg von Orange nach Avignon nehmen will, kommt durch die Flecken Courteson und Sorgues, und braucht 6 Stunden, 3 nach Sorgues und dann wieder 3 nach Avignon. Die Ebene, durch die man kommt, ist größtentheils, und so sehr mit rund abgeschliffenen Kieselsteinen bedeckt, daß an vielen Orten gar nichts gepflanzt werden kann. Um den Boden für armselige Reben, die einen höchst mittelmäßigen Wein geben, frei zu machen, sammeln die Bewohner der Gegend die Kieselsteine und beugen sie in große Haufen auf. Auf diesen Steinflächen pflanzt man auch noch da und dort Maulbeerbäume, Oelbäume, und Steineichen (Quercus ilex.) Diese Bäume bedecken die Gegend mit einem grünen Teppiche, der sich so weit erstreckt als man nur sehen kann; man findet auf ihnen die bekannte Scharlachbeere (Kermes Coccus ilicis); es wächst hier auch, wie auf der Kieselsteinebene La Crau, eine Menge Lavendel. Wie man sich Courteson nähert, wird das Land besser, in seiner Nähe nahmen ehemals die päbstlichen Staaten ihren Anfang. Dieser Flecken liegt auf der Hälfte des Weges nach Sorgues, hat 1800 Einwohner und eine Mauer um sich her. Eine halbe Stunde weit davon, südöstlich, ist ein kleiner Salzsee, in einer artigen Gegend; es wachsen Meerpflanzen an seinen Ufern, obgleich das Meer 20 Stunden davon entfernt ist, und zwischen ihm und demselben keine solche angetroffen werden; Fische enthält er keine.

Hinter Courteson hat die Auvaise die Landschaft fett gemacht, man sieht fast keine Kiesel mehr, aber hinter Bedaride, einem kleinen Flecken zwischen Courteson und Sorgues, das man links liegen läßt, und das etwa 100 Schritte von der Straße entfernt ist, kommen sie wieder zum Vorschein. Die Auvaise ist ein kleiner Strohm der sich bei Bedaride mit der Sorgue vereinigt. Kommt man in Sorgues an, so läßt man rechts den Weg von Chateauneuf liegen; hier wachsen die bekannten *Vins de Chateauneuf-du-Pape.* Die Päbste hatten ehemals ein Schloß hier. Sorgues ist auch ein Flecken mit einer Mauer wie Courteson, der Fluß Sorgue, dem die berühmte Quelle von Vaucluse seinen Ursprung giebt, ströhmt bei ihm vorbei und gab ihm den Namen. Man findet hier eine Papierfabrike; die 2 Thürme, die man hier sieht, gehörten ehemals zu einem alten päbstlichen Schlosse. Hat man die Sorgue passirt, so führt der Weg nachher über eine unfruchtbare Anhöhe, die sich bis Avignon erstreckt; doch ist der Boden, seiner Unfruchtbarkeit ungeachtet, gut angepflanzt; man sieht hier Reben und Getreide. Von dieser hohen Ebene entdeckt man gegen Osten und Südosten, einen großen Theil der ehemaligen Grafschaft Venaissin, auch sieht man die Berge, die sie von der Provence trennen:

Auf diesem Wege sieht man auch ganz nahe, das anmuthige Kloster Gentilly; ein köstlicher Wohnort, wo sich eine Königin von Polen 1713, drei Tage aufhielt; der König von England, Jacob III. gieng während seines Aufenthaltes in Avignon oft hieher. Die Kieselsteine, die durch das Bassin der Sorgue unterbrochen wurden, zeigen sich bald wieder. Die Straße die links nach Carpentras führt, so wie die Straße von Marseille, die man gerade vor sich hat, läßt man liegen und wendet sich rechts nach der Rhone. Die fruchtbare und lachende Ebene von Avignon empfängt nun 1 Stunde ehe man diese Stadt erreicht, die man schon bei Sorgues rechts in der Ferne erblickt, den Reisenden. *) Der Weg folgt der Rhone, die bis nach Avignon, einen Bogen macht. Sieht man Avignon in der Ferne mit ihren hohen mit Schießscharten versehenen Mauern, so glaubt man eine alte Festung zu erblicken. Doch erkennt man an den zahlreichen Glockenthürmen von allen Formen, die sie, ungeachtet der Revolution, noch immer schmücken, und weswegen Rabelais sie die tönende Stadt nannte, den friedlichen ehemaligen Wohnsitz der Päbste.

Den eben beschriebenen kürzesten Weg von Orange nach Avignon habe ich selbst nicht gemacht; ich wählte dafür den höchst interessanten Umweg über Carpentras, Vaucluse und Isle. Da wir in Orange nichts Merkwürdiges mehr zu sehen fanden, so rüsteten wir uns nun zum Abzuge. Doch wollte ich vorher noch ein schon seit einiger Zeit im Stillen decretirtes gutes Werk ausführen. Da ich nemlich auf meiner bisherigen Reise, schon sehr oft Zeuge des häufigen Gebrauches war, den in diesen südlichen Gegenden Frankreichs auch die honnetesten Leute von dem Esel machten, ein Thier das nicht theuer zu kaufen, und nicht kostbar zu unterhalten ist; da ferner dieses Thier hier zu Lande, ein gar viel ehrsameres und stattlicheres Ansehen hat, als die magern, kleinen, häßlichen, nördlichen Mülleresel haben, und da ich schon manche Dame,

---

*) „Der Weg wird hinter Avignon (wenn man von hier nach Orange hinauf reist) noch lieblicher als er zunächst an der Stadt ist; man kann sich nichts reicheres denken, als die prächtigen Kornfelder, und Gärten voller Obstbäume. Und doch findet man in diesem Paradiese so wenig Dörfer und Menschenwohnungen."

manchen Officier und Kaufmann, auf dem Rücken eines solchen Langohres gar friedlich und ernsthaft, ohne allen Spott,
ohne alle Schmach und Schande, die Straße daher ziehen
gesehen hatte, so beschloß ich, mir und Herrn H. zum Vergnügen, und zur Erleichterung unserer Reise, da wir Beide
keine heurige Häslein mehr sind, und unsere Rücken und Füße,
die schon eine hübsche Zahl von Olympiaden zählen, durch
den leidigen Tornister, bisher schon manchen herben Stand
gehabt hatten, auch ein solches lastbares Thier anzuschaffen.
Mit Zuziehung unseres gefälligen Wirthes, war bald ein
solcher Hippogryph, mit einem etwas ländlichen Sattel und
Zeug gefunden und gekauft; freudig packten wir nun ihm,
statt unsern armen Rücken, unsere Tornister auf, banden sie
auf beiden Seiten des Sattels fest und Herr H. entschloß sich
zuerst den Versuch mit dieser sonderbaren Reiterei zu machen;
er kletterte etwas mühsam über die Tornister hinauf; und
nachdem Alles in Ordnung war, nahmen wir von unserm
freundlichen Wirthe, von seinen Haricots, mit denen er uns
reichlich erquickt hatte, und von seinen Seidenwürmern Abschied, und nun gieng die komische Reiterei unter allseitigem
herzlichem Lachen, gar ehrbar, sittsam und viereckig, zu
unserer beider Satisfaktion, zum Thore hinaus.
Vor dem Thore kamen mehrere Herrn und Damen auf
uns zu; zu unserm großen Verdruße, fieng gerade in diesem
Augenblicke unser Langohr seinen gräßlichen Gesang an; er
hatte wirklich eine eherne Kehle, und wollte aller Ohrfeigen
ungeachtet, die er in größter Geschwindigkeit erhielt, nicht
aufhören; wir waren, da die Damen lächelnd vorübergiengen,
in unbeschreiblicher Verlegenheit, und aufs tiefste beschämt;
es war uns gerade zu Muthe, wie wenn uns dies in einer
Straße von Basel begegnet wäre. Wir waren von Herzen froh,
als wir uns endlich in einiger Entfernung von der Stadt auf

der Straße befanden. Aber ein neuer Unſtern gieng jezt unvermuthet über den harmlos und friedſam auf ſeinem Thiere
dahin ziehenden Bileam auf. Zwar trat ihm kein Engel des
Herrn in den Weg, wohl aber erſchien in einiger Entfernung
eine Heerde Brüder und Schweſtern von unſerm neuen Reiſe-
gefährten; kaum erblickte er ſie, ſo wurde er auf einmal ganz
lebendig, ſtreckte die Ohren, intonirte ſchrecklich, fieng einen
Galopp an, und flog mit meinem armen Herrn H. der eben gar
nicht feſt auf dem ungeſchickten Size ſaß, und aus Leibes-
kräften ſich am Sattelknopfe halten mußte, pfeilſchnell über
Stock und Stein davon.

Mir wurde von Herzen bange, daß er herabſtürzen und
Schaden nehmen möchte, doch wurde ich bald wieder beruhigt,
da ich ſahe, daß es ihm doch endlich mit entſezlicher Arbeit
gelang, das erhizte, ſtörrige Thier zu bändigen und feſtzuhal-
ten. Wir ritten nun was wir konnten, vor dem Schwarme
ſeiner Verwandten vorüber zu kommen, und nun gieng alles
wieder einen guten, gelaſſenen Gang, und die Schreckensſcene
endigte mit großem Gelächter. Wir waren wirklich Beide
jezt herzlich froh, auf einmal unſere bisherige mühſame Pil-
grimſchaft, in einen leichten Spaziergang und Spazierritt
verwandelt zu ſehen. Es war uns nun ſo angenehm, leicht
mit dem Regenſchirme unter dem Arme, neben dem beladenen
Thiere herzugehen, und wenn uns auch das Gehen bei unbe-
frachtetem Rücken ermüdete, uns auf daſſelbe ſezen und ausruhen
zu können, indeß der Zug immer vorwärts gieng. Es war
mir wirklich jezt ſo leicht auf dem Rücken und in den Füßen,
daß ich meinte, jedes Lüftchen könne mich über Berg und Thal
hinwehen, oder wie jenem Kranken, in Zimmermanns Ein-
ſamkeit, der, nachdem ihn die Schweizerbäder von einem elenden Zuſtande befreiet hatten, auf ſeiner Rückreiſe jeden Schritt
zu klein fand, den er machte.

Es war der 11te Jun. Nachmittags, da wir unsere Reise nach Carpentras antraten; wir kamen den nächsten Morgen ziemlich frühe bei dieser Stadt an; die Gegend, durch die wir zogen, war unbedeutend, wir hatten immer den Ventoux und seine Gesellschaft zur Seite. Sehr angenehm aber ist die Gegend, in der Carpentras liegt; die prächtige, in römischem Style erbauete, moderne Wasserleitung, die sich in einer sehr langen Linie von den östlichen Bergen nach der Stadt herzieht, ist ein großer Schmuck dieser Gegend; ihre lezten, schönsten colossalen Bogen sind ¼ Stunde von Carpentras entfernt, das Wasser lauft dann auf der Anhöhe unter dem Boden in bedeckten Canälen in die Stadt. So wie wir uns dem Stadtthore näherten, wurde uns der Anblick dieses Prachtwerkes und Meisterstückes der neuern Baukunst, deutlicher. Ich erstaunte über die ungeheure, wohl 50 Schuh hohe, Mauer, von der die Stadt eingeschlossen ist; in mäßiger Entfernung steigen ansehnliche Thürme aus derselben empor; der über dem Thore von Orange ist vorzüglich hoch und schön, wegen der Steine, mit denen es gebauet ist. Die Mauer und Thürme sind noch in eben so gutem Zustande als die von Avignon, und wurden zur nemlichen Zeit gebauet. Neben der Stadtmauer ziehen sich die schönsten Reihen hoher laubreicher Bäume um die ganze Stadt, in deren Schatten man um so mehr mit Vergnügen spazieren geht, da man zwischen ihren Stämmen überall die reizendsten Aussichten in die Landschaft umher hat, die einen Reichthum ländlicher Schönheiten darstellt, und aufs beste angebauet ist; anmuthige Landhäuser glänzen überall von buschigen baumreichen Anhöhen herab; der Ventoux gewährt hier mit seinen Brüdern die angenehmsten Ansichten, der Weg von hier aus nach der Spize desselben ist nicht weit.

Wir machten unsern ersten Gang nach der prächtigen im
J. 1737. nach dem Plane des Mr. Dallemand erbaueten, der
Römer würdigen Wasserleitung. Man kann dieses majestätische Werk neuerer Zeit nicht ohne das größte Erstaunen
betrachten; es vereinigt Kühnheit und Festigkeit. Das bei
dieser Wasserleitung angebrachte Blei wurde während der Unruhen der Revolution weggenommen, um in Flintenkugeln
verwandelt zu werden, daher sintert nun hie und da das
Wasser zwischen den Steinen hervor. Die ersten 5 Bogen
der Wasserleitung erscheinen disseits und auf der Brücke des
Auson'flüßchens, und jenseits desselben laufen 43 Bogen in
gerader Linie nach Osten. Disseits des großen über den Auson
ausgespannten Brückenbodens, stehen die 3 ersten Bogen der
Wasserleitung, jeder hat eine Weite von 30 und eine Höhe
von 35 bis über 40 Fuß. Dann kommt der weiteste und prächtigste
Bogen der ganzen Wasserleitung, er steht gerade über dem größern
Brückenbogen, hat gleiche Höhe mit den ersten Dreien, aber
eine Weite von 70 Schuh; jeder seiner Pfeiler ist 20 Fuß
breit; östlich neben ihm steht dann der 5te Bogen über dem
kleinern nur etwa 15 Fuß hohen Brückenbogen, er ist eben so
hoch und weit als die 3 ersten Bogen. *)

Nun nimmt jenseits des Auson die in gerader Linie fortlaufende Reihe von 43 Bogen ihren Anfang. Da vom Flusse
an der Boden nach der östlichen Landschaft hinans nach und
nach höher wird, so werden auch allmählich die entferntern
Bogen niedriger. Der erste Bogen dieser langen Reihe ist wohl
gegen 50 Schuh hoch und 30 Schuh weit, und so noch viele.
Die Pfeiler haben hier nach allen 4 Seiten eine Breite von

---

*) „Das Wasser, das diese Wasserleitung herbeiführt, ergießt sich
in öffentliche Fontainen, die auch den Blick des Reisenden verdienen."

etwa 12 Fuß, weiter hinaus sind sie nur noch 8 Fuß breit. Beim 30sten Bogen verschwinden die immer niedriger gewordenen Pfeiler, die bei der Brücke wohl 40 Fuß hoch sind, und die Schenkel des Bogens stehen unmittelbar auf der Erde; der lezte Bogen ist nur noch etwa 4 — 5 Fuß hoch, und nun nimmt eine 7 — 8 Fuß hohe Mauer, die den Canal trägt, ihren Anfang, und lauft noch eine Strecke in die Landschaft hinaus.

Die Straße lauft längs der Wasserleitung hin. Dem Anfange der langen Bogenreihe gegenüber neben dem Flüßgen, ist ein baumreicher Garten mit einem zierlichen, einladenden Gartenhause; neben demselben lauft ein mit Gebüsch bedeckter Strich und weiterhin neben diesem ein anmuthiger Wiesenstreiffen längs dem Bache hin, gegen den er durch einen Damm geschüzt ist; außen neben der Gartenthüre stehen zwei prächtige ungemein hohe, finstere Cypressen; das Ganze macht eine allerliebste Partie aus, ein rechtes heimliches Lustpläzchen für einen Philosophen, einen Dichter oder ein Paar Liebende; ganz nahe hat man hier links einen schattigen, belaubten Berg, auf dessen Rücken die Zweige einzeln und in Gruppen versammelter schöner Bäume, lieblich im Winde zittern und rauschen; hinter ihm erblickte ich den stolzen Ventoux, mit seinen Bergreihen, und die, wie er, aufs anmuthigste, mannigfaltig mild colorirt, in der Sonne glänzten; gerade unten schlängelt sich das Flüßgen neben der Wiese und am Fuße gegenüber liegender Felsen hin, und rechts erblickt man, wenn man im Garten ist, den schönsten Theil der majestätischen und zugleich eleganten Wasserleitung, die im stärksten Contraste mit den nahen rauhen Felsenmassen steht.

Im bischöflichen Palaste sieht man noch Reste eines römischen Triumphbogens, den der ehemalige Cardinal Bichi, Bischof von Carpentras, im Jahre 1640 verstümmeln ließ, um den Plan nicht ändern zu müssen, der ihm von einem Architekten, zur Erbauung eines Palastes an diesem Plaze, vorgelegt worden war. Dieser Triumphbogen geht in die ehemalige bischöfliche Küche hinein, die jezt dem Kerkermeister angehört, seitdem dieß Gebäude der Siz der Mairie, der Tribunale, und der Aufenthaltsort der Gefangenen ist, macht einen Theil ihrer Mauern aus, und bildet den Kamin der Küche; man sieht an den Resten, daß das Ganze einst ein herrliches Monument war; daß es etwas über 8 Meter lang, über 4 Meter breit, über 12 Meter hoch, und aus Quadersteinen gebauet war. Man findet, daß die beiden langen Façaden, die südliche, in der Küche, und die nördliche, außen, mit Arcaden durchbrochen, und so wie die beiden andern mit Bildhauerarbeiten bedeckt waren. Auf der Küchenseite sieht man noch 2 cannelirte Säulen und 4 cannelirte Pilaster; auf der nördlichen Seite im Hofe, sind noch 2 cannelirte Säulen, zwischen ihnen ist ein Basrelief; es stellt eine Trophäe dar,

Waffenrock, auf jeder Seite desselben erscheint ein runder und ein sechseckiger Schild, doch kann man vom Rocke und den Schilden nur noch die untere Hälfte erkennen; unter den Schilden ist auf jeder Seite an Riemen ein Bündel Wurfspieße befestigt; unter diesen Wurfspießbündeln stehen 2 Gefangene in Lebens-

Rücken gebunden sind. Die Piedestale der Säulen stecken fast ganz unter dem Pflaster.

Man kann nicht wissen, welchem römischen Feldherrn zu Ehren dieser Triumphbogen errichtet wurde. Viele sind der Meinung, er seye zum Andenken des Sieges errichtet worden, den Domitius Aenobarbus, in dieser Gegend, am Zusammenstuße der Sorgue und Rhone über die Allobroger erfocht; bald schreibt man ihn dem Marius, bald dem August zu.

Es ist wahrscheinlich, daß die Triumphbogen von Orange, Carpentras, und Cavaillon, die Brückenthore zu St. Chamas und die römischen Monumente zu St. Remy, so ziemlich in der nemlichen Zeit entstanden sind. Ohne Zweifel stand dieser Triumphbogen ehemals auf einem erhabenen Orte, und jezt muß man einige Stufen hinabsteigen, um in die Küche zu kommen, wo seine Südseite zu sehen ist. *) „Man seufzt, wenn man bedenkt, daß die Wuth der Barbaren, dies merkwürdige Monument verschonte, und daß ein Prälat, der vom Studium der klassischen Autoren und von kostbaren Erinnerungen aus dem Alterthume hätte durchdrungen seyn sollen, dasselbe mißhandelt und verstümmelt hat. Man spricht alle Tage von Völkern, welche wenig Geschmack für die Denkmale der Künste zeigen, man bezeugt seinen Abscheu gegen diejenigen, welche sie verstümmelten, man nennt sie Barbaren; aber liefern die Völker, welche civilisirt seyn wollen, weil sie eine wissenschaftliche Bildung haben, und Christen sind, nicht auch zuweilen Proben, von einer ganz gleichen Barbarei?"

„Es ist wahr, die Türken zerstören die Monumente der Künste, ihre Religion flößt ihnen einen Abscheu gegen alle Bilder ein. Aber zeigen die Bewohner des aufgeklärten Europens mehr Vernunft und Geschmack, wenn sie diese nemlichen Monumente vernichten, weil sie dem Heidenthume angehören? Die Türken haben die Sophienkirche in Constantinopel in eine Moschee verwandelt, und haben deswegen die Mosaiken, die Bilder, alles was an christliche Gebräuche erinnerte, zerstört. Haben die Christen nicht auch mehrere heidnische Tempel in christliche Kirchen verwandelt? z. B. den Tempel in Vienne, die Maison carree in Nimes; hat man nicht aus der prächtigen Moschee von Cordova eine christliche Cathedralkirche gemacht und ihre prächtigen Verzierungen verstümmelt und

*) „Millin Voyage dans les Dep. du Midi de la France."

zerstört? Aus Unwissenheit wurde manches Denkmal des Alterthums unter den Christen erhalten, so wurden einige heidnische Sarcophagen als Vorderseiten von Altären gerettet, oder
als Särge für heilige Personen, da man die mythologischen
Basreliefs derselben, als heilige Darstellungen betrachtete."

„Die Türken sägen die alten Säulen entzwei, um Mühl-

Stampf- Salpetertröge, (das Schicksal eines Sarcophags bei

Sarcophag der Mus. von Balmondiere in Lyon, mit seinem
schönen Basrelief) man braucht antike, mit römischen Inschriften
versehene, Steine
dern selbst, wo man Bausteine genug hat, ziehen die Maurer,
die antiken Steine vor, weil sie härter und besser behauen
sind, und haben die heillose Gewohnheit, die Seite mit der
Inschrift in die Mauer hinein zu sezen, damit die glatte Seite
außen hin komme." „Ich habe," sagt Herr Millin, „in der
obern Provence, eine große Zahl von Steinen mit Inschriften
gefunden, die nach der Mauer gekehrt waren."

„Es giebt Goldarbeiter, die eine Menge alter Münzen
lieber verschmelzen, als daß sie dieselben um einen ansehnlichen, den Werth des Gewichts weit übersteigenden Werth verkaufen möchten. So wie einem solchen Menschen eine antike
Münze in die Hände fällt, so fordert er einen ungeheuern

braucht er Gold   schmelzt er seine kostbaren Münzen,   nicht die Hälfte des
Preises, zu dem   tte. Die
Marmorschneider
sind die fortdauernden Zerstörer derselben (destructeurs toujours
en permanence.) Ein solcher Mensch zerstörte in Arles mehr

antike Monumente, als die Westgothen, die Sarazenen, und die Revolutionsarmee. Manche Leute zerstören solche in ihren Wohnungen befindliche Monumente des Alterthumes, weil die Besuche der Neugierigen ihnen beschwerlich fallen. Es sind bisher schon mehrere Mosaiken angeführt worden, die auf diese Art zu Grund gerichtet wurden. Bosheit, der Trieb zu schaden und zu zerstören, machen endlich, daß manche Bauern die Monumente des Alterthums beschädigen, und verstümmeln, blos um das Vergnügen zu haben, zu zertrümmern, was andere bewundern. Man höre also auf, den Arabern und Türken eine Unwissenheit und Zerstörungswuth vorzuwerfen, von der unter uns alle Tage Proben gegeben werden."

Der bischöfliche Palast ist wohl ein schönes Gebäude, kann aber doch noch nicht, wie manche Schriftsteller behaupten, mit den prächtigsten Palästen Roms verglichen werden. Das Portal hat nichts Schönes als zwei Voluten, die einen Balkon tragen. Carpentras besaß in der Mitte des vorigen Jahrhunderts an seinem Bischofe Inguimbert, einen in jeder Rücksicht außerordentlich vortrefflichen Mann, er erwieß den Einwohnern unzählige Wohlthaten, ließ vor der Stadt ein prächtiges Hospital aufführen; und nachdem er für die Erleichterung der physischen Uebel durch die Erbauung und Aussteuerung desselben gesorgt hatte, so wollte er seiner Diöces, in der er geboren war, auch gute Arznei für die Seele verschaffen, und stellte eine schöne öffentliche Bibliothek auf. Diese Bibliothek gehörte ehemals dem Präsidenten des Parlaments zu Aix, Herrn Thomassin de Mazaugues, der als ein Opfer seiner Leidenschaft fürs Studieren starb. Der

schenkte sie der Stadt Carpentras, seinem Geburtsorte. Ueber-

darin aufzustellen.

Diese Bibliothek besteht aus 30,000 Bänden, aus mehr als 700 Manuscripten, unter denen manche von Wichtigkeit sind, z. B. eine Sammlung von Poesien der Troubadours, 2 Folio-Bände; eine Geschichte der Provence von Nostradamus; des Chevalier von Romieu Beschreibung der Alterthümer von Arles; die Geschichte des Königs Artus und seiner Ritter von der Tafelrunde, ꝛc. Ueber die Manuscripte dieser Bibliothek, besonders über die, welche der berühmte Peiresk gesammelt hat, deren 180 sind, unter denen eine große Anzahl sich mit den französischen Alterthümern beschäftigt, hat Herr Millin, der mit seinem Freunde, Herrn Winkler, 14 Tage von früh bis in die Nacht auf dieser Bibliothek arbeitete, umständliche Nachrichten in dem Jahrgange 1808 des Magasin encyclopedique gegeben. Man findet hier auch viele alte Drucke aus Frankreich, Italien und Deutschland. Diese Bibliothek besizt auch einige antike Monumente, Urnen von Glas, kleine antike Figuren, eine Münzsammlung von 6000 Numern, worin unter Anderm einige griechische Münzen, und eine artige Sammlung von Consularmünzen sind; auch verdient eine Reihe von Originalzeichnungen Aufmerksamkeit, die man mehrern Meistern aus den besten Schulen zuschreibt.

Der Bischof Inguimbert brachte auch eine ziemliche Anzahl antiker Inschriften zusammen, die im Eingange des Gebäudes und bei der Treppe eingemauert sind. Herr Millin hat eine ziemliche Zahl derselben beschrieben, und Abbildungen beigefügt. Das merkwürdigste dieser Monumente ist dasjenige, das man das Basrelief von Carpentras nennt; es ist ein viereckiger Stein, dessen Höhe und Breite einen Fuß und einige Zolle beträgt, und der ein Opfer darstellt, das von einer Frau dem Gotte Osiris dargebracht wird, der neben einem Buffet sizt, auf dem Gefäße, Früchte, Kuchen, Vögel sind; hinter dem Gotte ist eine andere Frau; ferner ist auf einem Tische ein ausgestreckter Körper, der die Gestalt eines Löwen hat, und der einbalsamirt werden soll; neben ihm sind Einbalsamirer mit Sperbermasken auf den Köpfen und neben diesen 2 kniende, anbetende Personen, wie man solche häufig auf ägyptischen Monumenten findet; unter daran ist eine phönizische Inschrift; auf jeder Seite dieses Basreliefs ist eine Mosaike. Das Portal der Cathedralkirche verdient nur wegen der Säulen Aufmerksamkeit, mit denen es geschmückt ist, und bei denen das Alter, das ganze Verdienst ist. Sie wurden von einem angeblichen Dianentempel genommen, der in Venasque stand, das einst eine ansehnliche Stadt war, von der man den Beinahmen Venaissin ableitete, den man dem Comtat gab; jetzt ist Venasque ein gewöhnlicher Marktflecken, der zwey Lieues von Carpentras und 4 von Avignon liegt.

Vorzüglich sehenswerth ist auch in Carpentras das prächtige Hospitalgebäude, das auch ein Werk des gelehrten und tugendhaften Bischofs Inguimbert ist, der es gegen die Mitte des vorigen Jahrhunderts errichten ließ; es ist ein großes, edles, heiteres Gebäude, und scheint eher eine Wohnung des Reichthums, als ein Zufluchtsort des Elendes zu seyn; es ist eine Zierde und Wohlthat für die Stadt, hat eine imposante Façade, und das Innere stimmt mit dem Aeußern überein. Die große Treppe ist schön und edel, das Gewölbe über derselben ist ein Meisterstück, mit Erstaunen hört man, daß es nicht von Stein, sondern von Holz ist; die Krankensäle sind sehr groß; man findet hier 60 Betten; Frauenzimmer bedienen auch hier die Kranken; alles zeugt hier von gutem Geschmacke, von guter Ordnung und vom Geiste wahrer christlicher Liebe. Die Apotheke ist schön und gut unterhalten. Die Kapelle, wo der Stifter des Hospitals ruht, ist ein Meisterstück von Eleganz und Geschmack, sie ist mit Marmor, Gold- und Bildhauerarbeit geschmückt. Man hätte in der

Nähe dieses schönen Gebäudes die elenden Baraken nicht aufbauen lassen sollen, die auf eine so wichtige Art, neben demselben ins Auge fallen.

Im Versammlungssale der Administratoren sieht man das
Portrait eines Mannes, *) den die Natur mit allen Reizen
des Körpers und Geistes ausgeschmückt hatte, und der durch
die rauhesten Selbstpeinigungen die Verirrungen seiner Jugend
büßte. Er ist als Klostergeistlicher gekleidet, sizt an einem
Tische, vor einem Todenkopfe, mit der Feder in der Hand.
Die Büßungen, die er sich aufgelegt hat, haben ihn mager
und blaß gemacht. Welche Feinheit, welche Lebhaftigkeit ist
in seiner Physiognomie! welches Feuer in seinen Augen!
seine Leidenschaften sind nicht erloschen, sie haben nur den
Gegenstand geändert, feurige Liebe zu Gott, verdrängte die
Liebe zur Welt. Dieses Bild, dessen Urheber man nicht kennt,
und das dem besten Mahler Ehre machen würde, stellt den
Reformator von La Trappe vor, den Abbe von Rance.

Carpentras ist die 2te Stadt des Vauclusedepartements,
war ehemals eine der vornehmsten Städte der Meminer,

---

*) „Der Abbe de Rance hatte sich immer standhaft geweigert,
sich mahlen zu lassen; da lud man einmal den Mahler Rigaud zu
einer Mittagsmahlzeit ein, bei der der Abbe zugegen war. Diesen be-
redete man, daß dieser junge Mann an einem körperlichen Uebel leide,
das ihn nöthige von Zeit zu Zeit die Tafel zu verlassen, um frische Luft
zu schöpfen. So wie nun Rigaud einen Zug der Physiognomie des
Abbe recht gut gefaßt hatte, so gieng er ins anstoßende Cabinet und fixirte
ihn mit Farben auf der, über der daselbst aufgestellten Staffelei, ausgespannten Leinwand. Endlich da das Gemählde, der Hauptsache nach,
fertig war, entdeckte man ihm die gebrauchte List, und führte ihn ins
Cabinet; da sagte der überraschte Abbe: „Gewöhnlich liebt man die
Verrätherey, aber nicht den Verräther, umgekehrt liebe ich hier den
Verräther, aber nicht die Verrätherey."

hieß Carpentoracte Meminorum *) und war unter den Päb-
sten die Hauptstadt des Comtats, indeß Avignon nur die
Hauptstadt der eigentlichen Landschaft von Avignon war.
Dieses Land war ehemals unter der Herrschaft der Ostgothen,
nachher kam es unter die Bothmäßigkeit der merovingischen
Könige; in der Folge hatte es gleiche Schicksale mit dem
Comtat Avignon, ob es gleich einen kleinen abgesonderten
Staat bildete. Die Stadt macht ein Dreieck, ihre Straßen
sind sehr enge, doch findet man ein Quartier wo sie größer
sind, und wo man recht schöne Hotels antrifft. Die Stadtthore
haben ihre Richtung nach den 4 Hauptgegenden des Himmels.
Das Quartier der Juden ist ausnehmend schmuzig und eckelhaft, aber ihre Synagoge ist recht hübsch. Man findet hier
ferner eine Unterpräfektur, ein Tribunal der ersten Instanz,
und eine Secondairschule. Carpentras ist 3 Stunden von
Avignon entfernt, hat 10—12000 Einwohner, Mauern wie
diese Stadt, und wie fast alle Städte des Comtats.

Diese Stadt war ehemals unter dem Namen *Forum Neronis*,
den ihr Tiberius Nero, der Lieutenant Cäsars gab, berühmt;
der Wochenmarkt, auf den jener Name hinweist, hat bis auf
unsere Tage fortgedauert. Es wird nemlich jeden Freitag hier
ein für diese Stadt sehr bedeutender Wochenmarkt gehalten; er
ist unstreitig einer der besuchtesten der ganzen Gegend, und es
wird ein ziemlicher Handel hier getrieben. Man verkauft
hier die Erzeugnisse des ganzen Süden, und selbst Colonial-
waaren, Zucker, Caffee 2c. Indessen wußten vor der Revolution die Bewohner von Carpentras, von diesem Markte nicht
alle die Vortheile zu ziehen, die er anbieten kann. Seit dem
die Revolution mehrere junge Leute ins Ausland zu reisen
nöthigte, hat sich der Handelsgeist sehr viel stärker ausgebreitet.

---

*) » S. Plin. III. 4. XVIII. 3.“

Vom alten Glanze dieser Stadt ist nichts mehr übrig als der angegebene Rest eines Triumphbogens. Während der Revolution wurde die Stadt durch den Muth ihrer Einwohner und ihre Mauern vor der Wuth einer Horde marseillischer Brigands geschützt, die sie zu vernichten geschworen hatten.

Die Gegend von Carpentras ist schön, fruchtbar und eben so gut angebauet, wie die übrigen Gegenden in der Grafschaft Venaissin; überall sind Reben, und Oelbäume wie nach der Schnur gepflanzt; der Ackerbau erscheint hier mit allen seinen Reizen, die Landleute scheinen wohlhabend zu seyn; die Dörfer sind durchgängig wohl bevölkert, alles athmet Freude und frohen Sinn in diesen glücklichen Gegenden; jedes Dorf und Städtchen hat seine Mauer. Carpentras ist die Hauptniederlage des Grapps, ein orientalisches Gewächs, das seit etwa 100 Jahren in diesen Gegenden gepflanzt wird. Man fabricirt hier Branntewein, Scheidewasser; die Baumwollenspinnerei wird hier vorzüglich betrieben; es giebt fast kein Haus in Carpentras wo sich die Kinder und Weiber nicht damit beschäftigen; man braucht aber auch Maschinen zu dieser Arbeit; man färbt hier auch die gesponnene Baumwolle, anstatt sie aber im Lande zu Zeugen zu verarbeiten, führt man sie nach der Schweiz. Es sind hier auch Gerbereien, Manufakturen für die groben Tücher; die man Cadi nennt. Eine Gesellschaft, die sich mit Gegenständen des Ackerbaues, des Handels und der Litteratur beschäftigt, weckt und nährt die Industrie, die Liebe zu den Künsten und Wissenschaften. Die Wissenschaften müssen einst hier einer guten Pflege zu einer Zeit genossen haben, wo sie an andern Orten fast ganz in Vergessenheit waren, da Petrarca hier einen Theil seiner Studien besorgte.

Die Stadt liegt auf einer mäßigen Anhöhe, am Ende einer weiten Ebene; diese Landschaft wird von Norden und

Osten durch hohe Berge eingeschlossen, die vom Ventour beherrscht werden; sie ist den Winden sehr ausgesetzt; der Winter
ist hier sehr kalt. Wein, Getreide, Seide sind Hauptgegenstände
des Handels. Die benachbarten Berge enthalten Variolithen
und viele Seeprodukte; ihre Rücken sind ohne alle Vegetation
und bilden gegen Osten und Norden einen traurigen Horizont.
Der sie beherrschende Ventour ist etwa 2000 Meter hoch, sein
Haupt ist nackend und weißlich; diese durch den trockenen
Kalkboden hervorgebrachte Farbe, macht daß man ihn in der
Ferne immer von Schnee bedeckt glaubt. In der Nähe von
Carpentras findet man auch schöne Bausteinbrüche. *)

Von hier aus könnte ein Reisender, der diese südlichen
Länder besucht um ihre Merkwürdigkeiten kennen zu lernen,
eine schickliche Excursion links nach dem nördlichen und
östlichen Theile der Provence bis nach Gap und Embrun hinauf machen, auch wohl noch bis Briançon und
auf den Mont Genevre, um die neue Straße, die über ihn
führt, und das daselbst errichtete Monument zu sehen; und
dann könnte er an den Ufern der Durance, wo rechts und
links einige nicht weit entfernte, nicht unwichtige Orte, besonders die interessanten römischen Alterthümer von Riez besucht werden könnten, seinen Rückweg über Cavaillon,
Vaucluse und Isle nach Avignon nehmen. In diesen
obern Gegenden, sind noch so manche merkwürdige römische
Alterthümer zu sehen, und da man sich den östlichen Alpen
immer mehr auf dieser Nebenreise nähert, so würde es auch
an mannigfaltigen Aussichten in eine große und erhabene Na-

----

*) „In Förmey's Beschreibung der Stadt Carpentras
findet man wohlgetroffene Zeichnungen der Wasserleitung, des Triumphbogens; Zeichnungen von Aussichten, eine Ansicht der Quelle von
Vaucluse ꝛc."

wir nicht fehlen. Ich will daher jezt das Wichtigste, von dem, was Herr Millin und einige andere französische Schriftsteller über die Städte und Gegenden dieses obern Theils der Provence melden, hier ganz kurz anführen.

Auf der Reise nach Gap kommt man von hier zuerst nach dem Flecken Venasque. Dieser Flecken ist 2 Lieues von Carpentras entfernt. Venasque ist auf dem Gipfel eines sehr steilen Felsen erbauet. In Venasque ist ein Gebäude, von dem man behauptet, es seye ein Dianentempel gewesen. Menard (Academie de belles lettres) findet hier einen Tempel der Venus; aber es scheint keines von beiden, sondern eine Kirche aus den ersten Zeiten des Christenthumes zu seyn. Das Gebäude hat die Form eines griechischen Kreuzes; man findet hier kleine 6 — 7 Fuß hohe Säulen, die alle ganz verschiedene Capitäler haben, wie man dies bei den ältesten christlichen Kirchen bemerkt. Die 4 höchsten, an den 4 Ecken stehenden Säulen und ihre Capitäler, sind von einer Ordnung, die der korinthischen ähnlich ist. Mr. Buisson hat in seinem Garten einige römische Inschriften; auch besizt er einige andere Alterthümer und antike Münzen, die in der Nähe von Venasque gefunden wurden; z. B. einen kleinen bronzenen Mercur, eine Figur mit Kennzeichen verschiedener Gottheiten (figur panthée); 5 antike silberne Löffel. In der Mitte des 6ten Jahrhunderts verlegten die Bischöfe von Carpentras ihren Siz hieher. Seit dem 11ten Jahrhunderte besaßen die Grafen von Toulouse diese Landschaft; im 13ten wurde sie dem Grafen Raymund, dem ältern, während der Kriege gegen die Albigenser, genommen, und seit dieser Zeit gehörte sie bis zur französischen Revolution, den Päbsten.

Der Flecken Mazan, durch den man weiter kommt, hat angenehme Landhäuser in der Nähe, und gut angepflanzte Gärten. Ueberhaupt hat die Grafschaft Venaissin überall rei-

zende Fluren, worin die Reben und Maulbeerbäume in schönster Ordnung und Symmetrie gepflanzt sind. Man sieht hier
eine große Menge von Obstbäumen; der Safran und Grapp
aber sind die vornehmsten Erzeugnisse des Bodens. Die Dörfer sind mit schönen Mauern eingefaßt, die ihnen das Ansehen
kleiner Städte geben, alles athmet hier Wohlstand und Zufriedenheit. Das Städtchen Mourmoiron liegt am Fuße
der Gebirge, seine Gassen sind ausnehmend schwarz und enge,
die vornehmsten Häuser liegen außerhalb des Städtchens. Die
Landschaft umher ist sehr angenehm; man treibt hier hauptsächlich den Rebenbau, doch hat dieser noch keine großen Fortschritte im Vauclusedepartement gemacht. *)

Man hat hier den Ventour auf seiner linken Seite und
könnte ihn bei dieser Gelegenheit besteigen. Er hat seinen
Namen von den ungestümmen Winden, denen er ausgesetzt ist.
Seine Höhe beträgt 1014 Toisen. Seine nördliche Seite ist
mit Gehölz bewachsen, die südliche, der Sonnenhize ausgesezte,
ist dagegen ganz kahl; blos in den Thälern findet man Buchen
und grüne Eichen, so wie auch einige subalpinische Pflanzen.
Am Fuße des Ventour gegen Süden, lag noch vor der Revolution, das Dorf Bedouin, von Reben und Maulbeerbäumen
eingeschlossen, die den Zugang zum Ventour sehr angenehm
machten. Man treibt die Seiden- und Bienenzucht in dieser
Gegend; den Bienen sind die aromatischen Pflanzen, womit
hier der Boden bedeckt ist, sehr willkommen. Der Theil des

---

*) „Ueber den Ackerbau in diesem Departement lese man das
Annuaire statistique de Départ de Vancluse an XII. pur Mr. Waton,
medecin de Carpentras. Dies Werk ist voll nützlicher Ansichten und in
einem eleganten Style geschrieben. Die Statistik des Vauclusedepartements von *Mr de Pazzi,* vernachläßige, wann sie erschienen ist, kein
Reisender. Man kann, wenn man noch nicht in Vaison gewesen ist,
den Weg durch diese Stadt nehmen.“

Gebirges, über den man kommt, ist sehr mahlerisch und holz-
reich, man nennt ihn Col des Abeilles; hier ist auch ein
Dorf das Abeille heißt, ohne Zweifel weil man schon seit
langen Zeiten sich hier mit der Bienenzucht beschäftigt. Aber
man ist hier und in der Gegend noch nicht mit den neuern,
bessern Methoden der Bienenzucht bekannt, und die Namen
eines Schirach, Huber, Baunier, sind hier zu Lande eben
so wenig bekannt, als die nützlichen Verfahrungsarten, deren
Erfinder sie sind. Man sammelt in dieser Gegend auch die
Graine d'Avignon, eine Art Kreuzbeeren (Rhamnus infectorius),
sie verschafft den Färbern und den Künstlern eine gelbe Farbe,
die man hauptsächlich zum Färben der Seide braucht. *)

Auf dieser Route hat man auch sehr häufig, wie im Bar-
departement, den traurigen Anblick zerstörter und verbrannter
Gehölze. Der Ort Sault, der Hauptort der alten Grafschaft, liegt so hoch, daß hier keine Oliven mehr gedeihen,
aber die Wege sind mit Maulbeerbäumen eingefaßt: auch ist
hier eine starke Seidenzucht; man pflanzt viel Getreide
und der Blick verliert sich hier auf Weideplätzen und Rebenpflanzungen; die Hügel sind mit Wachholdergebüschen, grünen
Eichen, und Fichten bedeckt. Thymian, Lavendel, Basilcum

---

*) „In der Gegend von Abeille stießen wir auf einen Trupp
Zigeuner, es waren 6 oder 7 armselige, halbnackte Menschen, von kleiner Statur, gelber Farbe, breiter Nase und Oberlippe, kleinen lebhaften
Augen, schönen Zähnen, und Haaren schwarz wie Ebenholz. Noch immer
ziehen sie in der Provence herum, sie wahrsagen, betteln, treiben keinen
Straßenraub, aber stehlen Obst, Geflügel, Kazen, Hunde ꝛc. sie sind
aus allen Nationen zusammengesetzt; die meisten reden ein schlechtes
Provencalisch; sie quartiren sich nicht in die Städte ein; ihre Truppe
sind weniger zahlreich als sonst; und man sieht sie nicht mehr so häufig;
zuweilen sieht man solche Zigeuner in Air, wo sie den Pelzhändlern,
Pelze von Kazen bringen, die sie gestohlen und verzehrt haben; sie
kommen selbst noch auf die Märkte, um junge Esel zu verkaufen.“

verbreiten ihren Wohlgeruch über den Anhöhen und werden
nach Sault zum destilliren geliefert. Hier ist die Grenze, der
ehemaligen Grafschaft Venaissin. Der Weg geht beständig
über dürre, von Waldbächen durchschnittene Berge; sehr
schmale Wege ziehen sich oft an steilen Abstürzen hin, neben
denen in der Tiefe fruchtbare kleine Thäler sind. Man kommt
zum kleinen Dorfe Aigalan, und weiterhin nach dem Städtchen Orpierre, im Departement der höhern Alpen; es liegt
am Fuße hoher Berge, an den Ufern eines Waldstrohmes;
ein schwarzes, häßliches Nest, das statt der Glasscheiben, zer-
rissene Papierlappen in den Fenstern hat. Nur kurze Zeit
verfolgt man die Straße von Sisteron, und kommt endlich über
dürre, traurige Berge nach Gap.

Man kann aber auch, und das möchte wohl besser gethan
seyn, den Weg wählen, der von Carpentras über Vaison
nach Nyons führt, hier ist man dann auf der Landstraße,
die von St. Esprit, über Nyons, Serre und Veyne nach
Gap, nach Briançon und auf den Mont Genèvre geht.
Auch auf diesem Wege kommt man durch ein Land voller
Kalkberge, zwischen denen sich einige Ebenen befinden. Die
Stadt Nyons hat 2500 Einwohner und eine Unterpräfektur;
ihr Handel bezieht sich auf mehrere Gegenstände; die Gegend
derselben ist sehr fruchtbar, man findet in ihrer Nähe Steinkohlen, mineralische Wasser, eine merkwürdige Höhle, und
eine römische Brücke über das Aiguesflüßchen; auch einen
besondern Wind, den man Pontias nennt; man bemerkt ihn
fast immer nur Nachts, und da weht er im untern Theile des
engen Passes, wo die Brücke ist, von Osten nach Westen,
und im obern Theile von Westen nach Osten. Zwischen dem
Städtchen Serre *) und dem schönen, nordöstlich liegenden

---

*) „Das Städtchen Serre ist am Abhange eines steilen Felsen
erbauet; die ausnehmend engen Gassen laufen terrassenweise über ein-

Flecken Veynes, der 15 — 1800 Einwohner hat, kommt man zu den Ruinen der alten Stadt *Mons Seleucus*, beim Dorfe Mont Saleon, das in einer fruchtbaren Gegend im Canton von Serres liegt.

Bei diesem Dorfe hat der Präfekt Mr. De la doucette, auf seine Kosten Nachgrabungen anstellen lassen. Von den dadurch gemachten Entdeckungen hat er in seinem *Rapport fait à l'Institut sur les antiquités de Mons Seleucus*, den man im Jahrgange 1805 des *Magasin encyclopedique* findet, Nachricht gegeben. Man fand nemlich ein Gebäude, das 194 Met. lang, und 22 Met. breit ist; man unterscheidet die Säulen deutlich, mit denen es geschmückt war, sie sind von einem Conchylienstein; *) ihre Proportionen kündigen eine Höhe von etwa 10 Met. an; 4 Hauptsäulen scheinen den Eingang desselben anzuzeigen; ihre Postamente sind noch da, 15 andere sind auf jeder Seite. Die dicken Mauern sind gut erhalten, einige sind mit einer rothen oder blauen Glasur bedeckt, und so glatt wie Marmor. Die Zahl der Säle war sehr ansehnlich. Vielleicht war dies die *Curia* der Stadt, in diesem Falle könnte man das Atrium und Impluvium (den mittlern, oben offenen Theil des Hauses) erkennen, in dessen Mitte ein Altar war; ferner den Tempel (Basilica, Augusteum Cesareum) wo man den vergötterten Kaisern göttliche Ehre erwies. Man sieht hier den Plaz des Altares und fand dabei ein Opfermesser.

---

ander hin; die Häuser schweben wie aufgehängt über dem Abgrunde, worin ein Bergstrohm dahin rauscht; er hat die Felsen hier durchnagt, denn der Berg steigt an seinem jenseitigen Ufer wie eine senkrechte Mauer in die Höhe, und raubt den Einwohnern von Serre die Aussicht in eine angenehme Landschaft."

*) „Ich fand auch hier runde steinerne, aus 4 Stücken bestehende Scheiben, wie bei Laurentum."

Auf der Nordseite des Gebäudes, dem Peristyl gegenüber, ist
ein Zugang, der nach einem größern Plaze führt.

Auf seiner Ostseite hat man ein anderes, fast eben so
ansehnliches, Gebäude gefunden; es war ein Fabrikgebäude;
man sieht noch ein halbcirkelförmiges Bassin, das sehr gut mit
Kitt und Kalk ausgemauert ist; es ist 4 Met. tief, um dasselbe her sind Oefen gemauert, und mit feinem Kitt über-
kleidete Vertiefungen; Canäle, Wasserleitungen, Wohnungen,
wahrscheinlich für die Eigenthümer der Fabrik und die Arbeiter. Vorne daran sind Gassen, die auf den großen Plaz und
auf den Zugang zum Hauptgebäude stoßen; man fand hier
bleierne und gemauerte Rohre, welche Wasser in die öffentlichen und Privatbrunnen führten; die Höfe erkennt man
leicht an einem Pflaster. Die Farbe der Erde in einer gewissen Tiefe, bezeichnet den Plaz eines ehemaligen Gartens.
In einer gewissen Entfernung von diesen Mauern findet man
ein Ustrinum, einen Ort wo man die Todten verbrannte; man
findet hier in kleinen Entfernungen von einander, runde Pläze,
die etwa 3 Fuß im Durchmesser haben, und entdeckte in denselben
Kohlen, Räuchergefäße, die man gewöhnlich Thränenfläschgen
nennt, Nägel, silberne Ringe, Münzen, und immer auch eine
Lage schwarzer, verbrannter Erde. Die Thränenfläschgen, die
man in der Lage schwarzer Erde fand, waren immer flach oder
gewunden, ein Zeichen, daß sie dem Feuer ausgesezt waren,
das sie dem Zerschmelzen nahe brachte.

Außer den zahlreichen erwähnten, bei diesen Nachgrabungen gefundenen Gegenständen, außer Instrumenten die zum
Ackerbau, zur Haushaltung bestimmt sind, außer allerlei Zierrathen, Kleinodien, Götterbildern 2c. fand man auch natur-
historische Gegenstände in einem Hause, das vielleicht zur Auf-
stellung einer solchen Sammlung bestimmt war; allerlei Mineralien, Seemuscheln aus entfernten Gegenden, viele Löwen-

zähne, Felle von Landthieren, eine sehr große Anzahl cel-
tischer und römischer Münzen. Die Ruinen sind ausgebreitet
und mannigfaltig; man glaubt die Spuren von Straßen und
regelmäßigen Pläzen zu sehen. Der Plan des Ganzen hat
einige Aehnlichkeit mit dem, was noch von Spalatro übrig
ist. Der Styl der Architektur, die Zwischenräume der Säulen, alle Gegenstände der Kunst und des Alterthumes, die bei
diesen Nachgrabungen gefunden wurden, weisen auf eine Zeit
hin, die später ist als die des Septimius Severus. *)

Es ist gar sehr zu wünschen, daß diese Nachgrabungen
fortgesezt werden möchten. Diese Stadt ist wahrscheinlich diejenige, welche ehemals *Mansio Mons Seleucus* hieß. **) Der
Kaiser Julian belehrt uns (Panegyr. ad Constant. — „vix ad
montem Seleucum pervenerat etc.), daß der Usurpator Magnencius hier in einer großen Schlacht im Jahre 353, durch-

_____

*) „In der Nähe vom Städtchen Sexre, zu dem der Weg von
Gap nach Nyons und St. Esprit führt, sieht man die Ruinen
einer alten Stadt, die man *Mons Seleucus* nennt, einer Stelle in der
Geschichte gemäß, wo dieser Name vorkommt, wo es aber noch die
Frage ist, ob damit eine Stadt oder ein Berg bezeichnet werden sollte;
ich finde es wahrscheinlicher, daß der Kaiser Julian, wenn er vom
Usurpator Magnencius spricht, und sagt Vix ad montem Seleucum
pervenerat, eher einen Berg als eine Stadt andeuten will. Die Nachgrabungen, die der unermüdete Präfekt *Mr. De la doucette* hier anstellen
ließ, deckten die sonderbarste Ruine einer Stadt auf, die ich je gesehen
habe. Anstatt der gewöhnlichen Unordnung, verwirrt über einander gehäufter und zerstreueter Trümmer, ungleich umgestürzter oder zerstörter
Gebäude, sah ich nichts als kleine Mauern, die, nachdem man sie von
der angeschwemmten Erde, mit der sie bedeckt waren, befreit und ihre
Fundamente entblößt hat, kaum die Höhe einer Brustlehne erreichen.
Man fand hier Trümmer von Hausgeräthen, Töpferarbeiten, Bronze,
Münzen rc."

**) „S. Itin. Ant. p. 375."

die Generale des Conſtantius beſiegt wurde. Es ſind noch in
dieſer Ebene Felder, deren Namen an die Umſtände dieſes
blutigen Tages zu erinnern ſcheinen; eines derſelben heiſt
le Batailler, vielleicht weil hier einige Corps mit großer Wuth
fochten; in der Nähe deſſelben iſt ein Ort, der *Campi puri*
heißt, weil vielleicht die Truppen, die zu ihrer Pflicht zurück-
lehrten, und den Rebellen Magnencius verließen, um dem
Kaiſer Treue zu ſchwören, hier Pardon erhielten; weiterhin
iſt das *Champ de grace*, hier wurde wahrſcheinlich ein Altar
errichtet, um dem Himmel für den erhaltenen Sieg zu danken;
der Ort den man *Impexris* nennt, iſt vielleicht der Plaz, wo
die Generale des Kaiſers ihre Zelte hatten.

Indeſſen waren es nicht die Unfälle des Krieges, welche
die Einwohner von Mons Seleucus zwangen ihre Stadt zu
verlaſſen; die merkwürdigen Beobachtungen die Mr. Hericart
de Thury in dieſer Gegend gemacht hat, haben die Lücke
ausgefüllt, die ſich in der Geſchichte, in Abſicht dieſes Punktes,
finden. Er glaubt, daß die Ebene hier, und ihre Umgebung,
von dem Gewäſſer eines Sees bedeckt war, der von den zwei
benachbarten Bergſtröhmen gebildet wurde, die durch den zu-
fälligen Einſturz benachbarter Felſen, deren Trümmer eine
Art von Damm bildeten, in ihrem Laufe aufgehalten wurden,
und daß dieſer See in den folgenden Zeiten den Damm wieder durchbrach. Die angeſchwemmte, als Bodenſaz die Ruinen
der Stadt bedeckende Erde, beweiſt, daß ſie unter Waſſer ſtand.
Man findet an mehreren Orten des Departements Spuren
von ähnlichen Seen, die ihre Dämme wieder durchbrachen
und ſich verloren.

Die Schönheit und Form der Charaktere der bei Mont
Saleon gefundenen Inſchriften, beſonders der Inſchrift
des Attius Tertullus, der Name der Tribus Voltinia,
das auf die Verehrung des Mithras ſich beziehende Fragment ꝛc.

zeigen, daß diese Stadt mehr als 200 Jahre vor der Niederlage des Magnencius vorhanden war. Mr. De la doucette hat also gerechte Ansprüche an die Dankbarkeit der Freunde der Künste, für die edle Uneigennüzigkeit, mit der er für die Nachgrabungen, die er anstellen ließ, 4000 Franken seines Vermögens aufopferte. Es wäre, wie schon gesagt, sehr zu wünschen, daß die Regierung die Nachgrabungen fortsezen lassen möchte. Der Maire von Mont Saleon Mr. Roustan besizt noch allerlei antike Kleinigkeiten, die man hier fand, unter anderm eine Lampe, mit dem Namen Petapus. Der Name La Bastia Mont Saleon erinnert an einen der arbeitsamsten französischen Schriftsteller Bimard, Baron von La Bastia, den geschickten Mitarbeiter eines Boze, Maffei, Muratori; er lebte in der Nähe dieser alten Stadt, ohne zu wissen, daß ihre Ruinen noch übrig sind, und darin wohl kostbare Reste des Alterthumes enthalten seyn möchten.

* * *

„Das Departement der Ober-Alpen, das wir nun (auf der Rückreise von Mont Saleon und Serres über Buis, nach Avignon) verließen, hat ein wahrhaft wildes Aussehen, und man hat hier überall neue und mannigfaltige Aussichten. Der Boden jedes Thales, das wenigstens von einem Bergstrohme gewässert wird, ist mit Gehölz und Wiesen bedeckt. Die Pflanzenerde bildet auf den Abhängen der Hügel kleine Felder, aber da sie nicht, wie im Vardepartement, durch Terrassen festgehalten wird, so schwemmt der Regen sie nach und nach mit den Hoffnungen des Landmannes in die Tiefe hinab. Es giebt hier manche Gegenden, wo die dürren Felsen in der Höhe, wie bei Serres, und das Getöse der Felsentrümmer die der Bergstrohm in der Tiefe fortrollt, die Seele mit einer Art von Grauen erfüllen. Nirgends ist für den

Geologen mehr Merkwürdiges zu beobachten als hier. Die
verschiedenen Gestalten der Berge, die Gletscher, die sie beherrschen, die Cascaden, die von allen Seiten von ihnen herab
stürzen, bieten mannigfaltige, interessante Anblicke an. Die
Unreinlichkeit, der Mangel an frischer Luft in den Wohnungen,
die schlechte Nahrung, eine immer mühselige Arbeit, untergraben die Gesundheit der armen Bewohner dieser Gegenden.
Menschen und Vieh wohnen gar häufig im nemlichen Raume.
Die an den Abhängen der Hügel stehenden Häuser sind meistens feucht wegen dem Wasser, das sich hinter ihnen von der
Höhe herab zieht. Die Einwohner sind sanft und gastfreund-
lich; oft hat in den Zeiten der Verfolgung die geächtete Unschuld einen Zufluchtsort bei ihnen gefunden. Ihre ländlichen
Feste haben viel Interessantes. Das Ballspiel ist einer ihrer
vornehmsten Zeitvertreibe. Bei den Tänzen präsidirt auch, wie
in der Provence, ein *Abbé de la Jeunesse*, er hat die Haare
gepudert und rund aufgewickelt, auch sind seine Weste, sein
Hut und Stock mit Bändern geziert. Ein merkwürdiger Waffentanz hat sich hier in *Pont de Cervieres* erhalten, man nennt
ihn *Bacchu-ber*; 9-11-13. mit Schwertern bewaffnete Personen führen ihn am Tage des Patronalfestes und bei großen
Feierlichkeiten auf.

Ein wenig, ehe man in Buis ankommt, verläßt man
das Departement der Hohen-Alpen, und die alte Landschaft
Gapençois, und kommt in die, welche man *les Baronies* nennt,
und die zum Dromedepartement gehört. Die Landschaft verliert nun immer mehr ihre bisherige Wildheit: und man findet
wenigstens Pfade für Pferde und Maulthiere. Das Städtchen Buis war ehemals der Hauptort der Baronie Mevoil-
lon, es ist ziemlich gut gebauet und liegt in einem Thale.
Man hält hier viele Märkte. Die größte Straße hat Bogengänge zur Seite, und ist mit Bäumen und einer Fontaine ge-

schmückt. Die Reise wird nun immer angenehmer; der Anblick der Oliven zeigt jetzt, daß man die Alpengebirge im Rücken habe; und das betäubende Geschrei der Cigalen (Cicada tettigonia) ist ein noch gewisseres Zeichen davon. Wie konnten doch Homer (Il. III. 51.) Anacreon (Carm. 43.) Theocrit (Idyll. 16. 94.) Virgil (Georg. III. 328.) Horaz und so viele andere Schriftsteller einstimmig das unerträgliche Geräusch, das die Cigalen an den heißesten Tagen machen, mit dem Namen eines Gesanges beehren und seine Melodie preisen! man betrachtete sie als dem Apollo und den Musen geheiligt, denen sie die Anmuth ihres Gesanges verdankten; man beehrte sie mit Epigrammen. (Hexapl. VI. 22.); junge Weiber errichteten ihnen Grabmale (Brunkii Anthol. I. 32. — CXII. 192. X.) und drückten in angenehmen Versen ihre Trauer über ihren Verlust aus. (Ibid. I. 192. X. XI. 200. XIV. 237. LXV. 257. II.) Indessen ist dieses Geräusch kein melodischer Ton der aus einer wohlklingenden Kehle kommt, wie der b. Ambrosius sagt, sondern entsteht durch das Aneinanderreiben zweier Häute unter ihrem Bauche. Dies Geräusch macht es im Schatten der Maulbeerbäume, auf denen sie sich gewöhnlich aufhalten, oft unmöglich mit jemand zu reden. Dies ist eine Art von Musik, um welche der Norden Frankreichs, den Süden nicht beneiden darf. Wir kamen bei dem Schlosse Pierrelongue vorbei, das sich an einen langen Felsen anlehnt, der sich isolirt mitten im Thale erhebt. Dann kamen wir durch Molans und Malaucene nach Carpentras; von wo aus wir den nächsten Tag unsern Weg nach Avignon nahmen. Die Straße führt durch ein fruchtbares, gut angebautes Land, wo man köstliche Landhäuser erblickt. Der wichtigste Ort, auf den man stößt, ist das Städtchen Entraigues, wo ein altes Schloß ist.

Durch Da Baſtia Mont Saleon und den Flecken
Beyne kommt man endlich nach Gap. *) Dieſe Stadt
liegt in der Mitte eines weiten Baſſins, ſo von Bergen umringt, daß man ſie erſt bemerkt, wenn man davor iſt. Ihre
Lage iſt angenehm, die Hügel, die ſie umringen, bilden eine
Art von Amphitheater, über ihnen ſteigen terraſſenweiſe hohe
Berge empor, die ihre beſchneieten Häupter in den Wolken
verbergen. Die Ebene um Gap her, iſt fruchtbar, und mit
großen Nußbäumen überſäet, ein unfehlbares Zeichen von der
Güte des Bodens. Die Hügel umher ſind an manchen Pläzen
ganz nackt, an andern dagegen ganz mit Rebenpflanzungen
überdeckt, ein eben ſo ſicheres Zeichen von der Sanftheit des
Climas. Gap iſt die Hauptſtadt des Departements der Ober-
Alpen, wurde ehemals, nebſt dem ganzen Lande, von den
Caturigen bewohnt und wird als das Vapincum betrachtet,
deſſen das Itinerarium Antonins erwähnt. **) Dieſe Stadt,
die etwas über 8000 Einwohner hat, würde ſich dem Reiſenden vortheilhaft ankündigen, wenn das Caſernengebäude,
das ihm gleich in die Augen fällt, geendigt wäre, und nicht
ganz verlaſſen, ſeinem Verfalle Preis gegeben würde.

Die Stadt hat 5 — 6000 meiſtens armſelige Einwohner,
die alten Stadtmauern ſind zerſtört, die Gaſſen enge, die
Häuſer haben ein elendes Ausſehen; um ſo mehr erſtaunt man,

---

*) „Eine Lieue ſüdlich von Gap, rechts in der Nähe der Straße,
ſieht man eines der 7 Wunder Dauphines, die zitternde Wieſe:
eine ſchwimmende Inſel in einem kleinen See, die ſich beim leiſeſten
Winde in Bewegung ſezt; wie man eine ſolche noch immer im See
Solfatara bei Tivoli findet."

**) „Die Landſchaft, von der Gap ehemals die Hauptſtadt war,
(Gapinçois) gehörte nach und nach den Merovingern, Carlovingern,
den Königen von Burgund, den Grafen von Toulouſe, den Grafen von
Provence, und endlich kam es nebſt dieſer in den Beſiz der franzöſiſchen
Könige."

in einer, jeder Verschönerung so sehr entbehrenden Stadt, ein
prächtiges, der Familie Lesdiguieres angehöriges Mausoleum zu sehen. Es ist in der Sacristei der alten Cathedralkirche; der Herzog ließ sich dies Mausoleum noch selbst
während seines Lebens errichten. Es ist ein Meisterstück des
Jacob Richter, eines der geschicktesten Bildhauer, und ist
von Alabaster aufgeführt. Man sieht auf demselben 4 Basreliefs, welche die vornehmsten Schlachten und Gefechte
darstellen, in denen sich der berühmte Connetable Lesdiguieres, in den Jahren 1590, 91, 97, 98. ausgezeichnet hat, sie treten aus einer schwarzen Marmorfläche hervor;
die alabasterne Statue des Herzogs ist in Lebensgröße, sie
liegt und ist ganz bewaffnet. Seine Kinder sieht man unter
der Gestalt von Engeln. Sein schwerer Küraß, seine Lanze,
seine mit Kupferbleche bedeckten Panzerhandschuhe, und sein
Helm sind neben dem Mausoleum aufgehängt, diese Waffen,
die den Herzog während des Religionskrieges, von dem diese
Gegend der Schauplatz war, so furchtbar machten. Der Herzog starb 1626. Gap erhebt sich etwa 800 Meter über die
Meereslinie. Das Hotel der Präfektur, das Stadthaus, der
Justizpalast, die Cathedralkirche, die Casernen und das Seminarium sind die einzigen Gebäude in Gap, die angeführt
werden können, und auch von diesen ist keines besonders
merkwürdig.

Der Handel von Gap ist sehr beschränkt, er beschäftigt
sich nur mit Wolle, mit sämischem Leder, Weißgerberarbeit,
Häten, mit Oel und Mandeln; 4 Jahrmärkte, von denen der
ansehnlichste den 11ten November seinen Anfang nimmt und
8 Tage dauert, unterstützen ihn ein wenig. Diese Stadt war
ehemals der Sitz eines Bischofs. Sie wurde im Jahre 1692
vom Herzoge von Savoyen, Victor Amadeus, verbrannt.
Aus den engen und häßlichen Gassen, aus den alten und

eben so häßlichen Häusern dieser Stadt, muß man schließen, daß sie nach diesem Unglücke nur wieder reparirt, aber nicht neu aufgebaut worden sey. An dem Präfekten Hrn. Deladoucette besaß sie einen in hohem Grade feurigen Freund und Beförderer des Guten. Er wollte seinen Aufenthalt in diesem Departement, durch bedeutende Verbesserungen auszeichnen, Seine Thätigkeit verbreitete überall neues Leben; man kann in Gap und in den benachbarten Städten keinen Schritt thun, ohne öffentliche, von ihm errichtete, Anstalten zu sehen; er opferte ihnen einen Theil seines eigenen Vermögens auf, und erschöpfte seine zärtliche Gesundheit durch eine rastlose Arbeitsamkeit. Die Stadt fieng an durch ihn eine neue Gestalt zu gewinnen, die verfallenen Stadtmauern nebst den elenden, alten Häusern neben ihnen, mußten einer Promenade, in Form eines Boulevards, Plaz machen. Unter andern Gebäuden, die er errichten oder wieder herstellen ließ, befindet sich das Museum, das seit 1801. die Stadt schmückt. *)

Dieses Gebäude bildet ein langes Viereck. Der Saal, wo die naturhistorischen Merkwürdigkeiten des Departements, das besonders im Fache der Mineralogie reich ist, die Monumente des Alterthums ꝛc. aufgestellt sind, ist sehr schön; in den Nebenzimmern hält theils die auch von ihm gestiftete litterarische Gesellschaft, ihre Versammlungen, theils wird darin der Unterricht der Secondärschule ertheilt. Der Garten dabei, soll dem Vergnügen des Spazierengehens und dem Studium der Botanik, gewidmet werden. Die Alterthümer, die für das Museum bestimmt sind, sind noch in dem Präfekturge-

---

*) „Diesem Museum der Mahlerei fehlt nichts als die Gemählde, und die Kunstfreunde. Man muß gestehen, daß der Enthusiasmus diesen achtungswerthen Mann wirklich zu weit führte; dies armselige Städtchen brauchte so wenig ein Museum als eine Academie, die er ebenfalls hier stiftete."

bäude; *) es sind darunter viele antike Stücke, die man beim Nachgraben bei La Bastia Mont Saleon gefunden hat, Götterbilder, gläserne, bronzene, irdene Vasen, wilde Thiere von Bronze, eine Amphora, Thränenfläschgen, eiserne Instrumente, kleine Votivaltäre, Denksteine, Fragmente von Mosaiken, von Inschriften ꝛc. Messer, Glöcklein, Sicheln, Scheren, Beile, Zangen, Schaufeln, viel geschmolzenes Blei, Löffel, Kohlen in großer Menge. Eines der merkwürdigsten Stücke, ist eine Gruppe, die sich auf den Mithras bezieht, das Ganze besteht aus weißem Marmor; zum Unglück ist der obere Theil der Figuren verstümmelt, man sieht wie gewöhnlich, den durch einen jungen Diener des Gottes geopferten Stier, jener kniet mit dem linken Knie auf dem Thiere, ma• sieht auch die

verstümmelte Inschrift weist auf den Mithras. **) ⸰⸱

Departement auch die Wiederherstellung der in Verfall gekommenen Postlinie von Grenoble nach Gap; dann verdankt es ihm auch noch, so wie Frankreich und Italien, die Route von Paris nach Turin über Grenoble, und die Route, die aus Spanien über St. Esprit, Nyons, Gap nach Italien führt, beide Routen fallen in Briançon in Eine zusammen, die über den Mont Genevre lauft. Die hohen Alpen waren ehemals

---

*) So schrieb Herr Millin vor mehrern Jahren, jezt wird wohl das Museum vollkommen eingerichtet seyn.

**) „Ein ungeheures Gelächter und Geschrei zog bei unserm Gange durch eine Straße von Gap unsere Aufmerksamkeit auf sich; wir liefen nach dem Plaze, wohin der Pöbel stürmte; hier sahen wir einen Mann in einem weiten Mantel verkehrt auf einem Esel sizen, mit dem Schwanze desselben in der Hand; zwei mit Schellen behängte Reiter eskortirten ihn, und ein blasender Zinkenist machte das Publikum auf diese Reiterei aufmerksam. Dieser arme Schelm war ein guter, ehrlicher Mann, der sich von seiner Frau hatte durchprügeln lassen.‟

eine Barriere, die nur mit vielen Schwierigkeiten überstiegen werden könnte; jezt zieht sich eine Straße, die aus Spanien nach Italien führt, durch das Departement, seiner ganzen Länge nach hin; eine bequeme, breite und prächtige Straße führt nun über den Mont Genevre, was man sich bisher als etwas unmögliches dachte.

Man hat Brücken über Waldströhme geworfen; von der Natur gebildete, und durch die Kunst geleitete Cascaden, tragen nun zur Verschönerung der Aussicht bei; man hat Bänke aufgestellt die den Reisenden einladen, auf ihnen zu ruhen, und Bäume gepflanzt, die ihm erquickenden Schatten anbieten. Zur Verherrlichung dieser großen Unternehmung, hat das Departement, im Jahre 1807. auf der Spize des Mont Genevre, in einer Höhe von 6000 Fuß über dem Meere, einen sehr schönen, 60 Fuß hohen Obelisk aufrichten lassen, worauf in einer lateinischen, französischen, italienischen und spanischen Inschrift gemeldet wird: Daß Napoleon, zur Bequemlichkeit der Reisenden und des Handels, während seiner Siege an der Weichsel und Oder, diese Straße habe eröffnen lassen. Der Plaz, auf dem der Obelisk steht, hat einen Umfang von 150 Met.; man hat den Plan ein Hospitium auf demselben zu errichten, worin Trappisten die Reisenden bedienen sollen.

Die Societé d'emulation in Gap rechtfertigt ihren Namen vollkommen durch ihre Thätigkeit, sie sezt Preise aus für nüzliche Erfindungen, giebt ein für Ackerbau und Gewerbe interessantes Journal heraus, (Journal d'Agriculture et des Arts, ferner Melanges litteraires und endlich Annuaires du departement des Hautes Alpes). Bei der Stadt sieht man den sogenannten runden Thurm, er scheint ehemals zu Signalen bestimmt gewesen zu seyn, und mit andern, deren Ruinen man noch sieht, in Verbindung gestanden zu haben.

Kapitel 24.

Wer von Gap aus, auch noch Briançon und den Mont Genevre besuchen will, kommt zuerst nach dem Flecken Chorges, ein langer, sehr bevölkerter Ort; am Portal seiner Kirche sieht man mehrere Basreliefs, die sich auf die Verehrung der Diana beziehen; einige antike Säulentrümmer liegen vor den Häusern und dienen zu Bänken; das ist alles was von der alten Hauptstadt der Caturigen übrig ist. Weiter kommt man nach Embrun, Chateauroux und Mont Lion. *) Embrun (Ebrodunum), war unter Constantin die Hauptstadt der Provinz der See-Alpen; hier sind 2500 Einwohner; diese Stadt war ehemals der Siz eines Erzbisthums, jezt ist sie der Siz einer Unterpräfektur und eines Civiltribunals; sie ist eine Festung der dritten Klasse, ganz gut gebauet, von einer schönen Straße durchschnitten. Man bemerkt hier den erzbischöflichen Palast, und die Cathedralkirche, die ein Werk Carls des Großen seyn soll. Das öffentliche Gefängniß ist in

*) „Die auf der Ostseite von Gap nach Briançon auslaufende Straße sinkt noch 4 Lieues ins Thal der Durance herab, begleitet dann ununterbrochen diesen Strohm der von Norden herabkommt, und führt durch die 2 Städte Embrun und Mont-Dauphin oder Mont-Lion."

dem alten Seminarium, es ist ein gut eingerichtetes sehr ge-
räumiges Gebäude, und kann 1300 Gefangene fassen; *)
in den Gärten des erzbischöflichen Palastes hat man eine
prächtige Aussicht. Embrun war ehemals einer der Wälle der
Provence und Dauphines.

Chateauroux ist ein schönes, frisches, lachendes Dorf,
dessen Häuser so mit Bäumen und Baumgärten gemischt sind,
daß man einen englischen Garten zu sehen glaubte; es ist
1 Stunde von Embrun, und wird von Schieferbergen beherrscht,
von denen man schöne Schiefer erhält; außer den Baumgärten verschönern es auch die Wiesen und Rebenpflanzungen die
es umringen. Vom alten Schlosse St. Clement ist nur
noch ein viereckiger Thurm übrig. Bald sieht man die Stadt
Mont Lion, die sonst Mont Dauphin hieß, auf einer
Anhöhe. Sie ist eine Festung von der 2ten Linie und der
ersten Stärke; das Plateau von Pudding, auf dem sie erbauet
ist, erstreckt sich bis Embrun; sie hat lauter schnurgerade
Straßen, beherrscht 4 Thäler, und die am Fuße ihrer
Anhöhe hinlaufende Straße. Sie ist ganz von Marmor gebauet; mitten auf dem öffentlichen Plaze ist ein Bogen mit
einer römischen Inschrift; eine andere Inschrift hat man noch

---

*) „Die gute Einrichtung des Gefängnißgebäudes machte mir um
so mehr Vergnügen, da gewöhnlich in den kleinen Städten der Departements, die Gefängnisse nicht in so gutem Stande sind. Von manchen
gehen die Fenster gerade nach der Straße; ein schändlicher Hut liegt
unten neben derselben, der bestimmt ist die Almosen der Vorübergehenden für die Gefangenen aufzunehmen, deren rauhe und klagende Stimmen mehr widrige Empfindungen, als Gefühle des Mitleids wecken;
man kann nicht ohne Schaudern die Stimmen dieser Menschen hören,
von denen sich einige mit dem Blute ihrer Brüder befleckt haben, und
zu einer grauenvollen Hinrichtung bestimmt sind. Das Souvernement,
das seine Gefangenen ernährt, soll sie nicht betteln lassen."

nicht lange gefunden; eben so fand man auch ein Stück Marmor, das eine römische Familie darstellt, den Vater, die Mutter und 2 Kinder.

„Das Ober-Alpendepartement besteht aus den Bezirken von Gap, Embrun, Briançon, Theilen des Dauphine; es wird gegen Osten von der Durance bewässert, die sich fast seiner ganzen Länge nach durch dasselbe herabzieht; und hat eine Menge Felsen, Schneeberge, Waldströhme und Abstürze; wenigstens zwei Drittel seiner Oberfläche sind mit Bergen bedeckt; fast im ganzen übrigen Theile findet man Pflanzenerde, sie ist aber nicht tief, und immer in Gefahr, von Bergwassern weggeschwemmt zu werden. Das Land ist sehr reich an Viehweiden, an Olivenbäumen und Rebenpflanzungen, hat aber nur wenig Getreide, Korn von guter Qualität, Rocken, Hafer, Grundbirnen, viele Nüsse, die den Besitzern das nöthige Oel geben; auf den Weiden zieht man Rindvieh, Pferde, Esel, Maulesel, beide leztere sind der Gegenstand eines ziemlich guten Handels, weil man sich ihrer in diesen bergigen Gegenden ganz besonders stark bedient.

Die Alpenschafe sind groß, und ihre Wolle wird geschäzt. Man findet in diesem Departement Bleiminen, eine Silber- und Kupfermine und mehrere Steinkohlenminen. Aus dieser Landschaft kommt die Kreide von Briançon, die man zum Ausmachen der Flecken braucht; hieher gehört auch die Manna von Briançon, die man an den Lerchenbäumen findet, welche die Berge um Briançon her bedecken. Der Handel besteht in Korn, Wein, Hanf, Rindvieh, Eseln, Mauleseln, Wolle, in Fabrikprodukten, in Arbeiten von Stahl, Eisen, Blei, Kupfer, in Töpferarbeiten, gegerbtem Leder.

11.

„Das Departement der Obern-Alpen ist eines von den Dreyen, aus denen das alte Dauphine bestand, und liegt fast ganz in den Gebirgen, von denen es den Namen trägt, und auf ihrer Westseite. Es hat eine Länge von 30 und eine Breite von 12 Stunden; und ist nach Bevölkerung und Ausdehnung eines der kleinsten französischen Departemens, vielleicht das kleinste. Man hat berechnet, daß die Hälfte der Oberfläche dieses Departements, von Felsen und dürrem Boden besezt ist, und daß das angesäete Land nicht den dritten Theil derselben ausmacht. Auf der Route von Grenoble nach Gap sieht man, daß die Felder mit Hornvieh gepflügt werden; auf der Route von Gap nach Marseille erblickt man die Maulesel bei diesem Geschäfte. In einigen Cantonen, z. B. in dem von Briançon kann man Esel am Pfluge des Armen sehen, der aber zuweilen nur einen hat, und dann durch seine Person die Stelle des 2ten fehlenden ersezt, oder noch öfterer, seine Frau neben den Esel spannt."

Zwischen Mont Lion und Briançon findet man die 2 Steinkohlengruben von Chantelouve und St. Martin, und zwischen beiden eine Bleimine, die schon von den Römern bearbeitet wurde, an den Wänden der Galerien findet man noch mehrere römische Namen. Bei dem großen Dorfe, das man rechts liegen läßt, ist das Dörschen Cervieres, wo sich der schon genannte Waffentanz erhalten hat, den man Bacchu-ber nennt.

Bei der Rückkehr von Briançon nach Sisteron kann man den Weg über Barcelonette nehmen, das mehrere Stunden östlich von Gap liegt; diese kleine Stadt liegt 12 Stunden über Digne, weiter gegen Nordosten, am rechten Ufer der Ubayne, sie ist der Hauptort des hohen Thales, dem ße seinen Namen giebt, der Siz einer Unterpräfektur der Untern-Alpen und eines Civiltribunals, und die anmuthigste Stadt des Departements. Sie wurde im Jahre 1230 von Raymund Berenger, Grafen von Provence, erbauet; er gab ihr ihren Namen zum Andenken ihrer Vorfahren, die aus Barcelona in Spanien gekommen waren, um sich in dieser Provinz niederzulassen. Sie liegt etwa 600 Toisen höher als das Meer. Man findet hier eine viel bessere Gesellschaft, als man in einer solchen Gegend erwartet hätte. Man treibt einen Handel mit Schafen, und vor der Revolution fabricirte man grobe Zeuge, hauptsächlich zum Gebrauch der Marine. Das Thal von Barcelonette ist in Paris durch seine Leierspieler bekannt, die zur Zeit der langen Nächte, mit ihren magischen Laternen hier erscheinen; dieses Thal führt zum Col von Argentière, der 4 Stunden von Barcelonette ist; auf einem unmerklichen Abhange kommt man auf diesen Col, und auf einem eben so sanften Abhange, steigt man jenseits nach Italien herab. Dies ist der niedrigste und bequemste Col der Alpen. Das Clima erlaubt daselbst die Pflanzung des Rockens.

Der Weg von Gap nach Sisteron führt nach Saulce (3½ St.) nach Rourebeau, (3½ St.) von diesem Orte hat man nach Sisteron auch noch 3½ Stunden. Hat man von dem Wege von Gap nach Saulce, wo man stark abwärts steigen muß, zurückgelegt, so kommt man zu den Ufern der Durance. Ein wenig vorher läßt man links in kleiner Entfernung den mit 1200 Einwohnern bevölkerten Flecken Tallard, nebst den Ruinen seines gothischen Schlosses liegen. Das Gebiet des Dorfes Saulce, das 5—600 Einwohner hat, ist ein urbar gemachter fruchtbarer Sumpfboden, der 7—8fältig trägt. Der Boden der Hügel scheint mergelartig zu seyn, man pflanzt hier einen weißen Wein, der Clairette genannt wird, und den die Einwohner mit dem Champagner vergleichen. Man pflanzt auch vorzüglich Nuß- und Mandelbäume. Dem Dorfe gegenüber, auf dem linken Ufer der Durance, grub man ehemals Kupfer von einer geschäzten Qualität.

Von Saulce aus erweitert sich das Basin der Durance und die Berge werden niedriger; die herrschenden Bäume sind auch hier die Mandel- und Nußbäume, an gewissen Plätzen findet man auch die Eiche; man sieht viele Eichen die sehr alt und doch nicht sehr groß sind, wo der Boden entweder nicht so gut ist, als er es zu seyn scheint, oder nicht von der Art, wie ihn die Eiche liebt. Rourebeau ist an und für sich ein unbedeutendes Dörfchen, bekommt aber durch seinen Handel mit den Mandeln die in dieser Landschaft wachsen, für die es der Niederlags- und Speditionsort ist, Wichtigkeit. Der Centner kostet über 80 Franken. Diese Landschaft trägt auch viel Waizen, obgleich man die Aussaat nur 4fach erhält; etwa in der Mitte zwischen Saulce und Rourebeau kommt man ins Nieder-Alpendepartement. Von Rourebeau aus wird die Ebene nach und nach bis Sisteron immer enger; bei Sisteron kommt man auf einer sehr kühnen Brücke über den Buechstrohm.

Die Stadt Sisteron hat 4000 Einwohner, sie ist der Siz einer Unterpräfektur und eines Civiltribunals; ehemals war auch ein Bischof hier. Sie ist eine alte Festung, in ihrer alten Citadelle saß einst Casimir, König von Polen, einige Zeit gefangen, nachdem er auf seiner Rückkehr aus Genua im Jahre 1638, vom Grafen von Alais arretirt worden war. Im Itinerarium des Antonin, und in den Theodosischen Tafeln, heißt Sisteron Seg stero; in der Folge nannte man es Civitas Segesteriorum, nachher Segesterium und endlich Sisterium. Diese Stadt war 1552 der Schauplaz der blutigsten Kämpfe zwischen den Protestanten, die sich dahin geflüchtet hatten, und der Catholiken, denen es endlich gelang, sie daraus zu vertreiben. Die Stadt hat ein häßliches Ansehen, wenn man sie von der Durancebrücke betrachtet, doch ist ihr Inneres nicht so abscheulich als ihr Aeußeres; sie hat mehrere schöne Gebäude, einen recht geräumigen öffentlichen Plaz, und einige Gassen, die nicht so enge und garstig sind, wie die in Riez und Digne. Die Stadt enthält nichts Merkwürdiges, selbst die Cathedralkirche bietet nichts Interessantes an, als ein schönes Altargemählde, von einem der Vanloo, die in der Provence lebten. Mit Wolle und Mandeln treiben die Einwohner einen unbedeutenden Handel.

Die Lage der Stadt ist nicht so uninteressant wie ihr Inneres. Die Durance, welche gegen Norden und Süden von ihr, durch ein breites Bassin fließt, erscheint bei ihr zwischen 2 steilen Reihen von Uferfelsen, welche dieselbe einige Stunden oberhalb der Stadt empfangen, und erst nach einigen Stunden unterhalb derselben sich wieder von ihr entfernen, nachdem sich dieselbe in der Stadt zwischen den Felsen des Fort, und den Felsen La Beaume gedrängt sah; diese Ansicht hat schon manchen Mahlerpinsel beschäftigt; besonders ist der Anblick von La Beaume sehr mahlerisch. Die Durance arbeitet sich unter einem hohen Brückenbogen durch. Eine sehr schöne Promenade führt zum Airthor von Sisteron; diese Stadt erhebt sich 260 Toisen über die Meereslinie, nach Papons Angabe. *)

---

*) „Die Gegend, durch die man auf dem Wege von Digne nach Sisteron kommt, liegt in den subalpinischen Alpen, die bei Digne anfangen; die Dörfer sind in kleinen Thälern oder auf Hügeln; sie haben ein armseliges, uraltes Aussehen, welches sehr mit der lachenden Ansicht der Dörfer in den südlichen Gegenden der Provence contrastirt; doch findet man weit ausgedehnte Wiesen und recht schöne Getreidefelder. Der Abhang der Berge ist mit Wäldern bedeckt, aber durch die Nase

Sehenswerth sind die Ruinen der alten Stadt Theopolis und die Inschrift des Dardanus. Man findet diese Reste des Alterthums beim Dorfe St. Genies de Dromont, das 2 Stunden nordöstlich von Sisteron in der rauhesten, wildesten Einöde liegt. *) In der Nähe des Felsen mit der Inschrift, besetzte Theopolis einst eine Anhöhe, die man in der Gegend Theoux nennt, und auf der man jetzt die Einsiedelei und Kapelle von Notre Dame de Dromont findet: Zu dem Orte, wo die antike Inschrift ist, kommt man durch einen engen Felsenpaß. Am Ende desselben, wo ein neues Thal anfängt und wo die Gegend sehr mahlerisch ist, erblickt man an einer senkrechten, flachen Felsenwand, einige Schuhe hoch über dem Wege, die merkwürdige Inschrift; sie meldet, daß Claud. Post. Dardanus, ein vornehmer Mann, der in dieser Stadt ansehnliche Aemter bekleidete, und seine Frau Nevia, Gallia, auf ihre Kosten, den Felsenpaß, durch

---

und den Oelbaum wird diese Landschaft nicht belebt. Etwa eine Stunde lang befindet man sich, ehe man nach Sisteron kommt, neben der Durance; auf der rechten Seite hat man Kalkberge, in denen man von Zeit zu Zeit groben weißen, mit graulichen Adern durchzogenen Marmor, und in der Kalkmasse Ammoniten, Chamiten und andere petrificirte Conchylien bemerkt. Früh um 4 Uhr verließen wir Sisteron zu Pferde, um die Ruinen der alten Stadt Theopolis zu besuchen. Wir kamen durch eine fast ganz unbewohnte Gegend; der schmale, wenig betretene Weg führte uns oft neben Abgründen hin; die Berge umher sind sehr dürre und bringen nichts als Gebüsche hervor; nur da und dort erblickt man zuweilen einige angebaute Pläzchen und dünne gesäete Bäume. Endlich kommt man an einen Ort, wo sich die Berge zusammen drängen, der Weg geht über das Bette des Bergstrohmes zwischen zwei steilen Felsen hin; am Ende dieser Schlucht erblickt man die berühmte Inschrift von Theopolis. "

*) „S. M. de Villeneuve Voyage des Basses Alpes. *Papon* Histoire de Provence. *Chorier* Histoire du Dauphiné."

den der Bergstrohm seinen Weg nimmt, zum Vortheile der
Stadt Theopolis erweitern ließen, und ihr Mauern und Thore.
gaben. *)

1. Die vollkommene Einsamkeit dieses Ortes, das Geräusch
des Bergstrohmes, die Erinnerungen welche durch diese Inschrift geweckt werden, die Schönheit welche die Natur in
dieser wilden Gegend enthüllt, versenken die Seele in eine
sanfte Melancholie. Die Wildheit des Ortes, wo der Stein
des Dardanus ist, den die Bewohner der Gegend Peiro escritto
(pierre ecrite) nennen, wird durch die Gegenwart zahlreicher
Pflanzen und Blumen, welche die Felsen überkleiden und die
Waldbäche begrenzen, gemildert. Um den Ort zu sehen, wo
Theopolis einst lag, muß man seinen Weg nach dem Dörfchen
St. Geniez, das in einer lachenden, mit Obstbäumen bedeckten Gegend ist, und im Gebiete von Dromon liegt, nehmen,
und sich daselbst nach einem Führer umsehen. Nach ½ Stunde,
während welcher man durch eine dürre Gegend kommt, deren
Hügel nichts als kahle Felsen zeigen, erreicht man den Fuß
des Felsens von Dromon, der sehr hoch, und nur auf der,
St. Geniez gegenüber liegenden Seite, ersteigbar ist; auf demselben sieht man noch einige Reste antiker Gemäuer, Reste von
2 Thürmen. Ganz nahe dabei entdeckte man einen Ofen,
Gräber, Gebeine, Münzen, Gräberlampen ꝛc. Man bemerkt
hier auch einen Weg und ein Bassin, die beide in Felsen gehauen sind; das leztere ist 5—6 Schuh lang, etwa 1½ Schuh
tief und etwas mehr als 2 Schuh breit.

Auch in dem kleinen Thale hier, sind da und dort Reste
alter Gebäude; es werden oft solche von Landleuten entdeckt;
sie finden oft beim Pflügen, Ringe, Münzen, und andere Reste

---

*) „S. Spon Miscel. p. 150. Thesaurus Gronovii Tom. X. p 134.
Bergier Grands Chemins p. 169. Chorier Histoire du Dauphiné 187.

des Alterthumes. Dieses ganze Thälchen und die Berge um-
ter sind von Bergströhmen zerrissen, die jedes Jahr Verwüstungen anrichten, daher der Boden, auf dem die alte Stadt
lag, nach und nach sehr ausgefressen und niedriger gemacht
worden ist; die Bewohner der Gegend bezeugen, daß ehemals
der Boden viel höher war. Daß Theopolis einst eine sehr
ansehnliche Stadt gewesen seyn muß, läßt sich aus ihrer Lage,
aus der Sorgfalt, die man für die dahin führende Straße
trug, aus dem Namen, den man ihr gab (Theopolis — Stadt
Gottes), und auch daraus schließen, daß ein so bedeutender
Mann wie Dardanus, hier obrigkeitliche Person war. Ihr
Name hat sich in der obigen Inschrift, und eine Spur davon
in dem Namen Theoux, den man dem Orte giebt, wo sie
stand, erhalten.

Man findet hier auch eine unterirdische Capelle, Notre
Dame de Dromon. Vor etwa 70 Jahren stieß an dem
Plaze wo sie ist, ein Schäfer mit seinem Stabe auf den Boden, und hörte einen Ton wie aus einer Höhle; er machte
dem Pfarrer in St. Geniez eine Anzeige davon; man grub
nach, und fand diese Capelle, bei der man 3 Säulen sieht,
deren Capitäler mit Thierköpfen geschmückt sind. Der Styl
der Bildhauerkunst ist bei ihnen ganz gothisch; sie sind im
Geschmacke der mit historischen Darstellungen verzierten Capitäler, wie man sie in mehrern alten Kirchen sieht, gearbeitet.
Ueber dieser Capelle, ist eine neue gebauet worden, sie scheint
in der Gegend in großem Rufe zu stehen, man sieht Krüken
und andere Votivstücke darin aufbewahrt; den 8. Jul. kommen
oft mehrere tausend Pilger hieher. Diese Landschaft hat
Ueberfluß an Steinkohlen, aber bisher wurde den Einwohnern
nicht erlaubt, nach denselben zu graben, obgleich das Holz
bei ihnen immer rarer wird. Im Gebiete von Dromon war
eine ziemlich reiche Bleimine, aber sie wurde zur Zeit der

Revolution verlaſſen. Man bearbeitet hier auch Gypsgruben, es iſt wahrſcheinlich, daß man hier auch Kupfer und Eiſen finden würde. Auch einige Stücke Bernſtein (succin, ambre jaune) hat man in dieſer Gegend gefunden. Die Sode ausgenommen, beſizt ſie alles Nöthige zu Errichtung einer Glasfabrik. Auch der Marmor iſt nicht rar; man ſollte ihn aber tiefer ausgraben, wo man ihn wahrſcheinlich von ganz vorzüglicher Qualität finden würde. Dieſe Gegend iſt auch wie die von Sisteron, und wie dieſer ganze Theil von Frankreich, kalkartiger Natur. Sie erzeugt Trüffel, ziemlich guten Wein, ein wenig Getreide, ſehr ſchöne Nußbäume, viele Mandel- und einige Oelbäume, und hat Wildpret im Ueberfluße.

Dardanus, deſſen die obige Inſchrift erwähnt, war wirklich eine ſehr berühmte Perſon; er ließ auf Befehl des Tyrannen Conſtantin den Nebenbuhler deſſelben Jovin in Mainz verhaften und in Narbonne enthaupten; in der Folge wurde er ſelbſt auf Befehl des Honorius hingerichtet. Der heil. Hieronimus und Auguſtinus ſagen viel Gutes von ihm, aber Sidonius Apollinaris ſagt ihm viel Böſes nach; er ſagt: „Man verabſcheuete an Conſtantin, ſeine Unbeſtändigkeit, an Jovin, ſeine Schwäche, an Hieronimus, ſeine Treuloſigkeit, alle dieſe übeln Eigenſchaften aber vereint, am Dardanus." Die zwei erſtern Schriftſteller kannten ihn nur aus Briefen, der leze aber aus ſeinen Thaten, von denen er Zeuge war.

Wer von Sisteron nach Digne und von Digne nach Riez und St. Paul reiſen will, kommt auf der Poſtſtraße nach folgenden Orten: von Sisteron nach Escale (4 L.), nach Grillons (3 L.), nach Digne (3 L.), nach Mezel (3 L.), nach La Begude (3 L.), nach Riez (4 L.), nach

Greoux (5 L.), nach St. Paul (3½ L.), dann hat man
noch 7½ L. bis Air — zusammen 36 Lieues. Von Sisteron
nach Escale hat man immer die Durance auf der rechten
Seite, und macht diesen Weg nicht ohne Mühe und Gefahr
über schmalen Karnießen, auf denen meistens kein Fuhrwerk
dem andern ausweichen kann. Die Landschaft hat etwas Wildes; das Dorf Volloue hat eine angenehme Lage, es ist
von Wiesen und Obstgärten umgeben. Die Lage des Dorfes
Escale ist nicht so vortheilhaft; hier erblickt man gegen
Westen, am Abhange des Berges, der das linke Ufer der Durance begrenzt, eine lange Reihe von Felsenpyramiden, man
nennt sie *Rochers des Mées*; sie haben ihren Namen von einem
Flecken, der zwischen diesen Felsen und der Durance liegt.
Von Escale an folgt man bis Digne, dem rechten Ufer der
Bleone. Oft und auf eine mühselige Art muß man sich
durch das breite Kiesbette der Bleone durcharbeiten, nachdem
man über einen andern Strohm gekommen ist, der sich mit
ihr vereinigt, und der ein fast eben so breites Kieselsteinbette
hat. Beim Dorfe Malijay erblickt man ein schönes Schloß,
und auch das Schloß Grillons. Unvermerkt sieht man sich
in den Alpen, deren ganze Kette kein Thal enthalten kann,
das so ganz rein verwüstet wäre, wie das Bleonethal, worin man sich befindet. Die Bleone hat dieses Thal, das über
½ Stunde breit ist, ganz zu ihrem Bette gemacht und mit
Kieselsteinen überdeckt.

Der Reisende beklagt aber nicht allein dies mit Kieseln
verschüttete Thal, sondern auch die Bewohner der Stadt
Digne, die er in einer Entfernung von 3 Stunden am Ende
dieses öden Thales erblickt; doch hört er auf sie zu beklagen,
wann er ihr näher kommt, und sie von Wiesen und Obstgärten,
von Rebenhügeln und Olivenpflanzungen umringt sieht. Hier
endigen diese südlichen Pflanzungen, das Gebirg-Clima der

drei höhern Thäler, die sich hier bei Digne öffnen, duldet sie
nicht. Einige Landhäuser, die hier auch wie in Marseille
Bastiden heißen, verschönern die Landschaft. Der Weg nach
der Stadt führt fast ½ Stunde durch die Wiesen und Obstgärten, welche dieselbe umringen; eben so groß ist auch ihre
Ausdehnung noch jenseits der Stadt, so daß die ganze Strecke
des hier angebaueten Thales, in dessen Mitte Digne liegt,
1 Lieue lang ist. *)

Daß dieses öde Thal auf einmal ober- und unterhalb
Digne, ein so reiches, lachendes Ansehen hat, ungeachtet der
Gegenwart des feindseligen Strohmes, und zweier anderer die
sich hier in ihn ergießen, hat man den schüzenden Dämmen
der Familie Sieyes zu danken. Indeß sie den Strohm in
seinem Bette zurückhalten, haben künstlich angelegte Wassergräben, welche das schlammige Wasser der Bleone über die
Kieselsteindecke des Thales führten, dieselbe mit einer Lage
von Schlamm überzogen, der die reichste Anpflanzung erlaubt,
sobald er einige Zolle hoch ist. Der Schlamm, der sich nach
und nach angesezt hat, liegt schon fast überall 1 Schuh hoch,
über dem Kieselsteinbette, so daß nun nicht allein alle Arten
von Getreiden, Küchengewächsen und alles Gras in dieser
1 Schuh tiefen Pflanzenerde gedeihen, sondern auch die Obstbäume und andere Arten von Bäumen darin fortkommen können, von denen mehrere ihre Wurzeln zwischen den Kieselsteinen hinabtreiben. Durch die Fortsezung dieser Dämme und

---

*) „Digne hieß ehemals *Dinia* und war die Hauptstadt eines
kleinen Volkes, das *Bodiontici* hieß. Diese Stadt ist klein, schlecht
gebauet, liegt am Fuße hoher Berge, und an den Ufern der Bleone,
eines Bergstrohmes der mehrere andere aufnimmt, und wie sie, ungeheure
Kieselsteinhaufen mit sich fortrollt. Digne hat nichts merkwürdiges als
seine Bäder.‟

Kanäle könnten dem räuberischen Flusse immer mehrere Stücke des Thales wieder entrissen werden.

Die Lage von Digne, theils am Fuße, theils auf dem Abhange eines von den zwei Bergästen, welche die hier sich öffnenden, von 3 Bergströhmen gebildeten Thäler von einander trennen, ist eben so angenehm als sonderbar. Vortheilhaft kündigt sich die Stadt durch eine Promenade an, die aus prächtigen Ulmen besteht, die zu ihr führen, und durch einige artige Façaden, die man dabei erblickt. Aber das Innere derselben bietet nichts an, als steile und krumme Straßen, alte und schlecht gebauete Häuser, auch nicht einen Plaz oder ein Gebäude, das sich auszeichnete; auch nicht einmal eine Cathedralkirche, obgleich Digne der Siz eines Bisthums ist. Die Kirche, welche diesen Titel hat, ist eine wahre Capelle. Der bischöfliche Palast, der jezt der Siz der Präfektur ist, ist das schönste Haus darin, ist aber ein ganz gewöhnliches Gebäude. Digne ist unstreitig eine alte Stadt; schon Plinius und Ptolemäus sprechen von ihr als einer solchen und nennen sie Dina und Dinia. Man findet einen ganz guten Gasthof hier.

Digne ist der Siz der Präfektur der Untern-Alpen; es ist auch eine Secondärschule hier. Die Zahl der Einwohner ist 3000. Ihr Handel besteht nur in der Ausfuhr des Obstes, das sein Bezirk im Ueberflusse hervor bringt. Besonders sind seine Pflaumen in Marseille beliebt. Ein Dorf in der Nähe, Champtercier, ist der Geburtsort des berühmten Gassendi. Der interessanteste Gegenstand, den die Gegend dieser Stadt anbietet, ist die Bapequelle; man findet sie ½ Stunde von Digne, gegen Osten, in dem südlichsten der drei sich hier öffnenden Thäler; ihre Wasser haben verschiedene Grade der Wärme, aber sie wechseln, wie die Temperatur der Atmosphäre.

Diese Wasser sind gut gegen Rheumatismen, Flechten, Lähmungen, Geschwüre, Wunden, Ausschläge ꝛc. kurz gegen alle Krankheiten, wo die Lymphe zertheilt werden muß. Das Badehaus ist ein isolirtes, sehr einfaches Gebäude, und lehnt sich an einen schwärzlichen, senkrechten ungeheuer hohen Kalkfelsen an, an dessen Fuße die Quellen hervor kommen; blickt man beim Badehause in die Höhe, so erschrickt man über die entsezliche Höhe der Felsenmassen, die jeden Augenblick bereit zu seyn scheinen herabzustürzen, und die Badegebäude mit ihren Bewohnern zu zerquetschen. Man wird beim Eintritte ins Badehaus, das so wilde Zugänge hat, sehr überrascht, hier eine so bequeme und so angenehme Einrichtung zu finden, als es die Rauhheit der Umgebung nur immer erlaubt. Längs eines großen bedeckten Ganges, sind die Zimmer für die Kranken angebracht; am Ende desselben ist die Capelle. Die Bäder werden von Quellen genährt, die eine verschiedene natürliche Wärme haben. Eine der Quellen hat einen solchen Grad von Hize, daß man nicht einen Augenblick bei verschlossener Thüre bei ihr verweilen kann, ohne daß der Schweiß strohmweise über den Körper herab fliefe. Der Monat Mai ist die Zeit, wo man diese Bäder besucht, welche, da sie sehr warm und stark mit mineralischen Bestandtheilen angefüllt sind, eine große Kraft zur Heilung der Wunden haben. Es zeigt sich hier die Art giftloser Schlangen, die man gewöhnlich in der Nähe warmer Bäder findet. Zur Zeit der Begattung sieht man sie, zuweilen einzeln, zuweilen zwei und zwei von der Höhe des Felsen herabfallen, der ihr Wohnplaz zu seyn scheint.

Das Thal, wo diese Quelle ist, hat eine mittlere Breite, und wenig Merkwürdiges. Das Madarietthal, das mittlere der 3 Thäler, kommt auch von Osten und ist sehr enge; so wie das Bette seines Strohmes, der daher nur um so gefähr-

licher ift. Das Bleonethal kommt von Norden. Der Berg
St. Viacent, der das Bleone- und Madaricthal von
einander abfondert, hat einen Ueberfluß an Ammonshörnern,
Pektiniten, Belemniten, Trochiten und befonders an Aftroiten;
man findet hier auch Adlersteine mit eingefchloffenen Berg-
kryftallen. Diefer von Natur kalkartige Berg, wie alle in
diefer Gegend, hängt nicht mit der großen Kette zufammen,
fo daß man ganz um ihn herum kommt; wenn man zum einen
Thal hinein gehet, fo kommt man zum andern wieder heraus, ein
drittes Queerthal, trennt ihn hinten von der Kette. Das
Bleone- und Madaricthal führen beide nach Barcelonette,
das 12 Stunden nordöstlich von Digne entfernt ift. Süd-
öftlich von Digne, einige Stunden nördlich über Gräffe,
liegt die Stadt Caftellane, fie hieß in alten Zeiten *Salina*,
wegen einer Salzquelle in ihrer Nähe; diefe ftrömt eine fo
reiche Wafferfülle aus, daß fie eine Mühle treiben kann.
Caftellane liegt am rechten Ufer des Verdon, hat etwa
2200 Einwohner und ift der Siz einer Unterpräfektur; diefe
Stadt handelt mit Obft und Wolle. Im nemlichen Thale,
8 Stunden höher, liegt die kleine befeftigte Stadt Colmars
mitten in den Alpen, am Fuße der Centralkette; eine Quelle
in ihrer Nähe verdient Aufmerkfamkeit, fie fließt 4mal in der
Stunde, jedesmal 7 Minuten lang, dann bleibt fie immer
6 — 8 Minuten aus. (Fontaine intermittente.)

Von Digne bis Riez hat man 10 Stunden. Zwifchen
Digne und Mezel liegt ein Berg den man befteigen muß,
fein Abhang gegen Mezel, ift mit Oelbäumen bedeckt. Der
Flecken Mezel und fein Thal haben nichts Intereffantes.
Zwifchen Begude und Puy Moiffon kommt man auf eine
flache weite Anhöhe, die mit abgerollten Kiefelfteinen bedeckt
ift; fie gäbe den traurigften Anblick, wenn fie nicht mit Nußbäumen, und befonders mit Mandelbäumen überfäet wäre.

Beim Dorfe Puy Mousson, wurde vor noch nicht langer Zeit, eine schöne alabasterne Urne gefunden. Die hohe Ebene wird niedriger und besser, wie man sich dem Coloßerthale nähert. Man durchlauft dieses Thal ½ Stunde weit, ehe man nach dem Städtchen Riez kommt, das am linken Ufer des Coloßerstrohmes liegt.

Riez liegt in der Nähe der südlichen Grenzen des Nieder-Alpendepartements, eine kleine Stadt, eben so groß und bevölkert wie Digne, in einer minder angenehmen Umgebung; eine der schwärzesten, traurigsten, schmuzigsten Städte der Provence, aber merkwürdig für den Reisenden, wegen ihrer schönen Reste des Alterthumes, die von dem Glanze und der Ausdehnung der alten Hauptstadt des Volkes zeugen, das den Namen Reji führte, und welche Plinius (III 4) *Alebece* nennt. Es scheint Riez hatte diesen Namen, ehe es den Namen des Volkes annahm, dessen Hauptstadt es war; man nannte es in der Folge *Alebece Rejorum Apollinarium;* vielleicht nahmen seine Einwohner, diesen Zunahmen an, wegen ihrer besondern Verehrung Apolls. In mehrern Inschriften hat Riez den Titel einer Colonie; in etwas spätern Zeiten, erhielt es den Namen *Regium* und *Rejus;* daher der Name Riez. *)

Einen Flintenschuß weit von der Stadt, findet man an der Heerstraße und bei einer Wiese, eine imposante Erscheinung, 4 prächtige Säulen von korinthischer Ordnung, die zu einem Peristyl gehört zu haben scheinen. Die Säulenfüße und Capitäler sind von Marmor, die Schäfte sind Granit aus der Provence. Das Getäfel über den Capitälern und die untere Seite desselben, zwischen den Säulen, haben allerlei

---

*) „Es mögen hier noch manche Alterthümer verschüttet liegen, wie z. B. eine Mosaike, die vor einiger Zeit gefunden, und vom Besitzer des Grundstückes, wo sie ist, wieder zugedeckt wurde.“

schöne Verzierungen; die Höhe der Schäfte ist 5 Met. und
85 Centim., ihr Umfang 2 Met. 33 Centim., der Säulen-
zwischenraum beträgt 2 Met. 13 Centimet. So schöne Reste
lassen auf die Pracht und Majestät des ehemaligen Gebäudes
schließen, dem sie angehörten, über das sich aber nichts bestimmen läßt. Nicht weit von da, mitten im Felde, ist eine
Rotunde, deren moderne Mauern auf 8 antiken Granitsäulen, auch von korinthischer Ordnung, ruhen. Die Säulen
sind von sehr schönem ägyptischem Granit, und sehr gut erhalten, nur die Acanthusblätter der Capitäler haben etwas
gelitten. Die Säulenschäfte haben eine Höhe von 4 Met.
und 12 Centim. und einen Umfang von 1 Met. 65 Centim.
der äußere Umfang der ganzen Rotunde beträgt 16 Met. und
ihre Höhe 12 Met. 38 Centim. *)

Mitten auf der Kuppel, die man auf das Gemäuer gesezt
hat, ist eine kleine Laterne. Man glaubt, daß dies Gebäude
lange ein Taufgebäude (baptisterium) war; vor der Revolution hatte man daraus eine Kirche der heil. Clara gemacht;
es war wahrscheinlich einst ein runder Tempel. Die der Mutter der Götter gewidmete Inschrift, die man beim nahen
Brunnen findet, und die cirkelrunde Form des Gebäudes,
welches die Form der Tempel der Cybele war, wie dies mehrere Münzen bezeugen, lassen vermuthen, daß dies auch ein
Tempel der Cybele gewesen ist. Dies Gebäude hatte lange keine
Thüre; hier versammelten sich ehemals die Pönitenten von
Riez; seit der Revolution ist dies Gebäude den Landleuten

---

*) „Eine ähnliche Rotunde erhob sich auf dem Hügel der die
Stadt beherrscht; man sieht nur noch die Fußgestelle der Säulen, und
einige Säulenstücke. Der Boden von und bei Riez enthält wahrscheinlich noch zahlreiche Schäze des Alterthumes, die Einwohner scheinen
aber nicht nachgraben zu mögen.“

überlassen worden; diese suchten bisher zur Erndtezeit, Schuz darin gegen die Sonnenhize; auch trieben die, in der Provence herumziehenden Zigeuner hier ihr Wesen und schwärzten die Mauern durch die schmuzige Küche, die sie hier anbrachten.

Auf dem Plaze der Rotunde, der großen Thüre derselben gegenüber, ist ein Brunnen, der allen denen ähnlich ist, die **man in den Städten** der **Provence** findet; die Pyramide, aus der das Wasser hervorkommt, ruht auf einem **viereckigen Steine**; die nördliche und südliche Seite desselben, sind, jede mit dem Kopfe eines Stieres, eines Widders und eines **Fichtenzapfens** geziert. Auf der Ostseite, ist eine der Mutter der Götter, von einem gewissen **Pacatus** gewidmete Inschrift, zum Andenken eines ihr dargebrachten Taurobols. Der Widderkopf zeigt an, **daß dies Opfer von einem Criobol zu Ehren des Atys, ihres Priesters und Günstlings, begleitet war.** Vielleicht hat der kleine runde Tempel diesem Pacatus auch seine Entstehung zu danken. Der Stein der diese merkwürdige Inschrift enthält, deren Buchstaben das beständig darüber hinfließende Wasser bald zernagt haben wird, verdiente sehr weggenommen und aufgehoben zu werden. Man findet in Riez noch einige andere römische Inschriften; z. B. in der Rue de Paris ein eingemauertes Fragment einer antiken Inschrift; einen Grabstein mit einer Inschrift im Hause des M. Cogordan; man fand ihn unten am Hügel St. Maxime, auf der Nordseite; im nemlichen Hause sieht man noch ein Fragment einer andern römischen Inschrift, man fand es **in den Fundamenten der Remparts.** Außerhalb der Stadt sieht man in dem Hofe eines Hauses, das M. de Campagne gehört, einen Stein, in Form eines Altares, mit einer römischen Inschrift; er wurde im J. 1703. bei der schon beschriebenen Rotunde gefunden; in dem nemlichen Hofe ist noch ein Fragment einer andern antiken lateinischen Inschrift. Die Erde

der Gegend von Riez besteht aus einer Art von Pudding, der
mit einem feinen Kies, mit vielen Kieseln und Sand gemischt
ist; sie läßt sich sehr leicht unter den Fingern zerreiben.
Eine Liene von der Stadt fand man in dem Sande, den
man zur Fayence braucht, mehrere 9 — 10 Zoll lange Elephan-
tenzähne.

Auf dem Hügel, der die Stadt beherrscht, ist eine dem
heiligen Maxime geweihete Capelle, deren Inneres mit 6 antiken Granitsäulen geschmücket ist, 2 andere sind am
Eingange; sie kommen ohne Zweifel aus den kostbaren Gebäuden, welche das alte Riez besaß. Mitten unter ihnen
wurde der Votivstein entdeckt, den man bei dem öffentlichen
Brunnen der Stadt, eingemauert sieht. Die Gegend von
Riez hat einen Ueberfluß an Oelbäumen, und besonders an
Reben.

*   *

„Die meisten Städte der Provence haben ihre localen
Feste, für welche die Einwohner eine große Anhänglichkeit
haben; sie feiern sie mit vielem Pompe, und fast immer auf
eine äußerst geräuschvolle Art. Auf diese Art feiert man in
Aix das Frohnleichnamsfest; in mehrern Dörfern in der Nähe
dieser Stadt das Fest des heil. Aloysius; in Manosque das
Fest des heil. Pancratius; in Riez das Fest des heil. Maxime
(Le Guet de St. Maxime), es dauert während des Pfingstfestes
3 Tage hindurch. Es besteht in einer Bravade zwischen den
Saracenen und Christen. Die wohlhabendern Einwohner kleiden
sich nach Husarenart und bilden ein Cavalerie-Corps; die
Handwerker vereinigen sich in Fußgänger-Compagnien; die
Saracenen haben grüne Kokarden und Standarten von der
nemlichen Farbe. Man errichtet bei der Rotunde und den
4 römischen Säulen ein Fort von Brettern, und schmückt es

mit grünem Laubwerk. Am Pfingstsonntage und Montage wird
dies von den Saracenen besezte Fort, von den Christen angegriffen und blokirt. Bei dieser Gelegenheit werden 15—20
Centner Pulver verschossen. Am dritten Tage endlich bemei-
stert man sich des Forts; man plündert es, verbrennt es, und
führt die gefangenen Saracenen bis zu den Stadtthoren.
Das Ganze endigt sich mit einem Schmause. Den andern
Tag eilt Alles in die Kirche des heil. Maxime, um dem ehrwürdigen Patrone der Stadt zu danken, daß niemand beim
Feste verwundet worden ist. Hier in der Kirche ernennt nun
der Commandant der Bravade einen Nachfolger fürs nächste
Jahr, und sezt dem seinen Hut auf den Kopf, den er für
würdig hält, diese Stelle zu bekleiden; und dieser schießt zum
Zeichen, daß er diese Stelle annehmen wolle, mitten in der
Kirche seine Flinte los, *lache son pet,* wie mans nennt.

Obgleich Riez mitten in den Bergen liegt, so wollen doch
seine Einwohner nicht Bergbewohner (Montagnards) heißen,
sondern sie geben diesen Namen den Bewohnern der Stadt
Moustier, die in einer noch höhern Gegend wohnen; aber
auch diese behaupten, daß dieser Name nur denen zukomme,
die noch höher im Gebirge leben. Riez hat keine andern
Fabriken als einige Loh- und Weißgerbereien; man hat hier
eine gute Mandelerndte. Die Weine von Riez werden ziemlich geschäzt. Das alte lateinische Sprichwort: Vinum Reiense
super omnia vina recense, beweist, in was für einem guten
Rufe sie standen; und wirklich sind sie auch ein angenehmer
Trank, ob er gleich wenig Geist hat. Heut zu Tage verlieren sie von ihrer Güte, weil man die gegen Süden liegenden
Pläze den Oelbäumen, und die nördlichen, den Reben an-
weist. Ueberhaupt haben die Weine der Provence die Güte
nicht, die sie haben würden, wenn man die Rebenarten besser
auswählen, ihnen eine günstigere Lage geben, sie nicht in den

Schatten der Oel- und Feigenbäume sezen wollte, die ihnen die Sonnenstrahlen rauben; und doch würde man diesem Allem ungeachtet, noch einen sehr guten Wein machen, wenn die Art besser wäre, wie man beim Auspressen des Mostes zu Werke geht. Man eilt die Trauben in die Kufe zu bringen, drückt sie unter freiem Himmel aus, oft selbst wenn es regnet. Aber da man den Wein so wohlfeil verkauft, so würde man für die Kosten einer bessern Behandlung desselben, nicht entschädigt werden. Man machte ehemals einen vortrefflichen gekochten Wein, den man nicht unwürdig fand, ihn auf die Tafel des Königes zu bringen; aber gegenwärtig vernachläßigt man diese Art von Fabrikation."

Zwei Stunden nordöstlich von Riez liegt die kleine Stadt Moustier, die eine sehr mahlerische Lage, am Abhange eines Berges und am Rande eines Absturzes, hat. Auf der Seite dieser Stadt sieht man die Capelle von Notre Dame de Beauvezer (Bellevue), sie ist zwischen zwei sehr steilen Felsen gebauet; auf der Spize eines jeden derselben hat man eine etwa 150 Schub lange Kette befestigt, in deren Mitte ein großer Stern über dem Abgrunde schwebt. Man glaubt dies sey die Erfüllung eines zur Zeit der Chevalerie von einem Paladin der heil. Jungfrau gethanen Gelübdes. Diese kleine Stadt enthält eine Fayencefabrik, die einzige im Departement. Die benachbarten Dörfer sind mit Drehern bevölkert die den Buchs bearbeiten, den man hier für diese Art der Fabrikation pflanzt. Die Fayencefabrik in Moustier liefert treffliche Arbeit. Der Weg von Riez nach Moustier geht über eine, mit Reihen von Mandelbäumen besezte Ebene; man kommt in ein angenehmes Thal, das ein kleiner zierlicher Strohm wässert, das mit Weinstöcken und Oelbäumen geschmückt ist, und wo man das Städtchen amphitheatralisch am gegenüberstehenden Felsenberge gebauet vor sich erblickt, dessen rauhe Gestalt angenehm mit dem grünen belebten Thale contrastirt. *) Oestlich von Riez liegt das Städtchen Mees, das wegen herrlicher Weine berühmt ist.

Von Riez kommt man in 5 Stunden nach Greoux. Der Weg führt bei der Rotunde vorbei, ferner durch das Colostertbal. Auf dem halben Wege kommt man nach dem Dorfe Allemagne, das durch ein schönes halbgothisches Schloß beherrscht wird. Hier verändert sich die Scene, das Thal wird enger, die Hügel werden höher und bekleiden sich mit Wäldern; das bisher durch die traurige, nackte, weißliche Kalkgebirge ermüdete Auge, kann hier wieder an der frischen Vegetation verbreitet. Der Colostre fließt in einer engen und mahlerischen Schlucht, bis zu seinem Zusammenflusse mit dem Verdon. Dieser ströhmt majestätisch zwischen Bergen herab, die mit schönen Steineichenwäldern bedeckt und nicht weniger mahlerisch sind. Die Steineiche, die gewöhnliche Gefährtin des Oelbaumes, liebt das nemliche Clima. In der Nähe dieser Route zwischen Riez und Greoux erscheint sie häufig als ein Busch, aber auf den nach Norden blickenden Bergen des östlichen Verdonufers, erhebt sie sich zu einem hochstämmigen

---

*) „Auf dem Wege von Riez und Moustier nach Digne kommt man durch das schwarze, trübselige Städtchen Senez; das Clima ist hier im Sommer temperirt, aber im Winter feucht; die meisten Einwohner gehen dann herab nach der untern Provence, um da ihre Heerden zu weiden; daher ist während dieser Jahreszeit diese Gegend fast ganz menschenleer. Den 28. Jun. früh um 2 Uhr hatten wir Riez verlassen und kamen Morgens um 9 Uhr in Digne an, ohne bis dahin von den Pferden nur einmal abgestiegen zu seyn."

Waldbäume; überall in der Provence und in Italien liebt sie die Nordseite der Berge.

Greoux ist ein Flecken von 1200 Einwohnern, bekannt durch seine warmen mineralischen Wasser; sie haben die nemlichen Bestandtheile und Eigenschaften wie die von Digne, nur ist ihre Wärme um 7 Grade geringer, sie erreicht nur den 30sten u. 31sten Grad. Das Badehaus ist ein sehr einfaches Gebäude; da die Prinzessin Pauline sich 1806. dieser Wasser bediente, so hat man einige Verschönerungen dabei angebracht. Die Straße von hier bis St. Paul ist recht gut, aber sehr schmal. Durch den Wald von Caderache, der ehemals wegen Räubern übel berüchtigt war, führt die Straße ½ Lieue lang. Eine Lieue westlich hinter dem Walde kommt man zum Dorfe St. Paul.

* * *

„Das Dorf Greoux liegt an der abhängigen Seite eines Hügels, wo auf beiden Seiten schöne Ebenen sind; man sieht da ein sehr schönes herrschaftliches Schloß, von dem man die Aussicht nach der Gegend hat; der Berg der oberhalb liegen bleibt, wenn man nach Rousset geht, bietet so mahlerische Aussichten dar, als man auf der Welt nur wünschen kann; die Liebhaber solcher ländlicher Schönheiten, werden hier volle Befriedigung finden, wenn sie die Verkettung der nördlichen Gebirge mit den südlichen beobachten wollen. St. Julien le Montagnier, ein Dorf jenseits des Verdon, hat eine Lage, die der von Greoux ganz entgegen gesezt ist, bietet wieder andere Aussichten gegen Norden dar, die in ihrer Art eben so schön sind; hier kann man die Kette des Leberon, den ehrwürdigen Gipfel des Ventoux, und die rauhen Gegenden um den Berg Lure mit Einem Blicke übersehen.

„Auch dieser Gesichtspunkt ist sehr mahlerisch und streitet mit jenem um den Vorzug. Mandelbäume trifft man im Gebiete von Greoux in großer Menge an; auch Weinstöcke und Oelbäume zieren die meisten der hiesigen Anhöhen und Hügel. Von Greoux geht der Weg nach Riez über die Felder von St. Martin, wo die Wein- und Olivenhügel, die steilen Ufer des Verdonflusses, und gegen Norden waldige Berge, dem Auge die angenehmste Abwechslung geben. Der kleine Fluß der durch das Dorf Allemagne fließt, trägt zur Fruchtbarkeit des Bodens in dieser ganzen Gegend nicht wenig bei; das Gewässer wird durch einen Cänal bis in die Ebenen von

Strecke einem schönen Garten. Der Weg nach Riez ist auf beiden Seiten mit hochstämmigen Bäumen besezt; zur Seite sieht man aber nichts als herrliche Felder und angebaute Hügel. Für die besten Weine dieser Gegend, hält man den von la Crau, von la Gaude, von Mees und Riez.‟

Nicht weit von dem Wege durch den Wald von Caderache liegt an dem westlichen Ufer der Durance, die Stadt Manosque. Wie man in dieser Gegend mehr sich dem Süden der Provence nähert, so werden die Oelbäume zahlreicher. Zu Manosque ist der Boden fast ganz damit bedeckt, besonders der Hügel, an dessen Fuße diese Stadt liegt. Sie stand ehemals auf seiner Spize. Die Pest entvölkerte sie im XI. Jahrhunderte, und vertrieb die Einwohner, die sie verschont hatte. Man sieht oben auf dem Hügel noch einen Thurm, einige Trümmerhaufen und verfallenes Gemäuer, diese Ruinen nennt man Alt-Manosque. Die Stadt hat nichts Merkwürdiges als recht schöne Promenaden, und die Anmuth ihrer Lage; sie ist ½ Stunde von dem rechten Ufer

der Durance entfernt, hat 5 — 6000 Einwohner; man hat
auf der reizenden Ebene zwischen der Stadt und dem Flusse,
mehrere Canäle gegraben, welche sie wässern und gegen Ueberschwemmung schützen sollen. So eckelhaft das Innere der Stadt
wegen den mit Mist angefüllten Gassen ist, so bezaubernd ist
die Umgebung derselben. Zu den Haupterzeugnissen der Gegend gehören die Mandel- und Maulbeerbäume, man hat
auch viele Nußbäume. Der Verkauf des Zwiebelsaamens bildet hier einen kleinen Handelszweig. Die Melonen gedeihen
hier sehr gut, weniger aber andere Früchte, ungeachtet aller
Bemühung der Landleute die man als die industriösesten der
ganzen Provence betrachtet; vielleicht wird der Boden zu viel
gewässert. Die Einwohner von Manosque beschäftigen sich
ganz mit dem Ackerbaue; Korn pflanzen sie nicht mehr, als
sie selbst brauchen, aber sie führen eine große Menge Wein
und Oel aus; dieses leztere wird sehr geschäzt, und als Oel
von Aix verkauft. Die Hügel waren sonst mit Reben bepflanzt,
man sezte nachher Oelbäume an ihre Stelle, weil sie mehr
eintragen. Die Art, wie man hier das Oel fabricirt, ist vortrefflich.

In der Nähe von Manosque und unter den Hügeln
um die Stadt her giebt es Steinkohlen- und Schwefelminen,
denen man das häufige Erdbeben dieser Gegend zuschreibt.
Nahe bei der Stadt, auf der Nordseite, findet man 2 Schwe-
felwasserquellen. Man sieht hier noch Reste des alten Palastes
der Grafen von Forcalquier, die den Winter hier zubrachten.
Der Lauf der Durance, welche die andere Hälfte der Ebene
benezt, ist ausnehmend reißend. Dieser Strohm bildet hier
kleine Inseln, über die man zu Fuß gehen muß; aber zuweilen bedeckt sie ganz unvermuthet, in wenigen Minuten, dieselben mit ihren Wellen, wo dann die Reisenden und die Schiffer
den größten Gefahren ausgesezt sind. Dieser Canton ist einer

von denen in der Provence, wo Wein und Oel am meisten
im Ueberfluße sind. Man bearbeitet hier auch Steinkohlenminen, man braucht die Steinkohlen aber nur für die Kalk-
öfen, und für die Schmieden. Auch hier findet man Petrefakten.

Die Ebene von Manosque zieht sich südlich nach einem
mit Steineichen bedeckten Berge, den man paßiren muß, um
nach dem Dorfe Mirabeau zu kommen. Der Weg steigt an
dem östlichen Abhange des Berges empor, links unten liegt
das Thal, die Aussicht erstreckt sich bis zu den Alpen; eine
interessante Aussicht, die aber beschränkt wird, wenn man
nach Mirabeau hinabsteigt; ein unbedeutender Ort, der aber
den berühmt gewordenen Namen eines der außerordentlichsten
Männer trägt, die Frankreich hervorgebracht hat. Man sieht
hier nichts als ein altes Schloß, ein Wirthshaus und einige
Hütten. Der berühmte Mirabeau bewohnte dieses Schloß zuweilen auf längere oder kürzere Zeit. Die Provence hatte
keinen herrschsüchtigern und weniger populären Edelmann als
er war; er mishandelte oft die Bauern, theilte Bastonnaden
aus, und erhielt auch zuweilen eine gute Ladung, und dann
gab er dem handfesten Gladiator, der ihn tüchtig durchgewalkt
hatte, seinen vollen Beifall. Er fand in seinem Dorfe eben
so wenig Achtung als in Europa. Das Dorf Mirabeau und
St. Paul liegen einander fast gerade gegenüber. Man kann
hier auf einer Fähre über den Strohm kommen.

St. Paul ist ein eben so unbedeutender Ort als Mirabeau, aber seine Lage am Ufer der Durance und am Fuße
eines steilen Berges ist sehr mahlerisch; es liegt an der Post-
straße, die nach Aix und Marseille führt, und hat eine Post;
so wie das südwestlicher liegende, nur noch 3½ Lieue von Aix
entfernte Dorf Peyrolles, das in einer eben so schönen als
fruchtbaren Ebene liegt. Der Weg von St. Paul dahin,

folgt dem linken Ufer der Durance und zieht sich am Fuße
der Berge hin, die sie begrenzen. Das Getreide der Ebene
von Peyrolles trägt 9 — 10fältig. Man findet hier ein sehr
anmuthiges, der Mad. von Boisgelin gehöriges Schloß.
Eine Stunde weiter kommt man durch das Dorf Meyrargue,
das längst durch ein sehr festes Schloß bekannt ist, welches
während den Religionsunruhen eine Rolle spielte. Meyrargue verdankt seinen Namen dem Marius (Marii ager), welcher, während er die Ankunft der Cimbern erwartete, seine
Soldaten damit beschäftigte, das Wasser des Thälchens von
Jouques nach Aix zu leiten. Noch etwas weiterhin findet
man Reste einer römischen Wasserleitung, die einst
ihren Weg nach Aix nahm. Man verläßt nun die Ufer der
Durance, um die traurige Kalkgebirgkette zu besteigen, welche
dieses Bassin von dem Thale von Aix absondert. Auf der
Spize des Kalkberges findet man eine angebaute Ebene.

Von hier führt ein anmuthiger Weg rechts nach der
Durance, jenseits welcher ½ Stunde von ihr, das Städtchen
Pertuys liegt. *) Etwas weiter davon findet man die
Ruinen des einst so prächtigen Schlosses La Tour d'Aigues,
das schon durch eine Feuersbrunst sehr gelitten hatte, und

---

*) „Von La Tour d'Aigue begaben wir uns nach dem Städtchen
Pertuys, nachher passirten wir die Durance auf einer Fähre; ein
weiter Strich Landes ist hier ganz mit Kieseln bedeckt, Zeugen der Verwüstungen, welche dieser Strohm anrichtet, wenn er angeschwollen ist;
unstreitig gäbe es Mittel seinen Verheerungen Einhalt zu thun. Der
Ingenieur M. Barral hat einen Plan hiezu entworfen; durch die
von ihm vorgeschlagene Operation konnten 10,000 Hektaren Land für den
Ackerbau gewonnen, und die Unkosten bald wieder vergütet werden.
Wir ließen auf unserm Wege nach Aix auf der linken Seite Jouques
liegen, von welchem Orte aus Wasser nach Aix geleitet wurde; von
diesem Aquedukte sieht man in Meyrargue noch Spuren.”

während der Revolution von Grund aus zerstört wurde. An diesem schönen Orte ist schrecklich gehaust worden, der wegen interessanter Erinnerungen, und großer Dienste, die von hier aus der Menschheit erwiesen wurden, hätte heilig gehalten werden sollen. Diese Landschaft ist eine der schönsten in der Provence. Schon im Jahre 1562 war Tour d'Aigues ein prächtiges, reiches und festes Schloß. *) Man glaubt, daß dieses schöne Gebäude, zu Anfange des 16ten Jahrhunderts gebauet wurde. Jean, Louis, Nicolas, Baron von Cental, trug am meisten zu seiner Verschönerung bei. Catharina von Medicis hielt sich im Jahre 1579 in diesem Schlosse auf, als sie durch die Provence reiste, um die Unruhen darin zu stillen.

Das Schloß wurde immer durch seine verschiedenen Besitzer verschönert; der letzte der es besaß, war der vortreffliche Präsident de la Tour d'Aigues; auch er vermehrte das Interesse dieses schönen Ortes, in dem er hier alle Schäze der Natur zusammenbrachte, und sich immer damit beschäftigte, nützliche fremde Thiere und Pflanzen an dieses Clima zu gewöhnen. Er hatte hier ein reiches Naturalienkabinet, das sich besonders in der Mineralogie auszeichnete, aufgestellt; die Boskete waren mit ausländischen Pflanzen angefüllt; mitten unter seinen seltenen und nützlichen Pflanzen aller Länder, fand man eine Menagerie, die reich an merkwürdigen Thieren war. Schon im Jahre 1782 verzehrte eine fürchterliche Feuersbrunst einen Theil desselben; während der Revolution im Jahre 1790, zerstörte man noch vollends, was das Feuer übrig gelassen hatte. Nur noch vereinzelte Theile sind übrig; man sieht daraus, daß seine Architektur sich der Architektur

*) „S. Perussis Histoire des guerres du Comtat Venaissin. Avign. 1563. 4°."

des Luxembourg zu Paris näherte; einen alten viereckigen
Thurm, sah man als ein Werk der Römer an. Dieser Ort
ist vorzüglich reich an Wasser; frisches lebendiges Quellwasser
zieht sich neben dem Wege hin. Man sieht auch noch ein unermeßliches Bassin beim Schlosse; der Park ist ganz verwüstet.
Die Pracht dieses Ortes, und die edle Wohlthätigkeit seiner
Besizer, waren also nicht im Stande, ihn vor der Wuth
französischer Vandalen zu schüzen. Von dem Kalkberge *Montée d'Avgnon*, kommt man nun zwischen angenehmen, mit
Reben und Oelbäumen bedeckten Hügeln, ins Thal von Aix
herab.

Zum Departement der Nieder-Alpen gehört, wie zu
dem der Ober-Alpen, ein Theil der Westseite der großen
Alpenkette, von den obersten Kämmen, die sich fast bis zu
3000 Fuß über die Meereslinie erheben, bis zu den Ebenen,
die sich längs des rechten Duranceufers hinziehen; aber auch
von diesen Ebenen begreift es noch einen Theil, der mit
Maulbeer-, Oel- und Mandelbäumen rc. übersäet ist, und da
er sich keiner südlichen Pflanzung wiedersezt, im vollkommensten Contraste mit den beschneieten Gipfeln der Gebirge steht.
Nach den Seealpen ist dies der Theil des französischen Reiches, der die verschiedensten Temperaturen enthält; auch findet
man hier gleichfalls die größte Verschiedenheit in den Sitten
der Bewohner der Gebirge und der Ebenen; in den lezten
spürt man schon die südliche Lebhaftigkeit.

Dies Departement, das in der obern Provence liegt
und durch die Alpen von Piemont abgesondert wird, wird in
5 Arrondissemens eingetheilt, von denen Digne, Barcelon-
nette, Castellane, Sisteron, und Forcalquier, die
Hauptorte sind. Die 3 erstern, von denen das eine am Fuße
der Alpen liegt, und die 2 andern in der Mitte derselben sind,
und aus kalk- und thonartigen unfruchtbaren Bergen bestehen,

ernähren viele Kühe und Kälber; hier sind Butter und Käse
ein Gegenstand des Handels; man zieht hier auch Pferde
und Maulesel auf, welche man in diesem Lande, und in den
benachbarten Departemens braucht, wo allgemein Maulesel
zum Pflügen genommen werden. Ueberall findet man hier
auch Ziegen und Schafe in Menge. Die Bienen gedeihen
hier, und ihr Honig und Wachs wird sehr geschäzt. Die zwei
leztern Arrondissemens begreifen die Ebenen, die ergiebigsten
Theile des Departements, welches im Allgemeinen ein dürres,
unfruchtbares Land ist, und es nur der Industrie seiner Bewohner verdankt, daß man es nicht zu den ärmsten Departemens zählte.

Die Viehzucht veranlaßt einen ausgedehnten Handel.
Man erndtet eine ziemliche Quantität Korn, Rocken, Gerste,
Hafer; man hat Holz das zum Zimmern tauglich ist, und das
auf der Durance fortgeschaft wird. Der Weinstock ist ziemlich einträglich, und die Weine von Mees und Castelet
stehen in gutem Rufe. Die Grundbirnen werden in großer
Menge gepflanzt; auch von der Seidenzucht haben die Einwohner guten Nuzen; man zieht auch Pomeranzen- und Feigenbäume. Zum Transporte der Waaren bedient man sich der
Esel und Maulesel; die Pferde sind rar und theuer, ob man
gleich welche in mehrern Cantonen zieht; man macht auch
Ziegen- und Schafkäse. In diesem Departement findet man
ferner Eisen-, Blei-, Schwefel- und Kupferminen, die Gold
und Silber bei sich führen; schwarzen Agat, Vitriol, Krystalle, die aber vernachläßigt werden. Die Fabriken liefern
nichts Bedeutendes; man fabricirt Hüte, Mützen, man findet
auch Gerbereien. Eine ausgezeichnete Fayencefabrik ist in
Monastier. Auch mit Oel und Wolle wird Handel getrieben.*)

---

*) „S. *Darluc Histoire naturelle de Provence.* II. 71.“

Die Stadt Apt ist eine der ältesten Städte in Frankreich; sie war ehemals die Hauptstadt eines kleinen Volkes, welches die römischen Schriftsteller *Vuigientes* nennen. Julius Cäsar fand sie bequem zum Durchzuge für seine Truppen, die er nach Spanien gegen die Söhne des Pompejus absandte; er verschönerte und vergrößerte sie; aus Dankbarkeit dafür nahm sie den Zunahmen Julia an. Plinius (Histor. natural. III. 4.) nennt sie *Apta, Julia Vuigientium*, er stellt sie unter die lateinischen Städte, aber mehrere Inschriften beweisen, daß sie den Titel einer Colonie hatte. Sie wurde von den Longobarden und Sarazenen verwüstet. Sie liegt in einem breiten, von Hügeln umgebenen Thale; der Boden ist gut angebauet, die Hügel umher sind mit Reben und Oelbäumen bedeckt, und schöne Landhäuser sind auf ihnen zerstreut; man empfindet daher hier die Rauhheit des Winters, und eine brennende Hitze im Sommer. Die Stadt hat recht reinliche und breite Straßen und gut gebauete Häuser. *)

Das alte bischöfliche Gebäude hat ein schönes Ansehen, es ist jetzt der Sitz der Unterpräfektur und des Tribunals. Als man im Jahre 1684 im Hofe dieses Palastes einen Brunnen grub, entdeckte man das mit einer Inschrift versehene Grabmahl des Pferdes Boristhenes, das der Kaiser Adrian, während seines Aufenthaltes in Apt verlor. Um diesem Fürsten eine Höflichkeit zu erweisen, errichteten die Einwohner seinem Lieblingspferde, dies Mausoleum von schwarzem Marmor. Im Anfange des 18ten Jahrhunderts

---

*) „Apt hat seinen Namen *Apta Julia* von Jul. Cäsar erhalten, weil sie für den Durchmarsch der Truppen die er nach Spanien gegen die Söhne des Pompejus schickte, bequem (apta) fand. Eine der Brücken, die er über den Calavon erbauen ließ, ist noch 1 Lieue von der Stadt vorhanden, man nennt sie *Pont Julien.*"

wurden 3 Statuen unter der Erde gefunden, es war eine
Gruppe, die einen Vater, seine Gattin und ihre Tochter vorstellte; sie wurde im J. 1728. nach Versailles transportirt.
Der Mann ist mit einem Mantel bedeckt, der rückwärts über
die Achseln fällt, und den vordern Theil des Körpers blos läßt;
die Frau ist mit einer Tunica bekleidet, und einem Mantel,
der sie bis zu den Füßen hinab bedeckt; die etwa 9jährige
Tochter steht aufrecht, und hat ihre linke Hand auf der Hand
der Mutter liegen.

In mehrern Kellern, z. B. bei Herrn Gofredi und
Bontems, sieht man Gewölbe, Nischen, Stücke von
Wasserleitungen, die offenbar antiken Gebäuden angehörten. Mehrere Inschriften, die man in der Stadt fand,
sind verloren gegangen. In einem der Grabgewölbe der Cathedralkirche, wo man den Körper der heil. Anna gefunden
haben soll, ruhet der Altar auf einem antiken altarförmigen
Steine mit einer römischen Inschrift. Man entdeckt noch alle
Tage, wenn man nachgräbt, Amphorn, gläserne Urnen,
manche andere kleine Hausgeräthe, welche die Cabinete der
Alterthumsfreunde schmücken; ein großer Theil solcher Stücke,
in dem Cabinete des Herrn Calvet in Avignon, kam aus
dieser Stadt. Die Reste alter Wasserleitungen in mehrern
Kellern zeigen, daß ihre Richtung von Osten nach Westen
gieng. In dem Keller des Herrn Poncet Pontet in der
Peterstraße, sieht man Fragmente von sehr wohl erhaltenen Mosaiken, die man gar leicht wegnehmen könnte.
Man kann in Apt auch die Töpfer- und Fayencemanufaktur des
M. Bonnet besuchen; die Fayence, die hier fabricirt wird,
widersteht dem Feuer; sie ist fast durchgängig gelb, sie ist besser als die braune, und diejenige, welche verschiedene Arten
von Marmor und Brocatell nachmacht. Das Cabinet des
M. de Sigoier verdient besucht zu werden; man findet hier

Portefeuilles mit Zeichnungen und Kupfern, Conchylien, Mineralien, und eine kleine Sammlung von Kaisermünzen. Kurze Zeit vor unserer Ankunft hatte man hier einen atmosphärischen Stein gefunden, und nach Paris geschickt. Das Getöse, das der Fall dieses Steines erregte, wurde wie man sagt, in der ganzen Gegend, selbst bis nach Aix gehört. Man erzählte uns einen sonderbaren Vorfall: ein Einwohner von Apt wollte eine Sichel schleifen, sein Gehülfe drehte den Stein, der einen Schuh im Diameter hatte, mit großer Schnelligkeit herum; plözlich zersprang er mit dem Knalle einer Pistole, und einige Stücke flogen bis auf ein nahes Dach; der Bürger, der schliff, wurde gefährlich an seinem Kopfe verwundet, man gab die Hoffnung auf, ihn zu retten. Ein ähnliches Phänomen ereignete sich in einer Windmühle zu Vachère bei Simiane.

Der Handel von Apt besteht in Getreide, Wein und Obst; man fabricirt hier auch Scheidewasser und Wachslichter. Die hiesigen Zuckerbäcker sind sehr berühmt; die bekanntesten sind M. Pin und Legier; sie machen Sendungen bis nach Paris. Gegerbtes Leder, Wein und Seide sind die hiesigen Ausfuhrartikel. Die Quantität Korn und Oel, die hier erzeugt wird, reicht nicht hin für das Bedürfniß der Stadt.

Die Gegend zwischen Simiane und Apt ist ganz dürre und steinigt; doch sieht man hier einige Bäume, und dieß beweist, daß diese Hügel mit einiger Mühe angepflanzt werden könnten. Der Boden ist mit gemeinem breitblätterigem Lavendel bedeckt; man zog ehemals wohlriechendes Wasser aus dieser Pflanze, aber der Gebrauch desselben hat sich sehr vermindert. Ehe man die Stadt Apt betritt, kommt man auf einer, aus einem einzigen Bogen bestehenden Brücke, über den Bergstrohm Cavalon; diese Brücke hat ein recht gutes Ansehen, ist aber nicht so solid als sie zu seyn scheint, da durchaus kein Fuhrwerk darüber gehen darf.

*   *   *

„Anſtatt von Apt aus nach Aix zu gehen, und der
gewöhnlichen Landſtraße zu folgen, beſchloßen wir einen Umweg über den Berg Leberon und über Tour d'Aigue zu
machen. Nahe bei Apt iſt das Dorf Rouſſillon, das durch
den tragiſchen Tod eines jungen Troubadours, den Raymund
von Seilhans, Graf von Rouſſillon, ſeiner Eiferſucht aufopferte, berühmt wurde. Noſtrodamus erzählt dieſe Geſchichte, die wohl nur ein Roman iſt, in ſeiner *Histoire des
Troubadours*, p. 58. Dies Werk kam im Jahre 1575. in 8°.
unter dem Titel: *Vies des plus celebres et anciens poetes pro-
vençaux* etc. heraus. Creſcimbeni überſezte es in dem
erſten Theile ſeines großen Werkes, das den Titel hat: *Storia
della volgar poesia*. Die gelehrten Noten des Creſcimbeni
vergrößern den Werth dieſer Ueberſezung um ein Merkliches.
Aber Abbe Millot machte in ſeiner *Histoire des Troubadours*, 3 Vol der es an Kritik fehlt, keinen Gebrauch davon.
Etwas weiter iſt wieder ein Ort, der Cadenet heißt, und der auch
in der Geſchichte der Troubadours berühmt iſt. Zur Zeit der
Kreuzzüge ſchien das poetiſche Genie wieder aufzuleben, und
weihete ſich der Lobpreiſung einer neuen Art zu lieben und
zu gefallen. Ob man gleich der Provence den Ruhm rauben
wollte, das Geburtsland der erſten Sänger dieſer ſonderbaren
Miſchung von Anmuth, Ehre und Liebe zu ſeyn, die man
Galanterie nennt, ſo ſtimmt man doch allgemein darin
überein, dieſe Landſchaft als die Wiege derſelben zu betrachten. Sehr gut charakteriſirt der Name Troubadour, dieſe
ſinnreichen Erfinder pikanter Anekdoten, fröhlicher, ſcherzhafter
Verſe, nachdrücklicher, wohlgegründeter, aber in anmuthige
Formen eingekleideter Belehrungen.

Hauptſächlich während der Regierung arragoniſcher Fürſten
vervollkommnete ſich die Poeſie. Raymund Berenger II.

13

wurde in Mailand, wohin er sich begeben hatte, um von Kaiser Friederich I. Barbarossa genannt, sich mit den Ländern von Arles, von Marseille und Piemont, die er sich durch die Waffen erworben hatte, belehnen zu lassen, und seine Vermählung mit Richilde, der Wittwe des Königes von Castilien, und nahen Verwandten des Kaisers zu feiern, so sehr von den Poesien bezaubert, welche ihm die Troubadours recitirten, daß er selbst den Titel eines Troubadours annehmen wollte. Am Hofe Raymund Berengers IV, und seiner edeln und liebenswürdigen Gemahlin Beatrix von Savoyen, standen die Troubadours im größten Ansehen; manche große Herren wurden, um ihren Souverains zu gefallen, Troubadours, und richteten ihre Verse an sie. Unter dieser und der folgenden Regierung wurde Bonifaz von Castellane, ein sinnreicher und kaustischer Dichter, einer der berühmtesten Troubadours; die Galle, die er in seine Verse ausgoß, seine bittern Satyren gegen Carl I. von Anjou, und seine Gemahlin Beatrix, waren vielleicht eine Wirkung der Unglücksfälle, die ihm begegneten. Die Gesänge des Elias von Barjols, welcher der Sohn eines Kaufmannes von Agen war, waren berühmt; er besang vorzüglich die Verdienste und die Schönheit der Garsende, der Wittwe Ildephons II; er übertraf durch sein Talent, und die Anmuth seiner Stimme alle andern Dichter. Der Name des Ritters von Blacas schmückt die Liste der provençalischen Tapfern und Troubadours. Die Liebe, der Krieg, ein glanzvolles Leben, und die Musen, waren sein Vergnügen. Blacasset, sein Sohn, zeigte sich eines solchen Vaters würdig. Selbst Mönche beschäftigten sich mit der Dichtkunst, die unter dem schönen Himmel der Provence wieder auflebte, und werden unter den Troubadours genannt; auch Damen, z. B. Garsende von Forcalquier und die Gräfin von Die schmücken die Liste dieser galanten Dichter.

Die ersten Troubadours führten meistens ein herumirrendes Leben; sie wanderten von Burg zu Burg. Sie beschränkten sich nicht blos darauf die Liebe zu besingen, die Thaten der Chevalerie zu verherrlichen; sie bearbeiteten auch Legenden und theologische Gegenstände in Versen; so hat man noch Poesien von einem Troubadour des XIII. Jahrhunderts, worin er die Irrthümer der Albigenser, die sich in der Provence ausgebreitet hatten, zu widerlegen sucht."

Auf der linken Seite der Straße, die nach Avignon führt, sieht man 1½ Stunde von Apt, über dem Calavonstrome der von Osten kommt und in die Durance fällt, die sogenannte Julianische Brücke, man schreibt ihre Erbauung dem Julius Cäsar zu. Sie besteht aus 3 Bogen, von denen der mittlere höher und breiter ist, als die 2 übrigen; sie ist sehr gut erhalten, nur die Brustlehnen haben ein wenig gelitten. Jeder Pfeiler neben dem großen Bogen hat eine durch ihn laufende Oeffnung in Form einer Nische, wie man sie bei der St. Espritbrücke findet. Diese Uebereinstimmung in der Bauart führt auf den Gedanken, daß wohl beide Brücken, ohngefähr zur nemlichen Zeit möchten erbauet worden seyn. (Der Erbauer der Brücke von St. Esprit, könnte aber auch den Gedanken, die Pfeiler zu durchbrechen, in späterer Zeit hier geborgt haben.) Von Apt geht der Weg nach Ceyreste durch ein weites Thal, wo das Gehölz, Weinberge, Oelbaumpflanzungen und Getreidefelder die vortrefflichsten Aussichten gewähren; das gothische Schloß von Ceyreste steht auf einem Weinhügel.

Der Weg, der von Apt nach Avignon führt, bietet noch einige Reste einer römischen Straße dar. Cavaillon, die 2te Stadt des Comtats, liegt 4 Stunden südöstlich von

Avignon, sie ist das alte *Cabellio,* *) und war einst eine lateinische Stadt und Colonie der Römer in dem Gebiete der
Cavaren. Man hat hier römische Marmorpflaster, Bruchstücke von Bildsäulen, und verschiedene andere römische Alterthümer gefunden; das vornehmste Monument des römischen
Alterthumes aber, ist der Rest eines Triumphbogens,
er beweist, daß die Römer diese Stadt mit wichtigen Gebäuden geschmückt hatten, und macht auch, wie der in Carpentras,
einen Theil des bischöflichen Palastes aus, steht aber jenem
sehr im Style nach; dieser leztere wurde zerstört, der Triumphbogen aber steht noch am Eingange eines Kellers, in einem
Hofe, wo er so tief im Boden verschüttet ist, daß man nur
noch den obern Theil des Gewölbes über dem Boden sehen
kann. Die Victorien auf beiden Seiten über dem Gewölb-
bogen, sind noch gut erhalten; jede hat in der ausgestreckten
einen Hand einen Kranz, in der andern eine Palme. Ein
Rebstock und Feigenbäume bedecken und schüzen die Verzierungen über dem Bogen.

Die schönste Seite des Triumphbogens ist zum Glücke in
einem Pfarrhaust, die andere ist in dem Theile des bischöflichen Palastes, den M. Jouve gekauft hat. Man kann nicht
sagen, wann, und wem zu Ehren er errichtet wurde. Nach
dem Style der Verzierungen, womit die Attika geschmückt ist
und die übrigens sehr schön gearbeitet sind, kann man annehmen, daß seine Entstehung in eine Zeit gehört, die später ist,
als die der Regierung der Antonine. Stephan von Cabassole, Bischof von Cavaillon, war der Freund Petrarchs,
auch einer der Wohlthäter der Wissenschaften, da er die Bibliothek des Capitels von Cavaillon stiftete; er schenkte ihm
seinen Büchervorrath im Jahre 1367. Auch der Cathedral-

---

*) „S. *Plin.* Hist. nat. III. 4.".

Kirche und mehrern Capellen machte dieſer gelehrte Biſchof
anſehnliche Geſchenke. Die Stadt Cavaillon iſt ſchlecht gebauet, die Straßen ſind enge und ſchmuzig und die Luft mit
den Ausdünſtungen des Miſtes erfüllt, der ſie bedeckt; das
anmuthige Stadthaus, iſt das einzige neuere Gebäude, das
Aufmerkſamkeit verdient. Man findet auch eine große Zahl
von Judenfamilien hier, deren Lebensart eben nichts zur Beförderung der Reinlichkeit der Stadt beiträgt. Die Stadt hat
4 — 5000 Einwohner. Aber die Gegend umher iſt ausnehmend angenehm, und verdient mit Recht den Namen des
Gartens der Provence. Es iſt unmöglich ſchönere Gemüſe-
felder, lieblichere Baumgruppen, reichere Wein- und Olivenhügel zu ſehen. Durch die Betriebſamkeit der Einwohner iſt
die Landſchaft aufs vortreflichſte angepflanzt, ſie werden als
die beſten Gärtner der Provence gerühmt.

.., Bei Cavaillon wachſen Gemüſe von allen Arten, und
ſie ſtehen in den benachbarten Städten in großem Rufe; am
meiſten werden die Artiſchocken und die Pfirſiche von Cavaillon
geſucht; die hieſigen Winter-Melonen ſind köſtlich, man ißt
ſie in Avignon, es werden ſogar von denſelben nach Paris
verſendet. Auch die Butter von Cavaillon ſteht in beſonderm
Credit. Der Haupthandel beſteht in Seide, Obſt, Garten-
gewächſen; der Sumach, Safran, Grapp, die Walkerdiſteln,
ſind auch ſehr einträgliche Produkte; die Seidenfabriken ſind
zahlreich, und der Handel dieſer Gegend iſt ſehr beträchtlich.

Man hat die Fruchtbarkeit des Bodens dem Schlamme
zu danken, den das Waſſer der Durance herbeigeführt hat,
deren Ueberſchwemmungen aber nur allzuoft die nüzlichen
Wirkungen ihrer Wäſſerung zerſtören, und oft in einem Augenblicke die ſchönſten Gärten, die aufs beſte angepflanzten Felder
verwüſten. Vielleicht macht ſie noch eines Tages die Einwohner von Cavaillon bereuen, daß ſie den Hügel verließen

auf dem sonst ihre Stadt lag, um sich am Ufer dieses gefährlichen Strohmes anzusiedeln. Dieser wilde verheerende Strohm
stürzt seine immer stürmischen, schäumenden Wellen in gerader
Richtung auf diese Stadt los, und wird sie einst unter Wasser
sezen, wenn man ihr nicht bei Zeiten, einen starken Damm
entgegensezt. Der Canal von Oppede, der von der Durance ausgeht, wässert die Felder, und treibt die Mühlen. *)
Die Stadt hatte einst einen Hafen, von dem aber nichts mehr
vorhanden ist, und eine Gesellschaft von Schiffern, welche
Barken oder Brücken aus aufgeblasenen Schläuchen von Thier-
häuten bildeten, für einen bestimmten Preis die Leute über
die Durance brachten, und so die Verbindung zwischen den
Marseillern und Cavaren unterhielten, man nannte sie *Utriculaires* (Utricularii.) Vor den Westwinden ist die Stadt durch
ein hohes Gebirg gesichert. Von Cavaillon aus hat man nach
Jsle und nach der Quelle von Vaucluse nur einen ganz kurzen Weg, den kein Reisender, der die bisher beschriebene
Excursion gemacht hat, vernachläßigen wird. Man hat auf
dem Wege von hier nach Jsle immer schattige Maulbeerbäume
und Gräben zur Seite, die mit laufendem, die Luft erfri-
schendem Wasser angefüllt sind. Eine kleine Einsiedelei auf
dem Gipfel eines der steilsten Felsen, welche Cavaillon beherrschen, ist einer der Gegenstände der Neugierde, die man
hier den Fremden zeigt.

* * *

„Auf dem Wege von Sisteron nach Forcalquier
und Apt kommt man durch das Dorf Peyruis; von dem-

---

*) „Die Grafschaften Venaissin und das Fürstenthum Avignon ge-
hören zu den fruchtbarsten Landstrichen in Frankreich, hier hat man
die trefflichsten Einrichtungen zur Wässerung gemacht, auch besteht der
Boden aus einem fetten, tiefen Lehm, mit weissem kalkartigem Thon."

selben bis nach Sisteron hat man rechts neben sich einen Wald,
der ehemals ein vorzüglicher Schlupfwinkel von Räubern war;
auf der linken Seite hatten wir immer die Durance. Von
Sisteron bis Forcalquier sieht man rechts das Gebirg Lure,
dessen Kette sich von Osten nach Westen etwa 9 Lieues weit
erstreckt; es vereinigt sich mit dem Berge Ventour, und endigt
sich bei Malaucene im Bauclusedepartement. Der Boden
dieser Berge ist kalkartig; ein großer Theil desselben ist unfruchtbar. An einigen Orten sieht man weiße Eichen und
Buchen. Doch giebt es um die bewohnten Orte her gute
Weiden. Nahe beim Dorfe Cruis findet man einen berühmten Abgrund; nach der Volksmeinung hat er keinen Boden;
man erzählt, ein Priester habe sich hinabsenken lassen, und so
gräßliche Gespenster zu sehen geglaubt, daß er für sein übriges
Leben den Verstand verloren habe. Nach den Beobachtungen
des M. Verdet, ist dieser Abgrund, den man mit der Quellenhöhle von Baucluse vergleichen kann, 200 Fuß tief.

Nichts kann finsterer und trübseliger seyn, als das Innere
von Forcalquier; die schönsten Häuser sind vor dem Thore
auf der Esplanade; hier ist gar kein Monument, das die Aufmerksamkeit auf sich ziehen könnte. Doch hat dieser Ort einige
Celebrität in der Geschichte. Es scheint, daß es der Hauptort eines kleinen Volkes wär, das die Römer *Memini* nannten,
daß man ihn unter der Herrschaft derselben *Forum Neronis*
nannte, daß er in neuern Zeiten den Namen *Forum calcarium*
erhielt, wegen dem Kalk den man hier fand, oder womit man
handelte, und daß daraus der Name Forcalquier entstand.
Im Mittelalter bildete dieses Land eine besondere Grafschaft,
die Grafschaft von Forcalquier; sie war sehr ausgedehnt und enthielt alles, was zwischen der Durance, der Isere
und den Alpen liegt, den größten Theil der obern oder westlichen Provence. In den entferntern Zeiten der Religions-

kriege, war diese Stadt der Schauplatz mehrerer Gefechte.
Man fabricirt hier grobe Zeuge, auch findet man einige Seidenspinnereien; die südlichen Abhänge der Hügel sind mit
Oelbäumen bepflanzt; die Stadt ist mit lachenden Gefilden,
und gut angepflanzten Gärten umgeben.

Man bemerkt auch im Arondissement von Forcalquier
einige merkwürdige Pflanzen. Auf einem abscheulichen Wege
kamen wir nach Simiane; diese ganze Gegend scheint sehr
dürre zu seyn; der Boden ist mit gemeinem Lavendel bedeckt.
Die Gehölze, welche die Stadt umgeben, enthalten grüne und
weiße Eichen, welche hier gut fortkommen. Man findet hier
überall eine beträchtliche Menge Eisenschlacken, Reste der Berg-
werke und Eisenhütten der Saracenen, die einst hier wohnten.
Die Stadt Simiane, die ein Dorf genennt werden sollte,
liegt auf einem ziemlich hohen Hügel, der von mehrern andern
unfruchtbaren Hügeln umgeben ist. Das Oel, das sein Bezirk
erzeugt, ist eben so gut als das Oel von Aix, reicht aber
kaum für die, obgleich nicht zahlreichen Einwohner hin. Das
Korn aber wächst in größerer Quantität. Zwei Monumente
zogen in Simiane unsere Aufmerksamkeit auf sich; das eine ist
die Kirche, die recht schön und gut gebauet ist; sie hat im
Kleinen Aehnlichkeit mit der in St. Maxime. Das andere
Monument ist bedeutender, mehrere Beschreibungen der Provence sprechen davon, es ist eine Rotunde; zuerst sieht man
unten eine runde glatte, 12 Schuh hohe, Mauer; dann 12
Nischen mit ganz runden Bogen, eine diente zur Eingangsthüre, in jedem Zwischenraume sind 3 kleine Säulen; über
jeder dieser Säulengruppen ist ein grotesker Menschen- oder
Thierkopf von plumper Arbeit. Die Capitäler sind im Allgemeinen aus Blättern zusammengesetzt. Wegen der runden Form
und den 12 Nischen hielt man dies Gebäude für ein antikes
Pantheon; allein der sich oben zuspizende Bogen (ogive) der

Eingangsthüre, die mit Blättern geschmückten Capitäler und
die grotesten Köpfe, die sämmtlich die sogenannten gothischen
Gebäude charakterisiren, streiten offenbar gegen den römischen
Ursprung. Dies Gebäude hat eine auffallende Aehnlichkeit mit
dem Octogon von Montmokillon. *) Vielleicht diente es
zu einer Capelle und einem Begräbnißplaze, ob gleich nichts
anzeigt, daß es zu einem kirchlichen Gebrauche bestimmt war.
Vielleicht gehörte es zur Wohnung der Grafen von Simiane.
Der Schmuck der Thüre, und die ganz runden Wölbungen
haben Aehnlichkeit mit der sächsischen Architektur; wahrscheinlich ist daher diese Rotunde aus dem XI. Jahrhunderte, und
gehört zu der Art von Gebäuden die man Opus romanum
nannte, weil sie eine grobe Nachahmung der römischen Bauart waren." **)

---

*) „S. Millin Monumens antiq. inedits. Tom. II. p. 323."

**) „S. Ducarel Anglo-norman antiquity pl. XIII. — Grose Anti-
quity of England etc. Vorrede p. 76."

Kapitel 25.

Um nicht so schnell wieder die Beschreibung meiner Reise nach Süden hinab, durch Streifzüge in die seitwärts liegenden Landschaften zu unterbrechen, will ich jezt nur noch etwas über die Merkwürdigkeiten der Postroute, die aus der Gegend von Avignon über St. Andiol, Orgon, Lambesk ꝛc. nach Aix führt, beifügen.

Der Weg von Avignon nach Aix beträgt gegen 20 Stunden. Von Avignon nach St. Andiol hat man 5 Stunden, von St. Andiol bis Orgon 2½ St. weiter bis Pont Royal 4 St., bis St. Cannat 4 St., bis Aix 4 Stunden. Die Straße von Avignon bis in die Nähe der Durance ist äußerst angenehm, sie ist mit Weiden und Pappeln begrenzt, die Felder sind gut mit Roggen und Korn angepflanzt, und mit schönen Maulbeerbäumen bedeckt; aber die Obstbäume scheinen rar zu seyn. Dieser Theil der Ebene um Avignon her, ist wie das ganze Comtat mit Wiesen, Bosketen, Alleen die zu Landhäusern führen, und mit dem durch Kanäle umhergeleiteten Gewässer der Durance geschmückt. *) Kommt man aber in die Nähe dieses verheerenden Strohmes, so sieht

---

*) „Die erste Hälfte des Weges von Avignon nach St. Andiol geht durch den schönsten Theil des Gebiets von Avignon."

man überall große Pläße mit Sand und Kieselsteinen überdeckt, die er herbeigeschwemmt hat; man braucht über 20 Minuten ym über die Sand- und Steinpläße zu kommen; auf denselben findet man Bartolithen, die von den Naturaliensammlern vorzüglich geschäßt werden; die Durance bringt sie mit andern Kieseln vom Mont Genevre her, wo sie entspringt.

Man findet jeßt in dieser Gegend eine neue sehr schöne hölzerne Brücke über die Durance, sie ist außerordentlich lange, verbindet Zierlichkeit mit Festigkeit und ist ein Meisterstück in ihrer Art; sie wurde im Jahre 1804 erbauet. *)

---

*) „Ich fuhr von Avignon aus auf dem schönsten, ebenen Weg (auf der Route von Avignon nach Isle) zwischen Pappeln und Weiden, dahin; das Land war mit Roggen und Weizen angebaut, und mit schönen Maulbeerbäumen übersäet. Bald wird das Land magerer, Sand und Kieselsteine überdecken das Erdreich, und kaum bemerkt man die Nähe eines reißenden, sehr gefährlichen Flusses, der treulosen Durance, die im Sommer und Spätjahr im unbedeutenden Bette, sich still und klein durch Sand und Kieselsteine durchwindet, aber im Winter und Frühjahre die ganze Gegend überschwemmt, und das fruchtbare Erdreich mit Kieseln bedeckt. Hier wurden Reisende oft mehrere Tage aufgehalten, weil weder Durchgang noch Ueberfahrt möglich war, und die Anlegung einer Brücke bisher für unausführbar gehalten wurde. In der neuern Zeit sind aber alle Schwierigkeiten besiegt worden, und nun steht hier eine prächtige Brücke von 45 Bogen, ganz von Holz, mit künstlicher Balkenverbindung angelegt; sie ist roth angestrichen, und mit Kieseln überführt: Die schwersten Lastwägen gehen über diese meisterhaft angelegte Brücke, die dem Gouvernement, und ihrem Baumeister Ehre macht. Eine besondere Medaille ist aus Anlaß dieses Brückenbaues, über die Durance geprägt worden, die zu der Suite der prächtigen, unter Napoleons Regierung geschlagenen Denkmünzen gehört. Links am Wege läßt man das ehemalige Karthäuserkloster von Bonpaß liegen, das dermalen zerfallen und öde, aber sehr imponirend, noch jeßt die Aufmerksamkeit des Wanderers reizt; es soll ehemals den Tempelherrn gehört haben, und kann jeßt nur ein ungeheurer Schlupfwinkel für Nachteulen und Räuber seyn. Bald verläßt man die nach Aiß und Marseille führende Straße, und wendet sich links, um nach Isle und Vaucluse zu kommen.“

Schon lange hatte bisher eine Fähre die Stelle der Brücken ersezt, welche der Ungestümm der Durance nach und nach zerstört hatte; auf derselben passirte man den Strohm etwa ½ Stunde von dem Carthäuserkloster Bonpas; das Gebäude ist noch übrig, es hat eine sehr schöne Lage auf dem rechten Ufer der Durance; hier war sonst die Grenze des Comtats, jezt ist hier die Grenze des Vauclusedepartements; ist man über die Durance gekommen, so ist man im Rhonemündung-departement. Auf der Brücke sieht man südwestlich das Dorf Noves, wo die berühmte Laura, deren Vater Besizer desselben war, gebohren wurde; es hat eine sehr schöne Lage, und ist von vielen tausend Mandelbäumen, von Wiesen und Obstgärten umgeben. Man geht nun am linken Ufer der Durance aufwärts und findet einen Canal, der in der Absicht gegraben wurde, um dem Gewässer des Strohmes bei Ueberschwemmungen einen schnellern Lauf zu verschaffen, und die umliegenden Felder vor seinen Verwüstungen zu schüzen.

Man ist nun im Gebiete der alten Salyer. Dies Volk stammte von den Ligriern her; *) es war das erste Volk in Gallien, gegen welches die Römer einen Kriegszug unternahmen, **) um den Klagen ein Ende zu machen, welche die Marseiller gegen ihre beständigen Angriffe erhoben. Das Land der Salyer erstreckte sich von der Rhone bis ans Meer und die Alpen, es war in 2 Cantone getheilt; in der Ebene von Aix scheint ihr Hauptsiz gewesen zu seyn; es waren ihnen mehrere andere kleine Völker unterworfen. Gegen Norden hat man die Aussicht über eine angenehme Ebene von etwa 4 Stunden, die sich an den Kalkfelsen endigt, wo die Quelle von Vaucluse entspringt. Die Straße lauft durch ein sehr

---

*) Ligurum celeberrimi ultra Alpes. Plin. III. 4.

**) Prima trans Alpes arma nostra sensere Salyi. Florus III. 2.

gut mit Reben und Korn angepflanztes Land; Bäche durchstreichen dasselbe, die mit Weiden, Pappeln und Feigenbäumen
beschattet sind; man glaubt lauter Gärten um sich her zu sehen;
der Pflug wird hier wenig gebraucht, man gräbt die Erde
mit einem breiten Spaten um, und eggt sie mit einem plumpen Rechen; man sieht hier keine Bäume in den Feldern,
als nur in einem sehr kleinen Park, der einem Particulier
gehört; die Häuser stehen daher mitten in den Feldern ohne
Schatten.

* * *

„Ein großer Theil des allzusehr gerühmten Comtats besteht aus nichts als kieselsteinigen unfruchtbaren Sandpläzen,
die aber doch an gewissen Orten vortreffliche Weine hervorbringen, z. B. den Wein von Nerthe, von Chateauneuf
du Pape 2c. aber man weiß, daß die guten Erdarten, guten
Weinen, nicht immer am zuträglichsten sind. Die Bassins,
die durch den Schlamm der Rhone, der Durance, der Sorgue
und anderer Ströhme und Bäche gedüngt werden, die das
Vauclusedepartement durchstreichen, sind die einzigen wahrhaft
fruchtbaren Partien, besonders in der Nähe der Städte. Diese
vorzüglichen Landstriche, unter denen das Gebiet von Cavaillon sich als das fruchtbarste, und das von Avignon als das
frischeste und lachendste auszeichnet, machen nicht den 4ten
Theil des Vauclusedepartements aus. Die Gegend von Avignon
trägt etwa 6fältig in gewöhnlichen Jahren; aber nur die
Gegend von Cavaillon trägt 7 — 8fältig. Das Getreide,
das im Departement gepflanzt wird, reicht zu seiner Consum-
tion nicht hin, da seine Bevölkerung gar zu groß ist; diese
rechnet man auf 206,000 Seelen, so daß 1600 Individuen
auf eine Quadrat Lieue kommen. Das Vauclusedepartement
ist in die 4 Arrondissemens von Avignon, Orange, Carpentras und Apt eingetheilt.

Die Seide, der Safran und der Grapp sind die vornehmsten Produkte des Bodens in diesem Departement. Die Oelbäume sind hier noch selten, und in einem Zustande von Schwäche und selbst von Leiden, welcher beweist, daß sie sich hier nicht so ganz in dem Clima befinden, das die Natur für sie bestimmt hat; die Zerstörung des größten Theils dieser Bäume durch die Kälte, ist ein neuer Beweis davon. Die Durance, welche das Vaucluse- und Rhonemündungsdepartement von einander trennt, ist eine wahre Geisel für beide. Sie verbindet den Ungestümm eines Bergstrohmes, mit der Breite eines Flusses. Ihr Bette, das eben so wie ihre Masse sich immer verändert, ist häufig halb trocken, und wird nur von 2 oder 3 schlammigen Ströhmen durchfurcht, von denen der ansehnlichste immer eine Fähre nöthig macht. Avignon sieht sie öfter bis an seine Wälle vordringen, als die Rhone, die vor seinen Thoren vorbeiströhmt. Ein Theil des Schadens, den sie bei ihren Ueberschwemmungen, bei denen sie oft das Getreide der Felder zerstört, die Erde wegschwemmt, Wohnungen und Dörfer bedroht, anrichtet, vergütet sie wieder durch den Nuzen der aus ihr abgeleiteten Kanäle, auch ist der Schlamm, den sie absezt, ein wahrer Dünger. Sie entspringt auf dem Mont Genevre, macht einen Weg von 50 Lieues, und nimmt während ihres Laufes eine Menge andere Bergströhme auf; so empfängt sie alle von der Westseite des Viso herabkommenden Gewässer, auf dessen Ostseite der Po entspringt. Unter den verschiedenen Kieseln welche die Durance mit sich führt, bemerkt man Bartolithen und mehrere Porphyrarten Die Ebene von diesem Strohme an bis nach St. Andiol zeigt nichts Interessantes; etwa auf der Mitte des Weges kommt man durchs Dorf Cabanes.''

Das Dorf St. Andiol hat einen sehr anmuthigen Park der zum Schloße daselbst gehört, und ist von einem Walde von Mandelbäumen umgeben, die meistens nach der Schaur gepflanzt sind. Die Lage von Noves ist aber noch schöner. Hat man St. Andiol hinter sich, so wird der Boden sandig und unfruchtbar; man findet hier Landstriche, die ganz vernachläßigt sind, doch aber Spuren ehemaliger Cultur haben; der Mangel an Dünger, der vom Mangel des nöthigen Viehes herkommt, verhindert ihre Benuzung. Man hat zwischen St. Andiol und Orgon immer das nemliche flache Land. Rechts neben sich hat man eine traurige Kette von Kalkbergen, welche die Form und Nacktheit der Berge erster Ordnung haben, ohne ihre imposanten Massen; die höchsten Gipfel derselben erheben sich kaum 400 Met. über die Meereslinie. Diese Kette senkrechter Felsen, die man *Alpines* nennt, fängt bei Orgon an, und endigt sich bei Tarascon, indem sie immer in der Richtung von Osten nach Westen bleibt; auf ihrer Südseite erstreckt sich die unermeßliche Kieselsteinebene La Crau nach dem Meere hinab, auf der Ostseite zieht sie sich bis zur Durance, auf der Höhe dieser Felsen erblickt man Weiden und Wohnungen, an ihrem Fuße liegt eine Reihe von Teichen, Alles zusammen macht eine mahlerische Wirkung. Das Städtchen Orgon liegt am östlichen Fuße dieser Felsen, nicht weit vom linken Ufer der Durance, und hat 1500 Einwohner.

Eine halbe Viertelstunde von Orgon sieht man den Anfang eines, durch einen Felsen der Alpines gegrabenen Canales, wie man solche in Languedoc und bei St. Quentin findet; von diesen Felsen hat er den Namen *Canal des Alpines;* auch nennt man ihn den Canal von Boisgelin, da dies der Name seines Urhebers ist, der Erzbischof in Aix war; der Felsen, durch den er gegraben ist, heißt Pierre percée.

Das Canalgewölbe, das mit manchem seiner Art um den Vorrang streiten kann, hat eine Länge von 500 Toisen, und eine Breite und Höhe von etwa 25 Fuß; es besteht ganz aus Quadersteinen; auf beiden Seiten sind Trottoirs für die Fußgänger und für die Thiere, welche die Schiffe ziehen; dieses vortreffliche Werk sollte die Durance mit dem See von Berre und durch ihn mit dem mittelländischen Meere in Verbindung bringen, was für den Handel und die Industrie der südlichen Provence höchst vortheilhaft gewesen wäre; auch sollte es das Wasser ableiten, das sich in dem kesselförmigen Thale bei Orgon im Frühlinge und Herbste, und oft auch bei Regenwetter mitten im Sommer, von den Hügeln und Bergen umher sammelt, und einen See bildet. Dieses Thal hat einige Meilen im Umfange. Unendlich Schade ist es, daß dieses schöne Werk wegen eintretendem Geldmangel, und wegen der in den Weg tretenden französischen Revolution, nicht vollendet werden konnte, und liegen gelassen werden mußte, nachdem das Schwerste mit außerordentlichen Kosten bereits gethan war. Daher kann jezt dieser Canal nicht zur Schiffahrt, die der Hauptzweck desselben war, sondern nur zur Wässerung gebraucht werden; er soll hauptsächlich die Ebenen von St. Remy und Tarascon wässern.

Orgon ist ein kleines unbedeutendes Städtchen auf einer Anhöhe; auf dem höchsten der 2 nächsten Berge sieht man die Ruine eines alten Schlosses; man findet hier nichts als einen staubigen Boden und dürre Berge; der Boden ist ganz kalkartig, und nur mit einer dünnen Lage von Pflanzenerde bedeckt. Doch findet man da und dort ziemlich fruchtbare Felder, die mit Reben, Oel- und Mandelbäumen bedeckt sind. *)

---

*) Mad. Br. „Indem ich aus dem Städtchen Orgon hinaus ins Freie trat, öffnete sich mir eine der entzückendsten Aussichten. Dicht

Zu Malemort wird die Landschaft angenehm, fruchtbar
und durch einige Heerden belebt; man begegnet auf den Anhöhen vielen italienischen Fichten (Pinus maritima) und Steineichen (Quercus ilex.) Beim Dorfe Senas kommt man mit
Vergnügen an den frischen grünen Wiesen vorbei, welche die
Stelle des alten Schloßparkes einnehmen. Dieser unerwartete Anblick in einem Lande, das meistens sehr dürre ist,
hat etwas Köstliches, Erfrischendes. Links jenseits der Durance bemerkt man das Städtchen Merindol, das unter
Franz I. so hart bestraft wurde, weil es sich der Gewalt des
Pabstes hatte entziehen wollen.

---

neben mir war eine schroffe Felsenmauer von grauem und röthlichem
Gesteine, die hoch in die reine Abendluft aufstrebend, auf ihrer weit-
schauenden Zinne, ein August.nerkloster trug; ein helles Gewässer badete
den Fuß der Felsen; hinterwärts ein liebliches, verworrenes Gemische
von einzeln liegenden Häusern, Gärten und Feldern. Ich gieng in der
Umschattung des Gebirges, neben dem kleinen Gewässer hin Links that
sich eine reizende Ebene auf, die, in der Mitte sich weit ausdehnend,
durch den schönen Ventour begrenzt wird. Plötzlich erschien oben in
dem Felsgebirge eine wilde Kluft, in der rohen, unausgebildeten Form
eines Amphitheaters; einzelne rauhe Zacken strebten in die Wolken auf;
die sinkende Sonne goß Ströhme von Licht auf einige Steingruppen,
während andere in scharf abgeschnittenen Schatten ruheten.

Am strahlenden Haupte des Ventour, und an den immer deutlicher
werdenden Seiten desselben, leuchtete die Sonne in vollkommener Milde.
Vor uns hin auf dem Wege nach Aix durchschlängelte die rauschende
Durance das Thal, von runden Hügeln eingefaßt, auf denen Oelbäume
grünen; die Felsen führen den Namen *Rochers d'Orgon* Ein weites
Thal empfieng uns nun, durch welches wir lustig hinrollten; wir er-
freueten uns der Mahlerei der Abendröthe an den Felsenwänden, bis
die Sonne sank. Dann fuhren wir im Mondschein nackte Felsen hinan.
Die Gegend umher wurde öde, die grauen Felsenmassen verschmolzen
hier in einander und sonderten sich dort in einzelnen schaurigen Gestalten
von einander ab. Tiefe Stille umgab uns, wir hörten nur das Rasseln
der Räder auf den Felsen."

Weiterhin kommt man auf einer steinernen Brücke über den Craponnekanal, der zur Wässerung der Ebene von Arles bestimmt ist. Pontrohal ist ein Haus, wovon die eine Hälfte zur Gastwirthschaft bestimmt ist. Noch immer hat man eine unbedeutende Kalklandschaft um sich her. Auf der Höhe des Berges La Taillade erblickt man den Flecken Merindol. Hier ist ein Wald der ehemals sehr unsicher war. Man hat hier eine herrliche Aussicht gegen das Thal der Durance und nach den Gebirgen der obern Provence. Kommt man endlich in die Ebene herab, wo Lambesk liegt, so erscheint auf einmal die Landschaft mit den anziehendsten Reizen geschmückt, in Reben und Kornfeldern erheben sich unzählige Oelbäume. Diese ausnehmend angenehme Gegend liefert im Ueberflusse das köstliche Oel, das auch als Oel von Aix verkauft wird. Lambesk ist eine recht artige, angenehme Stadt von 2500 Einwohnern, die Hauptstraße hat wohlgebauete Häuser, zur Seite. Die zwei Fontainen verdienen einige Aufmerksamkeit. Lambesk, mit seinem Gebiete, gehörte ehemals dem Hause Lothringen. In dieser Stadt versammelten sich sonst auch jährlich die Stände der Provence. Die Provence hatte ehemals Landesstände wie Languedoc; ihre Versammlungen waren aber so stürmisch, und ihre Unternehmungen so kühn, daß die Regierung endlich für gut fand, sie im Jahre 1640. gänzlich aufzuheben, und eine sogenannte Generalversammlung der Ortschaften dafür einzusezen, welche die innere Landesöconomie verwalten sollte. Eine benachbarte Marmorgrube liefert rothen, gelben, und schwarzen Marmor, von dem man häufig Gebrauch macht.

Es war ehemals in mehrern Städten, eine bei den öffentlichen Uhren gewöhnliche Einrichtung, daß eine, oder mehrere bewegliche Bildsäulen, die Stunden mit einem Hammer schlugen; man bemerkt dieß in Italien, bei den öffentlichen Uhren von Castellane und Orvieto. Dieß kann man auch in Lambesk sehen, hier erscheint auf der Spize eines Thurmes, wenn die Stunden aus sind, ein Mann, der sie durch Hammerschläge anzeigt; im nemlichen Augenblicke erscheint auch eine Frau, macht ihm einen tiefen Reverenz, und geht einmal um ihn herum. Dieß Figuren nennt man in der Gegend Giacomar und Giacomarda. Im Garten des M. Renard in Lambesk, findet man 3 römische Inschriften, die Steine, auf denen sie sind, fand man vor 30 Jahren am Fuße des Hügels Collet de Viret etwa 600 Toisen von Lambesk. In der Gegend von Lambesk, die ausnehmend angenehm ist, wird viel Wein, Getreide und Oel erzeugt. Man fängt hier an, Proben von der Art zu sehen, wie man in einem großen Theil von Ober- und Unter-Provence, Reben, Oelbäume und Getreide, in Verbindung mit einander, pflanzt. Jedes Stück Feld ist in mehrere, etwa 12 Schuh breite Riemen abgetheilt, auf denen Korn und Reben mit einander wechseln, das Ganze ist von einer ansehnlichen Menge Oelbäume eingefaßt. Diese so eingetheilte und eingefaßte Felder geben der Landschaft, durch ihre verschiedene Richtungen von Norden gegen Süden und von Osten gegen Westen, und durch die mannigfaltigen Farben ihrer Produkte, das Ansehen eines zierlich und mannigfaltig gezeichneten und colorirten Teppichs.

Verläßt man Lambesk, so hat man einen beschwerlichen, steinigten Weg auf- und abzusteigen, die Landschaft wird wieder kalkartig und dürre, bis nach St. Cannat, einem Dorfe. Von hier hat man noch 4 Stunden bis Aix. Zwischen St. Cannat und Aix erscheint die Gegend wieder angebauter, die Oel- und Mandelbäume werden zahlreicher. Man sieht hier wieder Schafheerden; vielen Schafen läßt man hier zu Lande, 2, 3 oft bis 12 Büschel Wolle am Körper zerstreut stehen, das soll eine Verzierung seyn, wodurch die Hirten ihre

Lieblinge auszeichnen wollen. Zwiſchen St. Cannat und Aix liegt der Berg den man *Montée d'Avignon* nennt, er beſteht ganz aus Gyps, und enthält in ſeinen Gypsgruben eine große Menge von Ichtyolithen (Ichtyopetern); der Stein, auf dem man die Fiſchabdrücke findet, iſt eine Art von Schiefer, der mit Erdpech verbunden iſt. *) Die Eindrücke ſind ſchwarz und auf einem gelblichen Grunde. Dieſe Steine brauſen mit Säure auf, die ſchwarze Farbe der Abdrücke verſchwindet, giebt einen Geruch wie verbranntes Horn, und die Steine werden endlich weiß. In dieſen Abdrücken erkennt man Fiſche die ſich dem Geſchlechte der Goldfiſche (dorades), der bärtigen Fiſche, der Plattfiſche nähern; unſtreitig aber gehören ſie doch Fiſchgattungen an, von denen der größte Theil verſchwunden iſt. Auf der Höhe dieſes Berges hat man gegen Aix hin eine unermeßliche, entzückende Ausſicht, deren Reichthum und Mannigfaltigkeit im höchſten Contraſte mit der Dürre und Eintönigkeit der Gegenden ſteht, durch die man bisher kam. Mitten in dem weiten paradieſiſchen Thale liegt Aix; wie man das Gebirg weiter herabkommt, ſo enthüllen ſich neue Partien dieſes prächtigen Gemäldes.

Das Baſſin von Aix iſt auf der einen Seite, vom ſüdlichen Abhange der *Montée d'Avignon,* über den man herabkommt, eingeſchloſſen; auf der entgegengeſezten ſüdlichen Seite, vom nördlichen Abhange der dürren Berge, welche die Baſſins von Aix und Marſeille von einander abſondern. In der Entfernung von einigen Stunden erhebt ſich gegen Oſten, der Kalkberg St. Victoire bis in die Wolken; ſeine Südſeite iſt ein kahler Felſen, der durch vieles Herabfallen lockerer Maſſen, faſt ſenkrecht geworden iſt. Die Höhe dieſes Berges,

---

*) „Man leſe hierüber *Darluc Histoire naturelle de la Provence.*"

von dem schon ein großer Theil eingestürzt ist, beträgt 1000
Met. *) Auf der Westseite entdeckt man bis in die weiteste
Ferne, schöne mit Oelbäumen bedeckte Gefilde. Das sind die
Pflanzungen, die das wahre berühmte Aixer-Oel hervorbringen.
Der Zugang zu Aix, auf dieser Seite, gleicht dem Zugange
zu einem prächtigen Schlosse; man kommt durch ein elegantes
Gitter, an dem die Straße von Marseille vorbei geht, in den
prächtigen und breiten Cours, der auf jeder Seite 2 Reihen
alter Ulmen und eine Reihe der schönsten Häuser hat, und
sich mitten durchs neue Quartier der Stadt zieht.

Von Orgon führt auch eine Straße nach St. Remy
und Tarascon. Orgon ist 8 Lieues von Tarascon entfernt, und St. Remy liegt ganz in der Mitte. Man ist hier
auf einer fortlaufenden Ebene, **) und hat links beständig
die traurige Felsenkette der Alpines, deren Nacktheit der Schönheit der Landschaft, die man auf der rechten Seite sich aus-
breiten sieht, zur Folie dient; man findet dieselbe in dem Gebiete von St. Remy, einem der besten Landstriche der Provence, mit Wiesen, Baumpflanzungen, und Gärten bedeckt.
Auf diesem Wege sieht man auch überall Maulbeer-, Oel-,
Mandelbäume und Rebenpflanzungen in Menge. Die Oel-

---

*) „S. *Darluc* Hist. nat. de la Provence."

**) „Von Tarascon bis Lambesk zieht sich eine mehr oder
weniger breite Ebene immer zwischen 2 Hügelketten hin, sie bestehen
aus nackten Felsen von unendlich mannigfaltigen Formen. Der Boden
hat im Ganzen wenig Fruchtbarkeit, doch bringt er verschiedene Arten
von Getreide hervor; man pflanzt auf demselben auch mit gutem Erfolge
Maulbeer-, Mandeln, Oelbäume und Reben. Der Oelbaum, der so
langsam wächst, und so lange dauert, hält strenge Winter nicht aus;
der Winter von 1789. war so verderblich für ihn, daß wir in einem
Raume von 20 Lieues, nicht einen sahen, dessen Jugend nicht jene unglückliche Zeit bezeugte."

bäume wachsen langsam, dauern aber auch lange, nur können sie strenge Winter nicht aushalten, daher richtete der Winter des Jahres 1789 in diesen Gegenden unter ihnen die schreck-lichste Verwüstung an. So machte er auch die Gegend von Enguieres, von diesem Stammorte der Familie von Sade, zu welcher Hugo, der Gemahl der schönen Laura, der Tochter Audiberts von Noves gehörte, und zu dem man auf dem Wege von Salon nach Orgon kommt, die sonst ganz mit Oelbäumen bedeckt war, und die er alle zu Grunde richtete, zur ärmsten Gegend des Departements. Zum Glück für sie ziehen sich der Alpinen- und der Craponnekanal durch dieselbe, und begünstigen die Pflanzung der Gemüse und Som-merfrüchte, auch sind die Maulbeerbäume hier zahlreich.

Ich kehre jezt endlich wieder nach diesen langen Seiten-streifereien nach Carpentras zurück, um von da meinen Weg weiter nach Isle, ins Thal von Vaucluse, nach Avignon, Tarascon, Beaucaire, nach der Gardonbrücke, nach Nimes und Montpellier, ohne solche Kreuz- und Queerzüge, fortzusezen.

Von Carpentras aus nahmen wir unsern Weg gerade nach Isle; wir hatten immer die schönen Bergketten des Ventoux auf unserer linken Seite. Eine Viertelstunde von Isle betraten wir eine reizende, sehr dunkle, kühle Allee, die aus 4 Reihen der schönsten laubreichsten Linden und Ulmen besteht; an ihrem Eingange fanden wir einen Obelisk, auf dem gemeldet wird, daß diese Allee im Jahre 1765 angelegt, und 1809 wieder hergestellt worden sey. Isle liegt mitten in einer köstlichen Landschaft, die nicht fruchtbarer und besser angebauet seyn könnte; überall erblickt man die schönsten Wiesen, Obstgärten, Olivenpflanzungen; lange Reihen der größten und schönsten Ulmen, Linden und Maulbeerbäume ziehen sich um das Städtchen her, und bilden schattenreiche Promenaden, auch verschönern und beschatten sie auf eine

ziemliche Strecke hinaus, die schönen Landstraßen, die hier
in verschiedenen Richtungen, wie bei einer Hauptstadt, auslaufen. Das äußerst klare und schnell dahin eilende Wasser
der Sorgue, wird aufs beste zur Wässerung der Landschaft
benuzt.

Die stille, friedliche Sorgue ist der größte Seegen der
Landschaft, durch welche ihre Arme und Canäle sich verbreiten,
indeß ihre Nachbarin, die wilde Durance, wie ein böser Dämon, von nichts als von Zerstörung weiß, und immer ihr
Bette verändert. *) Sie umschließt das Städtchen mit zwei
Armen und macht es zur Insel, daher wohl der Name desselben; Forellen, Aale, Krebse, die wegen ihrer Größe und
Delicatesse berühmt sind, bewohnen ihr krystallhelles Gewässer,
und sind ein Gegenstand, der für den Handel eben so wichtig
ist, als für den Reisenden. Ihre in 2 Aeste vertheilten Wasser
schlängeln sich weiterhin, unter dem Namen der 2 Sorguen,
durch das ehemalige Comtat, und verbreiten überall Anmuth,
Ueberfluß und Leben; überall nehmen sie ihren Weg durch
Wiesen und Obstgärten, woraus dieser ganze Theil des Comtats besteht. **) Nachdem sie die dürren Felsen von Vaucluse
verlassen hat, fließt sie in ununterbrochenem Schatten auf
einem immer grünen Bette, zwischen Wiesen, Gärten und

---

*) „Die Sorgue theilt sich oberhalb Isle in 4 Hauptarme, die
alle schiffbar sind. Ich zweifle ob noch eine so reiche Quelle in Frankreich ist. Nach einigen Lieues vereinigt sie sich mit der Rhone."

**) „Isle, nicht weit von Cavaillon, liegt in einer der schönsten
Gegenden die man sehen kann; überhaupt erinnert die ganze Landschaft
zwischen Cavaillon und Avignon, durch ihr vortreffliches Wässerungs-
system, durch ihre reizenden Baumpflanzungen, und durch ihre eben so
üppige als mannigfaltige Vegetation, an die reizendsten Gegenden von
Valencia in Spanien."

Canälen hin. Nirgends hat sie in so hohem Grade frische, und lachende Ufer als bei Isle, nirgends sind ihre klaren Wasser so fischreich wie hier. Man unterlasse es ja nicht, sich in dem anmuthigen, außerhalb dem Städtchen liegenden, Gasthofe Petrark und Laura mit ihren vortrefflichen Forellen bewirthen zu lassen. Man ißt hier, auf verschiedene Arten zubereitet, die schönsten Krebse, die besten Aale, die auserlesensten Forellen von Frankreich. Nachdem die anmuthige Sorgue die Landschaft, durch die sie ihren Weg nimmt, verschönert und fruchtbar gemacht, und mehrere Fabriken in Bewegung gesezt hat, fällt sie endlich beym Dorfe, das ihren Namen trägt, etwa 1½ Stunde nordöstlich von Avignon, in die Rhone. *)

*) „Die lebhaften und klaren Gewässer der Sorgue, welche Isle umgeben, und die schönen, an ihren Ufern sich hinziehenden Alleen, gewähren dem sich nähernden Reisenden einen entzückenden Anblick; das alte gothische Stadtthor verstärkt noch die mahlerische Wirkung desselben: dieser Ort scheint einer von denen zu seyn, von welchen man Beschreibungen in den Feenmährchen und Ritterromanen findet. Aber wie bald wird man aus der süßen Träumerei herausgerissen, der man sich überlassen wollte! so wie man das Thor hinter sich hat, wagt man es kaum mehr weiter in die Hauptstraße vorzudringen; man wird von einem häßlichen Gestanke, den sie aushaucht, zurückgestoßen, und niemand mag in diesem eckelhaften Labyrinthe, welches der Wohnsiz des Gottes Sterculus zu seyn scheint, verweilen; auch gehen die Reisenden nie in diese stinkende Cloake hinein, sondern quartiren sich außerhalb derselben, in dem reinlichen und eleganten Gasthofe ein, der den Namen *Hotel de Laure et Petrarque* führt. Der Besizer desselben konnte nichts klügers thun als sich mit seinem Hause unter den Schuz dieser zwei Namen zu begeben, die den Schönen, den Liebenden, und den Dichtern so werth sind. Man kommt auf dem Wege von Avignon nach Isle über Cavaillon, durch eine lachende Ebene, die durch eine Menge aus der Sorgue abgeleiteter Canäle bewässert wird, an denen sich Reihen von Pappeln, Espen und Cypressen hinziehen."

Isle ist 4 Stunden von Avignon entfernt; das Städtchen ist schlecht gebauet, hat kleine elende Häuser, schmuzige
Straßen, und ein Ansehen von Armuth, das mit der reichen
bezaubernden Natur, in deren Schooße es ruht, gewaltig ab-
sticht; die Juden sollen mehr als den dritten Theil der Einwohner, deren 4000 seyn sollen, ausmachen. Sein Handel
soll hauptsächlich in Seide, Grapp, gegerbtem Leder, Zeugen
und Decken von Wolle bestehen, es sollen viele Seidenfabriken
hier seyn; es ist hauptsächlich wegen seiner Lage, an der Straße,
die nach der berühmten, 1 Stunde davon entfernten, Quelle
von Vaucluse führt, bekannt. In dem schmuzigen, übelrie-
chenden Städtchen mag sich aber kein Fremder aufhalten,
diese wählen das vor der Stadt liegende, reinliche, elegante
Hotel von Petrark und Laura; auch wir kehrten in
demselben ein, und wurden aufs beste und höflichste bedient;
In der guten Jahrszeit finden sich hier fast alle Tage Fremde
ein, und es ist niemand von besserer Bildung in diesen Gegenden, der nicht wenigstens einmal in seinem Leben eine Wallfahrt nach Vaucluse machen sollte. Die Bewohner von Avignon
machen gar manche Lustfahrten hieher, da man durch eine so
angenehme Landschaft kommt. *)

---

*) „Wer von Avignon aus den Weg nach Isle und der Quelle
von Vaucluse über das schöne Dorf Morieres und das Städtchen
Thor gemacht hat, kann, um nicht noch einmal durch die nemliche
Gegend zu kommen, von Isle aus über Cavaillon und Bonpas nach
Avignon zurückkehren. — Laura, die Tochter Audiberts von
Noves, des Herrn vom Dorfe Vaucluse, war an einen Grafen von
Sade, einen andern Herren in der Gegend, verheirathet. — Das
schlecht gebaute Städtchen Isle ist von anmuthigen Promenaden umringt, und liegt in der Mitte einer reizenden Landschaft. Wir besuch-
ten die Kirche, wo Petrark die Laura zum erstenmale sah. Nirgends
ist man so gute Forellen und Aale als in Isle.“

Es war ein sehr glücklicher Gedanke, des Beßzers vom
Hotel Petrark und Laura, ein schönes Gasthaus außen vor
dem elenden Städtchen, und gerade an dem höchst angenehmen
Plaze wo es steht, zu erbauen, und ihm den Schild zu geben,
den es hat.   Die Umgebung des zierlichen Gebäudes, ist allerliebst; auf der einen Seite fließt hart am Hause die kryßtall-
helle Sorgue, deren frische Ufer mit schönen Bäumen geziert
sind; rechts neben ihr, sieht man eine anmuthige Wiese; auf
der andern oder vordern Seite, zieht sich eine prächtige Allee
nach dem Städtchen, neben der Sorgue, und eine andere neben
der Straße von Avignon hin; wie man einige Schritte vom
Hause weggemacht hat, so ist man im Schatten der prächtigen
Bäume.

Die Portraits von Petrark und Laura, auf dem Schilde,
sind nach alten Gemählden copirt, und ihre Gypsbüsten findet
man in jedem Zimmer; wir hatten sie auch in dem unsrigen,
sie waren, so wie die Wände, mit Nahmen und Versen in allen
Sprachen überschrieben. *)

Den nächsten Morgen, Sonnabends den 13ten Jun. in
der Frühe, traten wir unsere Wanderung nach Vaucluse
an, der Weg dahin führte uns wieder durch die reizende,
dunkle Allee, durch die wir gekommen waren; es war ein
herrlicher Morgen, eine erquickende Morgenluft umwehete uns,
und lispelte in den Bäumen; kein Wölkchen schwamm am
schönen blauen Himmel, die lieblichste, fruchtbarste Ebene lag
vor uns im Glanze der Morgensonne.   So wolkenlos und hei-

---

*) Hr. Millin fand unter andern folgende vierzeilige Strophe:
  „Je suis amoureux fou d'une epouse cherie;
  Elle embellit mes jours, elle charme mes nuits,
  Quol seduirait mon coeur, loin de ma tendre amie?
  Vaucluse tu n'as pu suspendre mes ennuis."

ter, wie über mir und um mich die Natur, war jetzt auch
meine Seele. In einer fortdauernden Begeisterung erhielt
mich der mir immer vorschwebende Gedanke, an das berühmte
romantische Felsenthal, worin einer der edelsten und größten
Geister, der gefühlvollsten, anmuthigsten Dichter, die je gelebt
haben, und eine Zierde der Menschheit waren, so manches
Jahr seines Lebens, in gänzlicher Abgeschiedenheit von der
Welt, in der tiefsten, genußvollesten Einsamkeit an der herrlichen Felsenquelle, und an den blühenden Ufern des krystallenen Gewässers der Sorgue, den Wissenschaften lebte, und dem
Studium der, durch ihn hauptsächlich auf seinen literarischen
Reisen, wieder aus der Finsterniß hervorgezogenen Alten, und
den süßen Schwärmereien einer unbesiegbaren Liebe weihete,
seine lieblichen und erhabenen Phantasien durch die anmuths-
vollsten Verse darstellte, und mit dem Pinsel der Grazien die
reizendsten, zartsten Gemählde entwarf. Eine Menge solcher
köstlichen Gemählde und Verse schwebten mir auf diesem Wege
unaufhörlich vor, umflatterten in meiner Phantasie Petrarcas
Bild, wie kleine liebliche Engel von himmlischer Glorie um-
strömt, das Bild eines Heiligen umschweben.

Die Ebene, durch die wir kamen, ist mit schönen Wiesen
und fruchtbaren Feldern geschmückt, auf denen Maulbeerbäume,
Oelbäume und Reben zerstreuet sind. Vor uns und auf beiden Seiten bemerkten wir in der Entfernung, eine Kette von
Bergen, die einen halben Cirkel bildeten; östlich vor uns, in
der Entfernung von einigen Stunden, erschien der königliche
Ventoux, der seinen Namen von den stürmischen Winden
hat, die unaufhörlich von ihm herabstürzen, und denen die
Einwohner des Departements von Vaucluse die berühmte Gesundheit ihres Climas zuschreiben; dieser hohe und prächtige
Berg scheint den Alpen anzugehören und hängt mit Bergen
zusammen die nicht minder imposant sind, als er. In ähn-

licher östlicher Richtung erblickte ich die Berge, die man unter dem Namen Lebbron kennt. Von dieser Kette, weit umher
das Land beherrschender Berge, sammeln sich wahrscheinlich
in unterirdischen Canälen und Wasserbehältern die Gewässer,
welche den Ströhmen des Felsenbassins bei Vaucluse ihren
Ursprung geben. *)

Eine Stunde lang wanderten wir durch die schöne Ebene;
nun waren wir dem Gebirge von Vaucluse ganz nahe, die
Sorgue ließ sich auf unserer rechten Seite wieder sehen; wir
bemerkten nun deutlich die rötblichgelbe Felsenmauer, an deren
Fuße wir nachher die Hauptquelle der Sorgue fanden. Wir
kamen der Sorgue immer näher, ein dumpfes fernes Geräusch
derselben drang auf einmal auf uns ein, hart an ihrer
Seite betraten wir jezt das romantische Thal. Wilde groteske
Felsenmassen erhoben sich links, zerstreut in mancherlei Formen, hie und da in ihrer Nähe erblickten wir einzelne Wohnungen, Gruppen der schönsten Bäume, und Rebenpflanzungen.
Auf der rechten Seite bildeten die klaren, grünlich und bläu-
lich scheinenden Gewässer der Sorgue, welche sanft in ihrem, von
grünen Teppichen von Wasserpflanzen bedeckten Bette, **) zwi-

---

*) Außer den Reisen in die Provence, lese man den Brief des
Herrn Girtanners an Herrn Pr. Fischer in Göttingen, welcher die
Quelle von Vaucluse beschreibt, in der Berliner Monatschrift Nov. 1788,
ferner den zweiten Brief desselben im Jahrgange 1789, *Vies de Petrarque* et de Laure, et description de la fontaine de Vaucluse. Paris
1803. mit einem abscheulichen Kupfer, *Description* de la fontaine de
Vaucluse, par M. *Guerin*. Avign. 1804, 12, *Petrarque* à Vaucluse,
par M. l'Abbé *Arnavon*. Paris 1804. 8. M. de St. Faujas arbeitet
an einem hieher gehörigen großen Werke, das manche Ansichten von
Vaucluse enthalten wird, der Name seines gelehrten Verfassers macht,
daß man sein Erscheinen mit Ungeduld erwartet.

**) „Das Bette der Sorgue ist mit manchen Wasserpflanzen bedeckt,
die durch ihr klares, wenn gleich rasches Gewässer hervorblicken; an

schen Ufern, die mit den schönsten Gebüschen, Pappeln und
Weiden geschmückt sind, die sich in ihnen spiegeln, und durch
die frischesten, anmuthigsten Wiesen hinschlichen, auf denen
Pferde, Schafe und Ziegen in ungestörter Ruhe herum irrten,
ein liebliches Gemälde, das durch seinen sanften Charakter
im stärksten, angenehmsten Contraste stand, mit den wilden,
kühnen Felsenscenen gegenüber. Je weiter wir kamen, desto
höher thürmten sich links die entsezlichen nackten, röthlichgelben
Felsenmassen empor, desto weiter wurde das majestätische Amphitheater der ungeheuern Felsenmauern umher; wir ahndeten
richtig den Ort wo sich das imposante Felsenthal endigt, und
die Hauptquelle der Sorgue entspringt.

Vor der ungeheuer hohen Felsenmauer, die sich über der
Hauptquelle, majestätisch hoch am Himmel hin, von der Rechten zur Linken, zieht, erscheint etwas tiefer ein Felsenberg,
der auch von der Rechten nach der Linken herüberkommt, aber
auf einmal etwa gegen die Mitte der Felsenmauer, die hoch
über ihn wegblickt, steil sich herabsenkt, und eine Ecke bildet,
auf der man die düstern Ruinen des alten Schlosses' Saumane *) erblickt, das man in der Gegend, ohne Grund, das
Schloß Petrarks nennt; man glaubt, daß dies das Schloß
der Bischöfe von Cavaillon, der Herrn von Vaucluse
war; einer der berühmtesten derselben, der Cardinal Philipp
von Cabassole, den Petrark sehr liebte, kam oft hieher um
sich des Umganges mit einem ihm so werthen Freunde zu erfreuen.
Das Gerippe dieses alten Schlosses, auf der Spize seines Zucker-

---

Orten, wo der Fall und die Geschwindigkeit des Wassers es unmöglich
macht, sie genau zu bemerken, scheint es als rolle die Sorgue über ein
Bette von Schmaragden hin."

*) „Das Schloß Saumane gehörte der Familie von Sade."

hutförmigen Felsen, vermehrt die Melancholie dieser Felsenwüste.
Petrarca aber wohnte gewiß nicht darin, höchst wahrscheinlich
hatte er auf der nemlichen Stelle, wo jezt die Papiermühle
steht, ein kleines Haus gebauet, das er in einem seiner Briefe
ausdrücklich mit der Wohnung des Cato und Fabricius vergleicht. Der Garten, den er seinen transalpinischen Parnaß
nannte, lag nicht fern von der Quelle, an einem Abhange
der von steilen Felsen begrenzt wurde.

Gerade in einiger Tiefe unter diesen Schloßruinen erblickt man das armselige Dörfchen Vaucluse, *) zu dem eine
schlechte hölzerne Brücke führt; man kommt durch ein dunkles
Felsengewölbe in dasselbe; es besteht aus 20 — 30 Häusern,
unter dem eine Papiermühle sich durch ein besseres Ansehen
auszeichnet, welche den Einwohnern allen Nahrung verschafft.
Das Wasser der Sorgue trägt viel zur schönen weißen Farbe
des Papieres bei. Diese Manufaktur giebt allen Kindern,
Weibern und Männern des Dörfchens, die nicht auf dem Felde
arbeiten können, Beschäftigung. Auch die Taffete von Avignon
verdanken ihre glänzende Farbe, dem Wasser der Sorgue, von
der ein Arm sich durch diese Stadt zieht. Die nächste Umgebung des Dorfes, die aus lauter kahlen Felsen besteht, ist
eben so todt und melancholisch, als die Ufer der Sorgue weiter
abwärts vom Dorfe, lachend und lebendig sind. In dem Gemäuer der Kirche bemerkt man Köpfe von Thieren und Ungeheuern, die unstreitig einem viel ältern Gebäude angehört
haben, und wahrscheinlich aus den Zeiten zwischen dem X.

---

*) „Man erblickt unter dem Schloßfelsen das Dörfchen Vaucluse,
eine Brücke die dahin führt; einige kleine Wasserfälle der Sorgue, und
eine Papiermühle, deren Geräusch sich mit dem Brausen des schäumenden Gewässers vermischt, verstärken die Wirkung dieser romantischen
Ansichten.“

und XV. Jahrhundert sind. In bessern Zeiten bewahrte man im Gemeinhause des Dorfes, die Portraits von Petrark und Laura; die neuern Vandalen haben sie zerstört. Durch die hohen Felsen umher ist dies Dörfchen vor dem Mistral geschützt, und durch die Sorgue, die ganz in ihrer Nähe durch Felsentrümmer rauscht, erfrischt, genießt es im Sommer und Winter einer äußerst angenehmen Temperatur, und scheint ein sehr gesunder Aufenthalt zu seyn, indem oft 15 — 18 Monate lang kein einziger Kranker im Dorfe ist.

* * *

Millin. „Man sieht hier auf den benachbarten Feldern, einige Lorbeerbäume, und behauptet, sie stammten von denen ab, die Petrark hier gepflanzt habe. Diesen mahlerischen Ort nennen die Einwohner von Vaucluse den Garten Petrarks. Man weiß, daß er 2 Gärten hatte, einen an den Ufern der Sorgue, den er den transalpinischen Parnaß nannte; es ist wahrscheinlich der nemliche, den die Einwohner seinen Garten nennen; er wählte diesen Plaz nachdem er seinen ersten Garten vergebens gegen die Angriffe der Sorgue zu vertheidigen gesucht hatte, und spricht in seinen Briefen, von seinem Kriege mit den Najaden. Sein 2ter Garten war nahe bei seinem Hause, zwischen dem Dorfe und dem Schlosse. Dieses Haus war zuerst nichts als eine Bauernhütte, in der er allerlei Veränderungen machen ließ, um angenehmer darin zu wohnen. Schade! daß dieser Tempel der Musen, von den Einwohnern so wenig geachtet worden ist, daß man nun keine Spur mehr davon findet, er wäre für sie ein Tempel des Plutus geworden. *)

---

*) „Von dem eigentlichen Plaze, wo Petrarca sein kleines Wohnhäuschen und seine Gartenanlagen besessen, ist kaum mehr eine Spur

„Anfänglich kam er in dieses einsame Thal blos in der Absicht sich zu zerstreuen, die Leidenschaft zu ersticken, die ihn verzehrte, und nie sah er Lauren hier; im Jahre 1337 aber, ließ er sich endlich hier häuslich nieder. Ein Bauer, seine ländliche Gesellschafterin, und ein Hund, waren die einzigen lebenden Wesen, die bei ihm waren; seine Bücher waren seine vornehmste Gesellschaft, die Musen seine Trösterinnen; er lebte von Fischen, die er gerne selbst fieng; Feigen, Nüsse und Mandeln waren seine Lieblingsfrüchte; er war wie ein Schäfer gekleidet. In der Unterschrift seiner Briefe, nannte er sich nicht anders, als den Einsiedler an den Ufern der Sorgue. Er schrieb hier seine *Fastes de Rome*, sein *Livre de l'un et de l'autre fortune*, sein Gedicht über den Scipio, seine Lobrede auf die Einsamkeit, und seinen Aufsaz über das Mönchsleben. Einsamkeit, Lektüre und Meditation erwärmten seinen Geist. Alle seine Briefe, die er damals schrieb, sind voll von Schilderungen der Annehmlichkeiten, die er in dieser seiner Zurückgezogenheit genoß,

---

zu finden, und alle Vermuthungen darüber können sich nach Verfluß von bald fünfhundert Jahren, höchstens nur auf Vergleichung des jezigen Lokals, mit jenen Angaben beschränken, die man hierüber theils in den Gedichten Petrarkas selbst, theils in den Schriften seines Zeitgenossen und Freundes Boccaz findet. Hieraus ergiebt sich, daß das alte Bergschloß rechts am Gebirge, irrig für die Wohnung des Dichters ausgegeben wurde, welches dem Cardinale Philipp von Cabassole, Herrn von Vaucluse, angehörte, der zuweilen hier die schöne Jahreszeit, mit dem liebenswürdigen Philosophen und Dichter zubrachte, und welches in spätern Zeiten von den Herren von Vaucluse bewohnt wurde.

Petrarkas kleines Häuschen stand ungefähr 200 Schritte von jenem Bergschlosse entfernt, weiter unten auf dem nemlichen Felsen; vor ungefähr 40 Jahren wurde ein kleines Häuschen, angeblich auf die Ruinen dieser kleinen Wohnung gebaut, von dem man noch jezt eine Bruchmauer sieht.“

welche er dem Aufenthalte, in den größten Städten vorzog. *)
Er ahndete, daß die Quelle von Vaucluse, die schon durch die
Schönheiten der Natur in ihrer Nähe, längst berühmt war, **)
durch seinen Aufenthalt in ihrer Nachbarschaft, noch berühmter werden würde; und seine Ahndung wurde auch durch die
Huldigungen, die ihm die Nachwelt wiederfahren läßt, gerecht-
fertigt."

*   *   *

„Man muß erstaunen, daß bei dem beständigen Herbei-
strömen der Neugierigen in den guten Jahrszeiten, noch niemand auf den Gedanken gekommen ist, an den Ufern der
Sorgue, in der Nähe des Dorfes, einen Gasthof zu errichten,
um diejenigen aufzunehmen, welche zur Quelle wallfahrten;
wäre ein solches gut eingerichtetes Haus hier, und stände es
auf einem vortheilhaften Plaze, wo man auf einmal das Dorf
Vaucluse, die mahlerischen Schloßruinen oben, das lachende
Vauclusethal, mit der stillen Sorgue und ihren schönen Ufern,
das höher liegende öde und enge Felsenthal, durch welches
die Sorgue mit Ungestüm, schäumend und donnernd zwischen
zahllosen Felsentrümmern herabstürmt, und alle die Orte über-
blicken könnte, welche Petrarks Andenken hervorrufen, wie
gerne würde man da verweilen; wie wohlschmeckend würde
man an einem Orte die Fische der Sorgue finden, wo Petrark
solche so gerne fieng und aß; besonders wenn man ihnen
noch Feigen und Mandeln beifügen könnte, die er so sehr
liebte." ***)

---

*) „En naturæ meæ locus aptissimus, quem, si dabitur, magnis
urbibus prælaturus sum."

**) „Qui per se olim notus, meo longo post modum indolita,
meisque carminibus, notior. Epist. III. I."

***) „S. Memoires pour la vie de Petrarque, von Sade."

„Gleichmäßiger, schöner, milder, gesunder scheint das Clima vom Dörfchen Vaucluse, als das von Avignon zu seyn; es pflegt die höchste Kälte, alle 40 — 50 Jahre nur auf 5 — 6°, die größte Hitze nur auf 23 — 24° zu steigen, während der Unterschied in Avignon, gewiß 5 — 6° beträgt."

Vom Dörfchen Vaucluse aus, hat man einen sehr rauhen und schmalen Weg nach der östlich liegenden Quelle hinauf; er steigt neben der äußerst wilden, hohen und drohenden nördlichen Felsenmauer hoch auf der rechten Seite der Sorgue über Felsenschutt empor; rechts schäumt unten das Gewässer zwischen Trümmern hin; man hat eine Weile das Dörfchen mit seinen auf dunkelgelben Felsmassen ruhenden Burgruinen, südlich auf der Seite. Wie man mehr in die Höhe kommt, wird das wilde kahle Thal immer enger, der Anblick der hoch in den Himmel hinaufstarrenden Thürme und Mauern wird immer schauerlicher, erhabener und majestätischer. Man hat vom Dorfe bis zur Quelle ½ Stunde zu steigen; wie man höher kommt, sieht man mehrere krystallhelle Bäche mit großer Wasserfülle am Fuße der Felsenmauern auf der Nord- u. Südseite der Sorgue, hervorrauschen; weiter oben, haben nur noch der schmale Pfad und das sich von ansehnlicher Höhe herabsenkende Strohmbette Platz; hier sahen wir keine Rebe, keinen Oelbaum, kein Pflänzchen, und keinen Tropfen Wasser mehr, eine öde, dürre, schattenleere Wüste lag neben und vor uns. Das Strohmbette war mit zahllosen 4, 6, 8 Schuh dicken Felsblöcken übersäet, alle waren mit schwarzgrünen zottichen Mänteln von Moos überdeckt, und contrastirten aufs sonderbarste mit den gelben und hellgrauen Felsen umher, und mit den zertrümmerten Felsstücken, die zwischen ihnen zerstreut liegen. Ueber die sen schwärzgrünen Steingletscher soll sich im Winter, und besonders zur Zeit der Tag- und Nachtgleiche, wann der Schnee schmelzt, der Strohm majestätisch donnernd und schäumend herabstürzen, und ein prachtvolles Schauspiel in dieser todten Einöde darstellen.   Ganz oben am Anfange dieses sonderbaren, 40 — 50 Schritte breiten finstern Strohmbettes, das sich einige hundert Schritte weit zwischen den hellgelben Felsen herabzieht, erblickt man eine prächtige sehr hohe, runde, und hellgelbe Säule, die auf einem ansehnlichen Säulenstuhle ruht. Sie steht hart am Fuße der mittlern Mauer des majestätischen Felsenamphitheaters, etwas nach der rechten Seite hin, auf dem hohen Damme, der sich vom nördlichen Seitenflügel des erhabenen Naturtempels nach dem südlichen herüberzieht, und ist dem ehemaligen berühmten Anachoreten dieser Einöde gewidmet.   Man wird durch den unerwarteten Anblick eines so zierlich gearbeiteten Kunstwerkes, zwischen so rauhen Felsen, sehr angenehm überrascht. *)

Endlich hatten wir das Allerheiligste des hehren Tempels erreicht, und standen nun staunend und begeistert, von einem Halbcirkel senkrechter himmelhoher nackter Felsen umstarrt, deren mittlere, in der Höhe immer weiter vorschießende Mauer etwas über 600 Fuß hoch seyn mag, **) neben Petrarks Denkmal und vor der, hinter ihr und dem Damm sich weit und schauerlich öffnenden Quellenhöhle, die Petrark als Priester des Tempels, durch poetische Visionen und Träume heiligte, welche der ihn hier begeisternde Gott in ihm weckte, wenn er in einsamen, stillen, mondhellen Nächten, in ihren Kammern auf bemoosten Steinen saß, und seine trunkene, von himmlischen Feuern entflammte Phantasie, die Gefilde Elysiums vor ihm

---

*) S. Guerin Description de Vaucluse.

**) „Nach Mr. Guerin ist sie 116 Klafter hoch.“

aufschloß, wo er seine Angebetete fand, von Himmelsglorie umflossen, wo er liebend und geliebt an ihrer Seite hinwandelte unter Palmen und Blüthenbäumen, von den Lüften eines höhern Frühlings umweht.

*   *   *

Matthison. „Ich war in Vaucluse; mit Wohlgefallen verweilte ich an dem Orte, wo einer der merkwürdigsten und ausgezeichnetsten Menschen aller Jahrhunderte zusammengenommen, einen großen Theil seines Lebens den Musen und der Einsamkeit heiligte; wo er seinen Sinnen den Krieg ankündigte, nichts sahe, als eine Magd, braun und dürre gesengt, wie die lybische Wüste, nichts hörte als das Blöcken der Heerden, den Gesang der Vögel, und das Rauschen des Wassers, niemand zur Gesellschaft begehrte als seinen treuen Hund und seine Bücher, oft vom Morgen bis zum Abend, das Stillschweigen eines Carthäusers beobachtete, nur von schwarzem Brode und Früchten lebte, sich kleidete wie seine Nachbarn die Fischer und Hirten, seinen Garten mit eigener Hand bauete, am Morgen auf den umliegenden Hügeln, und den Abend in den nahen Wiesen umherschweifte, oft um Mitternacht, beim Schein des Mondes, in die furchtbare Höhle hinabstieg, wo er sich sogar in Gesellschaft und am hellen Tage, von geheimen Schauern durchdrungen fühlte, im Felde und Walde las, schrieb und träumte, froh des seligen Mittelstandes zwischen Armuth und Reichthum, in bescheidener Ländlichkeit, an klaren Gewässern, in schattichten Hainen, auf blumichten Wiesen, zwischen Oelbäumen und Reben, mit der reinen Luft Gesundheit und Freiheit athmete.

Hier dichtete er die Canzonen und Sonnette, von denen er selbst so bescheiden dachte, und die doch allein seinem Namen Glanz und Unsterblichkeit gaben, indeß sein Heldengedicht:

Africa, worin er den 2ten punischen Krieg beschreibt, und
worauf er seinen ganzen Dichterruhm gründete, vergessen in
Bibliotheken modert; so wie sein Freund Boccaz, nicht durch
den Decameron, den er als frivol und unbedeutend sogar zu
unterdrücken suchte, sondern einzig und allein durch seine, in
Dunkelheit ruhende, lateinische Werke, bei der Nachwelt fort=
zuleben hoffte." *)

Indeß Herr H. zeichnete, stieg ich vorsichtig am ziemlich
steilen Abhange des Dammes, der sich hier der Quellenhöhle
gegenüber, wie der übrige obere Theil vom Bette der Sorgue
aus herabgestürzten Felsentrümmern bildete, hinab nach dem
schwarzen Teiche, der aus den weiten Höhlungen des Felsen
ein wenig hervortritt, und mir wie ein Stück des Lethe oder
Cocythus vorkam, auch bewegte sich keine Welle dieses unter=
irdischen Gewässers; **) als ich endlich das Wasser erreichte,
so fand ich es, wie das übrige Wasser der Sorgue, im höch=
sten Grade rein und klar, sah verschiedene Farben auf dem
Boden, und die mehr oder weniger über ihm ruhende Fin=
sternis der Höhle, machten, daß es da und dort hell= oder
dunkelgrün, hell= oder dunkelblau zu seyn schien; ich schöpfte
ein wenig davon mit der hohlen Hand, und fand es vortreff=
lich. Weite finstere Gewölbe liefen rechts und links in den

*) „Alles widersetzte sich Petrarcas Liebe; sie war verheirathet,
und er war Abbe. Doch gestand er vor aller Welt seine in doppelter
Rücksicht gesetzwiedrige Liebe, und seine Ehre litt nichts dabei; die
Schönheit seiner Verse machte, daß man alles vergaß und alles ver=
zieh."

**) Man muß sich beim Hinabsteigen über die glatten und feuchten
Steine wohl in Acht nehmen, um nicht ins volle Bassin hinabzuschießen
und zu ertrinken.

Felsen hinein; die Oeffnung der Höhle über dem Waſſer kam mit
25 — 30 Fuß breit, und 12 — 15 Fuß hoch vor. Waghälſe
von Engländern ſchwammen einmal ſo weit in die finſtern Klüfte
der Höhle hinein, als es nur die Dunkelheit erlaubte. Außer
neben dieſer anſehnlichen, ſchauerlichen Höhle, wo man am
Eingang in die Unterwelt zu ſeyn glaubt, hat das Waſſer noch
3 Vertiefungen in die Felſenmauer genagt.

„Das Waſſer der Quelle lag nach meiner Meinung etwa
15 — 20 Fuß tiefer als die Oberfläche des Dammes. *)
Nur im höchſten Sommer, wenn die Witterung lange recht
trocken und heiß iſt, erlangt das Waſſer in dieſer Höhle einen
ſo niedrigen Stand, daß man trockenen Fußes in die Höhle
gehen kann; man kommt dann in eine Seitengrotte, deren
Eingang mit einem röthlichen Byſſus tapezirt iſt, der einen
lieblichen Veilchengeruch verbreitet, und findet hier Kalkſpath-
kryſtalle, und Stalaktiten. **) Die Haupthöhle der Quelle iſt
alsdann mit Epheu, Moos und Waſſerfarrenkraut überzogen,
die Nymphe der Quelle ſcheint dann hier ihren Wohnplaz zu
haben. Man ſieht auch alsdann, daß die Höhlen des Felſen
zahlreich ſind und eine große Tiefe haben. Zur Zeit des
Schneeſchmelzens erreicht das Quellwaſſer hier ſeine höchſte
Höhe; wie hoch es ſteigt ſieht man an der Felſenwand, die
ſoweit das Waſſer ſteigt grauer iſt als weiter oben, und dann
auch am Piedeſtal der Säule auf dem Damme, die gegen
8 Fuß hinaufwärts mit kurzem Mooſe überzogen iſt. Den

---

*) „Auf der linken Seite der Quelle iſt eine natürliche Grotte in
dem Felſen, die man zu einem Keller benutzt; man iſt der Meinung,
daß ſie das den Sonnenſtrahlen unzugängliche heimliche Pläzchen ſey,
von dem Petrarca mit Enthuſiasmus ſpricht; ſie iſt mit Epheu, Moos
und Waſſerfarrenkraut tapezirt."

**) S. *Gueriñ* Description de Vaucluse.

einen Feigenbaum, der zwischen den horizontal übereinander emporsteigenden Felsenlagen der mittlern Mauer über dem Gewölbe seine Wurzeln hat, erreicht das Wasser bei seiner mittlern Höhe, den andern, der etwas weiter oben ist, erreicht es, wenn es nach einem schneereichen Winter am höchsten steht; dann gleicht das enge Felsenthal der stürmischen Bucht eines Meeres, und der Strohm besteht aus einer Reihe donnernder und schäumender Cascaden, der mit dem ungeheuern Felsenhalbmonde umher, ein majestätisches Naturgemählde bildet." *)

*   *   *

„Nach starken Regen füllt die Quelle ihr ansehnliches, ovales Bassin, hier erscheint ihr Gewässer als ein stiller, glatter See; etwas weiter aber als ein ungestümmer Bergstrohm; dieser stürzt sich mit wildem Geräusch zwischen den Felsentrümmern seines Bettes, die er mit Schaum bedeckt, ins Thal hinab; bald besänftigt sich hier sein Zorn, und er gleitet nun friedlich und still im Schatten der Bäume durch blühende Wiesen hin; ein Bild des Lebens, das so friedlich ist in der Nähe seiner Quelle, in seinem weitern Laufe durch die Stürme der Leidenschaften empört wird, und zulezt still und friedlich endigt, wie es begann."

„Die Quelle von Vaucluse muß man zweimal im Jahre besuchen, einmal im Winter oder Frühjahre, wo die Quelle sehr wasserreich ist, und majestätisch aus ihrer Grotte hervor

---

*) „Die schäumenden und brausenden Wasserfälle, die ungeheuern Felsenblöcke die in der Luft zu schweben scheinen, die mächtigen Trümmer die sich durchs Bette der Sorgue hinabziehen, die Felsennadeln und Thürme umher, das alte Schloß auf seinem nackten Felsen, bilden zusammen ein höchst sonderbares und mahlerisches Ganzes."

über

Felsenöffnung hineingehen,

genauer untersuchen

brunnenartiggestaltete Quelle ihr Wasser von dem hohen Gebirge Ventour, das ungefähr 8 Stunden davon entfernt, an
der Grenze der ehemaligen Dauphine und des Comtats von
Venaiffin liegt."

„Im Jahre 1783. fieng bey einem ungewöhnlich hohen
Wafferstande, das Waffer auf einmal an, blutroth gefärbt aus
der Grotte hervorzuströhmen, und erst nach Verlauf eines
Monates, verlor sich diese Farbe allmählig wieder. Dies kam
von einem Bergfalle in der Gegend des Ventour her, wobey
eine große Maffe rother Erde in die Tiefe hinabsank, die das
über sie nach der Quelle hinströhmende Gewäffer, so lange sie
vorhanden war, roth färbte. Im folgenden Jahre hatte die
Quelle seit Jahrhunderten den höchsten Wafferstand; der damalige Vicelegät zu Avignon, ließ daher eine Inschrift in den
Felsen hauen, wodurch die damalige Höhe des Waffers bezeichnet wird. Die Quelle selbst, die einem Brunnen gleich, in
den Felsen hineingehauen zu seyn scheint, ist von ungeheurer
Tiefe. Die Umgebungen des Baffins sind mit mancherley,
für den Botaniker intereffanten Wafferpflanzen bewachsen, die
dem an sich sehr klaren, aber harten und nicht trinkbaren
Waffer, eine schöne dunkelgrüne Farbe geben, und daher die
hineingeworfenen, langsam verfinkenden weißen Steine sehr
lange unterscheiden laffen. Außer einigen Waffervögeln halten sich auch Fischotter den Tag über, in den nahen Felsen-
klüften verborgen, die in der Nacht große Verheerungen unter
den Fischen der Sorgue anrichten."

Die obern Theile der mittlern majestätischen Mauer treten immer weiter hervor, je höher sie liegen, und bieten dem
ängstlichen Blicke das Bild eines in der Luft schwebenden
Gewölbes dar; die 2 Feigenbäume, die man an ihr schwebend
erblickt, sind der einzige Rest von Vegetation, den man in
dieser Felsenwüste findet. Die Felsen auf der linken nördlichen Seite sind ziemlich steil, doch kann man noch weit an
ihnen hinaufklettern, was wir auch thaten; sie sind stark im
Verfalle, täglich rollen Stücke herab; die auf der rechten
Seite dagegen sind unersteiglich und wetteifern an Höhe, Farbe
und Festigkeit, mit der mittlern Hauptmasse. Im Frühlinge
1804 erkletterten 3 junge Leute die mittlere Mauer, mit Lebensgefahr. Von dem Umstande, daß diese himmelhohen Felsenmauern das Thal schließen, hat dieses den Namen Vaucluse
(Vallis clausa, Val chiusa). Wer in einer Chaise in dieses Thal
kommt, muß im Dorfe aussteigen, und den rauhen steigenden
Felsenweg zur Quelle, zu Fuße machen.

*   *   *

„Die Felsen rings umher bis weit über das Dörfchen
hinab, sind voll kleiner und großer Löcher, die meistens rund
sind, in einigen davon könnte ein Mensch aufrecht stehen.
Diese ungeheure Menge von Löchern hat einige Reisende verführt, diese Gegend für vulcanisch anzusehen. Allein diese
Berge bestehen alle aus bloßen Kalkfelsen, ohne einigen fremden Zusaz, der vulcanische Spuren verrathen könnte. Diese
Löcher möchten eher auf folgende Art entstanden seyn: Ehemals war der Raum zwischen den Bergen auf beiden Seiten
mehr ausgefüllt, und das unterirdische Gewässer drang durch
tausend Rizen hervor, die es nach und nach zu runden Löchern
aushöhlte; und indem es gegen die Ebene herunterstürzte,
grub es sich nach und nach in den weichen zerrissenen Stoff

des Berges tiefe Rinnen hinein. So wie diese immer tiefer
ausgehöhlt wurden, drangen auch die Quellen, aus tiefern
Rizen hervor, bis endlich die Sorgue nach Jahrtausenden,
ihr jeziges Bette bereitet hatte, das nun nicht mehr viel tiefer
ausgehöhlt werden kann; indem der Fluß bis zur Ebene hinaus, wenig Fall mehr hat."

„In der Schweiz giebt es viele Gegenden, die an Größe
der Gegenstände, an furchtbarer Majestät, die hiesige um vieles übertreffen; allein man wird dort auf die außerordentlichsten Scenen stuffenweise vorbereitet. Hier liegt der größte
Contrast, von der Wildheit zerrissener Felsenberge, und der
sanften Schönheit einer lachenden reichen Ebene, im Umkreise
einer Viertelstunde beisammen, und überrascht das Auge, das
so schneller Uebergänge nicht gewohnt ist." *)

In Avignon ist eine litterarische Gesellschaft, die sich
das Athenäum von Vaucluse nennt, diese ließ die Ehrensäule errichten die man hier erblickt; man sieht sie schon ziemlich weit unten im Thale; sie mag etwa 60 Fuß hoch seyn,
das Piedestal mitgerechnet, das etwa eine Höhe von 20 Fuß
haben mag; die Dicke des untern Theiles, des Säulenschaftes
kann gegen 4 Fuß betragen. Jede Seite des untern Theiles
des Piedestals, kann 8 Fuß breit seyn. Zu oberst an einer
der 4 kleinern Seiten des Piedestals erscheint nach dem Thale
herab eine große, mit graulichen Adern durchzogene weiße
Marmortafel, mit der Aufschrift: *A Petrarque* — 1809. **)

*) S. Berlin. Monatsschrift 1788 und 1789. wo man 2 Briefe
über Vaucluse findet. — S. Die Schilderungen dieses Thales von
Pompignan, Roucher, Delisle, Dupaty.

**) „Eine Gesellschaft von Gelehrten aus Avignon und dortiger
Gegend, die unter dem Namen *Athenée de Vaucluse* bekannt ist, und

Es ist Schade, daß hier nicht steinerne Bänke neben
dieser Säule, und am Abhange des Dammes nach der Quellenhöhle hinab, feste steinerne Stufen angebracht sind; die
hieher wallfahrtenden Freunde der Natur und Petrarks, könnten dann mit Bequemlichkeit zu der so berühmten Quelle von
Vaucluse hinabsteigen, und mit der Hand oder dem Becher
einen Labetrunk schöpfen, wo ihn auch oft der Dichter schöpfte;
und auf den Bänken oben sizend und ausruhend vom Steigen,
den Felsenpfad herauf, könnte man dann so bequem, sein
ehrwürdiges Andenken zurückrufen, seine schönsten Sonnetten
und Canzone lesen, in deren Geist man hier weit besser ein-
dringen würde, als sonst irgendwo, wie man auf einem stillen
Kirchhofe, den ganzen Sinn eines schönen Spruches über das
Wiedersehen und eine höhere Welt, den man auf einem Lei-
chensteine findet, lebendiger fühlt als an jedem andern Orte:
„Hier wohnt (sagt Matthison, der soviel Schönes sagt,) Stille
des Herzens, goldne Bilder — steigen aus der Gewässer klarem Dunkel, — Hörbar waltet am Quell der leise Fittig —
Segnender Geister." *)

---

auch auswärtige Mitglieder zählt, ließ zum Andenken des einsiedlerischen
Aufenthalts Petrarkas an der Quelle von Vaucluse, am Ausfluße derselben eine artige Denksäule auf ihre Kosten errichten; sie ist von einem
gelblichweißen, etwas fetten Sandsteine, der in der Gegend häufig gebrochen wird, sich gut bearbeiten läßt, und in der Luft hart und ziemlich weiß wird, so daß er gehauen, polirt, dem weißen Marmor ähnlich
sieht. Diese mit Kopf, Schaft und Fußgestell ungefähr 50 Fuß hohe
Säule, macht gegen die alten düstern Felsenwände, einen auffallenden
Contraß, und schon in weiter Entfernung lockt sie den Wanderer nach
dieser merkwürdigen Gegend hin."

*) „Zu allen Zeiten war die Quelle von Vaucluse berühmt, und
schon Plinius erwähnt ihrer aus Anlaß einiger seltener Pflanzen, die
man bey ihrem Ausflusse findet. Aber dem liebenswürdigen Dichter
Petrarka war es vorbehalten, die Najade dieser Quelle, und mit ihr

Es waren wonnevolle Stunden, die ich neben Petrarks
Ehrensäule, auf einem rauhen Steine sizend, verträumte, indeß das Geräusch der Bäche, die etwa hundert Schritte westlich von mir entfernt, unter Felsen hervorschäumten, und das

---

den Namen der schönen Laura von Sade, so wie seinen eigenen Dichterruhm unsterblich zu machen, durch die reizende Beschreibung des von
ihm viele Jahre lang gewählten einsiedlerischen Aufenthaltes zu Vaucluse,
und durch Lauras, mit dem lebhaftesten Feuer der Leidenschaft, so schön
besungenes Lob.

Wer kennt nicht die Geschichte der zwar unerhörten, aber dennoch
standhaften Liebe Petrarkas, für die durch Schönheit und vorzügliche Gei-
stesbildung bey ihren Zeitgenossen, so wie bey der Nachwelt, berühmten
Tochter des Ritters Audibert von Noves, und Gattin des Hugo von
Sade? Es war in der Kirche des Frauenklosters von St. Claire in
Avignon, am Montage der heiligen Woche des Jahres 1327. Morgens
um 6 Uhr, als Petrarka, ein eleganter Jüngling, der sich in der Folge
als Staatsmann, Gelehrter, Philosoph, unglücklicher Liebender, und vorzüglich als sanfter Sänger der Liebe, bey Mit- und Nachwelt beliebt
gemacht hat, die schöne Laura in einem grünen Kleide, mit goldnen
Veilchen durchwirkt, zum erstenmale sah, und sogleich von einer Liebe
gegen sie entzündet wurde, die er vergebens an der Quelle von Vaucluse
abzukühlen, und in der Abgeschiedenheit von der Welt zu unterdrücken
hoffte. Als Gattin eines andern, als tugendhafte Frau, konnte sie dieser,
obgleich in den zärtlichsten Sonnetten ausgedrückten Liebe, kein Gehör
geben. Sie starb am 6. April 1348 in ihrem 38sten Lebensjahre von
der Pest ergriffen, die damals in Avignon wüthete, am nemlichen Tage,
und sogar zur nemlichen Stunde, wo Petrarka sie 20 Jahre früher zum
erstenmale erblickt hatte. Auch jezo noch, konnte bis zu seinem Tode,
weder Einsamkeit, noch Zerstreuung im Geschäftsleben, an Höfen und
auf Reisen, ihr Bild aus seinem Herzen verdrängen. Er starb am 18ten
July 1373. auf seinem Landsize zu Arqua, 4 Meilen von Padua, in
seiner Bibliothek, den Kopf auf ein geöffnetes Buch gestüzt, nachdem
er noch, mit durch seine Bemühung, den päbstlichen Siz wieder von
Avignon nach Rom verlegt gesehen hatte."

Rauschen eines gewaltigen Windstrohmes hoch über den nackten Felsengipfeln, mich umtönte; ich dachte mich lebhaft in die Zeiten zurück, die der so schön schwärmende Dichter hier einsam und glücklicher als an glänzenden Höfen verlebte; bald sah ich ihn in seinem transalpinischen Garten, mit Pflanzen beschäftigt; bald vor seiner Hütte unten vor dem Dorfe, auf einer Bank im Schatten selbstgepflanzter Ulmen, mit seinem Freunde, dem Cardinale von Cabassole; ich sah ihn den Felsenweg heraufkommen, mit seinen Lieblingen Cicero und Virgil unter dem Arme; ich sah ihn einsam, staunend an den schattichten Ufern der Sorgue, wo sich ihre Wellen, silbernen, glänzenden Schaum umherströhmend, durch Felsentrümmer arbeiten, bald in das Geschäume hinstarrend, bald nach den Felsengipfeln emporschauend, und dachte mir, wie er jezt das Idol seines Herzens bald als Venus Aphrodite aus dem Wellengeschäume der Sorgue emporsteigen sehe, bald als Himmelserscheinung über den Felsengipfeln, in der verklärten Gestalt der Hochgebenedeiten erblicke.

Als wir gegen Abend diesen romantischen Felsentempel, dies Heiligthum der Natur und der Musen verließen, blickte ich noch oft zurück, um mir sein Bild tief in die Seele zu prägen; in der Entfernung von einigen hundert Schritten erblickte ich es in seiner größten Pracht, als ein regelmäßiges, gigantisches Gebäude, an dem die rechts und links, neben der mittlern prächtigen, über 100 Klafter hohen und breiten Mauer, sich in gleicher Breite und Höhe von ihr wegziehenden Felsenmassen, die Seitenflügel bildeten, deren jeder sich mit einem ungeheuern Felsenthurme endigte. Das majestätische Ganze strahlte himmlisch im Glanze der Abendsonne.

Nicht minder prachtvoll, als diese einzelne erhabene Partie, erschien uns in einiger Entfernung hinter dem Dörfchen das ganze Felsengebirg, als das imposanteste und regelmäßigste

Amphitheater, in deſſen Mitte wir das Dörfchen mit ſeinen
Burgruinen über ihm erblickten. Die Abendſonne gab dieſer
großen Erſcheinung durch die himmliſche Verklärung, die ſie
über ſie ausgoß, und in der wir ſie von Bäumen umſchattet
ſahen, einen unausſprechlichen Zauber. Nie wird dies erhabene Gemälde aus meiner Seele ſchwinden. Wie wir weiter
giengen ſo verlor ſich die regelmäßige Stellung der Felſen
immer mehr, und beim lezten Rückblicke ſahen wir nichts mehr
als ein wildes, formloſes Felſengebirg.

Innig vergnügt über den, unter hohen Wonnegenüſſen
mir entſchwundenen Lebenstag, wanderte ich nun wieder aus
dem reizenden Thale hinaus, und ergözte mich noch einmal
auf dem Wege, an der ſtill und klar, neben hinſchleichenden
Sorgue, und ihren lieblichen Umgebungen von Gebüſchen,
Bäumen und Wieſen, ſo wie auch an ſo manchen mahleriſchen
Felſenpartien auf der rechten Seite, und an dem freundlichen
Anblicke mancher einzelner Wohnung am Abhange wilder,
buſchiger Höhen.

Ein beſonders gefälliges Anſehen hat am Ende des Thales
auf der Nordſeite eine Reihe artiger Wohnungen, die unter
einer über ſie hervortretenden braungelben Felſenwand angebracht ſind; die aus dem Berge, rund wie ein Bienenkorb
herausragrende, gewaltige Felſenmaſſe, ſcheint aus unzähligen
über einander horizontal geſchichteten langen Bretern zu be-
ſtehen, es iſt ein halbverwitterter alter Felſen, wo auf ſeiner
vordern Seite die weichen, zwiſchen härtern Schichten ſich be-
findenden Steinlagen, verwittert ſind, und ſich ſchon vieles
von ihnen verloren hat; es iſt ein angenehmer Contraſt, in
dem man hier die hellen weißen Häuſerwände, mit der rauhen
braunen Felſenmauer über ihnen, die Induſtrie der Menſchen,
mit den Ruinen der Natur erblickt.

Wir sezten uns auf ein Mäuerchen am Wege, um uns dieses artigen, sonderbaren Anblickes zu erfreuen, Herr H. hatte auch noch die Absicht ihn zu zeichnen. Während wir so da saßen, kam ein altes Männchen, ziemlich stadtbürgerlich gekleidet auf uns zu; wir ließen uns in ein Gespräch mit ihm ein, und hörten nun, daß diese Wohnungen ihm gehörten; er war auch sogleich erbötig, mich, während Herr H. zeichnete, mit denselben näher bekannt zu machen; ich nahm dies freundliche Anerbieten an, begleitete ihn, und fand zu meinem Erstaunen, in diesen Häuserchen eine Menge ganz in den Felsen sich hinein ziehender, höchst bequemer, geräumiger, und äußerst reinlicher, recht artig meublirter Zimmer, in denen man gar nichts davon merkte, daß man sich unter einem Felsen befinde; es waren freundliche heimliche Stübchen, unter deren Fenstern man eine angenehme Aussicht in einen hübschen vor ihnen liegenden Garten, und ins anmuthige, von der Sorgue durchschlängelte grüne Thal hat.

Der freundliche Greis sagte mir, daß man in diesen Zimmern im heißesten Sommer eine angenehme Kühle, und im Winter eine sanfte Wärme genöße. Ich fand hier auch unter einigen schön eingebundenen nüzlichen französischen Büchern, die ich unter diesem Dache nicht gesucht hätte, Petrarks Lebensbeschreibung. Der gute Alte erzählte mir nachher noch allerlei von sich und seiner in der Gegend umher bei mancherlei Arbeiten zerstreueten Familie, von einem Sohne, der Goldschmidt in Marseille wäre, daß ich wohl sahe, daß er ein gebildeter, mit der Welt bekannter, und wohlhabender Mann

---

„S. Les vies de Petrarque et de Laure, et description historique de la Fontaine de Vaucluse, enrichie de la vue de la Fontaine du côté du chateau de Petrarque, la seconde du côté de sa source, gravées en taille douce. 1 Vol. 8°. 1 fr. 50 c."

sehe; er führte mich nachher auch in seinen zierlichen Garten,
worin ich Mandeln- Oliven- Feigen- und Apricosenbäume
fand, er beschenkte mich mit einigen Apricosen, und versicherte,
daß er schon vor 3 Wochen reife gehabt habe: es war dieser
Tag der 13te Junius; er begleitete mich nachher wieder bis
zum Wege hinab, unterhielt sich noch ein wenig mit uns, und
nahm nachher von uns den treuherzigsten Abschied.

Wir verließen nun das Thal und kamen wieder in die
weite angenehme Ebene heraus; der Abend war so schön als
der Morgen gewesen war, an dem wir sie durchwandert hatten. Der Mond- und Abendstern glänzten freundlich vom
klaren Himmel herab; eine milde Abendröthe zog sich über die
westlichen Gebirge hin, eine sanfte Ruhe herrschte in der anmuthigen Landschaft; nahe und ferne ertönte die Nachtmusik
der Frösche und Cicaden, sie freueten sich auch des schönen
Abends, und des süßen Lebens, und drükten ihr Wohlbehagen
recht herzhaft aus. Auch mich ergriff der hohe Friede der
Natur, drang durch mein ganzes Wesen, und erfüllte mich mit
den wonnevollsten Gefühlen eines friedevollen, harmlosen Da-
seyns. Wir kamen, da wir mit aller Gemächlichkeit unsern
Weg durch die reizende Gegend gemacht hatten, ziemlich spät
nach Isle zurück.

Den folgenden Morgen, es war der 14te Jun. ein Sonntag, machten wir uns frühe auf den Weg nach Avignon, wir
hatten wieder die schönste Witterung, und die Straße, auf der
uns eine Zeitlang Reihen der schönsten Bäume begleiteten,
war vortrefflich; wir wanderten immer auf einer weiten angenehmen Ebene hin, bis wir etwa noch 1½ Stunde von Avignon
entfernt waren; hier mußten wir über einen hohen Hügel,
der ganz aus runden Kieselsteinen zu bestehen schien; der Weg,
der über ihn führte, war so dick damit übersäet, daß man
meistens nicht eine einzige Handvoll Grund zwischen ihnen

bemerken konnte, und auf seinen beiden Seiten war der Boden davon ganz voll gepfropft.

Ueber ½ Stunde arbeiteten wir uns aufs mühseligste über diesen greulichen Weg hin; doch wurden wir, als wir die Spize des Hügels erreichten, durch eine paradiesische Aussicht reichlich für alles entschädigt; das herrliche Rhonethal, das wir auf unserer Nebenreise nach Carpentras, Isle und Vaucluse aus den Augen verloren hatten, lag wieder in aller seiner Unermeßlichkeit und Schönheit, mit allen hohen Reizen der köstlichen Landschaft von Avignon geschmückt, vor uns. Das Wiedersehen des majestätischen Rhonestrohmes, dieses uns so werthen alten Bekannten, machte uns besonders herzliche Freude; das reich geschmückte ungeheure Thal zog sich rechts und links in eine unabsehbare Ferne; westlich erblickten wir das düstere Avignon, halb von den Dünsten des Morgens umflort, und hinter ihm die dämmernden Gebirge von Languedoc. Zahllose Gruppen von Pappeln, Cypressen und andern schönen Bäumen, ansehnliche Olivenpflanzungen, Dörfer, Landhäuser, alte Schlösser auf Felsenspizen, lagen mahlerisch in der reizenden Ebene zerstreut.

So wie wir über den Kieselsteinhügel herabgekommen waren, sahen wir wieder die schönste Straße vor uns liegen. Die Gegend, durch die wir jezt kamen, war aufs reichste angepflanzt, wie ein Garten, voll schöner Bäume; ein freundlicher, mahlerischer Anblick folgte auf den andern; besonders machten mir die nicht seltenen Cypressengruppen, und ein kleines Cypressenwäldchen, das vereinzelt auf der Ebene da stand, das größte Vergnügen. Wie wir der Stadt näher kamen, so verschönerte sich die Landschaft immer mehr, so drängten sich die Bäume immer zahlreicher zusammen, so erblickten wir immer mehr aus der Sorgue abgeleitete Canäle mit schön verzierten Ufern, so begegneten uns mehr sonntäglich gepuzte, fröhlich daherziehende Wanderer, Reiter und Reiterinnen, die häufig paarweiſe hinter einander ſaßen, und recht lebens-luſtig in die Welt hinein blickten; endlich traten wir aus dem immer dichter gewordenen Walde hervor, in den uns die Straße geführt hatte, und Avignon mit ſeinen eleganten gothiſchen Stadtmauern und Alleen lag vor uns.

Kapitel 26.

Avignon iſt eine ſehr alte Stadt, liegt an der linken Seite der Rhone, und hieß ehemals Avenio. Dieſe Stadt wurde von den Cavaren, einem galliſchen Volke gegründet, und verdankt ihr erſtes Zunehmen an Wohlſtande, den Marſeillern, die ſich hier niederließen, um hier Handel zu treiben. Der anſehnliche Gewinn, den ihnen ihre Induſtrie brachte, flößte den alten Bewohnern von Avenio auch Luſt zu einem thätigen Leben ein; dieſe unwiſſenden Menſchen lernten jezt manche Annehmlichkeiten des Lebens kennen, und gewannen Geſchmack dafür; ſie eiferten ihren Lehrern nach, man machte in allen nüzlichen Künſten und Gewerben die bedeutendſten Fortſchritte, und dieſer bisher geringfügige Wohnort der Cavaren erhob ſich zum Range volkreicher und blühender Städte.

Eine Colonie, welche die Römer 48 Jahre vor der chriſt-lichen Zeitrechnung dahin ſandten, trug auch zur Vergröße-rung und zum Reichthume von Avenio bei. Der Wohlſtand dieſer Stadt erhielt ſich unter der Regierung Auguſts und der erſten Kaiſer; aber in der Folge wurden die bürger-lichen Kriege, die durch die Kaiſerwahlen veranlaßt wurden, höchſt verderblich für ſie; und ſie wurde bei auf einander folgenden Plünderungen, durch von Narden und Süden gekommene Eroberer, endlich ganz zerstört. Weiterhin erfuhr Avignon die nemlichen Schicksale, und gehorchte den nemlichen Gesezen, wie Languedok und Provence. Im Anfange des 13ten Jahrhunderts, nahmen die Einwohner von Avignon eine republikanische Verfassung an; sie erhielten sich aber nicht gar 30 Jahre bei dieser republikanischen Unabhängigkeit, und kamen darauf unter die Herrschaft der Grafen von Provence. *)

Unter die Bothmäßigkeit des Päbstlichen Stuhles kam die Grafschaft Venaißin früher als Avignon und sein Gebiet. Diese Landschaft gehörte durch Erbschaftsrechte dem Markgrafen der obern Provence Raymund VI Grafen von Toulouse, in dessen weitläufigen Staaten Peter von Bruys, die Lehre der Albigenser gepredigt und eine große Anzahl Anhänger gefunden hatte, die von den Lastern der damaligen Geistlichkeit geärgert, dem römischen Stuhle den Gehorsam aufkündigten, sie hießen Albigenser, weil sie meistens in Albi und den Gegenden umher wohnten. Sie lebten unter Raymunds Schuze, der bei seinen Unterthanen, wenn sie friedlich und gesezmäßig lebten, nicht nach ihrer Religion fragte. Der Bannfluch wurde über sie ausgesprochen, und da die Bekehrungsversuche nichts nüzten, so brauchte man Feuer und Schwert. Pabst Innocens sandte Mönche mit der Vollmacht zu hängen und zu brennen gegen die Albigenser aus; und diese ersten Inquisitoren versahen ihr gräßliches Amt mit so viel Eifer, daß einer der wüthendsten von ihnen, Peter von Castelnau zu Trinquetaille bei Arles erstochen wurde.

Der über dieses Mannes Tod entrüstete Pabst, ließ nun gegen die Albigenser einen Kreuzzug predigen; that den Gra-

---

*) „Ptolemäus spricht von Avenio als einer römischen Colonie. Diese Stadt hatte eine vortheilhafte Lage zwischen den Ufern der Rhone, der Sorgue und Durance. Die Franken und Saracenen bemächtigten sich ihrer in der Folge nach einander.”

fen Raymund, den er für den Urheber dieses Mordes ausgab,
in den Bann, und befahl allen katholischen Fürsten sich seiner
Länder zu bemächtigen. Alle Banditen und Straßenräuber,
alles verworfene Gesindel in Frankreich und der Lombarden,
von der Lust zu plündern gereizt, nahmen das rothe Kreuz,
und verwüsteten das schöne Languedoc. Der unschuldige Graf,
der lieber in die Hände des Pabstes als seiner Kriegsdiener
fallen wollte, bat um Frieden, ließ sich zu St. Gilles die
demüthigendste Kirchenbuße gefallen, und trat nun dem Pabste,
um ihn zu besänftigen, 7 feste Schlösser und eben so viele
Herrschaften in der Grafschaft Venaissin ab.

Dem Pabste gefiel dieses Spiel, er setzte daher in alle
Städte des Grafen Inquisitionsgerichte; Raymund selbst mußte
seine Unterthanen zu Tausenden auf die Schlachtbank liefern.
Von den Pyrenäen bis an die Alpen, brannten alle Tage neue
Scheiterhaufen, das halbe Land wurde zum Besten der Kirche
eingezogen. Das war der Ursprung der Inquisition in Frankreich, die nachher ihre Wiege verließ, und ihre Wuth gegen
Spanien und Italien richtete. Zwei religiöse Orden, deren
Seele Dominicus war, präsidirten bei Ausführung der To-
desurtheile. Endlich ermüdete die Geduld des Grafen, und
er faßte den Entschluß, wie er gleich Anfangs hätte thun sollen, Gewalt mit Gewalt zu vertreiben. Sogleich versammelten sich die Bischöfe des Landes zu Avignon, um unter dem
Vorsitze des päbstlichen Legaten eine sogenannte Kirchenver-
sammlung zu halten. Diese sprach über den Grafen und
seine Unterthanen, den großen Kirchenbann aus, und ließ einen
neuen Kreuzzug predigen.

Simon Montfort, Graf von Leizester, schrecklichen
Andenkens! fiel mit einer Armee des ausgelassensten Gesindels,
mordgieriger und raubsüchtiger Henkersknechte in die Staaten
des Grafen ein, und verheerte sie von einem Ende zum andern;

er war der blutgierigſte, gefühlloſeſte, unerbittlichſte Diener
der Inquiſition. Ganze Städte wurden zerſtört. Man bela‐
gerte Beziers, wo 30,000 Einwohner durchs Schwert um‐
kamen. Im Begriffe Sturm zu laufen, ſtellten die Soldaten
dem Wütherich vor, daß ſie ja, wenn ſie Meiſter der Stadt
wären, die Kezer nicht von den Catholiken würden unterſchei‐
den können, „bringt Alles um, antwortete er, Gott wird die
Seinen ſchon erkennen.” An einem andern Tage wurden zu
Carcaſſone 5000 Albigenſer geſchlachtet. Man ſah nichts als
Verwüſtung, Brand und Leichen in den ſchönſten Gegenden
des Landes. Graf Raymund ſtarb vor Gram, und ſein Sohn
mußte einen Theil ſeiner Länder an die Krone Frankreich,
die Grafſchaft Venaiſſin aber an den Pabſt abtreten, um den
verwüſteten Ueberreſt zu retten, und von der Kirche begnadigt
zu werden. *)

Vom Jahre 1308 bis 1376, alſo 68 Jahre befand ſich
der päbſtliche Stuhl in Avignon; 7 Päbſte regierten hier:
Clemens V., Johann XXII., Benedikt XII., Clemens VI.,
Innocens VI., Urban V., Gregor XI. Schon länger als
ein Jahrhundert hielten ſich die Päbſte nicht mehr gewöhnlich
in Rom auf. Da alle Mittel die ſie angewendet hatten, um
die Römer zu zwingen die päbſtliche Souverainetät anzuer‐
kennen, nichts ausgerichtet hatten, ſo blieb ihnen nur noch
die Entfernung des päbſtlichen Stuhles von Rom als ein
Mittel übrig, wodurch vielleicht noch die Römer, da derſelbe
überall große Reichthümer um ſich her verbreitete, zur Unter‐
werfung bewogen werden könnten.

Clemens V, ehemaliger Erzbiſchof von Bordeaux, wurde
im Jahre 1305 Pabſt; Italien war damals in viele Parteyen
und Faktionen getheilt; die meiſten italieniſchen Staaten,

---

*) „S. *Baluze* Vitæ Paparum Avenionensium. 1693. in 4º.”

waren unter sich selbst oder mit benachbarten Staaten in Krieg
verwickelt. Clemens wurde in Lyon gekrönt; er hielt sich
nachher zunächst in Vienne, Bourges, Poitiers, Bordeaux 2c.
auf, hatte immer seine Geliebte, die schöne Gräfin von Perigord bei sich, und suchte von der Frömmigkeit der Gläubigen
so viel Geld als möglich zu ziehen. Endlich ließ er sich 1308
in Avignon nieder, das damals dem Könige Carl von Sicilien
gehörte.

Diese Versetzung des päbstlichen Stuhles nach Avignon
war dem Könige von Frankreich, Philipp dem Schönen,
äußerst angenehm, da sie ihm den bedeutendsten Einfluß auf
die Verhandlungen der Päbste versprach. *) Clemens hob
auch sogleich die Bullen auf, die Bonifaz VIII. sein Vorgänger zur Beschränkung der königlichen Souveränetätsrechte
erscheinen ließ. Philipp und Bonifaz hatten nemlich den
heftigsten Streit wegen der päbstlichen und königlichen Rechte
mit einander gehabt. Bonifaz verfertigte Bullen über Bullen,
worin behauptet wurde, daß die Fürsten, über die Geistlichen
in ihren Ländern keine Gewalt hätten, wogegen sich Philipp
stark erklärte und kräftig handelte; in einer derselben behauptete

---

*) „Nach einem langen unschicklichen Kampfe zwischen dem fran-
zösischen und päbstlichen Hofe, und nachdem 11 Monate lang, der
päbstliche Stuhl unbesetzt geblieben war, gelang es Philipp dem Schönen,
einen Pabst ernennen zu lassen, den er in sein Interesse zu ziehen hoffte.
Clemens V. glaubte den päbstlichen Stuhl nach Avignon verlegen zu
müssen, um sich den Hindernissen zu entziehen, die seine Absichten zu
Rom hätten finden können. Hier brachte dieser Pabst die Reichthümer
zusammen, die er in Verbindung mit Philipp dem Schönen den unglücklichen Tempelherrn abgenommen hatte; und dieser durch die un-
gerechtesten, unmenschlichsten Mittel zusammen gehäufte Schatz wurde
durch seine Verwandte und Bediente gestohlen. Clemens V. ließ sich
1309 in Avignon nieder; unter seiner, und seiner Nachfolger Regierung
wurde Luxus und Sittenverderbniß in die Provence verpflanzt. "

Bonifaz, daß die Könige und ihre Reiche dem Pabste in geistlichen u. weltlichen Dingen von Gott unterworfen worden seyen; „Sachez donc, schrieb der Pabst, que vous nous êtes soumis dans le temporel, et que nous tenons pour heretiques ceux, qui pensent autrement" Philipp antwortete, „que votre fatuité sache, que pour le temporel nous ne sommes soumis a personne, et nous tenons pour des faquins ceux, qui pensent autrement."

Von Avignon aus belegte Clemens die Venetianer, die sich Ferraras bemächtigt hatten, mit dem schrecklichsten Banne: sie bekümmerten sich anfänglich nichts darum, fanden aber doch, da sie diese Stadt wieder verloren, rathsam, den Bannfluch wieder von sich zu wälzen, und schickten einen Gesandten nach Avignon, der mit einer Kette am Halse vor dem Pabste erschien, und demüthig um Verzeihung für seine Republik bat. Im Jahre 1309 wurde König Robert von Neapel in Avignon mit großer Pracht zum Könige von Sicilien gekrönt. Auch den Kaiser Heinrich VII. that Clemens in den Bann, da er einen Feldzug gegen den König Robert von Sicilien unternahm. Die wichtigste Begebenheit, die sich unter diesem Pabste ereignete, war, die grausame Ausrottung der Tempelherrn, zu welcher derselbe aufs nachdrücklichste behülflich war. Man sagt, daß die Tempelherrn nach ihrem Wegzuge aus Asien, über 9000 größere und kleinere Herrschaften besaßen; auf denselben lebten sie nun mit allem Stolze, den Reichthum und glänzende Geburt mit sich führen. Vergebens suchte man in ihren Schlössern, die einst den Muselmännern so furchtbare Krieger, man fand jetzt an ihnen, in ihren Reichthümern berauschte Sybariten, deren weichliches, wohllüstiges Leben, den Völkern zum Aergernis diente. Die Politik forderte vielleicht die Aufhebung dieses Ordens; aber nichts konnte zu dem unmenschlichen Verfahren berechtigen, das man sich dabei gegen sie erlaubte.

Sie waren so mächtig geworden, daß sie Armeen aufstellen konnten; so entstand bei ihnen ein Geist der Unabhängigkeit, sie wollten außer ihrem Kreise keine weitere Subordi-
nation anerkennen, hatten durch allerlei Schritte, die sie sich
gegen Philipp den Schönen bei mehrern Gelegenheiten erlaubten, seine Rache gereizt; Philipp haßte sie daher, und
suchte sie zu verderben. Im Jahre 1309 waren, wie man
sagt, 2 Tempelherrn, die vom Grosmeister zu ewigem Gefängnisse verdammt worden waren, die ersten Ankläger des Ordens.
Auf die abscheulichen Verleumdungen dieser Elenden hin, ließ
Philipp auf Einen Tag alle Tempelherrn in ganz Frankreich
arretiren, und bemächtigte sich einstweilen bis zur Entschei-
dung ihres Processes, ihrer Güter. Alle Gefängnisse waren
mit Tempelherrn angefüllt. Der Pabst verhörte selbst 72 Ritter. Clemens schrieb an alle Fürsten Europens und forderte
sie zur Vernichtung des Ordens auf. Eine allgemeine Ligue
bildete sich gegen die Ritter, ihr Schicksal erregte Mitleiden;
aber nur in Frankreich wurden Hinrichtungen angestellt.
Eine große Menge gestand die Abscheulichkeiten ein, die man
dem Orden zur Last legte, weil das Leugnen alle Martern
der Folter, und den Tod nach sich zog; selbst der Grosmeister
Jacob von Molai, und Gui von Auvergne, Grosprior
von Aquitanien, ließen sich schrecken, und gestanden, daß der
Orden der Verbrechen schuldig sey, die man ihm vorwerfe.

Aber unbestreitbar ist es, daß mehr als 100 Ritter, die
grausamsten Torturen aushielten, ohne daß sie jene Verbrechen
eingestanden; 54 wurden in der Vorstadt St. Antoine zu
Paris verbrannt; alle vertheidigten mitten in den Flammen,
bis auf den letzten Augenblick, ihre und des Ordens Unschuld.
Unterdessen sagte das Volk, erschüttert von dem gräßlichen
Anblicke einer solchen Menge von Rittern, die unter Behauptung ihrer Unschuld, in den Flammen starben, laut, daß die

Reichthümer, welche sie aus dem Oriente mitgebracht hätten, die einzige Ursache ihres Unterganges seyen. Unter diesen Umständen wurden Molai und Gui nach Paris gebracht; man hoffte ihr öffentliches Bekenntniß würde das Volk zum Schweigen bringen, und alsdann die allgemeine Ausrottung des Ordens billigen.

Ein großes Schaffot wurde vor der Cathedralkirche aufgerichtet; man ließ die beiden Männer hinauf steigen; ein Schreiber las mit lauter Stimme, das über sie gefällte Urtheil, das in ewigem Gefängniß bestand; ein päbstlicher Legat hielt eine lange Rede, worin alle die Greuel angegeben wurden, welche die Tempelherrn selbst eingestanden hätten; er endigte damit, daß er den Grosmeister aufforderte selbst zu reden, und das Bekenntniß zu erneuern, das er zu Poitiers vor dem Pabste und dem ganzen römischen Hofe gethan hätte. Ein Schauder ergriff bei diesen Worten das umhergedrängte Volk; da trat der unglückliche Greis bis an den Rand des Schaffots mit seinen Ketten, sagte, daß er um die Martern der Tortur zu enden die Wahrheit verleugnet habe; er schwöre beim allwissenden Richter, daß alles ungegründet seye, was man den Tempelherrn als Verbrechen aufbürde; daß er bereit seye, auf dem Holzstoße sich allen Martern Preis zu geben; es gebe keine, die groß genug wären, das Unrecht zu büßen, das er seinen unschuldigen Brüdern gethan habe. Das Erstaunen der Menge über diese unerwartete Aeußerung, hätte in eine Empörung ausbrechen können, die Feinde der Tempelherrn wußten ihr aber vorzubeugen; und noch am nemlichen Abend wurden Molai und Gui in die Flammen geworfen. Die große Zahl derer die noch in den Flammen Gott zum Zeugen ihrer Unschuld, und der Unschuld des Ordens, anriefen, und ihr Leben durch das Eingestehen angedichteter Verbrechen hätten retten können, sind eben so viele beredte

Stimmen, die ewig schreien werden, daß der Orden schuldlos war.

Man beschuldigt den Pabst Clemens V. eines schrankenlosen Ehr- und Geldgeizes, der Simonie, der Wohllust, und
daß er während seines Pontificats alles gethan habe, was
Philipp der Schöne, dem er seine Erhebung auf den Stuhl
Petri zu danken hatte, gerne sahe; er starb nach 9jähriger
Regierung 1314. auf einer Reise nach Bordeaux. Auf ihn
folgte Johann XXII. ein Mann von keiner Statur aber
großem Geiste. Petrarca (Rerum memorab. E. II.) meldet von
ihm, daß er ein leidenschaftlicher Freund des Studierens gewesen seye; daß in ihm aber alles Gefühl der Menschlichkeit
erstorben war, sieht man daraus, daß er den Bischof von
Cahors, Hugo Geraldi, der großer Verbrechen überwiesen
worden war, vor seinen Augen durch die Stadt schleifen,
schinden und dann lebendig verbrennen ließ. Den Herzog von
Mailand, Galeazzo Visconti that er in den Bann, eben
so den Nachfolger Heinrichs VII. auf dem deutschen Kaiserthrone, Ludwig von Baiern, der ihm und Philipp dem
Schönen ein Dorn in den Augen war, da er dem Könige,
dem sehnlichsten Wunsche desselben gemäß, gar zu gerne die
deutsche Krone verschafft hätte, wodurch dem päbstlichen Stuhle
die wichtigsten Vortheile zugeflossen wären.

Ludwig von Baiern ließ sich 1328 in Rom zum Kaiser krönen; der Pabst erklärte diese Krönung für nichtig und
sprach den Bannfluch über alle aus die daran Antheil hatten.
Dagegen sezte ihn Ludwig feierlich in Rom ab, und ließ den
Peter Corbario, einen Dominicanermönch, zum Pabste
wählen und ihm den Namen Nicolaus V. beilegen. Allein
wegen Geldmangel, der noch immer alle Operationen der
deutschen Fürsten in Italien scheitern ließ, mußte Ludwig
seine weitern Plane gegen Neapel aufgeben, und wieder nach

Deutschland zurückkehren. Nun war der arme Pabst Nicolaus verloren, in Pisa mußte er in Gegenwart des päbstlichen Gesandten seiner Würde entsagen, dann wurde er nach Avignon geliefert, hier warf er sich im vollen Consistorium, mit einem Stricke um den Hals, dem Pabste zu Füßen, und bat in Thränen schwimmend, daß er ihm nach seiner großen Barmherzigkeit verzeihen, und ihn wieder in die Gemeinschaft der Kirche aufnehmen möchte; er erhielt auch Begnadigung. Mit Ludwig wollte sich der Pabst aber nie aussöhnen, so viele Mühe sich derselbe auch deswegen gab.

Der Pabst starb im J. 1334. im 90sten Jahre, er war ein gelehrter Mann und großer Freund der Gelehrten, aber dem ärgerlichsten Geize ergeben, der ihn verleitete immer auf neue Befriedigungsmittel desselben zu sinnen. *) Man meint er sey der Urheber der Annaten, vermöge derer jeder zu einer Pfründe beförderte Geistliche genöthigt war, ehe er Besiz davon nahm, die Einkünfte eines Jahres an die päbstliche Kammer zu zahlen. Diese Auflage brachte unermeßliche Summen ein. Johann sammelte daher während seines 18jährigen Pontificats 8 Millionen Goldgulden in gemünztem Gelde, und 7 Millionen in Stangen, Juwelen, Mobilien ꝛc. ein Schaz wie ihn alle damaligen Monarchen Europens zusammen genommen, nicht hätten aufbringen können. Noch kein Pabst verkaufte so viele Beneficien und so theuer. Man hat überhaupt die Bemerkung gemacht, daß die Päbste in Avignon alle ihre

---

*) „Die Summen, die Johann XXII. zusammen häufte, waren noch ansehnlicher als die Schäze Clemens V. Er eröffnete die reiche Finanzquelle, die Dataria heißt, welche die vornehmste Quelle der päbstlichen Einkünfte wurde. Er ersann noch andere Kunstgriffe der Plusmacherey, die Annaten, Reservationen, Provisionen, Exemptionen, Exspectationen ꝛc."

Vorgänger durch die Kunſt Geld aus Europa zu ziehen, über-
trafen; beſonders trieben ſie einen ungeheuern Indulgen-
zenhandel; alle Vergehungen waren tarirt die man begangen hatte und noch begehen wollte.

· Benedikt XII. war ein Fremdling in ſeinen Hofränken,
aber ein Mann von exemplariſchem Wandel und großer Recht-
ſchaffenheit. Da er wohl wußte, daß ſeine beiden Vorgänger
bei manchen Gelegenheiten ſich genöthigt geſehen hatten, den
Königen von Frankreich gegen ihre Neigung, und oft gegen
ihr Gewiſſen, zu Willen zu ſeyn, und daß er und ſeine Nachfolger, in Avignon auch ihre Vaſallen ſeyn würden, ſo be-
ſchloß er, den päbſtlichen Stuhl wieder nach Rom zu verlegen;
allein der König von Frankreich und Neapel vereinigten ſich
dies zu hindern. Kaiſer Ludwig ſchikte Geſandte an den
neuen Pabſt, um ihm durch ſie Glück wünſchen, und um
Freiſprechung vom Banne bitten zu laſſen; aber die franzöſiſchen Cardinäle widerſezten ſich, droheten dem herzlich zur
Verſöhnung geneigten Pabſte mit dem Zorne der Höfe von
Paris und Neapel, doch war er nicht zu bewegen den Bann-
ſpruch zu erneuern und zu beſtätigen. Man verſichert, daß
auf den Kaiſer die Uebel, die ſeine Excommunication nach ſich
zogen, einen ſo ſtarken Eindruck gemacht hätten, daß er be-
ſchloß die Krone niederzulegen; allein die Reichsſtände wollten es nicht geſtatten, und erklärten feierlich, daß derjenige
mit dem Reichsbanne belegt werden ſolle, der den Kaiſer für
rechtmäßig excommunicirt erklären würde.

Da Benedikt eine ſo reiche Schazkammer fand, ſo unternahm er den Bau der noch vorhandenen päbſtlichen Burg,
und ließ ein Gebäude errichten, das Palaſt und Feſtung war,
er ließ es mit dicken Mauern und ſtarken Thürmen verſehen,
und ſezte dieſen Bau mit erſtaunlichen Unkoſten ſo lange er
lebte fort, brachte ihn aber nicht zu Ende; da er zu dieſem

Gebäude den Plaz wählte wo der biſchöfliche Palaſt ſtand, ſo ließ er für den Biſchof an einem andern Plaze einen neuen treff- lichen Palaſt erbauen.   Die 6 neuen Cardinäle die er ernannte, waren lauter Männer von Vorzügen, und großem Ruhme wegen ihrer Gelehrſamkeit; eben ſo vorſichtig war er in Be- ſezung geiſtlicher Aemter, nur Verdienſte empfahlen bei ihm. Er beſchäftigte ſich mit Wiederherſtellung der verfallenen Kir- chenzucht bei mehrern Orden, wodurch er ſich bei vielen Mön- chen ſehr verhaßt machte.

Er ſtarb 1342. und hatte etwas über 7 Jahre regiert. Alle gleichzeitigen Schriftſteller rühmen die Heiligkeit ſeines Lebens, ſeine Uneigennüzigkeit, ſeine Verachtung aller welt- lichen Hoheit und Pracht ꝛc.   Er war ein grosmüthiger Freund der Gelehrten, einen großen Theil der Schäze ſeines Vor- gängers wendete er an verdienſtvolle Männer zu belohnen, Arme zu unterſtüzen, mehrere Kirchen zu Rom, beſonders die Peterskirche, die faſt baufällig geworden war, auszubeſſern und zu verſchönern.   Er war fern von allem Nepotismus; kaum ließ er ſich bewegen, ſeine Verwandte, die nach Avignon ge- reist waren, um ihm zu gratuliren, und durch ihn große Herren zu werden, vor ſich zu laſſen; er ſagte ihnen: Jacob Fournier hatte Verwandte, aber Pabſt Benedikt hat keine. Alles was er für ſie that, war, daß er ihnen die Reiſekoſten vergüten ließ.   Geſchichtſchreiber aus ganz verſchiedenen Na- tionen ſtellen ihn als ein Muſter jeder Tugend dar; ſein Tod wurde von allen Redlichen betrauert.

Der vortreffliche Benedikt hatte an Clemens VI. einen höchſt unwürdigen Nachfolger. *)   Petrarca war unter der

---

*) „In Avignon wurde von Clemens VI. Kaiſer Ludwig von Baiern in die Acht erklärt, und ſeine Unterthanen wurden ihrer Pflichten gegen ihn entbunden; hier wurde der ſchimpfliche Kauf unterzeichnet, der für

Zahl der Abgeſandten, welche die Römer an ihn ſchickten, ihm zu gratuliren, und ihn um allerlei zu bitten, beſonders um die Zurückverſezung des päbſtlichen Stuhles nach Rom. Er dachte aber nie daran die Provence zu verlaſſen, und über- ließ ſich allen Ausſchweifungen des Luxus und der Liberti- nage; *) lebhaft ſchildern die italieniſchen Schriftſteller die Luſtbarkeiten des päbſtlichen Hofes zu ſeiner Zeit, die große

---

eine mäßige Summe und einige Indulgenzen, eine unglückliche Königin um einen Theil ihrer Staaten brachte. Innocens VI. opferte der Be- gierde die Macht ſeiner Familie zu vergrößern und ſich Reichthümer zu erwerben, Alles auf. Der tugendhafte Urban V. regierte auch noch in Avignon. Gregor XI. brachte endlich 1378. den päbſtlichen Stuhl wie- der nach Rom zurück."

*) „Ueber die Ausſchweifungen des römiſchen Hofes in Avignon unter Clemens V., Johann XXII. und Clemens VI., darf man ſich nicht wundern. Dieſer Hof, der im Stande war, den Nacken ſtolzer Könige zu beugen, der irgends Widerſtand fand, der noch keine Re- formatoren fürchten gelernt hatte, fand es ganz unnöthig, ſeinen Leiden- ſchaften einen Zaum anzulegen, und die Menge von Fremden, die ſich um die Päbſte ſammelten, vermehrte wohl die Zahl der Einwohner von Avignon, aber nicht die Zahl der guten Bürger. Ein ſo auffallendes Sittenverderbniß, machte, daß Avignon dem zartfühlenden Petrarca ein Greuel wurde. Er ſchildert Avignon als eine ſtinkende, ſchlecht gebauete, wüthenden Winden ausgeſezte Stadt; er nennt es: das occidenta- liſche Babylon, eine Schule des Laſters, einen Mittelpunkt der Ir- religioſität und des ſchändlichſten Aberglaubens, man verliert daſelbſt, ſagte er, die koſtbarſten Güter, Freiheit, Ruhe, Zufriedenheit, Religion, Hoffnung und chriſtliche Liebe; jede Straße iſt ein Sammelplaz aller Laſter; das Alter verderbt die Jugend, Entführung, Entehrung der Weiber, Ehebruch und Blutſchande, ſind ein Spiel für den römiſchen Hof. Nur das Gold iſt im Stande das Ungeheuer zu zähmen, das hier ſein Weſen treibt, für Geld öffnet man hier den Himmel, für Geld verkauft man Jeſum Chriſtum unſern Herrn."

Zahl von Damen, die ihn verherrlichten, unter denen besonders die schöne Gräfin von Turenne gläuzte; den Reichthum der Säle, und Möbeln, die Menge von Pagen und
Stallmeistern; die prächtigen Feste die er beständig gab. Es
ist gewiß, daß nie ein Pabst, die Gelderpressungen so weit
trieb als er. Da man ihm vorstellte, daß dieses Verfahren
allgemein Mißfallen errege, so antwortete er laconisch: unsere
Vorgänger kannten die ganze Ausdehnung der päbstlichen Gewalt nicht so gut als ich.

Pabst Benedikt hatte bei jeder Gelegenheit, ein großes
Verlangen blicken lassen, die Streitigkeiten, die bisher zwischen dem Kaiser und päbstlichen Stuhle Statt gefunden hatten, fast auf jede Bedingung beizulegen, wurde aber immer
von französischgesinnten Cardinälen gehindert; doch ließ er
sich nicht dazu bringen, den Bannspruch seines Vorgängers
gegen ihn, zu bestätigen; das that aber der von einem ganz
andern Geiste beseelte Clemens VI. 1343. und schleuderte zugleich seine Bannstrahlen auf den Erzbischof von Mainz, der
die Parthei des Kaisers genommen hatte. Ludwig, des langen Haders so sehr müde, schickte Gesandte an den Pabst, und
machte die billigsten Vorschläge; stolz empfieng sie Clemens,
sprach von den entsezlichen Gottlosigkeiten des Kaisers; machte
empörende Forderungen, die Ludwig nachher öffentlich bekannt
machte, und die allgemeinen großen Unwillen erweckten; auch
manche Regenten nahmen sich des Kaisers beim Pabste an.
Dieser aber war taub gegen alle Vorstellungen, und publicirte
1346 eine mit den entsezlichsten und unchristlichsten Flüchen
angefüllte Bulle gegen den Kaiser.

Unter diesem Pabste wurde endlich auch die Stadt Avignon
mit der dazu gehörigen Landschaft ein Eigenthum des päbstlichen Stuhles. Die junge schöne Königin von Neapel,
Johanna I. sah sich zur Flucht nach der ihr gehörigen

Provence genöthigt, und da sie sich auch in großer Geldnoth
befand, so verkaufte sie Avignon mit seinem Gebiete dem
Pabste für 4000 Goldgulden, die etwa 80,000 rhein. Gulden
betragen. *) Diese Johanna war die älteste der 2 Enkelinnen,
die Robert, König von Neapel, von seinem einzigen verstorbenen Sohne hatte, der keinen männlichen Erben hinterlies;
seinem ältesten verstorbenen Bruder Carl Martel, war von
Pabst Bonifaz VIII. Ungarn gegeben worden, dessen Sohn
hatte unter seinen Kindern mehrere Knaben; es ließ sich nun
erwarten, daß dieser nach Roberts, seines Oheims Tode, den
Enkelinnen eines jüngern Zweiges Italien nicht gleichgültig
überlassen würde. Robert mußte, daß nach seinem Tode, der
Wunsch der Nation hauptsächlich entscheiden würde, daher
suchte er dieselbe für seine Familie durch eine recht väterliche
Regierung zu gewinnen, verminderte die Abgaben, verschönerte
die Städte, begünstigte Ackerbau und Handel, wich allen Kriegen aus; und beschloß, um allen Streitigkeiten nach seinem
Tode vorzubauen, die Johanna sobald als möglich mit seinem
Grosneffen Andreas von Ungarn zu vermählen.

Andreas kam schon in seinem 7ten Jahre nach Neapel,
um hier mit seiner 5jährigen Braut erzogen zu werden. Kurz
vor seinem Tode, der sich 1343 ereignete, ließ Robert dem
jungen Ehepaar huldigen, aber nur die Johanna krönen, dies
sollte nach seinem Befehl bei Andreas erst in seinem 22sten
Jahre geschehen. Robert starb als Johanna 17 Jahre alt war.
Der Hof von Neapel war damals der polirteste und galanteste
in Europa, der Sammelplaz der gelehrtsten, gebildetsten Men-

---

*) „Man konnte der Königin Johanna, ihr Verbrechen, der edeln
Tugenden und schönen Eigenschaften ungeachtet, nicht vergessen, die sie
im Reste ihres Lebens zeigte. Man behauptete die Summe seye niemals
bezahlt worden." (S. *Papon* Histoire de Provence.)

schen in Italien. Petrarca und Bocaz waren auch' hier.
Johannas Umgebung entflammte früh ihr glühendes Temperament; alle Geschichtschreiber sagen, daß sie schon im 12ten
Jahre ein Wunder von Geist und Schönheit war. Der Hof
war sehr ausschweifend. Robert mußte mit der Verheirathung'
Johannas eilen, diese kam aber zu früh für den noch nicht
reifen Andreas; ihr ungestümmes Temperament fand ihre
Rechnung nicht bei ihm; ohne sich Zwang anzuthun, überließ
sie sich allerlei Ausschweifungen. Die Mutter des Andreas
kehrte nach einem Besuche, den sie in Neapel gemacht hatte,
äußerst mißvergnügt über die Aufführung ihrer Schwiegertochter nach Ungarn zurück.

Aber auch die Neapolitaner waren mißvergnügt über die
Ungarn; diese zogen alle Verwaltung der Geschäfte an sich,
beleidigten die Eingebohrnen, herrschten über die Prinzen vom
Geblüte. Der Anführer der Ungarn, der fast die ganze Regierung an sich gerissen hatte, die klugen und treuen Diener
des verstorbenen Königes von den Geschäften ausschloß, und
ganz nach seiner Willkühr handelte, war der ungarische Mönch
Robert. Ungeachtet der Pabst einen Cardinal nach Neapel
schickte, welcher der Oberhofmeister und Vormünder der jungen
Königin seyn, und sich den Lehnseid von ihr schwören lassen
sollte, so regierte doch der Mönch fort, und Johanna war
die Sclavin des herrschsüchtigen, grausamen Ungarn. Dies,
und die Untüchtigkeit und schlechte Aufführung des Andreas
empörte die Neapolitaner, die an dem Könige Robert den
besten, liebenswürdigsten Regenten gehabt hatten.

Ludwig, der Bruder des Andreas, wurde nach dem Tode
seines Vaters König von Ungarn, dieser lag nun dem päbstlichen Hofe sehr an, die Krönung des Andreas zu befehlen;
ein päbßlicher Legat wurde deswegen nach Neapel abgeschickt.
„Endlich‚ rief Andreas bei dieser Nachricht, werde ich doch

17

wohl den Ausschweifungen dieses Weibes Einhalt thun, und
diejenigen strafen können, die mich beschimpften." Dieser
sein Ausruf kam vor Johannas Ohren, und sein Tod wurde
beschlossen. Der Hof war damals in Neapel; um die That
sicherer auszuführen, begab man sich nach Aversa. Das
königliche Ehepaar schien in vollkommener Harmonie zu seyn.
Nachts (den 18ten Sept. 1345.) wurde Andreas an der Seite
der Königin unter dem Vorwande geweckt, daß Geschäfte
von größter Wichtigkeit seine Gegenwart forderten; Andreas
folgt halb angekleidet; kaum verläßt er das Zimmer, so reißt
ihn ein Haufe Meuchelmörder zu Boden, erwürgt ihn und
wirft seinen Körper von einem Balcon in den Garten herab.
Andreas gieng kaum ins 19te Jahr. Ganz Europa entrüstete
sich über diese That. Ein päbstlicher Commissarius mußte die
Sache untersuchen; es zeigten sich Gründe zum Verdachte
gegen die vornehmsten Personen des Hofes.

Nach Verfluß des Trauerjahres heirathete Johanna den
Sohn ihres Großonkels, des Prinzen von Taranto, der sich durch
Liebenswürdigkeit und Tapferkeit auszeichnete; kaum war die
Hochzeit vollzogen, so erschien der König von Ungarn mit einer
großen Armee in Abruzzo. Hierauf war man nicht gefaßt;
Johanna und ihr Gemahl entschlossen sich daher zur schleuni-
gen Flucht nach der Provence, und besonders nach Avignon.
Johanna kündigte in öffentlicher Versammlung in einer schönen Rede ihren Entschluß an, zu fliehen, dem heiligen Vater
ihre Unschuld zu beweisen, und das Reich keinem verheerenden Kriege auszusetzen; sie verlangte, daß man sich dem Könige
von Ungarn nicht widersezen solle, sprach die Versammlung
und das Reich vom Eide der Treue gegen sie los, und verließ
dieselbe, die fast in Thränen zerfloß, so wie Neapel noch am
nemlichen Tage; sie fuhr mit 3 Galeeren ab und folgte
ihrem Gemahle, der schon einige Tage vorher abgesegelt war.

Der König von Ungarn rückte ungehindert gegen Neapel an, auf seinem Marsche von Benevento nach Aversa, kamen ihm alle Prinzen vom Geblüte entgegen und hatten den jungen Carobert, den 3jährigen Sohn der Johanna und des Andreas, bei sich.   Der König blieb 3 Tage in Aversa, den 4ten legte er seine Waffenrüstung an, und stellte sich mit seiner Armee dem Castell gegenüber, wo sein Bruder war ermordet worden.   Hier ließ er dem Herzog von Durazzo, dem Schwager der Johanna, nachdem er ihn durch einen Brief von seiner Theilnahme am Morde überwiesen hatte, den Kopf abschlagen, und seinen Körper zu eben dem Fenster herausstürzen, aus dem man seinen Bruder geworfen hatte.   Er ließ sich hierauf der übrigen Prinzen bemächtigen und sie nebst dem kleinen Carobert nach Ungarn transportiren.   Nun zog er nach Neapel, und eine schwarze Fahne wurde dem Zuge voran getragen, auf der die Ermordung seines Bruders abgebildet war.   Am folgenden Tage wurden alle Häuser der Prinzen geplündert.

Ludwig blieb 2 Monate in Neapel, bis ihn die Pest vertrieb, die, nachdem sie in den meisten Städten schon gewüthet hatte, nun auch in Neapel ausbrach.   Die Pest richtete in den Jahren 1347, 1348 und 1349 schreckliche Verwüstungen an.   Sie war durch Kaufleute aus der Levante nach Sicilien und in die Häfen von Toscana gebracht worden; von da breitete sie sich in ganz Italien aus, wo sie 18 Monate dauerte.   Sie kam nach Frankreich, England, Spanien, Deutschland und raffte eine ungeheure Menge Menschen weg.

Im März 1348 kam Johanna in Avignon an.   Sie wurde von allen Cardinälen empfangen, deren ganze Versammlung ihr entgegen kam.   Sie hielt darauf als Souverainin der Stadt unter einem Himmel ihren feierlichen Einzug, und wurde von dem Collegium der Cardinäle nach der pöbstlichen Burg begleitet.   Der Pabst empfieng sie mit der größten Ehrerbietung. Sie vertheidigte sich nachher in Gegenwart des Pabstes in einer zahlreichen Versammlung von Cardinälen und fremden Gesandten, befriedigte alle Zuhörer, und wurde nun für unschuldig an dem Morde ihres Gemahls erklärt. Der Pabst bestätigte jezt auch ihre Vermählung mit Ludwig, Prinz von Taranto.

Die Neapolitaner sehnten sich bald wieder, der Regierung der Ungarn überdrüßig, von denen sie als eine ihnen unterworfne Nation behandelt wurden, und deren Sitten mit dem sanften Wesen ihrer Königin, die nichts als Vergnügen athmete, in gar zu großem Contrast standen, nach der Rückkehr ihrer geliebten Johanna. Sie machten ihr die Anerbietung, die Ungarn zu verjagen, wenn sie von ihr auf kurze Zeit, mit Truppen und Geld unterstüzt werden würden. Johanna entschloß sich also ein Corps Truppen in ihren französischen Staaten anwerben, und einige Galeeren ausrüsten zu lassen, um mit ihrem Gemahl und diesen Truppen nach Neapel zurückzukehren. Bei dieser Gelegenheit geschah es nun, daß Johanna, die mehr Geld nöthig hatte, als ihr ihre französischen Unterthanen verschaffen konnten, den Entschluß faßte, Avignon an den Pabst zu verkaufen, um durch Aufopferung einer Stadt, ihr Königreich wieder zu erlangen. Clemens bezahlte ihr dafür 80,000 fl.; dies geschah im Jahre 1348. Mit dem nöthigen Gelde versehen rüstete sie nun 10 Galeeren aus und landete bald darauf zur unaussprechlichen Freude ihrer Unterthanen, in Neapel. Ein verwüstender Krieg nahm jezt, da die Ungarn alle Festungen inne hatten, sogleich seinen Anfang und dauerte bis 1351. Der Pabst brachte es endlich dahin, daß der König von Ungarn seine Truppen weg zog, und die gefangenen Prinzen wieder in Freiheit sezte.

Nach einer 10jährigen Regierung starb Clemens VI. im Jahre 1352. Man fand bei ihm, als einem großen Freunde

von Glanz und Pracht, den Hofſtaat eines Monarchen; er
ſtrebte nach Schäzen, blos um ſie wieder zu verſchwenden,
er verband die Liebe zu den Weibern mit der Liebe zum
Gelde. Die Gräſin von Turenne hatte vielen Einfluß auf die
Gunſtbezeugungen die er austheilte. Er war ein ſo großer
Weiberfreund, daß er auch, wenn er unpäßlich war, vorzüglich Damen zur Geſellſchaft und Bedienung um ſich haben
wollte. Seine Familie erhob und bereicherte er ohne alle
Rückſicht auf Verdienſte. Fünf ſeiner Verwandten machte er
zu Cardinälen, unter ihnen war ſeines Bruders Sohn, Peter
Rogerius, der nachherige Pabſt Gregor XI. der den päbſtlichen
Stuhl im Anfange des Jahres 1377. wieder nach Rom ver-
ſezte. Auch ſeine weltlichen Anverwandten wurden reichlich
bedacht, und in die vornehmſten Familien verheirathet.

Er hatte viele Kenntniſſe; Petrark, der damals lebte,
ſpricht von ihm als einem Manne von ſehr großer Gelehrſamkeit; *) er ſagt auch von ihm, er babe ein ſo außerordentliches Gedächtniß gehabt, daß er das, was er einmal gehört
oder geleſen habe, nie wieder vergeſſen, und dieſes überaus
ſeltene Gedächtniß einem heftigen Schlage auf den Wirbel
ſeines Hauptes zu danken hätte. Er ſoll oft gepredigt und
vortreffliche Reden gehalten haben; er war einſt Profeſſor auf
der Univerſität zu Paris, und Schriftſteller. Um die päbſtliche Burg in Avignon zu verſchönern, und durch neue hinzu
gefügte Gebäude zu erweitern, ſcheuete er keine Koſten, ſo
daß er, wie einer der Verfaſſer ſeiner Lebensbeſchreibung ſagt,
daraus eines der prächtigſten Gebäude in der Welt machte;
dieſes Prachtgebäude wurde aber im Jahre 1378 durch eine
Feuersbrunſt ſehr beſchädigt.

*) „S. Rerum familiar. L. VIII. u. Rerum memor. L. II.”

Clemens VI. hatte einen eben ſo würdigen Nachfolger als Vorgänger. Der rechtſchaffene Pabſt Innocenz VI. machte ſich ſogleich nach Uebernehmung ſeiner Würde, ein Hauptgeſchäft daraus, alle bisherigen Mißbräuche abzuſchaffen, die durch ſeine Vorgänger eingeführt worden waren, oder ſich durch ihre Nachſicht eingeſchlichen hatten. Alle von den vorigen Päbſten eingeführten Commenden, Reſervationen, Expektativen, Annaten ſchaffte er ab. Er lebte ſehr ökonomiſch und forderte das nemliche auch von den Cardinälen. Er verwandelte das Gebäude, das er in der Nähe von Avignon als Cardinal bewohnt hatte, in ein Carthäuſerkloſter, und befeſtigt Avignon. Ein gewiſſer Arnold von Cervale ſtellte ſich an die Spize einer beträchtlichen Anzahl von Banditen, die nur vom Raube lebten, in die Provence einfielen, verſchiedene Städte einnahmen, plünderten, und das ganze Land in Contribution ſezten. Daher befahl der Pabſt, Avignon zu befeſtigen; aber während man ſich damit beſchäftigte, erſchien Arnold mit ſeiner Bande vor der Stadt, und nöthigte den Pabſt, die Stadt mit einer großen Summe von der Plünderung zu befreien, und ihm den Durchzug durch dieſelbe zu geſtatten.

Nach dem Abzuge der Räuber fuhr man eifrig mit den Feſtungswerken fort, und ſo wurde die Stadt mit hohen ſtarken und ſchönen Mauern, Thürmen und tiefen Gräben umringt. Die Mauer wurde in einer ziemlichen Entfernung von den äußerſten Häuſern der Stadt errichtet, um Plaz zu neuen Gebäuden zu laſſen. Noch unter Urban V. wurde mit dieſer Arbeit fortgefahren. Jene herumſchwärmende Bande, die unter dem Namen der weiße Bande bekannt war, entſtand nach der bei Poitiers 1356 gelieferten Schlacht, wobei König Johann von Frankreich und ſein Prinz Philipp der Kühne, gefangen genommen und nach England geführt wurden. Dieſe Begebenheit ſezte Frankreich in die größte Verwirrung; es entstanden Rotten, Tumulte und innere Empörungen in Menge; unter andern rotteten sich auch viele Soldaten zusammen, denen ihr Sold nicht ausgezahlt worden war und die nicht wußten wovon sie leben sollten.

Arnold von Cervale, ein Edelmann aus Perigord, wurde ihr Anführer. Sie plünderten im Jahre 1357 alle Städte und Gegenden wohin sie kamen, und so fuhren sie bis 1360 fort. Vergebens ließ der Pabst das Kreuz gegen sie predigen. Endlich nahm der Markgraf von Montferrat, der damals mit Mailand Krieg führte, den größten Theil dieser Rotte in seine Dienste und führte sie nach Italien. Im Jahre 1362 starb Innocens. Die gleichzeitigen Schriftsteller rühmen ihn, wegen seiner ausgezeichneten Rechtschaffenheit und Aufrichtigkeit. Er war ein Feind des Lasters, das er mit äußerster Strenge bestrafte; seinem edelmüthigen Eifer, die Tugend zu belohnen, sezte er keine Schranken; für arme Geistliche sorgte er auf Kosten übermäßig reich Besoldeter.

Der 6te Pabst in Avignon war Urban V., er war vorher Abt im Benediktinerkloster St. Victor in Marseille gewesen; auch er war ein sehr rechtschaffener Mann, und entschlossen den päbstlichen Stuhl wieder nach Rom zu verseßzen. Er hätte dies gleich nach seiner Erwählung gethan, wenn nicht die Straßen wegen Räuberbanden unsicher gewesen wären, die alle Reisenden, die ihnen aufstießen, beraubten, und oft ermordeten. Diese Räuberbanden bestanden wie die schon vorhin genannten, auch hauptsächlich aus abgedankten Soldaten, die nicht zu leben hatten. Sie sezten ganze Provinzen und große Städte in Contribution und hatten ihre Anführer. Aus einem Briefe Petrarks sieht man, daß sie auch das nun befestigte Avignon belagerten, und die Stadt so lange einschlossen, bis man ihnen die geforderte Summe bezahlte.

Urban wurde von König Carl V. in Avignon besucht. Er entschloß sich aufs neue Avignon zu verlassen, und gab Befehl, seine Paläste zu Viterbo und zu Rom auf Ostern 1367 zu seiner Aufnahme bereit zu halten, auch schrieb er an die Venetianer und Genueser, ihm Galeeren zu schicken, um ihn und seinen Hof nach Italien zu führen. Im April 1367 reiste er wirklich ab, zum großen Kummer vieler Cardinäle und des ganzen römischen Hofes; nur 5 Cardinäle sollen ihn begleitet haben. Die Reise gieng zuerst nach Marseille, wo er Abt im Kloster St. Victor gewesen war; gegen das Ende des Mai segelte er dann mit 23 Galeeren, und einer großen Anzahl anderer Schiffe, die von Genua, Pisa, Venedig und von der Königin Johanna von Neapel geschickt worden waren, nach Genua, wo ihn bei seiner Landung der Doge und das Volk mit größter Ehrfurcht empfiengen.

Hier wohnte er im Hause der Hospitalritter. Den 4ten Junius landete er an der Küste von Corneto, einer päbstlichen Stadt; hier fand er die Deputirten aus Rom, die ihm die Schlüssel der Engelsburg überreichten. In Viterbo blieb er bis in den October. Im Frühlinge des künftigen Jahres besuchte ihn die Königin Johanna. Aber schon im Sommer 1370 reiste er wieder nach Avignon und starb daselbst im December des nemlichen Jahres. Allgemein erhält dieser Pabst die größten Lobsprüche; man rühmt seine Menschenliebe, Güte, Grosmuth und seinen unermüdeten Eifer, alte Mißbräuche abzuschaffen, Gelehrsamkeit und alle Arten des Verdienstes zu ermuntern und zu belohnen; auch bei ihm fand kein Nepotismus statt, er wird von allen Schriftstellern, in die Reihe der besten Päbste gesezt.

Sein Nachfolger Gregor XI. wurde 1374. durch eine Gesandtschaft aus Rom, zur Rückkehr nach dieser Stadt eingeladen. Er entschloß sich dazu, und gab den christlichen Fürsten Nachricht von seinem Vorhaben, den päbstlichen Stuhl endlich wieder nach Rom zurück zu versezen; auch dem französischen Könige Carl V. meldete er dies, und bezeugte ihm seine große Betrübnis darüber, daß er Frankreich verlassen müsse, seine Gegenwart in Rom seye nothwendig, um die Tyrannen von Italien in Furcht zu halten, die sich sonst Alles gegen den Kirchenstaat erlauben würden, den er doch zu beschüzen die Pflicht habe. Die Florentiner fielen wirklich in den Kirchenstaat ein, bemeisterten sich mehrerer Städte, munterten das Volk auf, das päbstliche Joch abzuschütteln. Bologna, Perucia 2c. schlugen sich auf ihre Seite. Die Florentiner verwüsteten den größten Theil des Kirchenstaates, verheerten Alles mit Feuer und Schwert. Gregor publicirte im April 1376 eine furchtbare Bannbulle gegen sie, wie sie nach von keinem Pabste gekommen war. Die Florentiner flohen aus allen Ländern, um ihre Freiheit und ihr Leben zu retten, in ihr Vaterland zurück und ließen alles im Stiche; in ihrem eigenen Lande kümmerten sich aber die Florentiner nichts um die päbstlichen Bannflüche. Doch ruinirte diese Bulle ihren Handel gänzlich. Die heilige Catharina von Siena suchte vergebens einen Frieden zu vermitteln.

Eine 2te Einladung ergieng nun an Gregor, ungesäumt nach Rom zu kommen, da die Florentiner neue Feindseligkeiten ausübten. König Carl und die Cardinäle ließen nichts unversucht, ihn von der Reise zurück zu halten; die Römer hatten auch gedrohet, einen neuen Pabst zu wählen, der in Rom wohnen würde, wohin der Stuhl Petri gehöre. Gregor entschloß sich nun fest, und reiste im September 1376 mit seinem ganzen Hofe nach Rom ab, 6 Cardinäle ausgenommen die bleiben wollten. In Marseille schiffte er sich auf der von mehreren Fürsten Italiens für ihn abgesendeten Flotte ein, hielt sich 11 Tage in Genua auf und zog endlich zur außerordentlichen Freude der Römer in Rom ein. Er starb hier im Jahre 1378. Dieser Pabst vereinigte seltene Talente mit großer Gelehrsamkeit; der Umgang mit Gelehrten, war sein größtes Vergnügen, nur solche erhob er zu Ehrenstellen; man rühmt ihn auch noch wegen seiner Religiosität, Menschenliebe und Gutherzigkeit.

Kapitel 27.

Ich kehre nun aus der Vergangenheit Avignons wieder zu dem zurücke, was die Gegenwart in und bei dieser Stadt dem neugierigen Reisenden Interessantes zu Gesichte führt.

Den ersten höchst angenehmen, überraschenden Anblick gewährt dem Fremden, der endlich die Stadt erreicht hat, die schöne gothische, braungelbe Stadtmauer, die von einer, bei einer so alten Stadt ganz unerwarteten, auffallenden Zierlichkeit ist, und von allen Reisenden bewundert wird; sie ist die schönste, eleganteste im ganzen Süden Frankreichs, und schwerlich wird man bei irgend einer europäischen Stadt, eine schönere und besser erhaltene Stadtmauer aus dem Mittelalter finden. Diese Mauer ist von kleinen Quadersteinen gebaut, die so genau zusammengefügt sind und eine so schöne glatte dunkelgelbe Fläche bilden, daß man meinen sollte, die ganze Mauer bestände aus einem einzigen Stücke.

Der obere Theil oder die Krone der Mauer mit ihren Schießscharten und Schuzwehren daneben, tritt etwas über die untere Mauer heraus und ruht zum Theil auf zahllosen, in regelmäßigen langen Reihen hinlaufenden, zierlichen Krag-

steinen. In kleinen gleichen Entfernungen von einander erblickt man schöne runde und viereckige Thürme; ihre symmetri-
sche Stellung macht den besten Effekt; durch ihre Eleganz ist
diese Mauer ein wahres Denkmal der Kunst. Keine Stadt
aus dem Mittelalter hat eine so elegante Einfassung. Sie
wurde im 14ten Jahrhunderte erbauet, um die Stadt gegen
die damals herumschwärmenden zahlreichen Räuberbanden zu
schüzen, welche die Städte in Contribution sezten; damals war
die Art Krieg zu führen ganz anders; und in dieser Rücksicht
war sie zweckmäßig; Kanonen würden aber schnell mit ihr
fertig seyn. Der Bau derselben muß große Kosten verursacht
haben. Man braucht über eine Stunde, bis man sie umgan-
gen hat, man geht da meistens im Schatten schöner hoher
Ulmen und Eschenbäume, die in mehreren Linien sich neben
einem großen Theil der schönen Stadtmauer hinziehen. Ein
Theil derselben wird von der Sorgue bespühlt.

So sehr diese Mauer die Stadt schmückt, so nimmt sie
doch den Einwohnern alle Aussicht in die köstliche Landschaft
umher, die Aussicht nach dem majestätischen Flusse und seinen
mahlerischen westlichen Ufern. Auf der westlichen oder Rhoneseite der Stadt nimmt sie ihren Anfang beim hart neben dem
Rhonekai, senkrecht emporsteigenden Kalkfelsen Dons, und
zieht sich dann neben dem Kai südlich hinab. Dieser vereinzelte Fels hier am Flusse, ist in der unermeßlichen Ebene
umher eine unerwartete Erscheinung.

Ganz senkrecht erhebt er sich gegen Norden und Westen;
auf der Nordseite führen mehr als 100 Stufen zur Spize
desselben empor; auf der Ostseite ist er nicht so steil und man
kann hier leicht auf- und absteigen, hier breitet sich in der
Tiefe an seinem Fuße ein großer Theil der Stadt aus, und
ein anderer steigt auf seinem sich leise senkenden südlichen Abhange empor; unter den obersten nördlichsten Gebäuden, die

sich über seinen Rücken hinaufziehen, ist die päbstliche Burg und die Kirche Notre Dame de Dons neben daran; man muß dann noch etwa 50 Schritte höher steigen um auf den nördlichsten, höchsten ebenen Plaz des Felsen zu kommen. Er vertritt auf dem obern Theil der Rhoneseite der Stadt die Stelle der Stadtmauer, und sieht in der Ferne wie eine Festung aus.

Als Jourdan, dem man den Beinahmen des Kopfabhauers gab, und seine Kannibalenrotte noch in Avignon wütheten, nach Willkühr mordeten und zerstörten, so wurde auch über die prächtige Stadtmauer, das Todesurtheil gesprochen, schon machte man den Anfang mit Niederreissung derselben, als auf einmal die Autoritäten der Stadt, die bisher bei allen ausgeübten Greueln, muthlos zitterten, es wagten, sich diesem lezten Schritte des Wahnsinnes mit größtem Muthe und gutem Erfolge zu widersezen. Die Annehmlichkeit, den schönen Rhonestrohm hart neben den Mauern zu haben, wird den Einwohnern Avignons zuweilen sehr durch seine Ueberschwemmungen verbittert, die schon manchmal so arg waren, daß die niedrigen Quartiere der Stadt etliche Fuß tief unter Wasser gesezt wurden. Avignon würde noch mehr von diesem mächtigen Strohme zu leiden haben, wenn sich der schöne, aus Quadersteinen gemauerte Kai nicht neben der Westseite der Stadt an seinem Ufer hinabzöge.

Es ist sehr Schade, daß ein großer Theil dieses Kai vom nördlichen Anfange des Felsen an, bis weit hinab ohne Bäume und erquickenden Schatten öde und kahl da liegt. Hier sollte die Hauptpromenade seyn; der Cours *) mit seinen

---

*) „Die Courspromenade ist ausnehmend angenehm, sie besteht aus 3 Reihen von Ulmen und Buchen."

vielen Gängen weit unten bei der hölzernen Rhonebrücke, *) ist schon ziemlich entfernt und liegt nicht so bequem. Wir brachten mehrere Stunden hier zu, theils wegen des Zeichnens, theils um die zahlreichen, sonntäglich geschmückten, hier auf- und abwandelnden Spaziergänger zu betrachten, die auch, wie wir, in der Sonnenhize, ohne Schatten schmachteten.

Hier wäre ein Spaziergang unter großen schattigen Linden, Ulmen, Platanen ꝛc. unendlich angenehm, weit angenehmer als auf den andern Seiten der Stadt, wo es nicht an Bäumen fehlt; auf der linken Seite hätte man die schönen Stadtmauern, mit ihren anmuthigen Thürmen, auf der andern den majestätischen, breiten wasserreichen Ströhm, mit hin und her segelnden Schiffen und seinen schönen baum- und gebüschreichen Inseln, **) sammt dem imposanten mahlerischen Reste der alten gothischen Brücke, die noch weit in den Ströhm hinein geht; jenseits des Ströhmes machte dann der Anblick der mahlerischen Ufer, der weiterhin sich hinauf und hinab ziehenden Hügel, mit ihren Pflanzungen, wo an einem das Städtchen Villeneuve in die Höhe steigt, und einen andern etwas nördlicher an der Rhone das Fort St. André krönt, dem im Schatten Lustwandelnden, oder auf einer steinern Bank Sizenden weit mehr Vergnügen, als iezt wo er hier in der Sonne braten muß.

---

*) An der Stelle dieser Brücke von Holz, soll iezt eine prächtige neue steinerne stehen, die erst seit dem J. 1812 erbaut worden seyn soll.

**) Neben Avignon ziehen sich mitten durch die Rhone, der unterste Theil der Insel Bartelasse, und weiter hinab 2 kleine Inseln, die mit anmuthigen Gruppen von Ulmen, Pappeln und andern schönen Bäumen bedeckt sind.

„Man findet in Avignon angenehme Promenaden um die Stadt her, die merkwürdigste ist am Ufer der Rhone, hier versammelt sich die schöne Welt und das sehr schöne weibliche Geschlecht von Avignon."

Unterhalb des majestätischen Brückenrestes steht unter andern artigen kleinen Häusern, die sich an die Stadtmauer anlehnen, ein zierliches Caffeehäuschen, zum Troste des ausgedorrten, lechzenden Spaziergängers; vor ihm stehen niedliche Tischgen mit Stühlen, über denselben sind Tücher wie Dächer ausgespannt, vorne sind zwischen den Pfählen, auf denen die Stangen des Dächleins ruhen, hin- und herflatternde Vorhänge angebracht, hier kann man dann allerdings behaglich seine Tasse schlürfen, seine Pfeife rauchen, die den Kai auf- und abwandelnden Menschengestalten mit der Fackel der Kritik beleuchten, und aufs physiognomische Korn nehmen, und sich auch an der herrlichen Aussicht, die man vor sich hat, ergözen, allein mit Allem diesem ist doch die schattige Linden- und Ulmenpromenade noch lange nicht ersezt, die hier seyn sollte.

Ungeachtet ich hier auf dem Kai mit Herrn H. der zeichnete, einige ziemlich warme Sonntag-Nachmittagstunden zubrachte, so ergözte ich mich doch nicht wenig an den mannigfaltigen, oft höchst sonderbaren Menschengesichtern und Gestalten die an uns vorüber zogen; ich kann eben nicht sagen,

---

Während meines Verweilens auf dem Rhonekai erinnerte ich mich lebhaft und mit Vergnügen an folgende schöne Stelle aus Matthisons vortrefflichen Erinnerungen: „An den schönen Ufern der Rhone hinwandelnd las ich im Petrark. Das Sonnett: „Dodeci donne etc." brachte das Bild einer Lustfahrt vor meine Seele, welche Laura mit den Gespielinnen ihrer Jugend in einer Barke, die der Dichter mit der Argo vergleicht, den Fluß hinunter machte. Weil man auf der reißenden Rhone nur sehr langsam stroman gezogen wird, kehrten die Damen auf einem Karren, dem allein üblichen Fuhrwerke jener Zeit, den die Imagination des begeisterten Sängers in einen Triumphwagen umwandelt, nach der Stadt zurück. Laura saß bescheiden in einer Ecke und sang mit süßer Stimme ihren Freundinnen ein Lied. Diese Vorstellung versezte mich in die Jahrhunderte, wo man zarter, beständiger, feuriger

daß ich diesmal auf dem Kai, und nachher gegen Abend, wo
ich viele hundert Personen beider Geschlechter, von jedem Alter
und Stande auf der Rhoneinsel fand, zu der die hölzerne neue
Brücke führt, die Schönheit bei den Weibern von Avignon
größer, und freigebiger von der Natur ausgetheilt gefunden hätte,
als in andern Städten Frankreichs, die ich vor- und nachher sahe.
Wie man auf dem Kai, unterhalb der alten Brücke, weiter
hinab und der hölzernen Brücke näher kommt, so nimmt
endlich eine Baumreihe ihren Anfang, die aber wenig Trost
gewährt, und geht bis zur Brücke, wo die Hauptpromenade
der Stadt, der Cours, seinen Anfang nimmt, und sich am Flusse
hinab zieht.

Ehe ich aber den Rhonekai verlasse, muß ich noch einiges
von dem imposanten, mahlerischen Reste der alten steinernen

---

liebte, und inniger, herzvoller, kräftiger dichtete, als in den Zeiten der
physischen und moralischen Entnervung, welche leider die unsrigen sind.
Mit Wonne gedachte ich des ersten Wiederaufblühens der Dichtkunst
unter diesem schönen Himmel, nach der langen Finsterniß der Barbarei,
durch die Troubadours, welche an den Höfen der Fürsten, und in den
Schlössern der Großen, ihre Vaudevillen, Mahrigale und Tenzonen anfangen und den Liebestribunalen (Cours d'amour) ihr Daseyn gaben,
wo in den poetischen und galanten Streitfragen dieser Dichter, von den
schönsten und geistvollesten Damen des Landes Recht und Urtheil gesprochen wurde."

F. „Ich war erstaunt über die Schönheit der Jüdinnen und weiß
mich nicht zu erinnern, außer zu Arles, so viel regelmäßige Physiogno-
mien, und eine so reine blühende Farbe des Gesichtes gesehen zu haben.
Die Avignoneserinnen zeichnen sich überhaupt vor den Bewohnerinnen der
Städte des südlichen Frankreichs, durch gefällige Bildung und einen
vortheilhaften Körperbau aus; sie bleiben aber im Allgemeinen weit
hinter den jüdischen Weibern und Mädchen zurück."

Millin. „Die Jüdinnen zeichnen sich vor den andern Avignoneserinnen durch nichts mehr aus, als durch den hohen Grad ihrer Schönheit."

Rhonebrücke sagen. Die Rhone ströhmt in zwei Betten zwischen Avignon, und dem Städtchen Villeneuve gegenüber, dahin; ihre beiden Arme umfassen die große, schöne, fruchtbare Insel Bartelasse, die sich von Avignon aus beinahe eine Stunde nördlich hinauf durch den Fluß zieht, überall schön angebauet, und mit Pacht- und Gartenhäusern angefüllt ist, da sie sich aber nicht genug über den Fluß erhebt, so wird sie oft, wenn er anschwillt, zum großen Verdruße ihrer Besizer, unter Wasser gesezt. Ueber diese Insel und die beiden Arme des Flusses zog sich ehemals die steinerne Brücke von den Mauern von Avignon bis zu den Mauern von Villeneuve, wo noch der Thurm übrig ist, der ehemals am Ende derselben stand. Zwischen diesem Thurme und der Insel erscheinen noch an einigen Orten in diesem westlichen Rhonearme, Reste von Brückenpfeilern; auch auf der Insel sind noch einige Ruinen von ihr; die schönsten Ueberreste von ihr sind aber noch in dem schmälern, minder reißenden östlichen Rhonearme bei Avignon; hier sieht man noch 4 ungeheure Bogen; unter dem ersten, der an die Stadtmauer stößt, lauft der Kai hin, die andern 3 stehen im Strohme. Ueber dem Pfeiler zwischen dem 2ten und 3ten Bogen erscheint noch die Capelle des heiligen Benezet, der nach der Tradition den Bau der Brücke veranlaßte.

Die Brücke hatte eine Länge von 780 Fuß, und bestand aus 19 Bogen. Sie entstand, wie man an den Brückenbogen sieht, die oben in der Mitte einen Winkel haben, wie die Brücke von St. Esprit, in den Zeiten der Unwissenheit und Geschmacklosigkeit, wo man aber doch Gebäude errichtete, die durch die Größe ihres Planes, und durch die Kühnheit ihres

---

»Die alte steinerne Rhonebrücke, von der noch ein Stück übrig ist, ist ein modernes Werk, in römischem Geschmacke gebauet.«

Baues in Erstaunen sezen.' Die Römer selbst kamen nicht auf
den Gedanken hier eine Brücke über die Rhone zu bauen;
dies schien ihnen vielleicht unausführbar; denn eine solche
Brücke, wäre ihnen sehr nüzlich gewesen, um die narbonnesi-
schen Provinzen, und die Städte am Ufer der Rhone in Verbindung zu bringen. Die Brücke hatte, wie man aus dem
Ueberreste sieht, auch wie die bei St. Esprit, eine so geringe
Breite, daß sie nur für Pferde und Fußgänger gebauet worden zu seyn scheint. Man wußte im 12ten Jahrhunderte nichts
mehr von den Wagen der Römer, und die Erfindung unserer
Kutschen war noch ferne. Herren und Damen reisten zu
Pferde, die Landleute bedienen sich der Esel, und die Kaufleute der Maulesel zur Transportirung ihrer Waaren. Der
Bau der Brücke wurde im Jahre 1180 angefangen. Es war
einem jungen Schäfer vorbehalten, ein so schönes Unternehmen
in Gang zu bringen, und seine Ausführung zu leiten.

Ueber die Entstehung der Brücke, meldet nemlich die
Tradition Folgendes: Benezet (Benedikt) ein Schäfer in
der Gegend von Avignon, erhielt eines Tages da er seine
Heerde hütete, in einer Vision den Befehl vom Himmel, die
Bürger von Avignon aufzufordern, zum Beßten der Pilger,
die nach Rom und dem heiligen Lande wallfahrteten, eine
Brücke über die Rhone zu bauen. Die Schwierigkeit und
Koßtbarkeit des Unternehmens schwächte in den Augen der Bewohner von Avignon die Autorität des neuen göttlichen Gesandten, allein dieser predigte unermüdet den Brückenbau fort.
Der Bischof von Avignon forderte in öffentlicher Volksver-
sammlung, er solle, um einen befriedigenden Beweis seiner
göttlichen Sendung zu geben, einen gewissen Felsblock von
ungeheurer Größe, auf seine Schultern laden, und ihn als
den ersten Grundstein zur Brücke, in den Fluß werfen. Das
Mirakel geschah, Benezet trug den Felsblock aus Ufer. Der

18

Brückenbau wurde nun beschlossen, und war nach 11 Jahren vollendet. Zwischen den Jahren 1660 u. 1670 riß der Strohm einige Bogen weg, und da man die Wiederherstellung der Brücke vernachläßigte, so gieng nach und nach die ganze schöne Brücke bis auf die noch übrigen 4 Bogen zu Grunde.

Bene-et wurde unter die Heiligen versezt, und ihm zu Ehren neben der Brücke ein Kloster erbauet, dessen Mönche ehrwürdige Wohlthäter der Menschheit wurden. Ihre Regel verpflichtete sie, Pilger und Reisende zu beherbergen, die Brücke bei Avignon zu unterhalten, und überall auf der Rhone und auf andern Flüssen dieser Gegend, wo es nothwendig seyn möchte, neue Brücken und Fähren zu bauen; sie wurden daher Fratres Pontifices (Brüder Brückenbauer) genannt. Den Bau der schönen Brücke von St. Esprit sollen sie auch veranlaßt und befördert haben, so wie auch den Bau einer Brücke über die Durance bei Bonpas. Ihr Eifer erhielt sich eine Zeitlang, aber endlich ermattete er: ihr Orden wurde aufgehoben und ihr Andenken hat sich so sehr verloren, daß man jezt nicht einmal den Ort mehr weiß wo ihr Kloster stand. Im mittlern Zeitalter, wo die Geistlichen fast allein noch, sich mit den Wissenschaften beschäftigten, gab es doch welche unter ihnen, die geschickte Architekten waren, mehrere Aebte dirigirten den Bau ihrer Klosterkirchen selbst, nachdem sie den Plan dazu entworfen hatten. *)

Nachdem Herr H. seine Zeichnungen geendigt hatte, so wanderten wir weiter den Kai hinab, um die schöne rothe hölzerne Rhonebrücke und den Cours, der unten daran an der Rhone liegt, zu sehen, auch zu untersuchen was das gewaltige Menschengewimmel auf dieser Brücke zu bedeuten habe.

---

*) S. *Dassawry* les Arts en Angleterre. Tom. I. p. 25. 26.

Der Cours nimmt gerade bei der Brücke seinen Anfang, er besteht aus vielen am Ufer neben einander hinlaufender Gängen und Reihen von Ulmen und Buchen, zwischen welchen unzählige steinerne Bänke angebracht sind. Diese Promenade ist sehr angenehm, man hat hier mannigfaltige, freundliche Aussichten nach dem Strohme, und den hin und her seegelnden Schiffen, nach den 2 baumreichen und waldigen kleinen Inseln, die sich hier hinter einander den Strohm hinabziehen, nach dem jenseitigen anmuthigen Ufer wo man Villeneuve und das Fort St. Andre erblickt, nach der ganz nahen immer belebten neuen hölzernen Rhonebrücke, und nach dem imposanten alten Brückenrest weiter oben, und dem Rhonekai. Wir fanden die ganze Brücke mit ziemlich großen, für den Spaziergänger höchst beschwerlichen Kieselsteinen überführt, und doch waren der auf ihr hin- und herziehenden Lustwandler unzählig viele, wo im Gegentheil die glatten Gänge des Cours ganz leer waren.

Jezt gieng uns auf einmal, da wir uns etwas auf der Brücke vorgedrängt hatten, und schärfer nach der waldigen kleinen Insel jenseits der Brücke, hinüber blickten, ein helles Licht auf. Der Strohm von Menschen, der über die Brücke herüber fluthete, kam aus dem Wäldchen der Insel, das, wie wir bald sahen, ein Lust- und Promenadewäldchen für die Einwohner von Avignon ist. Wir eilten, hinüber zu kommen, und da fanden wir denn ein wahres Jahrmarktsgewühl unter den Bäumen und zwischen den Gebüschen. Glänzende Herren und Damen, Officiere, Geistliche, Schwärme schön gepuzter Mädchen u. Jünglinge, ehrsame, gravitätische Spiesbürger mit ihren Gebieterinnen, kreuzten da durcheinander hin. Da waren kleine Anhöhen, dort schöne Graspläze von Gebüschen umringt, alle zahlreich mit Kindern, mit Mädchen, mit ganzen Familien besezt, die sich ins Gras gelagert hatten und von Herzen fröhlich waren.

In der Mitte des Wäldchens, wo die angenehmsten, besuchtesten Gänge zusammen stießen, hatte ein speculativer Caffetier seine Wirthschaft aufgerichtet, und ein allerliebstes, luftiges, weitläufiges Lusthaus von Bretern und sehr hohem und dickem zusammengefügtem Rohre, aufgebauet, wo allerlei Erfrischungen zu haben waren. Auf der rechten und linken Seite desselben, waren Stühle zu Hunderten mit Tischchen unter Bäumen, auf ebenen Grasplätzen, und auf kleinen Anhöhen zerstreuet, die fast alle mit lebenslustigen Menschen besezt waren, zwischen denen die dienstbaren Geister des Caffetiers, mit Bouteillen, Tassen und Tellern, wie Schwalben umherschosen und sich durchkreuzten. Hier sah ich, wie einige ausgetrocknete alte Herren, mit weissen Haaren und dünnen Storchenbeinen nach schönen Mädchen lorgnetirten, die sich hinter den Bäumen verloren, wie die Knasterbärte an Bäumen angelehnt, und auf den Zehen stehend, sich streckten was sie konnten, um über das Menschengedränge hinweg, ihnen mit ihren Blicken nachzujagen; man merkte es ihren lüsternen Augen und schmunzelnden Lippen wohl an, daß es ihnen besser behagen würde, solche lebhafte, holde Kinderchen, zappelnd und sich sträubend an ihre alten abgenuzten, verkohlten und doch noch glühenden Herzen zu drücken, als gute warme Hasenbälge, die ersprieslicher und nöthiger gewesen wären, für ihren erkalteten Leib.

Weiterhin belustigte mich eine ähnliche Scene, junge schöne Damen, wie Liebesgöttinnen und Grazien, zogen einen langen Gang hinab, und schön gewachsene, zierlich gekleidete junge Herren, die nur Sinn und Auge für sie hatten, feurig hinten drein; giengen jene langsam, so wurden auch kleine Schritte von diesen gemacht; giengen jene schneller, und jagten sie sich, einander sich neckend, so streckten die zärtlichen, entflammten Myrtille und Daphnisse, hinter ihnen auf einmal die Beine zu tüchtigem Ausgreifen, so weit sie nur konnten, aus, um nicht aus ihrer süßen Nähe zu kommen; hier erschien ein corpulentes, jugendlich gepuztes, bejahrtes Weib, die vor Hochmuth plazen wollte, und neben ihr ein eben so wohlbeleibter breiter alter Herr, gravitätisch bedächtlich, weitgeleisig und voll Selbstgenügsamkeit seegelte das holde Paar im Strohme dahin; dort erblickte ich eine hohe, schlanke Gestalt, voll Reiz und Würde, mit einem Minervenhaupte, an der Seite des schönsten Mannes, eines jugendlich blühenden Apolls.

Reizende Menschengestalten beider Geschlechter jagen an uns vorüber; ich konnte nicht rasch genug umherblicken, um nichts Interessantes zu verlieren, um so manches geistvolle, reizende, von reiner Fröhlichkeit überstrahlte Gesicht, so manches liebliche, sanfte, holde oder feuersprühende, wie Sterne am Nachthimmel funkelnde Augenpaar, so manche, Grazien- Junonen- und Antinousgestalten, die vorüber schwebten, noch zu rechter Zeit zu erhaschen. Das war wieder ein reicher, köstlicher Abend, an den ich schon oft mit Vergnügen zurückgedacht habe.

Aber warum ließ sich an einem Orte, wo sich so viele Menschen versammelten, um fröhlich zu seyn, in einem Lande, wo die harmloseste Fröhlichkeit, die Kunst mit ungetrübter Heiterkeit, der Horazischen Vorschrift gemäß, des gegenwärtigen Augenblickes zu genießen, und die Götter für die Zukunft sorgen zu lassen, so recht zu Hause ist, unter Menschen die einen so leichten Sinn, und so leichte Füße haben, kein herzerfreuender, und den Fuß emporhebender Ton einer Violine oder Clarinette hören, um zum Tanze einzuladen, oder doch wenigstens das Gemüth noch mehr zu erheitern, den Abend noch mehr zu verherrlichen? Man hätte so manche zum Tanze einladende Pläze unter einzeln stehenden Bäumen gefunden; wie schön wäre es nun gewesen, wenn hie und da ein Orpheus,

unter einem solchen Baume erschienen wäre, und die Saiten
gerührt hätte, um die herumschwärmenden Dryaden, Nymphen
und Waldgötter zu lustigen Freudensprüngen zu versammeln.

Nur dreimal hatten wir auf unserer fünfmonatlichen
Reise und zwar nicht in Städten, sondern nur auf dem Lande,
bei Altkirch, dann erst wieder in den Pyrenäen und endlich
wieder in weiter Entfernung von denselben, in der Nähe von
Marseille, das Vergnügen einem Tanze zuzusehen, und nur
noch einigemal hörten wir an den genuesischen Ufern und in
Genug selbst, in stiller Mitternacht, liebliche, sanfte Melodien
einer mit Gesang begleiteten Guitarre und Violine, vor unserer Herberge vorüberziehen. Der Krieg konnte unmöglich
Schuld seyn, an dieser musikalischen Todtenstille in Frankreich; wer kann sich besser im Unglücke trösten, und oft sogar
noch lustig seyn, als der Franzose mit seinem leichten Blute
und seinen flüchtigen Gedanken, der noch singen und musiziren
kann, wo der ernstere Deutsche vor Unmuth vergehen möchte?
auch wimmelte es überall, des Krieges ungeachtet, von Jünglingen; wie konnten nun so viele feurige, regsame junge Männer, die glücklich den Feldzügen entronnen waren und nur
immer von den siegreichen Schlachten ihrer Brüder hörten,
wie konnten die so vorzüglich lebhaften, lebenslustigen, nur
Vergnügen athmenden Französinnen so gleichgültig gegen Tanz
und Saitenspiel seyn? wer erklärt mir dieses Räthsel?

Zuverläßig hätte ich in dem kalten Norden, während
einer so langen Reise durch Rußland und Polen, jede Woche
irgendwo Musik gehört und einen Tanz gesehen. Ich erwartete beim Antritte meiner Reise in ein Land, wo eines der
lustigsten, harmlosesten, leichtgesinntesten Völker des Erdbodens lebt, wenigstens an den Sonn- und Feiertagen in
den Dörfern und Städten, von allen Seiten her fröhliche
Tanzmelodien erschallen zu hören, und öfters Zeuge von ächter

französischer Lustigkeit zu seyn; aber wie sehr betrog ich mich in meiner Erwartung! es war überall von Basel bis an die Grenzen von Spanien, und von da bis nach Genua, und auf die beschneiten Gipfel des großen Bernhard, still und todt wie in der Marterwoche.

Den folgenden Morgen, frühe, giengen wir wieder nach dem Lustwäldchen; hier zeichnete Herr H. einen Theil der westlichen Ansicht der Stadt, in welcher der Kalkhügel Dons, und die auf seinem obern Abhange stehende päbstliche Burg, einen ansehnlichen Plaz einnehmen; wir wanderten nachher queer über die untere Inselspize hinüber nach dem westlichen Rhonearm, über den uns eine Fähre in einigen Minuten sezte. Ein dickes Seil lauft hoch über den Strohm hinüber und ist an 2 Piramiden befestigt die an beiden Ufern errichtet sind; in schiefer Linie lauft von diesem Seile, ein anderes Seil nach der Fähre hinab, an die es angeknüpft ist, so wie es oben beim horizontalen Seile an einer blechern Büchse befestigt ist, durch deren Seitenwände, das horizontale Seil lauft; ohne alles Rudern bewegt sich nun die Fähre über den Strohm; die Büchse bleibt oft eine Weile oben am Seile sizen, indeß sich das Schiff queer über den Fluß bewegt und von ihr entfernt, dann schießt sie auf einmal mit ziemlichem Gerassel über ein großes Stück des Seiles hinweg und kommt der Fähre wieder ganz nahe. Wir wanderten nun nach dem großen alten Thurme, bei dem die alte steinerne Brüke, die über die Insel herüber kam, sich ehemals endigte. In seinem Innern fanden wir halb zerfallene steinerne Treppen, und stiegen zu einer Terrasse hinauf, die an seiner Vorderseite angebracht ist. Hier hatten wir eine unvergleichliche Aussicht, nach den zwei breiten Armen des Strohmes und seinen Inseln, nach dem mahlerischen Brückenreste, der schönen Stadtmauer, der päbstlichen Burg und ihrem Hügel, nach der endlos nach

Norden und Süden sich ziehenden, herrlich angepflanzten Ebene, nach den nahen und fernen Gebirgen, unter denen nordöstlich der Ventour sich glänzend erhob; auf unserer linken Seite erblickten wir ganz nahe das einen Hügel hinauf sich ziehende Villeneuve, und weiterhin in der Höhe das Fort St. Andre, beide bilden zusammen, mit ihrer Umgebung von Kalkhügeln und Baumpflanzungen auf ihnen, eine schöne mahlerische Partie. *)

Villeneuve les Avignon hat unstreitig Avignon seinen Ursprung zu danken; hier sieht man auf einem freundlichen Hügel die Ruinen des ehemaligen berühmten Carthäuserklosters, das eine sehr angenehme Lage hatte. Die Mausoleen der Päbste und Cardinäle, die es in sich schloß, sind verschwunden, seine reiche Bibliothek wurde zerstreuet; der größte Theil der Gemählde der beiden Mignard, womit sie geziert waren, sind verloren, nur noch einige schmücken die Kirchen von Avignon und Villeneuve. Die edle Einfalt in der Verzierung der Kirche machte den Carthäusern Ehre. In einer Nebenkapelle befand sich das Grabmal Innocens VI.

*) „Nachdem wir den Kalkfelsen erstiegen hatten, der Avignon gegenüber das westliche Rhoneufer bildet, so warf ich noch einmal meinen Blick nach den reichen und schönen Ebenen des Comtats, und nach den glücklichen Ufern der Rhone, und schweifte in Gedanken bis an die äußersten Grenzen der liebenswürdigen Provence, aus der ich so theure Erinnerungen mitnahm. Villeneuve von diesen Höhen betrachtet, bildet auch eine angenehme Ansicht, deren Wirkung durch das Schloß St. Andre erhöhet wird. Bei Villeneuve ist man auf den Grenzen des alten Languedoc und des Garddepartements. Man findet bis Remoulins nichts als einen dürren, unangebauten Boden; man sieht nur einige Gebüsche die sich zwischen den Steinen durchgedrängt haben; der Kalkboden ist fast ganz nackend; bald da bald dort ist ein minder ödes Plätzchen, wo man Korn oder Reben gepflanzt hat, und wo einige armselige Oelbäume stehen.".

das um seiner besondern Struktur willen gesehen zu werden
verdiente. Die gothische Kunst schien alle Schönheiten, deren
sie fähig war, an diesem Grabmal verschwendet zu haben.
Das Bild des Pabstes lag auf einem viereckigen Sarkophag;
über demselben erhob sich ein Wald von Verzierungen nach
gothischer Zeichnung, alles so rein, so schlank, so kühn aufge-
schlungen und in einander geflochten, daß man dem Künstler,
der alles das aus einem Blocke herausarbeitete, seine Bewunderung nicht versagen konnte.

Pabst Innocens VI. besaß die rühmlichsten Eigenschaften.
Er schaffte, wie Ganganelli, manche Misbräuche bei den
Mönchen ab; er war der Stifter dieses Carthäuserklosters,
und wählte sich sein Grab in demselben. In Villeneuve besizt Mr. L'Abbé Malosse ein kleines Cabinet von Alterthümern, die in diesem Lande gefunden wurden, unter Anderm besizt er eine schöne marmorne Urne. Auf einem ein
wenig mehr nördlich liegenden Kalkhügel, an dessen Fuße
Villeneuve auch liegt, erblickt man das Schloß St. Andre,
mit hohen gewaltigen Mauern und Thürmen, die in den Zeiten vor Erfindung des Schießpulvers unüberwindlich scheinen
konnten. Das Schloßthor wird von zwei runden ungeheuern
Thürmen vertheidigt. Ludwig VIII. ließ dieses Schloß im
Jahre 1226. erbauen; es war damals einer der Wälle von
Languedok. Innerhalb der Mauern dieser Burg liegt ein
prächtiges Benediktinerkloster, das ehemals sehr reich war;
die Aussicht auf der Terrasse vor dem Hauptgebäude ist außerordentlich schön. *)

---

*) „Ist man von Nimes aus nach Remoulins gekommen,
in dessen Nähe die prächtige Gardonbrücke ist, so hat man noch mehrere
Stunden durch ein trockenes, wenig fruchtbares und streckenweis ganz
ungebautes Land zu reisen, um nach Villeneuve und Avignon zu kom-

Wir kehrten nun wieder nach Avignon zurück, um den päbstlichen Palast, und die berühmte prachtige Aussicht kennen zu lernen, die man auf dem nördlichen, höchsten Theile des Felsen hat, auf dessen südlichem Abhange der Palast sich majestätisch hinzieht, und welchen weiter hinab, ein Theil der Stadt bedeckt, deren größter Theil östlich, und südöstlich am Fuße des Felsen liegt. Der päbstliche Palast ist ein ungeheuer langes und hohes, sonderbares, gothisches Gebäude; er hat ein sehr mahlerisches und drohendes Ansehen, und hat mit seinen enormen, mit Schleßscharten und Schuzwehren in der Höhe versehenen Mauern und Thürmen, mehr Aehnlichkeit mit einer festen Burg aus den Zeiten, wo die Vasallen der Fürsten einander befehdeten, als mit der Wohnung des Oberhauptes der Kirche, und des Stellvertreters des Gottes des Friedens. *)

---

men. Ebenen, mit Kieselsteinen angefüllt, wo kaum einige dürre Gesträuche zwischen den Steinen stehen; Hügel, wo kaum ein Zoll unfruchtbare Kieselerde die Kalkfelsen deckt; ganz nackte verwitterte Felsmassen, wechseln da mit einigen steinigen Feldern und Rebenpflanzungen ab. Nur zwei- oder dreimal erholt sich das Auge, das unruhig nach den Geschenken der vegetirenden Natur umherblickt, an einigen Oelbäumen, die in Vertiefungen zwischen den Hügeln stehen, oder an grünen Gesträuchen, die eine weniger rohe Anhöhe decken. Auf der Höhe über Villeneuve fand ich mich auf einmal in einer neuen Welt; eine unabsehbare Ebene breitete sich vor meinen Augen aus, wo die Natur alle ihre Reize und Schäze verschwenderisch gehäuft hat; welch ein herrlicher Fleck auf Gottes Erde! Diese ganze Gegend, welche bis an die erste Hügelreihe ganz in der Ferne, die das große Bassin umschließt, und im Süden bis an die Durance geht, macht die Herrschaft Avignon und die Grafschaft Venaissin aus."

*) „Die päbstliche Burg, die man le Château nennt, ist auf einem Kalkfelsen von mäßiger Höhe gebauet; dieser ist so geräumig, daß außer diesem ungeheuern Gebäude, eine große Kirche, das Münzgebäude, der bischöfliche Palast, und noch viele Häuser und zwei große Pläze Raum

Dies sein kriegerisches Aussehen, weckte daher auch schnell
in mir die Erinnerung an die Päbste, die hier in wildem
Grimme, feindselige, verderbliche Bannflüche aussprachen;
auf den hohen Zinnen der Burg erblickte ich die düstern Schattenbilder eines Clemens V., eines Johann XXII. und Clemens VI., sah, wie sie mit aufgehobener schreckender Rechte,
dem Donnergotte gleich, ihre glühenden Blitze über Avignon
hinweg schleuderten, der erste gegen Venedig, der 2te gegen
Mailand, gegen Deutschland nach dem Kaiser Ludwig von
Baiern, und gegen Italien, nach seinem Gegenpabste, der 3te
gegen Mainz, und gleichfalls nach dem guten Kaiser Ludwig.

Das colossale Gebäude ist aus bräunlich gelben Quadersteinen erbauet, die aber sehr durch die Zeit geschwärzt und
benagt sind. Durch einen gewölbten Thorgang kommt man in
den weiten Burghof; hier erblickten wir auf allen Seiten die
greulichsten Verwüstungen, überall Schutthaufen ganz und halb
niedergerissener ungeheuer hoher Mauern; das schauerlichste
Bild der Verheerung lag um uns her. Um diesen weiten,
hohlen, öden Raum zu beleben und zu bevölkern, dachte ich
mir dies noch immer majestätische Gebäude in seiner alten,
größten Herrlichkeit unter Clemens VI., der alles zu seiner
höchsten Verschönerung that. Lebhaft dachte ich mir die prächtigen Feste, die in diesen Zeiten des höchsten Glanzes des
römischen Hofes, hier gegeben wurden; ein fröhliches Gewimmel von schönen brillanten Damen, von weltlichen und

---

haben. Ein Theil der Stadt lehnt sich auf der Südostseite desselben
an ihn an; gegen Westen ist er senkrecht abgeschnitten. Zwischen seinem Fuße und dem Rande des Rhoneufers zieht sich ein schmaler Weg
hin. Man genießt in dieser hochliegenden Burg eine prächtige Aussicht
in die Landschaft umher. Dies Gebäude war 70 Jahre die Wohnung
der Päbste von Avignon, und nachher der Vicelegaten."

geistlichen Herren zogen an mir vorüber durch den Burghof, die ungeheure noch rechter Hand vorhandene Treppe hinauf in die weiten Säle zum Feste; von lautem festlichem Jubel, und fröhlichem harmonischem Getöne wiederhallten die hohen Gemäuer; am gothischen Fenster oben erschien der heilige Vater, der schönen Gräfin von Turenne, der Inniggeliebten zur Seite.

Neuer Jubel erscholl vor der Pforte, ich sah im glänzendsten Pompe die schöne junge Königin Johanna von Neapel, die Gebieterin von Avignon, an der Seite ihres Gemahles, von allen Cardinälen begleitet, unter königlichem Prachthimmel, mit schimmerndem Gefolge von Damen und Herren in den Burghof hereinziehen, und im prächtig geschmückten Hofe den Vater der Gläubigen ihr entgegen eilen, und sie mit aller französischen Galanterie, und aller Würde eines Gebieters über Himmel und Erde, bewillkommen.

Nachdem ich mich ein Weilchen an solchen Bildern einer längstverschwundenen glanzvollen Zeit, von Trümmerhaufen alter Herrlichkeit umringt, ergözt hatte, so giengen wir nach der gewaltig hohen und breiten steinernen Treppe hin, die rechter Hand in der Tiefe des Hofes nach den höhern Stockwerken des rechten Flügels hinauf führt, aber wir fanden leider bald eine durchsichtige verschlossene Thüre, hinter der ein weiter düsterer und langer Gang erschien. Der Aufseher der Burg war abwesend, wir konnten also mit dem Innern dieses Theiles der Burg uns diesmal nicht bekannt machen, und entfernten uns. Ueber dieses, von mir nicht gesehene Innere der päbstlichen Burg, will ich, um hier nicht eine Lücke zu lassen, einige Nachrichten aus Reisebeschreibungen beifügen.

„Die rechter Hand im Schloßhofe noch vorhandene Treppe führt in verschiedene Stockwerke; man irrt hier in ganz leeren

Sälen umher, in denen man keine andere Spuren, als die der
Spinnen, der Nachtvögel und Fledermäuse sieht, die sich hier
häuslich niedergelassen haben. Die Zimmer der Burg sind
alle ungeheuer groß, hoch und öde, beinahe alle haben gewölbte
Decken, und schwarze nackte Wände. Das Zeughaus sieht
einer Kirche ähnlich; über dem Gewölbe desselben, ist die ehemalige päbstliche Capelle, durchaus leer und nackt, und nur
mit schwarzen Spinnengeweben tapezirt; neben der Capelle
befindet sich das Consistorium, wo sich ehemals der Pabst und
die Cardinäle versammelten, wo auch einst die Königin Johanna
eine Rede hielt, um ihre Unschuld, in Absicht der Ermordung ihres
ersten Mannes, zu vertheidigen, in eben demselben Zustande."

„Die Zimmer des Vicelegaten, in einem andern Flügel,
haben noch einige schwache Reste von Verzierungen und Vergoldungen, diese waren vor der Revolution, der einzige Theil
des Gebäudes, der noch gut erhalten war; aber seit dieser
Epoche ist er eben so gut, wie die andern verwüstet worden,
und es ist nichts mehr davon übrig als die Mauern und Ver-
täfelungen. Wir stiegen endlich auf das Dach der Burg;
hiebei muß man die größte Vorsicht brauchen, um nicht mit
Stücken der Decke, die von Zeit zu Zeit in die Zimmer unten
fallen, herabzustürzen. Ueberall sieht man Abgründe unter
sich, und Spuren von Mishandlungen durch die Hand der
Zeit und der Menschen; aber man genießt hier einer sehr ausgedehnten Aussicht über die ganze Stadt und Gegend, welche
leztere durch ihre Fruchtbarkeit und die Mannigfaltigkeit ihrer
Pflanzungen, einen entzückenden Anblick darbietet." *)

---

*) Um diese Aussicht nach ihrer ganzen Ausdehnung zu genießen,
braucht man gar nicht mit Gefahr Arm und Beine, oder gar den Hals
zu brechen, auf das Dach der päbstlichen Burg hinauf zu klettern, da
gleich in der Nähe auf der höher liegenden Plateforme des Felsen, die
Aussicht noch ausgedehnter ist.

„Man muß aber von dieser Höhe herab, nicht nach dem Garten der Burg, und nach dem ihm gegenüberstehenden grossen Thurme der Burg hinblicken, in denselben wurden die Leichname so vieler unglücklicher Schlachtopfer geworfen, die in der Nacht des 16ten Octob. 1791. erwürgt wurden; mit Schrecken wendet sich das Auge von ihm weg, die Zunge weigert sich seinen Namen auszusprechen, man nennt ihn den Eiskeller von Avignon."

Matthison. „In der päbstlichen Burg hat Jourdans Rotte Greuelthaten verübt, die in der Weltgeschichte ohne Beispiel sind, und hoffentlich auch ewig bleiben werden. Das Blut ihrer Schlachtopfer war durch die ungeheuern Säle geströhmt, wo, unter Pabst Clemens VI. einem sardanapalischen Weichlinge, nur der Jubel üppiger Gelage von den hohen Gewölben zurückhallte, und wo diese Spottfigur von einem Statthalter Gottes, zu den Füßen der schönen Vicomtesse von Turenne, die 3fache Krone, samt den Schlüsseln des Paradieses, anbetend niederlegte. Von den Unmenschlichkeiten der Jourdanschen Horde, hat man kaum die Hälfte durch die öffentlichen Blätter erfahren. Man erzählte mir die gräßlichen Schicksale einiger Einwohner dieser unglücklichen Stadt. Die zum Tode bestimmten Schlachtopfer, wurden mit raffinirter Grausamkeit, unter kannibalischem Frohlocken, oft Tagelang gemartert und zulezt, nicht selten noch lebendig in den Eiskeller geworfen. Eine Mutter sah wie man ihre zwölfjährige Tochter, vor ihren Augen, erst auf die unerhörteste Art mishandelte, und dann an Händen und Füßen verstümmelt in den Abgrund stürzte. Bald wurde sie eben so mishandelt und eben so verstümmelt mit dem Leichname ihrer Tochter vereint.

Es ist erwiesen, daß beide noch am Leben waren, als sie
nach dem Eiskeller geschleppt wurden."

„Nach der Verhaftung Jourdans und seiner Mitschuldi-
gen, wurden die Leichname der Gemordeten aus der Eisgrube
hervorgezogen und feierlich zur Erde bestattet; die schauder-
hafte Beschreibung dieses Leichenbegängnisses enthält der Moniteur. Die Avignoner leben in unaufhörlicher Furcht, seit
der Dröhung der Marseiller, den Jourdan und seine Genossen,
mit gewaffneter Hand wieder in Freiheit zu sezen. Fast alle
vornehmen Familien sind ausgewandert, und die schönsten
Häuser der Stadt sind menschenleer." *)

Die Erinnerung an diese Stelle, die ich schon vor meiner Reise gelesen hatte, und an das was ich ehemals von
Jourdan und seiner Bande in den Zeitungen fand, erwachte
in mir als ich noch auf der Treppe der Burg stand; ich warf
in Gedanken einen Blick in den ganz nahen berüchtigten Eiskeller; sah in dieser Mordgrube ganze Haufen grausam verstümmelter Unglücklicher auf einander geworfen, zum Theil

---

*) „Auf dem Felsen Dons erblickt man den Palast, den der
Vice-Legat bewohnte, und die Trümmer des Thurmes Glaciere, wo
Jourdan, dem man den Zunahme Coupe-tête (Kopfabhauer) gab,
seine Schlachtopfer begrub. Seine Wuth erstreckte sich noch auf die
Todten, nachdem sie sich an den Lebenden ermüdet hatte. Er ließ die
Grabmäler des Alain Chartier, der schönen Laura und des braven
Crillon, so wie die Mausoleen mehrerer Päbste, zerstören."

„Die Frau von Montague, die manche schöne Prospekte
auf ihren Reisen sah, vergaß ohne Zweifel den von Constantinopel,
als sie behauptete, sie habe auf diesem Felsen die schönste ländliche Aussicht gefunden, die ihr je in ihrem Leben, Wharnliffe ausgenommen,
vorgekommen seye."

noch lebend; ich sah sie die blutigen Gliederreste noch bewegen, sah gräßliche Zuckungen der Verzweiflung und Todes-
angst in den blutbespritzten Gesichtern der Sterbenden, hörte
ihr Winseln, Röcheln und Stöhnen, vernahm die lezten er-
mattenden Laute der Verscheidenden; ich sah zur Ermordung
bestimmte Unglückliche, wie sie von ihren Henkern die Treppe
heraufgeschleppt wurden, ich sah ihre todtenblassen Gesichter,
und ihre Verzweiflung, ich sah ihr Haupt zur Erde stürzen
unter dem Mordbeile, sah wie die Barbaren ihren blutigen
Leichnam die Treppe herunter warfen, was bei vielen geschah.
Ein Grauen und Entsezen überfiel mich, ich eilte die schreckliche Treppe herab, zum Burghofe hinaus, und mochte nicht
wieder zurück.

Nachdem die Päbste Avignon verlassen hatten, wohnten
in dieser Burg noch einige Nebenpäbste, und die Vicelegaten
bis zum Anfange der Revolution, wo Avignon und Venaissin
mit Frankreich vereinigt wurden. Der Vicelegat war meistens weder Priester noch Cardinal. Als der Gegenpabst
Benedikt XIII. in dieser Burg von einer französischen Armee
belagert wurde, so entstand darin ein fürchterlicher Brand,
von dem man noch in den langen Gängen unverkennbare
Spuren findet. Die Burg und die Cathedralkirche Notre
Dame de Dous, die linker Hand auf der Nordseite der
Burg steht, sind durch die öffentlichen Gefängnisse verbunden,
welche zwischen beide hinein gebauet sind. Die Gefangenen
sehen auf den öffentlichen Plaz herab, und riefen ehemals
jeden der da vorbei in die Kirche gieng, um ein Allmosen an;
zwanzig Stimmen erhoben sich zugleich aus den verschiedenen
Löchern der Gefängnisthürme; jeder dieser Elenden suchte
den andern zu überschreien um die Aufmerksamkeit auf sich
zu ziehen. Auf dem Boden vor der Hauptthüre des Gefäng-
nisses lagen die Hüte derselben in einer Reihe und mit Stel-

nen beschwert, daß der Wind sie nicht wegtragen möchte; trat man hinzu, so schrien die Gefangenen in die Wette, jeder bat, daß man seinen Hut bedenken möchte, und man hatte nicht Ruhe, bis man in jeden eine Gabe gelegt hatte.

Die Kirche Notre Dame de Dons, neben der Burg, ist die schönste unter den Kirchen, welche die revolutionäre Zerstörung überlebt haben; man behauptet das Portal sey römisch; die Kapitäler der Säulen aber, die von einer Bastardordnung sind, sind dieser Behauptung nicht günstig; auch hat das Ganze keinen vollkommenen antiken Charakter. Allgemein glaubt man, daß einst auf dem Plaze dieser Kirche, ein Tempel des Hercules und auf der Plateforme des Hügels ein Dianentempel stand; man sieht aber weder von dem einen noch von dem andern die geringste Spur. Auf die Entdeckung einer Statue des Hercules mit einer Inschrift, welche diesem Gotte den Beinahmen des Avignoners gab, stüzt man die Vermuthung, daß hier ein Tempel des Hercules stand. Diese Kirche ist ein altes gothisches Gebäude mit einem hohen viereckigen Thurme ohne Spize. Die Gemählde und Mausoleen, die sie einst schmückten, und der reiche Schaz der Sacristei, sind verschwunden. In der Nähe der Burg ist ausser dem großen Plaze vor derselben, das Münzgebäude und der erzbischöfliche Palast. Die ziemlich geräumige Plateforme nördlich über der Kirche, zu der man auf einem rauhen Felsenpfade hinaufsteigen muß, heißt La Roque.

Voll der angenehmsten Erwartungen stieg auch ich zu diesem vortrefflichen Observatorium hinauf. Die Aussicht, die ich hier hatte, gehört zu den schönsten, die ich in der Entfernung vom Meere, mitten auf dem festen Lande auf meiner Reise fand, sie war entzückend. Man hat, wenn man oben auf dem Hügel angekommen ist, eine ziemlich lange und breite ebene Grasfläche vor sich, an deren Rande man Reste einiger

19

Windmühlenthürmchen sieht. In der Mitte derselben würde
sich ein, in italienischem Style gebauetes, mit Säulen reich
verziertes Landhaus, vortrefflich ausnehmen, es würde ein
großer Schmuck der Landschaft, die Krone von Avignon, und
wegen den herrlichen Aussichten nach allen Seiten eine be-
neidenswerthe Wohnung seyn. Von diesem Nebo blickt man
in ein wahres Canaan hinab, und gegen Norden und Süden
verirrt sich der Blick in endlose Fernen.

Tief unten, östlich am Fuße des Felsen, liegt das düstere
graue Avignon, mit seinen enge zusammengedrängten Häusern,
mit seinen vielen Thürmen, Kirchen, Kapellen, Klöstern,
Spitälern, in weitem Bogen; von Norden herab dehnt sich
mit Dörfern, Städtchen, Landhäusern besäet, mit Kornfeldern,
Wiesen und zahllosen mahlerisch verstreueten Gruppen und
Wäldchen von Maulbeeren, Oliven, Pappeln ꝛc. bedeckt, mit
Wässerungscanälen durchzogen, die grenzenlose Ebene nach
Süden hinab, auf ihrer Offseite erscheint der Ventoux mit
seinen Gebirgketten; nordöstlich auf der Ebene schimmerten
aus einem Walde von Oelbäumen hervor die schönen gelben
Mauern von Carpentras; südöstlich erscheint auf einem Felsen
mitten in dem dunkelgrünen üppigen Thale, eine alte Burg,
„wie ein ernster Gedanke in einer Geßnerschen Idylle” es
sind die Trümmer des Schlosses Renard, auch erblickt
man in dieser Gegend die Durance und sonst noch allerlei
nach Süden hinab sich ziehende zackige Felsengruppen: Von
Norden kömmt in schönen, glänzenden Schlangenwindungen,
die breite Rhone durch die paradiesische Ebene herab und umfaßt die, eine Stunde weit nach Norden von Avignon aus
sich dehnende, höchst fruchtbare Insel Bartelasse, deren
südlichste Spize gerade unten, ganz nahe beim Felsen, erscheint; auf ihr erblickte ich eine Menge angenehmer Gärten,
mächtig großer Felder, mit reifer goldner Saat bedeckt; und

von unzähligen regelmäßig gepflanzten Reihen dunkler Bäume
umringt; neben ihnen zogen sich üppig grünende Wiesen hin,
und zwischen Gebüschen und Baumgruppen, glänzten weisse
freundliche Wohnungen hervor.

Die beiden neben dieser schönen Insel sich herab winden-
den glänzenden Arme des Strohmes, gewähren einen prächtigen Anblick. Auf der rechten Seite des westlichen Armes
erblickte ich am fernen westlichen Himmel die dämmernden
Cevennen, wie niedrig gelagertes Sommergewölke; und näher
eine Reihe von Kalkhügeln die neben dem Strohme nach
Süden hinabstreichen, da und dort mit Rebenpflanzungen und
Waldpartien bedeckt sind; auf einem solchen Hügel erscheint
das Fort St. Andre mit seinen mahlerischen Thürmen und
Mauern, und seinem ansehnlichen Benediktinerkloster;
und am Abhange einer gleich daneben liegenden Anhöhe, das
Städtchen Villeneuve, mit den Ruinen seines Carthäuserklosters. Die jenseitigen Ufer sind mit zerstreueten
Gruppen und Reihen von Bäumen geschmückt; mahlerisch
dehnen sich die kleinern waldigen Inseln neben dem nähern
östlichen Arme des Flusses hinab, der mit 2 Brücken prangt.
Auch dieses reiche, entzückende Gemählde erblickte ich im
milden Schimmer der Abendsonne.

Während ich so in wonnevoller Begeisterung da stand,
und mich nicht satt sehen konnte an dieser glänzenden Ge-
mähldeausstellung der unerschöpflichen, und immer bewunderungswürdig schaffenden Natur, kam ein Mann von feinem
Wesen und mittlerem Alter, der ein liebliches Töchterchen
von etwa 3 Jahren bei sich hatte, das fröhlich um ihn her
hüpfte, und mit dem er väterlich tändelte, mir immer näher;
endlich stand er still und blickte ebenfalls mit sichtbarem Vergnügen in das Elysium hinab. Es entspann sich ein Gespräch
unter uns, das mit Lobsprüchen auf die reiche Natur anfing,

die vor uns lag; als er hörte, daß ich die Pyrenäen und
einen Theil der Küsten des mittelländischen Meeres bereisen
wolle, so wurde er auf einmal ganz lebendig, und sagte mir,
daß er die Pyrenäen auch näher kenne, gewisse Gegenden
derselben mit Vergnügen durchstreift, und seine Wanderungen
in einer kleinen Schrift, mit dem Titel: Un Mois de séjour
dans les Pyrenees, geschildert habe, daß er Azaïs heiße, und
ein großer Litteratur- und Kunstfreund seye.

Ich hörte nachher auch von ihm, daß er an einem grossen physischen Werke arbeite, das aus 8 Bänden in Octav
bestehen würde, und den Titel habe: Systeme universel. Ich
unterhielt mich eine gute Weile mit diesem liebenswürdigen
und kenntnißreichen Manne; die immer größer werdende Un-
ruhe seiner Kleinen, die etwas während unsers Gespräches
vernachläßigt wurde, nöthigte ihn endlich, mich zu verlassen,
um sie nach Hause zu bringen; er versprach aber, da er nicht
weit unten in der Stadt wohne, in einer Viertelstunde wieder bei mir zu seyn, und sezte bei, daß er seine Frau mit-
bringen wolle, nebst seiner Reisebeschreibung. Er hielt wirklich sein Versprechen, kam bald wieder an der Seite seiner
Gattin den Felsen herauf, und hatte das Buch in der Hand.
Mit diesem Buche machte er mir nun, meiner Protestation
ungeachtet, ein Geschenk; auch hatte der höchst freundschaft-
liche Mann, zu Hause einige Zeilen auf das vordere weiße
Blatt geschrieben, worin er mich seinem Freunde, einem trefflichen Maler in Bagneres, Mr. Jalon, dringend empfahl.

Dieses hohe Maaß von Güte überraschte mich ausserordent-
lich und rührte mich im Innersten. Doch konnte das freund-
schaftliche Interesse, das dieser liebenswürdige Gelehrte für
mich äusserte, unmöglich größer seyn, als das herzliche Wohlwollen, und die innige Achtung, mit der ich gegen ihn erfüllt war. Jeder von uns fand bei dem andern eine auf-

richtige, warme Liebe, zum Wahren, Guten und Schönen;
wir fühlten, daß wir beide zu einer Ordensgesellschaft gehörten, in der sich Menschen aus allen Nationen, von allen
Religionen und Ständen, die Hand zu herzlicher Freundschaft
bieten, und die sich schnell und ohne zu irren, als Brüder
erkennen, zum Orden guter, und das Gute redlich liebender
Menschen.

Mad. Azais war eine junge, sehr schöne und höchst ein-
nehmende Person; anspruchlose Grazie, holde Weiblichkeit und
Güte, vereinigte sich bei ihr mit hoher Bildung, und vielem
Verstande, und dies alles kündigte sich sogleich in ihren seelenvollen Augen an.   Mad. Azais ist Schriftstellerin, sie schrieb
das aus 2 Octavbändchen bestehende Werk: Six Nouvelles,
Paris 18 0. Diese 2 liebenswürdigen Menschen drangen sehr
in mich noch einen Tag länger in Avignon zu bleiben, und
ihnen diesen Tag zu widmen; sie wußten nemlich, daß ich den
folgenden Tag weiter reisen wolle. So sehr nun Herr und
Mad. Azais allen Forderungen meines Geistes und Herzens
Genüge zu leisten im Stande waren; so innig ich mich zu
ihnen hingezogen fühlte, so sehr ich sie zu den wenigen Menschen rechnete, in deren Umgange ich mein ganzes Leben zubringen möchte, so fühlte ich doch, daß ich, ob ich gleich
jede französische Schrift und jeden französisch Sprechenden
vollkommen verstehe, und mich für die gewöhnlichen Bedürfnisse des Lebens, hinlänglich im Französischen ausdrücken kann,
noch nicht Uebung genug im Sprechen des Französischen habe,
um mich einen ganzen Tag, mit Personen von so hoher Bildung unterhalten zu können, ohne daß die Conversation für
sie und mich am Ende etwas drückend und peinlich werden
möchte.   Ich theilte ihnen aufrichtig meine Bedenklichkeit mit;
mit allen Zeichen des Bedaurens, gaben sie endlich nach mancherlei Einwendungen nach, und so trennte ich mich, mit

den Gefühlen der innigsten Verehrung und Wehmuth, von
diesen zwei trefflichen, interessanten Menschen. Das war ein
zweiter froher Abend, den ich in Avignon verlebte, und den
ich nie vergessen werde. Am vorigen Abende, sah ich fröhliche Menschen zu Hunderten, und ergözte mich an den mannigfaltigen Aeußerungen ihres Wohlbehagens; an diesem dagegen lernte ich, umringt von einer paradiesischen Natur,
zwei gute und geistvolle Menschen kennen und lieben, die mich
auch ihres Wohlwollens werth fanden, und im Begriffe waren
mir ihre Freundschaft zu schenken.

In den schönen Mauern von Avignon findet man 7 Thore;
das vornehmste ist das Thor von Oule, das unter Pabst
Pius VI. erbauet wurde; es ist von einem sehr schönen Charakter, aber die Attika ist zu plump und zu hoch für die Oeffnung des Bogens. Hinter und über den Stadtmauern, steigen kühne Glockenthürme in Menge empor; wegen ihrer großen Zahl nannte ehemals Rabelais, Avignon die tönende
Stadt. Die meisten zu diesen Glockenthürmen gehörigen
Gebäude, werden itzt zu andern Zwecken benuzt. Das Innere der Stadt stimmt gar nicht überein, mit der Schönheit
ihrer Mauern, und der sie umgebenden reizenden Landschaft.
Die Gassen sind größtentheils enge, winkelig, schmuzig, wie
in allen alten Städten, und haben meistens schlechte Häuser;
nur einige sind breit und gut gebauet. Es giebt hie und da
schöne in italienischem Geschmacke erbauete Paläste, aus den
Zeiten der wiederauflebenden Baukunst, z. B. das Hotel Crillon und Cambis. Manches edle Geschlecht, das in der
französischen Geschichte berühmt ist, bauete sich hier seinen
Familiensiz, unter den Flügeln der ruhigern päbstlichen Regierung, während das französische Reich unter der Geisel
bürgerlicher Kriege blutete; und diese adelichen Familien sind
es, die hier Wohnsize wie Paläste haben. Die Gassen werden

häufig im Sommer mit Tüchern bedeckt, ein Gebrauch den man in allen Städten der Provence findet.

Daß eine päbstliche Stadt, die 68 Jahre lang der Siz des Pabstes war, und zu einer Zeit, wo alle Tugend auf der Freigebigkeit gegen den Priesterstand, alle Hoffnung der Seligkeit auf frommen Stiftungen beruhte, daß eine solche Stadt, eine Menge von Klöstern, Kirchen, Bruderschaftskapellen, Spitälern, Pilgrimshäusern, und anderer Mönchs- oder Bettleranstalten, im Ueberfluß besitzen werde, kann man sich leicht denken. Auch zählte man wirklich 8 Chorherrenstifte, 36 Klöster, 7 Pönitentenbrüderschaften, die alle ihre Stiftungen, Einkünfte, Capellen und besoldete Priester hatten; 3 Priesterseminarien, und 10 Spitäler in Avignon, und dann noch das Inquisitionshaus. Kein einziges unter so vielen geistlichen Gebäuden nimmt sich durch schöne geschmackvolle Zeichnung und Anordnung aus. Ihre Gründung gehört ins 14te Jahrhundert, wo die Päbste mit ihren Goldgruben anwesend waren, und wo die schöne Baukunst noch nicht wieder aus ihrem Schlafe erwacht war. Da die Päbste aus Avignon verschwanden, war die Zeit der Erndte für die geistlichen Reichthümer vorüber. Meisterstücke der Baukunst darf man also hier nicht suchen, auch keine der Bildhauerei und Mahlerei.

Die Wirkungen der Revolution sind in keiner Stadt blutiger und schrecklicher gewesen als in Avignon, die Verwüstung wurde hier aufs äußerste getrieben. Die Klöster, die Capellen der Pönitenten, die Kirchen jeder Art, die im XIV. Jahrhundert, als sich der päbstliche Stuhl hier befand, mit mehr Pracht als Geschmack erbauet worden waren, sind, so wie alle Monumente die sich darin befanden, zerstört worden. Der größte Theil der öffentlichen Gebäude, welche die Neugierde der Reisenden auf sich zogen, wurden zerstört, oder ihrer Reichthümer, ihrer Gemählde, Statuen, Monumente beraubt.

Vergebens würde man jetzt die Grabmäler der Päbste, der schönen Laura, des braven Crillon *), des Alain Chartier, den man den Vater der Beredtsamkeit nannte, suchen; diese der religiösen Würde, der Schönheit und Tapferkeit errichtete Monumente, wurden alle während der Revolution durch die Jourdanische Rotte zerstört. **) Die Gemählde der Kirchen, von denen die besten von Parrocel, Mignard und andern Mahlern der 2ten Klasse, waren, wurden zerstreut; das Skelett, das König Renatus gemacht haben soll, wurde zerrissen.

In der Franciscanerkirche war außer dem Grabmale Crillons, den Heinrich IV. seinen braven Crillon nannte, Lauras Grabmal, die ihrem Gemahle, Hugo von Sade, während Petrarca in mehr als 400 Sonnetten und Canzonen seine glühende Leidenschaft für sie ausdrückte, 11 Kinder gebar. Als König Franz I. nach Avignon kam, ließ er das Grab der Laura öffnen, man fand darin eine bleierne Büchse, mit einigen von Petrark geschriebenen italienischen Versen, und eine Schaumünze mit einem weiblichen Kopfe und mit den Buchstaben M. E. M. I. Der König ließ ihr das bis zur Revolution vorhanden gewesene Grabmahl errichten, und machte ihr selbst eine Grabschrift die in die Büchse gelegt wurde.

*) Crillon erhielt in der Franciscanerkirche ein Grabmal; der Muth dieses Kriegers ist durch den Brief bekannt genug den ihm Heinrich IV. nach der Schlacht bei Arques schrieb: „Hänge dich braver Crillon, wir haben bei Arques eine Schlacht geliefert, und du warst nicht dabei."

**) „Ueber die Revolution in Avignon lese man: Memorie sulla rivoluzione d'Avignone, e del Contado Venaissino. 1793. 2 Vol. 4°."

„Die Dominicanerkirche wurde in eine Kanonengießerei verwandelt."

Die Kirchen, die man während der Revolution nicht zerstörte, wurden wenigstens ihrer schönen Gemählde beraubt; einige derselben wurden aber doch gerettet, und sind jezt im Museum der Mahlerei zu sehen. In der Kirche de la Misericorde, zeigt man ein 15 — 20 Zoll hohes Crucifix von Elfenbein, von einer solchen Wahrheit und Schönheit der Ausführung, daß man meinen sollte, es sene das Werk irgend eines berühmten Künstlers, da es doch nur die Arbeit eines unbekannten Gefangenen ist.

Die Kirche der Väter vom Oratorium ist eine elliptische Rotunde und nicht ohne Geschmack verziert. Das Benediktinerkloster hat eine schöne Vorderseite von moderner Zeichnung. In der Kirche der Damen des heil. Laurentius kündigt schon der Vorhof einen Ort der Pracht an, sein Boden war mit kleinen, vielfarbigen Steinchen musivisch ausgelegt. Die Kirche ist länglich gebauet, das Chor mit Schnizwerk in Holz bekleidet, und durchaus vergoldet, so auch die Tribune, wo die Damen beim Gottesdienste saßen. Alles Säulenwerk ist vergoldet, und die Wand zwischen denselben war durchaus mit zusammengenäheten Brabanter-Spizen behangen, die mit den reichlich angebrachten Vergoldungen eine ausnehmende Wirkung machten. Die Kirche der Damen des heil. Ludwig ist weniger reich vergoldet, aber mit desto mehr Geschmack gebauet. Die Franciscaner-kirche ist ein ungeheuer großes, ödes Gebäude; das durch seine Kühnheit berühmte Gewölbe dieser Kirche zerstörte die Jourdanische Rotte ebenfalls.

Mr. Calvet, ein schäzbarer Naturhistoriker, Antiquar und Arzt in Avignon, besizt ein reiches Mineralien- und Antiquitätencabinet; man findet darin eine große Anzahl von antiken Gefäßen für das bürgerliche Leben und zu Opferhandlungen, Hausgeräthe von allerlei Arten, kleine Figuren,

eine kostbare Münzensammlung und viele Inschriften. Mr.
Calvet hat mehrere interessante Memoires geschrieben, worunter
besonders das: Sur les Utriculaires de Cavaillon, Avignon 1766.
8. merkwürdig ist. Beym Schlosse wohnt ein anderer Mr.
Calvet, ein alter Militär, in einem ihm gehörigen Hause,
worin eine schöne Galerie ist, welche Gemälde, die sich auf
den Krieg und das Seewesen beziehen, und Gypsabgüsse von
mehrern Statuen und Büsten des königlichen Museums in
Paris enthält.

Merkwürdig ist in Avignon auch die im J. 1804. im ehemaligen Dominicanerkloster errichtete Kanongießerei des
Mr. Cappon; man gießt wöchentlich 2 Kanonen; in Al-
guille, 1 Stunde von Avignon, werden sie gebohrt. Avignon
besizt eine große Menge von Anstalten der Wohlthätigkeit, die
alle mit dem lobenswürdigsten Eifer besorgt werden. Die vornehmste, ist das Allgemeine große Hospital, ein schönes
Gebäude, worin 250 Kranke Plaz haben. Man hat auch ein
Haus für Waisen und Verrückte. Die Gesellschaft der
Wohlthätigkeit beschäftigt sich selbst bis in die kleinsten
Details, mit der ehrwürdigen Sorge für die Unterstüzung der
leidenden Menschheit, sie hat die Rumfordischen Suppen eingeführt. Das Bureau de Charité besteht aus Damen,
die ihre Almosen unter arme schwangere Weiber oder Wöch-
nerinnen und ihre Kinder austheilen. Man hat auch einen
Mont de Pieté, hauptsächlich für arme Fabrikarbeiter errichtet. Die hiesige litterarische, seit der Revolution entstan-
dene Gesellschaft, die den Namen: Athenäum von Vaucluse führt, hat sehr interessante Memoires herausgegeben *)
und die Säule errichtet, die man bei der Quelle von Vau-

---

*) S. „Memoires de l'Athenée de Vaucluse. 1804."

sluse findet, und die dem Andenken Petrarcas gewidmet ist.
Man findet hier auch eine Gesellschaft des Ackerbaues
und des Handels.

Das Theater, das auf dem Platze steht, der dem westlichen Thore von Oule gegenüber liegt, hat wenig Ansehen
und sein Inneres wenig Angenehmes; wandernde Truppen
spielen in demselben. Unter den Monumenten des Alterthums,
die man hier fand, ist eine Jaspissäule merkwürdig, worauf der Sieg des Consuls Aenobarbus dargestellt ist. Die
gegenwärtige Zahl der Einwohner ist 24000. Man zählte
ehemals hier über 1000 Klostergeistliche von beiden Geschlech-
tern, ohne die Menge der bei Kirchen angestellten Geistlichen
zu rechnen. Man findet hier eine große Menge Caffeehäuser,
von denen einige den Pariser Caffeehäusern gleichen, und den
besten Gasthof in Frankreich, sowohl in Rücksicht des Locals,
als der Bedienung; es ist der Gasthof der Madame Pierron.
Avignon ist der Hauptort des Vauclusedepartements, hat jetzt
einen Präfekten statt eines Legaten, einen Bischof, statt eines
Erzbischofes, ein Lyceum statt einer Universität. Man findet auch eine Lesebibliothek hier und mehrere öffentliche
Bäder. Dem Umfange der Stadt nach, der 1 Stunde beträgt, könnte die Bevölkerung wenigstens doppelt so groß
seyn.

Vor der Revolution bewohnten die Juden ein besonderes
Quartier, das *La Juiverie* hieß, und eckelhafte, stinkende
Gassen hatte; es hatte besondere Thore, die Abends um 8 Uhr
verschlossen wurden. Männer und Weiber mußten um ihrer
Sicherheit willen, Hüte und Bänder von gewissen Farben
tragen, die bei der Einsezung eines jeden neuen Nuncius
wechselten, und jedes Jahr die unnüzen Predigten anhören,
die, um ihre Belehrung zu befördern, einige Capuziner in
einem schlechten Hebräisch hielten. Man weiß nichts von den

dadurch bewirkten Bekehrungen zu rühmen. Jetzt machen die
Juden keine besondere Kaste mehr aus. *) In der öffentlichen Bibliothek und dem Museum der Stadt, die im
erzbischöflichen Palaste sind, findet man sehr viele gute
Werke, Gemählde, Curiositäten 2c. Gemähldekabinete
besizen Mr. Quinson und Limon; Naturalienkabinete
findet man bei Herrn D. Calvet und Herrn Guerin.
Avignon besizt auch ein kleines Museum der Naturgeschichte und einen botanischen Garten. „Man findet
auch in Avignon eine Menge üppig gewachsener, schwarz-
äugiger Clärchen, die sehr verführerisch sind.” Es sind schöne
Steinbrüche in der Nähe von Avignon. Man hat unter
Anderm auch römische Münzen hier gefunden. Es ist auffallend, daß man in der Nähe eines so schönen Flusses, dessen
Wasser so vortrefflich ist, nur schlechtes Quellwasser trinkt.

Der tapfere Crillon, Petrarca, die schöne Laura,
und der große Mahler Vernet, haben Avignon am meisten
verherrlicht. Petrarca, der in Italien geboren wurde und
starb, hielt sich lange in Avignon auf; die schöne Laura,
wäre ohne die Seufzer ihres berühmten Liebhabers, der Welt
unbekannt geblieben, und ihre, wahrscheinlich durch die Liebe
und Poesie verschönerten Reize, wären für immer in die Nacht
der Vergessenheit begraben worden. Der Mahler Vernet
dagegen verdankt seine Unsterblichkeit nur sich selbst. Wer
kennt nicht seine Seestücke, seine unnachahmlichen Stürme!
aber was die Welt nicht kennt, das sind die trefflichen moralischen Eigenschaften dieses großen Künstlers, der sich eben
sowohl durch edle Handlungen, als schöne Kunstwerke auszeichnete.

---

*) „Die Jüdinnen in Avignon unterscheiden sich von den Christinnen
ezt durch nichts mehr, als durch ihre auffallende Schönheit.”

Voll Begierde die Natur zu studieren, schiffte sich Vernet oft in seiner Jugend ein, und machte lange Fahrten auf der See; er wollte die mannigfaltigen mahlerischen Scenen dieses Elementes beobachten. Bei einer dieser Seeexpeditionen, die er aus Liebe zu seiner Kunst machte, brach ein äußerst heftiger Sturm aus. Vernet, ohne an die Gefahr zu denken, bat einen Matrosen, ihn an einer Segelstange fest zu binden; kaum war dies geschehen, so wurde der Sturm furchtbarer und die Gefahr augenscheinlicher. Bestürzung und Schrecken mahlte sich auf allen Gesichtern beim Anblicke der erzürnten Wogen, bei dem Getöse, und dem verdoppelten Feuer der Blize, welche die Wolken zerrissen. Der junge Mahler wußte nichts von Gefahr, war nur von Bewunderung des furchtbar-schönen Gemähldes erfüllt, und rief alle Augenblicke von Begeisterung hingerissen: „Gott wie schön!"

Avignon liegt unter dem 43° der nördlichen Breite, das Clima ist hier so wie im ganzen Departement äußerst veränderlich und daher äußerst unangenehm. Es ist nichts seltenes die Wärme äußerst schnell in Kälte übergehen, und in einigen Stunden, Verschiedenheiten von 10 — 12°, besonders abwärts zu sehen. Die Sommerhize steigt oft bis zu 28° Reaum. Die Winterkälte auf 12° unter den Eispunkt. In Ansehung der leztern ist es merkwürdig, daß sie erst seit 1789 so außerordentlich hoch gestiegen ist, da sie vorher selten bis auf 5° kam. Ein sehr großer Einfluß auf die Modificationen der hiesigen Witterung, ist besonders den Winden zuzuschreiben, denen das Departement außerordentlich ausgesezt ist. Sie durchlaufen oft in 8 Tagen den ganzen Compas wohl 20 — 30 mal; aber so unangenehm sie sind, so reinigen sie die Luft von den ungesunden Dünsten, die hier von dem feuchten Boden dieser Landschaft aufzusteigen pflegen, und der Gesundheit höchst nachtheilig sind, daher das Sprichwort: Avenio ventosa, sine vento venenosa, cum vento fastidiosa.

Der äußerst kalte, durchdringende, ungestüme Nordwest-
wind (Mistral), herrscht wenigstens ⅔ des Jahres, ja gewissermaßen in allen Jahreszeiten; *) er braust mit fürchterlicher
Heftigkeit das Rhonethal herab, zuweilen ist er so wüthend,
daß er die Schornsteine herabstürzt, die Dächer erschüttert,
und die Stadt mit gänzlichem Untergange bedrohet. Im
Winter dringt er mit seiner schneidenden Kälte bis auf Mark
und Bein, mit den dichtesten, wärmsten Kleidern, kann man
sich nicht genug gegen ihn schützen; er drängt sich durch Thüren und Fenster, und macht hart neben dem Feuer die Glieder erstarren; Fremde können diesen wüthenden Wind nicht
lange mit Geduld ertragen, und machen sich sobald sie können
aus dem Staube; er hält 4, 7, auch 9 Tage an, oft auch
nur 24 Stunden. Dies ist auch der Fall beim Nordwind
und West-Nord-Westwind.

Auch die Alten reden vom Mistral, diesem Tyrannen des
Landes; Strabo nennt ihn Melamboree (die schwarze Bise)
und versichert, so wie Diodor von Sicilien, daß seine Heftigkeit oft so fürchterlich wäre, daß er Steine fortführe, Wägen
und Menschen umreiße. Die Winde, die von den beschneieren
kalten Gebirgen von Dauphine kommen, nehmen ihren Weg
durch Felsenklüfte, und versammeln sich dann in das große
wärmere Rhonethal, und stürmen nach den noch wärmern
Meeresgegenden hinab. Ihr Einfluß muß die Ursache seyn,
daß der Aufenthalt in Avignon, der Sanftheit des Climas
ungeachtet, Personen nicht wohl bekommt, die mit Brustübeln
behaftet sind.

„Weil die Atmosphäre mitten im Tage wärmer und ver-
dünnter im Rhonethal ist, so stürmen in dieser Tageszeit, die
Nordwinde mit größerer Heftigkeit, und nehmen bey Sonnen-

---

*) „Es pflegt in Avignon fast das ganze Jahr zu stürmen."

untergang wieder ab. Wenn andere Ursachen den Seewind
auf das Land treiben, so wird auch dieser Südwind bey Orange
und weiter hinauf, eben so gewaltsam, als die Bise, weil die
Ebene an der Mündung der Rhone, eine große Masse desselben auffaßt, die dann über Orange hinauf zwischen die Berge
des Delphinats, und von Vivarais, zusammengedrängt wird,
daher ist oft seine Wirkung bey Valence schauervoll."

Der Nord-Ostwind, Barrousiere, stürzt beim Dorfe
Barrour von der Alpenkette herab; er ist nicht so kalt wie
die vorigen, aber zuweilen eben so heftig, und zeichnet sich
durch seine ungeheuern Wirbel aus. So unangenehm diese
Winde sind, so kühlen sie doch im glühend heißen Sommer
die Atmosphäre ab. Nur wenn sie alle mit einander zu käm-
pfen anfangen, pflegen, besonders um die Zeit der Aequinoktien,
die schrecklichsten Orkane dadurch zu entstehen. Aeußerst heftig
sind hier auch die Süd, Südost und Südwestwinde, die man
hier auch Marins nennt; sie bringen gewöhnlich Regen mit,
der dann, vorzüglich im Winter, einem Wolkenbruche gleicht.
Im Frühjahre regnet es entweder gar nicht, oder doch so
wenig, daß die Erde nicht erweicht werden kann. Im Herbste
fehlt es nicht an Plazregen, allein das Wasser läuft über die
harte Erde, wie über eine Tenne weg; oft bleibt noch von
der Ueberschwemmung, eine hohe Kiesllage zurück. Im Winter gefriert die Erde, ohne mit dem so wohlthätigen Schnee
bedeckt zu seyn. Alles, was daher der Boden an Feuchtigkeit
erhält, beschränkt sich auf die wenigen sanften Herbst- und
Frühlingsregen, so wie auf den ziemlich spärlichen Thau, der
in den Sommernächten fällt.

Avignon hatte ehemals allen seinen Glanz von der Geistlichkeit und dem Adel. Seit der Revolution schien sich die
Stadt nach dem Handel hin zu neigen, und besonders nach
demjenigen, den ihre Lage am meisten begünstigte, nemlich

dem Niederlagshandel mit den für Paris und das nördliche Frankreich bestimmten Marseiller-Waaren. Der Krieg
war die Stütze dieses Handels, da der Transport des größten
Theils der Marseiller-Waaren, die für den Norden bestimmt
sind, in Friedenszeiten auf der See geschieht. Es ist in
Avignon theuer zu leben, weil man fast alle Lebensmittel
aus den benachbarten Departemens zieht, Getreide kommt aus
dem Gard- und Rhonemündungdepartement, Obst und Gemüse
aus dem Iseredepartement; aus dem Innern des Departements, besonders aus Cavaillon erhält man Fleisch und Brennholz; aus entfernten Gegenden holt man Seefische und gute
Weine. Außer den nothwendigen Lebensmitteln, die man
Avignon zuführt, bringt man dieser Stadt auch Häute, Tücher,
Leinwand, Seife, Oel; dagegen liefert das Gebiet von Avignon Grapp, Saffran, Trüffel, Honig, gelbes Holz, Saflor,
Klee; die Manufakturen liefern Taffet, Baumwolle, Grünspan, Scheidewasser, Lavendelgeist. Bei diesem Tausche der
Produkte ist der Gewinn auf der Seite Avignons.

Die Landesprodukte, die in Grapp, Saffran, Kermes,
Seide, Wein, Trüffel, Honig, Wachs, gelbem Färbeholz,
Saflor, Klee, Mandeln, Oliven, Gesäme ꝛc. bestehen, beschäf-
tigen sehr viele Arme, und Kaufleute in dieser Stadt. Die
Grappwurzeln sind ein wichtiges Produkt dieser Gegend und

„Unter der väterlichen Regierung des heiligen Stuhles, war
diese Stadt mit Priestern und Mönchen aller Orden angefüllt, und ihre
Einkünfte kamen in die Hände der Einwohner. Die Glücksumstände
der Avignoner sind gegenwärtig sehr beschränkt, demungeachtet ist der
Hang zum Vergnügen allgemein. Wir brachten 14 Tage auf die angenehmste Art hier zu, ohne auch nur einen Augenblick Langeweile zu
haben. Jeden Abend wechselten die gesellschaftlichen Zusammenkünfte
und die Comödie mit einander ab. Ein so bezaubernder Aufenthalt
Avignon für uns war, so mußten wir doch endlich scheiden.“

werden in den, von den Sorguecanälen getriebenen Mühlen
gemalen; viele behaupten der Avignoner Grapp dürfe sich an
innerer Güte mit dem Grapp von Smyrna messen. Von
Safran wird jährlich in den Gegenden umher an 30 Centner
eingeerntet. Die unter dem Namen *Graines d'Avignon* bekannten gelben Beeren sammelt man im Vaucluse und Garddepartement ein. Den Kermes vegetal, (Vermillon) ge-
winnt man eben nicht in der Gegend selbst, aber die Kaufleute von Avignon lassen dies Insekt im Rhonemündung-
departement einsammeln und präpariren, man kann die ganze
Ernte getrocknet jährlich auf 60 Centner anschlagen. Das
vornemlich zum Färben der levantischen Müzen geeignete
Kermesinsekt wird in Marseille, Orleans, Livorno, Genua
und Tunis dazu gebraucht. In neuern Zeiten haben einige
Färber den Versuch gemacht, den Kermes an die Stelle der
Cochenille zu sezen.

Der hiesige Sumachbaum, dessen zusammenziehende Rinde
zum Gerben und Gelbfärben gebraucht wird, ist weit geringer
als der sizilianische, man braucht 3mal mehr als vom leztern.
Mit den hiesigen Mandeln werden auch mehrere Gegenden
versorgt. Der Honig ist sehr aromatisch, doch nicht so geschäzt
als der von Narbonne; um so mehr Vorzug räumt man dem
hiesigen Wachs ein. Von Weinen werden vortreffliche Qua-
litäten geerntet. Die von der Nerthe nehmen den ersten
Rang ein. Zugleich verhandeln die hiesigen Kaufleute die
Weine von St. Gilles, Tavel, Roquemaure, Hermitage, Cote
rotie rc. Die Weine des Comtats gewinnen durch die Reise.
Man macht auch Branntweine, die aber den Languedokischen
nicht gleich kommen.

Alle Industrie von Avignon beschränkte sich ehemals auf
die Unterhaltung einiger Seidenmanufakturen, und auf die
Ausfuhr einiger Landesprodukte. Die Taffete (Florences) neh-

20

men, als die älteste und wichtigste Fabrikwaare von Avignon,
die erste Stelle ein; die Doubles Florences werden ins Innere,
nach Rußland, Deutschland und die Levante versendet. Die
Fabricirung der Florences beschäftigt über 6000 Hände, und
man zählt an 1200 Webstühle, wovon jeder 8 — 9 Stücke von
80, bis 100 Ellen jährlich liefert; man findet ferner 20 Maschinen zum Haspeln und Drehen der Seide; 20 Färbereien,
Brauereien, Branntweinbrennereien, Grapp-, Grünspan-,
Scheidewasserfabriken. Ein Kupferwerk in der Stadt liefert
Platten zur Bekleidung der Schiffe, kupferne Nägel, Grün-
spanplatten und Weißblech. Alle diese Etablissemens sind an
den 3 Canälen angelegt, die das Wasser der Sorgue durch
die Stadt führen. Die Societät, der das Kupferwerk gehört,
unterhält 1 Stunde von Avignon noch 5 andere Werke (Usines)
in deren einem Kanonen gegossen werden.

Die Avignoner machten einige Versuche, um die Messe
von Beaucaire an sich zu ziehen; allein das größte Hinderniß
der Versetzung derselben nach Avignon, ist der Umstand, daß
die Rhone bei Avignon lange nicht so tief ist wie bei Beaucaire, wo die größten Barken aus dem Meere ankommen, die
ihren Lauf nicht bis Avignon fortsezen könnten. Die noch
nicht lange über die Rhone und die Durance geführten hölzernen Brücken, erleichtern die Handlungsverbindungen dieser
Stadt, mit Marseille, Nimes, Montpellier und andern südlichen Städten. Die Buchdruckerei *) ist noch immer einer
der Hauptzweige der Industrie dieser Stadt. Zur Zeit der

---

*) „Der Buchhandel in Avignon war die Quelle des Nachdruckes,
welcher feindselige Angriffe auf den französischen Buchhandel machte, und
der Gegenstand eines ansehnlichen Handels wurde, welcher große Aehnlichkeit mit dem Contrebandhandel hat, mit dem Unterschiede, daß dieser letzte die Regierung in Schaden setzt, und jener die Privatpersonen.‟

Avignoner Päbste sahe man zahlreiche Nachdrucke von allen
guten Werken aus den Buchdrucker-Pressen von Avignon
hervorgehen. Die hiesigen Buchhandlungen waren eben so
wie die Taffetfabriken wegen der Billigkeit ihrer Preise berühmt.

Das Nachdruckerunwesen ist nun zwar eingeschränkt, aber
noch nicht weggeschafft. Die Nachdrucker arbeiten nur nicht
mehr öffentlich; sie verbergen sich, und vergebens schicken die
Buchhändler von Paris von Zeit zu Zeit Personen hieher,
die ihnen nachforschen sollen. Avignon hat an Industrie,
dem wahren Reichthume eines Landes, seit der Revolution
auffallend zugenommen; zur Zeit der hier residirenden Päbste,
konnte der von Natur träge Avignoner, mit wenig Arbeit sich
vor dem Hungertode retten; die Avignoner waren in Vergleichung mit ihren Nachbarn in Marseille, ein träges, sinnliches
Völkchen; gegenwärtig sind sie gezwungen zu arbeiten, und so
ziehen sie nun, nachdem sie thätiger und arbeitsamer geworden
sind, von ihrer Arbeit so viel, daß sie jezt zahlreichern Bedürf-
nissen hinlänglich Genüge leisten können.

Das Departement von Vaucluse, von dem Avignon
der Hauptort ist, wird östlich und nördlich von hohen Gebirgen, besonders vom Ventoux, südlich von der Durance, westlich von der Rhone begrenzt. Das Departement besteht aus
dem Comtat Venaissin, aus dem Fürstenthum Orange, und der
Landschaft von Avignon. Die Sorgue und Durance werden
zur Wässerung des Departements durch Canäle trefflich benuzt.
Doch gehen die Canäle mit allen ihren Seitenabtheilungen
noch viel zu wenig und höchstens 3 Stunden tief ins Land
hinein. Die Kalkgebirge füllen fast 2 Theile des Departements aus; sind sie niedrig und ist ihre Senkung gering, so
werden Petrefakten darin gefunden. Auf höhern Gebirgen

finden sich Muschelsteine nur auf der Oberfläche; ihre niedrigern Absäze aber, bestehen fast ganz aus Seeprodukten.

Die Fruchtbarkeit des Departements ist nicht überall gleich;
es giebt steinige, unfruchtbare Striche, und wieder sehr fette,
einträgliche Gegenden. Das Getreide des Departements ist
nicht hinlänglich für die Einwohner, man bezieht daher was
noch nöthig ist, aus den benachbarten Departemens. Man
hat viele künstliche Wiesen, besonders Luzernpflanzungen;
„Wein wächst ziemlich viel, aber er ist mittelmäßig, er ist
das geringste der Produkte, da man ihn nicht zu behandeln
versteht." Die Weine des Comtats gewinnen durch die Reise.
Der Grapp ist das einträglichste und am allgemeinsten gepflanzte
Gewächs, und wird besonders geschäzt. Der Safran ist eines
der wichtigsten Erzeugnisse des Departements und wird sehr
gesucht: es giebt 2 Gattungen, Safran-Orange, und
Safran-Comtat, jener wird viel theurer bezahlt; aller
Unterschied besteht aber nur in der bessern Art ihn zu trocknen
und seine Farbe zu erhalten. Die Seide des Comtats wird
sehr geschäzt; die Wolle ist nicht vorzüglich fein, aber dauerhaft. *) Die Viehzucht wird sehr nachläßig betrieben; auch
die Obstbaumzucht ist sehr eingeschränkt. **) Der Botaniker
findet in diesem Departement einen eben so großen Reichthum
als außerordentliche Mannigfaltigkeit von interessanten Pflanzen. Die Sorgue und die Rhone sind reich an vortrefflichen
Fischen.

---

*) „Die Seide hat nicht viel Werth, ist aber doch eines der
Haupterzeugnisse."

**) „Der Boden des Comtats bringt im Ueberflusse vortreffliches
Obst hervor."

Es werden in diesem Departement auch Steinkohlen und Vitriol gegraben; man findet Töpfererde von der besten Beschaffenheit. Die Seidenfabriken sind der Hauptzweig der Industrie des Departements; es giebt auch einige Papiermühlen; mehrere Pläze wo gedruckte Leinwand und Töpferwaare fabricirt wird, so wie Vitriol und Salpetersäure; man macht auch Kupferblech für die Marine, gelbe und jaspisfarbige Fayence. Die schweren Zölle, die ehemals Avignon und Venaissin für ihre Kunst- und Naturprodukte bei der Ausfuhr derselben ins Französische, bezahlen mußten, das Sittenverderbniß, das mit dem päbstlichen Hofe in diese Gegenden kam, und die Leichtigkeit mit der man sich während der Anwesenheit der Päbste ernähren konnte, die Gegenwart so vieler tausend privilegirter Müßiggänger, trugen das meiste dazu bei, daß Industrie und Handlung in diesen päbstlichen Ländern nicht emporkommen wollten.

Die schöne Grafschaft Venaissin wurde den Päbsten von Ludwig XIV. und XV. dreimal, zur Strafe wegen allerlei mißfälliger Schritte, die sie sich erlaubt hatten, weggenommen, aber immer bald wieder zurück gegeben; endlich wurde 1790 Avignon und Venaissin auf immer mit Frankreich verbunden. Die Könige von Frankreich hätten sich dieser schönen Landschaft leicht bemächtigen können. Die längst stumpf gewordenen Bannstrahlen des Vaticans, wären zu kraftlos gewesen, sie davon zurück zu halten. Aber das Cabinet von Versailles fand es der Politik gemäßer, die Päbste in Abhängigkeit zu erhalten, indem es ihnen bei der geringsten Veranlassung zum Mißvergnügen, mit dem Verluste dieses schönen Landes drohete, auf das der heil. Stuhl einen besondern Werth sezte, ob es ihm gleich nichts eintrug.

Die landesherrlichen Einkünfte, die sich höchstens auf 300,000 Liv. beliefen, blieben im Lande; sie wurden wieder

für öffentliche Gebäude und Straßen, zur Besoldung der Truppen und bürgerlichen Beamten verwendet; die Einwohner be-
zahlten fast keine Auflagen, auch war die Industrie soviel als
nichts, da die Einwohner, um sich ernähren zu können, nicht
nöthig hatten viel zu arbeiten; dann mußte für alle, ins französische Gebiet ausgeführte Landesprodukte, eine starke Abgabe
entrichtet werden, so daß das päbstliche Gebiet der französischen Staatskasse auf diese Art mehr eintrug, als wenn es
mit Frankreich vereinigt gewesen wäre.

Kapitel 28.

Den 16ten Junius verließen wir Avignon und betraten einen Seitenweg, der uns nach dem Flecken St. Remy führen sollte. Wir mußten uns über 2 Arme der Durance sezen lassen, und sahen an dem großen, mit Sand und Kieszlsteinen, sich neben ihr durch die fruchtbare Gegend hinziehenden Landstriche, eine Probe der Verwüstungen, dieszs ungestümmen, feindseligen Bergstrohmes. Als wir St. Remy näher gekommen waren, sezte uns die große Menge von Cypressen in Erstaunen, die sich in unzähligen langen Linien, um Gärten und Felder zogen. Unsern ersten Gang aus St. Remy, machten wir nach den zwei römischen Monumenten, die auf der Südseite des Städtchens, eine kleine halbe Stunde von demselben, einsam im Felde stehen.

Man sieht sie auf einer mäßigen flachen Anhöhe, ganz nahe am Fuße einer Kette kahler, 3 — 400 Fuß hoher und steiler Kalkfelsen, die in der Richtung von Osten nach Westen von Orgon bei der Durance ausgeht, *Les Alpines* heißt, und sich in fast ganz gerader Linie nach der Rhone zieht, in deren Nähe sie unterhalb Tarascon, sich endigt. Diese zwei geschmackvoll gearbeitete Denkmale des Alterthumes, contrastiren aufs stärkste, mit den nackten, dunkelgrauen, grotesken Felsenmassen hinter ihnen, in deren Nähe man eine so freundliche Erscheinung, aus der Vorwelt nicht erwartet hätte. Das Rauhe,

Wilde, Düstere, Formlose der Felsen, hebt das zarte, geschmackvolle, heitere, graulichgelbe Gebilde, dieser zierlichen Werke
aus den bessern Zeiten der Baukunst, zum bewundern schön
hervor.

Diese zwei Gebäude stehen, wie die Kalkfelsenkette, in
der Richtung von Osten nach Westen, etwa 12 — 15 Schritte
von einander. *) Man kommt zuerst zu dem östlich stehenden
Triumphthore. Dieses ist von unten herauf bis über den
Schlußstein, oder die bandförmige, außen an der Bogenkrüm-
mung hinlaufende Verzierung, bis über die Archivolte, noch
ganz unversehrt, was aber darüber war, ist, so wie die Capitäler, und der obere Theil des Schaftes der korinthischen
Säulen neben jeder Bogenöffnung, zu Grunde gegangen. Um
den kostbaren Rest zu erhalten, hat man ein Dach von großen
länglicht viereckigen Steinplatten darauf angebracht, wodurch
das Regenwasser abgeleitet wird. Dieses Monument ist sehr
einfach und von keiner großen Ausdehnung; es hat einen
mäßig hohen Bogen, aber es ist reichlich mit Verzierungen
ausgeschmückt.

Auf jeder der zwei offenen Seiten des Monumentes erblickt man Reste von dem untern Theile 4 korinthischer can-
nelirter Säulen, wovon 2 neben den 2 Pilastern, welche den
Bogen stüzen, und 2 an den äußern Ecken stehen; die Pilaster,
welche den Bogen tragen, sind dorisch, ihre Capitäler dienen
dem Bogen zu Gesimsen; unterhalb der Capitäler der Pilaster
und auf der Unterleiste des Karnieses im Innern des Bogens,

---

*) „Es ist nicht wahrscheinlich, daß man sie ohne Absicht so nahe
zusammengestellt habe; ohne Zweifel waren beide der nemlichen Person
gewidmet, man stellte den Triumphbogen, der das Andenken an ihre
Siege, und die durch ihre Klugheit und Tapferkeit dem Vaterlande er-
wiesene Dienste erhalten sollte, neben ihr Grabmahl."

sieht man Opfergeräthe, Schalen, Flöten ꝛc. abgebildet. Die
Bildhauerarbeiten der äußern Bogenverzierung der Archivolte,
stellen Fichtenzapfen, Trauben, Epheu, Oelzweige, Blumen,
Blätter, Birnen ꝛc. vor, über welche Bänder schief weglaufen.
Das ganze innere Gewölbe ist mit sechseckigen neben einander
gereiheten zahllosen, fein gearbeiteten Vertiefungen bedeckt,
in deren Mittelpunkte eine Blume (rosace, Einsezrose) ist.
Das ganze Feld dieser innern Wölbung ist nach außenhin mit
einem Streifen eingefaßt, der mit Blätterverzierungen überdeckt ist. Diese sämmtlichen Verzierungen sind trefflich gearbeitet.

Rechts und links neben jeder der 2 Thoröffnungen, erblickt man zwischen der Ecksäule und innern Säule, immer
eine weibliche und eine männliche Figur, von trefflicher Arbeit
in Lebensgröße. Neben der nördlichen, gegen St. Remy gekehrten Thoröffnung sieht man, auf der linken Seite, wenn
man gerade vor ihr steht, neben der cannelirten Ecksäule, eine
stehende, weibliche, oben herab ziemlich verstümmelte Figur;
sie legt dem neben ihr stehenden, noch ziemlich wohl erhaltenen, sehr schön gearbeiteten Krieger, dem die Hände auf den
Rücken gebunden sind, die linke Hand auf die Schulter, und
wendet sich nach ihm. Rechts neben der Thoröffnung erscheint
eine, bis auf die Schultern herab zerstörte weibliche und
männliche Gestalt, jene sitzt in einem faltenreichen Gewande,
diese steht, und kehrt den Rücken, und die darüber zusammengebundenen Hände, herauswärts.

Auf der entgegengesezten, südlichen, nach den Kalkfelsen
gerichteten Seite erblickt man links wieder eine bis auf die
Schultern verstümmelte weibliche und männliche Figur; diese
steht mit dem Vordertheile des Körpers herauswärts gekehrt,
und hat die Hände auf den Rücken gebunden, jene aber ist
in umgekehrter Stellung, die Hände sind ihr auch auf den

Rücken gebunden. Auf der rechten Seite ist von den 2 Figuren die weibliche noch vollständig erhalten, und streckt die ungebundenen Hände nach beiden Seiten aus; dem Manne, der die Hände auf dem Rücken hat und dessen Bildung sehr schön und kräftig ist, fehlt der Kopf. Die Höhe des Bogens mag 24 — 26 Fuß betragen, die Weite 12 Fuß. Zwei Viktorien schweben, Palmen haltend, auf beiden Seiten des Schlußsteines. Es ist wahrscheinlich, daß der Fries eine Inschrift hatte, aber von diesem ist nichts mehr vorhanden.

Das trefflich erhaltene Mausoleum ist etwa 50 Fuß hoch, und besteht aus 3 über einander stehenden Abtheilungen, die auf einem viereckigen Untersaze (Sockel) ruhen; dieser besteht aus Schichten ungeheurer Quadersteine; die unterste breiteste Schichte hat auf jeder Seite eine Breite von 20 Fuß; 6 — 7 Fuß über derselben, erscheint die erste Abtheilung des Gebäudes, ein massiver Würfel; jede der 4 mit Basreliefs bedeckten Flächen desselben, ist etwa 10 — 12 Fuß breit, und etwa 8 Fuß hoch; die Figuren sind in Lebensgröße. Auf der Nordseite, gegen das Thal hin, sieht man ein Gefecht der Reiterei, auf der Westseite ein Handgemenge des Fußvolkes, hier sieht man einen getödeten Krieger ganz vorne auf der Erde liegen. Auf der Südseite sieht man den Abzug vom Schlachtfelde, Reiter und Fußgänger sind hier vermischt, auch sieht man hier ein sich hervordrängendes wildes Schwein, ein wild gewordenes, auf den Hinterfüßen stehendes Pferd, und ein sizendes nacktes Weib.

„Das Mausoleum zu St. Remy ist das am besten erhaltene Alterthum und zugleich eines der schönsten Stücke dieser Art, die ich nicht allein in Frankreich, sondern selbst in Italien gesehen habe."

„Die Eleganz und der gute Geschmack des Jahrhunderts Augusts glänzen an dem Mausoleum."

Auf der Oſtſeite gegen den Triumphbogen hin, iſt die
Vorſtellung des Triumphes, man ſieht hier auch Weiber unter
die Männer gemiſcht. Dieſer Würfel iſt eben mit einem
Geſimſe geziert, an den 4 Ecken ſind Pilaſter ohne Fußgeſtelle,
deren Capitäler eine ſehr bizarre Form haben. Unter dem
Geſimſe und über den Basreliefs laufen ſich hebende und ſen-
kende Guirlanden horizontal hin, die auf jeder Seite von 3
kleinen Genien, die in gleicher Entfernung von einander in
der Luft ſchweben, mit den Armen, Rücken, Schultern, Händen, oder Köpfen unterſtützt werden; zwiſchen ihnen liegen
auf den tiefern Theilen der Guirlanden, häßliche, bärtige,
zähneblöckende, den Mund aufſperrende Larven alter Faunen.

Die 2te Abtheilung beſteht aus einem viereckigen Gebäude,
von etwas geringerer Ausdehnung als der Würfel auf dem
es ruht; es hat auf jeder Seite ein anmuthiges offenes Thor,
mit 2 Säulen neben demſelben; bei jedem Thore ruht der
Bogen auf 2 Pilaſtern; auf ſeinem Schlußſteine erſcheint ein
Meduſenhaupt, und auf dem Streiffen der von demſelben aus

---

*) S. *Brevel*, Remarks on serveral parts of Europe. Tom. I.
p. 154. *Bouche*, Histoire de Provence. I. 137. *Spon*, Recherches
d'Antiquités. *Montfaucon*, Antiquité expliq. V. I. 132. *Académié* des
belles lettres VII. 262. XXVIII. 579. *Rapport* de l'inscription du
Mausolée de la ville de St. Remy etc. de la fondation etc. de St.
Remy etc. par J. de *Bomy*. Aix 1633. 11. *Fr. Peilhe*, *Description*
des antiquités de la ville de St. Remy. Arles 1787. in 4. *Description*
de deux Monumens antiques qui subsistent dans la ville de St. Remy,
par M. l'Abbé *Lamy*. 1787. man findet dieſe kleine Schrift im Poſt-
hauſe zu St. Remy. *Lettres* sur l'Italie 1801, par Mr. *Barthelemy*.
p. 336. *Beaumont*, Select Views of Midi, p. 11. *Barthelemy*,
Voyage en Italie, in ſeinen Oeuvres Tom. II. p. 84. *Guerin*, Description de Vaucluse. *D'Anville* Notice de l'ancienne Gaule. *Description*
historique des antiquités de St. Remy en Provence, avec deux planches.
1 Vol. 8°. 1 fr. 80 cent.

über den Bogen sich herabzieht, laufen Weinranken hin.   Die 4 Ecksäulen sind kannelirt und haben schöne korinthische Capitäler, der Fries über ihnen ist mit Arabesken geschmückt, die aus geflügelten Seepferden und geflügelten Sirenen bestehen. Unter diesen Basreliefs steht auf der Ostseite folgende Inschrift: SEX. L. M. JULIEI. C. F. PARENTIBUS. SUEIS. Der berühmte Abbé Barthelemy erklärt diese Inschrift so: Sextus, Lucius, Marcus, des Julius Cajus Söhne, ihren Aeltern. Vielleicht könnte man das Wort Juliei auch: „die Julier" übersezen, da es eine Familie in Rom dieses Namens gab.

Die dritte Abtheilung besteht aus 10 im Zirkel herumstehenden kannelirten Säulen, mit korinthischen Capitälern, die eine kleine zierliche Kuppel und eine runde Vertäfelung, mit einem Friese der mit niedlich gewundenem und gearbeitetem Laubwerk geschmückt ist, tragen; auch ruhen sie auf einem runden Sockel. Dies kleine Gebäude sieht wie ein Tempelchen aus; mitten darin sind zwei aufrecht neben einander stehende Figuren, eine männliche und weibliche Gestalt, in lang herabfließenden römischen Kleidern; ihre Köpfe aber sind modern; man sagt ein reisender Engländer habe sich einst die ursprünglichen Köpfe, in einer Nacht absägen lassen, und seye damit verschwunden; man sehe sie jezt in einem Cabinet der Alterthümer in England. Die Bildsäulen sind hinten mit eisernen Stangen gegen das Umfallen geschützt; auch hat man um den Fries der Kuppel einen starken eisernen Reif gelegt.

Ueber die Zeit, in welcher diese Monumente errichtet wurden, und über die Personen, denen sie gewidmet waren, läßt sich nichts Gewisses sagen. Ein Zirkel von sehr großen, länglich viereckigen 1½ Fuß hohen Steinen, die in einem gewissen Abstande von einander liegen, zieht sich in einiger Entfernung, nebst andern cylinderförmigen, aus der Erde

emporstehenden Steinen, um die Monumente her, auch steht
noch da und dort eine Buche, als Rest einer ehemaligen voll-
ständigen Zirkellinie, bei einem Steine. Diese Bäume und
Steine haben ihren Plaz einer Reise des gegenwärtigen französischen Königs Ludwig XVIII. zu danken. Als er nemlich
im Jahre 1777. die Provence zu bereisen beschloß, woher er
seine Apanage bezog, und merken ließ, daß er auch die Alterthümer in St. Remy sehen wolle, so eilte man den Weg dahin bequem zu machen; man bauete eine Brücke über den
Bach in der Nähe der Monumente; man säuberte und ebnete
den Plaz um sie her, und umgab sie mit einem Zirkel von
Bäumen, Bänken und cylinderförmigen Steinen. Einen gleichen Zirkel von Bäumen und Steinen findet man auch um
das Triumphthor bei Orange her. *) „Ungeachtet der Schönheit des Ganzen, und der Feinheit mehrerer Verzierungen,
hat das Mausoleum doch allerlei Fehler, woraus zu vermuthen
ist, daß es nicht in den besten Zeiten der Baukunst, von August
bis zu den Antoninen, sondern erst nach der Zeit der leztern,
möchte erbauet worden seyn.“

Hinter diesen Monumenten erhebt sich südlich die Anhöhe
noch etwas mehr und lauft dann ziemlich eben bis an den
Fuß der Felsen hinüber. Diesen Boden fand ich mit Getreide,
Reben, Oel- Feigen- und Mandelbäumen bedeckt; die Feigen
waren schon zum Theil der Reife nahe, die Oel- und Mandelbäume blüheten aber erst. Ganz zufällig fand ich mitten unter
diesen Pflanzungen, den Eingang in eine sehr bedeutende
Steingrube; als ich hinab kam, und unter die sich gewaltig hervorbeugenden Felsenmassen trat, und vor mir und nach
den Seiten hin in finstere Säle und hochgewölbte Gänge hin-

---

*) „Barbaren haben während der Revolution einen Theil der Bäume
umgehauen, und die Bänke umgeworfen.“

einblickte, und aus entfernten finstern Klüften, die Hammerschläge der Arbeiter dumpf hervortönen hörte, so war mir,
als stände ich am Eingange in die Unterwelt, als würden
bald da bald dort traurige Schattengestalten, Manen der
Bewohner der alten römischen Stadt Glanum, die hier stand,
aus dem schauerlichen Dunkel hervorschweben.

Ich trat endlich in die Gänge hinein, und sah überall
die schönsten hellgelben Quadersteine in Menge herum liegen.
Vorsichtig schlich ich immer tiefer in diese Catacomben, und
fand hie und da in den Seitengängen einen, beim trüben
Schimmer einer Lampe, arbeitenden Menschen. Die sanfte
Kühle und liebliche Dämmerung, war mir zur Abwechslung
mit der Hitze, und dem blendenden Sonnenglanze, ungemein
willkommen und erquickend; ich blieb eine gute Weile in dieser
behaglichen Umgebung. Auf einem schön behauenen Quadersteine sitzend, an eine Felsenwand gelehnt, überließ ich mich
den Spielen meiner Phantasie, die mich bald in die schon
ferne, theure Heimath, zu meinen einsam sich um mich ängsti-
genden Geliebten, bald ins arcadische Campanthal, bald in
die Paradiese von Hyeres und Nizza hinzauberte.

Als ich wieder aus diesen Felsenkammern hervortrat,
war die Sonne eben im Begriffe an den fernen westlichen
Gebirgen Languedols hinabzusinken; eine milde Glorie verbreitete sich über Berg und Thal, und glänzte freundlich an
den anmuthigen Trümmern und Gebilden der Vorwelt; sanf-
tes Entzücken durchbebte mein Herz; ich ergötzte mich von
den süßesten Wonnegefühlen durchströmt, bald am Anblicke
des mich anlächelnden Alterthumes, bald an der reichen Aussicht ins endlose Rhonethal hinab, wo nahe und ferne Dörfer
und Landhäuser von der üppigsten Vegetation umgrünt schimmerten. Ich verlor mich mit allen meinen Gefühlen in den
tausendfachen Reizen dieses großen Gemähldes, indeß Abend-

Lüftchen leise über mir die Zweige einer Buche bewegten und im Laube flüsterten.

Aber auch Schattenbilder aus längst entflohenen Jahrhunderten, aus einer längst verblüheten genußreichern, schönern Welt, umschwebten mich auf meinem Steine; glänzende Scenen aus den glücklichen Zeiten, wo diese abgelebten Werke der Kunst, noch in jugendlicher Schönheit prangten, noch nicht so verlassen, verwaist und trauernd da standen, wie einsame Vögel in der Wüste; wo das alte Glanum noch stand, schimmernde Straßen mit glanzvollen Palästen und Göttertempeln sich noch umherdrängten in dieser Felsenwildnis; wo noch überall ein lautes freudiges Leben sich regte; als noch hier, wo man jetzt nur das eintönige Geräusch der Cicaden auf den verbrannten, felsigen Feldern hört, der Jubel lebensfroher Jünglinge, Hochzeitgesänge und Hymnen zum Lobe der Unsterblichen, beim Klange der Flöten ertönten, wenn durchs Dunkel der Nacht, beim Schimmer der Fackeln und Sterne, die zagende, erröthende Braut, in die Arme des sehnlich harrenden Geliebten geführt ward.

Es ist gewiß, daß hier eine Stadt der Salyer war, die man wahrscheinlich Glan nannte, woraus die Römer Glanum machten, und welchem Namen sie noch weiter den Beisatz Livii anhängten, welcher Livius wohl der Stifter der hier entstandenen römischen Colonie war; so wie man Aix nach dem Namen des Sextius, Aquæ Sextiæ nannte. Die Geschichte erwähnt weder des Livius noch dieses Ortes, nur das Itinerarium des Antonin und die von Peutinger herausgegebenen Theodosischen Tafeln nennen den leztern. *) Er muß

---

*) „Es scheint, daß an dem Orte, wo die Monumente stehen, die Stadt *Glanum Livii* war; man fand in ihrer Nähe mehrere Spuren derselben; und noch öfters entdeckt man Urnen, Münzen, Thränen-

auch wohl zur Zeit des Einfalls der barbarischen Völker, welche Arles und die ganze Provence verheerten, verwüstet worden seyn. Diese Stadt muß sehr ansehnlich gewesen seyn; man sieht noch einige Trümmer ihrer Mauern, und einen Zweig der Aurelischen Straße, der hieher führte. Diese Straße gieng durch die Kieselsteinebene von La Crau und führte nach Arles.

„In einer Kluft der Kalkberge hinter den Monumenten finden sich Spuren einer Wasserleitung, die ein kleines Bächlein auf den Hügel brachte, wo Glanum stand. Von dem Plaze, wo jezt St. Remy steht, bis nach Arles, erstreckt sich ein unterirdischer Canal; man hat ihn an mehrern Orten entdeckt; es ist ein 5 Fuß hoher und 2 Fuß breiter gewölbter Canal; er erhielt sein Wasser, in der Gegend von Molleges, 2 Stunden nordöstlich von Glanum, und nahm in seinem Laufe die Wasser der benachbarten Berge auf. Mr. Veran hat seinen Wasserbehälter entdeckt, und vor einigen Jahren hat man, da man bei diesem Canale nachgrub, im Thälchen Armeran, bleierne Röhren und 2 sehr geschmackvoll gearbeitete Köpfe von Marmor gefunden. Man findet oft in der Nachbarschaft von St. Remy Urnen, Münzen von Gold, Silber und Kupfer, und verschiedene andere Alterthümer. In dem Landhause des Herrn Durand, nahe bei St. Remy, ist ein schönes Fragment eines Sarcophagen."

„Im Gemeinhause von St. Remy bewahrt man eine schöne Grabinschrift auf, die als das einzige Monument dieser Art, worauf der Name Glanum steht, sehr kostbar ist. Herr von Lagoy, der einen großen Theil des Jahres in St. Remy

---

fläschchen, gravirte Steine und andere Reste von Alterthümern. Nach einigen Geschichtschreibern wurde Glanum Livii im Anfange des 5ten Jahrhunderts von den Wandalen zerstört. "

wohnt, besitzt eine kostbare Sammlung von mehr als 3000 der ausgesuchtesten Originalzeichnungen. Sie sind nach den Schulen geordnet, und nach der chronologischen Folge der Meister, die sich auf 870 belaufen, und bilden eine Geschichte der Kunst vom 14ten Jahrhunderte bis jetzt; 17 Zeichnungen darunter, sind von Raphael und eben so viele von Michel Angelo, sie sind ein großer Schatz dieser Sammlung. Mr. Lagoy hat schon einen Theil dieser Zeichnungen mit der pünktlichsten Genauigkeit gravirt und will eine Sammlung veranstalten, welche für die Künstler und wahren Freunde der schönen Künste höchst wichtig seyn wird; er besitzt auch eine Sammlung von griechischen und römischen Münzen, unter ihnen ist eine Folge von 600 silbernen Consularmünzen, die aufs beste erhalten sind. Die Gegend von St. Remy ist für Liebhaber des Alterthumes eine reiche Mine, die noch besser bearbeitet werden sollte. M. de Lagoy hat sich vorgenommen fleißig nachgraben zu lassen, wodurch er gewiß sein Cabinet bereichern wird. In St. Remy wurde der Astrolog Nostrodamus geboren."

: „Diese kleine Landschaft ist sehr angenehm wegen der Sanftheit ihres Climas und der Schönheit ihrer Cultur. Die Seiten der Berge sind mit Oelbäumen bepflanzt, und von St. Remy bis ins Gebiet von Maillane, in einem mehr als eine Stunde langen Raume folgen ununterbrochen Gärten auf einander, welche Küchenkräuter für die Bewohner der Gegend rund umher, auf mehr als 10 Stunden liefern. Das Gebiet des Städtchens St. Remy ist einer der besten Landstriche der Provence, ganz mit Wiesen, Baumpflanzungen und Gärten bedeckt. Man sieht hier ganze Aecker mit Kardendisteln bedeckt, die man an die Tuchmanufakturen der benachbarten Departementer verkauft. Majoran wächst hier auch in großem Ueberflusse. Diese einträgliche Gegend ist durch einen Canal

21

gewäffert, der fein Waffer aus den Sümpfen von Molleges
und Vilargeles erhält, die felbft von einer Quelle unterhalten werden; der Canal hat immer eine gleiche Maffe Waffer.
Man pflanzt hier auch ziemlich guten Wein, und die Reben
haben hier, wie in allen Gegenden Frankreichs durch die mir
bisher kamen, auch keine Stecken, an denen fie fich anhalten
könnten. Das Korn des Cantons von Gravefon wird ge-
fchäzt, man fucht es hauptfächlich zum Säen. Das Städtchen
St. Remy hat nichts Intereffantes und Angenehmes als feine
Lage, und eine Promenade, die daffelbe in Geftalt eines Walles umringt, hauptfächlich aber feine zwei römifchen Monumente."

Am Morgen des nächften Tages giengen wir noch einmal
zu den 2 Monnumenten. Da entdeckten wir auf der linken
Seite der Straße, ein kleines Viertelftündchen von denfelben,
Refte des römifchen Alterthumes, von denen ich noch nichts
gelefen hatte; wahrfcheinlich find es Trümmer eines römifchen
Tempels. Reihen gewaltiger, länglich viereckiger Steine,
fchloffen einen viereckigen Raum ein, in welchem fehr große
Säulenbruchftücke herumlagen, und gleich in der Nähe zog
fich wohl ein halbes Hundert 8 — 10 Fuß langer, über 2 Fuß
breiter, und 1 bis $1\frac{1}{2}$ Fuß dicker fchwarzgrauer Steine, auf
der fchmalen Seite liegend, wie eine kleine Mauer neben dem
Wege, am Rande eines Ackers hin; weiterhin am Wege fanden wir noch mehrere folcher Steine, die an Größe und Farbe,
vollkommen den vorigen, fo wie denjenigen glichen, die das
Triumphthor bedecken, und als Bänke um diefe Monumente
herum liegen.

Die Ausficht, die wir jezt am Morgen, bey den zwey
römifchen Monumenten, in die unermeßliche, tiefere, ebene,
nördliche Landfchaft, vor uns hatten, war noch weit fchöner,
als den vorigen Abend; die Beleuchtung war jezt der Land-

schaft noch weit günstiger; unzählige Kirchen und ländliche
Wohnungen, in der weiten Gegend umher, und an fernen
Höhen, wurden jezt erst recht sichtbar und glänzten wie Sterne
aus ihrer grünen Nacht; besonders schimmerte westlich von
St. Remy und etwa ½ Stündchen davon entfernt, aufs freund-
lichste links in der Ebene unten, ein Landhaus mit seinen
weissen Wänden, und seinem hellgelben Dache, aus einem düstern Walde der schönsten Bäume, nach uns herauf. Wir
kamen nachher auf unserer Wanderung nach Tarascon, in der
Nähe desselben vorbey, und fanden seine schattenreiche Umgebung in der Nähe eben so reizend und einladend, als das
Gebäude selbst.

Ehe ich von St. Remy Abschied nehme, muß ich mich
noch über die höchst entstellenden Müzen der Weibspersonen
von St. Remy beklagen; ich fand sie nachher wieder in Arles,
wo sie mir aufs neue ein Aergerniß und Greuel waren. Es
sind weisse Kappen, wie man sie gewöhnlich bei dem weiblichen Geschlechte des Bürger- und Bauernstandes in Frankreich
sieht; aber der flach gedrückte Boden derselben, ist zum Erstaunen breit, und starrt, so lange er steif ist, wie eine weisse
Gartenmauer, rechts und links hinaus; wird er aber weich,
so sinkt er wie ein Mehlsack auf beide Schultern herab. Den
höchsten Grad von Abscheulichkeit, erreicht aber dieser Kopf-
puz bei alten schwarzgebrannten Bauerweibern, die oben über
ihr ledernes Antliz und über den Mehlsack, ein rundes,
schwarzes, ganz flaches Filzhütlein pflanzen; wo man dann,
wenn man das Ganze von hinten betrachtet, das wahre
Symbol des israelitischen Festes der süßen Brode vor sich hat,
das Bild der mosaischen Geseztafeln, über denen ein jüdischer
Mazkuchen schwebt.

Den 17ten Junius in der Mitte des Vormittags traten
wir unsere Reise nach Tarascon und Beaucaire an. In

der Nähe von St. Remy bildet die Straße angenehme Krümmungen zwischen reich angepflanzten Gärten hin, deren sanf-
tes Grün das Auge erquickt; die Landschaft, durch die man
kommt, ist schön und fruchtbar, ihr mittlerer Ertrag ist 7 für 1.
Wir kamen zu einigen schönen Landhäusern, mit herrlichen
Alleen, und Baumgruppen und trefflichen Pflanzungen. In
einer etwas größern Entfernung aber sieht man nichts als
dürre Felsen und ein mageres, ödes Land um sich her; wenig
Bäume, hie und da eine einzelne Reihe von Oelbäumen.
Dagegen ist die nähere Umgebung von Tarascon wieder sehr
schön, je näher man kommt, desto mehr nimmt die Zahl der
Wiesen zu; die auch von dem schon mehrmal genannten Al-
pinenkanal gewässert werden, der hauptsächlich für die Ebenen
von St. Remy und Tarascon bestimmt ist und bei Malamort
sein Wasser aus der Durance erhält. *)

Die Städte Tarascon und Beaucaire liegen einander
gerade gegenüber, jenes liegt am östlichen, dieses am westlichen Rhoneufer. Beide stehen durch 2 Schiffbrücken in Verbindung, zwischen denen eine Sandbank liegt, auf der ein
steinerner Damm errichtet ist, über welchem die Straße von
einer Brücke zur andern führt. So oft Schiffe den Strohm
herab oder hinauf wollen, so muß mit viel Beschwerlichkeit
in der Schiffbrücke bei Tarascon der Boden über einem der
Schiffe abgedeckt und dasselbe auf die Seite geschoben werden,

---

*) „Wir hatten von St. Remy nach Tarascon nur eine ganz kurze
Reise; schon von ferne erblickten wir das berühmte Schloß von Tarascon;
alles war in dieser Stadt in Aufruhr, da die Messe von Beaucaire im
Anzug war. Der Hauptplatz von Tarascon war mit Zelten bedeckt,
unter denen Caffee und Wein zu finden waren; es sah aus, als wenn
sich eine Horde Nomaden hier niedergelassen habe. Wir hatten Mühe
Zimmer zu erhalten."

wo dann alle Fußgänger, Reiter und Fuhrwerke auf beiden
Seite der Brücke die Unannehmlichkeit haben, eine gute Weile
warten zu müssen bis die Lücke der Brücke wieder ausgefüllt ist.

„Der steinerne Damm mitten im Strohme, soll ein Werk
der Römer seyn, die hier eine Brücke anlegten, um des
Dienstes der Utricularier zu entbehren, welche vor der Herrschaft der Römer die Rhone, so wie auch die Durance, mit
zusammengebundenen, vollgestopften Schläuchen befuhren, und
die Gemeinschaft zwischen den Salischen Ligurern, und den
Arecomischen Volcern unterhielten. Die Gewalt des reißenden Strohmes schien es unmöglich zu machen, eine einzige
gerade Brücke hinüber zu führen; man theilte sie daher in
2 Hälften. Eine gieng von Tarascon aus bis in die Mitte
des Strohmes; von da wurde ein 300 Schritte langer Damm
von Steinen angelegt, und dann von der Spize desselben,
eine zweite Brücke nach dem Arecomischen Ufer hinüber geführt.
Die Brücke bekam hiedurch die Figur eines lateinischen Z,
in dessen Mitte die Straße von Aquä Sextiä (Aix), mit der
von Nemausus (Nimes) und Narbona zusammenstieß.“

Auf diesen Brücken und dem Damme in der Mitte, der
oft vom Strohme überschwemmt wird, hatten wir nach allen
Seiten eine höchst mahlerische, vortreffliche Aussicht, den hier
sehr breiten, heftigen, majestätischen Strohm hinauf und
hinab, in eine üppig grünende, reiche Natur; auf der Ostseite gewährt das alte Schloß von Tarascon mit seinem Felsenfundamente, aus dem es sich erhebt, mit seinen ungeheuern
Mauern und seinen Thürmen, einen interessanten Anblick.
Auf der Westseite steigt das alte Schloß von Beaucaire auf
einem mäßig hohen wilden düstern Felsen neben dem Städtchen,
mit gewaltigen Thürmen und Mauerresten herrschend und
mahlerisch empor; zur Verschönerung seines Anblickes trug die

am Fuße des Felsen sich hinziehende schöne Allee, nebst dem
an ihren Seiten sich über das Ufer nördlich hin dehnenden
Wiesenstriche, und dem zierlichen Breterdörfchen nicht wenig
bei, das für die nahe Messe hier errichtet wurde, und schon
ziemlich fertig war; auch eine Windmühle auf der Spize
eines Felsen neben dem Schloße machte einen guten Effekt.
Die niedlichen Breterhäuschen, die in die Länge und Queere
in schnurgeraden Linien hinliefen, bildeten Haupt- und Neben-
gaffen und zogen sich vor dem Stadtthore eine große Strecke
am Strohme auf- und abwärts. *)

Der steinerne Damm, der sich mitten in der Rhone befindet,
und die 2 Schiffbrücken, zwischen denen er liegt, waren mit
Fuhrwerken der Kaufleute angefüllt, obgleich der Anfang der
Messe noch 4 Wochen entfernt war. Da die Schiffbrücken
keine Geländer haben, so ist der Uebergang über dieselben,
wenn der Mistral oder der Südwind wehet, nicht ohne Gefahr;
und man hat schon gesehen, daß er einen Reisewagen mit
4 Pferden darüber hinab in den Strohm stürzte, wo Alles
ohne Rettung verloren war. Die Rhone, die hier über eine
halbe Viertelstunde breit ist, ist hier zugleich ausnehmend
reißend. **)

―――――――――――

*) „S. Notice de l'ancienne Gaule, par M. d'Anville. (Die ste-
hende Brücke, die sonst bei Tarascon und Beaucaire über die Rhone gieng,
wurde vom hier sehr heftigen Strohme umgerissen, und nur der Damm
in der Mitte blieb noch übrig, der jezt 2 Schiffbrücken vereinigt.
Die römische Brücke Pons Ærarius zog sich da über die Rhone, wo man
auf dem kürzesten Wege von Arles nach Nimes kam, nicht weit von
Bellegarde. "

**) „Wir hatten einen köstlichen Morgen in Tarakon genossen;
ganz wolkenlos schwebte das azurne Himmelsgewölbe über uns, der
sanfte Hauch des Zephirs bewegte allein die stille Luft; wir glaubten
der volle Frühling seye angebrochen; die Erde, getäuscht wie wir,

„Tarascon ist eine sehr alte Stadt, schon zu Strabos
Zeiten war sie als eine Stadt im Lande der Salyer bekannt.
Es scheint aber nicht, daß dieser Ort im Alterthume eine große
Wichtigkeit gehabt habe, da Strabo und Ptolemäus weiter
nichts von ihm, als blos seinen Namen anführen. Aber nach
der Zerstücklung des römischen Reiches, nach Vertreibung der
Westgothen und Sarazenen, nach der Erlöschung des Königreiches von Arles, als die Provence eine Erbgrafschaft war,
mußte Tarascon als ein wichtiger Punkt für die Vertheidigung
des linken Rhoneufers betrachtet worden seyn. Es war ein
Schloß vorhanden, wo im J. 1251. in Gegenwart mehrerer
Prälaten, des Seneschals der Provence, und einer großen Anzahl vornehmer Herren, die Capitulation unterzeichnet wurde,
durch welche die Republik von Arles, sich Carl I. von Anjou,
Grafen von Provence unterwarf. Ludwig II. König von Sicilien, ließ es niederreissen um das Schloß zu bauen, das jetzt
die vornehmste Zierde der Stadt ist. Der Bau desselben wurde
in dem Jahre 1400 angefangen, und kostete 240,000 Liv.
nach unserm Gelde. Die schönen braungelben Quadersteine,
mit denen es auf einem niedrigen Felsenfundamente erbauet

---

schmückte schon ihren Busen, mit einem allzutrüben Reichthume; die
blühenden Mandelbäume und die dem Blühen ganz nahen Abricosen-
bäume, ergötzten unser Auge. Da änderte sich plötzlich die Witterung,
röthliches Gewölk umhüllte die Sonne, und der schreckliche Mistral
stürmte in fesselloser Wuth daher. Eine boshafte Fee schien uns in
einem Augenblicke aus den lachenden Gegenden des Südens in die beeisten Regionen des Nordens gezaubert zu haben. Schwarze Ströhme
rollten wie Wolken in Wirbeln daher und verfinsterten die Atmosphäre,
die trauernde Natur verhüllte sich vor unsern Augen in einen melancholischen Schleier. Wir machten uns den folgenden Tag auf den Weg
nach Orgon und Lambesk. Die vom Mistral verursachte Kälte war so
groß, daß die Nacht hindurch die Gewässer gefroren, und die Oberfläche
der Erde erstarrte."

ist, sind alle gleich groß, und kommen aus den Steingruben von Fontvielle bei Arles, wo die Steine voller Muscheln sind.

Die Stellung der Mauern ist vollkommen senkrecht, sie sind im besten Zustande, und ihre Ecken sind noch so scharf, als wenn sie ganz neu wären; das Schloß ist in gothischer Manier befestigt, es dient jezt zu einem Gefängnisse, und ist noch in einem sehr guten Zustande. Es war die Wohnung der alten Grafen von Provence; man nennt es gewöhnlich im Lande, das Schloß des Königs Renatus, entweder weil dieser Fürst diese Stadt mehr mit seiner Gegenwart beehrt hat, als seine Vorgänger und der Erbauer desselben, Ludwig II. oder weil der Name des guten Königs Renatus, (von Roi Rèné) die Namen aller seiner Vorgänger und Nachfolger in den Herzen der Provençalen gänzlich verdunkelte. Mehrere seiner Edikte sind aus Tarascon datirt. Er beschäftigte sich hier mit Festen, mit Versen, und Galanterie. Unter mehreren seiner hier gegebenen Turniere verdient dasjenige ausgezeichnet zu werden, das dieser Fürst hier im J. 1449. mit seinem ganzen Hofe feierte, es war eines der sonderbarsten Turniere, deren Andenken die Annalen der Chevalerie erhalten haben, und dauerte einen Tag. *) Alle Ritter, die Theil am Turniere nehmen wollten, erschienen in den Schranken auf prächtigen Pferden, ganz bewaffnet, mit dem Küraße, und mit dem Helme, der mit purpurrothen Straußfedern geschmückt war; aber sie waren auch zugleich als Schäfer gekleidet, und führten den Schäferstab, die Sackpfeife, eine Flöte, ein Brodkörbchen, ein Wasserfäßchen zc. bei sich. Die Preise wurden von einer vornehmen Dame ausgetheilt, die auch im Schäfer-

---

*) „Herr Millin beschreibt dies Turnier umständlich."

kostume auf einem mit Goldstoff bedeckten Pferde, mit einem
karmosinrothen Stirnbleche erschien, das 2 zu Fuße gehende
Jünglinge führten; eine Heerde Schaafe gieng ihr voran;
sie trug ein Kleid von grauem Damaste das mit Pelz gefüttert
und am Rande besezt war, einen kleinen mit Blumen bedeckten Hut und einen mit Silber verzierten Schäferstab; auf der
einen Seite hatte sie ein silbernes Wasserfäßchen am Gürtel
hängen, auf der andern ein Brodkörbchen. Sie hatte ihren
Plaz während des Turnieres in einer Laube, die von Baum-
zweigen geflochten und mit Blumen geziert war, und an einem
Ende des Turnierplazes neben einem Baume stand, an dem
die 2 Hirten-Ritter, die das Turnier hielten, ihre Schilde
aufhiengen. Der Preis, den die Sieger von ihr erhielten,
war ein Kuß von ihr und ein an einen goldnen Zweig be-
festigter Blumenstraus; einer der Ritter, der diesen Preis
nach einem langen, hartnäckigen und oft zweifelhaften Kampfe
erhielt, hieß Louis de Beauveau; vom Kuße den ihm die
Dame, außer dem Strauße und goldnen Zweige, gab, sagt die
alte Erzählung: *lequel il tint a moult chier.* Außer der Laub-
hütte der Schäferin, war auf dem Turnierplaze noch ein
Gerüste für den König Renatus, die Königin und ihr Gefolge,
und ein anderes für die Kampfrichter erbauet. Ferri de
Lorraine brach 4 Speere, und erhielt auch den Preis; er
nahm aber den goldnen Zweig mit dem Strauße nur an, um
das Haupt der schönen Schäferin damit zu schmücken, worüber
die ganze Versammlung ein Freudengeschrei erhob.

Auf der Spize des Schloßes ist eine Plateforme, wo man
eine prächtige Aussicht hat, die sich links über Arles hinab
bis in die Insel Camargue erstreckt, bis zur Mündung der
Rhone; dann umfaßt sie einen großen Theil der reichen Ebenen
von Languedok; vor sich hat man zunächst das schöne Bassin
der Rhone, wo man zur Zeit der Messe von Beaucaire ein

Gewühl von Menschen auf unzähligen Barken und auf den
Brücken erblickt; ein ähnliches Menschengedränge erscheint
dann jenseits des Flusses auf der Meßwiese, neben zahllosen
Boutiquen, in denen man Produkte aus allen Gegenden der
Erde findet; über diesem lebendigen Gemählde steigen die Felsen von Beaucaire mit ihren mahlerischen Burgruinen empor;
weiter gegen der Linken erheben sich die Beaucairer Glockenthürme.   Ein bezauberndes Gemählde!

*   *   *

Millin. „Wenn man von den majestätischen Mauern
des Schlosses von Tarascon eine so entzückende Aussicht genießt,
so ist es selbst auch eine der schönsten Zierden der mahlerischen
Ufer der Rhone. Wie konnte man also auf den wahnsinnigen
Gedanken kommen, diese alte ehrwürdige Wohnung der Tapferkeit und Schönheit zu zerstören! Die Zinnen, welche die
Mauern krönen, die Schießscharten, und die mörderischen
Schuzwehren (Machicoulis) darneben, erinnern an die Bela-
gerungen, welche diese Burg ausgestanden hat, an den rühm-
lichen tapfern Wiederstand den man hier leistete, an die Proben von Treue, welche hier die Gouverneurs ihren Fürsten
gaben; ihre Thürme wurden von braven Cavalieren, von Dichtern, Liebenden, von Kriegern und schönen Damen bewohnt.“

„Welche interessante Abwechslung verbreitet auf einem
so glücklichen Boden, als der der Provence ist, der Lugus der
alten Gebäude, die antiken Häfen, Theater, Amphitheater,
Triumphbogen, Wasserleitungen, Thore, Mausoleen, Tempel ꝛc.*)
welche die Römer hier zurückgelassen haben, um das Andenken

---

*) Man denke an Frejus, Orange, Cavaillon, Cimiez, St. Chamas,
Arles, St. Remy, Riez, Carpentras ꝛc.

ihrer Macht und Größe zu verewigen. Aber wenn diese Ruinen uns an die Macht und Eroberungen dieser Herren der
Erde erinnern, so erwecken die alten Schlösser, das Andenken
an die denkwürdigen Thaten der französischen Geschichte, und
bilden einen mahlerischen Lehrcursus derselben. Wie sehr beleben die, unter den Grafen von Provence erbaueten Schlösser,
ihren Plaz durch die Erinnerungen die sie wecken, und durch
ihre architektonischen Formen!"

„Dieses Werk ist ganz ohne Werth und der Verfasser
hätte es nie schreiben sollen, wenn seine Leser nicht von den
nemlichen Empfindungen wie er ergriffen wurden, als er sie
in das alte Schloß Montbard führte, welches der Tempel
wurde, wo der Hohepriester der Natur (Buffon) in harmoni-
scher Prosa seine unsterblichen Orakel aussprach; *) als er
die Galerie von Portraiten reizender Damen vor ihren Augen
vorüber gehen ließ, die Buffy von Rabutin auf seinem
Schlosse zusammengebracht hatte; wenn sie nicht mit ihm den
Gipfel des alten Schlosses von Rochemaure erklommen haben,
welches auf schwarze Basalte gegründet, die Rhone zu beherrschen scheint, und wo alles auf die großen Revolutionen der
Natur hinweist, indeß sein Nahme an die furchtlose Kühnheit
der Saracenen erinnert; wenn sie nicht die weiten Säle des
Palastes mit ihm durchwandert haben, aus denen die Päbste
von Avignon aus, furchtbare Bannstrahlen schleuderten, die
aber ein zu häufiger Gebrauch weniger furchtbar gemacht
hat."

„Die Ritterburgen von Tarascon und Beaucaire, die von
den provençalischen Dichtern verherrlicht wurden, sind keine
der geringsten Zierden dieses schönen Flusses, die der Thurm

---

*) Millin I. 222.

von St. Louis bei seiner Mündung so schön endigt. Dringt
man weiter in das Land hinein, so muß man sich über die
Volkswuth betrüben, welche das prachtvolle Schloß La Tour
d'Aigues zu Boden gestürzt und seine zärtlichen Devisen
ausgelöscht hat. Man möchte so gerne die Burgen von Signes
und Pierrefeu wieder aufbauen, wo die edeln Präsidentin-
nen der Gerichtshöfe der Liebe, ihre Aussprüche thaten.
Wer konnte es wagen die Axt an die Burg von Grignan
zu legen! hätten nicht alle Weiber zum Schuze dieses Monumentes sich vereinigen sollen, welches an alle Grazien des
Wizes, und an alles Rührende der mütterlichen Zärtlichkeit
erinnerte." *)

——————————

Die Burg von Tarascon, die in Absicht des Aeußern noch
so gut erhalten ist, ist inwendig im äußersten Verfalle; aber
ihre kühnen Gewölbe, ihre unermeßlichen Säle, ihre tiefen
Souterrains, kündigen die Größe und Macht derer an, die
sie einst bewohnten. Ludwig III. und König Renatus
haben sich mehreremale hier aufgehalten. Die Büsten dieses
guten Königes, und seiner zweiten Gemahlin Johanna von
Laval, waren im zweiten Schloßhofe, wurden aber zu Boden
geworfen und zertrümmert. Hier wurde einmal eine Menge
gefangener Engländer eingeschlossen. Viele sprangen von den
hohen Thürmen in den Strohm hinab, wo einige ein Raub
der Wellen wurden, andere mit Schwimmen sich retteten.
Der Gouverneur dieses Schlosses, über den unbändigen Frei-
heitssinn dieser Insulaner entrüstet, machte den Vorschlag die
Mauern des Schlosses, auf gut Algierisch mit Sensen, Hacken

——————————

*) Mad. von Seviane wohnte hier, und ist in der Kirche des
Städtchens Grignan begraben.

und Schwertern bestecken zu laffen, damit sich die kühnen
Springer darin spießen möchten. Es blieb aber bei dem barbarischen Vorsaze.

Die Tradition, die mehrere Schüler Christi in die Provence kommen läßt, z. B. den Lazarus, den h. Maximin,
der einer der 70. Jünger gewesen seyn soll, Magdalena
und Martha, den blindgebornen Sidonius, behauptet, daß
die heilige Martha nach Tarascon gekommen seye, das
Christenthum daselbst zu gründen. Die Hauptkirche der Stadt,
in der Nähe des Schlosses, ist ihr gewidmet. Vor der Pforte
des Einganges ist ein umgestürzter antiker Sarcophag, auf
dem man 2 Genien erblickt, welche ein Täfelchen halten,
worauf aber keine Inschrift zu sehen ist. Die heil. Martha
soll einen Drachen, der Tarasque hieß, und sich in der
Rhone zwischen Tarascon und Arles aufhielt, und die Menschen fraß, die den Fluß hinabfahren wollten, bezwungen,
und die Gegend von ihm befreiet haben. Tarascon, eine
Colonie der Massilier, erhielt wohl seinen Namen vom griechischen Worte: „Tarassein, schrecken"; vielleicht hatte er
Bezug auf eine in jenen Zeiten bekannte Geschichte oder Volks-
sage von einem Räuber, der die auf dem Strohme schiffenden
Massilier brandschazte, oder auch von einem wilden Thiere,
das die Gegend unsicher machte.

Aus dem Räuber oder wilden Thiere, machte die Legende
einen Wasserdrachen, der Schiffe und Menschen verschlang,
und sich selbst in die Städte Tarascon und Beaucaire
wagte, wo er Weiber und Kinder raubte, sie in seine Höhle
am Ufer schleppte, und dort bis auf die Knochen verzehrte.
Der Drache fraß nur Menschenfleisch; zur Zeit der Römer
trieb er seinen Unfug so weit, daß unter Neros Regierung
ganze Cohorten gegen ihn auszogen; aber dieser Unhold fraß
Mann und Speer, Schwert und Schild. Die Ufer der Rhone

waren mit Todtengerippen besäet, der Jammer war grenzenlos. Schon waren die Einwohner von Tarascon im Begriffe
aufzupacken, und vor dem Drachen, wie einst die Abderiten
vor Latonens Fröschen zu fliehen, als ein Kahn den Strohm
herauf kam und 2 Fremdlinge darin aus Land stiegen, ein
Mädchen schön wie ein Engel an der Hand eines ehrwürdigen
Mannes von ernstem Blicke.

Als sie das Elend der armen Stadt und Gegend erfahren hatten, gieng das Mädchen hin zur Höhle des Ungeheuers
und befahl ihm hervorzutreten; zitternd kroch das Ungethüm
zu den Füßen der Gebieterin, ließ sich geduldig ein Band,
(nach Andern den Schleier) um den schuppigen Hals binden,
und folgte gehorsam wohin sie es leitete. Auf dem Markte
zu Tarascon stand die fremde Wunderthäterin mit dem Drachen stille, und befahl nun den furchtsam herbeischleichenden
Bürgern, das Ungeheuer ohne Umstände todt zu schlagen, was
sogleich geschah. Auf diese That mußte die Predigt des
Fremdlings eine außerordentliche Wirkung thun; man glaubte,
und ließ sich taufen. Martha, so hieß die schöne Fremde,
und Lazarus ihr Bruder wurden nun schon bei ihrem Leben
als Heilige verehrt. Lazarus war der erste christliche Bischof
dieser Gegend. In den Gemälden der Kapuzinerkirche erschien
er in allem bischöflichen Prunke. Sonderbar ist es, daß dieser Drache nachher wieder spukte. Gervasius von Tilisburi erzählt, daß er zu seiner Zeit eine Wäscherin von
Beaucaire geraubt, und in seine Höhle geschleppt habe, wo-
sie die Säugamme seines Sohnes habe werden, und 7 Jahre
bleiben müssen; zu Ende derselben habe er ihr dann die
Freiheit geschenkt. *)

_____

*) „Der älteste Schriftsteller der von dem Drachen von Tarascon
spricht, ist Gervasius von Tilisburi, ein englischer Edelmann

„In der Kapuzinerkirche vor der Stadt, sahe man
ehemals ein sehr schönes Gemählde von Vanloo; es stellte
die Martha dar, die das Ungeheuer an einem Bande führte;
ein Ideal von Schönheit, eine junge Rosenknospe, die sich
eben den goldnen Strahlen der Sonne entfaltet; das Mädchen
hatte den Himmel im Auge, auf dem Rosenmunde schwebte
das Lächeln der Cypria; doch war es nicht lauter christliche
Demuth, nicht bloße unschuldige Freude das Ungeheuer bezwungen zu haben, das sich auf dem verklärten Gesichte zeigte,
es war etwas vom Siegerblicke des vaticanischen Apolls, in
das Sanfte, Mädchenhafte, christlich Bescheidene der himmlischen Züge gemischt; das Blut der ehrwürdigen Capuziner
konnte unmöglich in seinem gewöhnlichen ruhigen Laufe bleiben, wenn sie vor diesem bezaubernden Bilde knieten."

Alle Jahre trägt man am 2ten Pfingsttage ein grotesfes
hölzernes Bild des Drachens, oder der Tarasque, durch die
Stadt; *) es sieht einer Schildkröte ähnlich; es ist ein hölzernes Gerippe, mit Wachsleinwand überzogen, apfelgrün bemahlt, mit vergoldeten Hacken und Dornen auf dem Rücken;
8 gewandte starke junge Leute, die auf eine besondere Art
gekleidet sind, tragen das Monstrum, unter dem sie versteckt
sind; bald laufen sie schnell, bald stehen sie still, bald drehen
sie sich schnell um; wo ein dichter Pöbelhaufe steht, da fährt
das Thier in denselben hinein und wirft ein Paar Dutzend
auf die Nase; kommt der nachdringende Haufe zu nahe, so
führt der Schwanz heraus und trifft die Gaffer, daß sie tau-
meln; man lenkt die Glieder des Thieres so, daß dadurch

---

und Kanzler des Königreiches von Arles, der gegen den Anfang des
XIII. Jahrhunderts schrieb."

*) S. *Dictionnaire* des beaux arts von Millin beim Worte
Dragon.

die Bewegungen der Wuth ausgedrückt werden. Um den
Schrecken zu vermehren, den dieses Ungethüm an diesem Fest-
tage einjagen soll, schleudert man aus dem Rachen und den
Augen desselben Schwärmer unter den Pöbel.

Am jährlichen Festtage der heil. Martha kömmt das Ungeheuer noch einmal zum Vorschein, spielt aber eine ganz
andere Rolle, man läßt es an einer Procession einen ganz
friedlichen Antheil nehmen; ein junges weißgekleidetes Mädchen führt dasselbe an einem langen Bande, das die Farbe
des Schleiers hat, mit dem einst die heilige Martha den
lebendigen Drachen gebunden nach Tarascon brachte. Ist die
Procession in die Kirche eingetreten, so bringt man den
Drachen zur Thüre des Chores, hier besprengt ihn ein Priester mit Weihwasser, er macht mehrere convulsivische Bewegungen und fällt auf die Seite. — In der Kirche der heil.
Martha kann man ein neues Bild der Taraske sehen, es ist
mit gedruckter Leinwand bedeckt; das alte Bild wurde wäh-

»In der Kirche der heiligen Martha muß man auch
das Grabmal der Heiligen dieses Namens besehen; sie ist hier liegend
vorgestellt. Es ist ein schönes marmornes Monument. In dieser Kirche
kann man auch die Taraske sehen; es ist eine groteske Figur, aber
nicht von der Form, welche die Alten diesem fabelhaften Thiere geben,
sondern von der, welche ihm die Legendenschreiber gaben. Der Körper
ist von Holz, und mit gedruckter Leinwand bedeckt. — Zweimal im
Jahre tragen die Einwohner von Tarascon dieß gräßliche Bild der Plage
ihrer Vorfahren, zum Zeichen ihrer Dankbarkeit gegen die Heilige,
welche einst dieselben davon befreiete, in der Stadt umher. Die Heilige
hatte das Ungeheuer vernichtet, und die Revolution zerstörte das Bild
desselben. Aber triumphirend über alle seine Feinde erschien es aufs neue,
und läßt sich nun wieder, wie ehemals, zu den gewöhnlichen Zeiten,
unter dem Freudengeschrei des Volkes, zur allgemeinen Erbauung in
den Straßen sehen.«

rend der Revolution zerstört, triumphirend über seine Feinde, erschien das Ungeheuer aufs neue, und die jährlichen Umzüge haben wieder unter großem Freudengeschrei des Volkes Statt.

Wenn Beaucaire nach der Messe das Bild des Todes darstellt, so zeigt dagegen Tarascon zu jeder Zeit das Bild des Lebens; man sieht hier ein betriebsames Völkchen immer in voller Thätigkeit, man hört hier, was man zu Beaucaire nie hören kann, das Geräusch, das Klopfen, Schlagen, Feilen der Handwerker, aus so mancher Werkstätte, durch die Straßen wiederhallen. Die Fruchtbarkeit der Ebene, von der Tarascon umgeben ist, die Thätigkeit des Handels mit den reichlichen Produkten des Stadtgebietes, mit Wein, Branntwein, Seide, hauptsächlich aber mit Getreide, verbreiten Wohlstand in allen Klassen, überall sieht man das Volk arbeiten, Alles athmet Freude, und Glück in dieser artigen Stadt; man findet hier Seidenspinnereien, Branntweinfabriken, Böttchereien ꝛc. Hier zeigt sich die provençalische Eleganz, selbst mit Luxus verbunden; die Fußbekleidung der Weiber ist zierlich; ihr Corset bezeichnet die Taille sehr gut; sie lieben den Tanz ganz be-

---

„Tarascon treibt, seit dem Avignon mit Frankreich vereinigt ist, wenig Handel, weil seit dieser Zeit Avignon der Ort der Waarenniederlage für Lyon und Marseille geworden ist. Doch verschaffen dieser Stadt die reichlichen Produkte ihres Gebietes, sein Getreide, seine Seide, seine Weine und Branntweine ꝛc. einigen Ausfuhrhandel, und veranlassen Industrie."

„Man spinnt in Tarascon Baumwolle, fabricirt Schakos. M. Etienne Paschal hat eine Branntweinbrennerei errichtet; er versichert, daß er durch gewisse Mittel, aus dem was im Brennkessel übrig bleibt, eine Quantität Essigsäure oder gereinigten Essig ziehe, die wenigstens eben so groß seye, als die Quantität Weingeist, den er durch die Distillation erhalte."

22

sonders; im Winter iſt nur von Bällen und Feſten die
Rede; man ſieht. ſie zuweilen von ihrer Arbeit wegeilen,
um ſich in die luſtige Farandoule zu miſchen, die durch die
Straßen ziehend, immer größer wird.

Die Stadt. Tarascon iſt der Siz der Unterpräfektur,
und des Civiltribunals des Arondiſſements; ein doppelter Vortheil, um den ſie Arles beneidet, deren Alter, Größe, Bevölkerung, ihr hätten den Vorzug verſchaffen ſollen. Man kann
den Grund dieſer Begünſtigung Tarascons nur in der Leichtigkeit der Communication finden, welche dieſe Stadt anbietet,
indeß Arles derſelben gänzlich beraubt iſt, da, ungeachtet es
beinahe 20,000 Einwohner hat, doch keine einzige Hauptſtraße
dadurch geführt wurde, woran es die gerechteſten Anſprüche
hat. Tarascon iſt beſſer gebauet und bevölkerter, obgleich
weniger ausgedehnt als Beaucaire; man findet hier auch ein
ſchönes Hoſpital; die Stadt liegt auf einem flachen Boden,
und iſt oft den Rhoneüberſchwemmungen ausgeſezt. Von
Tarascon bis Arles hat man 3 Stunden, man kommt durch
eine der reichſten und ſchönſten Ebenen, beſonders wie man
ſich Arles mehr nähert, wo ſie in mittlern Jahren 9 — 10fäl-
tig trägt.

So wie man bei Tarascon die Rhonebrücke betritt, ſo
verläßt man den klaſſiſchen Boden, wo Alles das Gepräge des
römiſchen Namens trägt, und kommt nun in Gegenden, die
ſo oft der Schauplaz blutiger bürgerlicher Kriege waren.
D'Anville *) hält Beaucaire **) für das Ugernum der Alten;

---

*) *D'Anville*, Notice sur l'ancienne Gaule. *Histoire* du Languedoc,
par *Vaissette*. Tom. II. note 38. *Recherches* historiques et chronolo-
giques sur la ville de Beaucaire. Avignon 1718. in 8°.

**) „Die Lage von Beaucaire am Fuße dürrer Felſen, an den Ufern
der Rhone, iſt ſehr mahleriſch. Eine lange Reihe von Hügeln, hinter

seine Vermuthung ſtüzt ſich auf Zeugniſſe, die beweiſen, daß
Ugernum am Rhoneufer lag; es war einer von den 24 Flecken (vici), die von Nimes abhiengen. Dieſer Ort behielt ſeinen Nahmen, obgleich mit einiger Abänderung, bis zum Ende
des 11ten Jahrhunderts; man nannte ihn Ugerno; gegen das
Jahr 1070 erhielt er den Namen *Belli Cadrum* oder
Bel Cadro. Beaucaire hat eine höchſt reizende Umgebung,
und liegt am Fuße eines Felſen, der ſich auf ſeiner Nordſeite
erhebt und mit mahleriſchen Schloßruinen gekrönt iſt. „Dieſe
Stadt iſt in den Schriften der Troubadours und Romanzen-
dichter berühmt. Die ſanfte Nicolette, deren Abentheuer mit
dem liebenswürdigen und zärtlichen Aucaſſin, der Stoff einer
ſinnreichen, rührenden Erzählung ſind, war eine adoptirte
Tochter des Vicomte von Beaucaire. Könnte man auch dieſem vollkommenen Muſter treuer Liebe, aus den guten alten
Zeiten, einen beſſern Plaz anweiſen als an den Rhoneufern,
unter dem ſchönen Himmel von Languedok?" *)

Beaucaire wurde Veranlaſſung zu einem blutigen Kriege
zwiſchen Simon von Montfort und Raymund VI., welchem
erſtern der Pabſt Honorius III. die Beſizungen vom Vater
Raymunds als confiscirt geſchenkt hatte, weil derſelbe ſeine
Albigenſiſchen Unterthanen in Schuz nahm. Die Stadt und

---

denen der Berg Ventour ſein Haupt erhebt, begrenzt in der Ferne die
Ausſicht. Das ſchlecht gebauete und ſchlecht bevölkerte Beaucaire iſt der
Schauplaz einer berühmten Meſſe, die alle Jahre vom 22 — 29 Jul. hier
gehalten wird. Auf dieſe Zeit hin, ſtröhmen Kaufleute aus allen Gegenden Europens und Menſchen anderer Claſſen, die während der Meſſe
Geld erwerben wollen, in ſo ungeheurer Menge hieher, daß die ſonſt das
ganze Jahr öde Stadt, der ephemeren Bevölkerung faſt nicht Plaz genug
verſchaffen kann. Die Boutiquen werden außerhalb der Stadt unter
ſchönen Alleen längs der Rhone aufgerichtet und in Reihen geſtellt."

*) Dieſe reizende Erzählung wurde von *Mr. de St. Palays* bekannt
gemacht, und im Auszuge geliefert von *Legrand d'Auſſy.*

das Schloß wurden oft im Namen der Religion von Catho⸗
liken und Reformirten mit Blut befleckt, jezt findet man hier
keine Spur des Calvinismus mehr. Als der Graf von Mont⸗
fort mit der Grafſchaft von Touloufe belehnt wurde, ſo ſezte
er einen Seneſchal nach Beaucaire, welche Würde ſich bis zur
Revolution erhielt. Das Schloß wurde im Jahre 1632. zer⸗
ſtört, da die Rebellen, die ſich zur Parthei des Monſieur,
des Bruders Ludwig XIII. hielten, ſich Meiſter davon gemacht
hatten; der König beſtätigte, um die Treue der Einwohner
der Stadt zu belohnen, ihre Privilegien, und unter Anderm
die Zollfreiheit ihrer jährlichen Meſſe. Auf dieſer Burg hiel⸗
ten ſich einſt die Seneſchalle von Beaucaire auf, mächtige
Lehnsmänner der provençaliſchen Fürſten und der Gräfen von
Touloufe. Noch in den unglücklichen Zeiten der Religious⸗
kriege, diente die Burg von Beaucaire zum Bollwerke der
ſiegenden Partheyen, bald fochten die Söldner der Burg mit
den Reformirten, bald mit den Katholiken, blutige Fehden
wegen religiöſer Meinungen. Die Stadt folgte immer den
Grundſäzen der Burg; gieng in die Meſſe, wenn der Befehls⸗
haber derſelben es gebot, oder in die Predigt, wenn auf
dem Felſen, Calvins Lehre galt.

*) „Die in den Annalen des Handels, und den Feſtkalendern
des Vergnügens ſo berühmte Meſſe von Beaucaire **), die alle
Jahre den 22. Jul. ihren Anfang nimmt, gewährt noch im⸗
mer ein ſehenswerthes Schauſpiel, ob ſie gleich durch die
Folgen der Revolution und des Krieges viel von ihrem Glanze

---

*) S. Millin.

**) *Traité* historique de la foire de Beaucaire. Marseille 1734.
in 4. *Lettre* d'un particulier de Beaucaire a un Toulousain de ſes
amis, au ſujet de la foire, qui se tient dans le lieu de Beaucaire le
22 juillet de chaque année. Avignon 1771. in 8.

verloren hat. Alles kündigt bei ihr eine einträgliche Industrie
an, die Luft ertönt von Freudengeschrei und fröhlichen Ge-
sängen. Lange Zeit vor der Messe, suchen die vornehmsten
Kaufleute, die aus ganz Europa hier zusammenströmen, sich
ein Haus, oder wenigstens ein Zimmer zu miethen. Alle Zimmer, von denen jedes gewöhnlich einer ganzen Familie zur
Wohnung dient, sind mit Betten vollgepfropft; und während
dieser Zeit verbannt sich der Eigenthümer derselben hinauf
auf seinen Kornboden. Oft werden diese Häuser und Zimmer,
den nemlichen Personen auf mehrere Jahre verliehen. Die
fremden Wollenhändler und Tuchhändler müssen wechselsweise
in der großen und in der hohen Straße wohnen, so daß
in beiden Straßen, jedes zu verleihende Haus, das eine Jahr
Tuchhändler aufnimmt, die den größten Hauszins zahlen, da
sie größere Geschäfte machen, und das nächste Jahr Wollenhändler.

Die Leinwandhändler sind ganz nahe an dem Rhonethor,
an einem Orte, den man la Placette heißt. Die Juden
besetzen die Mitte der Franciscanergasse, die während der Messe
die Judengasse heißt; der obere und untere Theil derselben
ist mit Lederhändlern angefüllt, die im Besitze der für den
Handel günstigsten Pläze mit einander abwechseln. Nicht
allein die Boutiquen in der Stadt, sind mit Kaufleuten besezt;
es giebt auch noch außerhalb der Mauern Buden, die mit
Leinwand bedeckt sind und benuzt werden, selbst steinerne Bänke
werden für kleine Krämerwaaren verliehen. Die Kaufleute
befestigen Schnüre über die Gassen der Stadt, und hängen
viereckige Leinwandstücke daran, auf denen sie ihren Namen,
ihre Wohnung, und die Art ihrer Waaren bekannt machen.
Das Buntscheckige ihrer Farben, die Verschiedenheit ihrer
Formen und Inschriften, giebt einen sehr sonderbaren Anblick.
Die Stadt könnte aber unmöglich alle Handelsleute fassen,

die ſich auf dieſe Zeit hier einfinden. Man bauet daher in
wenigen Tagen eine kleine bretterne Stadt vor den Thoren
an der Rhone, die auch ihre Hauptſtraßen, Queergaſſen und
Vorſtädte hat.

An dem Rhoneufer, zwiſchen dem Thore Roquebrune
und Beauregard, iſt eine ſehr große Wieſe mit anſehnlichen
Bäumen bepflanzt, man nennt ſie die Wieſe der heil.
Magdalene; hier wird das breterne Städtchen aufgerichtet.
Derjenige, der es unternommen hat, dieſe Hütten aufzuſtellen,
zieht einen anſehnlichen Gewinn davon, wegen des hohen
Preiſes, um den er ſie vermiethet. Gewöhnlich vereinigen
ſich die Kaufleute aus dem nemlichen Lande, oder aus der
nemlichen Stadt, in der nemlichen Gaſſe, daher ſammeln ſich
auch die Erzeugniſſe der nemlichen Art, am nemlichen Orte.
Hier findet man die Boutiquen Marſeiliſcher Kaufleute, die
Seife, Gewürze, Apothekerwaaren feil haben; dort haben
Parfumeurs von Graſſe ihre Pomaden und wohlriechenden
Seifenkugeln ausgelegt, hier ſieht man die Parfumeurs von
Montpellier mit ihren Parfums und Likören. An einem an-
dern Orte ſind zahlreiche Hütten mit gedörrten Feigen, Pflau-
men, Trauben und Mandeln angefüllt. Was uns am meiſten
in Erſtaunen ſezte, war eine Gaſſe, deren ſehr dicke und hohe
Mauern aus lauter Zwiebeln und Knoblauch beſtanden; die
Menge derſelben war ſo anſehnlich, daß man hätte glauben
ſollen, daß ihrer hier genug für alle Sauçen von ganz
Europa wären.

Die Kaffeehäuſer, die Billardzimmer, die Tanzpläze, ſind
meiſtens in der großen Straße der Breterſtadt; hinter ihnen
haben die Taſchenſpieler, Gaukler, Seiltänzer, und die Beſitzer
wilder Thiere, ihre Verſammlungspläze. Am Ende der Ebene
iſt eine Capelle, wo Meſſe geleſen wird; hier wird auch eine
große Menge Roſenkränze abgeſezt. Dieſe Capelle iſt ſehr klein,

daher die Gläubigen, während der Meſſe, in ihrer Nähe auf
der Wieſe umher knieen. Aber nicht blos die Häuſer von
Beaucaire, die Breterhütten und die mit Leinwand bedeckten
Buden, ſind mit unzähligen Menſchen angefüllt, ſondern
auch die Rhone iſt mit Barken bedeckt, auf denen eine große
Menge Menſchen ihre Wohnung hat; jede dieſer Barken hat
einen beſtimmten Plaz, nach Beſchaffenheit ihrer Form, der
Waaren, die ſie führt, und des Landes woher ſie kommt. Die
franzöſiſchen Barken verſammeln ſich bei Arles; der Patron
derjenigen, die am erſten ankommt, grüßt die Stadt Beaucaire
mit Flinten- oder Piſtolenſchüſſen, und empfängt zur Beloh-
nung für ſeine Geſchwindigkeit ein Schaf, das ihm feierlich
dargebracht wird. Das Fell des Schafes wird hernach mit
Stroh ausgeſtopft und nebſt Wimpeln, hoch an dem Maſtbaum
befeſtigt, wodurch ſchon in der Ferne, die erhaltene Ehre
verkündigt wird. Auch die andern Barken feuern, wie ſie
näher kommen, ihre Salven ab.

Die ſpaniſchen, beſonders die cataloniſchen Pinken, die
genueſiſchen Felouquen, zeichnen ſich durch ihre ſchönen Farben aus. Man ſieht Schaluppen von Marſeille; die Schiffe
von Ober-Languedoc, von Bordeaux, von Bretagne, und aus
mehreren Häfen des Oceans, kommen über den Königlichen
Kanal herbei, der beide Meere vereinigt. Barken aus Lyonnais, aus Dauphine, aus der Schweiz, aus Deutſchland, kommen die Rhone herab. Die Waaren der Ober-Provence muß
man auf Karren herbeiführen; jeder fühlt, wie nüzlich es
wäre, einen ſchiffbaren Kanal anzulegen, der ſich durch die
Gegend zöge, wo die Durance nichts als Verwüſtungen anrichtet. Außer dieſen Barken giebt es auch noch Flößen, die
mit geſägtem Holze, mit Bretern, Balken, Faßreifen ꝛc. beladen ſind. Die Barken, welche die Rhone herab kommen,
ſind nur aus leichten Bretern gemacht, die man ſogleich aus

einander nehmen, und verkaufen kann. Außer andern Arten
von Fahrzeugen, ſieht man auch flache Barken, die zum Transporte des Getreides, der Steinkohlen und anderer Waaren
dienen. Die Barken brauchen einen Filzhut, ein Strohweib-
chen, ein hölzernes Gitter 2c. zu Zeichen. Man kommt zu
dieſen Fahrzeugen, wie zu den Breterbäuschen auf der Wieſe,
um Waaren zu kaufen. Die Mannigfaltigkeit der Barken,
die Verſchiedenheit ihres Baues, ihre ſymmetriſche Zuſammen-
ſtellung, die vielen Maſte, bilden ein mahleriſches Ganzes.

Die Kaufmannsdiener kommen gewöhnlich ſchon 14 Tage
vor der Eröffnung der Meſſe, um die Waaren auszupacken,
einzuſchreiben und ſchicklich auszulegen. Man begreift wohl,
daß ein ſo ungeheurer Zuſammenfluß von Menſchen, nothwendig auch die Straßenräuber, liſtige Gaudiebe, Spieler
und ausſchweifende Dirnen herbeilocken müße. Die Straßen
von Beaucaire waren ehemals, vor und nach der Meſſe, ſehr
unſicher; bewaffnete Strauchdiebe lauerten auf die Ankunft und
den Abgang der Waaren, und man erzählt noch viele tragiſche
Abentheuer, die den Kaufleuten oder ihren Dienern begegneten. Die Kaufleute wurden oft am hellen Tage, auf der
offenen Straße ausgezogen, noch öfter Nachts in ihren Wohnungen beſtohlen. Man fand beinahe nach jeder Meſſe einige
Leichname in den Ziehbrunnen der Stadt oder in der Rhone.
Aber jezt ſind die Sicherheitsanſtalten ſo gut, daß man nichts
mehr von ſolchen Vorfällen hört.

Die, ſich hier einſtellenden, öffentlichen Dirnen kommen
gewöhnlich aus Nimes, Marſeille, Avignon und andern benachbarten Städten. Man findet ſolche Geſchöpfe für jede Art
des Geſchmackes, für jeden Stand, für jeden Preis. Einige
thun, als wenn ſie einen keinen Handel trieben, bieten Er-
friſchungen feil; andere wohnen in den entfernteſten Quartie-
ren und locken Packträger und Matroſen an. Alle führen

heimlich alte abgedankte Werber und Zechbrüder bei sich,
welche diese Creaturen für ihre Männer, Väter, Brüder,
Vettern ausgeben, diese schützen ihre Ausschweifungen, und
theilen ihren Gewinn. Durch diese alten Sünder in Sicherheit gesezt, verführen sie die jungen Leute, und verbreiten ihr
Gift in den Familien. Die Präfekten suchen die Unordnungen dieser Art ans möglichste zu beschränken, lassen auch die
Spielhäuser aufsuchen und verschließen.

Diese Schlupfwinkel der Dieberei wurden sonst gewöhnlich von schlechten Menschen unterhalten, die ehemals Militär-
personen gewesen waren, List, Gewalt und Frechheit verban-
den, und so der Schwäche eines furchtsamen Kaufmanns, den
ein unbesonnener Augenblick irre führte, oft allen Gewinn
entrissen, den eine ehrliche und glückliche Industrie ihm erworben hatte. Den Gaudieben ists schwerer beizukommen, als
den Straßenräubern; sie sezen während der Messe ihre ganze
Geschicklichkeit in Ausübung; sie drängen sich überall herbei.
Man könnte einen ganzen Band mit den listigen Kunstgriffen,
die sie anwenden, und den feinen Streichen, die man von
ihnen erzählt, anfüllen. Sonst konnte ihnen der Stadtrichter,
wenn sie erwischt wurden, ohne Umstände auf der Stelle ihr
Urtheil sprechen, und diese schnelle Justiz verminderte ihre
Zahl beträchtlich. Aber gegenwärtig thun die Gerichte lang-
samere Schritte, wodurch diese Schelmen wieder kühn und
unternehmend werden.

Auch Aerzte, Chirurgen, Apotheker stellen sich ein, und
finden während der Messe Gelegenheit zum Erwerb. Wo so
ungeheuer viele Menschen zusammen kommen, da giebt es
manche Unpäßlichkeiten, Anfälle von Krankheiten; da giebt es
Händel, Verwundungen und mancherlei körperliche Unfälle,
wo der Arzt oder Chirurg zu Hülfe kommen muß, und der
Apotheker nöthig wird; und dieser sezt seine Pillen und Mix-

turen mit eben der Leichtigkeit und Gewandtheit ab, wie der Limonaden-Schenk seine Liköre. Einen sehr sonderbaren Anblick hat man, wenn ein Leichenzug sich durch das lärmende Menschengewühl durcharbeitet, und vor geräuschvollen Spielpläzen, Kaffeehäusern, Wirthshäusern, Tanzsälen, Theatern, vorüberzieht. Es scheint da, als wolle der Himmel den wahnsinnigen Haufen erinnern, daß der Tod seine Beute überall verfolge, und sich ihrer oft mitten unter den lebhaftesten, geräuschvollesten Vergnügungen bemächtige. Aber die Jünger Aesculaps sind nicht die einzigen Menschen in schwarzen Kleidern, die bei dieser Gelegenheit gute Geschäfte machen; auch Themis sendet ihre Diener aus; die Notarien sind bei kaufmännischen Geschäften unentbehrlich; auch sind Häscher bei der Hand, um ihre Göttin zu unterstüzen, und schlechten Zahlern zu Leibe zu gehen.

Ehemals hatte der Intendant der Provinz die Aufsicht über das Handlungswesen, und wachte über die gute Ordnung und Sicherheit während der Messe. Jezt ist dies das Geschäft des Präfekts vom Departement. An dem Tage vor Anfang der Messe begiebt er sich von der Gend'armerie begleitet nach Beaucaire. Seine Ankunft wird durch das Abbrennen von Böllern und Flinten angekündigt. Er bezieht nun das schönste Hotel in der Stadt; die verschiedenen Corps erscheinen, um ihn zu becomplimentiren. Die Stadt entschädigt ihn für die besondern Ausgaben, die er machen muß, mit 6000 Franken. So wie der Zeitpunkt der Eröffnung der Messe sich nähert, und besonders den Tag vorher und am ersten Tage der Messe, sind die Brücken und alle Zugänge zur Stadt, mit Menschen zu Fuße, zu Pferd und zu Wagen, angefüllt. Der eine treibt mit seiner eleganten Carosse Staubwolken in die Höhe und bedeckt den bescheidenen Fußgänger damit; ein anderer drängt sich auf einem raschen Pferde durch die dichten Volkshaufen.

Mit Vergnügen verweilt der Blick auf diesem beweglichen Gemählde, das nicht wenig durch die Mannigfaltigkeit der Menschengestalten und ihrer Costume belebt wird.

Auch die Rhone ist jezt ganz mit Barken bedeckt, die mit Reisenden angefüllt sind; jeder eilt eine Herberge zu finden, was immer schwer hält; man fordert sogar einen übermäßigen Preis für die Erlaubniß, die Waaren nur in die Höfe unter freien Himmel stellen zu dürfen. Hier sind Zelte, wo man gekochtes und gebratenes Fleisch haben kann, man findet sie bei den Breterbütten auf der Wiese; an einem andern Orte bereiten Speisewirthinnen blos Gemüse zu; sie halten sich auf dem öffentlichen Plaze bei den bedeckten Gängen auf; diese Gemüse kann man aber nicht bei ihnen verzehren, sondern nur bei ihnen holen lassen; bei ihnen holen gewöhnlich die geringern Kaufleute ihre Mahlzeiten. Sieben oder acht Zigeuner, die am Ende der Wiese, ganz nahe am Berge unter einem Baume ihre Wirthschaft treiben, stellen eine Höllenküche auf; die ärmsten Bettler gehen dahin, um für einige Sous Lebensmittel zu erhalten, die derer, die sie zubereiten, und derer, die sie verzehren, würdig sind. Diese Zigeuner kommen aus den entferntesten Gegenden, um in Beaucaire ihr bekanntes Gewerbe zu treiben.

Gastwirthe aus nahen Städten stellen sich ebenfalls ein, um an dem Gewinne Theil zu nehmen, den man hier machen kann, und miethen selbst in der Stadt geräumige Häuser, wo man bei ihnen haben kann, was man will. Das besuchteste Haus dieser Art, ist das von Faber und Andre; man findet hier wie in Paris, gedruckte Speisekarten; in der langen Liste derselben, findet man Gerichte, deren Namen vielleicht selbst den Pariser Leckermäulern unbekannt sind; so kann man bei Andre, seiner gedruckten Karte gemäß, nicht allein eine Polonoise Fricassée, sondern auch Pieds d'amour a la crème fordern. Obgleich dieſes Haus ſehr geräumig iſt, ſo ſind doch beſtändig alle Säle angefüllt, man drängt ſich in den Höfen und auf den Treppen.

Alles dieſes Gewühl beginnt einige Tage vor der Meſſe, die ihren eigentlichen Anfang den 22. Jul. nimmt. Der Präfekt, begleitet von den Rathsgliedern des Departements und von der Municipalität, mit einem Gefolge von Gend'armen und Nationalgarden, eröffnet die Meſſe. Von Fackeln um-leuchtet, geht den 21. Jul. Abends der Zug zu Pferde, durch die Hauptſtraßen der Stadt, auf die Meßwieſe und an das Rhoneufer; hier verkündigt der Präfekt beim Schalle kriege-riſcher Muſik den Anfang der Meſſe und der Zollfreiheit der Kaufleute. Nach einer ſolchen Proclamation antwortet man ihm jedesmal mit den lauteſten Zurufungen, die ſich in das Geräuſch der Inſtrumente, und Getöſe der Böller miſchen. Bis auf den Augenblick dieſer Formalität iſt jede Waare, die man ausſchifft, den gewöhnlichen Zöllen unterworfen.

Am folgenden Tage, welches der Tag der h. Magdalene iſt, wird mit dem möglichſten Pompe eine große Meſſe mit Muſik gefeiert, auf dieſelbe folgt eine Proceſſion, in der man ehemals eine ganz ſilberne Statue der heil. Magdalene feier-lich umher trug; gegenwärtig begnügt man ſich mit einem Bilde von vergoldetem Holze. Alle Corps ſind bei dieſer Ceremonie gegenwärtig und machen ſie feierlicher. Es iſt unmöglich, die Verwirrung und das lärmende Gewühl zu ſchildern, welches während der ganzen Zeit dieſer Meſſe herrſcht. Das Gedränge nimmt kein Ende; man drückt ſich, man trägt ſich ſchwebend; es iſt in allen Straßen eine Bewegung, die dem Wogen des Meeres ähnlich iſt. Man muß, während man ſeine Neugierde befriedigt, ſich gegen Ellenbogenſtöße verwahren, und vor den Beutelſchneidern in Acht nehmen.

Hier stößt man sich, dort schlägt man sich; Musikanten singen zum Klange ihrer Instrumente; Marktschreier sezen ihre Pulver und Mixturen ab; Bettler suchen das Mitleid zu erregen; der Packträger scheint euch zertrümmern zu wollen, indem er die Last herabfallen läßt, die er auf seinen Schultern trägt; Tabuletkrämer schreien mit eherner Kehle ihre Waaren aus; dort ist eine umgestürzte Küche; hier liegt ein Mensch in Ohnmacht; dort geht ein Leichenzug vorüber. Man sieht Costume von allen Arten; man hört alle Arten von Dialekten, man glaubt auf dem Sammelplaze aller Nationen zu seyn, und die babylonische Sprachverwirrung zu hören.

Dieser Tumult dauert hauptsächlich nur während des Tages, am Abend geht man nach den Pläzen, wo man ausländische Thiere, Seiltänzer-, Taschenspieler-, Reiter, und Pferdekünste und Comödien sehen kann. Die gute Gesellschaft begiebt sich nachher auf die Wiese, wo man überall Contretänze oder üppige Walzer findet; auf allen Seiten erschallt das Geräusch der Instrumente; hier ist der Ball von Nimes, dort der von Aix, an einem andern Orte der von Avignon; jeder geht zu demjenigen, wo er seine Landsleute findet; überall läßt sich unter den andern Instrumenten, die kleine provençalische Flöte — Galaubet — hören. Besonders gerne verweilt man beim Balle der Catalanen, welche unter einander mit vieler Leichtigkeit und Präcision, auf's taktmäßigste, ohne Frauenzimmer tanzen, und dabei zum Schalle ihrer Castagnetten vaterländische Lieder singen.

Man verkauft auf der Messe von Beaucaire fast alle nur ersinnliche Arten von Waaren, unter ihnen ist aber doch die Seide der vornehmste Artikel. Die Zollfreiheit der Messe ist eigentlich nur auf drei Tage verwilligt, aber man hat ein Mittel gefunden, den Termin weiter hinauszuschieben, indem man die Festtage der heil. Magdalene und des heil. Jacob

als verlorne Tage ausgab, obgleich die Handelsgeschäfte dadurch gar nicht unterbrochen wurden. Als man im J. 1769
wegen einer, durch die Ueberschwemmung der Rhone entstandenen Störung der Messe, um einen Tag weiter bat, wollte
der General-Pächter nichts davon hören; der Intendant fand
aber ein Mittel, ihn zu erhalten, indem er das Fest der heil.
Anna feiern ließ. Seit dieser Zeit dauert die Messe sechs
Tage, vom 22. Jul. früh bis zum 28. Jul. Abends; fügt es
sich, daß ein Sonntag dem 28. Jul. unmittelbar vorangeht
oder nachfolgt, so dauert sie einen Tag länger.

Das Ende der Messe oder der Zollfreiheit, wird eben so
feierlich angekündigt, wie es bei Eröffnung derselben geschah;
aber bei dieser Ceremonie spürt man nichts von der vorigen
Fröhlichkeit. Bald darauf nehmen die Anstalten zur Abreise
ihren Anfang. Die Heerstraßen sind aufs neue mit Reisenden bedeckt; die Barken begrüßen die Stadt beim Abzuge, wie
sie bei ihrer Ankunft gethan hatten. Doch giebt es Kaufleute,
die noch über 14 Tage bleiben, aber sie genießen keine Zollfreiheit mehr; die Catalanen und Juden entfernen sich gewöhnlich zulezt. Wir waren diesmal Zeugen eines Unfalles,
der zum Glücke nur selten ist; es fieng nemlich am dritten
Tage der Messe zu regnen an, und in wenigen Stunden trat
der Strohm über sein Ufer, was man seit mehreren Jahren
nicht gesehen hatte. Nicht nur mehrere Waaren wurden durch
den Regen verderbt, sondern der Fluß überschwemmte auch
die Wiese, führte Breterhütten fort, und mit den Kaffeever-
sammlungen und den ländlichen Bällen hatte es ein Ende;
man hörte überall nichts als Geschrei und Wehklagen; der
Steindamm im Strohme, der die Schiffbrücken von Beaucaire
und Tarascon mit einander verbindet, war ganz mit Wasser
bedeckt, und die Verbindung mit Tarascon war abgeschnitten.

Die Schiffahrt durch die Mündung der Rhone ist nicht ohne Gefahr; die wechselnden Winde machen die Dauer derselben ungewiß, und große Ueberschwemmungen machen sie ganz unmöglich. Die Messe von Beaucaire würde weit größere Vortheile mit sich führen, wenn der schöne Canal von Aigues mortes geendigt wäre, wo man aus der Rhone, bei Beaucaire in den Etang von Thau, und aus diesem in den Canal von Languedoc kommen könnte, ohne die für die Schiffe bei Stürmen so gefährliche Mündung der Rhone und den Golf von Lion zu berühren. Die Stadt Beaucaire ist klein, ihre Gassen sind winklicht und enge, doch ist die Zahl der Häuser ansehnlich, wenn man sie mit ihrer Ausdehnung und Bevölkerung vergleicht, aber sie sind nur während der Messe gehörig bewohnt; auch kann man im übrigen Theile des Jahres sehr leicht bemerken, in welchen Zustand von Verfall und Verlassenheit eine Stadt herabsinken kann, deren Einwohner ein leichtes Mittel haben, sich ohne alle Arbeit so viel zu verschaffen, als nöthig ist, um nicht Hungers zu sterben.

Der ungeheure Zins, den die Einwohner von Beaucaire während der Messe für die Vermiethung ihrer Häuser, Magazine, Wagenschoppen und Höfe beziehen, reicht hin, sie für ein ganzes Jahr zu erhalten; daher denkt auch niemand an andere Zweige der Industrie, niemand errichtet eine Manufaktur, oder denkt auf eine nützliche Unternehmung; sie bauen blos zu ihrem Vergnügen einige Rebenfelder und Olivenpflanzungen; sie haben einen so großen Abscheu vor jeder Arbeit, daß man kaum bei ihnen einen Schneider oder Schuster findet; sie müssen, um sich Kleider und Schuhe machen zu lassen, bis zur Rückkehr der Messe warten, oder sich nach Tarascon wenden. Diejenigen, welche Beaucaire in dieser Zeit gesehen haben, können es fast nicht glauben, daß es die

nemliche Stadt seye, die sie zur Zeit der Messe sahen." Der
größte Theil der Zimmer in den Häusern ist leer und geschlossen; nichts gleicht der Traurigkeit seiner öden Gassen,
und seiner, von ihren Miethsleuten verlaßenen Häuser. Es
scheint, daß ein eben so entsezliches als unerwartetes Unglück
die meisten Einwohner vertrieben habe. Es wäre aber doch
nothwendig für die Beaucairer, sich einiger Industrie zu
widmen, denn der Gewinn der Messe vermindert sich mit
jedem Jahre, und diese Geldquelle könnte mit der Zeit ganz
versiegen. *)

Das Thor, welches nach der Rhone führt, ist recht schön;
der Kai ist gut gebauet, und der Hafen bequem. Eine
Viertelstunde von der Stadt, beim Orte den man Les cinq
coins nennt, hinter dem Schloße von Ganjac, sieht man die
römische Straße, die von Arles nach Nimes führte; man
findet daselbst mehrere Meilensteine, die noch an ihrem alten
Plaze sind. Man glaubt, daß dieser Weg einen Theil der
Aurelischen Straße ausmachte, welche in Rom anfieng und
bis an die Grenzen von Spanien gieng. Es ist nicht unwahrscheinlich, daß die Straße, die nach Glanum gieng,
und vielleicht auch nach Beaucaire, nur ein kleiner Zweig
von dieser Straße war, und daß der Hauptast durch Arles
gieng. **)

---

*) „Der beträchtlichste Verkauf in der Messe von Beaucaire geschieht
in Wein und Oel, in Mandeln aus der Provence, und in Anschovis,
welche die Catalanen bringen; in seidenen Zeugen und Strümpfen von
Nimes und Ganges; in Grünspan, wollenen Decken, Parfums ꝛc. von
Montpellier."

„Die rohe Seide soll die Kaufleute ganz vorzüglich nach Beaucaire
ziehen, und in wenigen Tagen soll für viele Millionen verkauft werden."

**) Volkmann. „Man zeigt bei Beaucaire ein unterirdisches
Gewölbe, das der Sage nach ehemals unter der Rhone durchgegangen

So traurig das Innere von Beaucaire ist, so reizend sind seine Umgebungen; um ihres Anblickes mich recht zu erfreuen, erkletterte ich gleich nach meiner Ankunft, während mein Reisegefährte auf der Schiffbrücke von Beaucaire, die Ansicht dieser Stadt mit ihrem Felsenschloße und einem Stücke der Meßwiese, so wie den Anblick von Tarascon zeichnete, den Felsenberg, auf dem die schöne Schloßruine steht. Ich nahm meinen Weg zuerst rechts hinüber nach der nördlichen Anhöhe, auf der ich eine Windmühle in Bewegung sahe; solcher Windmühlen erblickte ich nachher, als ich die Höhe des Berges erreicht hatte, noch eine ganze Menge auf den Felsengipfeln umher. Die Aussicht, die man neben der vordersten, östlichsten dieser Windmühlen hat, die am nächsten beim alten Schloße steht, ist unvergleichlich; nur ist es Schade, daß man das Vergnügen derselben, durch ein sehr mühseliges Klettern, wenn man die Rhoneseite des Berges ersteigen will, erringen muß; auf der entgegengesezten westlichen Seite des Berges kommt man dagegen mit aller Bequemlichkeit herauf.

---

seyn soll. Im Jahre 1731. entdeckte man eine große römische Heerstraße, die von Beaucaire nach Nimes führte, noch sehr wohl erhalten ist, und bey der man noch viele Meilensteine dreier römischer Kaiser, welche die Straße ausbessern ließen, wahrnimmt. Piganiol giebt in seiner Description de la France, (6 Bände) eine ausführliche Beschreibung dieser Straße; sie ist ein Zweig der Via Aureliana, die von Rom durch Oberitalien, und unten durch Frankreich, bis ans Ende von Spanien gieng. Die Straße ist überall 20 Fuß breit, und lauft soviel als möglich in gerader Linie fort; eine Viertelstunde von Beaucaire steht ein Meilenstein; fünf Viertelstunden weiter wieder einer ꝛc.; sie sind viereckig und rund. Zwischen Nimes und Montpellier findet man auch dergleichen. "

„Es fehlt den Einwohnern von Beaucaire fast gänzlich an Brennholz, gleichwohl bequemen sie sich noch nicht zum Gebrauche der Steinkohlen, die aus dem Kirchsprengel von Usez auf der Rhone und Ardeche mit leichter Mühe und geringen Kosten herbeygeschaft werden könnten."

Schon längst hätte man auf der steilen östlichen Seite, die ich erstieg, einen bequemen Pfad nach dem Schlosse herauf, für Spaziergänger und Reisende anlegen sollen, was mit geringen Kosten hätte geschehen können. So mancher Fremde, der auf die Messe kommt, so mancher zu andern Zeiten hieher kommende Reisende, und die Einwohner von Beaucaire selbst, könnten, wenn ein solcher Fußpfad vorhanden wäre, oft nach geendigtem Spaziergange auf der Meßwiese am Flusse, und in der schönen Allee derselben, an freundlichen Abenden, an Sonn- und Feiertagen, einen bequemen Gang nach der mahlerischen Schloßruine hinauf machen, und die prachtvolle Aussicht genießen.

Unten am Berge nach der Rhone hin erblickte ich zuerst die ganz nahe, an seinem Fuße nördlich hinauslaufende Straße, einen ansehnlichen, mit Pappelreihen eingefaßten Garten, mit angenehmen Gängen und freundlichen, heimlichen Lustplätzchen, dann eine große dunkle Promenade neben der Rhone hin, mit schönen Bäumen und Bänken darunter; rechts nach der Rhonebrücke hinab erschien die Meßwiese mit ihren zahllosen schön gereiheten Hütten neben dem Flusse, schöne Getreidefelder dehnten sich links zwischen dem Berge und der Rhone nördlich hinauf, und viele Reihen von Pappeln und Maulbeerbäumen schmückten ihre bunte Fläche.

Weiter nördlich neben der Rhone erblickte ich ein anmuthiges Wäldchen, das eine besondere Zierde dieser Aussicht ist; einen prächtigen Anblick gewährte mir dann der, hier in einem weiten Bette ungestümm dahin strömende glänzende Fluß mit seinen Brücken und Inseln, Tarascon am östlichen Ufer hin, und seine, an seiner Vorderseite emporsteigende mahlerische alte Burg, das schön geschmückte, üppig vegetirende weite Thal, mit seinen zerstreuten Dörfern, einzelnen Wohnungen, Waldpartien, Gruppen und Linien von Pappeln, Cypressen,

Maulbeerbäumen ꝛc., hinter demselben schloßen öftlich nähere und ferne ungeheure Bergketten die lachende Aussicht; auf's anmuthigste schimmerte der prächtige Spiegel der Rhone in der südlichen Ferne an diesem schönen Frühlingsabend auf der endlosen Ebene, zwischen zahllosen Baumgruppen in schönen Schlangenwindungen nach mir herauf; ich konnte mich fast nicht satt sehen an diesem paradiesischen Anblicke.

Auf der Süd- und Südwestseite zog sich Beaucaire am Fuße des Felsenberges hin, auf dessen südlicher Spize in kleiner Entfernung von mir, die Thürme und Gemäuer der alten Burg in höchst mahlerischen Formen sich erhoben. Jenseits der Stadt sahe ich schöne Getreidefelder, mit zerstreueten Gruppen und Linien von Bäumen geschmückt; westlich und nördlich hinter der Felsenreihe, auf der ich stand, endigte sich das reiche, große Gemählde mit Olivenpflanzungen, die wie ein dichter Wald sich in die äußerste Ferne verloren; mitten durch diesen Wald erstreckte sich ausnehmend weit hinaus in die Landschaft, die nach Nimes führende Allee.

Ich gieng nun nach der Burg hinüber und betrachtete mit Erstaunen den viereckigten Thurm in der Nähe, der auf der linken öftlichen Seite des Einganges in's Innere des Schloßes mächtig hoch emporstarrt. Ich trat in den Schloßhof, der ganz eben und so reinlich wie ausgefegt war; man sieht rings umher nichts mehr als die äußern Mauern; in der östlichen Mauer sind Fensteröffnungen, mit Lust blickte ich hier durch das alte, rauhe Gemäuer, in das Prachtgemählde der Natur hinab, dem dasselbe zu einer, auf's höchste contrastirenden, Einfassung diente. An der südlichen Mauer steht ein kleiner, aber sehr zierlicher Thurm, nebst einer Pforte, unter und vor welcher man einen trefflichen Standpunkt am äußersten Rande des höchst steilen Felsen hat, um sich an der herrlichen Aussicht über die unten sich breit hinziehende Stadt

hinaus, in die tiefste südliche Ferne ergözen zu können, wo
jezt der Fluß an hundert Orten zu brennen schien. Ich bemerkte hier, daß die nächste Umgebung von Beaucaire gar
viel interessanter und mahlerischer ist, als die von Tarascon.
Beaucaire hat vor Tarascon seine herrlichen Alleen, seine
mahlerischen Felsen, mit der imposanten schönen Burgruine,
den köstlichen Standpunkt bei derselben für den Freund der
schönen Natur, und seinen Olivenwald voraus; auch ist es
von weit größerm Umfange. Das waren mir wieder höchst
wonnevolle Augenblicke, die ich hier genoß; der reizende
Abend auf dem Burgfelsen von Beaucaire umschwebte mich
schon oft seit meiner Reise in stillen einsamen Stunden,
nebst andern freundlichen Geistern schöner abgeschiedener Tage
der Vergangenheit.

Anhang

aus Herrn Millins Reise durch Savoyen und Piemont nach Nizza und Genua.

Fortsezung.

Mit dem Anbruche des Tages verließ ich Land-le-Bourg, und machte mich auf den Weg nach dem Mont Cenis. Die Sonne schien helle, nur war die Morgenluft etwas kühl. Indeß ich diese lezten Berge betrachtete, die ich noch zu übersteigen hatte, um endlich Italien zu betreten, fielen mir die schönen Verse unsers französischen Sophocles ein: „Furchtbare Wälle von ungleichem Baue, — welche in den ersten Tagen der Welt die Natur aufthürmte, — ungeheures Gewühl über einander gewälzter kühner Felsen — welche das überraschte Aug wachsen, und bis zum Himmel emporsteigen sieht; — Aufenthaltsorte langer Winter, die eure Häupter mit Schnee verhüllen, — von denen die Bergströhme herabstürzen, und wo die Stürme brausen; — ihr unzugänglichen Berge, wo der Adler der Römer — Hannibals durchgebrochene Wege anstaunte; — majestätische Berge, die ihr euch in den Wolken verliert, — über die Region der Stürme, dringe ich mit euch empor. *)

---

*) S. Ducis, Poeme au Roi de Sardaigne, sur le mariage du Prince de Piemont, avec Madame Clotilde de France. Paris 1775. „Formidables remparts d'inegale structure — Qu'aux premiers jours du Monde eleva la nature, — Enorme entassement de rocs audacieux —

24

So wie man zum letztenmale über den Arc gekommen iſt,
ſo fängt das Steigen an. Links läßt man das hochliegende
Arcthal, das ſich gegen Lans-le-Villard hinzieht. Der
Arc und die Iſere entſpringen nicht weit von einander am
Fuße des Mont-Lentu, der zum Mont-Iſeran gehört.
Man verläßt ihn erſt am Fuße des Mont-Cenis. Dieſer Fluß,
der von ſchmelzenden, oder von den Bergen herabrollenden
Schneemaſſen anſchwillt, iſt bey ſeinem Urſprunge faſt eben
ſo breit, als bei ſeiner Mündung. Sein kaltes und weißliches
Gewäſſer, hat einen wiedrigen Geſchmack. Die Forellen, die
man darin fiſcht, ſind auch nur von mittelmäßiger Qualität.

Man findet im Anfange, wenn man den Mont-Cenis
beſteigt, kalkhaltigen Schiefer, auf den aber bald Glimmer-
ſchiefer folgt, aus dem hauptſächlich der Körper des Gebirges
beſteht, und bey dem faſt immer Quarz angetroffen wird.
Man fährt faſt immer im Trab auf der prächtigen Straße,
von wo aus man Lans-le-Bourg, und das Thälchen, worin es
liegt, bei jeder Wendung kleiner werden ſieht, und endlich
nur noch wie einen Punkt erblickt. Die Straße iſt breit, und
führt unmerklich zu einer, 1077 Toiſen über die Meeresfläche
ſteigenden Höhe empor. Der vom Sturme überfallene Reiſende,
der beſorgen muß von Windſtößen in Abgründe geſchleudert,
von heranſtürmendem Schneegeſtöber begraben, von herabſtür-
zenden Felſen und Lauwinen zertrümmert zu werden, findet
30 in gleichen Entfernungen von einander ſtehende Häuſer,

Que l'oeil surpris voit croitre et monter jusqu'aux cieux; — Depot
de longs frimas qui blanchissent vos tetes, — D'ou tombent les tor-
tens, ou sifflent les tempetes; — Inaccessibles monts, ou l'aigle des
Romains — S'etonna qu'Annibal eut crée des chemins; — Rochers
majestueux, perdus dans les nuages, — Je m'eleve avec vous par de
la des orages."

worin er Zuflucht, Holz um sich wieder zu erwärmen, und
wenigstens einige gröbere Nahrungsmittel findet. Sobald der
Schnee zu fallen aufhört, so machen sich die Bewohner derselben auf, den Weg wieder frey und brauchbar zu machen.
Ausgesteckte Pfähle *) zeigen dem Reisenden die Richtung an
die er nehmen muß, wenn der gar zu hohe Schnee, selbst die
Spur der Brustgeländer bedeckt, die an gefährlichen Plätzen
angebracht sind. Ist der Schnee hart geworden, so sezt man
die Fuhrwerke auf Schlitten.

Der erste Ort, wo man die Postpferde wechselt, ist in
der Nähe des Ortes, den man ehemals la Ramasse nannte,
weil hier die Reisenden, die sich nicht mehr länger tragen
lassen mochten, sich, wie man es nannte, ramassiren ließen;
sie sezten sich nemlich in eine Art hölzerner Schlitten, die
auf eine plumpe Art zusammengesezt waren, und ließen sich
über den glatt überschneiten Berg hinabführen. Der Führer,
der vorn auf dem Schlitten saß, konnte mit Hülfe der an
seinen Schuhen befestigten Fußeisen, nach Willkühr den Lauf
des Schlittens mäßigen, oder beschleunigen; mit reißender,
furchtbarer, doch gefahrloser Eile, schoß derselbe den Berg
hinab. Man versichert, daß einmal ein Engländer sich eine
ganze Woche in Lans-le-Bourg blos in der Absicht aufhielt,
um das Vergnügen dieser Schlittenfahrt, täglich dreimal zu
genießen. **) In den Abhängen des Mont-Cenis findet man
Amianth, mit Glimmer-Schiefer gemischt.

Ehe man zur Barriere kommt, führt der Postillon die
nöthig gewesenen Vorspannpferde wieder zurück; sonst muß

---

*) Schon die Alten kannten diese Verfahrungsart: S. Ammianus
Marcellin. Hist. XV. 10. „Callidi, eminentes ligneos stylos per
cautiora loca defigunt, ut eorum series viatorem ducat innoxium."
**) S. Roland Voyage.

man für jedes Pferd eine Abgabe von 6 Franken bezahlen. Diese Abgabe zerstört den Zauber dieser schönen Unternehmung, und nimmt ihr etwas von ihrer Größe. Der Uebergang über dieses Gebirg sollte unentgeldlich seyn, da man auch ohne Kosten die Berge von La Chaille, Echelles und so viele andere, über welche die Sorgfalt der Gouvernemens brauchbare Straßen für die Reisenden anlegen ließ, passiren kann. Ohnehin ist die Reise über den Mont-Cenis entsezlich theuer; jede Poststation wird doppelt gezählt und doppelt bezahlt, wodurch der Postpreis um das Vierfache erhöht wird. *)

Hat man oberhalb la Ramasse ½ Stunde zurückgelegt, so hat man den höchsten Theil des Mont-Cenis-Passes erreicht, und ist 678 Met. über Lans-le-Bourg, und 1077 Toisen höher als die Meeresfläche; aber dies ist noch nicht der höchste Punkt dieses Gebirges. Man wird hier noch von höhern Bergen beherrscht, deren Gipfel mit Gletschern bedeckt sind; der höchste derselben heißt Rochemelon, ein isolirter spiziger, hoher Fels, auf dessen Gipfel man eine kleine Kapelle erblickt, von der nachher die Rede seyn wird; er hat eine Höhe von 1766 Toisen.

Die Ebene des Mont-Cenis ist 1½ L. lang und ½ L. breit. Die Berge, von denen sie umringt ist, machen hier die Temperatur erträglicher als sie es ohne diesen Schuz seyn würde. Am Ende dieses Bassins, gegen Südost, ist ein See, in dessen klarem, reinem Wasser man Lachs-Forellen, von ganz vortrefflichem Geschmacke erblickt. Im Hospitium aß ich von diesen Forellen. Die geistvolle Unterhaltung und verbindliche Höflichkeit des Dom Dubois, Oekonomen des Klosters, Mairs des Mont-Cenis, und meines Collegen bei der Academie zu

_____

*) Die Reise über den Mont-Cenis in einem Cabriolet kostet 2 Personen im Winter 120 und im Sommer 60 Franken.

Turin, würzten das Mahl. Die Forellen waren köstlich; ich dachte zurück an die Forellen des Genfersees, und der Sorgue bei Vaucluse, und fand, daß der Vorzug den man den einen vor den andern giebt, blos in der Einbildung liegt, und durch den Appetit des Reisenden bestimmt wird.

Dieser See ist gewöhnlich vom Anfange des Novembers, bis zum Ende des März gefroren. Während dieser Zeit nehmen die Bauern mit ihren Ochsen den Weg darüber, doch warten sie bis der Fuchs ihnen vorangegangen ist, und trauen dem Eise vorher nicht. Auf der Nordseite des Sees findet man körnigen Gyps, vom schönsten Weiß, der sich bis an den Rand der Straße erstreckt. Diese Masse ist voller trichterförmiger Löcher, die man immer tiefer findet, je näher man dem See kommt. Raben mit grauen und weissen Federn, halten sich in diesen Löchern auf. In der Nähe des Sees giebt es einen gelblichen Talkstein, und einen schwarzen und glänzenden Schiefer. In den höhern Gegenden des Mont-Cenis findet man einen festen, schwefelsauern Kalk, der sich fast eben so schön polieren läßt, als die nemliche Substanz, die man unter dem Namen Alabaster von Volterra bearbeitet und verkauft, und woraus in mehrern toscanischen Städten, Vasen, Hausgeräthe und Statuen verfertigt werden; doch ist er minder hart, und selten sehr schön weiß.

Steigt man vom Col des Mont-Cenis herab, so kommt man vor dem Weiler von Tavernettes vorüber. Etwa in der Mitte der Ebene, einer ziemlich ausgedehnten Wiese gegenüber, steht das Hospitium; es ist sehr alten Ursprunges, da schon im 9ten Jahrhunderte, die Abtey von Novalese, ihm ziemlich ansehnliche Domainen abtrat. Die Erbauung desselben wird Ludwig dem Frommen zugeschrieben; seine Bestimmung war, arme Reisende zu unterstüzen, Verirrte aufzusuchen,

und denen zu Hülfe zu eilen, die ein plözlich ausgebrochener
Sturm in Lebensgefahr ſezte.

Die Franzoſen gaben dieſer Anſtalt eine größere Ausdehnung; im Jahre 1801 wurde ſie von ihnen wieder ganz
neu hergeſtellt, und erhielt durch ein päbſtliches Breve die
Ordensregel des heil. Benedikt; auch wieſen ſie ihr die Domainen der Abteyen von Novalaiſe und St. Selve in Piemont
zu. Ihre Einkünfte ſtiegen auf 24,859 Fr. 40 Cent. Dieſes
Kloſter iſt ein ſehr einfaches Gebäude; ſeine Geiſtliche hatten
ein glückliches und friedliches Leben. Der Weg iſt ſo gut,
daß ſie nun ihre menſchenfreundlichen Pflichten, nicht mehr
mit Gefahr ihres Lebens auszuüben brauchten. Ihre Geſchäfte
beſchränkten ſich nur noch darauf, den Soldaten, die für dieſelben vom Gouvernement abgegebenen Lebensmittel auszu-
theilen, und Reiſende von Diſtinktion zu bewirthen. Fürſt-
liche Perſonen, ſtiegen immer hier ab, und fanden elegant
geſchmückte Zimmer. Mehrere Inſchriften erinnerten an die
Beſtimmung und die Epoche dieſer Anſtalt.

Nahe bei dieſem Zufluchtsorte für den unglücklichen Reiſenden, ſind Caſernen, die von Mauern eingeſchloſſen ſind.
So wird alſo der fromme Cönobite, den der Wunſch nach
ſtiller Sammlung des Gemüthes, und gänzlicher Zurückgezogenheit von der Welt, auf dieſe Gebirge geführt hat, ſeinen
Meditationen, und Gebeten, durch das beſtändige Vorüberziehen von Perſonen des Hofes, und lärmender Soldaten,
entzogen. Das von Gräben, Paliſaden, und Schießſcharten
umgebene Kloſter, ſtellte den Dienern des Gottes des Friedens
überall das Bild von Gefechten dar. Aber mit dieſen kriege-
riſchen Anſtalten war es noch nicht genug; man hatte die
Abſicht auf dieſer Höhe des Mont-Cenis ein militäriſches
Monument zu errichten, das der Nachwelt die durch die Franzoſen vollendete gänzliche Unterwerfung Europens verkündigen

sollte. Schon waren 25 Millionen zur Bestreitung der Kosten dieses Gebäudes bestimmt, wozu die vornehmsten Academien Frankreichs und Italiens Plane einsenden sollten; eine ausschweifende Hirngeburt, woran ein jeder nur mit Verdruß Antheil nahm. Der Glückswechsel der denjenigen traf, der den Befehl dazu gegeben hatte, zerstörte das Gebäude, ehe noch über seine Form entschieden war. Es sind nur noch mehr oder minder sinnreiche Plane dazu übrig, und die schöne Charte des Mont-Cenis, die unter der Direktion des königlichen Instituts von Frankreich, gestochen worden war.

Es fehlt auf dem Mont-Cenis nicht an ziemlich bequemen Wirthshäusern für alle Klassen von Reisenden. Doch verweilt man lieber in Lans-le-Bourg oder auf dem Molaret.

Der Aufenthalt auf dem Mont-Cenis kann dem Reisenden sehr angenehme und freundliche Unterhaltungen gewähren. Die Naturgeschichte bietet ihm hier ein ziemlich ausgedehntes Feld an. Die Mineralogie und Geologie verschaffen ihm zahlreiche Gegenstände zu Beobachtungen. Die Säugthiere sind hier nicht häufig, und verdienen nicht viel Aufmerksamkeit, wenn man nicht etwa die Lebensweise der Bären, Wölfe und Murmelthiere studieren will. Aber dem Insektenfreunde würde es hier nicht an Beschäftigung fehlen. Der Apollo, dieser schöne Bewohner der Alpengebirge, flattert hier in Gesellschaft anderer Insekten umher, die man mit Vergnügen beobachten würde. Durch die Untersuchungen eines Boccone, Valle, Richard, Saint Real, *) ehemaligen Intendanten der Maurienne, wo sein Andenken noch immer geehrt wird,

---

*) Herr Millin nennt gegen 70 Pflanzenarten, die Herr Saint Real zu Ronche entdeckte, wo man die schönste botanische Erndte findet.

und des Herrn Decandole, ist eine große Zahl interessanter Pflanzen dieser Berge bekannt geworden. Allioni beschreibt mehrere derselben; *) und die Nachforschungen der Herrn Bonjean und Balbis beweisen, daß der Botaniker hier noch eine Menge interessanter Entdeckungen machen könnte.

Der Mont-Cenis ist auch noch ein interessanter Gegenstand für denjenigen, den die großen Begebenheiten der Geschichte, und ihre erhabenen Lehren mehr anziehen, als die Erscheinungen der Natur. Dieses hohe Felsengebirg mußte von jeher als eine unermeßliche Scheidewand erscheinen, welche die Natur zwischen Gallien und Italien aufgerichtet hatte, und doch wurde sie mehrmals überstiegen. Ueber den Zug Hannibals durch das Land der Allobroger, und über den Ort, wo er seine Armee die Alpen passiren ließ, hat man verschiedene Meinungen. **) Einige behaupten, sie seye über die Penninischen Alpen (der große Bernhard) gezogen, ***) andere, über die Griechischen (der kleine Bernhard), andere endlich, über die Cottischen Alpen (Monte Visa). ****) Gewiß scheint es zu seyn, daß er sie auf einer Art von Delta, oder dreieckiger Insel, welche der Zusammenfluß der Rhone und

---

*) S. Flora Pedemontana etc. Aug. Taurin. 1785. 3 Vol. fol.

**) S. Tit. Liv. XXI. 27. Polyb. III. 49.

***) S. Abauzit Dissertation sur le passage des Alpes, selon Tite Live; Oeuvr. II. 151.

****) S. St. Simon, Histoire de la Guerre des Alpes, ou Campagne de 1744. Amsterdam 1770. 4°. Vorrede p. 33. Nach der Meinung des Herrn Regis, Discorso sopra il passaggio di Annibale per le Alpi; Acad. de Turin 1810—1812. p. 544. setzte er über die Durance, überstieg den Mont-Genevre und kam durch Fenestrelle; aber dieser Gelehrte stützt sich nur auf Vermuthungen, die er aus seiner Kenntniß der Localitäten zieht.

Isere bildet, habe ausruhen lassen. *) Die in den Itinerarien angegebenen Entfernungen, verglichen mit den Tagen
des Zuges, führen zur Vermuthung, daß er, wie man es
heut zu Tage thut, dem Laufe des Arc folgte, und den Mont-
Cenis passirte. **)

Es ist wahrscheinlich, daß die römischen Feldherrn den
Mont-Cenis mehrmals passirten, obgleich kein Itinerarium,
eine Heerstraße über dieses Gebirg anführt. Ohne Beweise
behauptet man, daß Marius und Pompejus ihre Truppen über
dies Gebirg führten. Pipin nahm seinen Weg über den Mont-
Cenis, als er, um dem Pabste Stephan III. zu Hülfe zu kommen,
gegen den Astolph, König der Lombarden, zu Felde zog. ***)
Carl der Große passirte ihn zu verschiedenen Zeiten; bei
den Geschichtschreibern dieses Fürsten findet man den Namen
dieses Gebirges zuerst in der Epoche, wo er nach Italien zog,
um die Macht der Lombarden zu vernichten. ****) Ludwig
der Fromme zog über den Mont-Cenis, um seinem Bruder
Pipin zu Hülfe zu kommen. *****) Man behauptet, daß er das
Hospitium hier stiftete. Noch im Anfange des 16ten Jahrhunderts, betrachtete man den Mont-Cenis als den König der

---

*) S. *Jos. Simleri*, Valesiæ & Alpium Descriptio. p. 192. —
Zweiter Brief des Herrn Mann in den Werken von Abauzit II. 177.

**) Ferguson Histor. I. 5.

***) S. Fredeg. Chron. ann. 755.

****) S. Poetæ Saxonici Annal. de gestis Caroli Mag. DCCLXXIII.
V. 115. — Annal. Franc. DCCLXXIII. — Chronic. Moiss. eod.
anno. — Chronic. Adon. eod. — Chronic. Laureshamens. Id. —
Annal. Mettens. Id. — Eginhard, Annal. Id.

*****) Vita Ludov. pii imper. ann. 792. S. Recueil des Historiens
de France, V. 90.

Alpen. *) Sein bloßer Name machte den Reisenden vor Schrecken erstarren. Die Grafen und Herzoge von Italien hüteten sich wohl, die Stärke dieses Walles zu zerstören, den die Natur zwischen Frankreich und Piemont erbauet zu haben schien, um die Staaten Italiens zu schützen. Sie begnügten sich den Weg darüber blos für Maulthiertreiber brauchbar zu machen. Als Marschall von Catinat auf den Höhen des Mont-Cenis eine Stellung genommen hatte, so ließ er die Straße wieder ausbessern. Leichte Fuhrwerke und die kleine Artillerie konnten mit Leichtigkeit über den Berg gebracht werden. In unsern Zeiten wurde endlich der Weg, für die aufs schwerste beladenen Wagen, tauglich gemacht.

Das Thal auf dem Mont-Cenis wird gegen Norden und Süden von zwei Bergketten begrenzt; die südliche Kette, wird dem See gegenüber durch eine Felsenschlucht durchschnitten, welche mit einem Querwege in Verbindung steht, der über den kleinen Mont-Cenis nach Braman führt. In der guten Jahrszeit, wird dieser, um 4 Lieues kürzere Weg, stark gebraucht. Die nördliche Kette wird von Gletschern gekrönt, und hat bisher hauptsächlich die Aufmerksamkeit der Mineralogen auf sich gezogen. Herr von Saussure, **) Lamanon ***) und Albanis Beaumont, haben daselbst Beobachtungen gemacht, wo man auch eine Eisenmine findet. Die Straße über den Mont-Cenis wird unaufhörlich gebraucht; fast alle Güterfuhrleute bedienen sich derselben, besonders ansehnlich war ihre Zahl auf derselben, während der Seehandel

---

*) S. Die schöne Beschreibung, die der Cardinal von Bentivoglio von ihm, in seinen Memorie Amsterd. 1648. 8°. den Vorstellungen seiner Zeit von demselben gemäß, machte.

**) *Saussure,* Ocuvres L. V. Chap. 7. p. 118.

***) *Lamanon,* Journal de Paris, 1784. n°. 267. 274 u. 279.

-stockte. Auffallend vermehrt sich auch mit jedem Jahre, die
Zahl der Häuser, die man auf dem Mont-Cenis baut, und bald
werden sie ein Dorf ausmachen, das Lans-le-Bourg an Größe
nichts nachgeben wird.

Auf der Ebene erblickt man überall hohe Pfähle, denen
man die Gestalt großer Kreuze gab, um dadurch Landleuten,
die sonst Lust hätten sie zu stehlen, Respekt davor einzuflößen.
Sie zeigen dem Reisenden den Weg, wann tiefer Schnee ihn
bedeckt. Ganz am Ende dieser Ebene liegt Grand-Croix,
der lezte Ort des alten Montblancdepartements, und besteht
nur aus 3 oder 4 elenden Hütten, deren Bewohner trockenen
Kuhmist brauchen, um sich zu wärmen, und Brod zu backen.
Ist man bei diesem militärischen Posten vorüber, so kommt
man an der Seite des Berges auf einem Wege hinab, den
-man mit Pulver aus den Felsen sprengen mußte; die Lauwinen machen ihn zuweilen gefährlich; man hat neben ihm
Grotten, als Zufluchtspläze in die Felsenwände gehauen. Am
gefährlichsten Plaze führte ehemals der Weg die Reisenden
unter einem Felsengewölbe durch, das sie schüzte, während
losgerissene Felsen und Schneelauwinen über ihre Häupter
wegrollten, und sich in gräßliche, von der Cenise ausgehöhlte
Abgründe hinabstürzten. Selbst dieser Weg wurde von Lauwinen zerstört. Das Leben mehrerer Reisender lief dabei
Gefahr, 4 Postpferde wurden nebst den Wagen, die sie zogen,
hinab in die Tiefe geschleudert. Seit dieser Zeit hat man
dem Wege eine andere Richtung gegeben. Dieser sich hinab-
senkende Weg endigt bei dem Plateau von St. Nicolas,
wo sonst die Grenze des Po- und Montblancdepartements war,
die durch die nemlichen Pfähle angezeigt wurde, welche die
Scheidungslinie von Savoyen und Piemont bezeichnen. Man
findet hier Quarz, dessen Spalten schöne Bergkrystalle sehen
lassen. Dieser enge Paß, der den Ausgang der Alpen zu

verschließen scheint, trägt eben so den Namen Echelles,
wie derjenige, der den Eingang derselben erschwerte, da die
nemlichen Mittel (Leitern) hier den Ausgang, wie dort den
Eingang, möglich machen mußten. Vielleicht sind dies die
nemlichen engen Pässe, die Hannibal, nach der Versicherung
glaubhafter Geschichtschreiber, vermittelst des Essigs, der auf
sehr durch Feuer erhizte Steine gegossen wurde, eröffnete. *)
Man kommt nun auf dem Molaret an, wo man eine Aussicht auf die schönen Ebenen von Piemont hat. Hier zeigte
wahrscheinlich Hannibal seinen Soldaten Italien. Zuverläßig
führte er sie deswegen nicht auf den beeisten Gipfel des Chau-
berton, und Rochemelon. Mehrere Reisende verweilten mit mir
auf dem Molaret, um das abscheuliche Wirthshaus in Susa
zu vermeiden. Bis zu dieser Stadt kommt man nur noch
über einen unmerklich sich senkenden Abhang des Gebirges.
Zerlumpte Männer und Kinder, forderten Allmosen, und ver-
kündigten dadurch hinlänglich, daß wir Italien betreten hatten.

---

*) Ich konnte nie das Werk des Herrn John Whitaker:
The course of Hannibal ower the Alps ascertained, Lond. 1794. 8°.
2 Vol. zu sehen bekommen. Graf von Veltheim ließ in das Göttinger Magazin der Herrn Lichtenberg und Forster, Jahrg. 1782. V. H.
eine Dissertation über die Art, wie Hannibal die Felsen
der Alpen sprengen ließ, einrücken. Sie erschien aufs neue in
seinen Aufsäzen T. I. p. 1. mit Zusäzen. Er führt mehrere, von
ältern und neuern Schriftstellern, erzählte Beispiele an, über die Taug-
lichkeit des siedenden Wassers zur Sprengung der Steine. Auf diese
Art ließ Franz von Lothringen, Herzog von Guise, zu Neapel eine Mine
sprengen, um sich gegen die Spanier zu vertheidigen; er ließ nemlich
die Steine mit Essig und Branntwein begießen. Herr von Veltheim
glaubt, daß schon bloßes heißes Wasser zu dieser Wirkung hinlänglich
gewesen wäre. „Sehr häufig werden heut zu Tage große Felsenmassen
mit Hülfe hölzerner Keile gesprengt, die zwischen natürliche oder absichtlich gemachte Spalten hineingetrieben und mit warmem Wasser begossen
werden."

Die Nacht war im Anzuge als ich in Susa ankam. Ich dachte, wenn ich einmal den Mont-Cenis hinter mir hätte, würde mir alles neu vorkommen; so stehe ich denn endlich, rief ich aus, auf diesem heiligen Boden, dies ist Italien, dies sind seine Städte, dies seine Völker, die ich zu sehen gekommen bin.*) Schon fast ganz im Finstern tappend durchlief ich noch die Straßen der Stadt, und ihre nächsten Umgebungen, und erwartete mit Ungeduld den folgenden Morgen, um den römischen Bogen zu besuchen, der sie in einigen Ruf gebracht hat, und meine Beobachtungen zu beginnen; doch war es noch helle genug, um die Porte de France sehen zu können, die aber plump und von schlechtem Geschmacke ist. Auch der Luxus der Eingangsthore der Städte, verkündigt, daß man jetzt in Italien ist.

In Gesellschaft eines ehrwürdigen und gefälligen Canonicus, des Herrn Marietti, der die Geschichte und Denkmäler seines Landes recht gut kannte (seitdem aber gestorben ist), machte ich mich den andern Tag gleich in der Frühe auf den Weg. Wir besuchten zuerst den antiken Bogen. Da man dies Monument von der Straße aus nicht sieht, so erhält es selten Besuche von Fremden. Es steht auf der Nordseite der Stadt, auf der alten Straße, die aus Italien nach Gallien führte. Die eine seiner Hauptseiten blickt gegen Süden, und die andere gegen Norden. Man hat schon mehrere Kupferstiche davon.**)

---

*) *Hæc est Italia*, Diis sacra, hæ gentes ejus, hæc oppida populorum. Plin. Hist. Nat. III. 20.

**) Die älteste Abbildung, die ich davon kenne, ist in dem *Grand Theatre du Piemont* T. I. p. 71. sie ist aber voller Unrichtigkeiten.

Die Fundamente der Pfeiler dieses Bogens bestehen aus kalkartigem Schiefer, der ganze Bogen selbst aber, ist vom Boden an, von schönem weissem Marmor, *) den die Zeit graulich gefärbt hat. Er hat eine Höhe von 48½ Fuß, eine Breite von 40 Fuß, und eine Tiefe von 25 Fuß. Seine Oeffnung ist 25 Fuß breit, und 40 Fuß hoch. An seinen 4 Ecken erblickt man schöne cannelirte Säulen, deren Capitäler aus 2 über einander hinlaufenden Reihen von Acanthusblättern bestehen, die zierlich gearbeitet sind. Der Fries ist mit Basreliefs geschmückt, die über alle 4 Seiten hinliefen. Die auf der Ostseite hat die Zeit fast gänzlich zerstört. Ueber dem Fries, erhebt sich ein massives Gemäuer mit einer Inschrift; sie verschwindet täglich mehr, und schon ganze Worte sind nicht mehr zu lesen. Sie ist auf folgende Art verfaßt:

Massaza, Graf von Valdandona, hat in seinem Werke: *Arco di Suza*, Torino 1750. fol. das Ganze am besten dargestellt, aber nicht alle Basreliefs abgebildet; diese sind dagegen von Maffei, an der Spize seiner Istoria Diplomatica, die im Jahre 1727. erschien, sämmtlich geliefert worden. Die nemliche Platte befindet sich auch in seinem Museum Veronense p. 234. mit dem Plane des Bogens, p. 235. und einem kleinen Commentar über die Inschrift. Er wiederholt dieselbe, in Begleitung einer kurzen Erklärung, in seinem Briefe an den Fabricius. S. *Maffei*, Antiquitates Galliæ p. 19. *Bimard* im Thesaurus Muratori T. I. p 74. wo dieser Erklärung noch einige Notizen beigefügt sind. Die Abbildung, welche Albanis Beaumont, in dem Atlas seiner Histoire des Alpes Cottiennes davon gegeben hat, ist eine ungetreue Copie der von Massaza gelieferten. Noch findet man eine artige Zeichnung dieses Bogens, aber perspektivisch und klein, auf dem Titelblatte der Differtation des Baron von Vernazza, über eine Münze von Susa, und seines Verzeichnisses einiger kürzlich in dieser Stadt gefundenen Münzen. Dies Denkmal verdiente noch einmal gezeichnet, und von einem geschickten Künstler in Kupfer gestochen, herausgegeben zu werden.

*) Er ist aus den Marmorbrüchen von Foresto, einem Dorfe in der Nähe der Stadt.

IMP. CÆSARI. AUGUSTO. DIVI. F. PONTIFICI. MAXUMO.
TRIBUNIC. POTESTATE. XV. IMP. XIII, M. JULIUS.
REGIS. DONNI. F. COTTIUS. PRÆFECTUS. CEIVITATIUM.
QUÆ. SUBSCRIPTÆ. SUNT. SEGOVIORUM. SEGUSINO-
RUM. BELACORUM. CATURIGUM. MEDULLORUM. TE-
BAVIORUM. ADANATIUM. SAVINCATIUM. EGDINIORUM,
VEAMINIORUM. VENISAMORUM. EMERIORUM. ESUBIA-
NORUM. OVADIANIUM. ET. CEIVITATES. QUÆ. SUB,
EO. PRÆFECTO. FUERUNT.

Marcus, Julius, Cottius, Sohn des Königes Donnus, war Präfekt der Städte, die auf diesem Bogen angeführt werden; diese nemlichen Städte errichteten dem Kaiser Cäsar Augustus, Sohn des vergötterten Cäsars, dem obersten Pontifer, im 15ten Jahre seiner Tribunatsgewalt, und als er zum 13tenmale Imperator war, *) dieses Denkmal. Dieser Bogen, kann also den ihm bisher gewöhnlich beigelegten Namen eines Triumphbogens nicht führen. Er war eines der Stadtthore, und ein Denkmal der Vereinigung, der auf ihm genannten Völker, zu dem, dem Augustus und dem römischen Reiche, geschwornen Gehorsame. Es ist fast unbegreiflich, daß eine, an einzelnen historischen und geographischen Angaben, so reiche Inschrift, nicht früher als im Jahre 1724 vollständig copirt wurde, was durch Maffei geschah, und daß man sie erst im Jahre 1727 öffentlich bekannt machte. **)

---

*) Im Jahre Roms 745. 8 Jahre vor der christlichen Zeitrechnung.

**) Die Trophäe von Turbia, die *Tabula alimentaria* von Velleja, die Tafeln von Genua, und dieser Bogen von Susa sind die interessantsten Monumente für das Studium der Geographie der Alpen. Sie verdienten durch einen geschickten Kritiker studiert und erläutert zu werden, der sich die Mühe nicht verdrießen lassen müßte, alle Namen von Dörfern, Bergen, Engpässen ꝛc. zu sammeln, und mit den alten Namen zu vergleichen.

Diese Inschrift belehrt uns, daß Julius Cottius, ein Sohn des Donnus, Königes des Theils der Alpen war, der Susa zur Hauptstadt hatte. Cäsar spricht in seinen Commentaren weder vom Vater noch vom Sohne. Es scheint daher, daß Donnus, als Cäsar Gallien besezt hatte, sich mit den Völkern Germaniens, Galliens und der Schweiz, die sich zur Vertheidigung ihrer Unabhängigkeit mit einander verbunden hatten, alliirt habe. Da Augustus sahe, daß man diese Völker wohl in einzelnen Gefechten besiegen könne, aber daß es eine schwierige Sache sei, sie ganz zu bändigen, wollte er vorzüglich diejenigen für sich gewinnen, welche die Uebergänge aus Italien nach Gallien in ihrer Gewalt hatten. Nachdem Cottius sich lange Zeit in den Engpässen versteckt gehalten hatte, *) so zog er endlich einem ehrenvollen Untergange, die Freundschaft der Römer vor, die ihm seine politische Existenz sicherten. Den Königstitel scheint er nicht wieder erhalten zu haben, da er ihn in der Inschrift des Bogens nicht führt. Dagegen aber war er feig genug, einer der Diener Augusts zu werden, unter dem Namen: Präfekt der 12 Völker, die er für die Römer gewonnen hatte. Der Kaiser hatte mit ihnen einen Vertrag geschlossen, dessen vornehmste Ceremonien auf dem Bogen dargestellt sind, den Cottius zum Andenken dieser Conföderation, errichten ließ. Um dem Augustus noch mehr Ergebenheit zu beweisen, nahm er den römischen Vornahmen Julius **) an, als einer der sich

---

*) Ammian. Marcell. XV. 10.

**) Cottius ist nicht der einzige Fürst, der dies that. Der Sohn des Masintha nahm den Vornahmen Cajus Julius an. Vitruv. VIII. 3. Tarcondimotus, König von Cilicien, nahm den Namen der Familie Antonia an, da er sich zur Partei des Antonius geschlagen hatte. Eckhel Doctrin. Numer. III. 32.

ans Patronat der Familie Julia anschließt; warum er demselben noch den Namen Marcus vorsezte, weiß man nicht. Seine Freigelassenen nahmen die nemlichen Vornahmen an, und gehörten zum Collegium der Severi augustates, welches wahrscheinlich Cottius selbst nach dem Tode seines Beschüzers in Sufa gestiftet hatte. *)

Solche niedrige Schmeicheleien verschafften ihm aber doch den Königstitel nicht wieder, den sein Vater geführt, und den er von seinen Vorfahren geerbt hatte; denn selbst schon zur Zeit des Durchzugs Hannibals, waren die Völker, die diesen Theil der Alpen bewohnten, Feinde der Römer, und dienten ihm als Wegweiser. **) Indessen bezeichnete man doch das Land des Cottius noch mit dem Namen eines Königreiches, ***) wie man lange noch vom Königreiche Polen sprach, ob es gleich nichts mehr von seiner Souverainität übrig hatte. Strabo spricht nur von einem Land des Cottius. Es läßt sich also nicht annehmen, daß die römischen Kaiser, dem Cottius oder seinem Sohne, den Königstitel zurückgegeben hätten; sie führen ihn auch nicht einmal auf den Grabschriften ihrer Freigelassenen. Mehr Gewißheit hat man darüber, daß die Römer dem Theile der Alpen, den Namen der Cottischen gaben, deren Durchgang der Präfekt Cottius zu beschüzen hatte. Unter Neros Regierung theilte man diese Präfektur, unter die Präfekten von Gallia Cisalpina und Transalpina, sie hatte in der Folge das nemliche Schicksal wie dieser Theil des römischen Reiches.

---

*) S. Die merkwürdige Inschrift, die Muratori anführt, Thesaur. XXII. 6. Doni 10. Ricolvi Marmor. Taurin. I. 152. Gnichenon Hist. gener. de Sav. 56. Donat sup. Murator. XVIII. 9. Saccheti Chiesa di Suza, p. 5.

**) Polyb. III. 8.

***) Polyb. III. 6.

An den Wänden dieses Bogens bemerkt man zwischen den Fugen der Steine eine große Anzahl Löcher; sie entstanden, als die Barbaren gewaltsamer Weise, die eisernen, mit Blei befestigten Klammern, herausrissen. Eine solche Klammer wird im Museum von Turin aufbewahrt.

Die Basreliefs der beiden großen Seiten, sind nur in einigen Kleinigkeiten verschieden. *) Man erblickt den Präfekten Cottius, von Priestern begleitet, welche Vasen und Opferschalen für die Opfergaben und Libationen tragen; sie umringen einen mit Guirlanden und Ochsenschädeln geschmückten Altar. Cottius hat das Haupt verschleiert so wie der Oberpriester, weil er das Opfer zur Einweihung des Monumentes darbringt. Man bringt ihm einen Widder, ein mit einer breiten Binde geschmücktes Schwein und Stiere zum Opfer. Diese Art der Opfer nannte man, nach den Namen dieser verschiedenen Thiere Suovetaurilia. Mehrere mit Beilen bewaffnete Männer sind in dem Zuge; wahrscheinlich Opferschlächter, (victimarii, Popen). Hinter ihnen lassen die buccinatores ihre rückwärts gebogenen Hörner erschallen. Eine Wache von Männern zu Fuß und zu Pferd, welche die verschiedenen Alpenvölker vorstellen, vergrößeret den Pomp des feierlichen Aufzuges; und erhält zugleich Ordnung.

Auf einer der kleinern Seiten halten mehrere mit einer Toga bekleidete Männer die Hände über einen Altar ausgestreckt, und scheinen einen Eid zu schwören. Cottius ist in ihrer Mitte. Mehrere andere Magistratspersonen überreichen zwei Notarien, tabellarii, die sich ganz außen am Ende befinden, wahrscheinlich um hier die Stimmen zu unterzeichnen oder zu legalisiren, Täfelchen, die sie darauf nach dem Altare zurück tragen, um dadurch ihren Beitritt zum Schwur auszu-

---

*) S. *Maffei*, Mus. Veronens. p. 234. u. Histor. Diplomat. p. 1.

drücken, welcher die Völker, deren Präfekt Cottius ist, unter
sich verbinden, und an die Sache Augusts knüpfen soll. Lik-
toren umgeben nach der Gewohnheit der Römer, die vornehmsten Abgeordneten. Man sollte denken, daß man in dem
Basrelief der andern schmalen Seite, noch andere feierliche
Handlungen dargestellt gesehen haben würde, wenn die rauhen
Nordwinde die Figuren nicht zerstört hätten, aber da die zwei
Hauptseiten fast ganz das Nemliche darstellen, so ist es wahrscheinlich, daß die Basreliefs der zwei schmalen Seiten auch
so ziemlich gleichen Inhalts waren. Dies ist die Erklärung
die man nach meiner Meinung, von diesen Basreliefs-geben
kann, von denen noch fast nichts gesagt worden ist. Alle diejenigen, welche sich mit Untersuchung des Bogens von Susa
beschäftigt haben, richteten ihre Aufmerksamkeit nur auf seine
Architektur oder Inschrift.

Ganz in der Nähe des Bogens findet man Bruchstücke
von Säulenschäften, Capitäler und andere Trümmer des Alterthumes, welche Gebäuden angehörten, von denen er ehemals
wahrscheinlich umgeben war. Im Jahre 1805 hat man auf
dem Plaze von Savoyen, als man die Fundamente des
Gasthofes Maison blanche ausgrub, zwei verstümmelte Bildsäulen gefunden. Sogleich dachte man, es seyen die Bildsäulen des Augustus und Cottius, obgleich nichts an ihnen
auf diese Männer hinwies. Man hätte sie, wenigstens bei
dieser Meinung als Local-Monumente hier aufbehalten sollen.
Aber man eilte sie nach Paris zu schicken, wo man sie anfänglich in die Magazine stellte. Von ganz vorzüglicher Arbeit
sind diese Torso's in Absicht der Küraße, welche sich mit dem
Schönsten, was man von dieser Art besizt, messen können. *)

***

*) Diese zwei schönen Torsos sind von Boucheron sehr gut gezeich-
net und gestochen worden. Diese Kupferstiche sind der Beschreibung

Man. hatte auf den einen den Kopf Tibers, und auf den andern den von Napoleon gesezt. Jezt sind sie in Turin.

Susa hatte mehrere Kirchen, der Canonicus Sacchetti beschrieb ihre Geschichte. Unter den noch übrigen ist die Kirche St. Just die merkwürdigste. Der Glockenthurm hängt nicht mit derselben zusammen; er endigt sich mit 5 Spizen, die mittlere ragt weit über die andern hervor. Sie hat eine elegante Form. Alle Verzierungen des viereckigen Thurmes, der diese 5 Spizen trägt, sind von Backsteinen.

Die innere Bauart hat nichts Merkwürdiges. Das Täfelwerk des Chores, ist von eleganter Bildhauerarbeit, in gothischem Style. Ich verweilte in der Kapelle der heil. Anna. Ein Gemählde voll Reiz und Anmuth fesselte hier meine Aufmerksamkeit. Man erblickt darin die heil. Anna, die Jungfrau und das Jesuskind; eine Gruppe lieblicher Kinder spielt um den Sohn Mariens her; nahe dabei sind der h. Joseph und der h. Joachim. Dies Gemählde ist aus der Schule Raphaels, auf Holz gemahlt, das einen kleinen Spalt bekommen hat.

In der Kapelle der heil. Jungfrau sah ich eine kniende Figur von vergoldetem Holze, in einer Nische, und über ihr die Inschrift: Questa e l'Adelaide, cui la stessa Roma — Colé, e primo d'Ausonia onor la noma. (Dies ist Adelhaide, der selbst Rom huldigte, und das sie den Stolz Ausoniens nannte.) Diese Adelhaide war die Tochter Manfred II. Marquis von Susa; sie erbte das Marquisat von Susa von ihm; heurathete dreimal, und jede dieser drei Heurathen machte sie mächtiger, so daß das Marquisat von Susa unter ihren Händen eines der ansehnlichsten Lehen Italiens wurde. Sie starb

---

beigefügt, die *Franchi-Pont* in den Memoires de l'Academie de Turin. 8015. p. 435. darüber erscheinen ließ.

im Jahre 1091. nach einer weiſen und kraftvollen Regierung.
Nach Terraneos Behauptung iſt ihr Grab, neben dem Grabe
ihrer Mutter Bertha, in der Cathedralkirche von Turin.

Im Hintergrunde der Kirche iſt die Taufkapelle. Die
Taufmuſchel (conque) iſt ſehr ſchön, und von einer Marmor-
art, die dem antiken Grün, (vert antique) ähnlich iſt, und
vert de Suze genannt wird. Ihre Form iſt gothiſch; ſie iſt
aus Einem Stücke gehauen, und kann 312 franzöſiſche Pinten
faſſen. Eine Inſchrift lauft um ſie herum, die aus großen
Buchſtaben von vergoldetem Bronze beſteht, ſchlechte Verſe,
die das barbariſche Jahrhundert verrathen, in dem ſie entſtanden ſind.

Der Altar der Pfarr-Kapelle iſt von weißem Marmor,
nicht reich an Verzierungen, da er nur ein einfacher, mit
Pilaſtern verzierter Tiſch iſt; aber das Ganze iſt von einem
ziemlich guten Geſchmack. Die Sacriſtei enthält ein Monument aus dem Mittelalter, das noch merkwürdiger iſt. Es iſt
ein Triptychon *) von Bronze, und von ſehr ſonderbarer
Arbeit. Die Figuren treten aus der Fläche heraus, die Um-
riſſe ſind tief eingegraben, eine Art von Arbeit die mit der,
der ägyptiſchen Bas-Reliefs Aehnlichkeit hat. Man ſieht hier
in der Mitte die Jungfrau Maria, mit dem Kinde auf den
Knien, das ihr mit der einen Hand das Kinn ſtreichelt, und
mit der andern einen Apfel oder vielmehr eine Kugel hält,
ein Sinnbild der Welt, deſſen König der Weltheiland iſt.
Dies Symbol iſt von antiken Münzen hergenommen, auf denen

---

*) „Schreibtafeln von Elfenbein, Metall oder Holz, die aus meh-
rern Blättern beſtanden, auf deren innere Seiten die Alten ſchrieben;
im Mittelalter wurde auch in den Kirchen Gebrauch davon gemacht.
S. Millin Dictionnaire des beaux arts unter dem Worte: Diptyque,
und Gori Thesaurus diptychorum, herausgegeben von Passeri."

man den Jupiter, als Kind mit der Weltkugel spielend, erblickt. *) Auf der rechten Seite ist ein Ritter, mit Panzer-
ringen bedeckt, mit einem langen Schwerte und Wappen-
Schilde an der Seite. Er erhebt seine gefalteten Hände zum
Erlöser. Hinter dem Ritter ist der heil. Joseph, welcher ihm
seine Hand auf die Schulter legt, zum Zeichen seines Schuzes,
eine Handlung, die in den Gemählden und Bildhauerarbeiten
des Mittelalters fast immer den Patron des Schenkers an-
deutet. Auf der dritten Seite, ist der heil. Secundus, Patron
von Asti, zu Pferd vorgestellt, wie er einen Drachen mit seiner Lanze durchbohrt, unten daran steht folgende Inschrift
in zwei Linien:

HIC ME APPORTAVIT BONEFACIUS CIVIS ASTENSIS
IN HONOREM DN NSTR JESUS X ET BEATE VIRGINIS
ANO DNI MCCCLIII. DIE PMO SEPTEB.

Mit dieser Inschrift übereinstimmend erzählt die Tradition,
daß der Ritter Bonifacius Rotaire, nachdem er aus Asti nach
dem heiligen Lande gezogen seye, von den Muselmännern
gefangen genommen worden wäre. Er gelobte der heil. Jungfrau, wenn er die Freiheit wieder erlangen würde, ihr auf
dem Gipfel des Roccamelone, einem Berge, der sich
Susa gegenüber erhebt, und noch höher als der Mont-Cenis
ist, eine Kapelle zu erbauen. Zum Andenken seines Gelübdes
stiftete er dieses Triptychon. **) Rauhe Winde, und harte
Winter zerstörten diese Kapelle; nun wurde dies darin aufge-
hobene Denkmal in die Kirche St. Just versezt. Man sieht

---

*) Jupiter crescens. S. Galerie Mythol. I. 6. pl. V. n°. 18.

**) Man findet in Susa einen ganz artigen Kupferstich, der dieses
Triptychon des Ritters Rotaire vorstellt.

auch noch in seiner Nähe die eisernen Fesseln, die Rotaire in der Gefangenschaft trug. Die Kapelle wurde durch eine andere, in einem ländlichen Style erbaute, ersezt. Diese wird jedes Jahr den 25sten August von einer ungeheuern Anzahl Andächtiger besucht, die hier die Messe hören wollen. Rotaires Triptychon wird alsdann auf den Altar gesezt. Mehrere fürstliche Personen haben schon die rauhen Pfade des Roccamelone erklommen, selbst Carl Emanuel II. Herzog von Savoyen, gehört zu ihrer Zahl.

Unter dem Hochaltare ist der Sarg, der den Körper des heil. Justus verschließt, von dem diese Kirche den Namen hat. Dieser Heilige war einst Mönch in dem Kloster von Novalaise, und soll den Märtyrertod erduldet haben. Diese Kirche rühmt sich auch noch den Leichnam des heil. Maurus, eines Schülers des heil. Benedikt, zu besizen.

Auf dem Plaze vor der Kirche St. Just, sah ich die Ruinen eines Klosters, wo man noch Reste eines Fresco-Gemähldes aus dem 14ten Jahrhunderte findet, welches Gegenstände aus dem alten Testamente darstellt. Ich gieng hierauf nach dem Plaze St. Charles. In der Kirche, von der er seinen Namen hat, sieht man ein schönes Gemählde auf Holz, das den heil. Carl Borromäus vor dem Kloster von San Reale, im Zustande einer Entzückung, vorstellt. Die Figur des Heiligen ist voll Adel und Ausdruck.

Das Quartier der Adelichen, Contrada dei Nobili, ist heut zu Tage sehr verlassen. Im Jahre 1728 wurde es durch einen Bergstrohm zerstört, der in die Dora riparia fällt. Es enthält noch Reste von Häusern. Im Allgemeinen zeichnen sich die Wohnungen der Adelichen, vor denen der Bürgerlichen, durch eine kleine, schmale Säule in der Mitte jedes Kreuzstockes, aus. Diese Verzierung durfte kein bürgerliches Haus haben. Auch noch jezt erkennt man die armseligen

Häuser der Adelichen, die man hier schon Paläste zu nennen anfängt, an ihrem doppelten Eingange; sie haben eine große und eine kleine Eingangsthüre.

Die Kirche des heil. Franciscus, ist ein modernes Gebäude; aber ihre Säulen sind aus den schönen Zeiten der Kunst, und haben sonderbare Kapitäler. Gegenwärtig ist sie ein Magazin. Die Frescogemählde im Kreuzgange des Klosters, welche die Abenteuer und Wunderwerke des heil. Franciscus vorstellen, sind modern. Auf einer bronzenen Platte fand ich eine gothische Inschrift, die ich in einer Sammlung von Basreliefs, und Inschriften, die ich in Piemont fand, bekannt machen werde.

Das Hospital war ehemals das Seminarium; man erblickt im Kreuzgange die Sammlung von Inschriften, die in Susa gefunden wurden, und die Sacchetti hier zusammenbringen ließ. Diejenigen die verloren giengen, und deren Originale nicht mehr zu finden sind, sieht man hier auf Tafeln gemahlt. Sacchetti hat sie fast alle bekannt gemacht. Ich besuchte hierauf den andern Theil von Susa, und sah in der Kapelle von Notre Dame du Pont, ein Gemählde, das den ungläubigen Thomas vorstellte. Es ist nicht ohne Verdienst, doch kommt es den oben angeführten nicht bei.

Ich brachte den Abend bei Herrn Derrien zu. Als ich ziemlich spät nach Hause gieng, so begegnete ich jungen Leuten, welche Linien über die Straße zogen, indem einige eine große Menge Kleie, andere pulverisirte Gerberlohe ausstreuten. Ich fragte sie, warum sie dies thäten, und hörte nun, daß es unter Handwerks- und Bürgersleuten herkömmlich seye, wenn sich einer ihrer Freunde verheurathe, von der Thüre seiner Wohnung, bis zu den Thüren der Mädchen, denen er vor seiner Verheurathung den Hof gemacht habe, solche Linien anzulegen. Der Verdruß der Mädchen, und die dadurch er-

tegte Eiferſucht der Braut, geben Stoff zur Unterhaltung und
zu Neckereien. Dieſen Gebrauch, den man in der ganzen
Lombardei findet, nennt man Berna.

Der Urſprung von Suſa iſt alt. Plinius ſetzt dieſe Stadt
in die 9te Region Italiens. Es wird ihrer in den alten
Itinerarien erwähnt. Sie wurde der Hauptort der Präfektur
der Völker, deren Namen man auf dem Bogen Auguſts lieſt.
Sie hatte in der Folge gleiches Schickſal mit dem übrigen
Italien. Nach dem Einfalle der Völker des Nordens, be-
wachten ihre Marquis die Päſſe dieſer Gegend, und dies Mar-
quiſat wurde eine anſehnliche Souveränität. Der Urſprung
dieſer Fürſten, geht aber doch nicht über die Zeit Carls des
Großen hinaus, wie einige Geſchichtſchreiber behaupteten.
Harduin II. Graf von Turin, der gegen das Jahr 943, in den
Beſitz des Thales von Suſa kam, wird mit Recht für den
erſten Fürſten dieſer Landſchaft gehalten. *) Sie hatten das
Recht Münzen zu ſchlagen. Nach Adelhaidens Tode, machte
Humbert II. der den Zunahmen Renforcé hatte, Graf von
Maurienne, Vater von Amadeus II. erſter Herzog von Savoyen
Anſpruch auf die Erbſchaft ſeiner Tante. Kaiſer Heinrich IV.
begünſtigte ſeine Forderungen, und ſeit dieſer Zeit, gehört
dies Marquiſat dem Hauſe von Savoyen. Man ſieht in Suſa
nach Reſte vom Palaſte der alten Marquis.

Dieſe Stadt wurde durch ihre Lage, häufigen Verwüſtungen ausgeſetzt. Die Römer, die Göthen, die Vandalen,
die Lombarden, die Sarazenen, und die Franzoſen, haben ſie
nach einander verheert. Der Kaiſer Friederich Barbaroſſa hat
ſie gänzlich zerſtört, und bürgerliche Unruhen, brachten ihre
Unfälle aufs höchſte. Die Häuſer, die man an der neuen
Straße baut, ſtehen in gehöriger Entfernung von einander;

---

*) S. Terranco Adelaide illustra I. 172.

dagegen ist die alte Stadt schlecht gebaut, schmuzig und enge. Unter den plumpen, schwerfälligen Bogengängen hat die Luft nicht den gehörigen Durchzug. Wasser ist genug da. Aus dem alten Plane der Stadt ersiehet man, daß sie auch Fontainen hatte; *) aber auch nicht eine derselben ist mehr übrig. Man trinkt das Wasser der Schöpfbrunnen, und reinigt seine Wäsche mitten in den Straßen, in dem Bache, der von einem Bergstrohme kommt, der zuweilen großen Schaden anrichtet. Kein einziger gut unterhaltener Garten ist in der Stadt; und doch stehen die Aepfel von Susa in einigem Rufe, weil sie sich lange aufhalten lassen. Das Gemüse, und selbst das Brod läßt man von Turin kommen; das im Lande gebackene ist abscheulich. Den Handel treiben nur Fremde, und die Handwerksleute sind fast alle Briançonner, oder Savoyarden. Das Volk ist noch dem gröbsten Aberglauben ergeben. Die Geistlichen maßten sich ehemals das Recht an, die Trunkenbolde und Wüstlinge peitschen zu lassen. Hier fängt man an, Gebrauch vom piemontesischen Gelde zu machen.

Mit der Nahrung für den Geist sieht es in Susa eben so schlecht aus, als mit der für den Körper. Hier findet man weder eine Bibliothek, noch ein Cabinet. Diese Stadt hat wenig berühmte Männer hervorgebracht.

Den folgenden Tag früh um 6 Uhr bestiegen wir Pferde, die Herr Derrien für uns zurüsten zu lassen, die Güte gehabt hatte, und machten eine angenehme Excursion in die umliegende Gegend. Zuerst sahen wir die Trümmer des Forts von La Brunete, eines vortrefflichen Plazes, dessen Anlegung 15 Millionen gekostet hatte. Die Franzosen wendeten

---

*) Theatrum Sabaud. II. 62.

600,000 Franken an, es zu zerstören, statt dasselbe zu erhalten, um den Eingang Italiens zu verschließen. Es war damals die Rede von seiner Wiederherstellung.

Auf der andern Seite ist der Paß von Susa, der schon seit den ältesten Zeiten der Schauplaz denkwürdiger Gefechte war. Nicht weit davon ist der Paß von Exiles, wo der brave Ritter von Belille im Jahre 1747 seinen Tod fand, nachdem er glänzende Vortheile erfochten hatte. Das war noch die schöne Epoche, wo das Haus Savoyen, sich seines alten Ruhmes würdig zeigte. Auf seine leztern Fürsten hat sich zwar die Frömmigkeit und Gerechtigkeitsliebe ihrer Ahnherrn, und wohl auch ihre Tapferkeit vererbt; aber wenn sie auch die edle Festigkeit des unerschrockenen Comte-Vert, die hochherzige Denkungsart des großen Amadeus besessen hätten, so würden sie bei den ersten Gerüchten von nahen feindlichen Einfällen nach den Alpen geeilt seyn, deren Beschüzer sie seyn sollten, und hätten ihre engen Pässe vertheidigt, oder ihr Leben darüber aufgeopfert, wie Leonidas bei Thermopylä; allein die Zeit hatte minder kriegerische Ideen herbeigeführt. Dem Hofe von Turin war mehr darum zu thun, zu unterhandeln, als sich zu schlagen; und so fiel er in die Schlinge, welche die Treulosigkeit, unter der Maske von Politik, ihm gelegt hatte. Das Volk dieser Regenten hörte nun für eine geraume Zeit auf, unter die Reihe der Nationen gezählt zu werden; und Italien war unterjocht.

Hinter dem Fort von La Brunete liegt Monpantier. Die Weiber dieses kleinen, ans Gebirg sich anlehnenden Dorfes, kamen eben aus der Messe zurück. Sie trugen Röcke, die mit rothen Bändern verziert waren, bei denen die Zahl der Reihen, und die Farben verschieden sind, je nachdem sie von Mädchen, Ehefrauen oder Wittwen getragen werden. Die Einwohner haben sehr rohe Sitten. Um zu wissen ob es

mit einem Kranken gefährlich aussieht, so stellt man ihm eine
tüchtige Portion Suppe hin, ißt er sie, so hat man noch
einige Hoffnung, will er sie nicht, so hält man ihn für verloren, und hört häufig auf, sich weiter um ihn zu bekümmern,
da man nun doch alles für vergeblich hält.   Die Männer betrachten die Weiber als ihre Lastthiere.   Für ihre Kühe wohl,
aber nie für ihre Weiber laſſen ſie den Arzt rufen; kaum
ſind dieſe niedergekommen, so ſtehen ſie ſchon wieder auf, um
ihr Weißzeug zu waſchen.

Iſt zwiſchen den Aeltern junger Leute dieſes Dorfes eine
Heurath beschloſſen, so erhält das zur Heurath beſtimmte Mädchen, von ſeinen Nachbarn Wolle die zum Spinnen zubereitet
iſt; dieſe eilt sich nun ſie zu verarbeiten; iſt ſie damit fertig,
ſo macht ſie Päckchen daraus, deren jedes ſoviel geſponnener
Wolle enthält, als zu einem Paare Strumpfbänder nöthig iſt.
Von dieſen Päckchen hat ſie immer einige bei ſich, ſie mag
nun aufs Feld oder in die Reben, nach der Stadt oder ſelbſt
in die Kirche gehen.   Begegnet ſie nun jungen Leuten, ſo
ſucht ſie ihnen ſolche heimlich in die Taſche zu praktiziren.
Mit dieſer Taſchenſpielerei fährt ſie ſolange fort, bis ſie alle
ihre Päckchen angebracht hat.   Die jungen Leute, die ſie ſo
überliſtet hat, müſſen nun von ihren Päckchen Strumpfbänder
machen oder doch machen laſſen.   Sind dieſe fertig, so bringen ſie dieſelben der Braut vor ihrer Hochzeit, damit ſie noch Zeit
hat, ſie färben zu laſſen; die Farbe, die man ihnen gewöhnlich giebt, iſt braunroth oder hellgelb.   Am Hochzeittage vertheilt ſie dieſe Strumpfbänder an die jungen Leute, denen ſie
die Wolle dazu ſo geſchickt in die Taſchen zu ſpielen wußte.
Herr Derrien erzählte mir unterwegs, noch andere ſonderbare
Gebräuche, die in den Dörfern dieſes Theiles der Alpen herkömmlich ſind.

In einem benachbarten Dorfe, das Mathie heißt, kommt der Bräutigam in den Ort, wo seine Braut wohnt, um sich daselbst mit ihr trauen zu lassen. Ist die Trauungsfeierlichkeit vorüber, so begleiten Aeltern und Hochzeitgäste die jungen Eheleute bis zum Hause des neuen Ehemannes. Beim Eintritte in jeden, auch den kleinsten Ort, auf den man unterwegs stößt, singen die Weiber mit gellendem Geschrei, Lieder ab, die meistens französisch, aber in ihrem Munde ganz unverständlich sind.

Ueberhaupt singen diese Bergbewohner ihre langgedehnten Arien schrecklich schlecht, und indeß das Finale derselben, wie bei den Bewohnern der Picardie, kein Ende nehmen will, schläft man ein. Man sollte eher glauben in den Dörfern von Niederbretagne zu seyn, als am Eingange des harmoniereichen Italiens. Ist endlich der hochzeitliche Zug an der Hausthüre des neuen Ehemannes angekommen, so bleibt die Braut und ihr Gefolge vor der Thüre stehen. Der junge Mann geht nun hinein, den Vater zu rufen, der im Hause ist, und sagt zu ihm im Patois des Landes, „Pare, pare, sie vos conten qui vou meno una nora a meison." „Mein Vater, mein Vater, seyd ihrs zufrieden, daß ich euch eine Schwiegertochter ins Haus bringe?" Nun kommt der Vater herbei und antwortet: „ben, ben bosta quel sie brava;" „ja, ja, wenn sie nur brav ist;" der Sohn erwiedert: „Y vos la meno con honor et respect;" „ich bringe sie euch in Ehren und Respekt." Der Vater ergreift hierauf die Hand seiner Schwiegertochter und umarmt sie, diese giebt ihm ein Schnupftuch, und begleitet ihn in das Haus. Der ganze Zug folgt, und man setzt sich an die Tafel.

In Gravieres ist es in reichen Bauernfamilien Sitte, daß, wenn der Bräutigam seine Braut abholen will, um sie in die Kirche zur Trauung zu führen, eine Verwandte der-

selben, sich in eine alte zerlumpte Frau, mit einer Kunkel an
der Seite, verkleidet, und Koch- und Schaumlöffel am Gürtel
hängen hat.   In diesem Aufzuge stellt sie sich neben die Thüre
des Hauses, worin die Braut und ihre Aeltern wohnen.   Der
Bräutigam tritt zur Alten hin, und fragt nach seiner Braut;
die Alte antwortet, daß sie es selbst seye.   Nicht gar höflich
erwiedert er ihr: „Y vos voye pas, O sie tro brutta," „ich
mag euch nicht, ihr seyd mir zu häßlich."   Die Alte will nicht
weichen, und ihn nicht in das Haus lassen, das sie für das
ihrige ausgiebt; nun kommts auf beiden Seiten zu tüchtigem
Schimpfen; hierauf läßt die Alte ein kleines Mädchen aus
dem Hause heraus treten, und sagt zum Bräutigam: „e toi
cella?" „ist es diese?"   Dieser antwortet: „Non e pas cella
l'e trop jouven"   „Das ist sie nicht, sie ist zu jung."   Nun
entsteht ein neuer Streit zwischen ihm und der Alten, welche
endlich einen Kochlöffel aus dem Gürtel reißt, ihn mit Reis
anfüllt, der neben ihr mit Wasser in einem Topfe kocht, und
denselben dem Bräutigam und seiner Gesellschaft ins Gesicht
schleudert; lachend macht sich der ganze Haufe auf die Flucht,
und jezt erst tritt die wahre Braut, mit den schönsten Kleidern geschmückt, heraus, reicht ihrem Geliebten die Hand,
und läßt ihn mit der ganzen Hochzeitgesellschaft eintreten;
man sezt sich zu Tische, und dann geht der Zug nach der
Kirche.

An allen Orten des Arrondissements von Susa, und besonders zu Meana herrscht der Gebrauch, daß, wenn ein
Mädchen das Alter erreicht hat, wo es sich verheurathen kann,
die jungen Leute, im Winter nach geendigter gesellschaftlicher
Abendunterhaltung, fast jede Nacht, besonders Sonnabends,
ihr in dem Stalle, wo sie schläft, einen Besuch machen.   Sie
kündigen sich ihr durch Gesang an, und oft durch Pistolen-
schüsse.   Sie rufen dem jungen Mädchen; hat es sich schon

zu Bette gelegt, so steht es wieder auf, macht ihnen auf, was
zuweilen im Finstern geschieht, und eilt dann wieder in ihr
Bett, um welches sich alle jungen Leute herlagern.   Man
zündet die Lampe wieder an, wenn sie schon ausgelöscht war,
und plaudert bis weit in die Nacht hinein, oft selbst bis gegen
Morgen.   Ehe sich die jungen Leute wieder entfernen, kleidet
sich das Mädchen an, und flicht einem jeden seinen Haarzopf.
Jeder der jungen Leute, dem dies mehrmals gethan worden
ist, muß dem Mädchen auf dem Markte von Susa oder Bus-
selino, ein Schnürband kaufen.   Hat das Mädchen gewählt,
so nimmt sie nur noch von ihrem Geliebten nächtliche Besuche
an, der sie gewöhnlich bald darauf heurathet.   Die Landleute
nennen diese Sitte, mit Mädchen in den Ställen, nächtliche
Stunden zuzubringen: *passer lo tin.* „Die Zeit vertreiben."
Es ist merkwürdig, daß alle Bewohner des Thales von Susa,
wenn sie auch schon kein Wort französisch verstehen, doch gar
sehr darauf erpicht sind, in dieser Sprache Verse zu singen,
die sie auf eine lächerliche Art verstümmeln.

Es ist bei der Klasse der Handwerksleute und Bauern
ein fast allgemeiner Gebrauch, daß die Braut an ihrem Hochzeittage, ihren Verwandten, Freunden und Beschützern ihrer
Familie, und allen Hochzeitgästen, eine Bandschleife von mehr
oder minder glänzenden Bändern, mit eigener Hand an die
linke Seite heftet.   Die auf diese Art geschmückten Männer
umarmen die Braut, und drücken ihr dabei heimlich ein Stück
Geld in die Hand, das nie von ihr abgewiesen wird.

Fast in allen Orten des Arrondissements ist es gebräuch-
lich, daß bei religiösen Feierlichkeiten, Bauern, die als römische Soldaten, oder doch so ziemlich als solche gekleidet
sind, den Processionen vorangehen.   Sie sind mit einem sehr
langen, flachen Schwerte bewaffnet, das man mit beiden
Händen beim Hefte fassen kann.   Während des Marsches ste-

len sie Zweikämpfe vor, dröben einander mit der Schneide
oder Spize ihrer Haudegen, weisen dieselben im Takte einander zurück, werfen sie in die Höhe und fangen sie wieder mit
vieler Geschicklichkeit beym Hefte auf. Von Zeit zu Zeit stellen sie mit ihren Schwertern die Bewegung der Windmühlen
vor, um den neugierigen Haufen auf die Seite zu bringen,
und der Procession Plaz zu machen. Diese Art von Tanz
wird beym Klange musikalischer Instrumente aufgeführt.
Diejenigen, die dabei figuriren, heißen Spadonieri oder espa-
doniers.

Ueber diese Art körperlicher Uebungen, hat mir ein Bewohner des Landes Folgendes als eine höchst zuverläßige
Sache erzählt: Man führte vor noch nicht langer Zeit religiöse
Tragödien in diesen Gebirgen auf. Die Espadonnage ist
ein Ueberrest alter Vorstellungen der Enthauptung des Johannes des Täufers, die einst zu Salbertrand, einem Dorfe des
Arrondissements von Susa, im Jahre 1637 und 1725, nachher
zu Giaglioffe im Jahre 1731. gegeben wurden. Man versichert, daß das Spiel mit Haudegen vor dieser Epoche, in
diesen Gegenden unbekannt gewesen seye, und daß die Espadonniers von Salbertrand die benachbarten Gemeinen darin
unterrichtet hätten. Diese Art von Soldaten begleitete die
Vollzieher der Enthauptung des Johannes. Ihre Spiele und
grotesken Kleider, die den Charakter des Bizarren und Majestätischen zugleich hatten, veranlaßten die Liebhaber alter Gebräuche, die Espadonniers beizubehalten, um ihren Festen mehr
Glanz durch sie zu verschaffen.

Der Rochemelon erscheint, von Susa aus gesehen, als
ein ungeheuer hoher isolirter Obelisk. In diesem Thale aber,
erschien er uns nur noch als eine kleine Spize, die sich über
die Berge erhob, welche seine Grundlage bedecken.

Unfer Weg führte uns nahe beim Dorfe Vriaur vorüber. Eine grundlose Tradition behauptet, daß sein Name
vom Worte venatio herkomme, indem der Präfekt Cottius sich
einst hier dem Vergnügen der Jagd überlassen habe.

Wir ließen unsere Pferde an den Ufern der Cenise, die
ihren Namen vom Mont-Cenis hat, aus deffen See sie herab-
komme, und stiegen hinauf nach dem Kloster St. Pierre de
Novalaise, einem alten Kloster, das von Abbon, einem
Patrizier und Gouverneur von Susa gegen das Jahr 739,
im 21sten Jahre der Regierung Carl Martels gestiftet wurde.
Die Saracenen verwüsteten dies Kloster, und auch noch nachher war es so manchen Zerstörungen ausgesezt, daß seine alte
Bibliothek, seine Archive, sein Schaz, seine Reliquien, und
alles was es Kostbares enthielt, gänzlich verschwunden sind.
Das Gebäude ist verlassen und schon fast ganz eine Ruine,
die Kirche ausgenommen, die aber nichts merkwürdiges enthält, und einige mehr oder minder alten Kapellen, die man als
Magazine braucht. Zwei derselben sind mit alten Gemälden
geschmückt, die andern wurden übertüncht. Diese Gemälde
scheinen aus dem 11ten und 12ten Jahrhunderte zu seyn.
Ich bemerkte unter den Steinen, die dem Garten zur Ein-
faffung dienen, antike Bruchstücke, unter anderm ein Basrelief, welches das Gefecht eines Fußgängers und Reiters
darstellt. Unten daran ist eine Inschrift, die aber so verwittert ist, daß ich nichts herausbringen konnte. Diese Reste beweisen, daß einst einige römische Wohnungen in dieser Gegend
standen. Entfernt man sich etwas vom Kloster weiter ins
Thal, so erblickt man links eine anmuthige Cascade, die vom
Gletscher des Bart herabkommt.

Wir stiegen nach Novalaise herab, wo wir unsere Pferde
fanden. Den Namen dieses armen Dorfes leitet man von
Nova lex her, einer unrichtigen Tradition gemäß, welche be-

25

hauptet, daß der heil. Petrus, das Evangelium hieher gebracht
habe; eine Etymologie, die eben so grundlos ist, wie die von
Venaur. Etwas weiter liegt das schwarze, und schändliche
Dorf Ferriere; es besteht aus etwa 20 Häusern zwischen
zwei steilen Felsen, an den Ufern der Cenise. Mit großem
Geräusche rollt ein Bergstrohm, Kieselsteine mitten durch dies
schmale, öde Thal. Dies Dorf ist von ungeheuern Steinmassen umringt, die man nicht für losgerissene Theile der
benachbarten Berge halten kann, da man keine Spur von
Einsturz an denselben bemerkt; sie scheinen von uralten, längst
vertrockneten Ströhmen, welche die kleinern Massen weiter
fortrissen, hieher gebracht worden zu seyn. Es ist unbegreiflich, wie Menschen an einem so traurigen, so wilden Orte
ihr Leben zubringen können. Dadurch, daß sie die Reisenden
und ihr Gepäck auf den Mont-Cenis trugen, ihre Fuhrwerke
auseinander legten und wieder zusammensezten, und mit ihren
Mauleseln Kaufmannswaaren transportirten, erwarben sie sich
ehemals vieles Geld. Die Liebe zum Gewinn brachte sie einst
hier zusammen, und die Gewohnheit hält sie jezt noch immer
hier zurück.

Wir kehrten nach Susa zurück, und ich nahm von den
Personen Abschied, die mir so viele Beweise von Güte gegeben
hatten. Das Thal der Dora riparia, durch welches die
Straße sich hinzieht, hat viel Angenehmes. Dieser Strohm
entspringt am Fuße des Mont-Genevre, nimmt seinen Weg
durch Cezane, Oulr und Exiles, und vereinigt sich bei Susa
mit der Cenise. Bis St. Ambrogio bleibt man so ziemlich
in seiner Nähe, hier wendet er sich gegen Alpignano, und
Colegno, und fällt dann bei Turin in den Po.

Das Dorf Buffollno, durch welches man kommt, hatte
ehemals den Titel einer Grafschaft. Nicht weit davon ist das

Gebirg, wo man den schönen grünen und weissen Marmor findet, den man *Vert de Suze* nennt. Er hat eine so große Aehnlichkeit mit dem Vert-antique (Verde-antico) *), daß man ein sehr geübtes Aug haben muß, um ihn davon zu unterscheiden. Die weissen und schwarzen Flecken, sind weniger von einander abgesondert und ausgezeichnet, als in dem Vert-antique, und seine Politur ist minder schön und dauerhaft, weil die grünlichen, zerreiblichern Partien, hier häufiger sind. Der große Taufstein der Kirche St. Just, in Susa, ist ein solcher Marmor. Die meisten Kirchen und Paläste von Turin, sind damit geschmückt. Zu St. Georg werden die Pferde gewechselt. Die Berge, welche das Thal schließen, werden magerer, und sind mit Bäumen bedeckt, die zwar hoch sind, aber wenig Stärke haben. Bei Villars Fouchard geht die Straße vorbei; hier bricht man Kalksteine, die den Kern dieser Gebirge ausmachen, und man macht Mühlsteine und Säulen daraus. Noch einmal wird in St. Antonin, wo nichts merkwürdiges ist, umgespannt.

St. Joire, ein altes Schloß, das keine Ringmauern mehr hat, und von dem nur noch einige viereckige Mauern übrig sind, läßt man links liegen. Sonst wechselte man die Pferde in St. Ambrogio, dessen Kirche von den Reisenden sehr gerühmt wird. Ein simpler Maurermeister war ihr Architekt. Sie ist ganz aus Backsteinen erbauet. Das Hauptthor hat nichts außerordentliches. Die Gemählde in der Kirche sind eine ganz mittelmäßige Arbeit. Die heil. Jungfrau, in dem Gemählde des Hochaltares, hat nach der italienischen Sitte eine silberne Krone auf dem Haupt.

---

*) Man findet auch einen ähnlichen Marmor in der Gegend von Granada.

Ich war jezt nur noch 10 Meilen von Turin entfernt, und doch blieb ich in Aviliana, in einem abscheulichen Wirthshause, wo nur Güterfuhrleute ihre Niederlage haben. Die Vetturinis bleiben zu St. Ambrogio. Indessen trugen doch einige garstige Zimmer, nach der Gewohnheit mehrerer solcher Schenken dieses Landes, die Namen von Paris, London, und Wien. Ich mußte nun einmal in dem elenden Neste aushalten, um den andern Tag nach La Sagra di San Michele hinaufsteigen zu können. Man findet in Aviliana eine römische Inschrift. Mehrere Souveraine haben es bewohnt; die Grafen von Savoyen, Humbert III. u. Amadeus VI. wurden hier gebohren; es war ehemals eine sehr feste Stadt, aber Kaiser Friederich Barbarossa zerstörte die Bastionen derselben, so wie dies auch in den Kriegen zwischen den Guelfen und Gibelinen geschah. Auch die Franzosen haben diese Stadt mehreremale eingenommen und verwüstet. Jezt ist sie nur noch ein kleiner Flecken, und das Schloß liegt in Ruinen, *) aus denen man die Bergspize emporsteigen sieht, worauf das Kloster gebauet ist, das ich besuchen wollte.

Gleich mit Anbruch des folgenden Tages, nahm ich ein Cabriolet, das mich nach St. Ambrogio zurückbrachte. Die Landschaft umher ist lachend, fruchtbar und reichlich bewässert von Bächen, die aus zwei sehr nahen Seen kommen, worin man treffliche Forellen findet; so schön die Landschaft ist, so gesund ist die Luft. Es werden hier viele Bäume, und besonders Maulbeerbäume gezogen. Ich stieg bei Herrn Pfarrer Bertolo ab, einem gefälligen, wohlunterrichteten Manne, der mir sogleich einen Führer verschaffte. Wir brauchten 1½ Stunden, um diesen Berg zu erklimmen, wobei wir uns unterwegs nir-

---

*) Das *Theatre de Piemont* enthält p. 61. eine Ansicht dieser Stadt in ihrem ehemaligen Zustande.

gends aufhielten." Er ist mit Gesträuch bedeckt, und von der
Mitte seiner Höhe, fließt eine anmuthige Quelle herab, die
damals leise, durch ein kleines Thal dahinschlich; allein diese,
ihre Ruhe täuscht, diese freundliche Quelle verwandelt sich
zuweilen in einen wilden Bergstrohm, der ungeheure Blöcke
von graulichem Marmor, und Glimmer-Schiefer mit sich fort-
reißt. Ich sah ein Haus, auf welches er kurze Zeit vorher,
in einer Nacht einen enormen Felsen gewälzt hatte; 5 Personen waren darin zerschmettert worden. In diesem kleinen
Thale sind einige Häuser, die einen Weiler bilden, den man
St. Pierre nennt; der Waizen will hier nicht recht reif
werden. Seine armen Bewohner pflanzen etwas Roggen,
und haben einige Weideplätze; aber sie könnten das Leben
nicht durchbringen, wenn sie nicht im großen Thale einige
Grundstücke besäßen, deren Erzeugnisse sie mit größter Mühe
auf diese Höhen heraufbringen müssen. Einige Vögel in den
Gehölzen ausgenommen, findet man sehr wenige Thiere auf
diesem Gebirge.

Bald kommt man zu einem ungemein großen Gebäude,
welches bei seiner Form, bei der Dicke seiner Mauern, bei
seiner Masse und Solidität, bei seinen zahlreichen Galerien,
viereckigen Thürmen, Schießscharten und Giebeln mehr das
Ansehen einer festen Burg, als eines Klosters hat. Man
sollte es für den Sitz der Herrschaft eines Paladins halten,
den das schöne Thal am Fuße dieses Felsen im Mittelalter für seinen Herrn erkannte, und nicht für den Zufluchtsort der Meditation frommer Anachoreten. Die Gründung
dieses Klosters geht in eine sehr entfernte Zeit zurück. Ein
edler Auvergnat Hugo-le-Deconsu, aus dem Hause Mon-
boissier, und einer der Vorfahren Peters des Ehrwürdigen (Petrus venerabilis) kam von einer Wallfahrt von Rom
zurück, wo er nebst seiner Gattin die heiligen Orte besucht,

und wegen eines begangenen Fehlers oder Verbrechens beim
Pabste Ablaß gesucht und erhalten hatte. Dankbar gelobte er
die Erbauung eines Klosters nach seiner Rückkehr. Er hielt
sich in Susa noch einige Zeit bei einem Freunde auf, der
ihm den Rath gab, auf dem Berge Pirchiriano eine dem heil.
Michel geweihte Kirche zu erbauen, und so sein Gelübde zu
erfüllen. Dieser Rath wurde nach einiger Zeit befolgt. Das
von ihm erbauete Kloster, erreichte nach und nach unter der
Ordensregel des heil. Benedikt, die höchste Stufe des Glanzes
und der Macht. Bis in die Mitte von Italien und Frankreich
standen Kirchen und reiche Abteyen unter ihm. Ihre Zahl
soll bis auf 140 gestiegen seyn.

Dies Kloster, welches zur Zeit des Hugo-le-Decousu
nur aus einigen Zellchen bestand, wurde nach und nach ein
unermeßliches Gebäude. Die ungeheuern Steine, das Holz,
die Backsteine, das Eisen und Blei, die zu seiner Erbauung
nöthig waren, mußten mit großer Mühe, und unermüdlicher
Geduld nach dem steilen Gipfel heraufgeschafft werden. Man
kommt zuerst bei einem hohen Thurme vorüber, auf dem ein
Telegraph errichtet ist. Hierauf sieht man dies ungeheure
militärisch-religiöse Gebäude sich erheben. Um zu ihm zu
kommen, muß man eine endlose Schneckentreppe hinaufsteigen,
in deren Mauer man alte Gräber erblickt, die schon sehr lange
offen sind. In einer größern Maueröffnung, die auch Gra-
binen hat, sind die aus denselben weggenommenen Leichname
zu sehen; sie sind entweder an die Mauer angelehnt, oder
sitzen in ihren Särgen, als hätte sie die lezte Posaune an das
Heraustreten, und Erscheinen vor dem Weltgerichte erinnert.
Fromme Pilgrimme haben ihre Köpfe in blaue oder rothe
Schleier gehüllt, und sie mit einer Draperie von der nemlichen Farbe umgürtet. Diese sonderbare Verzierung verstärkt
noch den Schauer, den ohne dies diese ausgetrockneten Leich-

name einflößen; sie scheinen die Wächter dieser ungeheuern
Gewölbe zu seyn, die nur ein schwaches Tageslicht erhellt.

In diesen alten Gräbern sind keine andern Verzierungen
mehr übrig, als Schilde, die in Felder getheilt und mit Wappen-
zeichen überdeckt sind. Ist man an ihnen vorübergekommen,
so wendet man sich links, und folgt dem Reste der Treppe,
die in den Himmel zu führen scheinen würde, wenn die Bilder
der Zerstörung, bei denen man verweilen mußte, die Phantasie
nicht abkühlten, und zur Erde zurückführten. Am Ende dieses langen Gewölbes ist die Thüre des Stockwerkes, über welchem die Kirche erbauet ist. Die Ausgangsthüre ist mit kleinen Bruchstücken einer graulichen Breccie eingelegt, und sehr
kostbar. Die Pfeiler sind gewundene, mit Blättern und Laubwerk auf eine bizarre Art verzierte Säulen, die mit Kapitälern
von einer sonderbaren Form gekrönt sind. Die Wölbung der
Thüre ist von einer Art von graulichem Serpentin, der eine
ziemlich schöne Politur annimmt. Die Pfeiler, welche den
Thürbogen tragen, sind mit Rosetten geschmückt. Die glatte
Einfassung an der Seite des Einganges ist mit den 12 Zeichen
des Thierkreises, und ihren Namen verziert.

Ist man auf diesem Stockwerke angekommen, so tritt
man in die Kirche ein, die auf einer solchen Festung keinen
Sturm zu besorgen hat, und worinn sich die Geistlichen ihren
friedlichen Beschäftigungen und dem Gebete, ohne alle Furcht
überlassen können. Diese Kirche sollte alte Denkmäler enthalten, aber da sie mehreremal wieder aufgebauet, wieder neu
eingerichtet und bemahlt wurde, so enthält sie fast nichts mehr,
das Aufmerksamkeit verdiente.

Ich wollte bis zum höchsten erreichbaren Punkte der
Kirche emporsteigen, um die umherliegende Landschaft besser
zu überschauen. Ich folgte den äußern Galerien, welche die-

sem Gebäude ein mahlerisches Ansehen geben, und kam in den
Glockenthurm. Die Höhe, auf der man sich hier befindet,
scheint die entfernten Gegenstände näher zu, bringen. Man
glaubt dem Grunde des Thales, durch, welches die Cenise,
ihren stürmischen Lauf nimmt, näher zu seyn, als man es
wirklich ist. Hinter La Ferriere sieht man den Rochemelon
und Notre Dame de Neiges sich über die Wolken erheben.
Mit bloßem Auge erkennt man vollkommen die an dem Mont.
Cenis emporsteigende majestätische Straße; und auf der gegenüberliegenden Seite entdeckt man den prächtigen Tempel
Superga, der sich jenseits des Po hinter dem schönen Turin
auf einer Bergspize erhebt.

Zur Kirche heraus gieng ich durch eine andere Thüre,
über welcher eine antike Inschrift, etwas auf der Seite in der
Mauer, zu sehen ist, die aber so hoch steht, daß ich eine lange
Leiter brauchte, um sie zu lesen. Es ist ein Grabstein den
Furius Clemens, Sohn des Mogetius noch während seines
Lebens, seinem Vater Mogetius, seiner Mutter Orbia Vibia,
und seiner Gemahlin Aurelia Quarta gewidmet hat.

Man zeigt hinter dem Kloster einen verfallenen Saal,
der auf dem Plaze liegt, wo der Felsen senkrecht abgeschnitten ist, auf der Rückseite von St. Ambrogio. Man nennt
den Plaz Saut de la Bellotte. (Der Sprung der Bellote.)
Man erzählt nemlich, daß ein junges Mädchen, dem man
wegen seiner Schönheit diesen Namen gab, von einem Soldaten verfolgt worden sey, der seiner Ehre habe zu nahe treten wollen. Entweder mußte es sich ihm überlassen, oder sich
in den Abgrund stürzen. Bellote schwankte nicht, sie flehete
zur heil. Jungfrau, der Beschützerin der Schamhaftigkeit,
stürzt sich hinab und fällt in das Thal ohne sich den geringsten
Schaden zu thun. Dieser wundervolle Schuz der Maria

machte sie eitel; und da man eines Tages eine so außerordentliche Begebenheit in Zweifel ziehen wollte, trug sie kein Bedenken den Sprung noch einmal zu machen. Aber zur Strafe ihres stolzen Frevels, versagte ihr Maria diesmal ihren Schuz, man fand sie zerschmettert und todt am Fuße des Felsen.

Der Berg Pirchiriano ist, obgleich sehr hoch, doch minder hoch als der Berg Caprasio, neben ihm. Alten Legenden zufolge, sollte die Kirche St. Michele auf diesem Berge erbauet werden; schon hatte man sogar, auf einem Wege, den man noch zeigt, die zu ihrem Baue nöthige Materialien hinaufschaffen lassen, als sie auf einmal durch ein Wunder auf den Pirchiriano versezt wurden. Am Fuße dieses Berges liegt Chiusa, ein Dorf im Thale, wo Hugo-le-Decousu mehrere Güter zur Unterhaltung der Geistlichen seines Klosters kaufen ließ. Dieser Ort heißt Chiusa, weil Desiderius, König der Lombarden, Carl dem Großen den Durchgang zwischen diesen Bergen durch eine Mauer verschließen ließ, wodurch er genöthigt wurde einen großen Umweg zu machen.

Nachdem ich in St. Michele *) alles gesehen hatte, stieg ich wieder nach St. Ambrogio herab. Ich kehrte nun ohne Verzug nach Aviliana zurück, wo ich meinen Wagen bereit

---

*) Im Theatre de Piemont ist p. 57. ein sehr schönes Blatt, welches die Berge Caprasio, und Pirchiriano, S. Michele, und die Flecken Chiusa, Celle und S. Ambrogio sehr gut darstellt. M. Berton, Voyage en Piemont p. 190. hat es in kleinerem Maasstabe copirt. Ich sah in Mailand bei Herrn Bossi eine zierliche Zeichnung von S. Michele. Es ist auch eine von der Hand des lezten Königs in der Bibliothek zu Turin.

fand, und meine Reise nach Turin fortsezte. Ehe man nach Rivoli kommt, sieht man bei Buttigliera, eine Kirche, deren elegante und sonderbare Bauart meine Aufmerksamkeit reizte; sie ist dem heil. Antonio de Renversa gewidmet. Das Gebäude war anfänglich ein Hospital für Reisende. Humbert II. III. und andere Herzoge von Savoyen, wiesen ihm Güter an, und ertheilten ihm Privilegien. Die Kirche wurde im Jahre 1121. durch den Pabst Calixt II. auf seiner Rückreise von den Concilien von Toulouse und Rheims, eingeweiht.

Das Portal dieser Kirche ist in gothischem Style und sehr elegant. Der Körper des Gebäudes, die Pilaster, die Thurmspizen, die durchbrochenen Arbeiten, wodurch sich diese Art von Gebäuden charakterisirt, bestehen aus Backsteinen, oder vielmehr aus Stücken gebrannter Erde, die in eigenen Formen, die Gestalten erhalten haben, wie sie zu jeder Art der Verzierungen passend waren; und den sämmtlichen Verzierungen fehlt es nicht an Eleganz und Mannigfaltigkeit. Diese Art der Construktion verdiente studiert und nachgeahmt zu werden. Das Fronton hat 3 Thüren, und 3 spizige Thürme. Es ist mit einem von ovalen Linien umgebenen T geziert, welcher Buchstabe den Orden des heil. Antonius bezeichnete. Der Glockenthurm ist viereckig, und hat auf jeder Ecke eine Thurmspize; er ist auf die nemliche Art gebaut, wie die Kirche. Die Ziegel des Daches haben zweierlei Farben, und geben ihm das Ansehen eines Schachbretes. *)

Das Innere der Kirche paßt ziemlich gut zur Eleganz des Aeußern. An der Decke erblickt man Frescogemählde von

---

*) Dies zierliche Gebäude ist gestochen, und getreu dargestellt in der Reihe der Ansichten von Piemont (Vues d. P.), vom Grafen Sclopis, n°. 10.

sehr lebhaften Farben. Im Vorhofe findet man ein schlechtes Bild des heil. Antonius, mit einer Inschrift, die sich auf die Gründung des Klosters bezieht.

Das Hochaltargemählde ist ein sehr merkwürdiges Denkmal; zuverläßig ist es das Werk eines der besten Mahler des XV. Jahrhunderts. Es ist ein Gemählde auf Holz, und hat nach der Sitte jener Zeit einen Goldgrund. Es hat mehrere Abtheilungen. Im Hauptfache erblickt man die Geburt Christi. Auf der rechten Seite erscheint der heil. Antonius, und über ihm die heil. Catharina. Auf der linken Seite sieht man den heil. Rochus, und über ihm den heil. Benedikt. Dieses Gemählde ist ein Geschenk der Gemeine Moncalier für ihre Befreiung von einer pestartigen Krankheit. Diese Kirche enthält übrigens wenige Denkmäler. Ich fand nur noch eine Inschrift mit gothischen Charakteren darin.

In Rivoli verweilte ich etwas, um das Schloß zu besehen. Es ist ein modernes Gebäude. *) Es hat nichts merkwürdiges als seine große Ausdehnung. Es ist aus Backsteinen erbaut, und hat 3 Stockwerke. Ob es gleich sehr weitläufig ist, so hat es doch nur ein Drittel der Größe, die es erhalten sollte, was man aus einem Plane en relief ersehen kann, den man im Schlosse zeigt. Von Herzog Carl Emanuel I. wurde es erneuert, und diente im J. 1731. zum Gefängniß für den König Victor Amadeus, der durch seine Gemahlin gereizt, die geschehene Thronentsagung wieder aufheben wollte. Dieser alte Fürst wurde nachher nach Moncalieri gebracht.

---

*) Die Ansichten diefes Schlosses findet man im Saale des bürgerlichen Tribunales zu Turin; auch in dem Theatre de Piemont ist es p. 53. abgebildet.

In einem Zimmer des alten Palastes sieht man Gemählde
die aus dem XVI. Jahrhunderte zu seyn scheinen; sie stellen
mehrere Scenen aus dem Leben Amadeus VII. dar, seinen
Einzug zu Ripaille, seine Erhebung zum Pontificat, seine
Abdankung 2c. Rivoli ist nur ein Flecken mit engen Gassen;
aber rund umher sieht man schöne Landhäuser, die den Einwohnern von Turin gehören.

Reise

durch das

südliche Frankreich

und einen Theil

von

Ober-Italien

von

Christ. Friedr. Mylius.

Zweite Ausgabe.

Zweiter Band.
Zweite Abtheilung.

Karlsruhe 1830.
Im Verlage von Ch. Th. Groos.

Wanderung nach der Gardonbrücke.

Kapitel 29.

Den 18. Jun. machten wir uns in der Frühe auf den Weg nach der Gardonbrücke. Vor dem Nimer-Thore, auf der Nordwestseite der Stadt, ließen wir die nach Nimes führende Straße, mit ihrer schönen Allee, auf der linken Seite liegen, und traten in einen gegen Norden über die Ebene sich ausbreitenden Olivenwald, dessen Bäume meistens in regelmäßigen Linien gepflanzt sind. Wir kamen bald wieder aus demselben heraus, und hinter dem Felsenberge hervor, der uns von der Rhone getrennt hatte, und freueten uns sehr, diesen schönen Fluß, mit seinem breiten glänzenden Spiegel und seinen reizend belaubten Ufern wieder zur Seite zu haben. Weiterhin fanden wir einige anmuthige, von Baumgruppen und Cypressenalleen mahlerisch umringte Landhäuser, an diesen schönen, schattenreichen Ufern, und hatten nun auf der linken Seite immer Reihen kahler Felsen, die sich oft in ungeheuern Massen hart am Wege übereinander empor thürmten. Wir wanderten auf einer trefflichen Straße, und die umliegende Landschaft gab uns die angenehmste, mannigfaltigste Unterhaltung. Ehe wir uns nach der linken Seite weiter ins Land hinein von dem Strome entfernten, ergötzte ich mich noch an einer ungemein schönen baum- und gebüschreichen Insel in demselben, an deren südlicher Spitze das Gewässer breit wie ein See dahinströmte.

Wir kamen nach dem Dorfe Remoulins, und hatten jetzt nur noch ½ Stunde bis zur Gardonbrücke; die Straße, die von hier aus nach Nimes führt, ließen wir wieder links liegen; je näher wir der Brücke kamen, desto mehr drängten sich auf beyden Seiten die Berge zusammen, desto gespannter wurde meine Erwartung von dem uns nahe liegenden Wunder der alten römischen Baukunst, von dem Rousseau versichert, daß es der einzige Gegenstand gewesen sey, den er nicht unter seiner Erwartung gefunden habe. Wir waren jetzt nur noch in kleiner Entfernung davon, und sahen noch immer nichts als Nebelgewölk, das aus dem Thale hervorrauchte. Jetzt kamen wir hinter einer Felsenecke hervor, da stand es zwischen zwey wilden Hügeln in einiger Entfernung in aller seiner Herrlichkeit vor uns, das majestätische, fast noch unverletzte Riesenwerk des Alterthums, stieg wie eine Erscheinung aus der Feenwelt, wie eine Götterburg hoch in die reine Morgenluft, aus einem düstern Nebelsee empor, der es umfloß, umdampfte und halb verschleyerte, doch ohne seine großen Formen zu verhüllen; und die oberste, fast endlose Bogenreihe glänzte über dem grauen Nebelrauche in der Morgensonne, wie reines Gold.

Vor Erstaunen wie versteinert, und in den Boden gewurzelt, stand ich unbeweglich, und starrte, und konnte nur durch einzelne Laute und Ausrufungen mein Erstaunen, meine grenzenlose Bewunderung ausdrücken. Je näher wir nachher dieser erhabenen Erscheinung kamen, desto höher schien sie sich in den Himmel emporzuthürmen, desto höher stieg mein Erstaunen über den kühnen Bau dieses großen Menschenwerkes, das mir mehr das Werk eines alten Riesenvolkes, der himmelstürmenden Giganten, ein Werk der unsterblichen Götter zu seyn schien. Nachdem wir dieses kolossale Ganze auf seiner Ost- und Westseite lange genug

angestaunt hatten, machte Herr H. Anstalten, seine Ostseite
mit der an dieselbe angebauten prächtigen modernen, steinernen Brücke zu zeichnen.

Ich gieng indeß nach der Brücke hinauf, und verlor
mich ganz unter den ungeheuern Bogen, wie einst Rousseau,
an den ich jetzt dachte; er sagt in seinen Bekenntnissen:
„Diese Wasserleitung war, seitdem ich auf der Erde bin,
der einzige Gegenstand, den ich nicht unter meiner Erwartung fand; ich verlor mich ganz unter den ungeheuern Gewölben, wie ein Insekt, und glaubte bey jedem wiederhal-
lenden Fußtritte, die Stimme der alten Gebieter des Erdkreises zu hören." — Ich stieg hierauf an dem Abhange des
südlichen Hügels, an den die Wasserleitung stößt, noch
höher nach der 3ten Arcade, und gieng endlich selbst in den
über dieser Bogenreihe hinlaufenden, über 800 Fuß langen
Kanal hinein, worinn einst das Waffer gegen 150 Fuß hoch
über das Thal von einem Berge zum andern lief. Der
größte Theil desselben ist noch mit ungeheuern Steinplatten
zugedeckt; durch eine Oeffnung zwischen ihnen stieg ich hinaus auf die breiten Platten, und gieng auf ihnen herum.
Zwey Frauenzimmer, welche die Neugierde ebenfalls bis in
den Kanal heraufgetrieben hatte, folgten meinem Beyspiele,
und arbeiteten sich auch auf die Decke heraus. Ich durchlief etwas gebückt den ganzen Kanal; seine Nordseite aber
reicht nicht mehr bis an den andern Berg; es fehlen hier
mehrere Bogen. Das südliche Stück des Canals, das keine
Decke mehr hat, fand ich über 30 Schritte lang; das
unbedeckte nördliche Stück ist noch einmal so groß. —

Diese Wasserleitung und ihre Brücke ziehen sich über den
Gardonfluß, der ehemals Gard hieß. Dieser kommt aus den
südlichen Cevennen, fließt von Westen nach Osten zwischen
zwey Reihen von Bergen, durch ein kleines Thal, zwischen

dem Schloße St. Privas und dem Dorfe Remoulins,
und ergießt sich unterhalb Valbregue in die Rhone. Zwischen
diesen Bergen ist die Wasserleitung gerade da gebauet, wo sich
dieselbe von einander zu entfernen, und gegen eine große
Ebene niederzusenken anfangen. Sie besteht aus 3 Reihen
auf einander ruhender Bogen. In der untersten Reihe
erblickt man 6 Bogen; jeder hat eine Höhe von 62 Fuß;
ihre Weite ist noch etwas größer. Die Länge dieser Arcade
beträgt gegen 500 Fuß. Die zweyte Arkade besteht aus 11
Bogen, die eben so hoch und weit sind, als die der ersten.
Die Pfeiler und Oeffnungen beyder Bogenreihen stehen gerade
übereinander. Diese Arkade hat aber eine Länge von *)
800 Fuß. Die dritte und höchste Arkade besteht aus 35
Bogen; diese haben nur ⅓ der Höhe und Weite der Bogen der 2
untern Reihen. Diese 3te Arkade hat eine Länge von 819
Fuß. Die Höhe des ganzen Gebäudes, die 5 Schuh betra-
gende Höhe des Canals oben mitgerechnet, ist also etwas
über 150 Fuß.

Die Pfeiler der 2 untern Arkaden haben auf der Nord-
und Südseite eine Breite von 13, und auf der Ost- und
Westseite eine Breite von 13 Fuß. Die östliche und westliche
Breite der Pfeiler der 3ten Arkade beträgt 8 Fuß. Der Canal
oben hat eine Höhe von 5 Fuß; der Boden ist 2½ Fuß,
die innere Decke 4 Fuß breit; jede Seitenmauer des Canals
ist 2½ Fuß dick. Dieser Kanal ist zum Erstaunen klein für
ein so ungeheures Werk; er ist inwendig mit einer 3 Zoll

*) „Man erblickt auf der Ostseite, auf einem der Schlußsteine des
dritten Bogens der zweyten Arkade, einen aus dem Steine hervortretenden
Phallus mit einem Glöckchen am Halse; er endigt sich mit drey andern
kleinern. Unter den Monumenten von Herculanum sieht man auch mehrere
Phallus mit Glöckchen, so wie auch am Nimer-Amphitheater. S. Bronzi II.
pl. 96. Hozel Hist. de Nimes, 27."

dicken Lage von Kitt bedeckt, die mit sehr feinem rothen Bolus überstrichen ist. Der Boden besteht aus kleinen Steinen, Kalk und Kies; diese bilden eine 8 Zoll dicke Lage von trefflichem Mörtel. Der ganze Kanal hat ein so frisches Ansehen, als ob er erst vor kurzer Zeit angelegt worden wäre; er ist mit ungeheuer großen und dicken, 12 Fuß langen Steinplatten bedeckt, die über jede Seitenmauer 1 Fuß weit hinaus stehen, und durch Kitt miteinander verbunden sind, den man sonst nirgends hier findet, indem die ungeheuern, durch das Alter braunröthlich gewordenen Quadersteine, die harte Kalksteine sind, nur über einander liegen, aber auf's genaueste zusammenpassen, und keine Spälte sehen lassen, als wenn sie zusammengekittet wären. Es sind nur hie und da metallene Klammern, aber mit einer solchen Sparsamkeit am ganzen Werke angebracht, daß sich von außen keine einzige sehen läßt. Bey'm gewöhnlichen niedrigen Stande des Wassers erblickt man den Gardon nur unter dem zweyten nördlichen Bogen. — Die Steine dieses ungeheuern Aquedukts sind aus benachbarten Steingruben.

Das majestätische Ganze ist im toskanischen Style erbauet, und vereinigt Festigkeit mit Eleganz und Leichtigkeit. Einige Bogen auf der Nordseite, so wie eine Partie Steinplatten auf dem Canale, sind verloren gegangen. Eine Kleinigkeit gegen die übrige ungeheure Masse, die sich durch 18 Jahrhunderte vollkommen erhalten hat. An den durch das Alter braunroth gefärbten Kalksteinen haben so viele Jahrhunderte nur die äußerste Oberfläche ein wenig benagt, und die Ecken etwas abgerundet *). Dieses bewunderungswürdige Monument

*) Recueil de Mémoires sur le Pont du Gard, avec fig. f, Vol. 8. etc. etc., 4 fr. 20 C. Montfaucon Antiquité expliquée T. IV. p. 116. Menard, Histoire de Nimes. T. VII. p. 129. Clerisseau et Le Grand Anti-quités de la France, p. 59.

des Alterthums, das in die alleroberste Klasse der noch
übrigen architektonischen Wunder der alten Welt gehört, das
vollkommen neben das Colosseum in Rom, das Amphitheater
von Nimes ꝛc. ꝛc. gestellt zu werden verdient, macht auf das
durch seine colossale Größe und Pracht überraschte Gemüth,
durch den Contrast mit seiner Umgebung, einen noch stärkern
Eindruck *): es füllt da, wo es steht, den engen Raum aus,
den 2 dürre Kalkfelsen zwischen sich lassen. Nirgends sieht man
hier in der Nähe eine menschliche Wohnung, eine nützliche
Pflanzung; Wachholdergesträuch, Thymian und Lavendel
sind die einzigen Gewächse dieser Wüste, wo man dieß
Prachtwerk der Vorwelt eben so wenig erwartet hätte, als
die römischen Monumente von St. Remy bey ihren Kalkfelsen.

Auffallend ist es, daß die Römer nicht schon daran
dachten, mit dieser Wasserleitung auch eine gewöhnliche
Brücke zu verbinden, die von jeher so nöthig in dieser Gegend gewesen wäre. Von der Wasserleitung an machte sich
der Gardon ein außerordentlich breites, mit Sand- und Kieselsteinen angefülltes Bette, von dem er, außer der Regenzeit,
kaum den 20sten Theil bedeckt, und wird zuweilen plötzlich
so groß und reißend, daß er sich weit und breit über die
Felder ergießt, wodurch oft die Ueberfahrt, selbst auf einer
Fähre unmöglich wird. Unter solchen Umständen war ehemals alle Gemeinschaft der Provinzen nördlich über dem

---

*) „Die Gardonbrücke ist eines der schönsten Stücke der Architektur, wel-
che das Alterthum der Bewunderung der Jahrhunderte aufgestellt hat. Welche
Leichtigkeit, Kühnheit und Eleganz in dieser dreyfachen Reihe von Arcaden,
die über einander emporsteigen! Welche Festigkeit in diesen Pfeilern, deren
Steine ohne allen Kitt auf einander ruhen! Diese Brücke hat sich, mit Aus-
nahme der äußersten obern Theile, vollkommen erhalten, und sieht aus, als
wäre sie gestern vollendet worden. Was eben so sehr als das Edle und Große
in ihren Verhältnissen überrascht, ist ihre Lage zwischen zwey durren Hügeln
in einer engen Felsenschlucht." —

Gardon, mit dem untern Languedoc, für ganze Wochen unterbrochen. Daher wäre dieser Ort, so wie der schicklichste zur Wasserleitung, also auch der bequemste zu einer Brücke gewesen. Um eine solche hier zu Stande zu bringen, durfte man nur bey Anlegung des Aquedukts die unterste Bogenreihe um 12 — 16 Fuß breiter machen. — Bey der Fähre von Remoulins, ½ Stunde unterhalb der Wasserleitung, in einer Gegend, wo sich die Ruinen einer zerstörten Stadt zeigen, sind im Bette des Gardon Ueberreste einer alten Brücke. Man weiß nun freylich nicht, ob diese Stadt und ihre Brücke römischen Ursprungs war, oder ob beyde aus dem Mittelalter sind. So viel ist gewiß, daß kein alter Geograph, weder Strabo, noch Ptolemäus, noch Pomponius Mela, noch das Antoninische Itinerarium davon sprechen. Sogar der Name dieser Stadt ist verloren gegangen.

Im Anfange des 17ten Jahrhunderts wollte man eine Brücke über der ersten Bogenreihe anbringen, die auch für Fuhrwerke brauchbar wäre; daher machte man tiefe Einschnitte in die Pfeiler der 2ten Bogenreihe; so gewann man zwar einen Durchgang, aber ⅓ der ganzen Masse der 2 obersten Stockwerke war nun ohne Stütze, und konnte bey dem geringsten Erdbeben auf die Ostseite geworfen werden.

Daher ließ der Intendant der Provinz, Herr von Lamoignon de Basville, im Jahre 1699 die weggeschnittenen Stücke der Pfeiler wieder mit großen Kosten ersetzen; die ehemalige Festigkeit war aber nicht wieder herzustellen. Die Steine, die er einschieben ließ, sind zwar so groß und fest, als es die alten römischen waren; sie tragen aber alle auf einer schiefen Linie, und würden weichen und herausfallen, wenn sich die Last des obern Theils der Wasserleitung auf ihre Seite neigen sollte. Um aber den Durchgang nicht ganz zu unterbrechen, wurde an jeden Pfeiler ein Erker angebauet, und damit wenigstens für den Fußgänger und Reiter gesorgt. Dieß reichte aber für die öffentlichen Bedürfnisse nicht hin; der Wunsch, auch eine für Wagen brauchbare Brücke zu haben, bewog endlich die Stände der Provinz im Jahre 1743 mit Erbauung einer schönen steinernen Brücke hart an die Ostseite der Wasserleitung, den Anfang machen zu lassen, mit welcher Arbeit man in 4 Jahren zu Stande kam *). Man setzte eine Inschrift auf dieselbe. Ihre Bogen und Pfeiler sind vollkommen so hoch, breit und schön, als die der untersten römischen Bogenreihe, auf welche sie so genau passen, daß man glaubt, die unterste römische Arkade wäre ursprünglich doppelt so breit gemacht worden, als die zweyte. Die neue Brücke ist nämlich, so wie die Wasserleitung, von Osten nach Westen auch 16 — 18 Fuß breit. Zwischen den Bogen der zweyten Arkade des Aqueduks ist an der Westseite überall eine Brustlehne angebracht, so wie auch an der Ostseite der Brücke. Nur ist es Schade, daß man von dieser Brücke aus auf dem gewöhnlichen Wege nach Nimes eine ganze Stunde umgeht, die man ersparen könnte, wenn man von der Brücke aus einen ganz geraden Weg nach Nimes über die Anhöhe hinzöge.

Dieses Riesenwerk ist doch nur ein kleiner Theil der ganzen Arbeit, die erfordert wurde, um die Bäche Eure und Airan nach Nimes zu führen **). Diese Bäche wurden

---

*) „Die neue Brücke wurde unter der Direktion des Abbé Laurent, und des Mr. Aviler, des Verfassers des Dictionnaire d'Architecture, erbaut." „Die Landschaft, durch die wir von der Gardonbrücke an bis nach Nimes kamen, schien uns weniger dürre zu seyn, als die von Villeneuve an durchreiste Gegend."

**) „Die Quelle des Airan ist beym Dorfe St. Quentin, eine halbe in der Gegend der nördlich liegenden Stadt Uezes aufgefaßt, und 7 Stunden weit bis nach Nimes fortgeführt. Die Vortrefflichkeit ihres Quellwassers, worüber selbst antike Inschriften Zeugniß geben *), war ohne Zweifel die Veranlassung, daß man ihnen den Vorzug vor nähern Wassern gab. Die Wasserleitung nahm auch noch andere Quellen auf, die sie unterwegs antraf. Nahe an der Quelle der genannten Bäche war man schon genöthigt, eine lange Reihe von Bogen zu erbauen, um das Wasser über eine tiefliegende Gegend zu leiten. Von diesen Bogen sieht man noch einige ansehnliche Ueberbleibsel bey Uezes **). Nahe bey der Gardonbrücke mußte wieder eine Bogenreihe, etliche tausend Schritte lang, erbaut werden; und jenseits des Flusses war man gar gezwungen, einen mehr als 1000 Klafter langen Gang durch den harten Felsen eines Berges zu graben. Von da an forderte ein enges Thal wieder eine hochaufgeführte Wasserleitung.

Endlich konnte man den Canal 2 Meilen weit in dem Boden fortführen. Diese Wasserleitung gieng bis zur Quelle von Nimes, bey der 1787 ein Aquedukt entdeckt wurde, der einen Theil davon ausmachte. In gerader Linie beträgt die Entfernung der Stadt Uezes von Nimes nur 3 Stunden; man war aber gezwungen, eine tiefe Cirkellinie zu machen, in deren Mitte sich ungefähr die Arkaden über dem Gardon befinden. Lange war man ungewiß, welchen Weg der Canal von dem Gardon an bis Nimes genommen habe. Der gelehrte Menard, der Geschichtschreiber von Nimes, that hierinn

---

Lieue von Uezes, und die Quelle der Eure ist eine viertel L. von eben dieser Stadt entfernt".

*) S. Menard Histoire de Nimes. VIII. p. 133.

**) „Auf der Höhe, nach Uezes zu, sieht man hin und wieder ganze Reihen gemauerter Schwibbogen, die alle zu der großen Wasserleitung gehören. S. Clerisseau Antiquités de la France, 130."

einen starken Fehlgriff. Als endlich Nimes anfieng, Mangel
an Wasser zu fühlen, und man auf Mittel denken mußte,
demselben abzuhelfen, da er besonders für eine Fabrikstadt
so empfindlich ist, so verfiel man auf allerley Entwürfe;
bald dachte man einen Canal bis an die Rhone zu graben,
die 4 Stunden weit entfernt ist; dabey war aber die Schwierigkeit, daß man den Felsenberg bey Beaucaire hätte durch-
graben müssen. Mr. Delon von Nimes kam auf den Gedanken, daß man die römische Wasserleitung wieder herstellen
könne, gab sich alle Mühe, den Spuren des alten Canals
nachzuspüren, und war auch so glücklich, den weit größern
Theil desselben unter dem Boden, und in den Felsen aufzufinden. Man entschloß sich aber in der Folge, eine Pump-
maschine, die durch den Dampf des siedenden Wassers getrieben wird, bey einem nahe an der Stadt vorbeyfließenden
Bache anzubringen, der dieselbe hinlänglich mit Wasser
versorgt.

Es ist nicht ganz unwahrscheinlich, daß Agrippa, der
Schwiegersohn Augusts, auch für die Errichtung dieser Wasserleitung gesorgt hat. Er wurde 19 Jahre vor Anfang
unserer Zeitrechnung nach Gallien gesandt, um einige Unruhen
zu stillen, und versah nun die ganze narbonnesische Provinz
mit großen Heerstraßen. Er erhielt auch daselbst, wie man
aus einer Inschrift weiß, den Titel: Curator perpetuus
aquarum. Dann weiß man aus einer andern zu Nimes
entdeckten Inschrift, daß er diese Stadt mit öffentlichen
Bädern beschenkt habe; auch verdankte ihm Nimes 4 Heerstraßen. So viel ist gewiß, daß der Bau dieser Wasserleitung

---

**) Recueil de Mémoires sur le Pont du Gard, construit par les Romains
sous la conduite de Marc. Agrippa; avec fig. x Vol. 8. 4 fr. 20 C.

in die schönsten Zeiten der Römer, und in die Epoche des
größten Flores der Stadt Nimes fallen muß. Und diese ist
das erste Jahrhundert unserer Zeitrechnung, in welchem wohl
auch die übrigen herrlichen römischen Monumente in Nimes
erbaut worden sind. —

Nachdem wir uns an dem Anblicke dieses · erhabenen
Denkmals der Größe und Herrlichkeit der alten Gebieter des
Erdkreises reichlich gesättigt hatten, so traten wir wieder
den Rückweg nach Remoulins an, um dort die schon von
uns gesehene Straße nach Nimes einzuschlagen. In der
Nähe der Brücke, bemerkten wir nicht weit vom Wege, ansehnliche Oeffnungen, die in die Felsen giengen; wir traten
näher, und blickten in weite und hohe Säle hinein, die
zwar nicht tief in die Felsen eindrangen, aber uns doch ein
sehr auffallender Anblick waren. Auf dem Wege nach Nimes
sahen wir weiter nichts Interessantes, und ich konnte mich
ungestört an den angenehmen Bildern ergötzen, die mir meine
Phantasie von den herrlichen Alterthümern der Stadt Nimes,
von ihrem prachtvollen Amphitheater, vom reizenden Tempel
Maisoncarrée, vom Dianentempel, von der Tourmagne, von
ihren römischen Thoren, und anderen römischen Monumenten
vormahlte, auf welche Nimes stolz seyn kann, das mehr und
schönere römische Alterthümer hat, als jede andere Stadt
Frankreichs, und über die ich schon vieles gelesen hatte.
Ich war wieder voll der glänzendsten Erwartungen, und
sie wurden alle übertroffen; es waren genußreiche, glückliche
Tage, die nun für mich auf einander folgten.

Wir kamen mit Anfange der Nacht in Nimes an; es
war schon sehr dunkel. Wir quartirten uns in der Vorstadt,
in die uns der Weg führte, im Hotel aux Oranges ein,
wo wir uns sehr gut aufgehoben fanden. Am folgenden
Morgen machten wir uns gleich frühe auf den Weg nach

dem Amphitheater; aber kaum waren wir zum Thore des Gasthofes herausgetreten, so wurden wir schon ganz unerwartet von einem römischen Monumente bewillkommt, das nur etwa 50 Schritte rechter Hand von uns entfernt war; es war das sogenannte Thor von Rom, das man erst vor 24 Jahren entdeckt hat. Ich will hier anführen, was Mr. Maucomble in seiner Histoire des Antiquités de Nimes 1806 über das Thor und seine Entdeckung sagt. —

„Nach den jammervollen Ereignissen, die in unserer Stadt den 13, 14 und 15 Jun. 1790 vorfielen, befahl die Munizipalität die Niederreißung eines alten Parapets der Stadtmauer, das an ein Dominikanerkloster stieß, und unter Raymund V. Grafen von Toulouse, im Jahre 1194 errichtet worden war; und man fand unter diesem Parapete ein korinthisches Hauptgesims, dessen Karnies sehr gelitten hatte. Auf einem noch wohl erhaltenen Friese desselben, fand man die Buchstaben folgender Inschrift, deutlich durch eingegrabene Rinnen bezeichnet, worinn Löcher waren, wodurch die bronzenen Buchstaben festgehalten werden sollten, die man in die Rinnen goß: IMP. CAESAR. IVI. F. AUGUSTUS. COS. XI. TRIB.'TEST. VIII. PORTAS. M.'. ROS. DA.'. *) (Imp. Cæsar. Divi F. Augustus.

---

*) Mr. de St. Croix hat diese Inschrift zuerst bekannt gemacht im Magasin encyclopédique, an I, T. II. p. 534, und an III. T. II. p. 415. Dieses Thor wurde auch abgebildet und beschrieben in der Topographie de Nimes, Fig. 8, und in dem Werke des M. l'Abbé Malosse sur deux monumens antiques de la ville de Nimes etc. etc. 1803. 8.

*) Millin. „Was die Löcher der Nägel betrift, so habe ich von dieser Inschrift eine Zeichnung machen lassen, und kann versichern, daß mehrere Buchstaben von der nämlichen Art auf eine ganz verschiedene Weise befestigt wurden. Ich habe absichtlich diese Inschrift mit den Löchern abbilden lassen, damit man sich davon überzeugen könne."

Cos. XI. Trib. Potest. VIII. Portas. Muros. Dat.)
Hiernach werden die Mauern und Thore der Colonie zu Nimes als ein Geschenk des Kaisers August, während seines 11ten Consulats, im 8ten Jahre seines Tribunats, das heißt in den 6 letzten Monaten des Jahres von Rom 738, oder in den 6 ersten Monaten des folgenden Jahres, deutlich angegeben; sie wurden also 15 — 16 Jahre vor Christo erbauet.

„In diesem Zustande blieb Alles bis zum dritten Jahre der Regierung des französischen Gesindels, als der Direktor des Militärspitals, ohne weitere Anfrage, die Inschrift niederwerfen ließ, die nun in mehrere Stücke brach. Man dachte nicht, daß unter diesem Gesimse ein antikes Gebäude wäre, daher nahm man fast den ganzen Architrav weg; aber da die Munizipalität, bey der Einreißung eines kleinen Theils der modernen Mauer, womit die alte bedeckt war, korinthische Kapitäler erscheinen sah, so ließ sie die ganze moderne Mauer einreißen, den Architrav mit möglichster Sorgfalt wieder herstellen, und den Fries mit seiner Inschrift wieder an seinen vorigen Ort setzen." —

„Dieß antike Gebäude hat eine Höhe von 25′, und eine Länge von 61 Fuß; jeder von den 2 Thürmen, die sonst neben seinen beyden Seiten standen, hatte 19 Fuß im Durchschnitte; sie sind aber nicht mehr vorhanden. Ein großer Theil des Ganzen steckt noch tief unter dem Pflaster; Man erblickt vier 28 Zoll breite Pilaster; jedes der 4 Thore hat einen an seiner äußern Seite; zwischen den 2 mittlern großen Thoren ist eine kürzere etwas in die Höhe stehende Säule; sie und die Pilaster sind von korinthischer Ordnung. Die zwey mittlern Thore haben eine Weite von 12, und die 2 äußern niedrigen, kleinern Thore, eine Weite von 6 Fuß. Dieses Thor war eines von den 10 Stadtthoren, welche die Römer hier erbauet hatten, deren jedes mit 2 runden

Thürmen versehen war, wie man dieß noch deutlich bey der
Porte de France sehen kann. Die 2 mittlern Thore waren
zum Durchgange für die Infanterie bestimmt, und die 2
Nebenthore für die Cavalerie. — Durch diese Thore kommt
man jetzt in den Hof der Gendarmerie-Caserne.

Wir verfolgten nun die vor uns jenseits des großen
Platzes, neben dem unser Gasthof und das römische Thor
stand, sich gegen Westen nach der Esplanade hinziehende
breite, von schönen Häusern umgebene Straße der Vorstadt.
Die E s p l a n a d e ist ein ganz ebener, mit feinem, hellgelbem
Sande bestreuter, gegen ¼ Stund langer und breiter Spazierplatz am Ende der Vorstadt, der etwa 4 Schuh höher
liegt, als die daran hinlaufende gepflasterte Straße, neben
der Straße hin mit einem schönen steinernen Geländer eingefaßt ist, und zu dem hinauf 3 schöne, steinerne Treppen mit
sehr langen Stuffen führen; am östlichen und westlichen Ende
desselben ziehen sich von Norden nach Süden Reihen junger
Bäume mit steinernen Bänken.

In der Tageshitze kann man auf diesem noch sehr schat-
tenleeren Platze, wo noch unzählige Reihen von Bäumen
gepflanzt werden sollten, nicht aushalten; aber in der Frühe
und gegen Abend, bald vor und nach Sonnenuntergang,
hat man an dieser weiten, reinlichen, ebenen Fläche einen
höchst angenehmen Spazierplatz, der auch um diese Zeit
ziemlich stark besucht wird; man hat hier eine weite, angenehme Aussicht nach Süden und Osten in die liebliche Landschaft umher; nördlich liegt die heitere, luftige Vorstadt mit
schönen Gebäuden, und gegen Nordwesten liegen wieder sehr
schöne Wohnungen; weiterhin das prächtige, geschmackvolle,
in italienischem Style gebauete, schwefelgelbe, neue Justizge-
bäude, und neben ihm auf seiner Westseite erscheint, wie
das graue Alterthum neben der neuern aufgeklärten Zeit, die

majestätische, düstere Gigantenburg, das römische Amphitheater, das sich hoch über alle Stadtgebäude umher erhebt,
wie ein Riese über einen Pigmäenschwarm.

Wir eilten nun, so sehr wir konnten, diesem imposantesten, prachtvollesten aller römischen Monumente in Frankreich näher zu kommen. Mit namenlosem Erstaunen stand
ich jetzt vor dieser dunkeln, furchtbar großen Erscheinung,
aus dem an colossalen Ideen und Thaten so reichen Alterthume; sie schwebte mir unter den hellglänzenden Gebäuden
umher, wie ein düsterer Ossianischer Riesengeist in seiner
Nebelwolke vor, unter dem sich fröhliche Haufen moderner
und festlich geschmückter Lustwandler hindrängten, ohne ihn zu
bemerken. — Dieses majestätische Gebäude schien mir nicht
aus gewöhnlichen Bausteinen, sondern aus über einander
gethürmten, künstlich behauenen Felsen errichtet zu seyn *).
Vor demselben, auf seiner Südseite, der wir gegenüber
standen, erblickten wir eine große Menge Mauern von aufeinander geschichteten Bausteinen, die zu den Häusern und

---

*) „Bey seinem (des Amphitheaters) Anblick fühlt man, daß es eine
ältere, herrlichere Welt voll Kraft und Größe gegeben habe, und die ganze
Gegenwart kommt einem klein und verächtlich vor. Dieser Eindruck ist noch
tiefer, wenn man das Ganze an einem stillen heitern Abend, bey einer
günstigen Mondbeleuchtung vor sich liegen sieht."

*) Matthison. „Die Hauptdimensionen der 4 merkwürdigsten römi-
schen Amphitheater sind folgende:

	1. Das Collosseum in Rom.	2. Das Amph. in Cappua.	3. Das Amph. in Verona.	4. Das Amph. in Nimes.
A. Großer Durch-messer des Ganzen.	554'.	513'.	474'.	440'.
B. Kleiner Durch-schnitt d. Ganzen.	574'.	428'.	378'.	317'.
C. Großer Dia-meter der Arena.	263'.	229'.	233'.	229'.
D. Kleiner Dia-meter der Arena.	163'.	139'.	136'.	141'."

Hütten gehört hatten, die noch vor wenigen Jahren das Innere
dieses kostbaren Gebäudes anfüllten und entehrten, aber auf
Napoleons Befehl eingerissen und herausgeschafft worden
waren, und in denen mehrere Tausend Fabrikarbeiter und
andere niedere Volksklassen, wie in einem alten Städtchen,
gewohnt haben sollen.

Alle Bogenöffnungen des Erdgeschosses waren ehemals
mit weiß übertünchten Mauern ausgefüllt, die oben von Rauch
geschwärzt und unten mit Fensterchen und kleinen Thüren
versehen waren; hinter denselben trieben Barbierer, Garköche,
Schuster, Strumpfweber, und andere Handwerker, in dem
hinter der untern Arkade hinlaufenden Bogengange, in den
sie sich theilten, ihr Wesen, wie dieß noch im Theater von
Orange und dem Amphitheater von Arles der Fall ist, wo
ebenfalls Größe und Majestät, mit der eckelhaftesten Dürftigkeit,
in die engste Verbindung gebracht sind. Wir sahen jetzt nur
noch einige Bogen auf der uns gegenüber liegenden Südseite
des Amphitheaters zugemauert, und die Bewohner dieser
Gewölbe, mußten jetzt jeden Tag, den Befehl zur Auswande-
rung erwarten. Die geöffneten Bogen waren mit schönen
eisernen Gittern verschlossen, und nur durch einige hatte
man noch einen freyen Ein- und Ausgang.

Wir umwanderten nun das ganze colossale Gebäude,
das jetzt nach Norden, Süden und Westen ganz frey und isolirt
da steht, und an das sich nur auf der Ostseite, noch alte
Häuser ganz nahe andrängen, um zuerst seine ganze Außenseite genau kennen zu lernen; und dann drangen wir in die
ungeheuern, über einander im Innern emporsteigenden Gewölbe, kamen zu den Vomitorien heraus, und setzten uns
auf die steinernen Bänke (Gradinen), die noch in ungeheuern
Reihen im ganzen Gebäude rund herum laufen. Hier über-
sahen wir weit besser als außen den außerordentlichen Umfang
des

des Gebäudes; es war ein ungeheurer, imposanter, höchst
mahlerischer Anblick, den wir vor uns hatten. Oben herab
zogen sich die Gradinen in ungeheuer langen Linien über einander hin; aus diesen Reihen traten überall die Oeffnungen
der Vomitorien hervor; tiefer herab erblickten wir in unzäh-
liche Bogenöffnungen und Gewölbe hinein, an denen sich
auf allen Seiten Gradinenreste und Schutthaufen hinzogen;
auch erschien an einigen Plätzen noch eine moderne Haus-
wand mit Fenstern, oder eines der unzähligen kleinen Häuser, welche ehemals die Arena bedeckten, und seitwärts weit
herauf nach den Gradinen empor stiegen, wo es dann der
Imagination fast unmöglich wurde, das Ganze auf einmal
zu umfassen, und die reinen, edeln Formen aus diesem Chaos
hervor zu heben.

Ganz unten erblickte ich die erste Gradinenreihe, wo
die Kaiser und ihre Familien, die Senatoren, auswärtigen
Gesandten und Vestalinnen saßen, von der, so wie von den
nächsten Gradinenreihen, auf denen bis zur 15ten Reihe die
Ritter ihren Platz hatten, noch ansehnliche Stücke unbeschädigt waren. Zu unterst sah ich dann einen breiten Weg,
nebst einem einige Schuh tiefen Canal, sich um die ganze, weit
in schöner elliptischer Form ausgedehnte, ebene, gereinigte
Arena herziehen. Der Anblick der Arena, die wie ein
gesäuberter Stubenboden, in der gefälligsten Form, zwischen
den Trümmerhaufen und überall hervorgähnenden Gewölben
da lag, war äußerst angenehm. —

Zuletzt bestieg ich den obersten Platz des Gebäudes, die über
die Attika gelegten Steinplatten; ich stand hier wie am Rande
eines hohen Felsengipfels, und hatte eine nach allen Seiten
höchst interessante Aussicht; gerade unter mir zog sich in
langer gerader Linie die breite schöne Straße der hier liegenden

Vorstadt gegen Norden hin, mit schönen Gebäuden von hellgelbem Sandstein rechts und links; diese Straße hat das
heiterste und lustigste Ansehen; ihre beyden Seiten begrenzen
2 Reihen schöner Bäume. Ein Hauptschmuck dieser Straße
ist auf der linken Seite, ganz in der Nähe, das reizende
neue große Hospitalgebäude, das nahe beym Dache
mit einer ungeheuern Linie der lieblichsten Basreliefs geschmückt
ist, und auf der rechten Seite, etwas weiter hin, der äußerst
elegante, köstliche antike Stempel, Maison carree. —

Am Ende dieser Straße steigt der mit schönen Reben-
und Olivenpflanzungen weit hinaufbedeckte Felsenberg empor,
dessen Gipfel das räthselhafte, thurmähnliche Gebäude,
Tourmagne krönt. An seiner Seite war eine Windmühle
in unaufhörlicher Arbeit; weiter hin gegen Norden laufen
ähnliche, oben kahle und in der Mitte und unten mit Reben
und Oelbäumen belebte Kalkberge hin; überall auf ihren
Höhen waren Windmühlen in vollem Treiben; auch da
und dort schöne einzelne Landhäuser. In nordöstlicher Ferne
dämmerte der königliche Ventoux; nach Osten, Süden und
Südwesten sah ich nichts als die unermeßliche, aber mit einer
schönen Vegetation geschmückte Ebene; näher auf der Ost-
und Nordostseite lag das Chaos der Stadtgebäude. —

Nachdem ich mich eine gute Weile an dieser reichen
Aussicht ergötzt hatte, lagerte ich mich behaglich auf eine
der obersten Gradinen, phantasirte mich in die vergange-
nen Jahrhunderte zurück, und erinnerte mich an alles, was
ich über die Geschichte dieses Monuments gelesen hatte.
Die Phantasie begann ihre Zauberkünste in Bewegung zu
setzen; ich sah Römer und Gallier zu Tausenden auf
den Sitzen des Amphitheaters bis zur Arena herab, wo alles
von Kampfthieren und Gladiatoren wimmelte. Nach einer
Weile sah ich das Ganze in eine Festung verwandelt, die

Arena und weit herauf auch die steinernen Sitze mit Wohnungen bedeckt, lermende westgothische Krieger überall umher; unten auf der Straße das Heer der Franken mit ihrem
Könige Clodowich. Bald darauf umstürmten mich wilde Sa-
razenenhaufen; donnerndes Kriegsgetöse umtobte mich von
innen und von aussen, wo Carl Martel die Belagerten und
ihre Wohnungen in ihrer Felsenburg mit Feuer zu verderben
suchte. Zahllose Feuerbrände flogen über die Attika herab
unter die hölzernen Gebäude; doch loderten schon und wallten
auf der Ostseite Flammen und Rauchwirbel an den gothischen
Thürmen empor, die lange das herrliche Alterthum eben so
zierten, wie die 2 Glockenthürme das Pantheon in Rom, und
in manchen Holzstichen, 2 Hörner das Haupt des ehrwürdigen
Moses.

Den folgenden Sonntag morgen kehrten wir frühzeitig
wieder in's Amphitheater zurück; Herr H., um eine Ansicht
des Innern zu zeichnen, und ich, um mich auf's neue auf
der Attika oben an der reichen Aussicht, an den großen und
sonderbaren Ansichten dieses Riesengebäudes, und an neuen
Visionen zu ergötzen. Dießmal aber wurden meine Wonne-
genüße durch eine große Angst, die ich auszustehen hatte,
unterbrochen. Da es sehr heiß war, so zog ich meinen
Ueberrock aus, legte ihn auf einen der steinernen Sitze, und
streifte nachher auf den obern Gradinen weit und breit im
ganzen Amphitheater herum, stieg in gewölbte Gänge hinab,
und kam da und dort wieder zu den Vomitorien heraus.
Auf einmal fiel mir der Gedanke schwer auf's Herz, daß
mein Ueberrock, nebst meinem Reisejournal in der Tasche,
der Gefahr doch allzusehr Preis gegeben sey; ich lief was
ich konnte, um den Platz wieder zu finden, wo ich ihn
glaubte hingelegt zu haben; auch sah ich jetzt zu meinem
Schrecken überall Soldaten, die erst angekommen waren, und

allerley andere Gesellen mit confiscirten, unheimlichen Gesichtern herum klettern. Ich kam nun an den Ort, auf
den ich losgesteuert hatte, aber da war kein Ueberrock zu
sehen; voller Herzensangst lief ich nun weiter die Gradinen
auf und ab, und so lief ich wohl fast ¼ Stunde herum; —
schon dachte ich mir, daß er verloren sey, und daß einer
der Lustwandler sich ihn zu Gemüthe geführt habe; — schon
sah ich mich in einem, für mich von meinem Reisegefährten
herbeygeholten Rocke meines Wirthes kleinlaut nach Hause
zurückkehren, und voll Verzweiflung über den unersetzlichen
Verlust meines Tagebuches. Ich gab alle Hoffnung auf,
wußte nicht, wo ich noch weiter suchen sollte, und schlich
noch einige Schritte fort; da lag auf einmal der Rock, wie
durch Zauberey, vor mir, sorgfältig zusammengewickelt, in
die Ecke einer Gradine hineingedrückt; wie grenzenlos war
meine Freude! —

Es ist nun Zeit, daß ich zu einer genauern Beschreibung
dieses für den Freund des Alterthums so interessanten Kunstwerkes übergehe. Da ich nun aber das Wichtigste von dem,
was besonders Millin über das Amphitheater, nach vorgenommenen genauen Untersuchungen und Messungen, so wie
über den Tempel Maison carrée meldet, in einer kleinen
neuen Schrift, in der lichtvollsten Ordnung, und mit der
besten Auswahl zusammengestellt finde, so will ich Manches
davon hier einrücken.

*   *   *

Dieß Amphitheater ist nach dem Amphitheater zu Verona eines der besser erhaltenen römischen Gebäude dieser
Art*); denn selbst das Colosseum zu Rom ist an der einen

---

*) Seitdem die Barberini in Rom die Materialien zu ihrem Familien-
palaste aus dem Colosseum geraubt haben, bleibt das Nimes-Amphitheater das

Seite ganz zerfallen und offen. Nur auf der Nord-Ostseite
drängen sich noch alte Häuser ganz hart an dasselbe hin;
auf allen andern Seiten steht es jetzt auf einem ziemlich
weiten freyen Platz, und kann seine ganze Wirkung thun;
noch vortrefflicher würde es sich freylich ausnehmen, und
einen unbeschreiblichen Effekt machen, wenn es auf einer
Anhöhe oder auf einer so freyen Ebene stände, wie das
Triumphthor von Orange, oder der Wassertempel auf dem
weiten, prächtigen Promenadeplatz Peyrou bey Montpellier.

Sehr gründliche und ausführliche Angaben über dieß
Gebäude findet man in Menard's Histoire de Nimes, T.
VII. 4°. 1750 bis 1758, Paris, Preis 160 Fr. ein klas-
sisches Werk; der ganze 7te Band ist den Alterthümern von
Nimes gewidmet, über die er als ein wahrer Kenner mit
großer Genauigkeit und Vollständigkeit schrieb; die Kupfer
seines Werks sind sehr getreu, und ganz vortrefflich gearbeitet. Auch das kleinere Werkchen des Architekten S a u t b i e r,
Histoire de la ville de Nimes et de ses antiquités,
1724. 8°. enthält wichtige und interessante Notizen. Was
aber alles andere hinter sich läßt, sind die 13 prächtigen
Kupferblätter über das Ampitheater von Nimes in C l e r i s-
s e a u's und L e g r a n d's Werk: Antiquités de la France,
fol. 1778, das prächtigste Werk über die Alterthümer zu
Nimes. Clerisseau war selbst ein berühmter Architekt, der
sich 30 Jahre lang mit dem Studium architektonischer Denkmäler beschäftiget, und die pünktlichsten Messungen derselben
in Frankreich und Italien aufgenommen hat. Mit den in
Frankreich noch befindlichen schönen Ueberresten machte er den
Anfang, und gab im Jahre 1778 zu Paris den ersten Folioband

vollkommenste, am besten erhaltene unter allen, die wir kennen, selbst das zu
Verona nicht ausgenommen.

unter obigem Titel heraus, in welchem die antiken Gebäude von
Nimes enthalten sind. Dieses in seiner Art einzige Werk,
in, Rücksicht seiner treuen Darstellung und Schönheit des
Stichs, enthält 41 Kupferblätter. Er sucht darinn vorzüglich die vielen Fehler zu berichtigen, welche selbst der
berühmte Palladio in sein bekanntes Werk, Quattro libri
dell Architettura. Venet. 1750 und 1769 aus Poldo
d'Albena's Discours historical de l'antique et illustre
Cité de Nimes 1557. aufgenommen hat.

---

*). Schriften, in denen man fernere Nachrichten über Nimes und seine Alter-
thümer findet · Poldo d'Albenas, Discours historical de l'antique et illustre
cité de Nimes 1557. Das Werk enthält viel, aber übel verdaute Gelehrsamkeit; die Holzstiche wimmeln von Fehlern in den Details. — Abrégé de
l'Histoire de Nimes, par Menard, avec la description historique des antiquités de la ville de Nimes et de ses environs, par Maucomble, 2 Vol. 8.
mit 15 Kupf. Preis 9 Franken. — Histoire abrégé des antiquités de la ville
de Nimes et de ses environs, par Maucomble, à Nimes chez Buchet,
libraire, 1806. Preis 4 Frank. 5 Cent. Enthält viel Unnützes. Chaumette
Eclaircissemens sur les Antiquités de la ville de Nimes, 1788. 8. ist nicht
viel besser, als das eben genannte Werk. — Recherches sur deux monumens
antiques de Nimes etc., par Paul Malosse, ornées de planches. 1 Vol.
8. Preis 1 Fr 50 Cent. 1803. — Description abrégée hist. stat. du Dé-
partement du Gard, par Mr. Grangent. 1 Vol. 4. Preis 3 Fr. 60 C.
(Hier ist auch die Rede von der Gardonbrücke, dem Amphitheater, dem
Maison carrée). — Mémoire sur l'Histoire du Languedoc et surtout sur ses
antiquités etc 1734. par Boyer d'Amsterdam; rar. — Maffei Verona illustrata.
— Mr. Guirant Manuscrit sur les Antiquités de la ville de Nimes, bey
Mr. Buchet, Buchhandler in Nimes. — Travessac Abrégé de l'His-
toire de Nimes, avec la description de ses Antiquités 1760. 4. mit vielen
Kupfern. — Histoire des Antiquités de Nimes. 1803. 8., ein Auszug aus
Menard. — In dem Werke: Voyage pittoresque de la France findet man
auch einige Blätter mit Zeichnungen römischer Alterthümer in Nimes. La
Mesangère hat in seinen Petits Voyages en France, Copien davon;
Mémoires de l'Académie de Nimes. Hozel Histoire de Nimes. Maffei
Galliae antiquitates quaedam detectae etc. etc. Paris 1733. 4. Papon His-
toire de Provence. Catel Mémoires historiques de Languedoc, 1 Vol.
fol. 36 fr. selten, 1633. Magasin encyclopédique. Montfaucon L'Antiquité

Die neueſte Ausgabe dieſes Prachtwerkes (chez les frères Piranesi) enthält 63 Platten mit einem Bande Text von Legrand, Architekt und Schwager Cleriſſeau's , worin er auf eine ſehr geſchickte Art alle römiſchen Monumente von Nimes beſchreibt. Die übrigen Bände erwartet man ſeit der Erſcheinung des erſten mit Ungeduld, und wie es ſcheint vergebens, indem Cleriſſeau alle ſeine Zeichnungen an die ruſſiſche Kaiſerin verkaufte.

Dieß Amphitheater bildet ein vollkommenes Oval, wie alle Amphitheater, die man kennt, deſſen größerer von Morgen gegen Abend gerichteter Durchmeſſer, die Dicke der Mauer mitgerechnet, 405', und der kleinere Durchſchnitt von Mittag gegen Mitternacht 317' beträgt. Die Höhe der Mauer über dem Pflaſter iſt 65'.11"; die wahre Höhe des Gebäudes beträgt aber 77'.11", da der Boden, auf den es urſprünglich gebaut wurde, noch 12 Fuß tief unter dem Pflaſter liegt; die Peripherie des ganzen Ovales enthält 1080 Fuß *). Dieß Amphitheater iſt ungleich kleiner, niedriger und einfacher, als das Coloſſeum zu Rom, das 4 — 5 Abtheilungen über einander hat, prächtiger in der Ausführung iſt, und über 80,000 Menſchen ſoll haben faſſen können. —

An der Außenſeite des Amphitheaters zeichnen ſich 3 Abtheilungen aus; ein Erdgeſchoß, ein darauf ſtehendes Stockwerk, und eine darüber befindliche niedrige Attika.

Das Erdgeſchoß iſt durch 60 coloſſale Bogen geöffnet,

---

expliquée. Histoire générale de Languedoc. Topographie de la ville de Nimes, par Vincens. Nimes 1802. 4. 24 Liv. In dieſem Werke werden die Monumente und Inſchriften angezeigt, die ſeit der Herausgabe des Menard'ſchen Werkes von 1753 bis 1802 entdeckt wurden; es wurden aber nur wenig Exemplare gedruckt. —

*) 1140'. nach einer andern Angabe.

die gleich hoch sind, gleich weit von einander stehen, und
dazwischen vortretende, 2 Fuß dicke einfache Pfeiler haben.
Jedes der sämmtlichen Thore hat eine Weite von etwa 12',
und eine Höbe über dem Pflaster von 18 — 20'. Innerhalb
des Erdgeschosses lauffen 2 gewölbte Gänge herum, wovon
der vordere höher und geräumiger; der näher an der Arena
hinlaufende aber, wegen der Abstufung der Size oder Gradinen, ohngefahr um die Hälfte niedriger ist. Aus ihm
kommt man nach der untersten Reihe der Vomitorien und nach
dem Podium. Zwischen dem Erdgeschoß und dem darüber stehenden Stockwerke, ist im Innngebäude, mehr nach der Mitte hin,
ein Zwischenstockwerk (Entre-sol), das sein Licht von der
Arena her bekommt, angebracht, das ebenfalls gewölbt ist,
und ganz herum lauft; aus ihm kommt man in die 2te Reihe
der Vomitorien, unten herauf gerechnet. —

Das zweyte Stockwerk besteht aus einer gleichen
Anzahl von 60 Bogenöffnungen, die mit den untern Bogen
correspondiren, mit einer auf den Erdgeschoßpfeilern hinlaufenden, toskanischen Säulenordnung. Jede Bogenöffnung hat
eine gegen die Säulen etwas zurückstehende Brustwehr. Auch
in diesem Stockwerke lauft im Innern, unmittelbar über dem
Gewölbgange des Erdgeschoßes eine große, aber nicht gewölbte
Galerie herum, die ihr Licht, durch die mit Säulen begrenzten 60 Bogenöffnungen von außen erhält. Die angebrachte
toskanische Säulenordnung ist die einfachste, aber auch nur
bey sehr großen Gebäuden, wie bey einem Amphitheater, an-
wendbare Säulenart. Da indessen an den Kapitälern einige
Verzierung bemerkt wird, so hat man sie häufig für dorische
Säulen gehalten, die im Grunde mit den toskanischen sehr
nahe verwandt sind. Diese Säulen haben 18' Höbe, Säulenstuhl und Capital mit eingerechnet, und beynahe 2',2'' im
Durchschnitte. Ihr Durchmesser mag etwa 7 mal in ihrer

Höhe enthalten seyn, und dieß ist nach Vitruv und Plin das richtige Verhältniß der toskanischen Ordnung. Außer der bemerkten sehr unbedeutenden Capitalverzierung haben sie übrigens nicht das geringste Merkzeichen, das sie als dorisch charakterisirte. Der Säulenknauf ist nackt und ohne Rose; es befinden sich keine sogenannte Tropfen unter den Triglyphen oder Dreyschlitzen des Frieses; und das Deckelgesims hat keine Leisten und keine eiförmige oder andere bezeichnende Verzierung. Sowohl die Pilaster des untern Geschosses, als die Säulen über ihnen, tragen ein rund herumlaufendes Gebälte.

Die Attika, welche das Gebäude gleich einer massiven Krone schmückt, und weder Pilaster, noch Säulen, noch Bogen, noch andere Verzierungen hat, ist eine Art Stockwerk, das kaum halb so hoch ist, als das mittlere Stockwerk. Innerhalb führt eine kleine Galerie, in Form eines halb abgeschnittenen Gewölbes, die ihr Licht von der Arena her durch die oberste Vomitorienreihe erhält, ebenfalls rings herum, so daß im Ganzen 5 bedeckte Gänge sich im Inngebäude herum ziehen.

Wer nicht besonders zum Schwindel geneigt ist, kann ohne Gefahr, oben auf der 4½ Fuß breiten Attika (wie ich gethan habe), herum gehen; doch machen die hie und da losgebrochenen Steine große Lücken, die man überspringen muß; und bey der ansehnlichen Höhe, auf der man steht, bleibt es immerhin ein eben so gewagtes Unternehmen, als der Blick über die Gradinen hin, nach der Arena, oder in die Stadt herab, und auf die umliegende Gegend, interessant ist. Um das ganze Amphitheater laufen oben an der Attika 120 Consolen außerhalb herum, deren immer zwey und zwey in die Zwischenräume über der Säulenordnung, in gleicher Entfernung eingesetzt sind. Jede Console hat 18″ im Vorsprunge, und jede ist auch 18″ hoch; durch jede

lauft ein verticales rundes Loch, deſſen Durchmeſſer 1 Fuß
beträgt; durch dieſe Löcher wurden ehemals große runde
Stangen geſchoben, die durch weiter unterhalb angebrachte,
mit eingegoſſenem Bley in die Mauer befeſtigte eiſerne Bügel
feſtgehalten, und oberhalb der Attika mit Tüchern (Velaria)
beſpannt wurden, um die Zuſchauer gegen die Sonne und
üble Witterung zu ſchützen; die Arena aber blieb immer
unbedeckt. — Dieſer Bedeckung bediente man ſich bey allen
Theatern und Amphitheatern. Quintus Catulus führte ſie
zuerſt in Rom ein, und hernach wurde dieſer Gebrauch allgemein.

Die Attika iſt noch ziemlich gut erhalten; nur gegen
Oſten und die Stadt hin hat ſie mehr gelitten, wo etwa
die Länge von 7 Bogenöffnungen bis zum 2ten Stockwerk
herab ausgebrochen und zerfallen iſt. (Von den 2 viereckigen
Thürmen, die auf der öſtlichen Seite der Attika ſtanden, iſt
nichts mehr zu ſehen, ſo wenig als von dem durchbrochenen
Mäuerchen, das einzeln oben wie ein Schilderhäuschen ſtand,
und eine Glocke tragen, und das Daſeyn einer Kirche innerhalb der Arena verkünden mußte). Die Thürme und das
Glockenmäuerchen waren ein Werk der Weſtgothen.

Im Erdgeſchoſſe ſind 4 Eingangsthore, durch die man
in gerader Linie zur Arena hinab kommt; ſie haben, nebſt
7 Bogenöffnungen auf jeder Seite, ihre Richtung nach den
2 Hauptgegenden der Welt. Auf der Nordſeite, die nach
der Stadt und dem Berge mit der Tourmagne blickt, war
ehemals der Haupteingang von der Stadt her. Die auf dem
nördlichen Haupteingange ſtehende Bogenöffnung des zweyten
Stockwerks iſt mit einem Fronton geziert. Ueber dem Haupteingange unten, und dem Fronton oben, ſind auf beyden
Seiten Stierköpfe mit gebeugten Vorderfüßen angebracht
geweſen, deren Spuren man noch ziemlich deutlich ſieht.

Die natürlichste Erklärung der Bedeutung dieser Stierköpfe scheint die zu seyn, daß sie Bezug haben sollten auf die im Amphitheater vorkommenden Stierkämpfe. Die drey andern Hauptpforten sind ohne allen Schmuck, und dienten wohl nur zum Eingange für die Gladiatoren und Kampfthiere. — Die Hauptgesimse sind auf der Nordseite rein und glatt gearbeitet; an den übrigen 3 Seiten ist der Stein nur aus dem Groben gehauen. Die Steine passen genau auf einander, so daß man die Fugen kaum bemerken kann. Kein Bindungsmittel ist zwischen ihnen zu entdecken.

Von den 60 Bogenöffnungen des Erdgeschosses führen 56 nur in den vordern größern Arkadengang; die übrigen 4, welche die Eingangsthore, und etwas größer und mehr verziert, als die andern sind, und ihre Richtung nach den 4 Weltgegenden haben, führen unter einem niedrigen Gewölb-gange ganz durch, bis an die Arena. Eine Reihe von kleinen Gewölben läuft zunächst an der Arena um das Ganze herum, von welchen man nur bey einigen kleine Fensteröffnungen sieht; andere sind ganz zu, und scheinen nur zur Erspa-rung des Mauerwerks gedient zu haben. Aus den Ein-gangsthüren an der um die Arena laufenden Mauer, wurden wahrscheinlich die in den Gewölben eingesperrten Kampf-thiere herausgelassen. Man weiß, daß diese von innen mit Eingängen versehene Gewölbe bey dem Colosseum zu Rom zu Thierbehältern bestimmt waren. Ein bey jenen Gewölben und neben der Arena angebrachter, 4′ breiter, und 6—7′ tiefer Canal diente zum Ablauf des Regenwassers. Die Länge des, von den 4 Hauptthoren sich stark nach der Arena senkenden Weges fand ich etwa 100 Schuh groß. Die Wege nach der Arena senken sich von den Eingangsthoren an deswegen, weil das Pflaster der Stadt 12′ höher ist, als die Arena, und das Amphitheater noch 12′ tief mit dem alten Pflaster im Boden

steckt. Die um die ganze Arena, unterhalb der ersten Gradinenreihe, herumlaufende Mauer ist 4' hoch; neben ihr ist
ein 9' breiter Weg um das Ganze, und vor demselben der
genannte Canal *).

Ursprünglich steigen 32 Reihen Sitze über einander empor; jetzt kann man von oben herab höchstens nur noch 17
zählen. An einigen Orten sind nur 12, und selbst nur noch
6 davon zu sehen. Diese Sitze fand ich 2' hoch, die Steinplatten 2½' breit und 8 — 12' lang. Hinter jeder sitzenden
Person hatten also die höher Sitzenden noch einen bequemen
Platz für ihre Füße. Auch war jeder einzelne Sitz, durch noch
hie und da bemerkbare Querstriche bezeichnet, die jeder
Person einen Raum von 15'' anwiesen, und da konnten die
32 Gradinenreihen 17 — 21000 Zuschauer fassen. Hieraus
kann man auch weiter auf die damalige Bevölkerung der
Stadt schließen, die, nach dem Grundsatze, daß nur ungefähr
der 4te Theil der Einwohner an solchen öffentlichen Vergnügungen Antheil nehmen kann, etwa 70,000 Menschen betragen haben mag. Heutzutage beläuft sich ihre Bevölkerung
kaum auf 38 — 39000 Seelen. Die Zuschauer kamen durch
die Vomitorien, viereckige Oeffnungen, von den Galerien, in
4 Reihen über einander, auf die Gradinen heraus. Jede
Vomitorien-Reihe hatte 30 Oeffnungen. Man stieg auf Treppen zu denselben empor, zu denen man aus den innern
Galerien kam. Eine besondere Treppe führt auf die Attika,
deren sich ehemals die Leute bedienten, die für die Velaria
zu sorgen hatten.

In den römischen Theatern und Amphitheatern saßen
Männer von Stande gewöhnlich auf den untersten Reihen der

---

*) „Die Arena hatte ehemals, ehe sie verbaut und verschüttet war,
einen größern Durchmesser von 223', und einen kleinern von 198'.‟

Gradinen zunächst der Arena, z. E. die Senatoren unmittelbar an dem Podium. Die Weiber saßen abgesondert auf den höchsten Plätzen, zunächst der Attika, oder in den daselbst angebrachten Logen. Doch nahmen die Vestalinen unten, zunächst bey den Prätoren, ihren Platz. Zuweilen setzte sich selbst die Kaiserin zu den Vestalinnen. Soldaten und gemeine Leute durften nicht weiter, als bis zum 14ten Sitz herabkommen.

Auf der Außenseite des Amphitheaters findet man auch hie und da ein Basrelief. Auf der Facade eines Pilasters bey der nördlichen Eingangspforte, sieht man den Romulus und Remus mit der sie säugenden Wölfin. Dieß könnte das Zeichen einer römischen Colonie seyn. Ferner sieht man zwey nackte kämpfende Fechter auf der Außenseite einer Brustlehne des obern Bogenganges, zwischen dem Pilaster, mit der säugenden Wölfin und dem nördlichen Eingangsthore. Beyde sind mit Helmen, kurzen Säbeln und einem Schilde versehen; der eine erwartet seinen Gegner in knieender Stellung. Andere Gladiatoren sah man auf einer andern Brustlehne; sie haben sich aber verloren. Dann findet man an 3 Orten des Amphitheaters verschiedene bizarre Vorstellungen von Priapen. Eine dieser sonderbaren Gestalten sieht man auf dem Pilaster, neben dem, auf welchem man die Wölfin erblickt. Das Ganze stellt einen Vogel mit Hirschfüßen vor; ein Phallus bildet den Hals desselben, ein anderer den Schweif, ein dritter tritt aus der Brust heraus, und hat ein Glöckchen anhängen; nach dem Kopfe des vordern picken 2 Vögel mit langen Schnäbeln; der eine hat einen Strauß auf dem Kopfe, wie ein Wiedhopf*); ein ähnlicher Vogel tritt den hintern Phallus mit dem einen Fuße. Eine eben

---

*) Siehe Menard p. 18 No. 5 und 6.

so gestaltete Figur erscheint auf einem der Pilaster neben der
westlichen Eingangspforte; auf dem hintern Phallus steht ein
römisch coiffirtes, mit einer Stola bekleidetes Weib, und hält
in jeder Hand einen Zügel, von denen der eine am vordern,
der andere am hintern Phallus befestigt ist. Ein drittes Bild
dieser Art erscheint auf der Oberschwelle eines Vomitoriums
auf der Südseite des Amphitheaters; es stellt aber nur einen
großen und kleinen Phallus, ohne andere Zusätze vor. Solche
Phallusbilder mit Glöckchen fand man auch unter den aus-
gegrabenen Denkmälern von Herculanum und Pompeji; man
sieht auch ein solches auf dem Schlußsteine eines Bogens
der Gardonbrücke.

Diese Bilder sollten wahrscheinlich, wie der Priap*), den
man an einem Hause in Pompeji sieht, den Ort bezeichnen,
wo man sich Ausschweifungen überlassen konnte. Man weiß
ja, daß in den Circusgebäuden, in den Theatern und Amphitheatern der Römer, gewisse Arcaden die Bestimmung
hatten, Schlupfwinkel der Unzucht zu seyn. Aehnliche Be-
zeichnungen waren auch in den Bädern der Römer zu finden.
In dem Colosseum zu Rom wären auch Gewölbe, die zu
dieser Absicht bestimmt waren; diese Entdeckung hat man
erst seit kurzer Zeit gemacht**). Das lateinische Wort for-
nicare, fornicatio ist ohne Zweifel von dem Worte fornix

---

*) „Der Buchhändler Buchet in Nimes besitzt 4 bronzene Priapen
von verschiedener Zeichnung und Größe, die man noch nicht lange in Gräbern
von Weibern gefunden hat. Einen dreyfachen bronzenen Priap, von der
Gestalt und Zusammensetzung, wie auf den 2 Pilastern des Amphitheaters
von Nimes, fand man den 21. Jan. 1793, am Ufer des Bergstroms Cadarau,
bey der Brücke von Sauve, 500 Schritte von der Fontaine; auch diesen
besitzt Mr. Buchet."

**) Magasin encyclopédique 1803. I. 148. Isidor XVIII.
42. Idem vero theatrum, idem et prostibulum, eo quod post ludos exactos,
meretrices ibi prosternerentur.

ein Gewölbe entstanden, weil sich die öffentlichen Weiber der
Alten gewöhnlich in Gewölben, oder unter solchen Arkaden
aufgehalten haben *).

Das ganze Gebäude ist prächtig und sehr solid, aus
gehauenen Sandsteinblöcken zusammen gesetzt, die ehemals mit
eisernen oder bronzenen Klammern zusammengefügt waren.
Zur Zeit der Invasion der Gothen waren diese letztern ein
Gegenstand niedriger Raubsucht, so daß König Theodorich
sich genöthigt sah, ein strenges Gesetz dagegen zu erlassen.
Die ungeheuern Felsenstücke, die zu dem herumlaufenden Architrav, Fries und Gesims oberhalb des Erdgeschosses gebraucht
wurden, sind 17 bis 18' lang, 2' dick, und etwa 20'' breit.
Diese ungeheuern Massen wurden aus den Steingruben von
Barutel und Roquemaliere, oder aus den nahe gelegenen Steinbrüchen von Echo und Caumette genommen.
Sechs solcher ungeheuren Felsmassen bilden das Gesims eines
Bogens, welches also für 60 Bogen 300 solcher Steincolosse
erforderte. Nach diesem Verhältnisse sind auch die Pfeiler,
die Säulenschäfte, und die Gesimse der Attika aus großen
Massen zusammengesetzt. Auch die Platten auf der Attica, und
die Consolen unter ihnen, bestehen aus den größten Quaderstücken **).

In der Mitte der Arena fand ich ein vergittertes Loch,
durch das ich in ein finsteres Gewölb hinabblickte. Es soll sich,

---

*) „Lamprid. in Elagab. 26 et 32. Omnes de Circo, de theatro, de sta-
dio et omnibus locis et balneis, miretrices colligit in aedes publicas etc. etc.
Fertur in una die ad omnes circi et theatri, et amphitheatri, et omnjum
Urbis locorum meretrices, ingressus etc. etc.''

**) „Die ganze äußere Umfangsmauer des Amphitheaters ist durchaus 4 und
einen halben Fuß dick, und aus lauter großen, blos durch eiserne Klammern,
ohne Mörtel, verbundenen Werkstücken, zusammengesetzt; die geringsten dieser
Werkstücke sind 3 Toisen lang und 1 Toise hoch; man kann deren auch genug
von doppelter Länge sehen.''

neuen Nachrichten gemäs, ein 18 Fuß breiter Canal von kreuzförmiger Gestalt unter der Arena befinden, und seine Richtung nach den 4 Hauptthoren haben. Man soll den Canal auszugraben angefangen, aber mit 12 Fuß Tiefe den Boden noch nicht erreicht haben. Es könnten also doch wohl auch hier einst römische Naumachien Statt gehabt haben.

Ueber den Erbauer und die Zeit der Erbauung des Amphitheaters läßt sich nichts Gewisses sagen. So lange Nimes im Besitze der Römer blieb, diente es ohne Zweifel zu den gewöhnlichen Fechterspielen und Thierkämpfen. Unter den Westgothen hörte dieser Gebrauch gänzlich auf. Es wurde in eine Festung umgeschaffen, und diente den Gothen zur Vertheidigung gegen den König der Franken Clovis *). Unter den Westgothen wurden die beyden oben erwähnten viereckigen Thürme über dem östlichen Hauptthor auf die Attika gesetzt, eine Allongeperücke auf das Haupt des farnesischen Herkules, wie Mathison sagt. Die Westgothen, die von den Römern bauen gelernt hatten, baueten sie im Geschmacke derselben. Auch in dem innern Raume der Arena sind gothische Gebäude zu verschiedenen Zeiten errichtet worden, die vorzüglich zur Verstümmlung der römischen Anlagen beytrugen. — Die Arkaden dienten den gothischen Soldaten zur Wohnung. Das Inngebäude wurde entstellt, und von außen mit einem Vertheidigungsgraben umgeben. Man nannte es daher Castrum arenarum; die Einwohner nennen es noch le Château des Arènes —

Der berüchtigte Rebelle Paulus, Proconsul des Gothen-Königs Wamba, warf sich im Jahre 673 in dieses sogenannte Schloß, um sich als Empörer gegen seinen aus Spanien herbeygeeilten rechtmäßigen Herrn zu vertheidigen,

---

*) S. Dubos, sur l'Etablissement des Francs dans les Gaules.

der

der ihn aber bald wieder daraus vertrieb und sich der Stadt
auf's neue unterwarf. Im Jahre 720 kam das Land unter
die Herrschaft der Saracenen; auch ihnen diente das Amphitheater zur Festung. Carl Martel ließ im Jahr 737,
im Kriege gegen die Grafen von Burgund, denen damals
die Provence gehörte, Feuer in dieses Gebäude werfen.
Noch sieht man an einigen Arkaden auf der Ostseite die
Spuren der Flammen, die diese Felsenmassen schwärzten.
Unter den Grafen von Nimes blieb es in diesem Zustande.
Die Ritter, die es zu bewachen hatten, hießen Milites castri
Arenarum, und wohnten darinn. Etwa um diese Zeit
wurde eine Pfarrkirche des heiligen Martins innerhalb des
Amphitheaters erbaut, von welcher noch nicht lange Reste
von Säulen und Capitälern ausgegraben wurden.

Die Grafen von Nimes und die Ritter des Amphitheaters übergaben es endlich im Jahre 1226 an Ludwig VIII.
der eine Garnison darein legte. Philipp der Kühne ließ den
herumgezogenen Graben wieder ausfüllen. Im Jahre 1391,
unter Carl VI. wurde endlich die Bemerkung gemacht, daß
es als fester Platz von geringer Haltbarkeit sey; es wurde
daher dicht davor hin, nahe bey'm Carmeliterthore, ein
festes Castell erbaut. Endlich kam Franz I. im Jahre 1533
nach Nimes, bewunderte die römischen Alterthümer dieser
Stadt, und befahl die Wegräumung der in und außer demselben angebaueten elenden Häuser; allein man reinigte nur
seine Außenseite. —

Kurz vor der Revolution hatte man den Plan, die Arena
ganz aufzuräumen, und in ihre Mitte die Bildsäule Ludwig
XVI. zu setzen *). Auch unter der republikanischen Regierung

---

*) „Der König, die Stände von Languedoc, die Stadt Nimes (dieß
wurde 1787 geschrieben) haben zusammen ein Kapital von 450,000 Liv.
bestimmt, um die Häuschen im Amphitheater zu kaufen und niederzureißen,

machte man Vorschläge zur Aufräumung und Herstellung
dieses ehrwürdigen Denkmales der Römer; allein weder die
königlichen, noch die republikanischen Dekrete hatten Kraft
genug, den Schutt so vieler Jahrhunderte wegzuräumen.
Napoleons Befehle drangen besser durch, wie ich schon
bemerkt habe, und wie die beygefügten Zeichnungen beweisen.
Nur sollte man noch einen 12 — 15' breiten und eben so
tiefen Graben um dasselbe ziehen, damit es sich ganz auf
dem alten Pflaster der Stadt, das 12' tief liegt, so darstellte,
wie man es einst zu Zeiten der Römer sahe. Bey der auf
Napoleons Befehl vorgenommenen gänzlichen Aufräumung
und Ausgrabung fand man, außer dem Podium, auch noch
Münzen der Saracenen, auch einige Münzen und Inschriften
der Römer, und endlich eine große Anzahl von Knochen
und Zähnen wilder Thiere *).

Vorzüglich merkwürdig sind zwey einzeln vorgefundene
Marmortafeln mit Inschriften, wovon die eine auf den Sextus
Julius Severus Bezug zu haben scheint; und die andere
merkwürdigere, über die ohnehin schwach begründete Vermuthung, der Erbauung dieses Amphitheaters unter Antonin
dem Frommen, neue Zweifel erregt. Sie scheint nämlich
an dem Hauptgesimse, über dem Thore der Abendseite, die
ganze Höhe des Frieses eingenommen zu haben. Sie ist leider
nur Fragment, allein die Buchstaben sind 6" hoch, im

---

und die verbauten untern Portiken zu reinigen und wieder herzustellen. Die
Stadtmauer, welche das Amphitheater auf einer Seite versteckte, ist bereits
niedergerissen. Man gräbt den Schutt weg, der sich rings um's Amphitheater
aufgehäuft hat; und nächstens werden die schmutzigen Häuser in der Arena
abgebrochen werden; sie sind schon gekauft; und dem Gesindel, das sie bewohnt,
werden andere Wohnungen angewiesen."

*) S. Journal du Gard N°. 283. Moniteur universel 10. Oct. 1811,
N°. 529. vom 25. Nov. 1811.

ſchönſten Verhältniß, und ſcheinen einer dedicatoriſchen
Inſchrift des ganzen Gebäudes angehört zu haben.

Deutlich unterſcheidet man noch nachſtehende Charaktere:
- - - - VIII. TRIB. PO. . . . Man kann mit ziemlicher
Wahrſcheinlichkeit annehmen, daß die Buchſtaben COS. der
Ziffer VIII. vorangeſetzt geweſen ſind. Dann muß man aber
auch ganz von der Meynung zurück kommen, daß das Gebäude unter Antonin dem Frommen errichtet worden ſey, da
dieſer Kaiſer nur zum 4ten Conſulat gelangt iſt. Unter den
Kaiſern, die bis zum 8ten Conſulate gekommen ſind, zählt
man nur Auguſt, Vespaſian, und ſeine beyden Söhne Titus
und Domitian. Stellt man nun dieſe Inſchrift mit der bey'm
Thore von Rom zuſammen, ſo läßt ſich mit einiger Wahrſcheinlichkeit vermuthen, daß die ſämmtlichen, innerhalb dieſer
Mauer befindlichen ſchönen Ueberreſte römiſcher Gebäude,
unter Auguſts Regierung errichtet worden ſeyn mögen.

Unſere Wanderung gieng vom Amphitheater aus durch
die prächtige an daſſelbe ſtoſſende Straße, die man den Cours
nennt, nach dem herrlichen in korinthiſchem Style erbaueten
antiken Tempel Maiſon carrée. Wir hatten nur einige
hundert Schritte zu gehen, und ehe wir's dachten, lag dieß
Meiſterſtück eleganter Baukunſt, dem neuen, ſehr ſchönen
Theater gegenüber, neben uns rechts, auf einem auf 3 Seiten
ziemlich freyen Platze, wo aber doch auf der Oſtſeite *)
die Häuſer auch noch etwas zu nahe ſind; auch ſollte ein
ſolches Prachtwerk nicht auf der Seite ſtehen, ſondern in
der Mitte eines runden oder viereckigen Platzes, nach welchem mehrere Straßen hinliefen. Daß doch ſo ſelten die
wahre Größe, Schönheit und Anmuth an ihrem rechten

---

*) „Schade, daß dieſes ſchöne Gebäude noch auf der einen Seite ſehr
unangenehm durch das alte Capuzinerkloſter maskirt iſt!‟

Plaze stehen!   Es war mir bey'm ersten Anblicke dieses köstlichen kleinen Tempels, der in einem so schönen Contraste
mit dem Amphitheater steht, als ob ich den ernsten, majestätischen Erschütterer des Weltkreises, den Vater und König
der Götter und Menschen in seiner von Blitzen umleuchte-
ten Wolkenburg verlassen hätte, und nun auf einmal, von
allem Zauber der Schönheit und Anmuth umstrahlt, auf
einem goldenen Abendwölkchen holdlächelnd Aphrodite vor
mir schwebte.

So wie das Amphitheater hauptsächlich den Charakter
des Großen, Erhabenen, Colossalen, Majestätischen hat, so
zeichnet sich der allerliebste, im reichsten korinthischen Style
erbaute Tempel Maison carrée, durch die höchste Eleganz, Zierlichkeit, Anmuth und Eurythmie aus; es ist ein
reizendes Ganzes; man kann nichts schöneres sehen, als
diese korinthischen Säulen; nichts zarter und geschmackvoller
gearbeitetes, als die Verzierungen der Capitäler, und das in
zierlichen Windungen hinlaufende Laubwerk des Frieses; und
alle diese und noch andere zarten Schönheiten, haben sich zum
Erstaunen glücklich durch die Stürme so vieler Jahrhunderte
gerettet, und haben ein so frisches Ansehen, als ob sie erst
vor wenigen Wochen unter dem Meisel hervorgetreten wären. Der unverdorbene Schönheitssinn, welcher edle Einfalt,
bescheidenen Schmuck, sanften, anspruchlosen Reiz der Formen, kurz, was man Grazie nennt, gehörig zu schätzen,
und dem Gekünstelten, Prunkenden, Ueberladenen vorzuziehen
weiß, findet an den einfachen, bescheidenen, jungfräulichen
Reizen dieses Gebäudes, die vollkommenste Befriedigung *).

---

*) „Es herrscht in den Proportionen dieses zierlichsten Gebäudes seiner
Art, eine zaubervolle Harmonie, die das Auge entzückt. Man kann keinen
außerordentlich hervorstechenden Zug der Schönheit unterscheiden; es ist ein
Ganzes, das an Symmetrie und Grazie ein vollkommenes Werk ausmacht.‟

Dieß bis in seine kleinsten Verzierungen vollendete Meisterstück der alten Baukunst; dieß Muster der edelsten Einfalt, des reinsten Geschmackes, das jeder Kenner der Kunst in seinen Theilen, wie im Ganzen, bewunderungswürdig findet, gehört in die Klasse der antiken Tempel, welche Vitruv Pseudoperipteros nennt, — Gebäude, die ringsum mit einer Säulenstellung, wie mit Flügeln umgeben sind, deren Säulen aber zur Hälfte in der Seitenwand des Hauptgebäudes zu stecken scheinen, und die nur um die Vorhalle (Pronaos) herum, freystehende Säulen haben. Solche Gebäude sind in Rom der Tempel der Concordia und der Tempel der Fortuna Virilis. Bey einem Tempel dagegen, der Peripteros heißt, stehen nicht allein die Säulen der Vorhalle, sondern auch alle übrigen Säulen um das Gebäude her frey, und bilden auf den übrigen 3 Seiten einen Säulengang.

Die Grundfläche, oder der Sockel, worauf dieses Gebäude ruht, bildet ein längliches Viereck; auch der Tempel selbst ist ein Parallelogramm, daher man ihn das viereckige Haus, Maison carree nennt; er ist 85′ lang und 42′ breit *). Die schmale Vorderseite ist, wie gewöhnlich bey allen Tempeln der Alten, gegen Morgen gerichtet, und hat 6 freystehende korinthische Säulen in der Fronte vor der Vorhalle, und 2 auf jeder Seite derselben; dann scheinen noch auf jeder langen Seite 8 Säulen halb in der Mauer des Tempels zu stecken. An der hintern schmalen Seite erscheinen dann zwischen den 2 schon gezählten Ecksäulen, noch 4 Säulen auch nur zur Hälfte. Man erblickt also 20 Halbsäulen, und neben der Vorhalle 10 ganze, freystehende Säulen,

---

*) Nach Millin ist er 72′ lang und 36′ breit und eben so hoch.

alle nach corinthischer Ordnung.   Diese letztern tragen ein
Fronton mit seinem Gesimse, und bilden so am Eingange
des Tempels einen von 3 Seiten offenen Vorplatz.

An der schönen Vorderfacade bewundert man vorzüglich
das glückliche Verhältniß, welches zwischen der Masse und
ihren Theilen, zwischen Licht und Schatten, und in der Anordnung der reichen Verzierungen herrscht.   Die Höhe von
jeder der 30 cannelirten korinthischen Säulen beträgt 28′ *),
ihr Durchschnitt 2′ 9″;   nicht allein ihre Capitäler, sondern
auch ihre Schäfte sind ganz vortrefflich gearbeitet.   Der
Zwischenraum von einer Säule zur andern mag etwas weniger als den doppelten Durchmesser enthalten.   Man kann
die Schönheit der Capitäler mit ihren fein wie in Wachs
gearbeiteten Olivenblättern nicht genug bewundern **).   Die
Verzierungen am Hauptgesimse sind eben so schön, als reich;
auch ist die Profilirung der Glieder von hoher Vollkommenheit.
Die Schärfe der Umrisse hat sich nur an wenigen Stellen
verloren.   Die Sparrenköpfe sind beym Karnies auf eine
besondere, aber angenehme Art angebracht;   man findet sie
auch beym Karnies des Frontons, und dieser Karnies bildet
einen sehr reichen Rahmen.   Der breite, sehr elegant mit
anmuthigen Laubwindungen an den beyden langen Seiten,
so wie an der Hinterwand, verzierte Fries, gewährt den
anziehendsten Anblick ***).   Auf dem gleich breiten Fries

---

*) Nach Millin 27′ 3″ 3‴.

**) S. Clerisseau pl. 8.

***) „Ich sage nichts von den Bildhauerarbeiten des Karnieses und
Frieses; sie sind über alles Lob erhaben.   Das Maison carrée ist ein ganz
vollendetes Meisterstück, an dem man, je länger man es betrachtet, desto
größere Schönheiten findet.   Doch läßt es, wenn man sich wieder von ihm
entfernt, die großen und unauslöschlichen Eindrücke nicht zurück, wie die
pompöse Architektur der Gardonbrucke, und das majestätische Riesengebäude

unterhalb des Frontons, war ehemals eine Inschrift von
großen vergoldeten Metallbuchstaben, die mit daran befindlichen Stiften festgemacht waren, von denen man kaum noch
einige Spuren und die Löcher der Stifte entdecken kann.

Der massive, 5′ hohe Sockel, oder Untersatz, auf dem
die Säulen, ohne besondern Säulenstuhl ruhen, ist von
Quadersteinen enge zusammen gefügt, mit sichtbaren Bindungs-
streifen versehen, und war lange verschüttet. Erst im Jahre
1778 wurde er durch die Sorgfalt des gelehrten Abbe de
Seguier, der sich um die Erhaltung dieses Gebäudes sehr
verdient gemacht hat, wieder ausgegraben *). Zur Vorhalle
steigt man auf einer in das hervorspringende Sockelgemäuer
eingehauenen leichten Treppe von 20 Stuffen empor; auf
jeder ihrer beyden Seiten ist ein Postament, auf dem 2 Statuen oder Candelabres zur Beleuchtung aufgestellt werden
können. Diese Treppe, mit ihren vorstehenden Postamenten,
ist modern, und wurde wohl bey der unter Ludwig XIV.
im Jahre 1739 vorgenommenen Restauration angesetzt.
Sehr schön heben sich auf den einfachen, glatten Tempelmauern die zierlich cannelirten, halb heraustretenden korinthischen Säulen. Unten, wo diese den dritten Theil ihrer
Höhe erreichen, sah man ehemals ein kleines Karnies, das
sich wie ein Gurt horizontal um die Tempelmauern, die
vordere schmale ausgenommen, herum zog; bey der eben

---

des Amphitheaters. — Das Maison carree ist eines der schönsten, elegante-
sten und am besten erhaltenen Gebäude von allen, die noch aus der römischen Welt übrig sind."

*) „Nach den Nachgrabungen, die der sehr geschickte Ingenieur G r a n g e t
im Jahre 1802 anstellen ließ, scheint es fast gewiß zu seyn, daß die
Grundmauer des Tempels, eine korinthische Basis war, und daß der jetzige
Boden neben dem Gebäude her, nach und nach um wenigstens 6 Fuß höher
geworden ist.

genannten Restauration wurde es zu Grunde gerichtet, und
nur noch an einigen Säulen findet man Spuren von ihm.

Die Tempelthüre ist 22' hoch und 10' breit; nur durch
sie fällt das Licht in das Innere des Tempels, wie dieß der
Fall bey allen dergleichen parallelogrammförmigen Tempeln
war; durch dieses sparsam durch die Thüre eindringende
Licht entstand das mysteriöse Helldunkel, das durch die Wirkung des rauchenden Opferaltars, und durch den düstern
Lampenschein im Tempel, noch erhöhet wurde. Das Verhältniß dieser Eingangsthüre, und der Reichthum ihrer Umgebungen entspricht dem Ganzen und den übrigen Verzierungen des Gebäudes vollkommen. Das Karnies über der Thüre
ist so reich an Verzierungen, als es nur die Mannigfaltigkeit
seiner Theile erlaubt. An beyden Seiten des Thürgesims-
werkes treten 2 prächtig gearbeitete Kragsteine oben an den
Pfosten hervor; sie sind mit sehr schönen Einsatzrosen und
Laubwerkverzierungen geschmückt. Ueber dem Karnies der
Thüre, rechts und links neben den schönen Kragsteinen und
Pilastern, treten 2 lange Steine hervor, die wie Architraven gehauen sind; am Ende eines jeden sieht man ein senk-
rechtes, 16'' und 6''' breites Loch; man glaubt, daß diese
Steine eine Thüre tragen mußten, die man an ihnen befestigen und wieder wegnehmen konnte, um bey großen Ceri-
monien den Andrang des Volkes damit abzuhalten. Vielleicht
standen auch Büsten auf denselben.

Die Seitenwände des Gebäudes sind nicht stark genug,
um den Druck einer gewölbten Decke zu tragen; es war
daher ursprünglich, so wie auch jetzt wieder, mit einem
leichten Balkenwerk versehen, und das Dachwerk in der
Form des Frontons construirt. Die Bedeckung ist nach
Art der alten Tempel, die mit gebrannten oder Marmor-
Platten belegt waren, und über deren Fugen Hohlziegel

angebracht wurden. Die zierlich gearbeiteten Löwenköpfe, die über und zwischen jeder Säule unter dem Dache hervorragen, und gleichsam das Dach allein zu tragen scheinen, geben der ganzen Dachbedeckung ein sehr leichtes, schwebendes Ansehen, und haben wahrscheinlich zum Ausguß des Regenwassers aus den Dachrinnen gedient. Unter der Säulenhalle befand sich ehemals ein gewölbtes Souterrain, zu welchem man an der Morgenseite hinabsteigen konnte, und das durch kleine Oeffnungen, wie Kellerlöcher, etwas Licht erhielt. An das Souterrain stieß ein schmaler Gang, der wohl zum Ablaufen des Regenwassers diente. Noch nicht lange fand man neben dieser Galerie einen römischen Brunnen. Die kleinen Fensterchen, die man in der Mauer sieht, sind modern.

Ueber dieses, so viele Jahrhunderte in jugendlicher Schönheit erhaltene Gebäude, ist überhaupt ein Reichthum von Verzierungen verbreitet, der unmöglich weiter getrieben werden konnte, ohne zu überladen oder zu verwirren. Die höchste Eleganz der Capitäler, ihre sorgfältige, meisterhafte Ausführung, der edle Charakter der Ausladungen, und des Bildwerks am Fries und Gesims, kurz alles, was an diesem geschmackvollen Gebäude ein so bezauberndes Ganzes ausmacht, wäre selbst des Zeitalters eines Phidias würdig, und erweckte die wahrscheinliche Idee: ob es nicht das Werk griechischer Künstler sey? Dieses wird um so wahrscheinlicher, wenn man sich erinnert, daß die Römer nicht nur alle ihre bessern Bildhauerarbeiter aus Griechenland haben kommen lassen, sondern daß auch selbst griechische Baukünstler häufig bey ihren öffentlichen Gebäuden zugezogen wurden *). Aber unter welchem Himmelsstriche auch die

---

*) S. Legrand et Clerisseau Monumens de Nimes, pag. 67.

unbekannten Erbauer dieses schönen Tempels geboren worden
seyn mögen, immer bleibt ihnen der unsterbliche Ruhm, daß
tiefe Kenntniß der Architektur, feiner Geschmack, und hohes
Zartgefühl ihre Reißfeder und ihren Meißel geführt haben. —

Ein neuer französischer Schriftsteller S e r o u x d' A g i n -
c o u r t, hat in seinem Werke: Histoire de l'art par les
monumens, depuis la décadence au IVe. Siècle, jusqu'à
son renouvellement au XVIe., pour servir à l'Histoire
de l'Art chez les Anciens. Paris et Strasbourg,
Treuttel et Würz, den Tempel zu Nimes als Muster der
alten bessern Baukunst aufgeführt.

Nachdem dieß schöne Gebäude, mit dem Zerfalle des
römischen Reiches, den zerstörenden Händen der Barbaren
ausgesetzt gewesen war, und die Periode des eigentlichen
Vandalismus noch glücklich genug überstanden hatte, wurde
es im kunstzerstörenden Mittelalter zu einem Stadthaus um-
gewandelt *). Zu diesem Behuf mußte ein Kamin angebracht werden. Kreuzstöcke wurden in die antike Mauer
eröffnet. Man vermauerte die Vorhalle, und trug die antike
Treppe ab. Ein Privatmann, dem das Gebäude in der
Folge tauschweise überlassen wurde, ließ ein kleines Wohnhäuschen dicht daran bauen. Späterhin wurde eine einfache
Stallung für das liebe Vieh daraus gemacht **). Endlich

---

*) „ Dieß Gebäude soll 5 Jahrhunderte in der Erde versteckt gewesen
seyn. Man wandelte über dem Dache desselben auf einem Hügel umher; durch
einen Zufall wurde es entdeckt und an's Tageslicht gebracht."

**) „ Ein Zufall, der so manchem andern Denkmale des Alterthums
den Untergang gebracht hatte, rettete diesen Tempel. Man mauerte in dem
barbarischen, für alles Kunstgefühl todten Mittelalter, darein und daran so
viele Häuser, daß es ganz verdeckt wurde. Zum Glücke fiel es keinem der
Anwohner ein, einen Keller, eine Thüre, oder ein Fenster in seine Mauern
hineinzubrechen. Auch das Schnitzwerk des zierlichen Dachgesimses blieb un-

kam es im Jahre 1670 in die Hände der Augustinermönche. Der Minister Colbert ertheilte ihnen nämlich die
Erlaubniß, diesen Heidentempel in eine christliche Kirche um-
zuwandeln; doch mit der Bedingung: das antike Außen-
gebäude in seine ursprüngliche Form sorgfältig wieder herzustellen, und für die Zukunft darinn zu unterhalten, wozu
er ihnen die nöthigen Gelder vorschießen ließ.

In sofern kann man also sagen, daß die Wiederherstellung und Erhaltung dieses Gebäudes den Augustinern
verdankt werden müsse. Allein die frommen Priester setzten
in die schöne antike Tempelzelle ein unglücklich modernes,
höchst verkrüppeltes und plumpes Gebäude von einer Kirche,
die aber doch glücklicherweise von allen Seiten isolirt blieb.
Noch jetzt kann man nicht ohne Unwillen im Innern dieses
Gebäudes herum gehen, und auch hier mit Recht sagen: daß
in der kostbaren Schale ein nichts taugender Kern stecke. —
Colbert hatte sogar den Plan, das ganze Gebäude nach
Paris versetzen zu lassen; allein zwey Kunstverständige, die
er nach Nimes schickte, die Ausführbarkeit dieser Idee zu
untersuchen, brachten ihn zum Glücke wieder davon ab, da
sie einsahen, daß bey Ausführung dieses Planes, das köstliche Gebäude zu Grunde gehen würde. — Mr. de Lamoignon, Intendant von Languedoc, ließ den Tempel auf

_____

dem Mauerwerke, mit dem es bekleidet war, unversehrt. In den neuern Zeiten kam das alte Gebäude wieder nach und nach zum Vorschein, und wurde
das Eigenthum von einzelnen Besitzern, von welchen der letzte einen Pferde-
stall daraus machte. Die Augustinermönche kauften endlich diesem Barbaren
das entweihte Monument ab, um eine Kirche daraus zu machen. Der Intendant von Basville suchte dieses Gebäude gegen die Folgen des Alters
zu schützen, und ließ im Jahre 1689 die Unterlage desselben erneuern, und
das Gemäuer unter dem Dache mit eisernen Stangen befestigen. Seitdem
wurde auch der Kranz des Gesimses von oben mit Bley gedeckt."

Befehl Ludwigs XIV., der ihn zu einer Kirche bestimmte,
repariren, und eine Aufschrift über die Thüre setzen, die
aber während der Revolution übertüncht wurde.

Ueber die eigentliche und ursprüngliche Bestimmung dieses Gebäudes wurde sehr viel geschrieben und gestritten *);
einige machten ein Capitol daraus, andere ein Prätorium,
oder eine Basilica, die Hadrian der Kaiserin Plotina zu Ehren
errichten ließ, weil Trajan ihn auf ihr Zureden adoptirt hatte.
Auf den ersten Anblick läßt sich schon mit ziemlicher Zuver-
läßigkeit behaupten, daß es seiner ursprünglichen Bestimmung
nach ein Tempel gewesen seyn müsse. Seine Figur eines
Parallelogramms und seine offene Säulenhalle findet man
an den meisten kleinen antiken Tempeln wieder, z. E. beym
Tempel der Minerva und des Theseus in Athen. Es würde
nie ein Streit über die Bestimmung dieses Gebäudes entstanden seyn, wenn die Inschrift auf dem Friese des Frontons noch vorhanden wäre. Allein die metallenen Buchstaben sind längst ein Raub der Barbaren geworden. Lange
haben sich Peiresc, Menard und Lorenzi vergebens
bemühet, mit Hülfe der Löcher, welche die Stifte der Buchstaben im Fries zurück ließen, die Aufschrift wieder zu
finden. Durch die mißlungenen Versuche dieser berühmten
Alterthumsforscher ließ sich Seguier nicht abschrecken.

Er erhielt die Erlaubniß, ein Gerüste an der Fronte
des Gebäudes aufrichten zu lassen, um den Fries genauer
zu untersuchen, und die daran befindlichen Löcher, so wie
die noch übriggebliebenen wenigen Spuren der Buchstaben
genau aufs Papier aufzutragen. So brachte er endlich

---

*) S. Podo d'Albenas Antiquités de Nimes. 74. Deyron
Antiquités de Nimes 95. Catel Mémoires de l'Histoire de Languedoc. 286.
Colonia Histoire de Lyon. 178.

nach vielen und mühſamen Verſuchen und Zuſammenſtellun-
gen folgende Inſchrift heraus: C. CAESARI. AUGU-
STI. F. COS. L. CAESARI. AUGUSTI. F. COS. DE-
SIGNATO, PRINCIPIBUS IVVENTUTIS. Hiernach
wäre alſo dieſer Tempel zu Ehren der beyden Söhne des
Agrippa, und der Adoptiv-Söhne Auguſts, nämlich des
Cajus Cäſar, des Conſuls, und des Lucius Cäſar, des
deſignirten Conſuls, im Jahre Roms 754, und im erſten
Jahre nach Chriſto erbauet, und geweihet worden. —

Dieſe Inſchrift fand allgemeinen Beyfall. Allein Seguier *)
ſelbſt mußte bekennen, wie wenig zuverläßig ſeine Methode,
ſolche alte Inſchriften wieder aufzufinden, in der Anwendung
erſcheine **). Man darf nur einen Augenblick das Kupferblatt
ſeiner Abhandlung über dieſe Inſchrift genauer betrachten,
um ſich zu überzeugen, daß der nämliche metallene Buch-
ſtabe oft ſehr verſchieden angeheftet war, und daß eine Menge
ſolcher Löcher in dem Frieſe des Gebäudes ſind, zu welchen er keine ſchicklichen Buchſtaben finden konnte.

Die wichtigſten Gründe gegen dieſe Inſchrift hat St.
Croix, Mitglied des Inſtituts zu Paris, in dem Magasin
encyclopédique, an I, T. I. p. 337. zuſammengeſtellt:
„Es findet ſich kein ähnliches Beyſpiel, ſagt St. Croix, daß

---

*) Seguier, geboren zu Nimes 1703, geſtorben 1784, verdankt
ſeine Vorliebe für das Studium des Alterthumes, einer im Spiele, von
ſeinen Schulkameraden gewonnenen römiſchen Münze, und der Aufmunterung
ſeines ältern Freundes, Marquis Maffei, bey dem er lange zu Verona lebte;
hier ſammelte er ein ſchönes Naturalien- und Antiquitäten-Cabinet, beſonders
von natürlichen Merkwürdigkeiten der Gegend von Verona, Fiſchabdrücke auf
Schiefern, Petrefakten ꝛc. ꝛc. Nach dem Tode des Marquis ließ er ſich mit
ſeinen ſchönen Cabinetten zu Nimes nieder, und vermachte ſie bey ſeinem
Tode 1784 der Akademie in Nimes.

**) „Seguier brachte eine koſtbare Sammlung von Alterthümern zu-
ſammen, die faſt alle in Nimes gefunden worden waren; er lehnte einen

den Söhnen oder Enkeln römischer Kaiser, während ihrer Regierung, ein Tempel geweihet worden wäre; nothwendig würde dazu die Erlaubniß der Kaiser erforderlich gewesen seyn; ich zweifle, ob sie je die Erlaubniß dazu hätten geben wollen. Ohngeachtet die Stadt Pisa nichts unterlassen hat, um das Andenken des Lucius und Cajus zu ehren, deren ersterer Patron der Stadt war, so errichtete sie ihnen dennoch keinen Tempel, sondern nur ein einfaches Cenotaphium, mit einem Altare, um darauf Libationen, Opfergaben, und Leichenopfer darzubringen.

Unter den Denkmälern, welche August und Livia ihren Enkeln weiheten, ist ein Wald mit immer grünen Bäumen, Nemus Caesarum genannt, das merkwürdigste, das wir kennen; doch findet man nirgends, daß ihnen Tempel während ihrem Leben, oder nach ihrem Tode, errichtet worden wären. Der lebhafte Schmerz, den der Tod des Germanicus im ganzen römischen Reiche verbreitete, dessen Stolz und Stütze er war, hat dennoch eine ähnliche Tempelweihung nirgends zur Folge gehabt, die einzig und allein ein Reservat der Kaiser und Kaiserinnen war.

Einige Jahre vor der Revolution, fährt Millin, der diese Stelle anführt, fort, gab das Gouvernement eine Summe zur Wiederherstellung dieses Gebäudes her; man sieht noch die Reparationen, die an den Säulen und Capitälern gemacht wurden; man hat aber Unrecht, wenn man antike Gebäude so wieder herstellen will. Das Gepräge, das ihnen die Zeit durch ihre Angriffe aufdrückt, gefällt der Imagination; man soll dasselbe nicht auslöschen. Aber alles

---

ansehnlichen Preis, den ihm die Kaiserin von Rußland dafür anbieten ließ, ab, und wollte lieber der Akademie in Nimes, seinem Geburtsorte, ein Geschenk damit machen.“

muß man thun, um ihre Mißhandlung und ihren gänzlichen
Verfall zu hindern. Man kann sich's gar nicht vorstellen,
wie es möglich ist, solche Meisterwerke der alten Welt, den
Mißhandlungen der Barbaren und Unwissenheit Preis zu
geben. Auch dieser Tempel sollte besser gegen Entweihungen
und Verunglimpfungen geschützt werden; billig sollte er
wenigstens mit einer eisernen Vergitterung, in einiger Entfernung umgeben, und nur den Gebildetern und Wißbe-
gierigern, der nähere Zutritt zu demselben eröffnet werden.

Schwere Strafen sollten auf die Verstümmlungen seiner
Verzierungen gesetzt, und mit aller Strenge vollzogen werden; anstatt dessen aber ist der hintere schmale Theil desselben, leider, so mit Unrath bedeckt, daß man glauben sollte,
er seye der Göttin der Cloaken geweiht. Ganze Schwärme
von Kindern belagern unaufhörlich seine Vorhalle und Sei-
tenplätze, und treiben hier ihren Muthwillen; Gassenjungen
klettern an den prächtigen Säulen hinauf, um Vogelnester
auszunehmen; andere bestürmen die zierlichen Capitäler derselben mit Steinwürfen, um die Vögel zu verjagen, oder
um ein Stück der Verzierung zu treffen, das sie zum Ziele
ihrer Geschicklichkeit wählen. Mit welchem Vergnügen hätte
ich mich mit einer Peitsche bewaffnen mögen, um dieses ver-
wüstungssüchtige Gesindel (Canaille dévastatrice) zu verjagen! Doch es würden sich sogleich andere Banden, statt
der verscheuchten, eingestellt haben, und mein Angriff hätte
nur ihre Wuth gegen ein Meisterwerk erregt, das die zer-
störende Zeit zu achten scheint, ungeachtet die Menschen
täglich alles thun, um es zu Grunde zu richten." (Von
diesem schändlichen Unfuge sah ich keine Spur mehr; ich
fand die Säulen, Capitäler und Plätze um das herrliche
Gebäude her, rein und unentweiht; auch waren keine Kinder
und Gassenjungen weit und breit zu sehen; es müssen

nachdrückliche Verbote ergangen seyn, wodurch diesem Unwesen
ein Ende gemacht wurde.)

Kapitel 30.

Ein für den Freund des Alterthums höchst wichtiger Platz
bey Nimes, ist der Park bey der großen Felsenquelle auf
der Nordwestseite der Stadt, und außerhalb derselben. Hier
findet man Reste römischer Bäder, den sogenannten
Dianentempel, der zugleich ein reiches Museum von
Alterthümern ist, und dann gegen Norden, oben auf dem
Kalkfelsen, an dessen Fuße der Tempel, der Park und die
Quelle liegen, das thurmähnliche römische Gebäude Tourmagne. Auf dem Wege nach dem Park erblickten wir, der
Maison carree gegen über, links gegen Westen, das neue,
schöne, aus hellgelben Quadersteinen erbauete Theater *).
Aus solchen Steinen sind alle Häuser der breiten, schönen
Straße gebauet, in der man sich hier befindet; daher diese
Vorstadt ein sehr heiteres, freundliches Ansehen hat, und
sehr angenehm zu bewohnen seyn muß; auch hat man hier
die reinste Luft. Wir kamen nun zu dem prächtigen Kanal,
der das Wasser der großen Quelle nach der Stadt führt;
er hat das Ansehen eines Festungsgrabens; an seinen
Seiten steigen 20′ hohe Mauern aus den schönsten Quadersteinen empor, über denen Geländer angebracht sind; aus
solchen Steinen besteht auch der wohl 40′ breite Boden;

---

*) „Das Theater hat noch keine Facade; aber das Innere desselben ist
ganz vollendet; es ist weitläufig und mit den nöthigen Maschinen zu allen
möglichen Theaterveränderungen versehen."

aber

aber zu unserm großen Bedauern fanden wir ihn nicht mit einer seiner Schönheit und Größe angemessenen klaren, reichen Wassermasse angefüllt, sondern an den meisten Orten fast ganz leer; nur ein armseliges Bächlein schleppte sich mühsam über den weiten, glatten Boden, zwischen den Prachtmauern hin.

Hie und da sahen wir ein Bassin, worinn das mehrere Fuß hohe Wasser mit häßlichem grünem und schwarzem Schlamme bedeckt war, und worin sich eine Menge großer, schwarzbrauner Gassenjungen herum trieb, und zum Vergnügen der Wäschermädchen und Weiber splitternackend figurirte, die zu vielen Dutzenden an den Seiten des Bassins tief im Wasser standen, theils die Röcke hinabhängen ließen, theils sie weit über die Knie aufgeschürzt hatten, stattliche, strotzende Hüften sehen ließen, und mit ihren Waschbläueln, mit denen sie ihre arme Leinwand barbarisch zerschlugen, ein ungeheures, unerhörtes, betäubendes Getöse machten, welches durch das Geräusch ihrer eben so rasch arbeitenden Zungen, einen nicht unbedeutenden Zusatz erhielt. Ein solches Gewimmel entsetzlich lermender, halbnackend im Wasser siebender Wäscherinnen, war mir noch nie vorgekommen, und belustigte mich eine gute Weile.

Ich erinnerte mich bey diesem komischen Anblicke, an die schwimmenden Waschhäuser, die ich bey Lyon und weiter hinab auf der Rhone gesehen hatte, und die mit 60, 80 bis 100 Wäscherinnen angefüllt waren. Man denke sich ein sehr großes viereckiges Schiff mit sehr weit in die Breite auslaufenden 4 Rändern, und über jedem Rande ein tief nach demselben herablaufendes Dach; den schmalen Raum zwischen den Dächern und Schiffrändern bevölkere man nun mit einem Gewühle von Armen, die aus allen Kräften Hemden und Betttücher an seinem schief in's Wasser hinabhängenden

Brete zerarbeiten; und mit ganzen Reihen heraushän-
gender brauner Gesichter, mit weißen Mützen und rastlos
plappernden Zungen; dieß denke man sich lebhaft als ein
Ganzes, so hat man das Bild dieser schwimmenden Batte-
rien, das Bild einer ungeheuern Schildkröte, die nach allen
Seiten, unter ihrer Schale, eine Menge zappelnder Füße
hervorstreckt.

Diese schwimmende Waschhäuser, bey denen oft die
Dächer über ein Stockwerk weglaufen, das über dem untern
Schiffraume sich hinzieht, und Zimmer mit Betten, Tischen
und Stühlen hat, sind mit starken Schiffseilern an's Ufer
befestigt; da fiel mir mehrmals ein, wenn ich so vom Ufer
herab diese Weiber ihr Wesen treiben sah, was es für eine
erquickende Scene für die Lustwandler auf dem Kai abgeben
müßte, wenn einmal, durch irgend einen Zufall, unbemerkt
die Schiffsseile losgehen sollten, und die armen Weiber mit
ihren Waschbretern auf einmal flott würden, und ein wenig
in den vollen Strom geriethen, wo ihnen aber bey der
Menge von Schiffen und Schiffern, die immer am Ufer
sind, schnell Hülfe geleistet werden könnte; was für ein
Mord- und Jetergeschrey würde da aus den hellklingenden
Kehlen dieser Weiber ertönen! die herbeyeilenden Schiffer
würden Mühe haben, vor Lachen die Ruder zu bewegen.

Wir giengen eine gute Weile an dem prächtigen, allgemein bewunderten Kanale hin; er kam mir mit seinem
Bächlein wie ein großes, fürstliches Prachtbette vor, aus
dem eine von Lumpen zusammen gestoppelte Puppe den Kopf
heraus streckte. Wenn auch schon in den kühlern Jahrszeiten, oder nach anhaltendem Regenwetter, nach Wolkenbrü-
chen, oder auch bey ganz trockener Witterung, wenn in den
nordwestlich liegenden, 5 — 6 Stunden von Nimes entfernten kleinen Thälern ein Sturm ausbricht, die Quelle oft

plötzlich und unerwartet ein ansehnliches Gewässer auskömmt, wovon in der Stadt, besonders in den Fabriken, ein guter Gebrauch gemacht wird, so ist doch der gegenwärtige Kanal, im Verhältniß zu demselben, viel zu groß und kostbar; er kostete 2 Millionen, und ist noch ganz neu; nie wurde eine solche Summe übler angewendet; auch hat das Wasser des Kanals nicht Fall genug, daher in der wärmern Jahreszeit das alsdann vorhandene wenige Wasser stehen bleibt, eckelhafte Dünste aushaucht, wodurch die Spaziergänger aus dem Park und aus seiner ganzen Nähe verjagt, die Bewohner der nahen Häuser gepeinigt, und Fiebern Preis gegeben werden. Wie viel besser wäre es gewesen, das Wasser der Quelle in einem kunstlosen Bette fortzuführen, im Schatten von Lorbeer- und Olivenbosketen, in denen hie und da eine hier gefundene Inschrift, ein hier aufgegrabenes antikes Fragment aufgestellt worden wäre; so wäre man dann unvermerkt unter angenehmen Träumereyen, auf den sogenannten Dianentempel gestoßen. —

Wir kamen nun zu dem anmuthigen Lustwäldchen und Lustgarten, den man den Park nennt; hier bilden die schönsten und größten Kastanienbäume, Ulmen, Linden, Platanen ꝛc. ꝛc. die lieblichsten Gruppen und Schattengänge, in denen man in der Sommerhitze die erquickendste Kühle findet. diese Gänge sind mit weißlichgelbem Sande bestreut, mit steinernen Bänken versehen, mit Statuen geschmückt, und schöne Gartenparthien, mit vorzüglichen südlichen Pflanzen, Stauden und Bäumen, mit dem melancholischen Eibenbaume, der sein immer grünes Haupt zwischen Rosen und Nelken erhebt, ziehen sich neben ihnen hin. Wir kamen weiter hin zu 2 zierlichen, mit Wasser gefüllten Bassins; schöne Mauern senken sich nach dem Wasser hinab; zierliche Dockengeländer umgeben sie; auf jeder Ecke derselben

erscheint eine ansehnliche Urne. In dem näher nach dem
Berge, an dessen Fuße die berühmte Quelle hervorsprudelt,
liegenden Bassin, liegt in der Mitte ein Inselchen; es ist
mit Blumen, Urnen und Statuen geschmückt, die über einem
Postamente angebracht sind, das in seinem Mittelpunkte steht;
rund um das Wasser, von dem die kleine Insel umflossen
ist, erscheinen unter dem Boden Säulenreihen, und Gänge
hinter denselben; ein auffallender, allerliebster Anblick; hier
ist der Platz der ehemaligen römischen Bäder.—

Endlich kamen wir an den Fuß des Felsenberges, aus
dem die Quelle hervorbricht; wir sahen einen Teich vor
uns, der größtentheils mit herumschwimmendem Schlamme
bedeckt war; aber die Umgebung desselben ist äußerst reizend;
mit mancherley Ein- und Ausbiegungen ziehen sich prächtige
Balustraden um denselben her; schöne Treppen, Gemäuer,
Bogen und Gewölbe bilden mit ihnen ein glänzendes Ganzes,
das durch die rauhen, wilden Felsmassen an der Hinterseite
des Bassins ungemein gehoben wird. Auf der Spitze des
weißlichgrauen, allmählich sich nach dem Park herabsenkenden Kalkberges, der vorne herab nach dem Parke, ganz
kahl, auf den Seiten aber mit unzähligen Oelbäumen und
Rebenpflanzungen bedeckt ist, erscheint die Tourmagne,
ein dunkelgraues antikes Gebäude, das gegen 80 Fuß
hoch ist, und dessen Untersatz eine gleiche Breite hat. In
kleiner Entfernung von diesem colossalen   des höch-

und aus dem Olivenwalde, rechts an

Ganz nahe neben dem Quellbassin
Häuschen mit buntem Dache, wo man Wein, Kaffe und
andere Erfrischungen haben kann, und 10 Schritte davon,
westlich, erhebt sich von den höchsten, laubreichsten Bäumen,

die ein heiliges Dunkel umher verbreiten, beschattet, der
Dianentempel, der sich an den hinter ihm aufsteigenden
Felsen lehnt. Kommt man auf der Südseite des Parks, unter die
letzten Bäume der prächtigen hier endigenden Alleen, so
blickt man in ihrem Schatten über eine heitere, glatte,
von artigen Häusern umgebene Fläche, die ein schönes,
breites, wohl ¼ St. langes Parallelogramm bildet, in eine
liebliche, hellbläuliche, südliche Gebirgsferne hinaus. Durch
dieß alles wird der Park von Nimes ein so entzückender
Lustplatz, daß Viele ihn den prachtvollsten Promenaden Europens an die Seite setzen, und daß die prachtliebende, alte
Colonia Nèmausensis sich seiner nicht geschämt haben
würde *).

Ueber die hier befindliche Quelle und ihre Baffins, geben
Menard und Cleriffeau befriedigende, umständliche
Nachrichten und Zeichnungen, jener in seiner Histoire de
Nimes, und dieser in seinen Antiquités de la France. Diese,
außer der heißen Jahreszeit reiche Quelle, war immer sehr berühmt; die Schönheit und Reinheit ihres Waffers veranlaßten
vielleicht in den ältesten Zeiten die Gallier, hier das alte Nemau-
fus zu erbauen, und die Römer, diesen Platz mit dem Dianentempel zu schmücken. Der Diameter des Quellbaffins beträgt
etwa 60', und seine Tiefe 24'. Die Natur grub es in der
Gestalt eines umgestürzten Kegels in den Kalkfelsen; aus
seinem Mittelpunkte sprudelt oft die Quelle einige Schuh
hoch über die Wasserfläche empor. Die Bergkette, an deren
Fuße die Quelle hervorbricht, enthält Grotten und Höhlen,
die sich über 6 Stunden weit erstrecken, und mit einander in

---

*) „Die Gegend bey der Fontaine ist entzückend schön, und so reizend
auch die Ufer unsers Lpirets sind, so kann man sie doch kaum mit diesem
zweyten Tivoli vergleichen." (S. Lettr. provenc.)

Verbindung stehen. Dieser natürlichen Einrichtung hat die
Quelle wahrscheinlich ihre Wasserfülle zu danken; denn sie
vereinigt die Wasser aller dieser natürlichen Bassins, welche
eben so viele besondere Quellen bilden würden, wenn keine
Verbindung unter ihnen Statt fände, und sie nicht diesen
gemeinschaftlichen Abfluß hätten.

In der That erfahren die Brunnen, welche auf der nämlichen Kalk-Gebirgskette in den Felsen gegraben sind, die
nämlichen Veränderungen, wie die Quelle, so wohl in der
Höhe, als Farbe des Wassers. In einem dieser Brunnen
hört man deutlich das Geräusch der Waschbläuel der Wäscherinnen, die an dem über 6000' Fuß entfernten Quellenbassin arbeiten; und man versichert, daß leichte Körper,
die man in größerer Entfernung in einen andern Brunnen
warf, in dem Quellenbassin wieder zum Vorschein kamen.
Zuweilen schwillt diese Quelle, zur Zeit der größten Dürre,
plötzlich an, ohne daß bey Nimes, oder in der Gegend, ein
einziger Regentropfen gefallen ist. Diese sonderbare Erscheinung ereignet sich immer, wenn ein Sturm in den kleinen
Thälern ausgebrochen ist, die nordwestlich 5 — 6 Stunden
von Nimes sind. Dieses Anwachsen des Wassers ohne Regen
ist ein neuer auffallender Beweis von dem Daseyn entfernter
Wasserbehälter dieser Quelle. —

Lange war diese Quelle *) durch Schlamm und
andern Unrath verstopft, bis man sie endlich im Jahre 1738
wieder hervor suchte; bey dieser Gelegenheit fand man,
bey Reinigung und Oeffnung eines morastigen Teiches,
Ruinen alter römischer Bäder. Die Quelle ist jetzt von

---

*) „Die Fontaine wurde im Jahre 1744, an dem Platze der römi-
schen Bäder, unter der Direktion des Mr. Marchal, auf Befehl der Stände
von Languedoc, die sich in Nimes versammelt hatten, erbauet."

einer Mauer eingeschlossen, die in der nämlichen Linie läuft, wie die alte. Auch die halbcirkelförmigen Treppen, auf denen man zum Quellenwasser hinabsteigt, haben die Form und Stellung der antiken. Die Brücke, unter der das Wasser der Quelle in das erste, ehemals zum Baden gebrauchte Bassin, das man Nymphäum nennt, durchlauft, hat nur 2 Bogen, da die alte auf dem nämlichen Platze 3 hatte. In diesem zum Baden bestimmt gewesenen Bassin war auch, wie jetzt, in der Mitte ein Piedestal für eine Bildsäule; der Fries des jetzigen ist genau dem alten nachgemacht; die Kammern der alten Bäder sind hier noch erhalten, und man hat vor ihnen her eine neue Reihe von Säulen aufgestellt, welche einen vorspringenden Karnies tragen. Dieses Bassin, welches ohne Zweifel bey den Römern nur in seinen Canälen Wasser hatte, ist jetzt immer ganz damit angefüllt, und die halbcirkelförmigen Kammern, welche ehemals dazu dienten, die Badewannen darinn aufzustellen, werden gegenwärtg zu nichts gebraucht.

Aus diesem zweyten Bassin lauft das Wasser in ein anderes, das zur Zeit der alten Bäder als ein Wasserbehälter gebraucht wurde. Es ist viereckig, und hat auf jeder Seite 6 Bogen; die auf der Südseite sind blind; durch die nördlichen kommt das Wasser herein; durch die östlichen und westlichen fließt es in 2 Seitencanälen ab. In den Trümmern dieser römischen Bäder fand man eine verstümmelte, marmorne Statue *) von trefflicher Arbeit; sie ist nur

---

*) „Was mir unter allen Bruchstücken, die ich sah, das schönste und vortrefflichste schien, ist der Rumpf eines Apoll von weißem Marmor, zu dem man auch die abgerissenen Glieder gefunden hat. Je länger ich diesen Rumpf betrachtete, desto näher schien er mir an das Idealische der Göttlichkeit zu grenzen, welches Winkelmann in so hohem Grade an dem Vaticanischen Apoll fand; auch in dem Kopfe, der sich dem vollkommensten Begriffe

noch 3'. 8". hoch,
des Dianentempels;
sind 1'. 9". breit;
Statue 7'. 4" hoch

tes und Hauptbaares führte die Kenner auf die Vermuthung,
daß dieß der Rest einer Statue des Apoll sey.

Der sogenannte Dianentempel, den man auch
Temple de la Fontaine nennt, ist schrecklich verstümmelt,
so wie auch die Tourmagne; seine Außenseite verkündigt nichts mehr von der Eleganz, durch welche auch er,
nach den prächtigen, architektonischen Fragmenten, die man
in seinem Innern gesammelt findet, zu schließen, sich ausgezeichnet haben muß. Da das oben genannte Erfrischungs-
häuschen nur einige Schritte von dieser ehrwürdigen, mißhandelten Ruine entfernt ist, und unter den gewaltigen
Bäumen umher Tische und Stühle stehen, so kann man
die Vorderseite des Tempels bey einer Tasse Kaffee, mit aller
Bequemlichkeit hier im Schatten betrachten und zeichnen *),
was auch mein Reisegefährte that. Diese Vorderseite hat ein
Hauptthor und 2 Nebenthore; alle 3 Thore sind zugemauert;
nur in dem Gemäuer, das die Hauptpforte ausfüllt, ist eine
breterne Thüre angebracht, die gewöhnlich verschlossen ist,
die aber ein Aufseher darüber in der Nähe, oder der Cafetier,

----

einer so eben reif gewordenen männlichen Schönheit nähert, glaubte ich etwas
von der Verklärung eines Olympiers zu entdecken. Dieß kostbare Kunstwerk,
das beynahe vollkommen ergänzt werden könnte, verdiente aus den Trümmern des Dianentempels weggenommen, und in ein Museum versetzt zu
werden, wo es eine der schönsten Zierden desselben ausmachen würde." —

*) „Wenn man aus dem Tempel in den Schatten der hohen Kasta-
nien tritt, so fühlt man sich wie begeistert. Iphigenia stand vor mir am
Altare, die reine Priesterin der keuschen Göttin; Glucks Harmonien umtönten mich."

gegen ein kleines Geschenk öffnet. Das antike Gemäuer, ist auch ohne Mörtel, aus ungeheuern, übereinander gelegten, schwarzgrauen Steinmassen zusammen gefügt. Ueber diesen untern Arkaden erblickt man andere Bogen in Ruinen *).

Auf der linken Seite ist, von der Hälfte der Nebenpforte an, alles Mauerwerk moderne Reparatur. Wir ließen uns die Thüre öffnen, und traten in das Innere des Gebäudes; da lag das herzerschütterndste Bild der Vergänglichkeit, auch der vollkommensten Menschenwerke vor uns. Bruchstücke der vollendetsten, architektonischen und Bildhauerarbeiten lagen in langen Reihen, rechts und links, neben dem Hauptgange auf einander geschichtet, oder standen an den Mauern angelehnt. Das Innere dieses Gebäudes bestand, wie man sogleich sieht, aus einem länglich-viereckigen, rückwärts nach dem Felsen, wie ein großer Saal sich ziehenden Hauptplatze und 2 Nebengängen, deren jeder mit einer bis zum Dache hinaufgehenden Mauer vom mittlern Platze abgesondert war **).

Zu diesen Nebengängen führten die Nebenthore; ganz hinten, am Ende des mittlern Platzes, gieng rechts und links eine Thüre in die Seitengänge; der ganze Nebengang, rechts,

___

*) S. Clerisseau pl. 26.

**) „Das Innere des sogenannten Dianentempels stellt einen großen, schönen Saal vor, über dem ehemals eine gewölbte Decke hinlief, von der nur noch Bruchstücke übrig sind; 16 Säulen standen ehemals an den beyden langen Seitenmauern, und trugen ein gezähntes Karnies, auf dem das Deckengewölbe ruhete; an jeder Seitenwand waren 5 Nischen mit Götterbildern; das Ganze war von einer Galerie umgeben; die Decke hatte die Form eines Eselsrückens, und ihre Steine waren mit einem sehr harten Mörtel auf's vollkommenste zusammen gefugt. Die Mauern bestehen aus ungeheuern Steinen, die durch keinen Kitt, sondern durch Klammern verbunden sind. Die Kapitäler sind von vermischter Ordnung, und von der größten Schönheit; jedes hat eine andere Zeichnung. Die Plafonds sind mit Eleganz gezeichnet."

mit. seinen 2 Mauern und seiner innern Seitenthüre, ist noch
ganz übrig; von der innern Mauer des linken Seitenganges
sieht man nur noch ganz hinten ein Stück und noch einen
kleinen Rest am Boden; auch ist die verloren gegangene,
ganze äußere, ursprüngliche Seitenmauer desselben, durch
eine moderne Mauer ersetzt. Alle 3 Gänge des Tempels hatten ehemals ihre besondern gewölbten Dächer; von dem
großen gewölbten Dache in der Mitte geht noch über dem
hintersten Theile des Tempels ein Stück von der rechten bis
zur linken Mauer; und dann lauft auf der Nordseite noch
ein Riemen des Daches, etwa das Drittel desselben, von
diesem hintersten Stücke bis zum vordern Hauptthore; über
dem nördlichen Nebengange erscheint auch noch, ganz vorne,
ein Stück des runden Daches. —

An der hintern, schmalen Wand erblickt man unter
dem Rest des Daches, der Eingangsthüre gegen über, 3
Nischen, deren mittlere die größte ist. War dieß Gebäude
ein Tempel, so stand wahrscheinlich in derselben das Bild
der Gottheit, der er geweihet war. An der noch übrigen
nördlichen Seitenwand sieht man gleichfalls, mehrere Schuhe
über dem Boden, 5 Nischen; sie sind etwa 8' hoch und 5'
breit; höher und breiter sind die 3 Nischen an der hintern,
schmalen Wand; auch neben der Eingangsthüre, auf der
Ostseite, ist rechts und links eine Nische; 5 solche Nischen
müssen auch ehemals an der südlichen, langen Wand gewesen seyn. Unstreitig standen in allen 15 Nischen Götterbilder. Von den Säulen, die neben diesen Nischen standen,
sind nur noch 2 vorhanden; von einigen der fehlenden sieht
man nur noch die Säulenstühle; die Säule in der nördlichen Ecke, neben der Thüre, ist noch besonders gut
erhalten. —

Dieses Gebäude ist von zusammengesetzter Ordnung; es bildet ein Schiff, das 45′ lang, 29′ 3″ breit, und 37′, 6″ hoch ist; die noch vorhandenen Stücke des dreyfachen gewölbten Daches sind mit großen Steinplatten belegt; 16 Säulen trugen das Gewölbe; zwischen den 3 hintersten Nischen treten 4 Pilaster, auf jeder Seite der großen mittlern Nische 2, hervor, und theilen den nächsten Raum vor ihnen in 3 Theile; die Plafonds dieser Abtheilungen waren auf's zierlichste geschmückt. Das Pflaster war mosaische Arbeit; das Gebäude wurde durch ein Fenster erleuchtet, das 12′ hoch, und 14′, 3″ breit war, und sich über dem Hauptthore befand, das 20′, 3″ hoch, und 11′, 3″ breit ist. Die bedeckten Seitengänge waren 45′, 10″ lang, und 11′, 1″ breit. Neben jedem dieser Gänge war ein Hof; wahrscheinlich war der eine, wenn das Gebäude ein Tempel ist, für das Opfervieh bestimmt, und der andere unterhielt die Verbindung zwischen dem Tempel und der Priesterwohnung. —

Auf allen 4 Seiten sieht man sich in diesem Gebäude von den interessantesten Bruchstücken der alten Bau- und Bildhauerkunst umgeben, von denen sehr viele einst Theile desselben ausmachten, andere bey den Bädern und der Quelle ausgegraben wurden, z. E. manche Capitäler und Gesimse von weißem Marmor. Die hohe Vollendung, die man auch bey ihren kleinsten Verzierungen wahrnimmt, bezeugen, daß dieses Gebäude in den schönsten Zeiten der römischen Baukunst entstand. Man befindet sich in einem wahren Cabinete römischer Alterthümer; besonders auf der linken Seite sieht man in langen Reihen über- und hinter einander Stücke von Friesen, Karniesen, Architraven, Capitäler, und alle mit den geschmackvollsten, niedlichsten, reichsten Verzierungen geschmückt; man erblickt Säulenstühle, cannelirte Säulenschäfte, die wahrscheinlich einst zur Zahl der Säulen gehörten,

die inner- und außerhalb des Gebäudes standen, Fragmente
schöner Basreliefs, eine Menge verstümmelter Bildsäulen beyder Geschlechter, Adler, denen die Köpfe abgeschlagen sind;
auch in der Stadt findet man mehrere römische Adler ohne
Kopf; man sieht über ein Dutzend steinerne Platten mit
Inschriften; auf einer fand ich sehr deutlich die Buchstaben
M. AGRIPP.; auf einer andern die Worte: Imperatoris
Augusti; auf einer großen Marmortafel, die in der Nähe
der Thüre lag, las ich folgende moderne Inschrift: Imp.
Caes. Aug. titulos. prope fontem Nemausum, inter
utriusque hemicycli rudera, sub Ludov. XV. Aug.
altero, repertos, posteritati servandos censuit civitas
Nemausensis. anno 1753. Beyde hintere Ecken, neben den
3 Nischen, sind stark mit Feigen- und wilden Lorbeergebü-
schen ausgefüllt, die aus den Mauern hervorgewachsen sind.
—   Man rieth auf manche Gottheiten, denen dieses Gebäude,
das man allgemein für einen Tempel hielt, gewidmet gewesen seyn solle; die Behauptung, daß es ein Dianentempel
sey, behielt endlich die Oberhand. Doch möchte wohl die
Meynung des Herrn Clerisseau *) den Vorzug verdienen,
der dafür hält, daß es kein Tempel sey, sondern zu warmen Bädern und gymnastischen Uebungen gedient habe.
Clerisseau giebt einen vortrefflichen Plan dieses Gebäudes,
und stellt seine einzelnen Theile in 27 Blättern dar; mit der
größten Genauigkeit sind alle Details dieses interessanten
Gebäudes angegeben. Der gute Styl der Verzierungen,
die Schönheit und Präcision der einzelnen Theile, lassen
vermuthen, daß es im Jahrhunderte Augusts erbauet
wurde. —

---

*) Clerisseau Antiquités de la France, p. 103.

Dieses Gebäude stand zu seinem Unglücke vor der Stadt, sonst würde es sich länger und besser erhalten haben, als alle übrigen römischen Monumente, welche Nimes aufweisen kann; denn es wurde sehr frühe, schon im Jahre 991 zu einer christlichen Kirche geweiht, und Benediktinernonnen gegeben. Es war in der Mitte des 16ten Jahrhunderts noch ganz gut erhalten, und hatte keine andere Beschädigung erfahren, als diejenige, die seine neue Bestimmung nöthig gemacht hatte. Die Nonnen entsagten ihm im Jahre 1552; ein Pächter bemächtigte sich desselben, und brauchte es im J. 1576 als eine Scheune und einen Holzstall; ein neidischer Nachbar zündete das Holz darinn an; die Heftigkeit der Feuersbrunst machte, daß eine große Menge Steine zersprang, und zerstörte hauptsächlich viel von dem vordern Theil des Gebäudes.

Da der Marschall von Bellegarde im Jahre 1577 gekommen war, Nimes zu blokiren, so rissen die Einwohner, um ihn zu verhindern, sich in diesem Gebäude zu verschanzen, ein Stück davon nieder; 1662 gab es neue Unruhen, und man nahm die zusammengerissenen Steine, und wohl auch Steine aus dem Gebäude, die noch unbeschädigt waren, weg, um sie bey den beschädigten Festungswerken anzuwenden. Seit 1750 beschäftigte man sich mit der Rettung des Ueberrestes dieses Alterthums. Doch könnte man noch besser für dieses Gebäude sorgen. Der Schlüssel dazu ist dem Pförtner der Promenade und dem Cafetier, der gleich nebenan wohnt, anvertraut. Dieser letzte braucht nun den Nebengang auf der rechten oder Nordseite, der noch ganz bedeckt ist, zu einer Art von Küche oder Laboratorium. Der Rauch seiner Oefen schwärzt die Mauern; und das Holz, das man zur Feuerung dieser Oefen hier zusammen beugt, kann sich einmal zufällig entzünden, und so kann ein zweyter Brand hier Verwüstungen anrichten.

Gleich auf der Nordseite dieses Gebäudes stiegen wir über dem nackten Abhange des Felsen, auf dessen Spitze die Tourmagne steht, empor, um auch dieses imposante, colossalische Gebäude in der Nähe zu sehen. Der eigentliche achtseitige Thurm steht auf einer Terasse, oder einem Untersatze von ebenfalls 8 Seiten, und von einem Umfange von 240′, und also einer Breite von 80′. Die Höhe des Thurmrestes beträgt noch 19½ Toisen, oder 117′; über dem Schutte, der ihn umgiebt, erhebt er sich aber nur 13 Toisen, oder 78′; man sieht jetzt an ihm nur noch die verstümmelten Ueberreste von einigen Stockwerken, über denen ehemals noch eines oder 2 mögen gewesen seyn. Alle Stockwerke wurden weiter hinauf immer schmäler. Nach dem ansehnlichen Ueberreste muß dieser Thurm ein gewaltiges und prächtiges Gebäude gewesen seyn.

An der südöstlichen Seite des 2ten Stockes, die eine der 8 Seiten ist, sieht man noch deutlich dicht zusammengedrängte Pilaster mit toskanischen Capitälern; wenigstens 4 von den 8 Seiten dieses Stockwerks müssen solche Pilaster gehabt haben. In dem Untersatze fand ich auf der Westseite ein großes Loch, und kam durch dasselbe in ein Gewölbe, das wohl 50 — 60′ breit, und eben so hoch seyn mochte; auch sah ich in der Höhe 3 Reste runder Thürmchen gegen Osten, und 3 auf der Nordseite, nämlich die innere Hälfte derselben der Länge nach hinaufwärts. Auf der Ostseite dringt oben ein ungeheures Loch in das mittlere Stockwerk, so wie auf der Südwestseite ein gewaltiger Riß durch den ganzen Thurm herabläuft. Der Körper des Gebäudes besteht aus rohen Bruchsteinen; von der Ueberkleidung mit Quadersteinen sind nur noch zerstreute Plätze übrig. Die Pilaster, Karniese und

Platten, bestehen ganz aus Quadersteinen. — Ich bedaure sehr, dem Schwarme junger Franzosen, die in unserer Gegenwart bis zur Spitze des Thurms hinauf kletterten, nicht auch bis auf eine gewisse Höhe nachgeklommen zu seyn, um mir über das Innere desselben, besonders über die mir noch immer räthselhaften hohen, schmalen Thürmchen, wo möglich mehr Licht zu verschaffen.

Ueber die Bestimmung dieses Thurmes entstanden vielerley Meynungen; man hielt ihn für ein Mausoleum alter gallischer Könige; Cleriffeau glaubt, daß er ein römisches Mausoleum sey; und die Aehnlichkeit, sagt Millin, die dieses Gebäude mit dem Mausoleum zu St. Remy und dem Thurme hat, der ehemals in Aix war, den man auch Tourmagne nannte, giebt dieser Meynung Wahrscheinlichkeit. Ferner machte man einen Pharus aus ihm, und führte das 5 Stunden weit entfernte Meer bis an die Mauern von Nimes; dann hielt man ihn für einen gallischen Tempel. Seine Gestalt und innere Einrichtung, sagt der gelehrte Arzt Astruk in Montpellier, harmonirt sehr mit den Ruinen von gallischen Nationaltempeln, die Montfaucon anführt. Sein unterstes Stockwerk ist dicht ausgefüllt bis auf den Kern, der aus einem eiförmigen Gewölbe besteht, welches weder ein Fenster, noch irgend einen andern bemerkbaren Eingang hatte. In dem 2ten Stockwerke ist der Kern selbst dicht, und rings herum befinden sich 6 Kammern, deren jede nur 2 Seiten hatte, eine halb cirkelförmige gegen den Kern des Gebäudes, und eine geradlinichte nach außen *). Diese Kammern stehen in keiner Gemeinschaft mit einander,

---

*) Dieß sind wohl die vorhin genannten innern Hälften des scheinbaren Thürmchen.

und. erhielten auch, so viel man urtheilen kann, kein Licht von außen. Das alles, glaubt Astrul, diente ehemals zu den Mysterien des druidischen Gottesdienstes, der viele Menschenopfer forderte. Alle Ueberreste solcher gallischen Tempel, besonders die berühmten Ruinen von Montmorillon in Pottou, nehmen ebenfalls keinen beträchtlichern Raum ein, als hier die Tourmagne."

Man hielt die Tourmagne ferner auch für einen Wachtthurm und Besatzungsort (z. E. Menard), wo Signale gegeben werden konnten. Man weiß nämlich, daß die Römer die Gewohnheit hatten, nach Eroberung einer Gegend, in gewissen Entfernungen von einander, Observationscorps auszustellen, um die Einwohner zu beobachten, und durch Signale einander wichtige Nachrichten schnell mitzutheilen. Ein Gebäude nun, von der Bauart der Tourmagne, das wegen seiner Lage und Höhe eine weite Gegend beherrscht, führt sogleich auf den Gedanken, daß man es erbauet habe, um alles zu beobachten, was in der Gegend vorgehe. Wenn aber in dem Zwischenraume, welcher 2 Orte von einander trennt, wo starke Garnisonen sind, die das eroberte Land in der Unterwürfigkeit erhalten sollen, und deren jeder einen Thurm hat, auf dem man die Landschaft beobachten kann, sich ein römisches Gebäude findet, so hat man Grund zu glauben, daß diese 3 Gebäude, auf denen man weit und breit die Gegend beobachten kann, in der Absicht erbaut wurden, sich gemachte Beobachtungen durch Signale mitzutheilen. Nun findet man bey dem Amphitheater zu Arles einen Wachtthurm von römischer Bauart, der sehr viel höher ist, als alle andern in der Näbe; eben so sind noch auf einem Hügel beym Dorfe Bellegarde, das 3 Stunden von Nimes und 2 von Arles entfernt ist, Ruinen eines Thurms übrig, an denen man das Gepräge der Römer erkennt;

seine

feine Lage auf einem Hügel, zwischen den hohen Thürmen
in Arles und bey Nimes, welche 2 Städte, wegen zwischen-
liegenden Hügeln, und zu großer Entfernung, sich in Noth-
fällen keine Zeichen geben konnten, macht es wahrscheinlich,
daß sein Zweck war, im Falle feindlicher Einfälle und Re-
volten der einen oder andern Stadt, die durch Signale gegebenen Nachrichten, auf die nämliche Art mitzutheilen; der
Thurm bey Bellegarde, den man sich nur als Wachtthurm
denken kann, weist auf einen gleichen Zweck der beyden Thürme in und bey Nimes, und Arles hin. Auch in der nördlichen Stadt Uzes ist ein ähnlicher prächtiger Thurm, der
in Fällen der Gefahr Signale von der Tourmagne empfangen, und ihr welche geben konnte. Bey dem allem kann der
Thurm bey Nimes doch gallischen Ursprungs seyn, also
zuerst den Galliern zum Tempel, und späterhin den Römern
zum Wachtthurme gedient haben. —

Es scheint, daß die erste Beschädigung dieses Monumentes sich aus der Zeit Carl Martels, aus dem Jahre 737
herschreibe; er wollte es wohl zerstört haben, um es den
Saracenen unmöglich zu machen, sich darin zu befestigen;
es wurde nachher wieder hergestellt, und ein Fort daraus
gemacht. Dieser Thurm diente unter Carl V. und VI. zur
Vertheidigung gegen die Engländer. Man setzte eine Wache
hieher, welche die Annäberung der Feinde anzeigen mußte.
Der Herzog von Rohan fügte zu seiner Befestigung noch
einige Verschanzungen bey, die aber 1629 demolirt wurden. —
In der Nähe der Tourmagne zog sich die alte Stadtmauer hin.

Es war ein schöner Sonntagnachmittag, den wir auf's
angenehmste neben dieser gigantischen Erscheinung aus dem
Alterthum zubrachten. Das Zeichnen dieses imposanten Monumentes, das auf dieser Höhe wie ein rauher Fels aus dem

Meere empor starrt, die Betrachtung- und Untersuchung dessel-
selben nach allen Seiten, und die reiche Aussicht umher,
gaben uns volle Unterhaltung. Eine Menge junger Wage-
hälse kletterte mit großem Geschrey bis auf die schwindelnd
hohe Spitze des Monumentes an seiner Außenseite hinauf,
und bald saßen sie oben wie Adler auf einer Felsenzinne.
Hier sahen wir also mit eigenen Augen eine Probe von dem
bewunderungswürdigen Talente zu klettern, das den Franzosen ganz besonders eigen ist, und mit dem sie in den neuern
Feldzügen die Welt so oft in Erstaunen gesetzt haben.

Die Aussicht auf unserm Felsen war vortrefflich. Gegen
Norden bog sich ein Halbcirkel, oben ganz nackter Kalkberge,
herum, die man in dieser Landschaft Garriken nennt, und
die bis weit hinauf mit Oelbäumen und Reben bedeckt waren.
Dann verweilte das Auge mit Lust in dem, mit allen Reizen
einer schönen Landschaft geschmückten, unübersehbaren, sich
nach Süden hinaberstreckenden Rhonenthale. Angenehm contrastirten in unserer Nähe seitwärts, am Bergabhange, die
frischen, dunkelgrünen Reben, die noch vom Regen tropften,
der eine halbe Stunde lang wieder einmal die lechzende Natur
erquicket hatte, mit dem rothen und gelben Boden, auf dem
sie standen, so wie manche, schöne, dunkle, reichbelaubte
Bäume und Waldpartien, nahe und ferne, mit dem blaßen,
graulichen Grün der Oliven.

Einen nicht minder anziehenden Anblick gaben uns zahllose, durch hellgrüne oder gelbe Felder in der weiten Ebene,
unten zerstreute, düstere, dunkle Gruppen und Linien von
Bäumen. Viele anmuthige Landhäuser glänzten uns zur
Rechten und Linken, am Abhange des Gebirges, aus dunkler
Belaubung hervor; in weitem Bogen zog sich südlich unter
uns das durch seine heitern, schön gebauten Vorstädte so
freundliche Nimes dahin, worinn sich das düstere, ungeheuere,

römische Amphitheater, über das niedere glänzende Häusergewühle, wie ein Riese über Pygmäen erhob, wie eine düstere, coloſſale Geiſtergeſtalt aus dem Schattenreiche da ſtand. Einen beſonders lieblichen Anblick gewährte der gerade unten am Fuße unſers Felſen ſich verbreitende, reizende, kleine Luſtwald, mit ſeinen prächtigen Baſſins, Gartenpartien und Schattengängen, und weiterhin, der ſchöne, ebene, ſeitwärts von freundlichen kleinen Häuſern begrenzte, ungeheure Promenadeplatz, der ſich wohl eine ſtarke Viertelſtunde vom Parke an ſüdlich hinaus zieht.

Das zwiſchen Felſenabhängen, und ſeitwärts ſich herabſenkenden Reben- und Olivenpflanzungen verbreitete Luſtrevier, wurde durch das anmuthige Gewühl der ſonntäglich geputzten Einwohner von Nimes ausnehmend verſchönert; die in unzähligen Gruppen und Paaren, ſich in den reinlichen, ſchattigen Gängen durchkreuzten, und auf der großen Promenade-Ebene, jenſeits des Parks zu Hunderten, gemächlich und friedlich dahin zogen. Ungemein maleriſch nahmen ſich beſonders in der Nähe unten, die vielen, weißgekleideten, ſchlanken, umherſchwebenden Mädchengeſtalten; mit ihren ſcharlachrothen, großen, leicht übergeworfenen Schawls, in den mit gelbem Sande beſtreuten Gängen unter den finſtern Bäumen aus.

Zu dem Allem denke man ſich nun noch den glänzenden, friſchen Firnis, den ein ſanfter, vorübergegangener Regen, durch den der Staub niedergedrückt, und von Bäumen und Pflanzen abgewaſchen worden war, und die ſinkende Sonne über die ganze Natur verbreitete, ſo wie das ſchöne, tiefblaue Himmelsgewölbe, unter welchem dunkelgraue Wolken mit goldenem Rande, und unzählige kleine, feurige Inſeln ſchwammen, ſo hat man das ganze, glänzende Prachtgemälde, das uns auf dem öden Felſen oben vorſchwebte und entzückte.

Ich konnte mich fast nicht von demselben losreißen, und erst
ziemlich spät giengen wir wieder nach dem Parke herab, um
des Anblickes der schönen Menschengestalten, und des lieblichen Gewimmels in der Nähe noch froher zu werden.

· Ein guter Stern leuchtete uns jetzt schon den dritten
Sonntag; vor 14 Tagen hatten wir in Vienne an einem
Sonntage Gelegenheit gehabt, in den zwey Frohnleichnams-
Processionen, die uns daselbst begegneten unter den Hunderten weißgekleideter und halbverschleyerter, kleiner Mädchen,
Jungfrauen, und junger Weiber, sehr viele reizende Gesichter und Gestalten zu sehen; eben so viele anmuthige,
weibliche Gestalten, nebst einer großen Zahl schöner, blühender, elegant-gekleideter Jünglinge und Männer, sahen wir
den letzten Sonntag auf einer Rhoneinsel bey Avignon,
und eine große Anzahl schöner Menschen, beyder Geschlechter, sahen wir auch jetzt in dem prächtigen Parke von Nimes an uns vorüber ziehen. —

. So mancher reizvolle, feurige Jüngling, in der schönsten Blüthe der Gesundheit und Jugend, mit geistvollen
Gesichtszügen, aus denen sich ein gehaltvolles, thatenreiches
Leben ahnden ließ, eilte bey uns am Arme von Freunden
vorüber; hohe, edle Gestalten gereifter Männer, in denen
die Blüthe und das Feuer der Jugend, mit dem Ernste und
der kalten Besonnenheit höherer Jahre, ein edles Selbstge-
fühl, mit herzgewinnender Freundlichkeit und Höflichkeit
vereint erschien, standen umher, und wandelten unter den
Bäumen hin. Aber auch blühende Mädchen von bezaubernder Schönheit, wie die Huris in Mahomed's Paradiese,
aus deren schwarzen, großen, seelenvollen Augen, funkelnde,
südliche Flammenblicke hervor loderten, und unter ihnen
auch einige Gestalten mit sanften Madonnengesichtchen voll
weiblicher Anmuth und anspruchloser Holdseligkeit, schwebten

mit leisen Geistertritten, wie Himmelserscheinungen, vorüber.

Ich bemerkte auch wieder bey dieser Gelegenheit eine
Lebendigkeit und Raschheit im ganzen Wesen, in den Blicken, Reden, und allen Bewegungen dieser südlichen Natu-
ren, wie man sie nirgends, als unter einem solchen Himmel
findet. Bey diesen Menschen ist eine Fülle von Lebenskraft,
eine Reizbarkeit der Nerven, eine Glut in den Adern, es
giebt bey ihnen, bey leichten Veranlassungen, vulcanische
Ausbrüche, wie nimmermehr beym kühlern, besonnenern
Nordeuropäer. Während der wenigen Tage, die ich in Nimes zubrachte, war ich Zeuge vom Ausbruche einer solchen
südlichen Temperamentshitze. Ich saß dem reizenden Maison
carree gegen über auf einem Steine; in meiner Nähe kamen
bey einem Hause, wo viele Menschen beschäftigt waren,
zwey Arbeiter in einen heftigen Wortwechsel; sie entfernten
sich mehreremale mit ihren, mit Steinen beladenen Schubkarren, kamen aber immer wieder bey der Rückkehr hinter
einander.

Auf einmal, da niemand an etwas Aergeres dachte,
warf der eine seinen Schubkarren hin, sprang auf einen
freyen Platz heraus, riß das Hemd auf, fuhr wie der Blitz
mit seinem schwarzbraunen Körper aus demselben hervor,
und stand nun, nackend bis an den Gürtel, wie ein Hercules
schlagfertig, mit glühenden Augen da, und forderte seinen
Gegner auf, die Sache mit ihm auszumachen. Dieser aber
war auf einmal ganz betreten, gab gute Worte, und streckte
das Gewehr. Befriedigt durch diese öffentlich erhaltene Ge-
nugthuung, streifte der kampflustige Gladiator stillschweigend
sein Hemd wieder über, und fuhr mit seinen Steinen davon.

Da es nach und nach unter den Bäumen dunkler zu
werden anfieng, und der bessere Theil der Spaziergänger

bereits verschwunden war, so begaben wir uns auch auf
den Rückweg nach der Stadt. Wir kamen durch den Cours,
der zwischen ihr und dem Parke liegt, und mit 4 Reihen
von Bäumen bepflanzt ist, durch welche 3 schöne, bedeckte
Alleen gebildet werden. In der hellen, luftigen Straße,
die zum Amphitheater führt, und deren eine Seite mit dem
Maison carree, die andere mit dem neuen, prächtigen Ho-
spitale und Theater, und 2 Reihen schöner Bäume geschmückt
ist, fanden wir einen großen Theil der Parkgesellschaft noch
einmal versammelt.

So gieng nun ein für mich unendlich reicher und genuß-
voller Tag zu Ende; ich war an demselben in der Frühe
stundenlang in den Gewölben des Amphitheaters herum gewan-
dert, auf den Gradinen bis zu seiner höchsten Höhe hinauf
geklettert; ich hatte, auf den Steinplatten der Attika stehend,
eine entzückende Aussicht, in die von der Morgensonne herrlich bestrahlte, mahlerische, unermeßliche Landschaft, und
über die ganze Stadt, mit ihren schönen Vorstädten, genossen; ich hatte mich an den colossalen Trümmern alter Herrlichkeit, in dem ungeheuern innern Raume des Amphitheaters
ergötzt; ich hatte mich im Herabsteigen über die vielen, noch
gut erhaltenen Gradinen, und beym Ausruhen auf einer
derselben, in die schönen Zeiten zurück gedacht, wo dieß
erhabene Menschenwerk noch in altem, unentweihtem Glanze
da stand, ein Wunder der Kunst und Kraft; wo seine
zahlreichen Sitze, in dem ungeheuern Kreise umher, noch
mit Tausenden von Zuschauern, in römischem und gallischem
Costume angefüllt waren; wo auf den tiefsten Sitzen weit
hinauf, von Hunderten römischer Ritter umringt, der Kaiser
mit seiner Familie, Feldherren, Senatoren, Gesandte,
Priester, Vestalinnen in ihren langen, weißen, mit Purpur
besetzten Gewändern und auf den obersten Gradinen, Reihen

schöner gallischer und römischer Weiber in glänzendem Schmucke
saßen; ich hatte in der Begeisterung die weite Arena mit
Schwärmen von Gladiatoren, Elephanten, Löwen, Stieren
und andern Kampfthieren bedeckt, gesehen; ich hatte das
Beyfallgeschrey der Tausende umher gehört, wenn ein harter,
bedenklicher Kampf glücklich sich geendigt hatte, und der
schon halb verlorne Fechter mit Blut, und Schweiß und Staub
überdeckt, den schweren Sieg errungen, den furchtbaren
Feind zu Boden gestreckt hatte, und dem gräßlichen Tode
nun entrissen, erschöpft, und mit blassem Angesichte da stand.

Ich hatte mich noch einmal an dem Anblicke des unaussprechlich schönen Maison carree ergötzt, und mit dem Auge
der Phantasie einen nach ihm hin wallenden, feyerlichen
Opferzug, von reizenden, weiß gekleideten, mit Blumen
bekränzten Jungfrauen, von blühenden Jünglingen, von ehrwürdigen, priesterlichen Greisen mit silbernen Haaren, und
tief herabfließenden Bärten und Gewändern angeführt gesehen; ich hatte ihre Hymnen zum Lobe der Unsterblichen
gehört, die Opferflammen der Altäre erblickt: ich hatte
den Tempel Dianens, mit seinem Schatze von prächtigen
Trümmern des Alterthums, bewundert, das Riesengebäude
der Vorwelt auf dem Felsenberge gesehen, mich an einer
der reichsten Gemäldeausstellungen der Natur, und an einer
Menge der reizendsten Menschengestalten von Herzen erquickt;
reichlich gesättiget stand mein Geist von einem glänzenden
Gastmahle auf; dieser Tag ist einer der reichsten und schönsten
meines Lebens.

Von den 10 Thoren des alten Nemausus, welche die
Römer gebauet hatten, sind nur noch 2 übrig, das schon
oben beschriebene. Thor von Rom, und das Thor von
Frankreich (Porte de France); man nannte es ehemals auch Porta cooperta; es hatte auch, wie das Thor

von Rom, auf jeder Seite einen runden Thurm, war mit
einer Attika gekrönt, und diese war mit 4 Pilastern geziert,
über denen sich ein kleines Getäfel befand. Ihre größten
Steine sind 2 Fuß hoch, 3′ lang, und 3 — 3½′ breit. Bis
zum Kämpfer (Imposte) hat das Thor eine Höhe von 12′,
die Breite ist eben so groß. Von den 2 runden Seitenthür-
men ist nur noch einer übrig, und ein kleiner Rest von dem
andern. Ganz in der Nähe der säugenden Wölfin am Amphitheater, sieht man den sogenannten Mann mit 4 Füßen
(l'homme à quatre jambes), an der Wand eines Hauses. Es ist eine aus dem untern und mittlern Theile zweyer
weiblicher Körper, und einem haarigen, bärtigen Mannes-
kopfe zusammengesetzte Bildsäule; unter dem Kopfe erscheint
eine horizontalliegende Scheibe, von welcher ein faltiges
Stückchen Tuch sich bis nach dem Nabel des Bauches beyder Körper herabzieht; über dem Kopfe sieht man wieder
3 kleinere, auf einander liegende Platten. Man weiß
nicht, was durch dieses sonderbare Bild vorgestellt werden
soll. —

Man hat in Nimes eine Menge römischer Fußböden
von musivischer Arbeit gefunden; die meisten derselben
sind aber nicht länger oder breiter als 12′. In dem Hause
des Herrn Renouard sieht man eine schöne Mosaike, die
noch nicht lange entdeckt worden ist; sie ist 21′ lang und
14′ breit In dem Hause des M. Maury, zwischen dem
Cours und dem Thore von Alais, ist ein sehr schöner
musivischer Fußboden gefunden worden. Bey einem
Herrn Laporte, in der Straße Peiro Montado, nicht
weit von dem Maison carree, sieht man eine Mosaike, die,
wie sich leicht berechnen läßt, 36′ lang und 20′ breit gewesen seyn muß. Einen sehr schönen musivischen Fußboden

sah ich in einem kleinen Zimmer, des Hauses der Herren Fouffard, Astier und Vigaud, Indiennefabrikanten; er ist vorzüglich sehenswerth; in einem viereckigen Rahmen sieht man eine Menge concentrischer Cirkel; in den Ecken des Rahmens Fische, Vögel, ein Schiff ꝛc. ꝛc.; dieß Stück, das sehr schöne Farben und mannigfaltige, gefällige Zeichnungen hat, fällt vortrefflich in die Augen; es ist gewöhnlich mit Dielen bedeckt, die ein Diener jedem Fremden zu Gefallen für Augenblicke, gegen eine kleine Erkenntlichkeit, wegnimmt; man kann bey ihm auch colorirte Zeichnungen dieser Mosaike haben, so wie Schnupftücher, auf denen sie dargestellt ist.

Auch eine große Menge römischer Brunnen ist in Nimes schon gefunden worden; sie sind aus lauter Bruchsteinen gebauet, die durch einen unverwüstlichen Kitt verbunden sind; der größte derselben ist im Garten des Ingenieurs M. Durand. Im Garten eines Herrn Cuffou, in der Nähe des neuen Cours, ist auch ein solcher Brunnen, er ist 30′ tief; unterhalb der letzten Steinreihe führt eine alte römische Treppe von 11 Stufen zu einer kleinen, etwa 3 □. Fuß im Umfange haltenden Fläche hinab; dieser Brunnen muß zu einer ansehnlichen Wohnung gehört haben, theils wegen der Treppe, als einer ungewöhnlichen Bequemlichkeit, theils weil man eine Menge Bruchstücke mußivischer Fußböden, und eine schöne Statue der Göttin Hygiea in der Nähe gefunden hat; sie ist von weißem Marmor; die Göttin sitzt, und hat ein Füllhorn in der Hand; der untere Theil des linken Armes fehlt. Der Styl dieser Arbeit ist sehr gut, und verräth die schönsten Zeiten der Kunst; man findet diese Bildsäule auf der Bibliothek, so wie auch einen colossalen, bronzenen Kopf, der zu einer Statue gehört zu haben scheint; man weiß nicht, ob es ein männlicher oder weiblicher Kopf ist; eben daselbst findet man auch eine bronzene Vase von großer Schönheit, und trefflich erhalten; ferner eine noch schönere, bronzene Lampe, auch mehrere Todtenurnen, Thränengefäße, geschnittene Steine, Mün- zen ꝛc. ꝛc. *).

Auf dieser Bibliothek des Lyceums findet man noch viele andere antike Monumente, musivische Frag- mente, irdene, gläserne, bronzene Urnen, kleine Figuren, Vasen, zierliche Lampen, Inschriften; ferner einen Bücher- vorrath von 30,000 Bänden, vortreffliche Bücher aus allen Fächern, interessante Manuscripte, darunter sind Briefe von dem berühmten Peiresk und an ihn, Manuscripte und Briefe von Seguier, und eine Menge Briefe an ihn. Man fand sonst hier auch ein zum Druck verfertigtes Manuscript von Seguier, mit dem Titel: *Inscriptionum antiquarum in- dex absolutissimus etc.*; es ist eine Sammlung aller bekannten griechischen, etruscischen, und römischen Inschrif- ten; mit einer vorangehenden, kritischen Geschichte der In- schriften. Seguier setzte das Verzeichniß der Inschriften bis an seinen Tod 1784 fort; dieses verdienstvolle Werk sollte billig im Druck erscheinen; es ist gegenwärtig in der könig- lichen Bibliothek in Paris. — Diese Bibliothek gehörte der Akademie; der gelehrte Seguier hatte ihr seine Bücher, Alterthümer, und Naturaliensammlung, die sämmt- lich sehr interessant sind, bey seinem Tode vermacht;

---

*) „Man kann in Nimes auch die Cathedralkirche, die pro- testantische Kirche, und das Stadthaus besehen. Die Akademie verdient besondere Aufmerksamkeit; man findet hier eine ziemlich ansehnliche Bibliothek, ein Naturalien- und Antiquitätenkabinet, die Seguier seinen Mit- bürgern vermachte.“

jetzt gehört sie der Stadt; sie enthält eine schöne Sammlung von Mineralien, einen reichen Vorrath von Schiefersteinen, mit Abdrücken von Farrenkraut; aus den Steinbrüchen von Verona, Ichthyolithen, Conchylienversteinerungen, eine große Zahl Proben von Marmorarten, vulkanische Produkte aus Vivarais. Man findet hier auch ein reiches Münzcabinet; diese Biblothek wird 3 mal in der Woche, Vor- und Nachmittags geöffnet.

Man findet ferner in Nimes mehrere ziemlich gut versehene Leihebibliotheken, Lesecabinete, und Buchhandlungen. Leihebibliotheken und Lesecabinete findet man bey Pouchon, a la Salle neuve des Spectacles, bey Guibert, sur le grand Cours; bey Texier, au ci-devant Grand Couvent; besonders ist die erste sehr empfehlenswerth. Gut assortirte Lager von Novitäten haben Pouchon, Guibert und Melquiond, sur le petit Cours. Aeltere, kostbare Werke haben Mad. Belle, Place du Chateau, und M. Buchet, vis-a-vis l'Hotel du Lycee; Herr Buchet ist Besitzer eines ziemlich ansehnlichen Curiositäten-Cabinetes, das man täglich gegen das geringe Einlaßgeld von 30 Sous, die Person, sehen kann.

Man findet hier eine Menge ägyptischer, hetrurischer, römischer, griechischer, persischer Alterthümer, 4000 Stück griechischer und römischer Münzen, artistische Curiositäten von Holz, Wachs, Elfenbein, interressante Gemälde ꝛc.; auch eine ziemlich vollständige Sammlung von antiquarischen Werken; man siehet auch unter andern in diesem Cabinete 2 schöne Mosaikfragmente, die im neuen Cours beym Nachgraben neben der großen Quelle gefunden wurden, einen Opferaltar mit einem Basrelief ꝛc. ꝛc.

Man sieht in diesem Cabinet mehrere ägyptische Figuren, Bilder des Anubis, des Isis, der Harpocrates, des Gottes des Stillschweigens; Bilder von ägyptischen Priesterinnen. von Bronze, von gebrannter Erde, von Holz; mehrere mit Hieroglyphen; Bilder heiliger Thiere, z. E. den Stier Apis. Stücke von Bronze findet man hier in großer Anzahl; sie stellen Gottheiten von griechischer, oder römischer Arbeit vor; ägyptische, griechische, römische, persische Lampen, Hausgeräthe, Schalen, Opferwerkzeuge, z. E. zwey vierschneidige Opfermesser; das eine fand man im Jahre 1803 in Nimes, in einem Rebstücke beym Dianentempel, im Grabe eines Druiden, eines alten gallischen Priesters; das andere im Jahre 1804, das weit schöner gearbeitet ist, beym Graben des Kanals von Beaucaire, nahe beym Bassin.

Man sieht hier ferner Satyren, Bacchanten, drey Bilder Jupiters, einen Opferpriester, dessen Draperie merkwürdig ist; Mercure, einen Ganymed, einen Gladiator von ausnehmend schöner Arbeit, einen Dreyfuß von 3 Satyrköpfen getragen, aus den schönsten Zeiten der Kunst, einen eisernen Amor, kaiserliche Adler von Bronze und Stein, 5 gläserne Todtenurnen, in deren einer die Asche und Gebeine eines großen weiblichen Körpers sind; eine andere derselben ist die des M. Agrippa; sie wurde 1785 bey der Gardonbrücke entdeckt.

Hier sind ferner ein eiserner Küraß mit Basreliefs von großer Schönheit; er wurde mitten in der Rhone, nach einer Ueberschwemmung, mit einem kleinen, starken, eisernen Koffer voller Goldstücke gefunden; ferner ein bronzener Esel; eine gut erhaltene bronzene Votivhand einer Frau; mehrere weiße Waffen von verschiedenen Formen, die man auch in der Rhone fand; eine große Menge römischer Vasen, Urnen von Glas und gebrannter Erde von allen

Formen; mehrere Lampen von der nämlichen Materie mit Basreliefs, von größter Schönheit geschmückt; ein Priester der alten Gallier von gebrannter Erde. Unter den Vasen sind 4 von rother Erde; man fand sie im J. 1803 bey der Gardonbrücke; eine war voller Silbermünzen.

Mr. Buchet besitzt auch allerley Merkwürdigkeiten aus spätern Zeiten, Gemälde auf Holz, auf Kupfer, auf Alabaster ꝛc.; Bildsäulen von Wachs in Lebensgröße; besonders trefflich gearbeitet ist eine weibliche Figur, die in Paris unter dem Namen der schönen Provencalin bekannt, und die Tochter eines Marseiller-Matrosen war; diese Figur zeichnet sich durch ihre Schönheit aus. Hier ist eine Andromeda am Felsen, eine heilige Magdalena, der heilige Ludwig, ein Democrit in Basrelief, ein Todtenkopf, ein prächtiges Stück welches das Urtheil Salomons darstellt, es enthält 10 Figuren, und ist sehr fein gearbeitet; man findet hier 2 geflügelte Amors, die sich liebkosen, einen ausdrucksvollen Mercur. —

Man fand in Nimes auch eine große Menge Inschriften, von denen Mr. Vincens eine Sammlung herausgegeben hat. Inschriften findet man in der Nähe der Fontaine, im Hause des Mr. Troupenas, im Hause des Mr. Rey, Rue St. Veran, im Hause des Mr. Pintard, in der Capelle des Lyceums, beym Thore Couronne, im Hause des Mr. Massive bey Quatre Jambes, im Hause des Mr. Marojol, Rue du Moulin Raspal, im Garten des Mr. Lanne, im Hause des Mr. Jonquieres, des Mr. Meymer, Rue des Barquettes, des Mr. Chambaud, im Quartier de la Boucarie, im Garten des Mr. Aubanel, im Hauseingange des Biblothekar von Trellis, vor dem Hause N°. 63. au Cheval blanc, Rue Notre Dame, beym Hotel de

Louvre; bey Niederreißung der Kirche St. Perpetue zog
man aus den Fundamenten ein halbes Dutzend Inschriften.
Eine kleine Zahl von Inschriften findet man auch in dem
Garten des gelehrten Geschichtsschreibers von Nimes, des
Mr. Menard; wichtig in Absicht der Inschriften ist auch
die Wohnung des berühmten Mr. Seguier; schon die
Vorderseite des Hauses kündigt die Wohnung eines Alter-
thumsforschers an; man sieht hier mehrere Inschriften, die
in der Stadtbibliothek sollten aufgestellt werden; auch in der
Mauer des Einganges sind mehrere Inschriften befestigt; die
Mauern des Gartens sind ebenfalls mit Inschriften bedeckt.
Indessen ist der klassische Boden von Nimes noch bey weitem
nicht erschöpft, und verbirgt höchst wahrscheinlich, da das
alte Nemausus eine der blühendsten Städte des alten Galliens war, noch sehr wichtige antiquarische Schätze. Das
dürfte besonders in den Gegenden der Fall seyn, die man
als die ehemaligen Wohnplätze der reichern Bewohner ansehen kann: am Fuße der Hügelreihe nämlich, die den Nordwind anhält, und ganz gegen Süden offen ist; die schönsten
vorhandenen Alterthümer sind hier gefunden worden; allein
im Ganzen ist kaum der 6te Theil des Bodens untersucht. —
   Nimes liegt etwa 143 Fuß höher, als das Meer,
in einem fruchtbaren, von Nordosten nach Südwesten geöffneten, großen, herrlichen Thale, das einem unübersehbaren,
blühenden Garten gleicht, das mit 2 parallellaufenden Hügelreihen eingeschlossen ist, und von Bächen gewässert wird, die
von den benachbarten Bergen kommen. Das Ganze der Stadt
bildet ein ungeheures, unregelmäßiges, längliches Viereck,
das sich von Norden nach Süden erstrecket, und in 2 große
Haupttheile, die eigentliche Stadt, und 8 Vorstädte zerfällt.
Nimes liegt am Anfange der großen, fruchtbaren Ebene des
untern Languedocs, im Schoose einer Garrile, oder eines

Kalksteinhügels, der sich halb um die Stadt her legt. Die
nördliche Hügelreihe besteht aus lauter festem Kalkstein; die
südliche blos aus Kieseln, Sand und Thone.

Die Stadt selbst bietet nichts dar, als ein Labyrinth von
engen, unregelmäßigen, schmutzigen, oft finstern Gassen, die
sich in unzählichen Richtungen durchkreuzen, und ist daher äusserst ungesund. Die Häuser sind klein, übel aussehend und ohne
Bequemlichkeit. Der Parterrestock ist meistens unter der Erde
angebracht, und selbst den obern Etagen fehlt es fast immer
an Luft und Licht. — Nimes hat 9 Thore; am Magda-
lenenthor führt eine Allee von einigen Reihen Bäumen
nach einem Franciscanerkloster, und dient zur öffentlichen
Promenade. So traurig aber das Innere der Stadt ist, so
angenehm sind die sie umgebenden Vorstädte; der Flächeninhalt derselben wird wenigstens doppelt so groß geschätzt, als
der der Stadt selbst *). Diese sind auch weit regelmäßiger,
luftiger und gesunder angelegt. Hier giebt es breite und
gerade Straßen, Gärten, Alleen, öffentliche Plätze und
schöne Häuser im Ueberflusse. Hier findet man die reizende
Esplanade, den Cours, den Park, die Fontaine. Die gesundeste und angenehmste Lage, und die schönsten Wohnungen
haben die Vorstädte Crucimele und Richelieu; beyde
liegen auf einem etwas höhern Terrain sonnig und luftig,
und sind mit vortrefflichem Wasser versehen.

Die Heitzung der Zimmer ist in Nimes ausnehmend kostbar,
da man Holz und Kohlen aus den Cevennen kommen lassen
muß. Das Wasser ist meistens äußerst schlecht, und führt

---

*). „Die Stadt Nimes war ehemals von sehr großem Umfange,
wogegen sie jetzt sehr klein ist: ehemals war sie um die Hälfte größer, wie
man es aus dem Ueberreste der alten Stadtmauern schließen kann, die überall noch kenntlich sind."

lauter Kalk und Selenit bey sich. Man hat hier weiße und rothe
Weine, von denen besonders die letztern aller Ehren werth sind.
Brod und Fleisch erinnern sogleich an den schönen Waizen
und die herrlichen Weiden von Languedoc; da man hier
schon aus der See, oder aus salzichten Küstenteichen, Fische
erhält, so fehlt es nicht an manchen, sehr schmackhaften
Gattungen. Gemüse und Früchte haben von jeher für vorzüglich gegolten, und selbst die Sämereyen der ersten einen
beträchtlichen Handelszweig ausgemacht.

*   *   *

„Man behauptet, daß der Umfang von Nimes, dessen
Mauern sehr fest waren, unter den Römern 11mal größer
war, als heut zu Tage; daß er 4500 Toisen betrug, und
die befestigten Mauern 80 Thürme und 10 Thore hatten,
und daß sich die Stadt in dieser Gestalt bis auf die Zeiten
Carl Martels erhielt, der aber alle ihre Fortificationen
zerstören ließ, so daß von der großen Zahl ihrer Thürme
nur noch ein Theil desjenigen vorhanden ist, den man
Tourmagne nennt, dessen Ruinen noch in Erstaunen setzen.

„Einer der Prälaten, der ganz vorzüglich der Stadt
Nimes, und dann ganz Frankreich große Ehre macht, ist
Flechier; sein Grabmal in der Cathedralkirche verdient
besucht zu werden. Kurze Zeit vor seinem Tode ließ er selbst
sich dieß einfache Grabmal errichten, um seine Neffen abzuhalten, ihm ein glänzenderes aufstellen zu lassen. Von den
Zeichnungen, die ihm der Bildhauer, dem er das Geschäft
auftrug, vorlegte, wählte er die einfachste, und sagte dem
Künstler: „Sie müssen sogleich Hand an's Werk legen, denn
die Sache leidet keinen Verzug mehr"; er starb auch kurz
darauf. Der Name Flechier ist noch in allen Herzen der Einwohner von Nimes eingegraben; es sind weniger seine Talente, als seine Tugenden und Wohlthaten, die ihm diese
Verehrung

Verehrung erwarben. Während des unglücklichen Winters
1709 öffnete er den Unglücklichen seine Fruchtspeicher; die
Protestanten hatten eben so gut Antheil an seinen Wohlthaten, als die Catholiken; er sahe nicht auf ihren Glauben,
sondern nur auf ihre Noth; er weigerte sich, Fonds, die zu
Almosen bestimmt waren, zur Erbauung einer Kirche anwenden zu lassen; „welche Gesänge,‟ sagte er, „können so
viel werth seyn, als die Segnungen der Armen? Und welcher Anblick kann der Gottheit angenehmer seyn, als die
Thränen der Dürftigen, die von ihren Dienern abgetrocknet
werden?‟

„Ein Mädchen, das von den Eltern gezwungen wurde,
Nonne zu werden, hatte die Schwachheit, der Liebe und
Natur zu viel Gehör zu geben, und hatte dann das Unglück,
die Folgen davon der Superiorin nicht verbergen zu können.
Flechier hörte, daß diese die Unglückliche auf die grausamste Art gezüchtigt, und in ein unterirdisches Gefängniß
eingesperrt habe, wo sie auf Stroh liegend, bey ein wenig
Brod und Wasser, den Tod, als das Ende ihres Elendes
erwarte. Dieser Prälat gieng in das Kloster, und nach
vielem Widerstande, von Seite einiger Nonnen, brachte er
es dahin, daß man ihm den finstern, scheußlichen Kerker
öffnete, wo diese Unglückliche von der Verzweiflung verzehrt
wurde. Da sie ihn bemerkte, streckte sie die Arme nach ihm,
als ihrem Beschützer, aus. Voll Unwillen sagte nun Flechier
zur Superiorin: „ Billig sollte ich Sie, wenn ich nur auf
die Stimme der Gerechtigkeit hören wollte, an den Platz
dieses Opfers Ihrer Barbarey setzen; aber der Gott der
Barmherzigkeit, dessen Diener ich bin, befiehlt mir, gegen
Sie die Nachsicht zu beweisen, die Sie diesem armen Geschöpfe verweigerten, und welche der Welterlöser gegen die
Ehebrecherin bezeugte. Er ließ nun die Nonne sogleich aus

ihrem grauenvollen Gefängnisse herausführen, und befahl,
daß man sie mit der allergrößten Sorgfalt verpflegen solle;
aber diese liebreichen Befehle konnten sie nicht mehr retten;
sie starb nach einigen Monaten, und ihre letzten Worte,
waren Worte des Segens, den sie über den tugendhaften
Prälaten aussprach." —

Auf die Straßenreinigung wird in Nimes so gut als
gar nicht gesehen; in der Stadt besonders bleibt aller Unrath vor den Thüren liegen; ja in dem sehr bevölkerten
Viertel Les Bourgades wird sogar, wie in den kleinen
provencalischen Städten, der Mist auf der Straße fabricirt.
Dazu nehme man, daß Alles vor den Thüren geschlachtet
wird, daß alle Gußsteine aus den Fabriken auf die Straßen
gehen, daß die ganze verfaulte Coconsmasse dahin geworfen
wird, daß der Nordwind nur sehr wenig, der Südwind desto
freyern Zutritt hat. Wie sehr muß die Mortalität dadurch
vergrößert werden! wie sehr wären da fließendes Wasser
und Reinigungskanäle nöthig! — Die Straßen St. Laurent
und Boucarie sind besonders, durch die darauf heraus-
geworfenen, verfaulenden Cocons, sehr ungesund.

Wer nahe Spaziergänge liebt, dem bietet die
Esplanade, zwischen den Vorstädten Richelieu und
La Couronne, der Cours in der Vorstadt St. Laurent, und endlich der Park bey der berühmten Quelle,
hinlänglich Gelegenheit dazu dar; nur fehlt es den ersten
zwey neuangelegten Promenaden noch sehr an Schatten.
Die Esplanade pflegt im Sommer, der Cours im Winter,
der Park im Frühjahre der besuchteste Promenadeplatz zu
seyn. Für den Fremden dürfte die Esplanade, ihrer angenehmen Aussicht wegen, der letzte, der merkwürdigen
Quelle halber, die meisten Reize haben. Auch zu entferntern
Spaziergängen hat man in den Gegenden um die Stadt

sehr gute Gelegenheit. Es sind auch 2 Theater hier, von denen das große in der Vorstadt nicht unter die schlechten gehört; mehrere Kaffeehäuser, unter denen das Cafe de Martinet besondere Aufmerksamkeit verdient. Hier ist ein Saal, den man das Museum nennt; in demselben werden Bälle und Conzerte gegeben; er ist sehr schön mit Säulen und Caryatiden geschmückt, doch für seine Länge nicht hoch genug; auch ist bey ihm das Gold allzusehr verschwendet.

· Liebhaber der Lektüre finden in der öffentlichen Bibliothek des Lyceums, die einen Tag um den andern offen ist, in dem Salon litteraire bey Pouchon, am großen Theater, und in den Leihebibliotheken mehrerer anderer schon genannter Buchhändler, hinlängliche Befriedigung. —

Nimes ist der Hauptsitz der Reformirten in Frankreich; man giebt ihre Zahl in Nimes auf 12000 an; ihre Anzahl ist größer, als in mancher der nördlichen Provinzen; sie haben jetzt ihre eigene Kirche; ehemals versammelten sie sich, zu ihren Gottesverehrungen, in einem Steinbruche nicht weit von der Stadt. Diese Versammlung muß einen seltenen Anblick gewährt haben; selbst die Catholiken sagten, daß man nicht ohne Rührung 12—15000 Menschen an Festtagen, besonders am Osterfeste, unter freyem Himmel, zu gemeinschaftlichem Gebete, versammelt sehen konnte. Die Zeit hat sich für die Protestanten in Frankreich sehr glücklich geändert; ehemals mußte ein jeder, der einmal eine gottesdienstliche Versammlung besuchen wollte, Freyheit, Gut und Ehre, und oft sogar das Leben wagen, und doch ließen sich wenige abschrecken.

Die Nimer Protestanten machten einst, unter den gefährlichsten Umständen, den Versuch zu einer gottesdienstlichen

Versammlung, deren Folgen schauderhaft für die Unglücklichen wurden, die man dabey überraschte. Den 11ten April
1703, am Sonntage vor Ostern, wagten es 150 nach Andern 300 Protestanten in einer Mühle, nahe am Carmeliterthore, eine gottesdienstliche Versammlung zu halten, und
das Abendmahl zu feyern; sie wurden Nachmittags um 2
Uhr entdeckt. Man gab sogleich dem Marschall von Mon-
trevel davon Nachricht, welcher unverzüglich die Mühle
durch seine Dragoner umringen ließ. Der Prediger, nebst
einigen andern, sprangen aus dem Fenster, und suchten sich
zu retten; sie wurden aber von den Dragonern niederge-
schossen. Er befahl darauf die Mühle in Brand zu stecken,
und alles, was sich darinn befand, wurde ein Raub der Flammen; wer sich retten wollte, wurde von den Dragonern
nieder gemacht, und wieder in's Feuer zurück geworfen. —

Nimes hat eine zahlreiche Bevölkerung; man rechnet 40 — 50,000 Einwohner; die Einwohner beschäftigen
sich sämmtlich mit dem Fabrikwesen und der Handlung;
man sieht nichts als Fabrikanten, Kaufleute und Fabrikarbeiter. Nimes ist eine der ersten Manufakturstädte nach
Lyon, und die hier verarbeiteten Waaren werden so weit durch
den ganzen Erdboden verführt, als der europäische Luxus
und die europäischen Bedürfnisse haben hindringen können.
Schon seit Jahrhunderten waltete der Geist der Industrie
über Nimes. Ihre Hauptfabriken beschäftigen sich mit seidenen Strümpfen, und seidenen Zeugen; doch stehen die erstern
unter denen von Gangè, und die Zeuge unter denen von
Lyon; sie stehen diesen an Reichthum, Pracht und Kunst
weit nach; sie sind bey allem Geschmacke, und einer gefälligen
Simplizität, leicht und arm an Stoff, und ahmen zu sehr
die indischen Zeuge nach. Nur durch den viel wohlfeilern
Preis können sie sich in der Concurrenz neben den

Lyoner Zeugen erhalten. Von jeher besaß Languedoc den
meisten Seidenbau, so wie die meisten Seidenfabriken, und
Nimes war gewissermaßen als die Hauptniederlage von beyden
anzusehen.

Die Verarbeitung der S e i d e war gleich, seit der Ein-
führung der Seidenzucht in Frankreich, der Hauptgegenstand
der Industrie der Bürger von Nimes geworden. Allein bis
gegen das Ende des XVI. Jahrhunderts hatte der französische Boden noch keine Seide erzeugt. Frankreich hat es
einem vergessenen Bürger von Nimes zu verdanken, daß dieses
kostbare Produkt in einem großen Theile seiner Provinzen
einheimisch wurde. Dieser vorzügliche Wohlthäter seines
Vaterlandes hieß Franz Traukat, und war ein Gärtner.
Im Jahre 1564 zog er den ersten Maulbeerbaum in Frankreich, und 1606 hatte er, nach unverwerflichen Zeugnissen,
4 Millionen Maulbeerbäume in den beyden südlichen Provinzen gepflanzt; die erste im J. 1470 zu Tours errichtete Sei-
denfabrik, so wie alle andern, die nachher beym immer mehr
sich ausbreitenden Gebrauche der Seidenzeuge entstanden,
mußten bis dahin ihre rohe Seide aus Spanien und Italien ziehen, und dafür an diese Nationen große Summen
bezahlen. Jetzt verkauft Frankreich nicht nur mehr Seiden-
fabrikate aus seinem Schoose, als diese beyde Länder zusammen genommen, sondern es kann noch eine Menge roher
Seide an das Ausland abgeben.

Traukat ersparte also seinem Vaterlande ungeheure
Summen, und zog noch weit ansehnlichere in dasselbe hinein;
durch ihn floß dem Seidenzucht treibenden Landmanne zweyer
Provinzen, und vielen tausend Fabrikarbeitern in Lyon,
Nimes, Tours ꝛc. reichliches Brod, und Fabrikanten und
Kaufleuten in den Städten Wohlstand und Reichthum zu,
und noch verkündet kein öffentliches Denkmal Traukat's

Verdienste! Die Folgen dessen, was er that, waren für Nimes sehr glänzend. Die Nimer-Groshändler verführten vor der französischen Revolution alle Jahre 2000 Cent. rohe Seide in andere Länder, und 1500 in's Innere des Reiches. Alle diese Seide wurde im untern Languedoc und in den Cevennen erzeugt. Auch von Montpellier wurde viel in's Ausland geführt, und mehr als 10mal so viel in den languedokschen Fabriken verarbeitet. Im 17ten Jahrhunderte waren schon tausend Seidenweberstühle zu Nimes; im Anfange des vorigen war diese Zahl auf 400 herabgeschmolzen; eine Frucht der Regierung Ludwigs XIV. In dem Jahre 1786 zählte Nimes wieder bey 3000 derselben, und eben so viele Strumpfweberstühle, von denen ⅔ in der Stadt, und ⅓ in den nächsten Dörfern waren. Man sah wohl in günstigen Zeiten schon bey 4000 der letztern, die auf Rechnung der Nimer Fabrikanten im Ganzen waren. —

Die Maulbeerbäume bey Nimes sind außerordentlich schön, und bieten im Frühjahre, ehe sie abgelesen werden, längs der herrlich grünenden Korn- und Rebenfelder, einen sehr reizenden Anblick dar. Am ergiebigsten werden sie meistens im 20sten Jahre, und dann dauern sie gewöhnlich wenigstens noch 50 — 60 Jahre fort. Ein Maulbeerbaum, der 13 Klafter Umfang hat, und 5 Kl. Höhe, liefert jährlich an Blättern etwa 3½ Centner. Die Blätter dieser Maulbeerbäume sind im Allgemeinen nicht sehr harzreich, aber dick und saftig, und voll Zuckerstoffes. So günstig im Allgemeinen das Clima von Nimes für den Anbau des Maulbeerbaumes ist, so ungünstig scheint es für eigentliche Seidenzucht zu seyn; wenigstens haben die benachbarten Cevennen hierin einen entschiedenen Vorzug. Die Luft ist in Nimes bey weitem nicht so rein und gesund, als in den Gebirgen; ferner sind hier die Sommer zu heiß, und die

Südwinde, besonders für die Seidenraupen, mörderisch; dann sind die Behältnisse für dieselben in Languedoc immer in der Küche angelegt, und also dem Rauche und andern übeln Dünsten ausgesetzt; auch geht man viel zu nachläßig mit denselben um. —

Was die Seidenmanufakturen anbelangt, so werden in Nimes 500 Spinner, 300 Seidenwinder *) 4000 Strumpffabrikarbeiter, 3000 Taffentarbeiter, 2300 Strumpfstrickerinnen, 1000 Fabrikarbeiter von halbseidenen Zeugen, 500 Bandmacher, 200 Färber gezählt. Nach einem ziemlich glaubwürdigen Mittelanschlage werden jährlich an Strümpfen abgesetzt für 5,600,000 Liv., an Tafften für mehr als 4,800,000 Liv. Die Lebensart der Seidenfabrikarbeiter in Nimes ist äusserst elend, wie sie es bey einem sehr niedrigen Taglohn, bey der Theurung der Lebensmittel, und bey den zahlreichen Familien der meisten Arbeiter nicht anders seyn kann; feuchte, dunkle Wohnungen, die oft mehrere Fuß tief unter der Erde und in den ungesundesten Theilen der Stadt befindlich sind, grobe, ärmliche Nahrungsmittel, elende Kleidung, so ist die Existenz jener zahlreichen, unglücklichen Menschenklassen, die ihr ganzes Leben dem Luxus dienen, und ihr ganzes Leben im Elende sind. —

Diese Lebensart, verbunden mit dem Mißbrauche geistiger Getränke, und einer anhaltenden, unnatürlichen Beschäftigung, erzeugen bey den hiesigen Seidenfabrikarbeitern eine Menge Krankheiten. Die Spinnerey beschäftigt 500 Personen weiblichen Geschlechts, und eben so viel 10—12 jährige Kinder beyder Geschlechter, die zum Drehen bestimmt

---

*) „Mit dem Abwinden der Cocons, mit Spinnen, Haspeln, Zwirnen der Seide rc. rc. sind über 2000 Personen, meistens weiblichen Geschlechtes beschäftigt."

sind; alle sind einer Menge Krankheiten und übler Zufälle aus-
gesetzt; die Zahl der Taffent- und Büratfabrikarbeiter nimmt
man ungefähr zu 3000 an; eine äußerst mühsame Arbeit,
jede Minute wenigstens 23 heftige Bewegungen, und jeden
Tag dergleichen 17—20,000; sie veranlassen wieder viele
Krankheiten; die Strumpffabrikarbeiter haben die gesündeste
Arbeit, doch sind sie auch allerley Uebeln, besonders der
Blindheit ausgesetzt. Für die Strumpfstickerinnen und
Strumpfnäherinnen führt ihre unnatürliche, gebückte Stellung und die unaufhörliche Anstrengung der Augen manche
Krankheiten und Uebel herbey. Floretseidenstreicher zählt
man gegen 1000; meistens Weiber beschäftigen sich damit;
ihre Beschäftigung, und die ungesunden, tiefen, feuchten
Kellerstübchen, worin sie wegen der Wohlfeilheit wohnen,
sind auch Ursachen vieler Uebel. Bandfabrikarbeiter giebt es
einige hundert; nach den Taffetfabrikarbeiter haben sie die
allerbeschwerlichste Arbeit; sie sind fast denselben und noch
andern Krankheiten ausgesetzt.   .

Der Handel von Nimes besteht aus Seidenhandel,
Tuchhandel, Leinwandhandel, und Spitzenhandel; dann
beschäftigt er sich mit Korn, Sämerey, Spezereyen, Apothekerwaaren, und Leder. Berechnung des Handels von.
Nimes: Seidenhandel a) rohe und gesponnene Seide
2',350 000 Liv. b) Bande 392,500 L. c) Strümpfe 5',616,000
L. d) Taffte 4',875,000 L. e) Bürats (Zeuge aus Wolle
und Floretseide) 750,000 L. Tuchhandel 2',500,000 L.
Leinwand und Spitzen 2',500,000 L. Korn- Sämerey- Drogue-
riehandel 2',100,000 L. Lederhandel 440,000 L. Totalsumme
21',523,500 Liv. Die Bewohner der Cevennen haben hier
ihren Hauptkornmarkt; man handelt mit Gesäme von aller
Art, das hier in großer Menge gezogen wird, und das in
sehr großen Ladungen nach Holland, England, Dännemark,

Schweden, und Rußland ausgeführt wird; man zählt gegen
1000 Gärtner und Gartenarbeiter in Nimes; dann handelt
man auch mit Oel, Wein und Branntwein; das Oel ist vortrefflich; der Wein, den die Gegend von Nimes erzeugt,
hat vorzügliche Eigenschaften; der schlechtere wird theils
auf dem Lande verbraucht, theils und meistens in Branntwein verwandelt. Die Wollenzeuge werden in Gevaudan,
Rovergue und den Cevennen fabricirt.

*   *

*   *

„Man findet in Nimes auch einige Färbereyen von
türkisch-rothem Baumwollengarn, über 40 Gerber, an 60
Tuchscherer und Tuchbereiter, über 30 Weber und Spitzen-
klöpplerinnen, auch einige Fabriken von gedruckten Baum-
wollentüchern. — „Ein Haupthandel von Nimes besteht in
den theils in der Gegend wild aufkommenden, theils gezo-
genen Gewächsen, wovon die Samen, die Blüthen und
Blätter, und die getrockneten Wurzeln, als Waare weit
und breit versendet werden. Der Handelsmann giebt den
gedachten Vegetabilien dieser Gegend einen besondern Vorzug,
weil Clima und Boden sie den höchsten Grad ihrer Vollkommenheit und Kraft erreichen lassen; z. E. dem Samen von
Luzern, Esparsette, rothem Klee, rothen und weißen Zwi-
beln, Lauch, Majoran ꝛc. ꝛc.; spanischen Pfeffer zieht
man in großer Menge, bis auf 600 Centner jährlich;
Sumach wird in Blättern, oder pulverisirt verhandelt. Von
einer ebenfalls hohen Wichtigkeit sind die verschiedenen Fabriken in Nimes; man macht seidene Strümpfe von aller
Art, seidene Handschuhe; die Waare von Gange besitzt
jedoch mehr Vollkommenheit, und hat das schönste Weiß.
Schwarz werden die Strümpfe am besten in Alx und Avignon gefärbt. —

Dann macht man auch in Nimes floretseidene Strümpfe und Handschuhe. Ein anderer Hauptzweig der Fabrikation in Nimes besteht in halbseidenen und halbbaumwollenen Geweben, in Schawls, Mouchoirs, Foulans, Pelerines, Madras pour Robes 2c., Westenzeugen 2c. Seit einigen Jahren fabriziren mehrere Häuser in Nimes die schönsten baumwollenen Strümpfe nach englischer Art. Man verfertigt in Nimes Molletons de Soie vortrefflich; Gros de Tours, Tafft, insonderheit Angleterre für Regenschirme, ungedruckte Schnupftücher 2c. 2c. Ueberhaupt ist das Departement du Gard reich an Industriegegenständen; die Cultur der Seide, und die verschiedene Bearbeitung derselben, macht die Hauptsache aus. Das sogenannte Peccaisalz ist vortrefflich."

Während die Hügel *) um Nimes mit Reben und Olivenpflanzungen, mit Feigen, Granaten und Maulbeerbäumen, und einer großen Menge aromatischer Pflanzen bedeckt sind, kann man im Thale selbst die herrlichsten Getreide- und Gemüsefelder, und eine Menge üppiger, künstlicher Wiesen sehen **). So scheint die Gegend von Nimes

---

*) „Die Pflanzungen wechseln in der Gegend von Nimes nach der Natur des Bodens; die Rebe, der Oel, Maulbeer-, Feigen-, Granat-, Mandelbaum schmücken die Hügel, auf denen noch eine große Menge wohlriechender Pflanzen ihre Düfte verbreitet. Wiesen, Getreidefelder, Küchengewächse bereichern und verschönern die Ebenen; nur ist es Schade, daß die Garriken an so manchen ausgedehnten Plätzen öde und nackt, und keiner Anpflanzung fähig sind." — „Den Vorrath von Wein, Oel und Korn, den die Einwohner von Nimes von ihren Feldern erhalten, consumiren sie selbst; die Seide ist ihr vornehmster Handelszweig." —

**) „Nimes hat Ueberfluß an Getreide aller Art, Hülsenfrüchten, Obst, Oel, Wein, besonders an selbst gezogener Seide; da es in der Stadt so viele Manufakturen giebt, so würden zu allen Feldarbeiten die Hände der Einwohner nicht hinreichen, wenn nicht jedes Jahr viele Arbeiter aus Auvergne und Limosin kämen."

wirklich ein großer, fruchtbarer Garten zu seyn, der besonders im Frühlinge einen entzückenden Anblick gewährt. Das Dreschen des Getreides ist hier, wie im ganzen südlichen Europa, völlig unbekannt; dafür wird das Getreide unmittelbar nach dem Schneiden auf dem Felde selbst von besonders dazu aufgezogenen Pferden und Mauleseln ausgetreten, was zumal bey großer Hitze und anhaltendem Nordwinde sehr schnell von Statten geht; 32 Pferde, oder Maulesel, wovon 24 immer in Arbeit sind, können dann in 10 Stunden 320 Centner Getreidekörner austreten, und nur 2 Knechte sind dabey nöthig. Der Wind reinigt das Korn, indem man es mit Schaufeln gegen denselben in die Höhe wirft; es wird nachher nur noch einigemale gesiebt. Die Nimer-Küchengewächse sind vortrefflich; alle Gemüsefelder werden hier, vermittelst des sogenannten persischen Rades, aus dem Wisterflüßchen gewäßert, und haben daher auch, selbst im heißesten Sommer, immer eine sehr frische, üppige Vegetation. Was die Viehzucht anbelangt, so wird nur die Schafzucht im Großen getrieben. Zu Sommerweiden dienen die Garriken, oder Kalkhügel umher, die mit einer Menge aromatischer Kräuter bedeckt sind. —

Der Feigenbaum kommt fast, ohne die mindeste Cultur, vortrefflich fort. Der Mandelbaum gedeiht in dem trockensten Boden, selbst in Kalksteinbrüchen. Den Brustbeerenbaum, Azerolenbaum, Elsbeerenbaum und Granatbaum pflanzt man besonders in den Weinbergen, und letzterer bildet oft ganze Hecken. Man hat hier 18 Arten Olivenbäume. Die Olivenerndte fängt mit dem November an, und dauert bis zu Ende des Decemb. fort. Ein großer Fehler ist es, daß man unreife, schon im August aufgelesene Oliven mit den übrigen vermischt; ferner läßt man die Oliven vorher in Haufen

gähren, ehe man sie unter die Presse bringt; auch vernachläßigt man bey und nach dem Pressen alle Reinlichkeit.
Gleichwohl geben die hiesigen Oliven, mit Sorgfalt behandelt, ein sehr gutes Oel, das zwar nicht so fein, als das
von Aix, aber noch weit fetter ist, und sich sehr lange gut
erhält. Eben so leicht könnte man aber auch eine feine
Sorte erhalten, wenn man nur die verschiedenen Oliven
immer allein auspressen wollte; leider werden sie aber von
den sämmtlichen Bäumen zusammen gemischt.

Ein Olivenbaum, dem man seine untern Zweige
gelassen hat, und der bey etwa 20' Höhe, 13 — 14 Klafter
im Umfange hat, kann in guten Jahren etwa 2½ Cubik-
fuß Früchte geben, von denen man etwa 17—18 ℔ Oel,
das ℔ zu 15 Sous, erhält. Aber eine solche Erndte ist nicht
sehr häufig, da der Oelbaum, außer der Winterkälte, auch
noch Sommernebel und die Sommerhitze, besonders in den
Monaten Junius bis August, zu fürchten hat, wodurch oft
die ganze Erndte vernichtet wird. Der Maulbeerbaum,
von dem schon oben die Rede war, ist als die Stütze der
ganzen hiesigen Industrie anzusehen. Wie in Languedoc
überhaupt, so pflegt man auch in Nimes den schwarzen und
weißen Maulbeerbaum zu ziehen, jenen um der Blätter,
diesen um der Früchte willen. Die Blätter werden vom
Februar bis zum Julius gesammelt, worauf der Baum vor
dem Ende des Herbstes ausgeästet werden muß. Wegen seiner langen, alles umstrickenden Wurzeln, saugt er freylich
beträchtliche Strecken aus, indessen kommt er auch im
schlechtesten Boden fort. Tischler und Drechsler können sein
Holz sehr gut verarbeiten. In den Cevennen ist die Seidenzucht einträglicher, als in Nimes. —

Die Abhänge der Garriken umher sind mit Rebenpflanzungen bedeckt. Der Boden derselben ist entweder

Kalk- oder Kieselboden; vom Düngen der Reben ist keine
Rede; auch werden weder Gerüste, noch Pfähle gebraucht;
man zählt hier an 30 verschiedene Traubenarten; unter den
weißen zeichnet sich die Muscat grec durch ihren Parfum und
ihre lange Dauer aus; unter den rothen wird der Spiran-
Verdaou von Leckermäulern am meisten gesucht. Die
Weinlese fängt im Allgemeinen in der Mitte des Octobers
an, ohne daß man dabey auf die frühere oder spätere Zeiti-
gung der verschiedenen Sorten, und noch viel weniger auf
die Absonderung derselben Rücksicht zu nehmen pflegt.

Die hiesige Weinpresse ist eine Spindelpresse, und äußerst
schlecht; die ganze Behandlung des Mostes müßte für
rheinländische Küfer ein Aergerniß seyn. Man läßt den
Most in lauter großen, gemauerten Kufen gähren, und braucht
diese Kufen in sehr guten Jahren, auch nachher als große
Fäßer; indem man entweder die hölzernen Deckel mit einer
6 Zoll dicken Lage von Sand, Erde, oder Trebern belegt,
oder auch mit Gyps und Ziegelsteinen bemauern läßt. Wein
in Kiesboden, oder verwittertem Granitsande gewonnen, ist
feuriger, als wenn er in Kalkland wächst; im Leimboden
wächst nur schlechter Wein; aus diesem und aus dem Ueberflusse der bessern Sorten wird dann Branntwein gebrannt.
Im Dorfe Aiguerives ist seit etwa 15 Jahren auch die
Weingeistfabrikation mit solchem Glücke versucht worden,
daß man jetzt schon an 3000 Stück Fäßer jährlich, jedes zu
1500 Franken verkauft.

Man bemerkt überall Spuren, daß die Gegend von
Nimes in frühern Zeiten vom Meere bedeckt war. Die mit
Muschelbänken, Versteinerungen, Seegewächsen ꝛc. ꝛc. ange-
füllten Garriken, die salzigen Quellen des Thales, die
Moräste, Lachen, Teiche am Ausgange desselben, längs der
Küste hin, alles trägt zur Beglaubigung dieser höchst

wahrscheinlichen Vermuthung bey   Man bemerkt einen auffallenden Unterschied zwischen den nördlichen und südlichen
Garriken; die nördlichen bestehen aus lauter Kalkstein, und
sind als die erste Stufe der großen Cevennenmasse anzusehen;
an marmorartigen Bänken, Ammonshörnern, Nautiliten,
Belemniten, Echiniten rc. ist bey ihnen Ueberfluß; auch
stößt man, besonders in Thonschichten, zuweilen auf ganze
Baumstämme, worunter der Lerchenbaum am merkwürdigsten ist.

Dagegen bietet die südliche Hügelreihe ganz andere Bestandtheile und Erscheinungen dar, als die nördliche. Sie
ist nämlich aus lauter alpinischen Steinarten und vulcanischen Geschieben zusammengesetzt, aus Quarz, Kies, Jaspis,
Feldspath, Schiefer, Marmor, Schörlen, Granitarten,
Abdrücken organischer Körper, Torf, versteinerten Holz-
stücken, Laven, Basalten rc. rc.; diese Hügelreihe ist auch
um vieles niedriger, als die nördliche. Auch das zwischen-
liegende Thal bietet unzählige Beweise zur Unterstützung
obiger Hypothese an; diese halbversteinerten Muscheln, Chamiten, Telliniten rc. rc., die man oft in ganzen Bänken
findet, dieser Ueberfluß an alcalischen Pflanzen, salzigen
Quellen, salinischen Krystallisationen rc., alles deutet auf
einen ehemaligen Meeresgrund, alles beweißt, daß dieses
Thal ein Theil des Golfes von Lion war. Dann bieten
Thal und Hügel dem Botaniker die größte Mannigfaltigkeit
der Pflanzen an.

Auch der Ornitholog findet Befriedigung in der
Gegend von Nimes. Die Nachbarschaft der Cevennen und
des Meeres, ein so fruchtbares Thal, eine so große Menge
Teiche und Sümpfe, müssen sehr viele und mannigfaltige
Vögel herbeyziehen. Mehrere pflegen sich freylich, während
der Brutzeit, theils des zu heißen Sommers, theils des

Mangels an Wäldern wegen, zu entfernen; dafür kommen sie aber im Winter mit einer ungeheuren Menge anderer Passatvögel in großen Haufen zurück. Die Wachteln ziehen hier in großen Flügen vorbey; die Nachtigall schlägt hier oft bis in die Mitte des Augusts fort; die Lerche bleibt nur bis zum Frühlinge hier; das Wasserhuhn ist hier so häufig, daß man bey der gewöhnlichen Jagd, oft mehrere Tage hinter einander, täglich 15—1800 Stücke zu schießen pflegt. Der Kermes (Coccus ilicis) ist, seit der zu häufigen Ausrottung des Baumes, sehr verringert worden, und dieser sonst so ansehnliche Handelszweig ist fast ganz vernichtet.

„Das Clima von Nimes ist nicht weniger als angenehm; seine Temperatur ist äußerst veränderlich, und es ist für Fremde zu keinem Winteraufenthalte passend: für Kranke taugt es gar nicht, da außerdem auch die Lage der Stadt nicht die gesundeste ist, am allerwenigsten für Hypochondristen, und Personen, die an Brustübeln leiden. Um bey den Frühlingsmonaten März und April anzufangen, so ist es bey Nordost- oder Nordwestwinden, die über die beschneieten Cevennen ꝛc. ꝛc. wehen, gar nichts seltenes, das Thermometer Nachts, oder frühe auf 1—4° Kälte, und gegen Mittag auf 12—15° Wärme zu sehen; bisweilen steigt es sogar im März auf 20. 21°, und im April auf 27° Wärme, obgleich die Nächte noch immer feucht und unangenehm sind. So wechselt die Temperatur unaufhörlich, bis in die Mitte des April und zum Anfange des May, wo plötzlich eine alles verzehrende, austrocknende Sommerhitze einfällt, so daß das Thermometer gewöhnlich Nachmittags auf 20 — 24° steht, dann wehen die austrocknenden, schneidenden Nordwest- und die erschlaffenden Südwinde immer mit größtem Ungestüm. In der Mitte des Junius steigt das Thermometer auf 26. 27°, im Julius auf 28—30; im

Jahre 1769 und 70 stieg er auf 36°; die Differenz zwischen der Morgen- und Abendtemperatur ist immer 9 — 12°.

Die Hitze nimmt im Herbst weit schneller ab, als sie im Frühjahre zunimmt. Auf eine Sommerhitze von 24 — 32° Reau. treten plötzlich Winde von 4 — 8° Kälte ein, in denen es unaufhörliche Veränderungen der Temperatur zu geben pflegt. Die eigentliche Winterkälte fällt gewöhnlich zu Ende des Decembers und zu Anfange des Januars ein. Es kann im Januar einzelne herrliche Frühlingstage geben, an denen das Thermometer auf 16 — 18° Wärme steht, und gleich am Abend kann man schon wieder 8° Kälte haben. Selten pflegt es noch im Februar zu gefrieren, da das Thermometer schon in diesem Monate auf 10 — 15° und mehrere Grade steigt. Die Differenz zwischen der Abend- und Morgentemperatur ist hier, wenigstens im Sommer, weit größer, als sie es in irgend einer andern Stadt Frankreichs zu seyn scheint. Sie läßt sich aber aus der Lage von Nimes erklären, wo die Sonnenstrahlen Nachmittags von einer Reihe nackter Kalkhügel am stärksten zurückprallen müssen, wozu denn noch die große Reinheit des hiesigen Himmels kommt. —

Nimes gehört nach Avignon unter die windereichsten Städte Frankreichs, wie man denn allein 60 Tage im Jahre auf eigentliche Stürme, um nicht zu sagen Orcane, rechnen muß. Nord- und Südwinde, jene äußerst trocken, diese äußerst feucht, wechseln hier unaufhörlich mit einander ab; doch scheinen die ersten die herrschenden zu seyn; jene mit ihren Nebenstrichen von Osten und Westen, sind unter dem Namen Bise, diese, mit allen ihren Nebendirectionen, unter der Benennung Marin bekannt. Der direkte Nordwind ist weder sehr häufig, noch heftig, und wird für sehr gesund gehalten. Der Nord-Ostwind verändert die Temperatur außerordentlich; bald bringt er die größte Hitze, bald die

heftigste

heftigste Kälte, bald anhaltenden Regen mit; bald bringt er
Gesundheit, bald Krankheit, zerstört oft die ganze Erndte,
stürzt sich von den Alpen durch die Thäler von Dauphine
und der Provence herab; — er ist fast immer heftig, weht
stoßweise, und richtet oft große Verwüstungen an; er trocknet
sehr schnell, verursacht zuweilen in der Ebene, beym Herausstürzen aus irgend einer Bergschlucht, Lufthosen (Foulets,
nach dem Nimer Patois), die oft 15 — 20 Toisen hoch
sind, stellt sich am regelmäßigsten um die beyden Solstitien
ein, dauert dann 14 Tage, zu andern Zeiten auch 8 — 9
Tage. Sind auch die niedern Alpenketten mit Schnee bedeckt,
so bringt er eine schneidende Kälte mit; er herrscht vom
November bis zum Februar fast ausschließend, mit wenig
Unterbrechung, schadet oft der Vegetation außerordentlich,
indem er im Frühjahre noch eine Art von Nachwinter, mit
Reif und leichten Frösten bringt; wird er im April und Mai
nicht vom Marin überwunden, so ist es völlig um das Gedeihen der Saaten gethan; es tritt nämlich alsdann eine
solche Trockenheit ein, daß oft bis zum September kein
Tropfen Regen fällt. Im Sommer ist der Nord-Ost glühend
heiß, da er über die, von der Sonne nunmehr erhitzten
Alpen streicht; er trocknet dann die Erde ganz aus, und
verbrennt die Saat. — Die einzige Periode, wo er, mit den
Dünsten der Alpen angefüllt, Regen mit bringt, ist das
Herbstäquinoktium, dann hat man 8. 10. 14 Tage Regen
und Ueberschwemmungen.

Der Nord-West bringt immer schönes Wetter, und
schadet weder der Gesundheit, noch der Vegetation, kühlt
im Julius und August die glühende Atmosphäre. Wenn
die Nordwinde Trockenheit, Heiterkeit, Reinheit der Atmosphäre verursachen, so bringen die Südwinde dagegen
Feuchtigkeit, Nebel, faulichte Dünste mit, mildern die von

den Nordwinden zu sehr erkältete oder erhitzte Luft. Der
direkte Südwind ist äußerst heiß und heftig, bringt
eine Menge Wolken mit; kommt er etwas von Westen her,
so ist er sehr ungesund, und führt von den Küstenmorästen
eine Menge faulichter Dünste bey sich. Im Sommer befördert
er die Fäulniß so außerordentlich, daß frisches Fleisch in
wenigen Stunden verdirbt; im Winter bringt er auffallende
Feuchtigkeit hervor, das Wasser lauft an den Wänden herab,
bey verschlossenem Zimmer schmelzen Zucker und Salz in
zugeschraubten Dosen. Der Süd-Süd-Westwind bringt
im Sommer eine unausstehliche Hitze, eine wahre Leichen-
luft, und eine ungeheure Menge beschwerlicher Mücken, im
Winter äußerst stinkende, wäßrige Nebel; der Süd-Ostwind bringt häufig Regen; der Süd-Süd-Ostwind
dagegen gleicht dem Sirocco und Solano, und erfüllt die
Atmosphäre mit einer alles verzehrenden Feuergluth. Der
Ostwind ist noch feuchter als der Süd-Ostwind, auch viel
häufiger, und äußerst ungesund. Der Westwind mildert
die Kälte im Winter; die Hitze im Sommer ist immer gesund
und angenehm, weht aber selten. —

Der Garbin ist der allen Küsten des mittelländischen Meeres
eigenthümliche, periodische Seewind, der während der größten
Sommerhitze vom Anfange des Julius bis zu Ende des
Augustes weht, und sich auch in Nimes zeigt; er erstreckt
sich ungefähr 7 Stunden landeinwärts, nimmt aber immer,
im Verhältniß der Entfernung, ab, und erscheint nur bey
heiterm Himmel. Er erhebt sich hier Vormittags um 10 Uhr
als ein ziemlich schwacher Süd-Ost, lauft dann, indem er
der Sonne folgt, alle Punkte des Horizontes durch, wobey
er bis gegen 2 Uhr immer stärker wird, und nimmt endlich
Abends um 6 Uhr, als Nordwest, wieder seinen Abschied;
er ist äußerst erfrischend, und ohne ihn würde die Sommerhitze

in diesen Monaten unerträglich seyn. Es pflegt hier meistens
in Strömen zu regnen; sanfte Regen giebt's nur im April
und Mai; der Schnee stellt sich selten ein. 3 Zoll Schnee
ist eine Seltenheit; auch bleibt er nur einige Tage liegen.
Der Thau ist hier außerordentlich stark, und pflegt, besonders in den heißen Monaten, oft kaum ¼ Stunde nach
Sonnenuntergang, äußerst .näßend zu seyn. Am häufigsten
wird er vom Anfange des Frühjahres bis zu End des Herbstes
bemerkt, in dieser Periode ersetzt er einigermaßen den Mangel des Regens. —

Das hiesige Clima bietet die sonderbarsten Contraste, die
auffallendsten Extreme dar. Die äußerste Trockenheit wechselt
oft in wenigen Stunden, mit der äußersten Feuchtigkeit, ein
sehr hoher Grad von Wärme, mit sehr empfindlicher Kälte
ab. Keine Ordnung, keine Gradation, keine allmählichen
Uebergänge, weder in den Jahreszeiten, noch in der Temperatur; die einzelnen Jahreszeiten bieten nur sehr wenig
Annehmlichkeiten dar. Auf einen Frühling, der bisweilen
mild und regnicht, noch öfter aber rauh und stürmisch ist,
stellt sich plötzlich ein glühender Sommer, mit brennend
heißen Tagen, feuchten Nächten, erstickenden Südwinden,
stinkenden Nebeln ein; der Herbst hat allerdings sehr liebliche
Tage, doch werden dazwischen häufige Regen, bisweilen
selbst Schnee und Reif bemerkt. Der Winter wechselt mit
kalten und austrocknenden Winden, oder feuchten, erschlaffenden Marins ab; nur dann und wann ruft ein lieblicher Tag
das Bild eines südlichen Frühlings zurück. — Dieß ist das
gepriesene Clima von Nimes, das unmöglich Brustkranken,
Hypochondristen ꝛc. zuträglich seyn kann *).

---

*) „Der Himmel bewahre Sie vor dem Clima von Nimes! was auch
Ihr Doktor sagen mag, wagen Sie eine andere Meinung. Mit Hülfe der

Die Bewohner von Nimes sind tapfer, fröhlich und muthwillig, wie es überhaupt die Bewohner dieser glücklichen Gegenden sind. Bey den Festen der Dörfer, die man gewöhnlich Votes und Joies nennt, stellt man Uebungen im Laufen und Springen an, auch ein Wettrennen zu Pferde. Am ersten Mai führen die Kinder ein junges Mädchen durch die Straßen, welches sie die Königin Maia nennen; man stellt es auf einen Platz, wo sich die Straßen durchkreuzen, in eine Art von Nischen, die mit Blumen geschmücket ist, und ihre Gespielinnen bitten die Vorübergehenden um Beyträge zu einer Aussteuer für ihre Königin. Das Languedocische Patois ist ganz ausnehmend angenehm im Munde der Einwohner von Nimes, und sehr hart im Munde der Bergbewohner, die nach Nimes kommen.

Die römischen Monumente, die Nimes *) besitzt, die Titel der verschiedenen Magistratspersonen, deren die aufgefundenen

---

Winde hoffe ich, unserm armen Doktor vollends den Garaus zu machen. In den vorigen Briefen habe ich ihn auf der Nordseite angegriffen, nun soll's auf der Südseite geschehen, haben ihm schon die Nordwinde tüchtig zugesetzt, so sollen es die Südwinde noch ärger thun. Wie sehr er sich auch dagegen stemmen mag, so werden Sie sehen, daß er sich schlechterdings nicht halten kann; dieser letzte Brief soll ihn vollends schachmatt machen.''

*) „Die Meinung des berühmten Flechiers, der Bischoff zu Nimes war, und eine Dissertation über diese Stadt schrieb, daß Nimes Marseille seinen Ursprung zu danken habe, und daß, da die Phocäer sich in dieser Stadt festgesetzt hatten, Nimes durch sie eine Art griechischer Colonie wurde, hat Wahrscheinlichkeit. Man findet auch wirklich, daß die Stadt die nämliche Sprache und Religion, den nämlichen Handel, die nämlichen Gebräuche und Waffen hatte, wie die Griechen, oder Marseiller. Ihre Einwohner, welche den Namen Arecomici annahmen, dessen Etymologie griechisch ist, gaben 24 von Nimes abhängigen Dörfern ihren Ursprung; diese machten zusammen eine kleine Republik aus, von der Nimes der Hauptort war. Diese Stadt wurde in der Folge eine römische Colonie, trug den Namen August's, und hieß Colonia Augusta Nemausensis. Sie hatte das Privilegium der latinischen Städte, Münzen schlagen zu lassen, und einen Oberaufseher der Schatze zu haben; ein Privilegium, das nur noch 4 andere gallische Städte hatten.

Inſchriften erwähnen, beweiſen wie reich und blühend Nimes
unter den Römern war; es hieß ehemals Nemauſus,
und war die Hauptſtadt eines Volkes, das Volcae Arecomici hieß, eine der berühmtſten Städte Galliens. Seine
Münzen beweiſen, daß es dieſen Namen hatte, ehe es eine
römiſche Colonie war; man weiß ſeinen Urſprung nicht;
24 Flecken waren ihm untergeben; es kam endlich faſt Narbonne gleich. Ehe die Stadt den Römern unterworfen war,
hatte ſie eine republikaniſche Form; die Römer unterwarfen
ſie ſich zur Zeit des Fabius Maximus, im Jahre Roms 633.
Unter den Kaiſern wurde ſie eine Colonie, und wahrſcheinlich
zur Zeit Auguſt's, nachdem Aegypten in eine Provinz
verwandelt worden war, deswegen wurde ſie ohne Zweifel

Dieſe Colonie wurde ſehr berühmt, und nach den alten Inſchriften war
ſie im Kleinen, was Rom im Großen war; ſie hatte, wie dieſe Hauptſtadt
der Welt, 7 Hügel innerhalb ihrer Mauern, die nämlichen Beamte, und
die nämlichen Pontifere. Eine große Anzahl berühmter Römer, durch die
Schönheit ihres Clima's, und die Fruchtbarkeit ihres Bodens angezogen,
kamen nach Nimes, um ſich hier niederzulaſſen. Dieſe Stadt hatte damals
den Glanz der blühendſten Städte des römiſchen Reiches. Noch immer bezeugen ihre koſtbaren Tempel, ihre prächtigen Gebäude, die ſich der Zerſtörun-
gen der Zeit, der Unwiſſenheit der Menſchen, der Wuth der Eroberer ungeachtet noch erhalten haben, ihren alten Glanz. —
Die Vandalen verheerten, unter Anführung ihres Königes Grochus,
Gallien im Jahre 408, und bemächtigten ſich der Stadt Nimes. Andere
Barbaren, die ſich Gothen nannten, erlaubten ſich 68 Jahre nachher die
nämlichen Verheerungen, und bemeiſterten ſich dieſer Stadt; nachdem ſie
endlich mehreremale auch von den Sarazenen belagert, eingenommen und
mißhandelt worden war, wurde ſie unter der Regierung Pipins im Jahre 752
mit der Krone Frankreichs vereinigt. Im IX. Jahrhunderte wurde dieſe
Stadt von den Normannen geplundert. Verbindet man nun mit ſo vielen
Verheerungen die Mißhandlungen, welche dieſe Stadt während der Kreuzzüge
gegen die Albigenſer, während der Kriege gegen die Engländer, gegen die
Parthen der Burgunder, während der Religionskriege, endlich bey den letzten
Unordnungen der franzöſiſchen Republik, erfahren hat, ſo muß man erſtaunen, die Denkmale ihrer alten Herrlichkeit, in ihr noch ſo zahlreich und ſo
gut erhalten zu finden." —

zuweilen in den alten Inschriften Colonia Augusta genannt. Schon oft fand man im Gebiet von Nimes bronzene Münzen mit einem Crocodil, das an einen Palmbaum gebunden ist, wobey die abgekürzten Worte stehen: Col. Nem. (Colonia Nemausus).

In Nimes wurde der Kaiser Antoninus Pius geboren; auch war es das Vaterland des Domitius Afer, eines berühmten Redners zu den Zeiten des Tiberius. — Nimes wurde vom Könige der Westgothen Wamba, belagert, als es den Rebellen Graf Paul in seinen Schutz genommen hatte, und darauf eingenommen. Die Sarazenen bemächtigten sich nachher der Stadt, und plünderten sie. Carl Martel verjagte sie daraus; aber er verwüstete Nimes, um ihnen die Lust zu nehmen, wieder dahin zurück zu kehren. Die Westgothen stellten die Stadt wieder her. Pipin eroberte in der Folge das ganze Land, welches nun durch Grafen, unter der Hoheit der Herzoge von Septimanien regiert wurde; nach grausamen Kriegen machten sich die Viconte von Nimes im 10ten Jahrhunderte zu Besitzern davon, und nahmen zuweilen den Grafentitel an. In der Mitte des 12ten Jahrhunderts, unter der Regierung des heiligen Ludwig, wurde Nimes und sein Gebiet mit der französischen Krone vereinigt. Diese Stadt war lange Zeit eine der Schutzmauern des Calvinismus. Die Einwohner hatten sich unabhängig gemacht, und nun wurde Nimes der Schauplatz blutiger Kriege. Endlich unterwarf sich die Stadt Ludwig XIII., der ihre Festungsmauern niederreißen, und 1629 sein Verzeihungsedikt daselbst verkündigen ließ.

Das Garddepartement ist aus den alten Diöcesen von Nimes, Alais, und Uzes, Theilen von Languedoc entstanden; es ist voll hoher Gebirge, hat einen meistens dürren Boden, und ist wüthenden Winden ausgesetzt; doch

hat es einen ziemlichen Ueberfluß von Produkten zum eigenen
Gebrauch und zum Handel. Außer Getreide, Wein, Futter,
hat man Seide und Oliven, viel Holz zum Schiff- und
Häuſerbau; ſeine zahlreichen Weiden begünſtigen die Viehzucht; die Wieſen des Departements ſind vortrefflich; man
hat hier auch ſehr geſchätzte Schafkäſe, die-den Roqueforter
gleich kommen; man findet Eiſen-, Kupfer-, Vitriolminen,
Steinkohlen, Kobalt, Spiesglas, Agat, Antimonium,
Marmorbrüche; man handelt mit Seide, Wein, Branntwein, wohlriechenden Waſſern, Oel, Glas-, Töpferwaaren
rc. rc., lauter Dinge, die man jährlich auf die berühmte
Meſſe von Beaucaire in dieſem Departement bringt, und in
größter Menge abſetzt. Mitten durch, von Norden nach
Süd-Oſten, lauft der Gardon; verfolgt man ſein rechtes
Ufer aufwärts, ſo findet man faſt nichts als ödes Land, das
man die Garriken von Nimes nennt, faſt ganz nackte Kalk-
felſen. Die Gegend von Lünel iſt der fruchtbarſte Theil des
Departements; über Beaucaire iſt das Land mager und voller
Kieſel; ſehr bergig iſt der Canton von Uzes, nördlich über
Nimes und Beaucaire. Das Departement iſt auch mit
Schafheerden bedeckt, aber man vernachläßigt ihre Wolle."

Kapitel 31.

Nachdem wir 3½ höchſt genußvolle Tage in Nimes zugebracht hatten, ſo traten wir den 22. Junius Nachmittag
unſere Reiſe nach Montpellier, Narbonne und Perpignan an. Da ich noch gerne eine kleine Zeichnung vom
ſchönen, neuen Juſtizgebäude neben dem Amphitheater
gehabt hätte, ſo hielten wir uns noch ¼ Stunde auf der

Esplanade auf, die diesem Gebäude westlich gegenüber liegt. Dieser anmuthige, geschmackvolle Palast besteht aus dem Hauptgebäude und 2 in cubischer Form weiter hervortretenden Nebengebäuden. Vor dem Mittelgebäude ist eine Vorhalle angebracht, mit 6 vorne neben einander stehenden, corinthischen, mit geschmackvollen Capitälern geschmückten Säulen, die ein Fronton unterstützen, und zu denen eine schöne, breite Treppe hinauf führt, neben der 2 niedrige Seitenmauern heraus laufen, deren jede mit einem Postament sich endiget, auf dem eine Bildsäule steht; diese Vorhalle ist eine schöne Copie der Vorhalle des Maison carrée.

Auf dem Fronton über der Säulenhalle und auf den 2 Friesen der Seitengebäude sind sehr schöne Basreliefs angebracht. Auf dem Basrelief des Frontons erscheint in der Mitte die Göttin der Gerechtigkeit; auf der einen Seite sieht man Personen in allerley Stellungen der Verzweiflung über das gegen sie ausgesprochene Urtheil; auf der andern erscheinen Personen beyder Geschlechter, die ihre Hände dankend und freudig zum Himmel erheben, der ihre Unschuld an's Licht gebracht, ihrer gerechten Sache den Sieg verschafft hat: die Basreliefs auf den 2 Friesen der Nebengebäude stellen ähnliche, auf den Hauptzweck des Gebäudes sich beziehende Scenen dar. Das mehr durch Eleganz als Größe sich auszeichnende heitere, hellgelbe Gebäude steht im schönsten Contraste mit dem düstern, schwarzbraunen, aus ungeheuern Massen aufgethürmten, neben ihm hoch in die Luft emporstarrenden Riesengebäude des Amphitheaters, das gerade auf dieser seiner östlichen Seite am meisten beschädigt ist.

Wir schieden nun von diesem majestätischen Alterthum, mit dem Gedanken, es nach einigen Wochen, nach geendigter Pyrenäenreise, wieder zu sehen, da wir noch einmal hieher zurück kehren mußten, um unsere vaterländischen Reisepässe, die vor unserer Reise, nach Paris geschickt wurden, und die wir wieder in Nimes finden sollten, die aber noch nicht angekommen waren, abzuholen. Die Landschaft, durch die wir kamen, war, obgleich steinig, doch auf's beste mit Reben, Getreide, Oelbäumen, Obst- und Maulbeerbäumen bedeckt; angenehme Hügel begrenzten die fruchtbare, anmuthige Ebene; hinter ihnen stiegen die Cevennen empor; die Straße war mit Maulbeerbäumen eingefaßt; Wiesen sahen wir nirgends, obgleich uns einige Wagen mit Heu begegneten; eine Erscheinung, die uns sehr lange nicht mehr vorgekommen war. Das Heu fanden wir in den tiefer gegen Süden liegenden Gegenden von der elendesten Beschaffenheit, rauh, wie das gröbste Stroh, daher wir auch unserm Esel, der es nicht anrühren mochte, immer Kleye und Haber geben lassen mußten. —

Die Landstraße, auf der wir hinzogen, war vortrefflich, wie alle bisherigen: man kann überhaupt die französischen Straßen nicht genug loben; man trägt eine Sorgfalt für dieselben, wie wohl in keinem andern Lande des Erdbodens; überall findet man an ihren Seiten zahllose Haufen klein geschlagener Steine, die so regelmäßig in kleine Pyramiden aufgeschichtet sind, daß in den 4 Seitenflächen kein Stein über den andern hervorragt. Dann leiden auch in den südlichen Ländern die Straßen, so wie alle Gebäude und öffentlich aufgestellten Werke der Bildhauerkunst weit weniger von der Witterung, als im Norden, wo durch den vielen Schnee und Regen, und durch Kälte und stürmische Nordwinde so viel Schaden angerichtet wird, und die Straßen durch den starken Gebrauch derselben während der übeln Witterung so sehr zu Grunde gerichtet werden, wodurch ihre Unterhaltung so mühsam und kostbar wird.

Etwa 1 Stunde von Lunel stießen wir auf eine schöne, steinerne Brücke, unter welcher die Vidourle hinfließt; selbst in den wildesten Gebirgen der Pyrenäen fanden wir die schönsten, kostbarsten Brücken und Straßen; hie und da erblickten wir neben der Chausee lange Reihen von Quitten- und Granatgebüschen, die prächtig mit Blüthen überdeckt waren. Ich sah auf diesem Wege zum erstenmal Proben von der Art, wie die Südländer ihr vieles Getreide, statt es mühselig zu dreschen, auf dem Felde durch Pferde und Maulesel austreten lassen. Auf einem harten, ebenen Platze im Felde, der wie eine glatte Tenne aussieht, breitet man eine gute Quantität Getreide in einem weiten Kreise aus; in den Mittelpunkt desselben stellt sich nun ein Mann mit einer Peitsche, und treibt 6. 9. 12 Pferde oder Maulesel auf dem Getreide im Ringe herum, die er alle an den Zügeln festhält, und die mehrere Schritte von ihm entfernt mit großer Eile sich herumtreiben; von Zeit zu Zeit wird das Getreide in eine neue Lage gebracht; mit Hülfe starker Winde, die in diesen Gegenden immer zu haben sind, ist dann das ausgetretene Getreide, das man mit Schaufeln in die Höhe wirft, wo dann Staub und Stroh davon fliegt, schnell gereinigt.

Stroh geht freylich sehr viel bey dieser Methode verloren; der Wind führt die leichtern Theile des sehr zermalmten Strohes weit über die Felder hin, und in alle Gräben. Wir sahen jetzt, und auch noch genug nachher in andern dieser südlichen Gegenden, 6 — 10 solche Tennen in den Feldern angelegt, worauf Menschen und Pferde in voller Arbeit waren, ein äußerst angenehmer Anblick. In der Nähe dieser Feldtennen sind dann zu Dutzenden, hohe und breite, kegelförmige, cylinderförmige, auch wie kleine Hütten aufgeschichtete Haufen von Getreide und ausgetretenem Stroh;

wo Alles auf's zierlichste aufeinander gebauet ist, so daß das Auge durch keine Unordnung, Verwirrung und schlechte Form beleidigt wird.

Wir kamen nach dem gut gebaueten Städtchen Lunel, das wegen seines köstlichen Muscatweines so berühmt ist. Das Städtchen ist voller Leben und mercantilischer Thätigkeit; vermittelst eines schiffbaren Canals, den man die Robine von Lunel nennt, und der gleich beym Städtchen seinen Anfang nimmt, kann man zu Wasser bis nach Cette, und in den Canal von Languedoc kommen; da er die Weinausfuhr so sehr begünstigt, so haben die Einwohner ihm, und ihrem köstlichen Muscatwein, ihren ansehnlichen Wohlstand zu danken. Man sieht hier artige Häuser, niedliche Gärten, und große Magazingebäude. —

Eine Stunde nördlich von Lunel liegt in kleiner Entfernung von der Landstraße das Dorf Groß Gallargues auf einem gut angepflanzten Hügel; es ist volkreich und wohlhabend, und sehr bekannt durch einen ganz besondern Zweig der Industrie; schon seit den ältsten Zeiten bereitet es, nämlich ganz allein aus der Lakmuspflanze (Tournesol) eine röthlich-blaue Farbe. Den 25. Jul. wird der Anfang mit Einsammlung der Lakmuspflanze gemacht, eher darf niemand darauf ausgehen. Man nennt diese Färbepflanze Maurelle (Croton tinctorium); die Einwohner des Dorfes vertheilen sich in Haufen, deren jeder einen Kreis von 15 — 20 Stunden in den Sevennen, in Gevaudan, in Auvergne, in Bivarais, Languedoc, und der Provence durchstreift. Eine Gegend, wo diese Pflanze häufiger wächst als an andern Orten, bleibt ein Familiengeheimniß, das sorgfältig verschwiegen wird.

Jeder eilt, so bald er einen gehörigen Vorrath hat,
nach Hause, ehe die Pflanze welkt und ihre Säfte gähren;
dann wird die Maurelle auf einer Mühle, die einer Oelmühle
ähnlich ist, zu einem Brey zerrieben, und dieser in einem
Sacke von geflochtenen Binsen unter eine Presse gelegt. Mit
dem ausgepreßten, grünen Safte werden dann wohlgewa-
schene, leinene Lappen gefärbt, welche an die Sonne gehängt
werden, damit sie geschwinde trocknen; dieß wird noch 2—3
mal wiederholt, so erhalten die Lappen eine olivengrüne
Farbe; um diese in ein schönes Blau zu verwandeln, legt
man die Lappen auf Stäbchen über steinerne Gefäße, die
schon wochenlang mit Menschenurin angefüllt sind; diesem
mischt man Alaun oder Kalk bey, wodurch das flüchtige
Laugensalz des Urins entwickelt wird; dieses dringt, wenn
das Uringefäß erhitzt wird, mit dem heißen Dunst in die
Lappen, vereinigt sich mit der Farbe, und verwandelt sie in
24 Stunden in ein schönes Blau.

Manche brauchen auch, statt des Urins, den Mist von
Pferden und Mauleseln; diesen streuen sie auf den Boden,
mischen rein zerstoßenen, ungelöschten Kalk darunter, legen
reines Stroh darüber, breiten dann die gefärbten Lappen
darauf aus, und decken, wie man es bey den Urinhäfen
thut, alles mit einem Tuche zu; man läßt die Lappen kürzere oder längere Zeit darauf, nachdem der Dünger mehr
oder weniger Kraft hat; auch hier bewirkt das flüchtige
Laugensalz die Verwandlung der Farbe. Bey dieser Methode,
die leichter, aber weniger sicher als die vorhergehende ist,
werden aber die Lappen oft roth, statt blau, wenn nicht
alle mögliche Sorgfalt angewendet wird; daher wird meistens der Urin vorgezogen. Diese so zubereiteten Färbelappen, die man lo Tournesol en drapeau nennt, schickt
man nach Montpellier, wo die Kaufleute Versendungen

davon nach dem Norden Europens, und besonders nach Holland abgeben lassen *). —

Da die Holländer den französischen Manufakturen den Tournesol en pain liefern, so hat man geglaubt, sie wüßten allein, wie man aus den Lakmuslappen aus Grand Gallargues die Farbe herauszieben, und einer Erde mittheilen müsse, um daraus die Farbetäfelchen des Lakmus zu machen. Man gab sich lange alle Mühe, ihnen das Geheimniß zu entreißen, aber vergebens. M. Chaptal vermuthete, was sich seit dem Einfalle in Holland bestätigt hat, daß man in Holland die Lakmustäfelchen nicht mit der allzuflüchtigen Farbe der Färbelappen, sondern mit der Farbe zweyer Pflanzen mache, die bey denselben weit reichlicher gefunden wird, als bey der Lakmuspflanze, mit der Farbe des Lichen rocella, von den Canarischen Inseln, oder dem Grünen Vorgebirge, und des Schwedischen Mooses, Lichen parella, die man auch durch Befeuchtung mit Menschenurin zubereitet. Die Lakmuslappen, die man nach Holland schickt, werden vorzüglich an solche Kaufleute adressirt, die sich ihrer bedienen, um der Rinde ihrer Käse einen violetten Anstrich zu geben; man färbt auch die Latwerge und Liköre damit **).

*) In dem Recueil de l'Académie des Sciences ann. 1754 giebt M. Montet in einem Memoire ausführliche Nachrichten über die Zubereitung des Tournesol.

**) „Einige holländische Fabrikanten besitzen das Geheimniß, die Farbe aus diesen Lappen zu zieben, ihr einen festen Körper zu unterlegen, und ihr Haltbarkeit und Dauer zu verschaffen, und in dieser Gestalt wird diese Farbe unter dem Namen Lakmus verkauft. Von dem Lakmus wird ein mannigfaltiger Gebrauch gemacht; in den Werkstätten der Scheidekunstler ist er eines der nothwendigsten Dinge zur Kenntniß der verschiedenen Säuren. Man färbt in Holland rothen Wein damit, und die Rinden der Käse bionz

Hinter Lunel wird die Gegend immer freundlicher und malerischer; am angebautesten ist sie indessen in der Nähe von Montpellier; hier sahen wir überall schön angepflanzte und belaubte, und mit anmuthigen Landhäusern geschmückte Anhöhen: bis in diese reichere Nähe von Montpellier hatten wir wirklich oft, wie schon in manchen dieser südlichen Gegenden, beym ewigen Anblicke der von oben weit herab nackten Kalkberge, und der monotonischen Anpflanzung der Gegend in der Tiefe, mit nichts als Reben, Getreide und Oliven, zwischen denen zuweilen geplünderte Maulbeerbäume erscheinen, herzliche Langeweile gehabt; wir erinnerten uns oft an die schön geschmückten Berge und Thäler unserer deutschen und schweizerischen Heimath, an unsere bis zu ihren Spitzen mit prächtigen Eichen-, Buchen- und Tannen- wäldern prangenden Berge, und an unsere mit der mannig- faltigsten Vegetation, mit den mannigfaltigsten Küchenpflan- zen, Obstbäumen, und endlosen köstlichen Wiesen, deren Anblick dem Auge so wohl thut, bedeckten Thäler, und ließen dann, wenn die kahlen Garriken so recht dicht um uns her lagen, und wir in der Ebene nichts sahen, als die graulichen, unscheinbaren Oelbäume, und auf dem Boden herumkriechende Reben, und wenn wir besonders kurz vor- her in einem Dorfe einen recht dicken, rothen, schändlich, wie Dinte schmeckenden Wein, wie wir ihn größtentheils

---

auch die Zuckerbecker brauchen ihn, ihre Waaren damit zu bemalen: mit Lakmus wird dem holländischen Kammertuche der bläuliche Strich gegeben; endlich rührt auch die blaue Farbe des Papieres von ihm her, mit welchem in den Zuckersiedereyen der geläuterte Zucker bekleidet wird. Der Centner blaue Lappen wird von den Kaufleuten von Montpellier mit 30—50 Liv. bezahlt. Das Dorf Groß Gallargues, das über 1000 Seelen enthält, zieht aus diesem Nahrungszweige, ein Jahr in's andere gerechnet, 10—15000 Liv. Man findet die Lakmuspflanze nicht allein in den südlichen Provinzen von Frankreich, sondern man sah sie auch schon in Krain, Dalmatien ꝛc. ꝛc."

auf der ganzen Reise auf den Dörfern leider fanden, hatten trinken müssen, unsere liebe Heimath mit ihren reich beschmückten Bergen und Thälern, mit ihreu herzerquickenden, schmerzlich vermißten Markgräfer und Neuenburger, mit lauter Stimme hoch leben. —

Endlich erblickten wir Montpellier Dienstag den 23. Jun. gegen Mittag, in einer unstreitig reizenden Umgebung gegen Süden, am Abhange und auf der Anhöhe eines sich von Osten nach Westen ausdehnenden Hügels. Der Anblick der Stadt selbst aber war nichts weniger als reizend; es war eine weit am Hügel sich hinziehende, dunkelgraue, todte Steinmasse, die wir vor uns sahen, die auch nicht durch einen einzigen belaubten, aus ihrer Mitte sich erhebenden Baum belebt und erheitert wurde. Zwischen üppig bepflanzten, mit schönen Landhäusern geschmückten Anhöben, anmuthigen, mit Cypressenreihen umgebenen Gärten, zogen wir nach der Tiefe hinab, um dann weiter in die Stadt hinauf zu steigen.

Vor unserm Eintritte in die Stadt kamen wir zu dem großen, schönen Promenadeplatze, den man die Esplanade nennt; er giebt dem Reisenden gleich eine große Idee von der Wichtigkeit der Stadt; er liegt zwischen dem niedrigsten, südöstlichen Theile der Stadt, die sich auf ihrem Hügel von Nordosten nach Südwesten zieht, und zwischen der alten Citadelle, die Ludwig XIII. 1622 erbauen ließ, nachdem er Meister über die Protestanten geworden war, und diese Stadt eingenommen hatte. Von hier aus steigt die Stadt in die Höhe, und endigt sich auf der gegenüber liegenden westlichen Seite, bey dem prächtigen Promenadeplatze La Peyrou, der auf dieser Seite den höchsten und äußersten Platz des Hügels einnimmt. Die Esplanade ist ein kleines Lustwäldchen; 6 — 8 sehr lange Reihen ungemein großer, schattenreicher Bäume ziehen sich neben einander hin; zwischen ihnen sind angenehme, reinliche Gänge, und überall zwischen den Bäumen steinerne Bänke; in der Mitte erblickt man eine 40' hohe, runde Säule, mit der Statue der Göttin der Freyheit; auch ist dieser einladende Lustplatz mit zwey großen Bassins geschmückt.

Auf der einen Seite läuft eine schöne Häuserreihe mit Gärten und Terrassen daran hin; auf der andern hat man eine reizende Aussicht über mit zahllosen Oelbäumen bedeckte Höhen, nach Landhäusern und Gärten, bis zum Meere hinab, nach welchem die Aussicht unvergleichlich ist. Von hier, sagt Matthison, erblickt man in der Nähe die blaß-grünen Haine Minerven's, und in der Ferne die blaue Wasserwüste Neptun's. Da dieser Spazierplatz gegen Süden völlig offen liegt, also auch im Winter die Mittagssonne hat, deren Wärme im Sommer durch das reiche, dichte Laub der größten Bäume gemildert wird, und da er gegen die Nordwinde geschützt ist, so ist er in jeder Jahrszeit die Lieblingspromenade der Einwohner von Montpellier. Man hat auch nur etwa hundert Schritte bis zum neuen Theater, wo man also Abends ganz in seiner Nähe, bis zum Anfange des Schauspiels, spazieren gehen, seine Freunde finden, und mit in's Theater nehmen kann. — Dieser Lustplatz wurde 1724 durch den Herzog von Roquelaure angelegt, und trug lange seinen Namen. —

Auf dem Wege nach dem berühmten Lustplatze Peyrou, in dessen Nähe wir uns einzuquartieren beschlossen, verfolgte uns einer der ungestümen Winde, die hier nichts seltenes sind, und der uns ganze Wolken von Staub in die Augen und in die Kleider jagte; wir fanden ein Quartier, wie wir es wünschten, und nun eilten wir, so sehr wir konnten, diesen köstlichen Platz, der sich eben so sehr durch Geschmack

als

als Pracht, als eine der brillantesten, genußreichsten Promenaden Europens auszeichnet, und nach welchem wir schon
einen flüchtigen Blick im Vorübergehen geworfen hatten,
näher kennen zu lernen. Wer aus der Stadt nach diesem
Platze herausgehen will, kommt durch das Stadtthor, das
man das Thor des Peyrou nennt; es ist ein von
d'Aviler zur Ehre Ludwigs XIV. errichteter Triumphbogen, der mit allegorischen Basreliefs geschmückt war, in
denen man Ludwig XIV. unter der Gestalt des Hercules
vorstellte; diese Basreliefs waren von vortrefflicher Zeichnung, und mit prahlerischen, dem Stolze dieses Monarchen
schmeichelnden Aufschriften versehen; allein diese und jene
sind verschwunden.

Diesem Thore gerade gegen über erscheint westlich, auf
dem äußersten und höchsten Theile des Hügels, jenseits der
quer vorbeylaufenden, gepflasterten Straße, der herrliche
Lustplatz Peyrou in seiner ganzen Schönheit. Drey Gitterthore, wovon das mittlere das größte ist, und 3 schöne,
große, steinerne Treppen von 6 — 8 Stufen, führen
zu den 3 großen Gängen des Platzes hinauf, von denen
der mittlere der breiteste ist, und durch 2 große Rasenstücke
von den 2 Seitengängen abgesondert wird. Das Ganze
ist ein länglich viereckiger, ebener, von prächtigen Balustraden eingefaßter Platz, der sich gegen das große
Thal hinaus, auf der einen schmalen Seite mit einer
Terrasse und einem Wassertempel endigt, hinter dem sich
eine lange, imposante Wasserleitung in römischer Pracht
und Größe hinaus zieht. Der Anblick des außerordentlich
großen, ganz ebenen, reinlichen, mit feinem Sande bestreue-
ten Platzes, dessen östliche, schmale Seite mit den Gitter-
thoren nach der Stadt, und dessen westliche nach der
grenzenlosen von Norden nach Süden streichenden Ebene

gekehrt ist, der Anblick des in der Mitte dieser Seite, hinter einem schönen, mit Wasser angefüllten Bassin, hoch empor steigenden, isolirten, achtseitigen Tempels, der mit 8 Pforten, 24 cannelirten, hohen, korinthischen Säulen geschmückt, und mit einer Attika gekrönt ist, zu dem auf beyden Seiten 2 Prachttreppen hinauf führen, ist wirklich höchst imposant und majestätisch; der herrliche einsame Tempel hinter der etwa 400 Schritte langen und 200 Schritte breiten Fläche macht einen vortrefflichen Effekt, der durch 2 Baumreihen noch mehr verstärkt wird, die sich um die Seiten der rechts und links liegenden, großen Rasenstücke herziehen *).

Neben dem prächtigen, sich gegen Westen wie eine Landzunge hinausdehnenden Parallelogramm, senkt sich auf seinen beyden Seiten der Hügel in's Thal hinab, und die 2 dasselbe an seinen langen Seiten einfassenden, in die Tiefe sich hinabziehenden Mauern, haben da, wo sie mit der westlichen Queermauer zusammen stoßen, so wie diese, eine Höhe von wohl 20', und so hoch erhebt sich auch die obere Terrasse über die untere. Sehr angenehm ist der Blick in diese Terrasse hinab, welche sich neben dem Gemäuer hin zieht, wodurch die obere eingefaßt und gestützt wird, sich westlich noch weit heraus schiebt, mit den schönsten und größten Bäumen in Menge überschattet, und mit angenehmen

---

*) „Wir betraten ganz frühe den Peyrou, da die ersten Sonnenstrahlen die höchsten Schneehäupter der Cevennen begrüßten, welche dann, wie mit Rosen bekränzt, im blauen Aether aufstiegen. Der Wassertempel stand feyerlich einsam da im Morgenrothe, und erschien wie ein Heiligthum der Magier; alles wurde belebt; ich sahe die ehrwürdigen Gestalten der Berge, in der Helle des Aufganges, dem kommenden Sinnbilde der Wahrheit und Schönheit in feyerlicher Andacht entgegen harren; jetzt erleuchtet der erste Sonnenstrahl die Kuppel des Tempels. Mad. Brun. —

Spaziergängen und 2 Bassins geschmückt ist, aus deren
Mitte zwischen Felsenstücken Wasser hervor sprudelt; zwey
prächtige Treppen führen auf den Seiten des Tempels zu
dieser Terrasse herab. Wenn man es auf der obern Terrasse,
wo nur wenig junge Bäume sind, vor Hitze nicht mehr aushalten kann, so findet man auf dieser untern Terrasse eine
eben so erquickende Kühle, und einen, für das von der
blendenden Klarheit des Sonnenlichtes ermüdete Auge, eben
so wohlthuenden Schatten, als in der Esplanade; überall
sind hier steinerne Bänke, so wie auf der obern Terrasse,
neben den Rasenplätzen und Balustraden an den beyden langen Seiten angebracht.

Hier sind viele freundliche Schattenplätzchen, die zu
behaglichen, einsamen Träumereyen, und zu angenehmer
Lektüre einladen, da nur dann und wann ein Spaziergänger
hier vorüber schleicht. Außer der herrlichen Aussicht, die
man hier hat, belustigt man sich auch zuweilen an dem Conzerte der Cicaden, die zu Millionen in den laubreichen Bäumen dieser Terrasse wohnen ; dieß Conzert braußt oft lange,
wie ein gewaltiger Sturmwind, durch die Bäume hin; rastlos und unbarmherzig bearbeitet jeder dieser kleinen Musiker
sein Instrument; allmählich ermattet der musikalische Sturm,
sinkt zum Piano und Pianissimo herab, und erstirbt zuletzt;
aber wie auf ein verabredetes Zeichen, bricht nun ganz unerwartet in einem Augenblicke das musikalische Gewitter wieder los; das fröhliche Orchester hat sich wieder von der
vorigen Anstrengung erholt, und arbeitet auf's neue mit
wüthender Lust. — Auch das Rießeln und Plätschern der
Springbrunnen in den beyden Bassins ist hier so lieblich,
und wiegt, indeß das Conzert der Cicaden schweigt, und die
Blicke mit Lust in der reizenden Landschaft herumirren, das

Gemüth in eine so sanfte Ruhe. — Drey gewaltige Aquaduktbogen schreiten queer über diese Terrasse hin.

Von diesen Terrassen aus zieht sich eine prächtige Wasserleitung in römischem Style ¼ Stunde weit in die westliche Landschaft hinaus; sie ist ein wahrhaft königliches Werk. Zwey Bogenreihen, deren eine auf der andern ruht, die zusammen in der Nähe über 60' hoch sind, tragen einen bedeckten Canal, und laufen bis zu einer westlichen Anhöhe über die Ebene hin. Das Wasser kommt 3 Stunden weit her, und mußte an mehr als einer Stelle, durch neue Wasserleitungen, über Thäler und Tiefen, oft durch Hügel hindurch geführt werden; dieß Werk, das vor 50 Jahren vollendet wurde, hat mehrere Millionen gekostet. Das Geld, welches dieser Aquedukt, die Terrassen und der Wassertempel kosteten, wurde durch die Landesstände der Provinz als Auflage von den Unterthanen erhoben.

Der mittelste der ersten 3 Bogen, die auf der untern Terrasse stehen, und sie in die nördliche und südliche Hälfte theilen, deren jede ihr Bassin hat, hat eine Weite von 48', und jeder der 2 andern von 28'; ihre Pfeiler sind gegen 10' dick; unter diesen 3 weiten Bogen gehen die Spaziergänge der Terrasse durch. Der äußere Pfeiler des dritten Bogens ist, so wie alle Pfeiler der 2ten obern Bogenreihe, in Form einer kleinen Pforte, von Osten nach Westen durchbrochen; eine Treppe und Thüre, die innerhalb des Pfeilers bey der genannten Oeffnung angebracht sind, führen in den Gang, der durch alle Pfeileröffnungen über der Decke der untern großen Bogen, bis an's Ende der Wasserleitung geht. Schade ist es, daß sich die Wasserleitung gegen ihr Ende hin etwas südlich, auf die linke Seite, beugt; um in gerader Linie fortzulaufen, hätte sie durch ein Landgut geführt werden müssen, dessen Besitzer durchaus nicht zum

Verkaufe desselben zu bewegen war. Die unter der 2ten Terrasse stehenden, gewaltigen Bogen sind 40—50' hoch, und ihre Pfeiler haben eine Dicke von 12—15'. „Diese Wasserleitung behauptet, unter allen ähnlichen Constructionen der neuern Zeit, das große Meisterwerk bey Caserta selbst nicht ausgenommen, unstreitig den ersten Rang." — Die untere Arkade soll aus 182 Bogen bestehen.

Die Wassermasse, die der Aquedukt herbey führt, kommt in das offene Bassin, das man im Wassertempel sieht, und in das Gewölb, das unter ihm angebracht ist. Hinter dem Tempel erhebt sich auf der halbmondförmigen, breiten Plateforme, zu der man auf der Nord = und Südseite auf schönen Treppen hinauf steigt, ein eisernes Gitterthor, durch welches man auf die Galerie hinaus kommen kann, die über den Canal der Wasserleitung hinlauft. Jede der 8 Pforten des Tempels hat inwendig 2 Säulen neben sich, und außen 4; man sieht also innerhalb des Tempels 8, und außerhalb desselben 16 Säulen; jede dieser Säulen ist, Kapital= und Säulenfuß mitgerechnet, wohl gegen 40' hoch und 3' dick; über ihnen hebt sich die Kuppel wohl noch 12—15' höher. In der Mitte des Tempels liegt gerade unter dem runden Plafond ein mit dem hellesten Wasser angefülltes rundes Bassin, dessen Durchmesser etwa 24' betragen mag. Zwischen jeder Pforte gehen einige Stufen zu demselben herab; ein Gang, der einige Schuh breit ist, zieht sich, so wie ein 3 Schuh hohes, eisernes Geländer, um dasselbe her. Gegen die Stadt hin liegt am Fuße des Tempels, in gleicher Höhe mit dem Promenadeplatze, ein viel größeres, auch mit Wasser angefülltes Bassin; aus demselben erheben sich, unter der östlichen Tempelpforte und den beyden Nebenpforten, pyramidenförmige, bemooste Steinhaufen, über welche das Wasser des obern Bassins hinabsprudelt.

Aus dem untern Bassin laufen Canäle unter dem Promenadeplatze hin nach der Stadt, um das Wasser daselbst zu vertheilen. — Es ist ein zierlicher, klarer, von schönen Quadersteinen eingefaßter Wasserspiegel, zu dem man auf den 2 Seitentreppen des Tempels von 12—15 Stufen herab steigt. Die Wasserleitung, zu der der Akademiker M. Adam die erste Idee gegeben hatte, gewährt unten auf der Ebene, in einer passenden Entfernung von ihr, einen herrlichen Anblick; sie führt das Wasser von St. Clement, einem Dorfe, das 1¼ St. von Montferrier entfernt ist, nach Montpellier; die Erhaltung dieses prächtigen Werkes ist von hoher Wichtigkeit für die Stadt, wegen des Ueberflusses und der Vortrefflichkeit des Wassers, das sie führt. —

Mitten in dem großen Hauptgange, zwischen den Rasenplätzen, dem Wassertempel und dem großen Gitterthore stand noch vor der Revolution die aus Erz gegossene **Reiterstatue Ludwigs XIV.**, und diente dem prächtigen Ganzen zu ungemeiner Verschönerung. „Es war vielleicht das vollkommenste Kunstwerk dieser Gattung auf der Welt, gewiß allem dem vorzuziehen, was wir in derselben von den Alten geerbt haben, die so weit unter unserer Kunst zu gießen stehen, als sie uns in der Kunst des Meißels übertreffen. Die Zeichnung war äußerst rein, stolzen Wuchses und kraftvoller Bewegung das Pferd, groß, erhaben, ruhig und selbstgenügsam der Reiter, zum unumschränkten Herrscher gestempelt. Die Form des Fußgestelles, von weißem, blaßgrau geadertem Marmor, war edel, einfach, gefällig. Das Auge stieg mit Vergnügen, ohne durch überflüßige Zierrathen aufgehalten zu werden, zu der Hauptfigur hinauf; in jedem Eichenlaub, in jedem Akanthblatte erkannte man den großen Künstler *).

---

*) „Diese Statue war ein gemeinschaftliches Werk der Bildhauer

„Auch die Auffchrift war des ganzen Werkes würdig,
edel, prunklos, und im ächten lapidarifchen Style: Ludo-
vico Magno — Comitia Occitaniae — incolumi vovere —
ex oculis sublato posuere — Anno MDCCXVIII. Der
Künftler, dem man diefes bewunderungswürdige Werk verdankte, war Conjevor, einer der größten Meifter aus der
glänzenden Epoche Ludwigs XIV.; es wurde im J. 1718 hier
aufgeftellt. Man hatte den Plan, diefe Statue, mit den Bild-
fäulen aller der großen Männer zu umringen, welche die
Regierung diefes Monarchen, und den Ruhm ihrer Nation
verherrlicht haben; fchon ftanden in großer Anzahl Fußge-
ftelle umher, welche diefe Kunftwerke erwarteten; manches
follte fogar ganze Heldengruppen tragen; aber die unfelige
Revolution vereitelte feine Ausführung, und gefühllofe Barbaren riffen die herrliche Statue zu Boden, und zertrümmerten dieß unfchätzbare Meifterftück der Kunft. Man fagt,
daß fie lange den wüthenden Stößen Widerftand geleiftet
habe, und daß das Getöfe ihres Sturzes fo furchtbar gewe-
fen fey, daß felbft dem verbrecherifchen Gefindel, das ihn
verurfacht hatte, ein Schauer durch's Herz fuhr, als hätten
fie den zürnenden Schatten diefes großen Königes erblickt,
der ihnen ihren empörenden Frevel vorwarf.‟

Der Platz Peyrou, der die höchfte Fläche des Hügels,
den Montpellier bedeckt, einnimmt, und feinen Namen von
feinem felfigen Boden hat, war ehemals ein Marktplatz. Der
Marquis de la Trouffe, dem die Verwaltung der Provinz von Languedoc anvertraut war, und deffen die Mad. Sevigne
oft in ihren Briefen erwähnte, kam auf den Gedanken, einen
Luftplatz auf diefem höchften Orte der Stadt anzulegen; er

Pierre Mazeline und Simon Hurtrelle; von Simonceau wurden fie ge-
goffen.‟

überließ die Sorge der Ausführung seinem Nachfolger, dem
Grafen von Broglie. Der Architekt Giral entwarf
den Plan, und bekam den Auftrag, die Arbeit zu leiten; die
Provinz trug alle Kosten. Das Erstaunen, das den Reisenden ergreift, wenn er zum erstenmal in seinem Leben zum
großen Gitterthore dieses Platzes hereintritt, und dem prächtigen, isolirten Wassertempel gegenüber steht; wenn er dann
zur Plateforme desselben hinaufsteigt, und nun in das Paradies hinausblickt, das vor ihm unerwartet nach allen Seiten
ausgebreitet liegt, verwandelt sich in Entzücken.

Gegen Osten hat man, auf dem letzten Standpunkte
neben sich, den prächtigen Platz Peyrou mit seinem majestätischen Tempel, weiterhin das Triumphthor; dann erscheinen über dem Häusergewühl der Stadt hinweg die benachbarten Hügel mit ihren Olivenwäldern und Landhäusern;
auf der Nordostseite ragen über unzählichen, zwischen Baumgruppen malerisch zerstreueten Gebäuden, schönen Landhäusern, und einem ansehnlichen Klostergebäude, die stattlichen,
gothischen Thürme der Cathedralkirche empor; jenseits derselben erscheinen in dämmernder Ferne die Gebirgketten, die
der auch noch hier sichtbare Ventoux beherrscht; ganz gegen
Norden zieht sich die lange Kette der Cevennen hin, und
gerade vor derselben erhebt sich, wie eine hingestellte Schildwache, der Pic von St. Loup.

Dann zieht sich von Norden nach Süden eine unermeßliche, meistens ebene Landschaft herab, die gegen Westen und
Südwesten mit nähern, und ferne über einander empor steigenden Gebirgreihen begrenzt wird, über die gewöhnlich nur
einige Gruppen der Pyrenäen herüber blicken; diese beherrschen eigentlich den ganzen südwestlichen Horizont, aber sie
verhüllen sich meistens in den Wolken und Dünsten, außer an
solchen schönen Tagen, wo die Sonne bey ihrem Untergange

den ganzen Himmel mit ihrem reinen Feuer entzündet,
wo man dann auch sogar die schimmernden Spitzen· der pie-
montefifchen Alpen erblickt. Diefes ungeheure, von Norden
herab fich ziehende, fruchtbare Thal ift auf's reichfte mit
allem gefchmückt, was einer reizenden Landfchaft nur immer
zur Zierde dienen kann. Taufende der fchönften Baumgruppen find .über die lachenden Gefilde zerftreut; nahe und
ferne blicken Dörfer, ländliche Wohnungen, prächtige Landhäuſer zwifchen der fchönften Vegetation und Belaubung
hervor; — befonders reich ift dieß Paradies an Linden-,
Pappeln-, Cypreffen-, Platanen-, Ulmen-, Kaftanien-,
Oliven-, Akazien- und Maulbeerbäumen 2c.; man kann fich
nicht fatt fehen an der unendlichen Mannigfaltigkeit ländlicher Schönheiten *).

Ein Hauptfchmuck der reichen Landfchaft ift die prächtige
Wafferleitung mit ihren unzähligen Bogen, die fich eine
fo weite Strecke durch's Thal hin dehnt; näher nach dem
Peyrou erblickt man neben derfelben die anmuthigften Gärten und Gartenhäufer. Immer noch fchön ift die Landfchaft
auch gegen Süden, doch leerer und weniger mit Bäumen
gefchmückt; alles hier Mangelnde wird aber reichlich erfetzt
durch die beftändig· mit Schiffen beftreuete, in ungeheurer
Linie fich von Often nach Weften ausdehnende Fläche des
Meeres. Dieß majeftätifche Element erblickte ich jetzt ganz
unvermuthet mit Entzücken zum erftenmale in meinem Leben;
an eine der korinthifchen Säulen des herrlichen Waffertem-
pels gelehnt, blickte ich freudig hinaus in die am fernen

---

*) „Die Gegend von Montpellier ift entzückend, und das Reizendfte,
was ich in Frankreich gefehen habe." A: Young.

Himmel, schwarz wie ein Tannenwald unter dem heitern
Himmelsgewölbe sich ausbreitende Wasserwüste.

Ich entdeckte durch mein Perspektiv nicht weniger als
21 große Schiffe, die sich mit ausgespannten Seegeln auf
dieser dunkeln Fläche bewegten, und mir, da ich nur ihre
Mastbäume und flatternden Seegel erblickte, sie selbst aber
hinter dem Wellengewimmel verschwanden, wie hochbeinige,
hin und her schwebende Störche und Strauße vorkamen.
Auch die Insel Magellone entdeckte ich auf dem düstern Gewäßer mit ihrer einsamen Kirche, in der die berühmte,
schöne Magellone, mit ihrem trauten Gemahl, dem Grafen,
Peter von Provence, begraben liegt.   Den schönen Ufern
dieses Meeres, das mit seinen Inseln und Küsten eine so
bedeutende Rolle in der Culturgeschichte der Menschheit
spielt, das die Völker des Alterthumes, vor langen Reihen
von Jahrhunderten, schon mit ihren Kauffartheyschiffen und
glänzenden Kriegsflotten nach allen Gegenden durchkreuzten,
auf dem sie so glorreiche Thaten verrichteten, dessen Anblick
so große Namen hervorruft, diesem Meere so nahe zu seyn,
und nun bald seine paradiesischen Ufer durchwandern zu
können, erfüllte mich mit hoher Begeisterung. —

Mit unauslöschlichen Zügen ist das Bild dieses unver-
gleichlichen Lustplatzes und seiner himmlischen Aussichten in
meine Seele gegraben; es gehört zu den allerschönsten De-
korationen, womit meine Phantasie auf dieser interessanten
Reise bereichert wurde.   Auf diesem genußreichen Platze
brachte ich, während meines Aufenthaltes in Montpellier,
einen großen Theil meiner Zeit zu.   „Das Panorama von
dem Peyrou in Montpellier, sagt Matthison, gehört zu
denen, die einer lebendigen Phantasie, selbst nach einem
halben Jahrhunderte, noch immer mit unverblaßtem Colorit

erscheinen müssen; welch ein Gemälde, wovon Alpen,
Pyrenäen und Mittelmeere nur die Einfassung bilden!"

Auch Kaiser Joseph II. gerieth in das größte Erstaunen, als er diesen königlich geschmückten Lustplatz, den
damals noch die bewunderungswürdige Reiterstatue Ludwigs
XIV. verherrlichte, und die prächtige Wasserleitung erblickte,
konnte sich aber doch nicht enthalten, nachher die Frage
zu thun, die ihm sehr übel ausgelegt wurde: „Läßt denn
euer guter König die Stände ungeahndet so ungeheure
Summen verschwenden?" allein sie war ihm nicht übel zu
nehmen; er hatte vorher, nach dem Zustande der Schulen,
nach der Universität, nach dem medicinisch-physikalischen
Cabinete, nach der öffentlichen Bibliothek, nach den Waisen-
häusern, Spitälern, Magazinen gefragt, und erfahren, daß
einige dieser nothwendigen Anstalten im äußersten Verfalle,
die meisten aber gar nicht vorhanden wären. Und was
mehr als dieß Alles ist, er hatte auf seiner Reise durch die
Provinz das Elend des von Auflagen niedergedrückten Landmannes gesehen *). —

So prachtvoll dieser Promenadeplatz ist, so anziehend
seine Aussichten sind, so sind die Spaziergänger darauf
doch gewöhnlich nur sehr dünne gesäet; — er liegt den Einwohnern etwas zu weit auf der Seite; ‧die schattige, und
vor den Winden gesicherte Esplanade liegt näher und bequemer; in der heißen Zeit des Jahres ist es dann hier in
der Mitte des Tages fast nicht auszuhalten; es fehlt zu
sehr am Schatten; doch kann man hier früh und spät mit
Vergnügen herumwandeln; — der übelste Umstand ist aber,

---

*) „Vom Platze Peyrou giengen wir zu dem Platze La Canourgue,
wo J. J. Rousseau während seines Aufenthaltes in Montpellier gerne spazieren gieng."

daß dieser Platz allen den vielen Winden ausgesetzt ist, die
hier das ganze Jahr wehen; wenn der Nordwind bläßt,
kann man ihn gar nicht besuchen. Mehr Bäume gehören
aber wirklich nicht hieher; die Uebersicht des ganzen prächtigen Platzes würde dadurch gestört werden; man hätte dann
auf demselben nicht mehr überall die unbeschränkte Aussicht
nach allen Seiten dieser reichen, grenzenlosen Landschaft;
mancher interessante Theil derselben würde da und dort durch
laubreiche Bäume verdeckt werden. —

Um sich eine gesunde Bewegung zu machen, der frischen
und kühlen Luft zu genießen, und dabey sich angenehm mit
guten Freunden zu unterhalten, wobey man nicht so sehr
auf die Umgebung der Promenade sieht, wenn man nur
darauf gegen Sonne und Wind gehörig geschützt ist, und sie
in der Nähe hat, dazu ist die Esplanade, die vom Peyrou
sehr an Größe übertroffen wird, der eigentliche Ort, wo
man aber doch auch noch eine freundliche, gefällige Nähe,
und eine schöne Aussicht nach dem Meere hat; daher ist sie
auch immer bevölkert. Der Peyrou ist dagegen eigentlich ein
Observatorium, wo man mehr um sich her blicken, und
die tausendfältigen Reize der schönen Natur genießen, sich
mit ihr unterhalten, als plaudern und sich Bewegung machen soll. —

Der botanische Garten liegt auf der Nordseite des
Peyrou ganz in seiner Nähe; er ist der erste, den man
in Frankreich anlegte; Richer von Belleval gab ihm im
J. 1598 seine Einrichtug, und verwendete, da die dazu bestimmten öffentlichen Fonds nicht hinlänglich waren, 100,000
Fr. von seinem eigenen Vermögen auf denselben. Zweymal
sah er, wie man ihn in den bürgerlichen Religionskriegen,
unter Heinrich IV. und Ludwig XIII. vor seinen Augen
von Grund aus zerstörte, und zweymal stellte er ihn wieder

her. Die Regierung blieb ihm die genannte, für einen
Privatmann jener Zeit ungeheure Summe schuldig, welche
seine Familie noch zu fordern hat. Richer von Belleval,
dessen Andenken in Montpellier in verdienter, großer Achtung
steht, war hier der erste Professor der Botanik und Anatomie, und hatte würdige Nachfolger auf dem Lehrstuhle der
Botanik und in der Aufsicht über diesen Garten.

„Während der Revolution wurde dieser Garten sehr
vernachläßigt. Das Gouvernement beschäftigt sich gegenwärtig damit, ihm seinen alten Glanz wieder zu geben; er soll
durch den Ankauf eines gleich großen Grundstückes erweitert werden; indessen haben bisher die gemachten Ausgaben
den Erfolg nicht gehabt, den man davon erwarten konnte;
der Architekt, der das Gewächshaus erbauet hat, dachte nur
an die Verzierung des Gebäudes, und machte die Pfeiler
desselben so dick, daß die Sonnenstrahlen nicht gehörig ein-
dringen können. Man findet an einem etwas abgelegenen
Orte im Garten ein kleines Gewölbe, wo der berühmte eng-
lische Dichter Young während der Nacht seine adoptirte
Tochter Narcissa auf den Schultern hingetragen und begraben haben soll, da ihm die katholische Geistlichkeit ein Grab
auf ihrem Kirchhofe verweigert hatte. Das war ihnen aber
nicht übel zu nehmen, sie handelten den ihnen vorgeschriebe-
nen Gesetzen gemäß.

„Die poetischen Klagen, die Young mit größter Heftigkeit in seinen Nachtgedanken ausstößt, sind gegen alle Billigkeit; es konnte ihm als einem vernünftigen Manne gleichgültig seyn, ob seine Tochter auf einem katholischen Kirchhofe
begraben sey oder nicht, wenn sie nur einen Ruheplatz an
einem Orte erhielt, wo keine Entweihung ihrer Asche zu
besorgen war; und dann hätte er einen passenden Platz auf
dem Kirchhofe der Protestanten finden können, deren immer

eine große Zahl in Montpellier war. Seine eigenen
Worte *) scheinen anzuzeigen, daß er den Aufseher über
den katholischen Kirchhof dahin brachte, ihm heimlich zu
einem Grabe für seine Tochter auf dem Kirchhofe zu ver-
helfen; das Wort Sacrilège paßte nicht zum botanischen
Garten.

„Die Meinung, daß er sie in den botanischen Garten
begraben habe, beruht auf der Aussage eines alten Gärt-
ners, der vorgab, daß er selbst einen Engländer, der den
Leichnam seiner Tochter auf den Achseln trug, bey Nacht
durch eine Seitenthüre in den botanischen Garten eingelassen,
und ihm beym Begräbniß derselben an dem Orte, der das
Grab der Tochter Youngs heißt, geholfen habe. Allein
Mr. Broussonet versicherte mich (sagt Millin), daß der
Gärtner, der dieß aussagte, zu der Zeit nicht beym botanischen Garten angestellt gewesen sey, wo die Tochter Young's
habe begraben werden müssen.“ Diesen Garten besuchten wir
auch den Morgen vor unserer Abreise; er besteht aus zwey
Abtheilungen, der eine enthält, außer interessanten Pflanzen
und Bäumchen, angenehme Spaziergänge unter hohen,
dichtbelaubten Bäumen für das Publikum, das in dieser
Abtheilung freyen Zutritt hat; besonders angenehm, düster
und kühl sind rechts, wenn man hineintritt, 2 Gänge an
einer Mauer hin, unter sehr hohen Bäumen; wir fanden
hier Studenten lesend sitzen, oder auf- und abgehen.

Um 9 Uhr wurde uns und den Studirenden, die anwesend waren, die verschlossene andere Abtheilung des Gartens
geöffnet, der die edlern, kostbarern, seltenern Gewächse enthält, und der dem großen Haufen nicht geöffnet wird.

*) „With pious Sacrilege a grave i stole.“

Hier fanden wir eine reiche Sammlung der seltensten, interessantesten Pflanzen und Bäume, besonders eine große
Zahl neuseeländischer Pflanzen. Mitten im Garten steht hier
eine gewaltig hohe und dicke Fichte, die so alt als die
Stadt seyn soll. Wir besuchten auch das angebliche Grab
der Narcissa; auf dem Wege dahin fanden wir auf der
Nordseite des Gartens, in der Nähe eines Waldes, der sich
hinter dem Garten hin zieht, ein Bassin für merkwürdige
Wasserpflanzen, das ganz damit bedeckt war; wir fanden
nun am Ende eines Ganges, der zwischen 2 hohen Mauern
hinläuft, rechts ein kleines, offenes Gewölb, worin das
Grab seyn soll. Der Obergärtner sagte uns, daß dieß
Gewölbe bisher eine rechte Goldgrube für die Gärtner
gewesen sey, die schon manche Menschenknochen hier ver-
graben, und nachher für schönes Geld an leichtgläubige
Reisende als Ueberreste der Narcissa verkauft hätten. Dieser
botanische Garten ist nicht allein für die hier studirenden,
jungen Mediziner nützlich, sondern kann auch dazu dienen,
Pflanzen wärmerer Länder an das Clima Frankreichs zu
gewöhnen. Die Gegend von Montpellier ist sehr interessant für botanische Excursionen, obgleich durch das Aus-
hauen der Wälder, und das Urbarmachen mancher Landstriche sich manche Pflanzenarten ganz verlieren. Schon
mehrere Botaniker haben eine Flora von Montpellier herausgegeben, z. E. Magnol, de Sauvage, Rathorst,
Gouan. —

Montpellier verdankt seinen alten Ruhm nicht seiner
paradiesischen Lage, sondern seiner ehemaligen Universität,
die auch immer eine Quelle seines Wohlstandes war; diese
bestand aus 3 Fakultäten, der theologischen, juristischen und
medicinischen. Sie wurde in unsern Zeiten aufgehoben; die
medicinische Facultät wurde mit der Schule der Chirurgie in

eins geschmolzen, und so ein neues Institut gebildet, unter dem Namen: Ecole spéciale de Médecine, und dieses wurde in den großen bischöfflichen Palast verlegt, wo auch ein anatomisches Theater und chemisches Laboratorium erbauet wurden, die eben so zweckmäßig als geschmackvolleingerichtet sind; es wurden auch bedeutende Summen zur Vergrößerung der Bibliothek, und zur Wiederherstellung des botanischen Gartens bewilligt.

Die Schulen der Medicin und Chirurgie waren sonst immer getrennt; seit ihrer Vereinigung hat man für die anatomischen Demonstrationen ein prächtiges Amphitheater in italienischem Geschmacke erbauet, dem das des Museums der Naturgeschichte zu Paris zum Model gedient hat. Merkwürdig ist der Armstuhl, in welchem der Professor der Anatomie sitzt; es ist ein prächtiger, marmorner Stuhl, wie man noch einige in den Museen sieht; man erblickt auf jeder Seite die Figur eines Löwen. Dieser Stuhl war einst im Amphitheater von Nimes; es scheint, daß er für den Gouverneur der Provinz bestimmt war; schon vor mehr als 100 Jahren wurde er von Nimes nach Montpellier gebracht. Mr. Séguier wollte ihn wieder kaufen, aber man wollte ihn nicht mehr zurück geben; der Stuhl des Professors ist in diesem antiken Sessel angebracht, wo er doch noch isolirt steht *). Dieses anatomische Amphitheater hatte

*) „Hier (im anatomischen Theater zu Montpellier) sah ich, außer dem antiken Stuhle des Amphitheaters zu Nimes, ein ausnehmend kostbares Fragment von einem Basrelief, es gehörte wahrscheinlich einem Sarcophage an, und stellt den Homer zwischen zwey Musen vor, es sind vielleicht die Comödie und Tragödie wie auf dem großen Basrelief, wo man seine Apotheose erblickt; über dem Haupte Homers sieht man einen Theil seines Namens.— Die Bibliothek ist eine erst entstehende Anstalt, wird aber ansehnlich werden; wir sahen hier viele anatomische Präparate." —

man größtentheils der Wohlthat eines berühmten Mannes
zu danken, des Mr. de la Peyronnie, erſten Wund-
arztes Ludwigs XV., der aus Montpellier gebürtig war.
Er hatte im Jahre 1741 die chirurgiſche Schule zu Paris
errichtet, und ſchenkte bey ſeinem Tode dieſer ſeiner Tochter,
und der Schule zu Montpellier ſeiner Lehrerin, ſein Vermögen, das in 500,000 Liv. beſtand. Dieſer große Wund-
arzt ſtarb zu Paris im Jahre 1747 als ein vorzüglicher
Wohlthäter der Menſchheit.

Die Univerſität in Montpellier iſt faſt ſo alt, als die
Stadt ſelbſt; denn gleich nach ihrer Entſtehung wurde ſie
durch ihre Schulen der Rechte und Arzneywiſſenſchaft
berühmt. Dem Pabſte Nicolaus IV. verdankte die Univerſität in Montpellier ihre erſte Einrichtung und Form; er
theilte ſie im Jahre 1289 in 3 Facultäten, in die Facultät der Jurisprudenz, der Medizin und der freyen Künſte.
Die Theologie, die bisher nur in den Klöſtern gelehrt
wurde, trat im J. 1410 an die Stelle der Facultät der
freyen Künſte, und dieſe wurden in die Schulen unter dem
Namen Humaniora verſetzt *). Noch zur Zeit der Revolution
wurde die Theologie hier gelehrt; die Schule der Jurisprudenz hatte zwar auch einen guten Ruf, aber ihr Glanz
wurde durch die in Toulouſe verdunkelt. Petrarca und
Petresk ſtudirten in Montpellier. Hier nahm auch einſt
Rabelais, der Verfaſſer des Gargantua und Pantagruel, der
hier auch Profeſſor der Medicin war, die Doktorwürde an,
und wurde, wie alle Doktoranden, mit dem gewöhnlichen rothen
Doktormantel bedeckt. Jedes Frühjahr erhält eine anſehnliche

---

*) „Die Exiſtenz der Univerſität in Montpellier ſteigt bis zum Jahre
1220, und noch immer erhält ſie ſich mit Ehre.‟

Zahl junger Mediciner, nach den geschehenen Prüfun-
gen, die Doktorwürde; jedem wird der sogenannte Mantel
des Rabelais umgehängt. Der Mantel, den Rabelais einst
anhatte, ist aber schon lange nicht mehr vorhanden,
und wurde schon mehreremale durch einen neuen ersetzt. Die medicinische Facultät ist es aber hauptsächlich,
welche Montpellier seinen hohen Ruf erworben hat. Aus
den entferntsten Gegenden Europens kommen Kranke nach
diesem modernen Epidaurus, um bey den hiesigen Aerzten
ihre Gesundheit zu suchen. —

Man hat behauptet, daß die medicinische Schule in
Montpellier den Schülern des Avicenna und Averroes ihre
Entstehung verdanke; sie hat auch in der That einen Theil
ihrer Fortschritte arabischen und jüdischen Aerzten zuzuschreiben; aber sie war schon viel eher, als Averroes in Cordova
lehrte, vorhanden. Astruc beweißt mit mehrern Gründen,
daß kurze Zeit nach der Gründung von Montpellier eine
medicinische Schule hier vorhanden war. — Eine große
Anzahl berühmter Aerzte hat diese Schule verherrlicht;
ihr Ruhm hat sich schon über 600 Jahre erhalten, und
sie zählte immer eine große Menge Studierender; unstreitig kamen die meisten derselben aus dem südlichen Frankreich; aber es stellten sich auch welche aus seinen nördlichen Gegenden und aus verschiedenen andern Ländern Europens ein; man sah besonders unter ihnen Irländer, Schwei-
zer, Spanier, selbst Griechen; Mexicaner und Peruaner,
auch Studierende aus Brasilien kommen in großer Anzahl
nach Montpellier, um die Medicin zu studieren. Die Revolution hat dieser Anstalt eine neue Form gegeben, und die
medicinische Facultät hat nun, wie die in Paris und

Strasburg, den Namen einer Ecole spéciale de Médecine *).

Montpellier-besaß auch eine-Academie der Wissenschaften, die 1706 gestiftet worden war; sie correspondirte mit der in Paris, und war auf's engste mit ihr verbunden; sie beschäftigte sich hauptsächlich mit der Astronomie, für welche der so reine Himmel von Montpellier große Vortheile anbietet; diese Akademie hat aber mit allen andern ein Ende genommen, und ist gegenwärtig durch eine litterarische Gesellschaft ersetzt, die den Titel hat: Société libre des Sciences et des Lettres. Der Buchhändler Fontanelle hat ein Museum errichtet, in dem ein Lesesaal und ein anderer für Conzerte und Bälle ist; in einem dritten Saale, dessen Thüre die Aufschrift hat: Bonarum artium cultoribus, findet man Gemälde und kostbare Bücher. — Es giebt auch mehrere interessante Cabinete in Montpellier; das Cabinet der Stadt, das Cabinet des Mr. Lamoreux, das sehr reich an seltenen Conchylien ist; das Cabinet des M. Marcel Serres, eines jungen Gelehrten; es besteht aus mehr als 9000 Insekten und aus kostbaren Mineralien rc. Man hätte sehr Unrecht, wenn man den Einwohnern von Montpellier den Vorwurf machen wollte, daß sie wenig

_____

*) Schriften über Montpellier: P. Gariel, Idée de la ville de Montpellier. 1665. fol. — D. J. Gastellier de la Tour, Description de la ville de Montpellier. 1764. 4. — Charl. d'Aigrefeuille, Histoire de la ville de Montpellier. 1737. fol. — D. Donat, Almanac de Montpellier. 1719. 12. — Charl. de Belleval, Notice sur Montpellier, an XI. 8. — Strobelberger, Historia Monspeliensis, Nürenberg. 1625. — Remarques sur l'Université de Montpellier, par Piganiol, in seiner Description de la France. Tom. VI. 1753. — Limnaeus, Notitia regni Franc. — Abrégé de l'Université de Montpellier, par Mr. d'Aigrefeuille. 1739. fol. in seiner Histoire ecclés. de Montp. — Academia Monspeliensis descripta a J. Primerosio Monsp. Oxon. 1631.

Interesse für die Wissenschaften hätten; es giebt keine
Stadt, in der man eine so große Zahl von Privatbiblio-
theken fände, als hier. Die Arten der Studien, die auf
dieser Universität hauptsächlich getrieben werden, machen es
begreiflich, daß die wissenschaftliche Liebhaberey vorzüglich
auf die physischen und mathematischen Wissenschaften geht.
Unter den Manuscripten der öffentlichen Bibliothek ist die
Sammlung der Handschriften und Briefe der Königin Chri-
stine von Schweden in 22 Quartbänden merkwürdig. Man
hat sie in Italien aus dem Nachlasse eines Besitzers gekauft,
der sie dem bekannten Björnstähl nicht zur Durchsicht geben
wollte. —

Das Hospital von Montpellier ist von großer Wichtigkeit für die Studirenden, die hier unter der Aufsicht ihrer
Lehrer die ersten Versuche in ihrer Kunst machen können.
Man findet in demselben 243 Betten; alle haben eiserne
Gestelle; die der weiblichen Kranken haben Vorhänge; auch
hier werden die Kranken von Hospitaldienerinnen verpflegt. —
Vom Verfahren des Mr. Guyton de Morveau, die Luft zu
reinigen, wird auch hier nicht Gebrauch gemacht; bey der
ausnehmend großen Reinheit der Luft von Montpellier ist
es hier hinlänglich, die Fenster bisweilen aufzumachen *).

Montpellier zieht sich an den sämmtlichen Abhängen eines
Hügels herunter, dessen breitste Seite gegen Südost gekehrt
ist, und der eine Mine von gediegenem Quecksilber enthält;
er macht einen Punkt der großen Kette aus, die gegen das

---

*) „Wir besuchten, außer den Krankenzimmern, auch die Apotheke,
die Küche, die Wohnung der Wahnsinnigen, die alle abgesondert sind, und
unter der Aufsicht einer dienenden Schwester sind, die sie mit vieler Menschlichkeit behandelt. In den Jahren 1629 und 30 herrschte die Pest auch in
Montpellier.."

Meer zu, eine Art von Kessel bildet, und sich terrassenmäßig
an die Cevenne anschließt. Die eigentliche Stadt bietet,
mit wenigen Ausnahmen, nichts als ein Labyrinth von
engen, steilen, winkeligen und schmutzigen Gäßchen dar,
denen es aber gar nicht an schönen Gebäuden fehlt; man
muß immer auf- und abſteigen; die Stadt hat aber unterirdische Canäle, die alle Unreinigkeit derselben aufnehmen
und entfernen; daher die Straßen reinlich sind und die Luft
gesund ist. Die öffentlichen Plätze sind klein und nicht zahlreich. Die Privathäuser sind im Allgemeinen schwarz und
düster. Die vornehmsten Gebäude, z. E. der Justizpalast,
das alte bischöffliche Gebäude, das gegenwärtig der Palast
der Präfektur ist, die Cathedralkirche, das Stadthaus, sind
von schlechter Bauart. Man findet mehrere schöne Hotels,
welche Privatpersonen angehören, die aber zum Unglück eine
üble Lage haben; die Vorstädte haben größtentheils breite
und regelmäßige Straßen, und nehmen sich auch in Ansehung der Häuser, deren sie viele schöne haben, im Ganzen
nicht übel aus; sie sind im niedrigen Theile der Stadt,
bilden die Einfassung derselben, und sind so groß als die
Stadt selbst; aber bey ihren Straßen ist auch kein regelmäßiger Plan. — Einige Aufmerksamkeit verdienen die Fa-
caden einiger Kirchen in den Vorstädten de la Saunerie
und Dominique. Man schätzt die Zahl der Einwohner
auf 32,000, darunter sind 5000 Reformirte. Montpellier ist
der Hauptort des Herault-Departements, der Centralpunkt
des Handels und der Industrie von ganz Nieder-Languedoc,
nach Toulouse die ansehnlichste Stadt in Languedoc, daher
die Stadt sehr belebt und volkreich erscheint. Montpellier
genoß ehemals große Privilegien; sie war der Sitz der
Stände der Provinz, der Aufenthaltsort der Commandanten
und Intendanten ꝛc. ꝛc.

In Montpellier findet der Fremde wenig Unterhaltung und Vergnügen; und wenn er nicht studieren, oder sich kuriren lassen, oder Handlungsgeschäfte treiben will, so wird er sich bald wieder aus dem Staube machen. Jede Familie lebt hier isolirt. Wie könnte der von Geschäften und interessirten Absichten freye, nach Zerstreuung und Unterhaltung strebende Geist, der gesellige Verbindungen anknüpft und vermehrt, sich mit dem Kaufmannsgeiste vereinigen, der unaufhörlich mit dem nämlichen Gegenstande beschäftigt ist, und immer nur nach einem Ziele strebt? Ueberall, wo die Begierde nach Gewinn herrscht, muß sich der Geschmack an gesellschaftlichen Verbindungen schwächen. In den reichsten und bevölkertsten Handelsstädten ist überall am wenigsten Geselligkeit. —

Von dem schönen Geschlecht in Montpellier sagt der Dichter Roucher:

„„ Je dirai qu'en tes murs règne un sexe enchanteur,
„„ Je peindrai son oeil vif, son parler seducteur;
„„ Son front ou la gaieté s'allie à la noblesse;
„„ Ses grâces, son esprit, et sa svelte souplesse,
„„ Né pour sentir l'amour, et par l'amour formé,
„„ Tendre et constant il aime, ainsi qu'il est aimé." *)

[Die hiesigen Lebensmittel sind vortrefflich; es ist hier Ueberfluß an Fischen, Geflügel, Früchten, selbst spanischen, die über Cette kommen. Der Wein ist sehr gut, und auch die besten Sorten werden hier nicht zu theuer bezahlt. Das Wasser ist nicht schlecht, doch muß man sich, so viel als

---

*) „ Das weibliche Geschlecht in Montpellier hat einen eleganten Wuchs, und im Allgemeinen mehr Grazie als Schönheit."

möglich, an das Waffer halten, das die große Wafferleitung herbeyführt. Die Feuerung ist hier ein entsetzlich theurer Artikel. Die Last Eichenholz (4 Centner) wird nicht
selten mit 15—18 Liv., die Last Olivenholz mit 10—12
Liv. bezahlt. Die Landschaft um Montpellier her ist fruchtbar
an Korn, Wein und Oel; man zieht hier eine große Menge
Maulbeerbäume. Bey Mr. Durvile (à la grande rue)
findet man eine ziemlich gute Leihebibliothek, und ein
gutes Novitäten-Sortiment.

In der Cathedralkirche St. Pierre ist das Gemälde
Simon der Zauberer, eine der berühmtesten Arbeiten
von Sebast. Bourdon. Achtzig Jahre lag dieß Gemälde zusammen gerollt in einer Dachkammer, und wurde
nachher von einem unwissenden Restaurateur übel mißhandelt.
Man sieht auch in dieser Kirche eine schöne Copie eines
Gemäldes von Poussin. Das Portal dieser Kirche ist von
einer sehr bizarren Construction. Sehnswerth sind auch die
Gemäldesammlungen des Mr. Duche und Gourgas;
besonders hat der letztere viele gute Stücke aus der italienischen und niederländischen Schule. —

In den achtziger Jahren des letzten Jahrhunderts
brannte das hiesige Theater ab; das gegenwärtige gieng
aber schöner und geschmackvoller aus der Asche des alten
hervor; man gab ihm die eben so zweckmäßige als gefal-
lende Cirkelform, und eine durch Einfachheit edle Verzierung; der Schauspielsaal ist groß, hat eine angenehme
Form, und ist sehr tauglich zur Ausführung pantomimischer
Ballete und solcher Stücke, bey denen große Maschinen
nöthig sind, an denen die Einwohner besonders Geschmack
finden: anstatt der Kerzen hat man auch hier, wie in vielen andern französischen Theatern, argandische Lampen eingeführt; man giebt hier auch Conzerte. Die Stadt hat

eine ziemlich große Zahl von Fontainen; ihre Verzierungen
sind aber erbärmlich; wie dieß der Fall bey der Fontaine ist,
die man zwischen der Esplanade und dem gegenüberstehenden
Theater findet.   Man erblickt hier 3 weibliche Gestalten; sie
sollen die 3 Grazien vorstellen;   aber der Künstler wußte sich
die Gunst dieser Göttinnen nicht zu erwerben;   denn man
sieht an ihren Bildern keine Spur einer durch sie bey ihm
hervorgebrachten Begeisterung.

Kapitel 32.

Das Clima von Montpellier scheint keineswegs für Hy-
rochondristen,   am allerwenigsten für Brustkranke passend zu
seyn, indem es, in Ansehung der Extreme und Veränder-
lichkeit, nur gar zu sehr dem von Nimes gleicht.   In der
Temperatur findet gar keine gleichmäßige Gradation, keine
bestimmte Ordnung Statt. Die Sommer sind erstickend heiß:
das Thermometer hält sich zwischen 25 und 30°; die Winter
sind empfindlich kalt; denn oft fällt das Thermometer auf 4
— 5°, ja nicht selten auf 6 — 7, bisweilen auf 8 — 10°
herab. Der Frühling ist äußerst kurz; denn gewöhnlich tritt
schon zu Anfange des April's eine alles verzehrende Hitze ein;
der Herbst ist angenehm, doch in der Regel immer regen-
haft.   In allen Jahreszeiten aber ist die Temperatur so
veränderlich, daß der Unterschied oft in 24 Stunden 10 — 12°
beträgt, und man daher mitten im Winter liebliche Maitage,
und mitten im Sommer herbstliche Nächte haben kann. Was
ferner die so gerühmte Heiterkeit des hiesigen Himmels,
und die Reinheit der Atmosphäre auch während des Winters anbelangt, so kommen sie gerade in dieser Jahreszeit

nur von den herrschenden Nord- und Nord-Nord-Ostwinden her, die auch dafür desto kälter und schneidender sind.

Lassen diese nach, so treten gewöhnlich die feuchten, erschlaffenden Süd- und Süd-Ostwinde ein, und bringen, wie in Nimes, Wolken und Dünste in Menge mit. Hören diese auf, so kommen die Ost- und Nord-Ostwinde, und bringen Regen. Nur der Nord-West, der Zephir von Montpellier bringt hier milde und heitere Witterung mit. Dann sind jährlich wenigstens 40 ganze und eben so viele halbe Regentage anzunehmen. Schnee wird hier nur wenig bemerkt. Sonst mag die Luft hier im Allgemeinen gesund seyn; es giebt hier sehr viele alte Leute. Aber Brustkranken, und Hypochondristen können jene kalten, schneidenden Nordwinde, jene feuchtwarmen, erschlaffenden Marins, jene unaufhörlichen Abwechslungen der Temperatur unmöglich gut seyn *). —

Die Einwohner von Montpellier sind im Allgemeinen geschickt in körperlichen Uebungen, im Billard, im Ballspiel, im Mailspiel; mit dem letztern beschäftigen sie sich leidenschaftlich. Im Herbst, im Winter und Frühlinge sind die unzähligen kleinen Wege, von denen die ganze Gegend um Montpellier durchschnitten ist, alle mit Mailschlägern angefüllt;

---

*) „Manche Aerzte, die sich einen Kranken, mit dem sie nichts mehr anzufangen wissen, vom Halse schaffen wollen, schicken ihn nach Montpellier; den Rath zu einer solchen südlichen Reise geben sie besonders denen, die an Hypochondrie, oder an Brustübeln leiden. Doch scheint indessen das Clima dieser Stadt, mit seiner beständig wechselnden Witterung, ihnen nicht sehr günstig zu seyn. Manchem mag es aber doch mit dem Zwecke seiner Reise gelingen, die aufheiternde Hoffnung von seinen Schmerzen, oder den Gefahren des Lebens, die ihn bedrohen, befreyet zu werden, mit der er seine Reise antritt; die durch die Reise unaufhörlich bewirkte Bewegung, Zerstreuung, Veränderung der Luft ꝛc. sind Aerzte, die schon unterwegs ihr Uebel mindern, und geschickten Aerzten in Montpellier die Cur erleichtern."

Nach 4 Uhr Abends verlassen die Fabrikarbeiter ihre Werkstätten, die Kaufmannsdiener und Krämer ihre Boutiquen, und eilen zum Mailspiel; die Spaziergänger müssen immer auf der Hut seyn, daß ihnen nicht alle Augenblicke eine Mailkugel an den Kopf fliege; auch in der Gegend umher wird dieß Spiel stark getrieben; doch scheint der Landmann das Krokspiel, welches eine mäßige Bewegung fordert, weit vorzuziehen; an den Sonn- und Feyertagen sieht man an allen Ecken Jung und Alt damit beschäftigt. Das Ballonspiel, welches unendlich mehr Geschicklichkeit und Anstrengung fordert, wurde ehemals in allen mittäglichen Provinzen mit großer Liebhaberey getrieben. Ein Ball von der Größe einer Faust, der inwendig hohl war, wurde, vermittelst einer besondern Maschine, mit Luft angefüllt, und erhielt dadurch eine ausserordentliche Elasticität. Dieser Ball wurde mit einem breiten, hölzernen Ringe geschlagen, den man, wie einen Handschuh, anzog; er sprang 60 Fuß, und noch höher, in die Luft, und über 100 Schritte weit, ehe er fiel, mußte er wieder auf dieselbe Art zurückgeschlagen werden.

Um das Herumlaufen nach dem Balle zu erleichtern, wurden 4—5 Spieler von jeder Parthey in verschiedene Entfernungen aufgestellt; jeder suchte dem Ballon eine solche Richtung zu geben, daß es dem andern schwer wurde, ihn aufzufangen. Ehemals setzte man viel Geld auf dieses Spiel; es gab Leute, die eine große Fertigkeit in demselben besaßen, und von Dorf zu Dorf, von Stadt zu Stadt zogen, um die besten Ballonspieler herauszufordern; und neben den beträchtlichen Summen, die gewöhnlich dabey ausgesetzt wurden, stand auch gewissermassen die Ehre des Dorfes selbst auf dem Spiele. In jedem Dorfe beynahe findet man einen eigenen eingemauerten Platz zu diesem

Spiele, von denen aber jetzt die meisten mit Gras bewachsen
sind. Bey diesem ausgezeichneten Geschmacke der Languedo-
cer für Spiele, welche körperliche Gewandtheit und Fertigkeit erfordern, muß man sich wundern, keine Spur vom
Kegelspiel zu finden. Indeß sich die Mannspersonen auf
diese Art belustigen, versammeln sich die Mädchen in einem
Zimmer um das Feuer her, und die älteste Frau, der
Schulmeister, oder Barbierer, erzählen ihnen Geschichten von
der weißen Frau, eine Art von Feen, die immer in einem
alten Schloße, in einem halb zerstörten Thurme, oder in
einer dunkeln Grotte in der Nähe wohnt. Es ist keine zerfallene Ritterburg, keine Höhle, keine Brunnquelle, wo nicht
einmal eine solche weiße Frau gehaust hätte, und von
jeder haben sich im nächsten Dorfe eigene Sagen erhalten.
Die weißen Frauen der Languedoker, diese Geschöpfe der
maurischen Mythologie, sind zum Theil böser Natur, scha-
denfroh, neidisch, geizig; aber doch ist der größere Theil
gütig, freundlich, wohlthätig und großmüthig; jene denkt
man sich als häßliche, bucklige alte Weiber, die andern
als junge Mädchen; diese Volksmährchen sollen nach
dem Urtheile der Kenner sehr naiv, und der Bekanntma-
chung werth seyn. Es ist nicht leicht eine Nation auf der
Erde, die nicht ihre Volksmährchen hätte; solche Erzählungen waren der erste Schritt zur Dichtkunst bey den Griechen, und die Wiege der reizenden Göttermährchen, die
so manches Meisterstück der Poesie und bildenden Künste her-
vorbrachten. Solche Mährchen verdienen daher einige Achtung, und um so mehr, je gefälliger und anmuthiger sie
sind. —

Sowie der Tanz in allen Gegenden Frankreichs ein
Lieblingsvergnügen ist, so ist er es auch hier; er macht
einen Theil aller Feste aus, und mischt sich in alle ihre

Lustbarkeiten.   An den Patronalfesten, an den Samstagaben-
den und Sonntagen, versammelt in der Stadt das Hautbois,
das Tambourin, die Musette, das Flageolet auf allen öffentlichen Plätzen ganze Schaaren von Landleuten, Fabrikarbeitern, Gärtnerjungen und Mädchen aus dem Pöbel; diese
Lustbarkeit dauert etwa 2 Stunden; Tänzer und Musikanten
setzen sich dann in der Schenke zusammen, und die Mädchen gehen wieder heim. — So geht es auch Sonnabends
und Sonntags in den Dörfern zu. Die Neigung zum Tanze
ist unter den niedrigen Volksklassen so allgemein, daß es
beynahe keine Handwerksinnung giebt, welche nicht alle
Jahre ihren festlichen Tag hätte, an welchem alle die jungen Leute, die dieses Handwerk treiben, gemeinschaftlich vor
den Häusern der Reichen in Montpellier und auf öffentlichen Plätzen tanzen.

Jede Profession hat ihren Patron; am Tage desselben
werden die öffentlichen Tänze gehalten. Selbst die Packträger halten jährlich ihren Innungstanz vor den Häusern.
Bey diesem Tanze tragen die Strumpfweber auf einer mit
Blumen und Bändern geschmückten Tragbahre einen hölzernen Strumpfweberstuhl, an dem ein Knabe zu arbeiten
scheint. Die Gärtner tragen einen Kasten, aus dem sich ein
künstlicher Baum erhebt, an dem Blumenguirlanden hängen.
Die Böttcher tragen halbe Reife, die auch mit Bändern und
Blumen geschmückt sind; während des Tanzes bilden sie,
mit geschickten Verschlingungen ihrer Reife und Guirlanden,
angenehme Figuren.

Die außerordentliche Eitelkeit dieser Leute erscheint bey
diesen Feyerlichkeiten in den mannigfaltigsten Gestalten, und
bringt eine Menge der lächerlichsten Auftritte hervor. Die
Armuth erlaubt nur wenigen von ihnen ein anständiges
Kleid anzuziehen; allein bey aller Dürftigkeit und allem

Schmutze der Haupttheile ihrer Kleidung, tragen sie alle
weiße seidene Strümpfe, Hüte, die mit Federn von allen
Farben ganz überdeckt sind, abgetragene Scherpen aus der
Vorrathskammer des Theaters, und andere glänzende Lappen aus der Trödelbude. Die Mädchen haben Hauben,
Kopfzeuge, und modische Frauenzimmerhüte auf dem Kopfe,
welche sie meistens aus den Häusern, wo sie gewöhnlich Milch
oder Küchenkräuter verkaufen, zusammen betteln oder borgen.
Diese Kopfzeuge contrastiren gewöhnlich auf eine komische
Art mit den braunen, derben Gesichtern, über denen sie auf-
gepflanzt werden. Manches Mädchen erscheint auch, in Ermanglung eines weiblichen Kopfputzes, mit einem Männer-
hute, worauf eine Menge abgetragener, ungleichartiger
Federn zusammen gesteckt sind.

Auch die Lastträger zieren an diesen Feyertagen ihre
Hüte mit Straußfedern, und binden eine Scherpe mit goldenen oder silbernen Troddeln um; die Vornehmsten unter
der Truppe müssen den Haufen anführen; sie haben Epau-
lette, einen Degen und Commandostab. Jede Profession hat
eine oder mehrere Fahnen. Eine besondere Vorliebe haben
diese Leute für die Offiziersuniform. Bey allen Aufzügen
finden sich immer einige, die mit einer solchen, die sie vom
Theater gemiethet haben, prangen. Das goldene Achselband
hat besonders so viele Reize für sie, daß es mancher auf
seine schmutzige Kleidung heftet, der das Miethgeld für eine
Uniform nicht bezahlen kann. Ein unentbehrliches Geräthe
bey allen diesen Festen sind die Fahnen; eine große Menge
derselben von allen Farben, mit allerley Aufschriften und
Malereyen geziert, wird zur Schau getragen. Alle diese
festlichen Ehrentage werden immer sehr verderblich für die
jungen Leute, und gewöhnlich noch mehr für ihre armen,
aber eben so eiteln Eltern, die oft ihre Betten und Kleider

verpfänden, um ihre Kinder bey dieser Gelegenheit glänzen
zu sehen. Es sollen nie so viele silberne Brustkreuzchen alter
Mütterchen, so viele Kleidungsstücke armer Leute, und so
viel elendes Geräthe auf dem Leihhause beysammen liegen,
als im April und Mai, zur Zeit dieser Volksfeste; dabey
geht noch viele Zeit für die Erlernung der Tänze verloren.

Untter den Tänzen von Montpellier hat der, den man
den Tanz des Pferdchens (la danse du chevalet)
nennt, einen Ursprung, der ihn interessant macht. Peter II.,
König von Arragonien, wurde durch seine Gemahlin Marie,
Tochter Guillaumes VIII. von Montpellier, Souverain
von Montpellier; für diese hatte er wohl Achtung, eine
Empfindung, die er ihr nicht versagen konnte, aber keine
Liebe. Die Einwohner von Montpellier sahen mit Kummer,
daß Peters Gleichgültigkeit gegen seine Gemahlin ihnen die
Hoffnung nahm, ihre geliebte Fürstin mit einem Sohne
beschenkt zu sehen; er ließ sie einsam in Montpellier, und
enthielt sich alles Umgangs mit ihr. Einmal führten ihn Geschäfte in die Stadt; er verliebte sich bey dieser Gelegenheit
in eine junge, eben so kluge als schöne Wittwe, welche eine
der Ehrendamen der Fürstin war. Die Consuls brachten die
junge Wittwe dahin, sich zu stellen, als wolle sie Peters
Wünschen nachgeben, und die Königin mußte ihr Bett einnehmen. —

Der König, der den ihm gemachten Bedingungen gemäß
ohne Licht kommen mußte, ward des Betrugs erst den folgenden Morgen gewahr, als die Consuln, welche die ganze
Nacht in der Kirche Notre Dame de Tables betend zugebracht hatten, noch vor Tag mit brennenden Wachskerzen in
das Schlafgemach kamen, sich ihm zu Füßen warfen, und
ihn wegen der so wohl gemeinten Täuschung um Verzeihung

baten; er war anfänglich ein wenig betreten über die Entdeckung, die er machte; doch scherzte er nachher selbst über
den frommen Eifer der guten Leute, und verzieh ihnen;
die Absicht aber, durch diesen Schritt auch noch Liebe zu
seiner Gemahlin in seinem Herzen anzufachen, erreichten sie
nicht. Aber einige Zeit nachher benutzte einer seiner Höf-
linge, während der König in der Gegend von Lattes
jagte, einen günstigern Augenblick, und brachte ihn dahin,
der Königin in Mirval einen Besuch zu machen, wo diese
in trauriger Verlassenheit lebte. Ihr Gemahl übernachtete
nun bey ihr, und fand sie so liebenswürdig, daß er sich
nicht mehr von ihr trennen wollte; er nahm sie hinter sich
auf sein Pferd, und so begleitete ihn die endlich Glückliche
und Getröstete nach Montpellier. Die Einwohner drängten
sich in ganzen Schaaren um das Pferd her, welches die
Ehegatten trug, und erfüllten die Luft mit ihrem Freuden-
geschrey. —

Mariens Wünsche wurden erfüllt; sie wurde Mutter
eines jungen Prinzen, der nachher unter dem Namen Ja-
kobs II. des Eroberers, die Staaten seines Vaters vergrößerte. Als dieser Fürst 33 Jahre nach dieser Begebenheit, im Jahre 1239 nach Montpellier kam, so wiederhol-
ten die Einwohner die nämlichen Freudenbezeugungen, mit
denen sie ehemals seine Aeltern in die Stadt begleitet hatten.
Jakob wurde durch den naiven Ausdruck der Liebe seiner
Unterthanen so gerührt, daß er wünschte, das Andenken
jenes Einzuges seiner Aeltern in Montpellier möchte jährlich
durch einen festlichen Tanz durch die Stadt auf die Nach-
kommen fortgepflanzt werden. —

Der Tanz des Pferdchens hat jedes Jahr 1 — 2mal
Statt. Die Hauptpersonen dieses Tanzes sind junge Leute
aus der wohlhabenden Volksklasse; sie erscheinen gewöhnlich

in rosenfarbenen, oder blauen seidenen Hosen, und weißen
seidenen Strümpfen; ihre weißen Hemder sind an den Armen mit Bändern befestigt, und um den Leib mit blau-sei-
denen Scherpen gegürtet; auf den Hüten haben sie weiße
Federbüsche; auch hier erscheinen die Anführer in Offiziersuniform. In diesem Aufzuge ziehen die Tänzer in großer
Anzahl paarweise durch die Straßen, und tanzen, unter dem
Schalle einer geräuschvollen Musik, auf den öffentlichen Plätzen
und vor den Häusern der angesehensten Personen.

. Einer der Jünglinge hat ein Pferdchen von Pappe, in
der Größe eines Füllen, an den Leib gebunden, und das
Ansehen eines Centauren; rings um dasselbe ist ein seidenes
Tuch angeheftet, unter dem seine Füße verborgen sind. —
Einer der Tänzer bietet dem Pferdchen, auf einer baski-
schen Trommel, Haber an. Die Geschicklichkeit dieses Tän-
zers besteht nun darin, sich immer beym Kopfe des Pferdchens zu befinden, und die des Reiters, ihm immer den
Rücken zuzuwenden, und nach ihm auszuschlagen. Der
übrige Theil der Truppe tanzt während dieser Zeit um die
Hauptacteurs. —

Eine besondere Art von Freudenfesten für die Landleute
sind die jährlichen Patronalfeste der Dörfer und Städtchen. Bey einigen dieser Feste werden Wettrennen mit
Pferden, bey andern mit Eseln angestellt; zuweilen werden
Stiergefechte gehalten; an andern Orten sind Ringspiele im
Gebrauch. Im Städchen Signou, 2 Meilen von Montpellier, haben die Jünglinge hölzerne Helme auf den Köpfen; sie theilen sich in 2 Haufen, und schlagen dann
mit hölzernen Prügeln nach denselben, bis endlich eine Parthey der Schläge müde wird, und sich für überwunden erklärt,
oder die Flucht ergreift; im Städchen Maßillarguet
werden Kämpfe mit Ochsen angestellt, wozu man die wildesten
aus

aus denen im Sumpflande an den Küſten, in der Freyheit anfwachſenden Ochſen fängt. Dieſe Kämpfe haben
Aehnlichkeit mit denen auf der Inſel Camargue. Die Kämpfer
haben eingegrabene Fäſſer auf dem Kampfplaße, in welche
ſie in der Noth hinein ſpringen, und worin ſie einen Deckel
über ſich ziehen können. Zu Cette werden Wettkämpfe in
Böten in dem Hafen gehalten; wenn die Böte bey einander
vorbey fahren, ſuchen ſich die Streiter von einem kaum 2.
Fuß breiten, aber ziemlich hohen Gerüſte, in's Waſſer herab zu ſtürzen; die Herabgefallenen werden ſogleich wieder
heraus gezogen, und ausgelacht. — Jeder Ort hat ſeine
aus alten Zeiten herab vererbten eigenthümlichen Feſtge-
bräuche. —

* * *

„Man ſetzt den Urſprung von Montpellier nicht höher
als in die erſte Hälfte des IX. Jahrhunderts; es war damals
nur noch ein Weiler, wohin ſich einige Einwohner von
Magellone geflüchtet hatten, nachdem dieſe Stadt von Carl
Martel den Sarazenen entriſſen worden war. In der Folge
wurde dieſer Weiler nach und nach immer anſehnlicher;
endlich wurde er als ein Lehen betrachtet, das von
dem Grafen von Subſtantation abhänge, und einem
Seigneur, Namens Guy oder Guillaume gegeben; dieſer
wurde der Stammvater der Grafen von Montpellier, die
alle den Namen Guillaume führten, bis Marie, die Tochter
Guillaumes VIII. dieſe Herrſchaft Peter II., Könige
von Aragonien, zubrachte. Jacob I., ſein Sohn, folgte
ihm, und vereinigte die Inſel Majorca mit ſeinen Staaten.
Jacob II. hatte zwey Söhne, von denen der Jüngſte Majorca und Montpellier erhielt. Im Jahre 1349 verkaufte
Jacob III., König von Majorca, dieſe Stadt an Philipp
von Balois, und ſie blieb bey Frankreich bis 1365, wo

sie Carl V. dem Könige von Navarre abtrat, wodurch er ihn für einige Städte entschädigte, die er ihm in der Normandie genommen hatte. Carl II. vereinigte Montpellier auf immer mit Frankreich; aber dieß geschah nicht ohne Mühe, und Montpellier empörte sich oft gegen seine Könige, und spielte eine große Rolle in den Unruhen von Languedoc, entweder indem es sich der Erhebung neuer Subsidien, oder der Errichtung von Salzsteuern widersetzte, oder indem es Antheil an den Religionsstreitigkeiten nahm *).

Die Stadt Montpellier trieb ehemals einen sehr ausgedehnten Handel; sie erbte den mercantilischen Geist von ihrer Mutter, der Stadt Magellone; gleich nach ihrer Entstehung beschäftigte sie sich auf's ernstlichste mit der Handlung. Rabbi Benjamin von Tudela, der im XIIten Jahrhunderte den größten Theil der damals bekannten Welt durchreiste, und im Jahre 1174 nach Montpellier kam, traf hier, wie er sagt, alle handelnden Nationen des Erdbodens an; Israeliten aus Portugal, Bewohner Aegyptens, und Palästinas, Italiener, Lombarder, Spanier und Engländer sah er in geschäftiger Eile die Straßen durchkreuzen, und hörte an jeder Ecke eine andere Sprache.

Daß die Handlung von Montpellier damals sehr ausgebreitet gewesen seyn müsse, beweisen die Archive der Stadt, worin man Verträge aus den 11. und 12ten Jahrhunderte findet, welche man zum Vortheil der Handlung mit den Genuesern und Pisanern, mit den Prinzen von Antiochien, den Königen von Cypern, Jerusalem, Sicilien und England,

---

*) „Die Ableitung des Namens der Stadt Montpellier, von Mons-puellarum, womit man auf die Schönheit des weiblichen Geschlechts dieser Gegend habe hinweisen wollen, ist mehr eine galante, als richtige Etymologie."

und mit den griechischen Kaisern zu Constantinopel geschlossen hatte. Die Genueser und Pisaner hielten eigene Residenten und Magazine hier. Die erstern wurden aber bald auf den glücklichen Fortgang der Handlung dieser Stadt eifersüchtig, und um ihren Wohlstand zu vernichten, und die Quellen desselben zu verstopfen, machten sie Jagd auf die Kaufmannsschiffe der Montpellianer, und plünderten sie und ihre Waarenniederlagen. Montpellier widerstand den Genuesern, die damals schon mit dem mächtigen Venedig um die Oberherrschaft des mittelländischen Meeres rangen, zwey Jahre lang; zwar nicht immer mit Vortheil, doch ohne ganz zu erliegen. Endlich drohete selbst Alexander III. den Genuesern mit dem Banne, und machte ihrem Korsarenkriege ein Ende. —

Eine der vornehmsten Ursachen, welche die Handlung von Montpellier in diesen Zeiten begünstigten und vortheilhaft machten, war die Abneigung, welche die meisten Nationen Europens gegen alle Verbindung mit den Ungläubigen hatten. Venedig, Genua, Pisa und Montpellier verstanden es besser, setzten sich über diese Vorurtheile weg, und bemächtigten sich des ausschließenden Handels mit den morgenländischen Gewürzen, medicinischen Pflanzen, Balsamen, Rauchwerken ꝛc. und den seidenen Stoffen Asiens, woraus sie den größten Gewinn zu ziehen wußten *). —

Ein anderer Grund des Wohlstandes dieser Stadt und des glücklichen Fortganges ihrer Handlung war der Verfall,

---

*) „Es scheint, daß man die Epoche des höchsten Wohlstandes von Montpellier in's XIII. Jahrhundert setzen muße. Damals unterhielt es, vermittelst des Hafens von Lattes, einen ausgedehnten Handel mit allen Küsten des Mittelmeeres. Dieser kleine Hafen, den ein Schloß vertheidigte, hieng mit dem Meere durch die Etangs, und mit der Stadt durch einen großen gepflasterten Weg zusammen."

in welchen die Provence unter ihren Fürsten gesunken war.
Diese bekümmerten sich wenig um die Handlung, und trafen
oft Verfügungen, die ihr sehr nachtheilig wurden. Das
alte, durch Handlung und Reichthum so lange berühmte
Marseille war ganz herunter gekommen; es hatte seine
Freyheit verloren, und war der Raub einer mächtigen,
adelichen Familie geworden; die noch vollendete, was die
Fürsten der Provence schon angefangen hatten. Durch die
Unruhen, welche sie veranlaßte, und den drückenden Despo-
tismus, mit dem sie herrschte, brachte sie der Handlung
dieser Stadt den letzten Stoß bey. Mit den übrigen See-
häfen der Provence stand es noch schlimmer. So waren die
Stadt Montpellier und ihre beyden Häfen Magellone und
Aiguesmortes der einzige Sammelplatz der Handlung von
Frankreich am mittelländischen Meere. —

Aber im 15. und 16ten Jahrhunderte fieng das Glück
an sich zu wenden. Die Provence wurde 1484 unter Ludwig
XI. mit der Krone Frankreich vereinigt. Marseille erholte
sich wieder, und die unschätzbaren Vortheile, welche Natur
und Kunst dieser Stadt zur Schiffahrt auf dem Mittelmeere
gegeben hatten, fiengen wieder an ihre Wirkung zu thun.
Die Handlung zog sich allmählich wieder nach diesem Orte,
wo die nachfolgenden französischen Könige sie nach und nach
durch günstige Verordnungen festzuhalten suchten. Nicht
wenig trugen auch die einheimischen Religionskriege dazu bey,
die Handlung von Montpelier zu zerstören. Diese Stadt war
der Hauptsitz der reformirten Parthey, und sah sich den
Feindseligkeiten der Catholiken am meisten ausgesetzt. Ueber
der Sorge sich zu vertheidigen, vergaß man sich zu bereichern. Zu Anfange des 17ten Jahrhunderts waren beynahe
keine Spuren von der vorigen, ausgebreiteten Handlung
mehr da. —

Nach Endigung der Unruhen fieng man wieder an auf die vorigen Erwerbmittel der Reichthümer zu denken. Aber es hatte sich indeſſen vieles verändert. Marſeille war nicht nur im Beſitze des Handels nach der Levante, ſondern auch eines Privilegiums, das dieſen Handel ausſchließend auf ſeinen Hafen einſchränkte. Von Montpelier aus durfte alſo kein Schiff mehr in dieſe Gegend ausgerüſtet werden; auch beſaß es keinen Hafen mehr, wo dergleichen Ausrüſtungen hätten geſchehen können. Aiguesmortes war nach und nach durch eine Sandbank, die ſich eine Meile von ſeinen Mauern angeſetzt hatte, vom Meere abgeſchnitten worden. Die Rhede zu Mageüone und Villeneuve war verſandet, und durch die gleiche Sandbank, wie Aiguesmortes, geſchloſſen, und für größere Schiffe unzugänglich geworden. Der Hafen zu Cette war noch nicht gebauet; man trieb den Seehandel nur noch vermittelſt des kleinen Hafens Lattes, der eine Stunde von der Stadt war; die Unterhaltung des Hafens und Weges dahin forderte ſtrenge Aufſicht. Die Erbauung des Hafens von Cette unter Ludwig XIV. belebte endlich den Seehandel von neuem; man bedient ſich dazu eines Canals, auf dem man in die Etangs, und in das Meer kommt; man transportirt die Waaren nach dem Port Juvenal, der nur eine kleine Viertelſtunde von der Stadt iſt; vermittelſt deſſelben führt das Heraultdepartement ſeine Weine, Branntweine und Oele aus. —

Da der ſo einträgliche levantiſche Handel aufgehört hatte, ſo legten ſich die Einwohner von Montpellier auf das Fabrikweſen, und errichteten mehrere Manufakturen, die ihre Stadt blühend machten, und eine neue Quelle des Reichthums ſind, die ſie nur ihrer eigenen Betriebſamkeit verdanken. Der Verkauf chymiſcher Produkte iſt die Hauptquelle des Reichthums von Montpellier geworden, und daß

man auf diesen Industriezweig verfiel, ist in einer Stadt
begreiflich, in der schon seit so langen Zeiten die medicinischen Wissenschaften, also auch Chymie, Botanik, und alle
andern Theile der Naturgeschichte eifrig studirt werden; man
verfertigt hier schon seit sehr alten Zeiten Branntwein. Die
Weine von Languedoc haben eine außerordentliche Stärke,
und können nicht alle im Lande consumirt werden; man führt
von denselben nur die Muscatweine von Lunel und Frontignan, und die Weine von St. George und Drezery aus.

Die Branntweinbrennereyen sind daher bey der reichen
Weinpflanzung des Landes von großem Nutzen; auch führt
man in Friedenszeiten alle Jahre aus dem Hafen Cette eine
beträchtliche Menge Branntwein aus; dieser ist eine unver-
siegliche Quelle des Reichthums, besonders seit dem der
Branntwein, der anfänglich nur in der Medicin angewendet
wurde, so allgemein gebraucht wird. Die Methode der
Herren Adam und Berard haben diese Art von Fabri-
cation sehr vervollkommnet. Arnold von Villeneuve,
ein berühmter Arzt aus dem 14ten Jahrhunderte, der in
der Medicin große Entdeckungen machte, und Professor zu
Montpellier war, machte die merkwürdige Kunst, den Wein
in Branntwein zu verwandeln, zuerst bekannt, und wurde
dadurch ein wichtiger Wohlthäter der Stadt Montpellier; da
er sich aber allzusehr mit Alchymie und Astrologie beschäftigte,
weßwegen man ihn der Magie beschuldigte, so belohnten ihm
die Bewohner von Montpellier seine Dienste mit Undank,
und verbrannten ihn als einen Ketzer und Magiker. Die
Stadt hat ihm auch den Ursprung der Parfumerie zu danken,
wodurch sie sich sehr berühmt gemacht hat."

* *

„ Die Städte Beziers, Cette und Montpellier,
und einige kleinere in dieser Gegend, treiben fast in einerley

Artikel Handel; die Artikel sind die eigenen und benachbarten Produkte; hauptsächlich besteht der Handel dieser Städte
in der Verschiffung der für Rechnung auswärtiger Freunde
angekauften, und im Verkaufe, der für Rechnung derselben
eingesandten Waaren. Die Hauptgegenstände ihres Handels
sind Weine und Branntweine. Die languedokischen Weine
pflegen wegen ihrer Hitze Vins chauds genannt zu werden.
Von weißen Weinen giebt es folgende Arten: Vin blanc
Picardan, 3 Classen, die von der ersten oder besten Classe
muß fett und von braungelber Farbe seyn; Vin Muscat
de Rivesaltes, der feinste und fetteste muß fast so dick wie
Honig, und frey von einer eckelhaften Süßigkeit seyn; Vin
Muscat de Frontignan; da er nicht in Menge vorhanden
ist, so ersetzt man ihn durch Muscatwein von Beziers erster
Classe, wenn eine gute Quantität davon zu haben ist; Muscat de Lunel ist feiner, als der Frontignan, aber weniger
fett und minder braun; der Wein von Beziers kann ihn
ebenfalls ersetzen.

Der Muscat de Montbazin ist besser als der von
Beziers; Muscat de Beziers, 1. und 2te Classe, ist weniger fett als die übrigen; am vorzüglichsten ist der Ma-
raussan; es giebt mehrere Sorten des Muscatweines von
Beziers, die andere Muscatweine ersetzen können. Vin blanc
de Roussillon ist fein hellgelb, von angenehmer Blume.
Clairette de Calvison ist trocken, klar, von schöner Farbe;
man kann ihn mit gutem, schon gemachtem Picardan ersetzen,
wenn man demselben durch Veilchengeist ein wenig Blume
ertheilt. Vin blanc d'Hermitage, ist hell von Farbe, und
von vorzüglicher Blume. Vin blanc de Laudun ist in
allen Umgebungen von Beziers sehr klar; die Blume ist
dem von Roussillon ähnlich. St. Peray hat etwas Aehnliches

mit dem Champagner, und wird, wie derselbe, in mousseux und non mousseux eingetheilt. —

„Es folgen die rothen Weine; sie sind besonders hitzig,
und werden größtentheils mit Bordeauxweinen vermischt.
Muscat de Clermont, ein rother Muscatwein; gemeiniglich wählt man eine gute Quantität weißen Muscatwein, den
man mit süßem, rothem Wein mischt. Vin d'Hermitage,
1- und 2te Classe, wächst an der Rhone, und ist der feinste
und beste rothe Wein in der südlichen Gegend; die Blume
ist stark und angenehm; der Geschmack ist etwas wie Port-
wein; er ist ein guter Dessertwein, und, wie alle rothen
Rhoneweine, dem Versauern leicht unterworfen; daher
müssen die Fässer dicht verpicht und in Kellern aufbewahrt
werden. Côte rôtie führt den Namen von der großen Hitze
auf den Sandhügeln an der Rhone, wo er wächst, er ist
sehr trocken, man kann ihn unverschnitten trinken, die
Farbe ist hellroth, und fällt im Alter in's Gelbe. St. Genies, Chasclan, Orsan, Taod, Lirac, Coudoulet, und
Roguemaure wachsen alle an der Rhone; sie sind hell,
und haben eine starke Blume, versauern leicht in der Hitze.
Roussillon und Collioure wachsen auf Bergen und in
Ebenen; die erstern sind den letztern vorzuziehen; sie sind
schwarz und süß, besonders der Collioure, der auch doppelt
so theuer ist. St. George, St. Drezery und St. Christol
wachsen in den Gegenden von Lunel und Montpellier; sie
sind heller als der Roussillon, und dürfen nicht süß seyn;
Narbonne und Beziers schwarz und stark, rohe Weine
zum Verschneiden.

„Von den hiesigen Branntweinen und Sprieten
(esprits du vin) gehen große Quantitäten vornehmlich
nach dem Norden von Europa, nach England und Amerika;
sie müssen sehr weiß, durchaus rein von Geschmack, und

von einer guten Stärke seyn. Als der Branntwein anfieng
ein Handlungsartikel zu werden, hatte Montpellier lange
den Vortheil allein davon, bis man auch in andern Gegenden diese immer mehr gesuchte Waare nachzumachen sich be-
mühte. Gegenwärtig brennt der Landmann und Bürger seinen Wein noch selbst, und genießt, nebst dem Verkaufe seines
Produktes, auch noch den Lohn der Bearbeitung. Die Kaufleute von Montpellier und Cette kaufen den Branntwein zusammen, und versenden ganze Schiffsladungen nach dem
Norden.

Ein anderer Zweig der hiesigen Industrie sind die Fabriken der Parfums und Liköre, die einen erstaunlichen
Absatz haben und theuer bezahlt werden. Auch darin war
Arnold von Villeneuve ein Wohlthäter dieser Stadt;
er war der eigentliche Erfinder der künstlichen Fabrikation
dieser Gegenstände des Luxus; er erfand auch das Terpen-
tinöl. Dieser von Montpellier verjagte, verdienstvolle Mann
starb vor 500 Jahren in Paris, im Jahre 1313. Seit
dieser entfernten Zeit ist Montpellier wegen seiner Parfumerien
berühmt. Die Lage der Stadt ist dieser Art von Fabrikation
sehr günstig; die Wärme des Climas, und die Trockenheit
des Bodens geben den in Menge hier wachsenden, wohlriechenden Pflanzen und Blumen einen höhern Grad von
Stärke und Geist, als anderswo.

Die in diesem Fache fabricirten Artikel sind mannigfaltig, und bestehen im Allgemeinen aus Riechwassern, Toi-
lettenwassern, Quintessenzen, parfumirten Oelen; Extrak-
ten, Haarpuder, Seifenkugeln, Mandelseifen; Pommaden,
Riechsäckchen, Riechkissen ꝛc. Seit sehr langen Zeiten haben
die Geschenke, welche Montpellier, Fürsten und angesehenen
Personen machte, immer in Parfums bestanden. Die berühmtesten Parfumeurs in Montpellier sind gegenwärtig Maurice

Riban und Chassefiere. Sie, so wie andere Parfumeurs, fabriciren auch feine und mittelfeine Liköre, Ratafias, und Syrops von jeder Art. Sie haben eine Meile von der Stadt unermeßliche Pflanzungen von herrlichen Blumen, deren aromatische Kraft sie zu ihren Arbeiten benutzen. Die Kunst, mit der sie ausgesuchte Liköre für den Geschmack und Geruch verfertigen, und ihre Redlichkeit bey ihren Geschäften, verschaffen ihnen einen ungeheuren Absatz. Lange vorher, ehe man in ihre Laboratorien kommt, fühlt man schon die Luft durchwürzt von den angenehmsten Wohlgerüchen, die sie bereiten. Aehnliche Fabriken findet man auch in Cette, Beziers, und andern benachbarten Orten. —

Die Bereitung des Grünspans ist wieder ein Gegenstand des Handels, den Montpellier schon lange, und anfangs auch wieder einzig und ausschließend besessen hat. Bernhard von Palissy, der Vater der Chymie bey den Franzosen, spricht schon im 16ten Jahrhundert von der Bereitung des Grünspans in Montpellier, als von einem dieser Stadt schon lange her eigenthümlichen Industriezweige. Es ist noch nicht sehr lange, daß man sich auch anderwärts damit beschäftigt. Man war lange im Wahne, nur die Weintrebern und Keller in Montpellier wären tauglich zur Erzeugung des Grünspans. Heut zu Tage präparirt man ihn gleich gut in und außer den Kellern, so wie gleich gut in mehrern Orten in der Nähe von Montpellier, besonders zu Gignac; auch in entfernten Städten, besonders in Grenoble, wird jetzt Grünspan erzeugt.

Da zur Zubereitung des Grünspans wenig Umstände erfordert werden, so wird er fast in allen Häusern fabricirt; arme Bürger, und vorzüglich alte Weiber, die sonst kein anderes nützliches Geschäft treiben können, geben sich hauptsächlich mit diesem leichten, wohlfeilen Geschäfte ab. Sie

liefern, was sie heraus bringen, an die Kaufleute, und diese
versehen ganz Europa damit. Man könnte zwar neue Verfahrungsarten bey dieser Fabrikation einführen, sie dadurch,
daß man sie in's Große triebe, einträglicher machen; aber
dann würden sich einige Personen ganz allein eines Indu-
striezweiges bemächtigen, von dem jetzt eine große Anzahl
von Familien lebt. Vor noch nicht länger Zeit wußte
man hier den rohen Grünspan noch nicht zu reinigen und
zu raffiniren, und Grenoble war schon lange im Besitz dieser
Kunst; doch liefert gegenwärtig Montpellier auch Grünspan-
krystalle, die eben so schön und rein sind. Man löst nämlich
den gewöhnlichen Grünspan in Essig auf; den krystallisirten
Grünspan, oder die Christaux de Venus, zieht man dem
gewöhnlichen Grünspan zur Verfertigung der Farben vor. *)—

Man bedient sich zur Bereitung des Grünspans der
Weintrebern. Die Kupferplatten erhält man aus den Giße-
reyen von Lyon, Avignon und Montpellier; sie sind rund,
und haben einen Durchmesser von 25 Zollen; man zerschnei-
det jede in 25 Stücke, die fast alle länglich-viereckig, und
4 — 6 Zoll lang sind; und nun hämmert man sie, um ihnen
mehr Festigkeit zu geben; am liebsten nimmt man das Ham-
burger Kupfer, dünne Platten von etwa 6 Zoll Länge und
3 Zoll Breite. Die Weintrebern erhält man wohl gepreßt
in Fässern; ihre Qualität richtet sich nach der Natur des
Weines, und darnach, ob sie mehr oder weniger ausgedrückt
worden sind; um Grünspan zu machen, füllt man irdene
Töpfe mit ihnen an, und bedeckt sie wohl; die Trebern
erhitzen sich und gähren; nach 3 Tagen nimmt man sie heraus, und bestreicht die Kupferplatten, die noch nicht gedient
haben, mit einer Auflösung von Grünspan; dann macht

---

*) S. Chaptal Chimie appliquée aux arts.

man sie bis zu einem gewissen Grade warm, indem man sie über glühende Kohlen hält, nun legt man sie in die Trebertöpfe, so daß immer eine Lage Trebern zwischen 2 Platten kommt, und hierauf verschließt man die Töpfe. Nach 10 — 15 Tagen, wenn die Trebern weiß werden, begießt man die Platten alle 2 — 3 Tage mit Wasser; nun bildet sich auf ihrer Oberfläche eine Lage Grünspan, die man, wenn sie dick genug, und von einer bläulich-grünen Farbe ist, mit einem Messer abnimmt; und so erhält man den feuchten, oder nassen Grünspan (Verdet humide), und fährt fort, bis die Platten ganz durchlöchert, oder zerstört sind; in jenem Falle schickt man sie wieder in die Gießerey. Den feuchten Grünspan füllt man in lederne Säcke, und giebt ihn an den Kaufmann ab; trocknet man ihn, so geht etwa die Hälfte des Gewichts verloren; vom feuchten Grünspan kostet 1 ℔, 10 Sous, vom trockenen 22 Sous. —

Der **Weinsteinrahm** (Cremor tartari) von Montpellier, den man hier und in der Gegend schon seit undenklichen Zeiten bereitet, hat anerkannte Vorzüge; die hiesigen Weine enthalten besonders viel Stein, und zwar von einer zur Verfertigung des Rahms besonders geeigneten Qualität. Die sorgfältige Behandlung macht das übrige aus. Der Weinstein wird zuerst gemahlen, und mit Wasser aufgekocht, um ihn von allen fremden Theilen zu reinigen; dann wird er zum 2ten male, und zwar mit Thonerde aufgekocht, um ihn von seiner Farbe zu befreyen, worauf er dann als gewöhnlicher Rahm erscheint. Je grauer die Erde, desto besser ist sie; man räumt der Erde des benachbarten Dorfes Murvielle einen Vorzug ein. Eine dritte Aufkochung giebt eine feinere und schönere Qualität, die etwa 12 Pro C. höher zu stehen kommt. Die Engländer bedienen sich

derſelben, um die Citronenſäure, wenn ſie ſolche in Getränke thun, zu mildern. In den bisherigen Kriegszeiten
fiel dieſer ſchöne Verdienſt für die Fabrikanten in Montpellier weg. Cäſar Inard in Montpellier liefert den Wein-
ſteinrahm vorzüglich gut. Auch Druſenaſche wird hier
und in der Nachbarſchaft gebrannt.

Alle chymiſche Produkte, deren man ſich in der
Medicin und in den Künſten bedient, werden hier in 3 Fabriken bereitet; das größte Geſchäft darin macht das Eta-
bliſſement von Berard und Martin; es wurde vor 28—
30 Jahren von Chaptal gegründet, und befindet ſich ſeit
14—16 Jahren im Alleinbeſitz der 2 genannten Fabrikanten, die vorher ſeine Compagnons waren. Die Artikel,
wovon ſonſt der größte Theil nach Spanien gieng, ſind
folgende: Vitriolöl, Scheidewaſſer von 2 Quali-
täten, die eine zum Gebrauch in den Färbereyen, die andere
zur Auflöſung des Queckſilbers, Salzgeiſt, Zinnſalz,
Bleyſalz, grüner Vitriol, Aether, Sal pru-
nellae, Alcali volatile, Glauberſalz ꝛc. ꝛc.

Es ſind auch mehrere Fabriken hier, die türkiſch-
rothes Baumwollengarn färben. Dieſe Erfindung
des Orients, die hochrothe Farbe auf der Baumwolle feſt
und dauerhaft zu machen, blieb lange in den Händen der
Türken, und kam zuerſt nach Marſeille, und dann durch
einige, den Marſeillern mit Geld und Verſprechungen abge-
lockte Arbeiter, nach Montpellier. Dieſe Färberey zog auch
bald die Pflanzung der Färberöthe nach ſich; und ſobald
man entdeckt hatte, daß der hier gezogene Grapp wohl
gedeihe, und dem von Smyrna den Vorzug ſtreitig machen
könne, ſo wurden die Pflanzungen ſo ausgedehnt, daß man,
nebſt der ungeheuren Menge, den die hieſigen Fabriken ver-
brauchten, noch viele tauſend Centner ausführen konnte;

unter den Grapppflanzungen, deren man hier eine große
Anzahl sah, zeichnete sich vorzüglich die in der Mosson
aus, wo 200 Morgen Landes mit Grapp bedeckt waren.
Das Rothfärben der Baumwolle ist aber durch die Revolution eben so in's Sinken gerathen, wie die ehemals nicht
unbedeutend gewesenen Fabriken von baumwollenen Tüchern
und Siamosen. — —

Ehemals trieb Montpellier einen ziemlichen Handel mit
auswärtiger, besonders levantischer Wolle, die hier
sehr gut gewaschen, und den Märkten von Pezenas,
Beaucaire, und Montagnac zugeführt wurde; einen Theil
davon verwebte man in Montpellier zu Decken, wovon sonst
ein starker Absatz war; von den hiesigen, gedruckten Fla-
nellen ist ein gleiches zu sagen. Man fabricirte hier sonst
auch seidene Strümpfe und einige Seidenstoffe; auch eine
Zuckerraffinerie war hier angelegt. In Montpellier wird
ein gutes Bier gebrauet; hier sowohl als in Toulouse,
Lyon, und andern französischen Städten, sind es größtentheils Deutsche, die sich mit dem Bierbrauen abgeben, und
darinn Vorzüge besitzen.

Die Baumwolle, die man hier spinnt, ist eben so
schön, als die von Rouen. Man treibt hier sehr bedeutenden Commissionshandel; diejenigen, die sich damit
abgeben, bringen die Leinwande der Schweiz, und die Apothekerwaaren der Levante auf die Messe von Toulouse, Bordeaux und Beaucaire. Man gerbt in Montpellier mit der
Wurzel der Kermeseiche, welche doppelt so viel Kraft als
die gewöhnliche grüne Eiche besitzen soll. Montpellier bezieht
aus den benachbarten Gegenden, zum Theil zum weitern
Handel, folgende Artikel: Sämereyen und officinelle Kräuter aus Nimes, eingemachte Oliven, Mandeln, Fabriköle,
feinere Oele, Seife ꝛc.; mehrere Handlungshäuser versenden

auch die eingekauften, dunkelblauen Lakmuslappen der
Einwohner von Groß-Gallargues nach Holland ꝛc. ꝛc.

Korn, Oel, Seide, Wolle, Wein, Branntwein sind
die Landesprodukte, die dem Handel der Stadt die
meiste Thätigkeit geben. Alle Wolle von den languedokischen
Heerden, die nicht in Lodeve und Carcassone verarbeitet
wird, kommt nach Montpellier, wo sie in den bey der Juvenalbrücke am Lezflüßchen angelegten Waschereyen, gereinigt
und bereitet wird, um ausgeführt zu werden. Die Wollenwäscherey ist ein sehr alter Industriezweig dieser
Stadt; alle Manufakturen geben dieser Wollenwäscherey
von Montpellier vor jeder andern den Vorzug. Mit Korn ist
die Gegend überflüßig versehen. Das Baumöl der Gegend
ist von vorzüglicher Vollkommenheit, und läßt sich meistens
als Provenceröl verkaufen. Rohe Seide wird in der Gegend
um die Stadt in so großer Menge gezogen, daß neben dem,
was in den hiesigen Fabriken verarbeitet wird, noch sehr
viel auszuführen übrig bleibt. —

Der Handel der Stadt geht durch den Hafen von
Cette, der 5 Stunden von hier entfernt ist, wenn die
Waaren nach den nördlichen Reichen bestimmt sind, oder
durch den großen languedokischen Canal, wenn sie in's Innere
des Reiches kommen sollen. Dieser Canal wurde von Agde
aus nach dem See von Thau, und von da durch die
Sümpfe längs der Küsten, bis an den Arm der Rhone bey
Aiguesmortes und Peccais fortgeführt. Um diesen Canal
mit der Stadt Montpellier zu verbinden, hat die gräfliche
Familie von Graves den kleinen Fluß Lez von der Juvenalbrücke an, schiffbar machen, und 3 Schleußen darin
anlegen lassen; daher hat sie gewisse Abgaben von den auf
dem Lez fahrenden Barken zu beziehen, und besitzt das Recht,
alle Waaren auf ihren eigenen Wagen die halbe Meile von

der Stadt an den Canal, und von diesem nach der Stadt zu führen. Alle Kaufmannsgüter können also, von der Juvenalbrücke
an, auf dem Waffer nach den Städten Cette, Marseille und Bordeaux, mit denen Montpellier in Verbindung steht, fortgebracht werden *).

Die Börse, wo sich die Kaufleute versammeln, ist
mehr wegen ihres Erbauers, als durch ihre Schönheit und
Größe merkwürdig **). Jaq. Coeur machte der Stadt mit
diesem Gebäude ein Geschenk. Dieser Kaufmann von Bourgues wußte sich mitten in Frankreich durch die Handlung
einen unermeßlichen Reichthum zu erwerben, und zwar zu
einer Zeit, da innerliche Kriege alle Wege unsicher machten,
wo weder brauchbare Straßen, noch Canäle den Handel in
das Innere des Reiches begünstigten. Er hatte 300 Faktoreyen in allen Handelsplätzen an den Ufern des Mittelmeeres;
ganze Flotten von Galeeren und Kaufmannsschiffen führten
ihm die Reichthümer Asiens zu. Er war reicher als ein
König seiner Zeit; Carl VII., König von Frankreich, eroberte mit 200,000 Thal., die Jaques ihm geschenkt hatte,

---

*) „Man findet in Montpellier 3 Flanellbruckereyen, 10 Fabriken von
wollenen Decken, 5 Baumwollenfabriken, 3 Türkischgarnfärbereyen, 5
Gärbereyen, wo man sich der doppelt stärkern Lohe von der Rinde der
Quercus coccifera bedient; 3 Vitriol-, Weinstein- und Scheidewafferfabriken;
14 große Parfums- und Liförfabriken; 11 Weinfabriken zu methodischer
Abklärung und Pflege des Weins; 9 Branntweinbrennereyen; 3 Grünspanfabriken zur Reinigung und Krystallisation deffelben. Die rohen Grünspanfabriken, die jenen das Materiale liefern, machen hier, so zu sagen, einen
Theil der häuslichen Industrie aus, und werden meistens blos von Weibern
beforgt." —

**) Die Bauart der Börse macht große Ansprüche; eine Menge Säulen
dient zu ihrem Schmucke. Sonst fand man hier das anatomische Theater.
Ungeachtet des Luxus seiner Verzierungen, ist dieß Gebäude doch nur eine
plumpe Arbeit, ohne alle Grazie." —

die

die Normandie. Aber bald war dieser König, der nach seinem Golde dürstete, undankbar genug, den Verleumdern Gehör zu geben, seinen Wohlthäter aller Güter zu berauben, und ihn zu einer ewigen Gefangenschaft zu verurtheilen. Der Unglückliche entrann aber mit Hülfe eines seiner ehemaligen Faktoren, floh zum Pabste Calixt III., und erhielt das Commando eines Theils der Flotte, welche dieser Pabst gegen die Türken ausgerüstet hatte: er starb aber bald in der Insel Chios, im Jahre 1456.

Die Gegend um Montpellier ist so reich an ländlichen Schönheiten, und Merkwürdigkeiten aller Art, daß man nach allen Seiten die interessantsten Excursionen von Montpellier aus, machen kann. Alle Reisenden besuchen den, die Aufmerksamkeit des Naturforschers verdienenden Hügel Montferrier, der einst als Vulcan brannte. Der Weg dahin beträgt 2 Stunden. Der ausgebrannte Vulcan steht in einem artigen Thälchen, ganz frey; er hat die gewöhnliche konische Form unverändert, und ist, vom Bette des Lez an gerechnet, nicht 200 Fuß hoch. Oben, in seinem ehemaligen Crater steht das Schloß Montferrier, und ein Dörfchen gleiches Namens hängt an seiner Seite; mehrere Häuser desselben sind auf prismatischen und krummlinichten Basalten erbauet. Der Hügel ist beynahe ganz mit einer Decke von Lava belegt; an einigen Stellen floß sie ganz rein, an andern vermischte sie sich mit Sand und kleinen Steinen, und ward zum Puddingstein. Allem Ansehen nach hat dieser kleine Vulcan nicht lange, auch nicht oft gebrannt; und wahrscheinlich stand er zur Zeit seiner Entzündung unter dem Meereswasser, von dem ehemals das Land weit gegen Norden überschwemmt war. Mr. Marcel

Serres bewies *), daß die vulcanischen Ströme von Montferrier sich gegen Westen 2000 Toisen weit erstreckten **).

Ueberall zeigen sich die deutlichsten Spuren, daß das ganze Bassin der Gegend von Montpellier, bis an den Fuß der daßelbe umgebenden Hügelreihe, so wie das ganze untere Languedoc, einst vom Meere bedeckt war. Man braucht nicht tief zu graben, um auf Muschelsand, und Muschelbänke zu stoßen; man findete solche, nebst andern Versteinerungen, im Ueberfluße. Tief im Lande findet man große Muschelbänke; eine der größten kann man bey Fontechaude, 1 Stunde westlich von Montpellier sehen; sie ist mehrere tausend Klafter lang, und besteht aus lauter nicht zerstörten, und nicht versteinerten Austerschalen; die untersten Hügel selbst sind im Grunde nichts, als eine sogenannte Pierre coquillière, eine Art eines lockern, porösen Kalksteins, der häufig mit versteinerten Seeprodukten angefüllt ist. Nahe bey der Muschelbank zu Fontechaude findet man ein rührendes Denkmal von dem Unbestande des menschlichen Glückes. Der Ort wird La Mosson genannt, wo sich daßelbe befindet; es ist der Rest eines vor mehr als 70 Jahren hier aufgeführten Landhauses, deßen Bau über 1 Mill. Liv. kostete. Der Besitzer deßelben, der in frühern

---

*) Marcel Serres Observations pour servir à l'Histoire des Volcans éteints de l'Herault.

**) „Das Dörfchen Montferrier, 1 Stunde von Montpellier, liegt am Abhange eines, etwa 80 Toisen hohen Hügels, der mit Laven von verschiedener Größe bedeckt ist; man sieht sogleich, daß der konische, völlig freystehende Hügel, ein ehemaliger Vulcan gewesen ist, und man schließt mit Recht, daß er so wie die ganze benachbarte Hügelreihe, irgend einer großen Erschütterung seinen Ursprung verdanke."

Jahren Aufwärter bey einer Billardtafel war, hatte es mit
Hülfe eines ganz beſondern Glückes und vieler Klugheit ſo
weit gebracht, daß er ſeine Laufbahn als Schatzmeiſter der
Provinz Languedoc, mit einer Stelle von 400,000 Liv. jähr-
licher Einkünfte, und im Beſitze eines Vermögens von 6
Mill. beſchließen konnte. In ſeinem Alter dachte er hier die
Fülle ſeines Glückes zu genießen; er führte ein Prachtgebäude auf, deſſen ſich kein Fürſt geſchämt hätte; verſam-
melte eine ſteinerne Welt von Bildſäulen um ſich her, füllte
einen Park mit wilden Thieren fremder Klimate an ꝛc.

Allein alle Herrlichkeit gieng bald nach ſeinem Tode zu
Grunde; ſein Sohn brachte alles durch, was er geſam-
melt hatte, ſtarb frühe an den Folgen ſeines wilden Lebens,
ließ nichts zurück als Schulden, und den glänzenden Steinhaufen, den er bewohnte. Die Gläubiger verkauften die
Materialien des koſtbaren Gebäudes, und ſo ſah die nämliche Generation, unter deren Augen dieß Denkmal des
Luxus entſtanden war, daſſelbe auch wieder zuſammen ſtürzen. Die Statuen zieren jetzt den ſchönen Platz der Dianen-
quelle zu Nimes, und die koſtbaren Pforten und eiſernen
Gitterwerke, den Platz vor dem Theater zu Montpellier; aus
dem Holze und den Steinen wurden in der Nähe einige
Landhäuſer erbauet. Nur ein kleiner Theil des Hauptgebäudes, der italieniſche Conzertſaal, mit vortrefflichen Figuren von Stuckarbeit geſchmückt, ſteht noch als warnendes
Beyſpiel der Rache eines mißbrauchten Glückes, und dient
den jetzigen Beſitzern des Gutes zum Strohmagazin. Die
ehemaligen Pferdeſtälle ſind jetzt Wohnungen arbeitſamer
Menſchen, die in einer Baumwollenfärberey ihr Brod verdienen.

In dem Hügel *), über den ſich Montpellier herabzieht; iſt ein Gang von gediegenem Queckſilber befindlich, eine mineraliſche Seltenheit. Man findet es in lauter kleinen Thon- und Kalkſteinadern eingeſchloſſen, die ſich äußerſt fein, und in's Unendliche ramificiren, von denen man aber ganze Partien unverſehrt 'ablöſen kann. Beym Drücken, oder Zerſchlagen dieſer Röhrchen lauft das Queckſilber in kleinen Kügelchen heraus, und ſteht dem künſtlichen weder an Glanz noch Reinheit nach.

Dem Botaniker bietet die hieſige Gegend ein unermeßliches Feld voll neuer Beobachtungen dar; nördliche und ſüdliche, europäiſche und exoteriſche Pflanzen kommen in dieſem, durch ſeine Extreme bekannten Clima ganz vortrefflich fort. Die Flora Monspeliaca von Gouan iſt hier, bey botaniſchen Wanderungen, trefflich zu gebrauchen. — Nur iſt es übel, daß die Ausrottung von Gehölzen, und das Urbarmachen mancher Landſtriche, die Gegend gänzlich um manche ſehr ſeltene Pflanzenart gebracht haben. Auch manche dieſer Gegend eigene Inſekten findet man hier.

Ein ſolches merkwürdiges Inſekt iſt beſonders die Maurerſpinne (araignée maçone); ſie bewohnt den leichten Kalkſteinſand des hieſigen Bodens, und gräbt ſich an den Ufern des Lez, oder in den ſteilen Rand der Straſſen ein; hier bohrt ſie ſich ein rundes, 4—8 Linien weites,

---

*) „Viele andere Hügel ſind aus Bruchſtücken von Muſcheln, oder aus reinem Muſchelſande zuſammen geſetzt, und durch irgend einen verbindenden Stoff zum lockern Kalkſtein geworden, der ſich, wenn er friſch gebrochen iſt, ſägen laßt, und erſt an der Luft, nach langen Jahren, verhärtet, und dann an Feſtigkeit dem beſten, harten, einfachen Kalkſtein nichts nachgiebt. Ganz Montpellier iſt von einer ſolchen Steinart gebaut. Es iſt ein ſonderbarer Anblick, die Steine, aus denen ein feſtes Gebäude errichtet werden ſoll, mit Beilen behauen und mit Sagen zerſchneiden zu ſehen." —

und 8 — 12 Zoll tiefes Loch ein, tapeziert es überall mit Seide aus, webt oben einen ſeidenen Deckel darauf, und bedeckt ihn auſſerhalb mit einer Art Mörtel, der aus zäher Erde beſteht. Auf dieſe Art iſt ſie völlig gegen alle Näße geſichert, mag der Regen auch noch ſo heftig und anhaltend ſeyn. Gewöhnlich ſitzt ſie auf dem Boden ihres Loches, und lauert, bis irgend ein Inſekt dem Deckel nahe kommt; ſo wie ſie dieſes durch die Vibration der Fäden inne wird, ſchießt ſie ſogleich aus ihrem Hinterhalte hervor, erhaſcht den Fang, und kehrt damit in's Loch zurück. Jener Deckel paßt ſo vortrefflich darauf, daß man ein ſolches Spinnenneſt nur mit Mühe entdecken kann. Sucht man ihn mit einer Stecknadel aufzuheben, ſo hält ihn die Spinne mit den Vorderfüßen feſt, ſo lang es nur möglich iſt. Muß ſie endlich der Gewalt nachgeben, und wird ſie mit heraus geriſſen, ſo ſchlupft ſie doch augenblicklich wieder in's Loch zurück, und ſchließt den Deckel hinter ſich zu. Der Abbé Sauvages von Montpellier, der dieſe Spinne zuerſt entdeckte, gab ihr ihren Namen, und beſchrieb ſie weitläufig in den Mémoires de l'Académie des Sciences de Paris 1767.

Einen angenehmen Spaziergang hat man nach dem Dorfe Caſtelnau, eine kleine halbe Stunde von der Stadt. Zwiſchen zwey Hügeln lauft da der kleine Lezfluß durch, der die reiche und fruchtbare Ebene wäſſert, die ſich um den Hügel herzieht, auf dem Montpellier gebauet iſt *). An der einen Seite deſſelben ſtehen einige Gruppen dichtbelaubter Linden und Eſchen; ſetzt man ſich in ihren Schatten,

*) „Der Lez entſpringt oberhalb Prades, zieht ſich durch das Gebiet von Montferrier, Caſtelnau, Montpellier, Lattes, und ergießt ſich in die Etangs."

so hat man gerade vor sich das Flüßchen, das über einen
steinernen Damm herabschäumt, an dessen Ende eine Pulvermühle steht, deren Stampfwerk mit dem Geräusche des
Wassers harmonisch zusammen hallt, und die Scene mit
mannigfaltigen Tönen belebt. Tiefer unten stehen einige
Dutzend Wäscherinnen bis an den Gürtel im Wasser, und
reinigen die Leinwand der Stadt. Hinter ihnen beschließt
eine hohe, steinerne Brücke über den Lez das Gemälde.
Gerade hinter der Pulvermühle hinauf hängt das Dörfchen
Castelnau am steilen Abhange des Hügels, und über
dasselbe heben sich die Ruinen eines alten Schloßes
empor. Weiter am Flüßchen hinauf sieht man die Stelle,
wo das alte römische Sextatio stand, ganz mit Steinhaufen bedeckt, unter denen man die Spuren einer in den
Felsen gehauenen römischen Heerstraße bemerkt, die zu einer
steinernen Brücke führen; von der noch ein Joch mitten im
Lez steht. Folgt man den mäandrischen Windungen des
Lez, so findet man zwischen den Hügeln, die ihn einschlie-
ßen, manchen herrlichen Anblick; bald umfließt das Wasser
eine kleine Insel, die ganz mit Buschwerk bedeckt ist, bald
sieht man einen Damm, und an demselben ein Fabrikgebäude, oder eine Mühle; an der Seite hinauf steigt ein
steiler Fels, oder eine Bergseite mit Steineichen bewachsen,
aus dem Wasser. Man kann stundenlang dem Ufer des Lez
folgen, und ist sicher, daß sich in kleiner Entfernung immer
wieder die Scene ändert.

Die Landhäuser von Montpellier heißen Mas, wie
in Arles, und sind meistens ohne Schatten; diejenigen,
welche die Aufmerksamkeit der Reisenden am meisten verdienen, sind: La Piscine, Château, Bionne, Château
bon, Clos de St. Martial, besonders aber La Verune,
mit seinen reizenden Gärten, und prächtigen Bäumen,

obgleich die Art der Revolution die schönsten davon zur nämlichen Zeit zu Boden stürzte, da der Tod den Herrn dieses
reizenden Landsitzes, M. Brunet, wegraffte, einen Mann,
der ein großes Vermögen der Beförderung der Wissenschaften, und dem Wohle seines Vaterlandes aufopferte, und sich
durch vortreffliche Eigenschaften auszeichnete. Das Landhaus und der Park dabey gehörten ehemals dem Bischoffe
von Montpellier; die folgende Schilderung wurde vor der
Revolution gemacht: „Man sieht nicht leicht Bäume von
so kühnem, stolzem Wuchse, als die Marronniers, Platanen,
Mikakouliers, Akazien, Pappeln von Carolina, Eschen- und
Lorbeerbäume haben, aus welchen der beträchtliche Lustwald besteht, der zu diesem Park gehört." *) —

„Eine Menge Alleen durchkreuzen diesen Lustwald in
allen Richtungen, und vereinigen sich um ein großes Bassin, das von den ehrwürdigsten und mächtigsten Marronniers
überschattet wird. Auf diesem Bassin spielen einige Schwa-
nen mit ihrer jungen Brut, und schlagen sich mit den alten,
bemosten Karpfen, welche dasselbe seit einem Jahrhunderte
bewohnen, um das Brod, welches ich ihnen vorzuwerfen
pflege. Auf dieser Stelle habe ich schon manchen süßen
Augenblick zugebracht; die melodischen Kehlen der gefieder-
ten Bewohner dieses Lusthaines, deren Glück kein mörderi-
sches Gewehr stören darf, singen mich oft in süßes Vergessen meiner selbst, und führen meine Phantasie in Zau-
berwelten umher. Wenn ich zu solchen angenehmen Träumereyen nicht ruhig genug gestimmt bin, so durchstreiche ich

---

*) „Der Garten von La Verune unterscheidet sich durch eine hohe,
kräftige Vegetation; er liegt am Fuße des Berges von Cette, und ist reichlich
gewässert; prächtig ist der Wuchs der schlanken Kastanie, und der schönen,
weißen Eiche. In dem englischen Boskette sahen wir eine babylonische Weide,
die einzig ist in ihrer klagenden Schönheit." Mad. Brun.

die mannigfaltigen Theile des großen Parks, und freue mich
seiner abwechselnden Schönheiten.

„Neben dem Walde liegt ein Blumengarten mit Lor-
beeren, und Granathecken umzäunt. Vor demselben liegt ein
großer Teich, und dann eine unabsehbare Wiese. Auf der
andern Seite ist eine eingemauerte Maillebahn von 2 Reihen
hoher Lindenbäume beschattet, und daneben ein sogenannter
englischer Garten, wo die Gewächse der verschiedensten Cli-
mate neben einander gruppirt sind. Die Trauerweide, der
Sumak, der Catalpus, die chinesische Ceder, die Ceder von
Libanon, die runde Cypresse, die schwarze, pyramidenförmige Cypresse, die Rosenakazie und der Rosenlorbeerbaum
stehen da unter einer Menge der seltensten Gebüsche, und
zwischen ihnen laufen einsame Pfade und Bächlein hin. Auf
der entgegengesetzten Seite liefern große Küchengärten so
viel Gemüse aller Art, daß man eine ganze Stadt damit
ernähren könnte.‟ —

Die merkwürdigste aller Excursionen, die man in der
Nähe von Montpellier machen kann, ist die nach der Insel
Magelone, die etwa 1½ Stunde von Montpellier entfernt ist. Die Landschaft, die anfangs lachend und fruchtbar ist, wird weiterhin traurig und öde, und alle Oelbäume,
Reben und Pflanzungen aller Art, verschwinden. Man betritt eine dürre Ebene, auf der man hie und da kleine Hügel
erblickt, die mit Thymian, Lavendel, und tausend andern
aromatischen Pflanzen bedeckt sind, welche die Natur unter
diesem Himmelsstriche verschwendet. Diese Wüste erstreckt
sich bis zum Meere hin. Man kommt bey dem berühmten
Schloße La Lanze vorbey, das einst von einem majorka-
pischen Könige bewohnt worden seyn soll; man begreift
nicht, wie er diesen dürren, schattenlosen Platz zu einem
Lusthause wählen konnte, ob er gleich mit den Wohlgerüchen

des Lavendels, Thymians und anderer aromatischer, auf
den Hügeln umher wachsender Pflanzen erfüllt ist.   Das
Schloß hat sich gut erhalten,   ist noch immer bewohnbar,
und hat zwey ungeheure viereckige,   halb zerstörte Thürme.
Tiefer hinab kommt man über das Flüßchen La Mosson,
auf einer ansehnlichen Brücke, welche groß und stolz als
Denkmal der Prachtliebe der alten languedokischen Landesstände da steht, und einst mit großen Kosten, wie alle ihre
Gebäude, errichtet wurde.   Sie kostete nämlich 200,000
Thaler; mit dem halben Gelde hätte eine vollkommen zweck-
mäßige Brücke hier erbaut werden können. —

Nun ist man in der oft überschwemmten Sumpfgegend,
in deren Mitte Villeneuve les Magelones liegt.
Einsam und öde steht dieses Städtchen da, in einer mit
Sümpfen angefüllten, und durch ihre Ausdünstungen verpesteten Gegend; ehemals war es blühend, als Magelone
noch stand, dessen Vorstadt es war; jetzt liegt es halb in
Ruinen, und ist gänzlich verarmt; seine wenigen Einwohner leben vom Fischfange auf dem Meere und in den Sümpfen, und von einigen geringen Pflanzungen; da die Fieber
drey Viertheile des Jahres hier herrschen, so wanken sie
kraftlos und leichenblaß, wie Schatten, umher.   Der Etang
von Palavas berührte ehemals die Mauern von Villeneuve;
jetzt hat er sich eine Strecke davon weggezogen, und fruchtbares, aber noch sehr feuchtes und oft überschwemmtes Land
zurück gelassen.

Ueber diesen Etang, der von Aiguesmortes bis nach
Cette 4 starke Meilen lang ist, gieng ehemals von den
Thoren des Städtchens an, bis nach der gegenüberliegenden
Stadt Magelone, eine Brücke auf steinernen Pfeilern, die
eine starke Viertelstunde lang war.   Noch entdeckt man hie
und da die Grundlagen derselben im Moraste.   Dieser Etang

war einst ein tiefer See, den die große Sandbank, welche
an der Insel Magelone vorbey geht, vom hohen Meere
trennte; jetzt aber haben die darein fließenden kleinen Flüße
und Bäche ihn so mit Sand und Schlamm angefüllt, daß
er selten über 2 Fuß tief Waſſer, und an vielen Stellen
noch weit weniger hat. Daher mußte man von Villeneuve
aus einen Canal durch den Etang selbst graben, um für die
Fiſcher die Gemeinschaft mit dem Meere zu erhalten; auf
dieſem Canal läßt man sich nach Magelone überſetzen; nahe
an der Insel stößt man auf den großen Canal von Languedoc, der durch die Etangs seinen Weg nach der Rhone
nimmt. —

Die Insel Magelone ist gegenwärtig sehr klein; sie
war ehemals um ein Ansehnliches größer; man hat aber
viel daran weggegraben, um von der gewonnenen Erde die
Dämme des großen Canales durch den Etang aufzuführen.
» Hier stand also einst eine Stadt, dachte ich mit Wehmuth,
als ich den Fuß an's Land ſetzte, und vor mir die Leute
des Pächters mit der Heuerndte beschäftigt sah! hier, wo der
Mäher gedankenlos seine Sense schwingt, stand das Haus
eines reichen Kaufmannes, die Werkstätte eines Künstlers;
dort, wo das Mädchen das abgeschnittene Gras hinstreut,
wurden die Schätze Aſiens durch eine volkreiche Straße geschleppt. Straßen und Häuser sind verschwunden; nicht
ein Stein blieb übrig; nur die Domkirche steht noch einsam
und trauernd da, eine Niobe, all' ihrer schönen Kinder
beraubt."—

Die Stadt Magelone ſoll vor der Erbauung von
Montpellier eine bedeutende Rolle gespielt haben. Schon das
Itinerarium Antonins erwähnt einer Stadt, die man Civitas Megalaunensium nannte; in dieser reichen und glücklichen Stadt war lange die Niederlage des römischen und

vandalischen Handels. Die Gothen bemächtigten sich derselben nachher, und beherrschten sie einige Jahrhunderte; dann
wurde sie im 8ten Jahrhunderte von den Saracenen erobert, welche damals aufgeklärte Nation die Stadt nur 18
Jahre besaß, dieselbe in den blühendsten Wohlstand versetzte
und mit schönen Gebäuden zierte. Aber der Ueberwinder der
Saracenen, Carl Martel, zerstörte sie bis auf den Grund,
und dieß gab Veranlassung zur Entstehung von Montpellier. Sie erholte sich nachher wieder ein wenig; einer
ihrer Bischöffe, welche unterdessen Herren derselben geworden
waren, weil der Pabst sie ihrem rechtmäßigen Oberherrn,
dem Grafen von Toulouse, weggenommen hatte, wurde ihr
zweyter Erbauer, und umgab sie mit Mauern und Thürmen.
Die Handlung des allmählich aufblühenden Montpelliers
machte Magelone auch wieder wohlhabend.

Aber es wuchs für die Stadt ein weit schrecklicherer
Feind heran, als alle bisherigen gewesen waren. Die töd-
liche Fieber erzeugenden Ausdünstungen, aus dem nach und
nach zum Sumpf gewordenen See hinter der Insel, brachten die meisten Einwohner in's Grab, und zwangen die
übrigen den verpesteten Ort zu verlassen; der Bischoff, und
das Domcapitel, waren seine letzten Bewohner, bis endlich
Bischoff Pelletier 1536 vom Pabste die Erlaubniß erhielt,
seiner entflohenen Heerde nachzufolgen, und seinen Sitz
nach Montpellier zu verlegen. Die Mauern, Thürme und
Häuser der öden Stadt fielen nach und nach zusammen, bis
endlich der Cardinal Richelieu 1633 alles, was noch aufrecht war, vollends niederreißen ließ. Im Anfange des 18ten
Jahrhunderts wurden auch die Ruinen fortgeschafft, um
damit die Mauern des Canals im Etang zu erbauen; nur
die alte Domkirche blieb stehen. Als die Domherren von
der Insel wegzogen, so fand sich unter ihrem kleinen

Büchervorrathe ein altes, zerriffenes, lateinisches Mannscript
eines Kochbuches; es wurde für das berühmte Kochbuch
des römischen Gourmands, M. Cäcilius Apicius erklärt.
„Schade, daß es nicht Pindars, Dithyramben, Sapphos
Oden, oder Menanders Lustspiele waren!" —

Die alte Domkirche gehört gegenwärtig Herrn Rene, und
dient zu einer Scheune und einem Pferdestalle. Ihre Bauart ist eine Mischung des italienischen und arabischen Geschmackes; das Hauptgebäude hat sich, ungeachtet seines
hohen Alters, noch ziemlich gut erhalten. Das Chorge-
bäude, welches aus Quaderstücken von rothem, weißgeader-
tem Marmor besteht, sieht noch so frisch aus, als ob es erst
ausgebauet worden wäre; hingegen stürzen alle von einer
weichern Steinart aufgeführten Seitenkapellen allmählich
zusammen. Das Innere der Kirche muß von großer Schönheit gewesen seyn; nicht ohne Unmuth sieht man, wie der
Regen von allen Seiten eindringt. Gleich über dem Eingange der Kirche sind einige elende Basreliefs in weißem
Marmor aus dem Mittelalter. In dieser Kirche ruhen die
Raubvögel friedlich auf den Grabsteinen der Bischöffe; man
sieht die Bildnisse einiger derselben aus weißem Marmor, in
Lebensgröße auf den Deckeln der Sarcophagen liegend, vor
dem Chore.

Obgleich diese Monumente etwas von der revolutionären
Wuth gelitten haben, so könnte man doch einige Statuen
davon wegnehmen, und mit andern, in der Insel zerstreueten Alterthümern vereinigen; der Eingang der Kirche, wo
das merkwürdige Portal ist, könnte ein solches Museum
werden, das für manchen Reisenden sehr anziehend seyn
würde. Man muß über einen Heuhaufen klettern, um in
die zerfallende Kapelle zu kommen, wo die schöne Magelone
mit ihrem Gemahl begraben seyn soll; man sieht hier 3

bemoste Grabsteine; die Aufschrift ist nicht mehr zu lesen;
man erkennt nur noch 2, aus weißem Marmor sehr groß
gearbeitete Köpfe eines Mannes und eines Weibes, die in
den Grabstein eingelegt sind; auf dem dritten sieht man
nur noch das Loch, wo auch ein solcher kleiner Kopf einge-
senkt war; unter diesen Steinen liegen, der allgemeinen
Sage nach, die genannten Ehegatten mit einem ihrer
Kinder.

Der bekannte Volksroman: Eine lustige Histori
von der schönen Magelona, eines Königs
Tochter von Neaples, und einem Ritter, ge-
nannt Peter mit den silbernen Schlüsseln,
eines Grafen Sohn aus Provincia, durch M.
Veiten Warbeck aus französischer Sprach in
die teutsche verdolmetschet, gedruckt in diesem
Jahre, verstzt die Hauptscene der endlichen, glücklichen
Entwicklung der Schicksale seiner Helden, auf die Insel
Magelone, die damals der Hafen der Helden (Saracenen)
genannt wurde. Dieser Roman wurde vor mehr als 600
Jahren, im J. 1178, von einem Domherrn von Magelone,
Bernard de Treves geschrieben; er hatte die Ehre,
von Petrarca, als er im J. 1320 die Rechte in Montpellier
studirte, überarbeitet zu werden. Herr von Tressan
hat auch eine Ausgabe davon in einem elegantern, aber
weniger dem Volksgeschmacke angemessenen Style veran-
staltet; dagegen ist er in der bescheidenen Gestalt der zu
Troyes bey Mad. Oudot auf graues Papier gedruckten, und
in blaues Papier gehefteten Bücher, aus denen die sogenannte blaue Bibliothek besteht, noch immer ein Lab-
sal für gute, alte Mütterchen, und kleine Kinder. Man
kann auf einer breiten und bequemen Treppe bis zur Spitze
der Kirche hinauf steigen, und erstaunt dann über die

Schönheit der Aussicht, der unermeßliche Horizont des Meeres wird nur durch die Mauern von Aiguemortes unterbrochen, einer Stadt, welche an die unglückliche Expedition des heiligen Ludwigs erinnert. — Merkwürdig ist es, und auffallend, was de la Lande in seinen Elementen der Astronomie, B. IV. S. 778, geometrisch beweist, daß ein am Meeresufer stehender Mensch von mittlerer Größe von der weiten Meeresfläche nicht mehr als einen Cirkelabschnitt übersieht, dessen Endlinie in einer Entfernung von 2400 Klaftern liegt; hinter demselben schließt, dem Scheine nach, der Himmel die Aussicht.

Das Mittelmeer hat keine bemerkbare Ebbe und Fluth: wenn sich auch einige Veränderungen seiner Höhe an den Ufern zeigen, so betragen sie kaum einige Zolle, und folgen nicht in regelmäßigen Zwischenräumen auf einander. Wenn diese Veränderungen beträchtlicher werden, so sind sie eine Wirkung der Winde. Ein lang anhaltender Südwind treibt die ganze Masse des Meers gegen die französischen Küsten hin, wo es dann zuweilen bis 5 und mehr Fuß steigt, und die niedern Gegenden weit und breit auf viele Tage unter Wasser setzt. Der Nordwind dagegen treibt das Meer gegen Africa zu, und entblößt die Küste weit hinaus vom Wasser. —

Mit Wehmuth sieht der Menschenfreund eine sehr breite Strecke Landes, längs der Etangs, noch immer fast ganz für die Bewohner der Landschaft umher verloren, und doch ist dieser große, sumpfichte Landstrich, der auch noch sehr ungesunde Dünste aushaucht, der fruchtbarste Boden, der sich nur denken läßt; er besteht aus Ueberbleibseln verfaulter Wassergewächse, aus Schlamm, den Bäche und Flüße aus höhern Gegenden herbeygeschwemmt haben, und aus feiner Kalkerde, die vortrefflichste Mischung zu Hervorbringung

der reichsten, blühendsten Vegetation; aber zum Unglück
setzen bald die anschwellenden Flüße und Bäche, bald das
Meer, wenn es von Südwinden gegen die Küsten getrieben
wird, das treffliche Küstenland unter Waſſer, und zieht das
Waſſer ſich wieder weg, ſo bleiben zahlloſe Pfützen mit
faulendem Waſſer übrig. Jene Wehmuth verwandelt ſich
aber in Unwillen, wenn man ſieht, daß das Austrocknen
mancher Plätze gar wohl möglich wäre, daß ſchon mit einzelnen Stellen glückliche Verſuche vorgenommen worden ſind,
daß es aber der landbauenden und landbeſitzenden Klaſſe an
wahrer Induſtrie fehlt. —

Einen ſolchen glücklichen Verſuch machte einſt Baron
Rogaret von Calviſſon auf ſeinem Gute zu Maſ-
ſillargues, einige Meilen von Montpellier. Zuerſt mun-
terte er ſeine Pächter auf, dem Waſſer ein Stück des ihm
gehörigen Landes nach dem andern zu entreißen, und bewil-
ligte ihnen einen 10 jährigen freyen Genuß von dem, was
ſie urbar machen würden; der gewonnene Boden trug, ohne
Dünger, 20 — 30 fältig. Des Landes war genug da, das
umgeſchaffen werden konnte: die Arbeit wurde alſo in's
Große getrieben. In kurzer Zeit waren die Pächter alle
reich, und der Beſitzer hatte nach 10 Jahren, ohne beſondere Auslagen gehabt zu haben, ein Gut, das 60,000 Liv.
eintrug, da er vorher von demſelben nie den 6ten Theil dieſer Summe erhielt. Nach ſeinem Tode theilten ſich ſeine
Erben in ein ſchuldenfreyes Gut von 100,000 Liv. jähr-
licher Renten. Dieſe Verſuche machten Eindruck auf die
Landſtände; ſie kauften für einige 100,000 Liv. Küſtenlän-
derey zum Austrocknen; man ließ eine Menge koſtbarer
Pumpen und anderer Inſtrumente machen; allein aus unbekannten Urſachen blieb das ganze Unternehmen, zu allge-
meinem Erſtaunen, auf einmal liegen.

Canäle und Schleußen sind hier nicht, wie in Holland, anwendbar, da das Mittelmeer kein abwechselndes Steigen und Fallen hat, wie der Ocean, so giebt es keine Zwischenräume, in welchen sich das in den Canälen und Schleußen enthaltene Wasser ausleeren könnte. Das beste Mittel, die Natur dieser großen Strecke feuchten Landes, ohne große Kosten und Gefahr, umzuschaffen, wäre wohl die Reispflanzung. Man pflanzte einst auch Reis mit gutem Erfolge in der Provence; die Finanzpächter unterdrückten aber das nützliche Unternehmen. In Piemont wird er mit großem Vortheil gezogen. Hier kann diese Pflanzung eben so gut gedeihen, da der Boden so fett ist, und durch die vielen Bäche und Flüße dieser Landschaft Wasser genug herbeygeschafft, und dasselbe durch Dämme festgehalten werden kann. Der Schlamm und Sand, den diese Gewäßer beständig mit sich führen, würde dann, statt die Etangs anzufüllen, auf dem Lande liegen bleiben, und dasselbe allmählich erhöhen; auch die Pflanzung des Reises müßte die Erhöhung des Bodens beschleunigen; und nach einigen Decennien würde die Reispflanzung der Kornpflanzung Platz machen. Auch würde die Reispflanzung die Luft reiner und besser machen, da die Pflanzen immer eine Menge brennbarer und mephytischer Luft aus der Atmosphäre anziehen, sie gereinigt zurück geben, und in der Sonne reine Lebensluft ausströmen. —

Einigermaßen wird das Sumpfland dieser Gegend doch für Heerden von Pferden und Hornvieh genützt, die man darauf Tag und Nacht, im Sommer und Winter herumschwärmen läßt. Die Pferde werden bey dieser ungebundenen Lebensart so wild und unbändig, daß man sie mit Schlingen fangen, und dann mit vieler Mühe zum Stall leben, zur Arbeit, und anderm Futter gewöhnen muß. — In dieser Sumpfgegend befindet sich beym Dorfe Perrals,

einige

einige hundert Schritte vom Etang eine Pfütze, aus wel=
cher eine solche Menge figer Luft aufsteigt, daß die Atmosphäre
bey 2 Fuß hoch über dem Boden für alle Thiere tödlich
wird. Da bey der Entwicklung der figen Luft das Wasser
in der Pfütze zu kochen scheint, so hat diese den Namen Bou=
lidou erhalten.

. Die mephytische und natürliche Atmosphäre sind ohne
Mischung so haarscharf unterschieden, daß man 2 Fuß und
2 Zoll über der Oberfläche der Pfütze frey athmen kann,
und hingegen auf der Stelle erstickt, wenn man den Kopf
nur um 2 Linien tiefer senkt. Dieses Phänomen erinnert
an die Hundsgrotte in der Nähe von Neapel, und an die
Schwefelgrube bey Pyrmont, wo gleiche Ursachen gleiche
Wirkung erzeugen. Im Herbst trocknet die Pfütze aus; die
Entwicklung der figen Luft hört aber nicht auf; und dann
findet man oft eine ganze Menge todter Strichvögel auf
diesem Platze, die sich ihm zu sehr genähert haben. Das
Dorf Perrols liegt kaum 100 Schritte vom Boulidou,
aber 5 und mehr Fuß höher; daher es von dieser Mord=
luft, die auf seinen Aeckern liegt, nichts zu besorgen hat. —
   Drey Stunden von Montpellier ist eine alte Stadt Mur=
viel, die besucht zu werden verdient. Sie hat eine sehr
malerische Lage auf einer mit Oliven besetzten, isolirten An=
höhe; man hat hier die Insel Magelone, und das in die wei=
teste Ferne hinaus sich verlierende Meer vor sich; die Stadt ist
nur durch ihre Thonarten von verschiedener Farbe bekannt,
die man von hier bezieht, und die theils zu Töpferarbeit,
theils zu Fleckkugeln gebraucht werden; der eine Theil der
Stadt ist bewohnt, der andere ist zerstört. Unten am be=
wohnten Theile ist ein Brunnen von antiker Bauart; er
besteht aus einem ganz runden Gewölbe, bey dessen

Eingange 2 Pfeiler sind, die einen langen, querliegenden
Stein tragen; 9 Stufen führen zur Quelle hinab, vor
welcher ein sehr geräumiger Ruheplatz ist, um hier waschen
zu können. — In dem Hause Blavi sieht man ein Stück
von einer cannelirten Säule von einem sehr großen Durchschnitte; ihre Rinnen sind über 3 Zoll breit; das Feuer
hat sie ihrer ganzen Länge nach gespalten. Dieß marmorne
Fragment läßt vermuthen, daß hier ein Tempel, oder prächtiger Palast gestanden habe.

Mr. Saulnier, Requetenmeister unter Ludwig XV.,
Mr. de Vichet und Mr. Blavi haben hier sehr belohnende
Nachforschungen angestellt. Der erste besonders fand hier
goldene Münzen und kostbare Alterthümer; es ist aber nichts
mehr davon vorhanden. Es wäre zu wünschen, daß der
Präfekt dieses Departements, in einem an Alterthümern so
fruchtbaren Boden, Nachgrabungen anstellen ließe, man
würde reichlich entschädigt werden. Beym Pflügen des Feldes finden die Bauern, fast jeden Tag, einige antike Fragmente. Das Regenwasser schwemmt Münzen hervor, die die
Kinder aufsuchen.

Murviel verbirgt noch viele Reste von Alterthümern;
aber Haut-Murviel, oder der obere zerstörte Theil, verschließt
noch mehr derselben; man hat hier den Anblick einer Steingrube, einer eben zerstörten Stadt. Ihre Remparts sind 12
Fuß dick, und die Steinblöcke, aus denen sie bestehen, sind 10′
lang und 2′ breit; sie sind ganz grob gearbeitet und zusammengefügt. Man bemerkt noch vollkommen das feste
Schloß auf dem höchsten Theile der Stadt, das Volk
nennt es noch Lou Castellas. Eben so kann man auch
noch unterirdische Canäle sehen, welche das Wasser herbey
führten, und welche sich längs der Remparts, bis zum
untern Theile hinzogen. Ein Landmann, Namens Olivier,

deſſen Gut bey Caſtellas liegt, fand beym Pflügen ſeines Feldes, Büſten, Moſaiken, Gefäße und Münzen. Der verſtorbene Mr. Deleuze hatte hier Dinge von großem Werthe gefunden.

Mad. Baude, geborne Blavi, bewahrt einige Kleinigkeiten, die in ihren Feldern gefunden wurden, z. E. ein kleines Gefäß von Siegelerde, mit dem Namen des Töpfers, eine Lampe von gelber Erde, wo man ein wildes Schwein ſieht, das von einem Hunde gebiſſen wird, gläſerne Thränengefäße, und mehrere Münzen. Dieſe Dame war bey der Entdeckung eines Grabſteines zugegen, der auf ihrem Gute gefunden wurde, es war ein viereckiger Stein, rund ausgehöhlt, worin ein bleyernes Gefäß war, in welchem ſich eine gläſerne Urne, mit Aſche angefüllt, befand. Da der hohle Raum des Steines größer war, als das bleyerne Gefäß, ſo ſah man darin, rings um daſſelbe herum, Gefäße von der Form der ſogenannten Thränengefäße, Fläſchchen, und Trinkſchalen; auch ein Stäbchen von Bronze, 15 Zoll lang, das ſich mit einem halben Monde endigte. —

Kapitel 33.

Sehr belohnend und genußreich iſt vorzüglich eine Excurſion nach den Cevennen. Der Weg von Montpellier aus, führt nordwärts eine ſtarke halbe Stunde lang durch eine ſchöne, gut angepflanzte, fruchtbare Ebene. Am Ende derſelben kommt man an eine Garike, die bis auf die halbe Höhe mit Olivenbäumen bepflanzt iſt; dieſe wird immer öder, je höher man hinan ſteigt, nach einer halben Meile iſt man in einer vollkommenen Wüſte; die Pflanzen, welche

an andern Orten zu Bäumen werden, kriechen hier als
ärmliche, saftlose Gesträuche zwischen den zerbröckelten Felsstücken hervor, und die dürren Graspflänzchen zwischen den
Steinen scheinen ängstlich ihren nahen Untergang durch die
Glut der Mittagssonne zu erwarten. Ein armseliges Dörfchen St. Gely, so dürftig als die Natur, die es umgiebt,
ist hier an eine Vertiefung gebauet, in welche das Regenwasser den Sand der verwitterten Steine der Gariken zu-
sammengeschwemmt hat, um ein fruchtbares Plätzchen anzulegen. —

Hinter dem Dörfchen hinauf ist die Garike, eine große
Strecke hin, mit Gesträuch bewachsen; man nennt diese
Gegend den Wald von Valene; die Natur ist hier zu
arm, um Bäume bilden und nähren zu können. Hinter
diesem Pygmäenwalde wird die Gegend immer unfruchtba-
rer, und endlich so arm an Erde, daß man weit und breit
nichts als verwitterte Felsstücke sieht. Die Gräschen, die
hie und da im Schatten einer Felsritze keimten, waren schon
lange verdorrt; hier herrscht überall Todenstille, man hört
keinen Laut eines lebenden Wesens, keinen Gesang eines
Vogels, nicht einmal das Zirpen eines Insekts; man
glaubt hier das Werk eines bösen Dämons zu erblicken.
Nachdem man eine Zeitlang bergangekommen ist, so hat
man die Höhe des Berges Puy be St. Loup erreicht.
Dieser an sich unbeträchtliche Berg scheint, von der niedern
Meeresküste betrachtet, sehr hoch zu seyn; das ebene Land,
und die niedrigen Gariken zwischen ihm und Montpellier
verschwinden ganz; die Stadt scheint an seinem Fuße zu
stehen; man erblickt hier, außer dem Meere, auch Lunel,
und die lange Kette der Seranen, die sich an die der
Cevennen anschließt. —

Das Thälchen hinter St. Loup, in welches der Weg
von der Anhöhe herunter führt, sieht etwas besser aus, als
die bisherige 3 Stunden lange Wüste; man hat jetzt ein
Dörfchen vor sich, einige Meyerhöfe, etwas angebautes
Land, aber immer noch wenig Bäume, immer noch kein
Wasser, und rings umher wüste Gariken. Mitten im Thälchen führt eine schöne steinerne Brücke über einen Bergbach,
der jetzt ganz trocken lag. Eine halbe Meile jenseits geht
eine schöne, zuweilen in den Felsen gehauene, zuweilen auf-
gedämmte Straße, eine steile Garike hinauf, und dann noch
steiler auf der andern Seite in ein enges Thälchen hinab,
das sich nach und nach ausdehnt. Der elende Boden trägt
einige magere Früchte, um die Einwohner eines kleinen,
armseligen Dörfchens zu nähren. —

Bald aber wird man durch einen äußerst angenehmen
Anblick überrascht; man ist am Abhange der Garike, und
blickt in ein schönes Thal herab, das mit den bisherigen
öden, unfruchtbaren Gegenden den angenehmsten Contrast
macht. Mitten durch dieses Thal fließt der Herault, der sich
zwischen 2 Felsen hervor drängt, und dann die schöne
Ebene friedlich durchschlängelt; auf der einen Seite erblickt
man einen beträchtlichen Marktflecken, halb in einem Walde
von Maulbeerbäumen versteckt, rings herum Wiesen und
Aecker; jenseits des Flusses ein Dorf in der Ferne, und
im Hintergrunde eine Reihe Berge, deren kühne Massen weniger Zerstörung verrathen, als die bisherigen Gariken.
Der Weg führt längs des steilen Abhanges durch einen
angenehmen Eichenwald in's Thal herab. Der Wald von
Maulbeerbäumen unten ist nach der Schnur gepflanzt. —

Man ist jetzt im Lande der Seidencultur. Der Flecken
St. Bauzile zieht, ein Jahr in's andere gerechnet, für
500,000 Liv. Seide, davon ein Theil an dem Orte selbst

zu Strümpfen verarbeitet, der größere Theil aber an die Kaufleute in Ganges abgesetzt wird. Die großen, antiken Gefäße, und andere Alterthümer, die Mr. Touchy zu Substantation, in der Nähe von St. Baujile gefunden hat, müssen den Wunsch erregen, daß man doch auch den Boden dieser alten Stadt, von der alle alten Reisebeschreibungen reden, untersuchen, und nach Alterthümern graben möchte. Man sieht hier nur noch einen Haufen Steine, mit denen man das Feld einfaßt; man findet Bruchstücke von Ziegeln und Backsteinen, von Mosaiken, von rother Töpferwaare, und einen Theil von den Fundamenten einer alten Kirche, die noch viele Gräber enthält. Man findet hier auch die alte Straße, Via Munita, die von Narbonne nach Arles gieng; sie ist an einigen Orten noch recht gut erhalten; und wenn man die Spur davon verloren hat, so entdeckt man sie wieder an einer merklichen Erhöhung, selbst im gepflügten Felde; sie lauft von Westen nach Osten, und ist etwa 10′ breit.

Von den Meilensteinen, die man ehemals auf derselben sah, sind noch 2 in der Mauer der Kirche St. Martin de Cres, auf der linken Seite des Weges, und einen dritten sieht man, etwas entfernter, in der Kirche St. Aunez. Die Inschriften dieser Steine zeigen an, daß Tiberius diese Straße reparirt hat. Verfolgt man die Route, so findet man einige Spuren von Alterthümern an einem Orte, der Lou mas de Rous genennt wird; es ist ein Landgut der Mad. Durand in Montpellier; hier ist der Weg durch einen Graben unterbrochen, wo man noch Reste einer alten römischen Brücke findet; die Beschaffenheit der Ruinen umher lassen vermuthen, daß hier eine römische Wohnung war, oder eine römische Station. Man hat hier Cipolino, antike Ziegel, und Scherben von rother

Töpferwaare gefunden.   Hier ſieht man auch die maleriſchen
Reſte einer Kirche, die aus dem 12ten Jahrhunderte zu ſeyn
ſcheint.   Auf der Seite von St. Bre's findet man faſt
überall unter den Füßen Spuren von Alterthümern der
nämlichen Art; in größerer Anzahl findet man ſie in dem
Rebſtücke eines gewiſſen Anton Azema; der Boden iſt
hier faſt ganz mit römiſchen Ziegeln, mit ſehr dicken Back-
ſteinen, und mit 4—5″ dicken Scherben von Gefäßen bedeckt.   St. Bauzile ſcheint auch von den Römern bewohnt geweſen zu ſeyn; man findet daſelbſt Aſchengefäße
und Münzen. —

Eine gute Viertelmeile über St. Bauzile kommt man in die
Kluft, wo der Herault ſich zwiſchen zwey faſt ſenkrecht abge-
ſchnittenen Bergen hervor drängt.   Die gewaltigen Fels-
maſſen, die dem Reiſenden über dem Kopfe hängen, die in
der Tiefe liegenden, herabgeſtürzten Felsſtücke, das Nackte,
Wilde der beyden Berge, die mit Gewalt von einander
geriſſen zu ſeyn ſcheinen, um dem Fluſſe den Durchgang
zu geſtatten, geben dieſer Gegend ein ernſtes, ſchauerliches
Anſehen.   Doch vermindern der Herault, der hier in einem
geräumigen Bette ohne Sturz und Fall ruhig fortfließt, der
ſchöne, breite Weg, theils in die Felſen geſprengt, theils
aus der Tiefe herauf gedämmt, und gegen den Fluß mit
einer Bruſtwehr eingeſchloſſen, den Eindruck um vieles, den
dieſe Gegend auf eine unvorbereitete Phantaſie machen
würde.   Man denkt vollends an keine Gefahr mehr, wenn
man überall die Spuren des geduldigſten Fleißes ſiehet, der
ſich ſelbſt in dieſer Kluft angebauet hat.   Aus jeder Felsritze wächst ein Feigenbaum, oder eine Rebe hervor, und
wo ſich ein Felsſtück mit einer kleinen Oberfläche befindet,
da hat ſicherlich der unermüdete Fleiß Erde hingetragen,
und ein Bäumchen darauf gepflanzt. —

Hier, an dem rauhen, wilden, wahrhaft malerischen Orte, den man den Felsen von Thaurac nennt, mitten in einem Gehölze, das die Spitze dieser Felsen bedeckt, ist die Oeffnung einer Stalaktitenhöhle, die man in der Gegend La Bauma de las Doumaisellas (die Grotte der Feen) nennt. Nach der Volksmeinung wurde diese Grotte durch die phantastischen Wesen bewohnt, welche die Imagination scandinavischer Dichter erzeugte; sie folgten auf die Nymphen, womit das allegorische Genie der Alten die Höhlen der Erde bevölkerte. Man findet hier Stalaktiten-Mauern und Pfeiler, die den innern Raum in mehrere Säle theilen. Die Höhle ist, nach der Beschreibung, die Mr. Vivetiere davon heraus gegeben hat, geräumiger und tiefer als die von Antiparos, wie sie Herr von Nointel, Tournefort, und Graf von Choiseul beschreiben *). Diese Höhle bey St. Bauzile ist ganz mit Stalaktiten angefüllt, deren kühne Massen und seltsame Gestalten ihr wirklich das Ansehen eines Feenpalastes geben **). —

Von der Spitze des Felsen von Thaurac erblickt man mit Entzücken das schöne Thal von Ganges. Ein altes, zerfallenes Schloß auf einem hohen, spitzigen Felsen, und ein Dörfchen, das rings um denselben hängt, machen den Vorgrund dieses malerischen Anblicks; hinter demselben erscheint eine stundenlange, mit Kornfeldern und Wiesen bedeckte, mit lieblichen Gruppen von Obst-, Oel- und Maulbeerbäumen geschmückte Ebene, durch deren Mitte der Herault in einem breiten Bette ruhig in mancherley Krümmungen

---

*) Ueber die Höhle von Antiparos findet man Nachrichten in dem prächtigen Werke: Voyage pittoresque de la Grèce et de l'Asie mineur.

**) M. Marsollier hat eine angenehme Beschreibung von dieser Grotte gemacht.

hinschleicht; in der Ferne erblickt man die Stadt
Ganges, und hinter derselben eine Reihe von felsigen
Bergen, die das ganze lachende Thal umgeben. Zur Zeit
des Frühlings erscheint das reizende Thal, mit seiner üppigen
Vegetation, als das anmuthigste Bild der kraftvollen, blühenden, fröhlichen Jugend; die dürren, nackten Berge aber
umher, hie und da mit dürren Gesträuchen, wilden Buchs
und Heidekraut bewachsen, sind ein melancholisches Bild der
langsam absterbenden Menschennatur im Alter. Man sieht
wenig Gegenden, wo so viele Reize, so gut zusammen gruppirt, sich vereinigen. —

Man erinnert sich hier der Geschichte der Marquisin
von Ganges; die vor etwa 70 Jahren, von 2 Brüdern
ihres Gemahls, auf's grausamste ermordet wurde. Pitaval
erzählt sie umständlich in den Causes célèbres. Man
zeigt das Fenster, durch das sie sich vom Schloße herab
stürzte, und das Haus, worin sie von ihren wüthenden
Verfolgern erstochen wurde. Man soll das Portrait dieser
tugendhaften Märtyrerin ihrer Schönheit und Tugend noch
im Schloße sehen können. Dieses hat von außen ein finsteres
Ansehen. Sehenswerth ist in Ganges das Cabinet des Mr.
Ronson, der aus der Feengrotte, und andern Berghöhlen,
deren es in dieser Gegend viele giebt, eine große Menge
von Naturspielen in Stalaktiten und Stalagmiten gesammelt
hat; man sieht eine Menge Teller mit Stalagmiten bedeckt,
die auf die täuschendste Art allerley Arten von Zuckerback-
werk darstellen; Form, Farbe und Mannigfaltigkeit stimmen
zusammen, die Täuschung zu unterhalten und vollkommen
zu machen. — In allen Häusern wird hier die Seidenrau-
penzucht getrieben. —

Die Stadt Ganges scheint sehr alt zu seyn; sie liegt
an dem Herault, über den eine steinerne Brücke geht, und

hat an der andern Seite das Bette des Rintor eines
Bergwaſſers, das den Sommer über trocken liegt, im Winter aber anſchwellt, und ſein ſehr breites Bette ſo ſehr
füllt, daß es einem gewaltigen Strome von der erſten Größe
gleich ſieht. Eine lange, ſteinerne Brücke führt über dieſen
Strom. Die meiſten Flüße und Bäche der Cevennen trocknen im Sommer ganz auf, und die wenigen, die noch
Waſſer behalten, ſind wenigſtens 7 Monate des Jahres auf
den 20ſten, 30ſten Theil ihres Waſſers herabgeſetzt. Hier
ſind keine den Sommer über ſchmelzenden Schneevorräthe,
wie in der Schweiz, von denen ſie genährt werden könnten;
deßwegen ſind die Gewäßer der Schweiz im Sommer weit
reicher, als im Winter. Der Mangel an trinkbarem Waſſer iſt ein ſehr übler Umſtand für Ganges. In der ganzen
Gegend um die Stadt herum iſt keine einzige Quelle, und
alles Graben nach Ziehbrunnen iſt vergebens. Die häufigen
Höhlen in den Gebirgen um die Stadt her verſchlingen alles
Waſſer, das Schnee und Regen auf die Gebirge bringen,
und führen es tief in dieſe hinein.

Das Waſſer des Herault iſt weder zum Trinken, noch
zum Kochen tauglich; es ſieht, wie das Waſſer aller übrigen Flüße der Cevennen, ſchmutzig-grün aus, und hat einen
übeln Geruch; es führt immer viel Schiefererde mit ſich,
und kommt ganz verdorben aus ſchattenloſen Thälern nach
Ganges *). Man errichtete einmal, zur Herbeyſchaffung einer,

---

*) A. Young. „Die Wäſſerung wird in manchen Gegenden Frank-
reichs, beſonders in den ſüdlichen Provinzen, ſehr gut verſtanden, und häufig
ausgeübt; aber auf die beſte Weiſe geſchieht es nur in der Provence und im
weſtlichen, bergigen Theile Languedocs. In der Provence ſind auf Koſten der
Provinz Kanale gezogen, wodurch das Waſſer einige Meilen zur Waſſerung
dürrer Strecken herbey geführt wird. In England hat man keinen Begriff von
dieſer Sache. In Languedoc bey Ganges, ſah ich Werke, wo das

eine halben Meile entfernten Quelle, eine kostbare Wasserleitung;
allein das Quellwasser kostete in 2 Sommern mehrern hundert Menschen das Leben, und mußte aufgegeben werden;
man muß sich nun mit Cisternenwasser, wie vorher, behelfen;
unterdessen halten doch die Reize der Lage der industriösen
Stadt, die Einwohner fest, und die Bevölkerung vermehrt
sich mit jedem Jahre; der größere und reichere Theil der
Einwohner ist reformirt. Die meisten Einwohner leben im
Wohlstande; viele besitzen ansehnliche Reichthümer, welche
sie durch die Handlung mit roher Seide, und seidenen
Strümpfen erworben haben *). Der kleine Strich Landes,
den man die Untern Cevennen nennt, zieht beynahe so
viel Seide, als das ganze übrige Languedoc; und diese
wird meistens von den Gangern aufgekauft, in ihren Fila-
turanstalten abgehaspelt, in der Nachbarschaft, auf ihre
Rechnung, zu Strümpfen verarbeitet, oder auch roh an
die Nimer- und Lyoner-Fabriken verkauft **). —

Der Cocon, oder das seidene Eichen, in das sich die
Seidenraupe einwebt, besteht aus 3 ganz verschiedenen Arten von Seide; auf der Oberfläche sitzt ein grober, roher

---

Wasser eines Bergstromes in einen Kanal geleitet, und durch große Räder
in Aquedukte gehoben wurde, die auf Bogen ruhen. Solche Wasserleitungen
sollten auch in den bergigen Gegenden von England und Wales angelegt
werden, sie würden von großem Nutzen seyn. Unter einer brennenden
Sonne, und in einem dürren Klima, wie das der Provence, geben sandige,
und steinige Felder, z. E. die Crau, vergleichungsweise gar nichts; aber
wässert man sie, so werden sie mit dem schönsten Teppiche überzogen, und
liefern den besten Ertrag. Das Wasser nützt nicht blos als Feuchtigkeit,
sondern es düngt auch, und macht die Dammerde fester.“ —

*) „Die Gerbereyen, und vorzüglich der Handel mit gesponnener Seide
und seidenen Strümpfen verbreiten in dieser industriösen Stadt (Ganges)
großen Wohlstand.“

**) Hier ist die Grenze zwischen dem Herault- und Gardepartement.

Faden, und die innerste Seite besteht aus einem Gewebe,
dessen Faden weniger reif, oder weniger ausgearbeitet zu seyn
scheint; er ist schleimicht, unzusammenhängend und schwach;
nur das mittlere Gewebe des Cocons enthält den reinen,
schönen Seidenfaden; da kommt es nun sehr viel darauf
an, daß man genau zu unterscheiden wisse, wo man an
jedem Cocon den Faden aufnehmen, und wo man ihn wieder abbrechen soll. Der Faden eines einzelnen Cocons ist
so fein, daß man 8—'10 Cocons mit einander abhäspeln
muß, um einen gewöhnlichen einfachen Seidenfaden zu
bilden: der Faden darf nicht zu wenig, und nicht zu viel
gedrehet werden; werden in dem einen oder andern Stücke
Fehler begangen, so ist die Seide zu manchen Arbeiten
ganz untauglich.   Vaucanson erfand zu Aubenas eine
Maschine zur Beförderung einer gleichförmigen Drehung beym
Abhaspeln der Seide, die alle bisherigen übertraf, und
alle bey der Filatur nur wünschbare Vortheile vereinigte. —

In der Nachbarschaft von Ganges, und besonders im
2 Meilen ostwärts liegenden Städchen Sauve werden
Heugabeln verfertigt, die aus einem einzigen Stücke
bestehen, und nicht aus mehrern, wie unsere Schwarzwäl-
der-Heugabeln; man zwingt die Natur, sie aus Einem Stücke
zu bilden. Die Gariken in dem Thälchen von Sauve, zu
jeder andern Pflanzung untüchtig, sind meistens mit dem
Mikakoulier bewachsen. Dieser, den warmen Ländern
vorzüglich eigene Baum, liebt einen trockenen, steinichten
Boden, und erreicht gewöhnlich die Höhe des Ulmbaumes,
dem er auch an den Blättern ähnlich sieht; man läßt ihn
aber nur 4 — 5' wachsen, und schneidet ihn in dieser Höhe
ab, um ihm einen Kopf, wie dem Weidenbaume, zu
geben.

So treibt der Baum eine Menge gerader, schlanker Aeste, wie der Weidenbaum. Sind diese 5 — 6′ lang, so schneidet man ihnen die Spitze weg, etwa einen halben Zoll über dem Knospen eines bald ausbrechenden Blattes; jeder dieser Knospen enthält immer die Keime zu 3 Aestchen; der steigende Saft ist nun gezwungen, die 3 ersten Keime unter dem Schnitte zu treiben; alle übrigen am ganzen Aste werden nach und nach weggenommen; so bereitet nun die Natur allmählich die Gabel. Wird eins der 3 Aestchen zu stark auf Kosten der andern, so wird es seiner Blätter beraubt, oder man schneidet ihm die Spitze ab. Der Nahrungssaft, der nun keinen Ausweg mehr findet, tritt desto häufiger in die 2 andern Aestchen. Im 6ten bis 8ten Jahre hat die Gabel ihren völligen Wachsthum erreicht; um ihr nun die gehörige Form zu geben, schneidet man sie vom Baume, schnitzt sie zurechte, und legt sie in einen heißen Ofen, wo alle Fibern des Holzes erweicht werden, dann spannt man sie in eine Form, wo sie erkalten und verhärten. Die Sauver-Garißen, ein kleiner Fleck Landes, versehen ganz Languedoc mit den nöthigen Heugabeln. —

Beym Dörfchen La Rogue Aynier, eine halbe Meile von Ganges, ist ein altes malerisches Bergschloß, das mit seiner Umgebung gezeichnet zu werden verdient. Auf dem Wege nach dem Städchen Sumene kommt man gleich hinter Ganges in eine noch wildere Bergkluft als diejenige ist, die in das Thal von Ganges hineinführt. Die Kalkfelsen der Berge zu beyden Seiten sind überall zerborsten, und ihre unzählichen Ritzen und Spalten mit einer rothen Erde ausgefüllt. An manchen Stellen hat der Regen diese Erde weggespült; daher sieht man oft ganze Haufen isolirter Felsstücke, die jeden Augenblick herunter zu stürzen drohen.

Das Bette des Riutor nimmt die ganze Breite zwischen beyden Bergen ein, und die sehr bequeme Straße ist zuweilen ziemlich hoch über den Bergstrom senkrecht aufgemauert; wo sich in dieser Bergkluft irgend ein weniger steiles Fleckchen findet, da haben arbeitsame Menschen eine Hütte errichtet, kleine Terrassen angebracht, auf denen Oelbäume, Reben, Maulbeerbäume gepflanzt sind. — Gegen Sumene zu entfernen sich die Berge um etwas, und bilden ein enges, aber sehr angenehmes Thälchen, das sich über dem Städtchen in 2 Arme vertheilt, deren jeder von einem Bache durchströmt wird. —

Das Städtchen Sumene besteht aus einer einzigen langen Gasse, und einigen Nebengäßchen; der Ort ist finster und schmutzig, es fehlt ihm aber nicht an Wohlstande; er liegt am Ufer des Bergstromes Riutor. Man geht mit Vergnügen in dieser Gegend spazieren, da sie so viele Reize vereinigt, die dem Menschenfreunde wichtig sind. Man erblickt hier den ersten Kastanienwald dieser Landschaft *). Die Kastanie ist für den sparsamen, mäßigen Cevennalen, was die Grundbirnen für den gemeinen Mann in Deutschland und der Schweiz sind. Der Cevennenbewohner ißt des Tages 2 — 3 mal seine Kastanien, bald gekocht, bald trocken, bald in Oel gebraten, zuweilen als Brodkuchen zubereitet. Die Aepfel und Birnen von seinen Obstbäumen verkauft er gewöhnlich in die Handelsstädte des Untern Languedocs; selten kommt Brod, noch seltener ein Bissen Fleisch auf seine Tafel; sein Trank ist Wasser und Schafmilch.

Der Kastaniengarten trägt hier 4 Pro Cent seines gewöhnlichen Kaufpreises; die Maulbeerbaumpflanzung 10 P. C.,

---

*) „Bey Sumene findet man ungeheure Kastanienwälder."

und doch wendet man sein Geld lieber für Kastanienpflan-
zungen an. — Der Maulbeerbaum dauert höchstens 15 Jahre;
das beständige Abblättern beschleunigt seinen Untergang; auch
fordert er viele Pflege; seine Blätter sind um vieles zärt-
licher, als selbst die Blüthen und Früchte des Kastanien-
baumes; daher bey einem etwas kalten Frühlinge der erste
Anwachs leicht fehl schlägt; der Kastanienbaum dauert dagegen ein Jahrhundert, und ist sehr fruchtbar; die Beyspiele sind selten, daß seine Frucht fehlte; er wird hoch-
stämmig, giebt Bauholz und Feuerung; meistens aber wird
sein Holz zu Weinfässern verarbeitet, von denen jährlich
viele tausend aus den Cevennen nach Cette verkauft werden,
um mit dem languedokischen Muscat- und Branntwein in
fremde Länder zu geben *). —

Die steilen Bergseiten, so weit das Auge reicht, sind
von der Tiefe des Thales, bis oben an die nackten Fels-
gipfel, mit vielen tausend Terrassen bedeckt, die mit verschiedenen, dieser Gegend eigenthümlichen Bäumen und
einigen Rebenpflanzungen bedeckt sind; so ist durch den
bewunderungswürdigen, eisernen Fleiß der Bewohner des
Städtchens und der Nachbarschaft die Gegend, die sonst
eine der rohesten Wildnisse war, in einen ununterbrochenen
Garten verwandelt worden **). In den Augen des Menschen-
freundes möchten wohl die 2 — 3000 arbeitsamen, nüchternen,

---

*) „Die Reben und Oelbäume haben sich schon sehr in den Cevennen
vermehrt; auch ist der Wein hier sehr gemein, selbst bey der niedrigsten
Volksklasse; diese zieht den leichten, säuerlichen Wein dieser Gegend den
geistigen Weinen Languedocs vor."

**) „Es ist der Mühe werth, um die merkwürdigen Sitten dieser
Gebirgbewohner, und ihr wildes und malerisches Felsenland näher kennen
zu lernen, dasselbe mit Muse zu durchstreifen; was auch die alten Provinzen von Limousin, Auvergne, Rouergue und Bivarais verdienen."

sparsamen, gutherzigen Menschen, die in Sumene, im Winkel des Thälchens zu St. Romans, und in den Nebenthälchen wohnen, unendlich schätzbarer seyn, als die 15,000 durch ihre Lebensweise verderbten, an Leib und Seele kränkelnden, meistens trägen, schwelgerischen, knechtischen, ausschweifenden, ungenügsamen, verschwenderischen, oft betrügerischen Fabrikarbeiter in Nimes, die so leicht bey einer Stockung der Handlung, ohne Arbeit und Verdienst, dem Hungertode Preis gegeben sind. —

Der Bergbewohner ist arm, aber seine Armuth drückt ihn nicht; sie hat Mäßigkeit und Enthaltsamkeit zur Gesellschaft. Die Natur lohnt ihn für seine harte Arbeit mit gesundem Blute, und schenkt ihm, zum Ersatz für so manchen angenehmen Genuß, den er entbehren muß, eine zufriedene Seele; sie schärft seine Sinne, stärkt seine Nerven, härtet seine Haut gegen den schädlichen Einfluß der schnellen Luftveränderungen; und gewöhnlich verbindet sie mit diesen Geschenken einen heitern, geraden, offenen Sinn, Muth, Energie, Freyheitsliebe, und Gefühl seiner Menschenrechte. Daher werden die Cevennalen, selbst von der französischen Regierung, mit Achtung und Schonung behandelt; man sieht in ihnen die Enkel der Camisarden, auf welche der Geist, der diese beseelte, sich fortvererbt hat. Unmöglich kann die Regierung eines mäßig-bevölkerten, aber fruchtbaren Landes, dessen ackerbauende Bewohner alle Vorzüge und Tugenden besitzen, welche gewöhnlich diese Lebensart zu begleiten pflegen, mit gutem Gewissen auf Anlegung der Fabriken und Manufakturhandlung denken. Eine weise Regierung sieht lieber ein wohlhabendes Dorf, als eine Fabrik, lieber einen gesunden, wohlgenährten, moralisch-unverdorbenen Bauern beym Pfluge, als einen halbsiechen,

mit

mit mancherley Lastern [behafteten Seidenweber, in einem
dunstigen, niedern Bodenstübchen. —

Von Sumene aus steigt der gute, gangbare Weg in
manchen Krümmungen einen steilen Berg hinan. Auf der
Höhe hat man eine ganz andere Welt vor sich. Der erste
Blick von dieser Höhe gleitet in eine Kluft hinab, wo er
sich im Finstern verliert, bis er von der hin und her
kreisenden Straße geleitet, am Bette des Herault einen
Ruhepunkt findet. Im Hintergrunde steht die große Masse
eines Hauptgebirges, und über demselben erhebt sich der
Gipfel des Esperou in blauer Ferne. Von seinem Mittelpunkte dehnt sich eine Menge Vorberge nach allen Seiten
aus, zwischen denen die Thäler in verschiedenen Richtungen
herab sinken, und im Thale des Herault zusammen laufen.
Der ernste Charakter dieser ganzen Gegend bleibt sich bis
auf die geringsten Umstände gleich; statt des gelben Kalksteins in rothem Grunde, der Hauptfarbe der andern Seite,
ist hier alles mit den Trümmern eines eisenschwangern,
schwarzen Schiefers bedeckt, der überall nackt, dem Einflusse
der Elemente ausgesetzt, verwittert, und die ganze Gegend
schwärzt. Statt der Obst-, Oel-, Maulbeerbäume, und
Weinreben sieht man nur die Stechpalme, den grünen Ei-
chenstrauch und Buchsgebüsche auf dem schwarzen Grunde
zerstreut; alle die fruchtbaren Pflanzungen dieser Gegend
sind in der Tiefe der Thäler versteckt.

Nach einer halben Stunde ist man am Herault, und
bald kommt man in ein anderes Thälchen mit einem Bache.
Mitten zwischen Pont du Herault, einem armseligen
Dörfchen, und Wigand, steht der Edelsitz Le Rey,
dessen Lage wenig Reizendes hat. Es giebt eine Schönheit
der Anordnung auch in den wildesten Gegenden, wenn die
Größe und Menge der Gegenstände mit dem Raume, den

sie anfüllen, in einem gewissen Verhältnisse stehen; von dieser Schönheit finden sich hundert Beyspiele in der Schweiz, hier aber fehlen alle Bedingungen derselben. Nun wird das Thälchen offener, breiter und fruchtbarer; die Thürme von Vigand blinken aus einem Walde von Obstbäumen hervor. —

Das Städtchen Vigand hat 3000 Einwohner, und unter diesen eine Menge adelicher Familien, welche einige schöne Landsitze um das Städchen her bewohnen. Beym gemeinen Bürger herrscht Wohlstand, eine Wirkung einiger Baumwollenstrumpfmanufakturen, einiger Weißgerbereyen, und vorzüglich der Fruchtbarkeit des Bodens im Thale. Diese ungemeine Fruchtbarkeit rührt größtentheils von einer reichen Quelle her, die sich nahe vor Vigand befindet, und den schönsten Wiesengrund wässert. Wahrscheinlich zog diese Quelle die ersten Bewohner dieser Gegend hieher. Die Schönheit dieser Gegend, der Reichthum der Natur, der sie schmückt, die milde Temperatur der Sommermonate, das kühle, gesunde Wasser, die Reinheit der Luft, ziehen viele Fremde hieher, die, um der Gesundheit Willen, den schönen, milden Winter in Montpellier, und den gemäßigten Sommer in Vigand suchen.

Gerade vor Vigand findet man am Fuße des Berges, den man zu besteigen hat, einen schönen Kastanienwald in einem Boden, der aus lauter Steinschutt besteht, der seit Jahrhunderten am verwitternden Schieferberge herunter rollt. Bald blickt man von dem Vorhaupte eines Bergrückens in 2 schöne Thälchen hinab; in dem einen sieht man Vigand gerade unter sich, im andern erscheint das Städtchen Aulas, über diesem das Dorf Breau auf einer Felsenspitze. Der Weg geht nun immer steil ansteigend über den Rücken des Berges hinauf; auf jeder Seite begleitet ihn

die schönste Aussicht, die sich nach jeder Wendung erneuert.
Man sieht jetzt das schöne Thal von Vallerouge, das
dem Herault das erste Wasser zuführt; dann 20 kleine Nebenthälchen, die auf allen Seiten vom Hauptstocke des Esperou herabsinken. —

Je höher man kommt, je roher wird die Natur, die
man zunächst um sich hat, desto schöner, ausgedehnter und
mannigfaltiger die, welche man in der Ferne erblickt; so
oft man eine neue Höhe erstiegen hat, die man für die
letzte Spitze des Berges hielt, so oft findet man wieder eine
neue, die sich noch steiler erhebt; 20 mal hin und her krei-
send windet sich der Pfad am steilen Abhange hinauf; immer weiter dehnt sich der Gesichtskreis aus, immer tiefer
sinken die Thäler hinab; schon streifen die Blicke über
die äußersten Gebirge der Cevennen hinaus, noch ein
Gipfel ist zu ersteigen, und endlich hat man, nach vierstün-
diger, mühsamer Arbeit, die höchste Spitze erreicht.

Welch ein Anblick! die schönsten, ausgedehntesten Aussichten, die man in der Schweiz auf dem Gestler, auf dem
Jorat, auf dem Rigi selbst hat, bleiben weit hinter dem
Reichthum und der Majestät der hiesigen zurück; auch die
Aussicht auf dem Napf, dem höchsten Gipfel der Emmenthal-
erberge, wo man in die nordwestliche Schweiz, wie in die
Pfyfferschen und Meierschen Basreliefs herab sieht, verlieren
in der Vergleichung. Die Endlinien des Gesichtskreises
erstrecken sich in Osten und Westen über die Grenzen Frankreichs hinaus; gegen Süden verlieren sie sich im Mittelmeere; man bleibt bey einem solchen Anblicke betroffen stehen, und wähnt den Vorhang gehoben zu sehen, der den
Sterblichen die Unendlichkeit verbirgt. Zunächst liegen rings
umher die Berge und Thäler der Cevennen, dem ersten Anblicke nach ein unfreundliches, rohes Gemische, bis man die

Hauptlinien gefaßt hat, von welchen sich die Bergketten aus-
dehnen, und in welche die Thäler zusammen laufen. Südlich über die Cevennen hinaus sieht man die Gariken, und
hinter denselben hinab, die fruchtbaren Ebenen des untern
Languedoks, mit Dörfern und Städten angefüllt, unter denen
Montpellier erkennbar ist.

Ueber das flache Land hinaus erblickt man die Etangs,
längs der Meeresküste eine lange Reihe von Seen, dann die
Sanddämme, durch die sie vom Meere getrennt werden,
eine schwarze Linie, die sich viele Meilen von Morgen gegen
Abend zieht; endlich über diese hinaus, die spiegelhelle
Wasserfläche des Mittelmeeres, die nach und nach dämmernd
mit dem Himmelsgewölbe zusammen fließt, wo die Blicke im
Luftkreis versinken. Die Insel Magelone, der Berg Cette,
mit dem Seehafen St. Louis' an seinem Fuße, und der
ausgebrannte Vulcan St. Martin von Agde, zeichnen sich
am Sanddamme deutlich aus. Auf der Ostseite hat man,
über die Cevennen hinaus, die große Ebene, welche die
Rhone durchströmt, und in 3 Armen in's Meer eilt; dann
die Gebirge der Provence, unter denen der Ventour im Comtat über Avignon sein stolzes Haupt erhebt; endlich hinter
denselben, kaum unterscheidbar, die lichtblauen Piemonteser-
alpen. Auf der Westseite sieht man die Gebirge im Bisthum
Lodeve, und in der Provinz Rovergue; und über diesen hinaus dämmernd die Pyrennäen; gegen Norden schließen der
hohe Lirou und die Gebirge in Gevaudan und Auvergne die Aussicht.

Oft wälzt der Südwind, wenn man in Betrachtung
dieser reichen Aussicht versunken ist, ganze Wolkengebirge
vom Meere herauf, die sich dann über den Cevennen sammeln; das Schauspiel wird dann noch lebendiger; meilen-
lange Schatten wandeln langsam über Berge und Thäler,

und in der Luft glänzen die majeſtätiſchen Geſtalten der
Wolken in mannigfaltigem Lichte; aber dann iſt es hohe
Zeit, ſich eilig auf den Rückweg zu machen, und ein Obdach
gegen den Gewitterregen zu ſuchen, der im Anzuge iſt. Statt
der Sennhütten, und Staffeln, hölzerner Hütten, in denen
Hirten und Heerden in der Schweiz Zuflucht gegen Wind
und Regen finden, haben die Hirten, für ſich und ihre Heerden auf dieſen Berghöhen, nur Löcher in der Erde, die
mit Raſendächern bedeckt ſind.

Eine Bergkette, die ſich von Oſten nach Weſten durch
das ſüdliche Frankreich zieht, verbindet die Pyrenäen mit
den Alpen der Schweiz. Der mittlere Theil dieſer Kette,
zwiſchen der Rhone und Garonne, wird von Strabo, und
den übrigen alten Geographen, das Gebirge Cemmenus genannt; von den Cevennen werden aber jetzt alle Berge im
weſtlichen Languedoc und in der Provinz Rovergue ausge-
ſchloſſen, ſo daß die Cevennen nur noch das Bisthum
Alais und einen Theil des Bisthums Uzes begreifen;
dieſe Gegend, wenn man noch einen Theil des G e v a u d a n,
und des Bisthums Puy dazu nimmt, macht den höchſten
Theil der ganzen Gebirgreihe aus, und ſendet Waſſerſtröme
gegen alle 4 Winde, indem der A l l i e r gegen Norden,
der L o t und Torn gegen Abend, der H e r a u l t und die
V i d o u r l e gegen Süden, die A r d e c h e und der G a r -
d o n gegen Oſten von Einem Hauptſtocke abfließen. Die
Kernmaſſen des Gebirges haben eine gemeinſchaftliche Richtung von Morgen gegen Abend; viele Berge aber vom
zweyten und dritten Range, ſchließen ſich in verſchiedenen
andern Richtungen an die Hauptmaſſe an. Wenn man dieſe
Bergkette gegen Norden durchreißt, ſo entdeckt man vom
flachen Lande aus, bis zu den höchſten Gebirgen in den

Bergreihen, 3 terrassenmäßig über einander aufgeschichtete, parallele Regionen.

ˈDie Gariken machen die erste Region aus. Ga-ˌrike heißt in der Landessprache ein ödes, unfruchtbares Land. Man giebt diesen Namen der ganzen˙ Reihe von Kalksteinhügeln, die sich nordwärts, längs des flachen Lan-des des Untern Languedocs wegzieht, und sich ununterbro-chen von der Rhone bis nach Roussillon erstreckt, wo sie sich an die Pyrenäen anschließt. Man kann sich nichts öderes und traurigeres als diese Berge vorstellen; ganze Strecken nackter, verwitterter Felsen, meistens ˌohne alle Spur vȯn Vegetation, nur da und dort erblickt man zuweilen in diesenˈ Kalkwüsten etwas Heidekraut, einzelne Zwerggebüsche undˑ Steinmoose; nur hie und da ist eine Vertiefung mit ˙etwas Sand bedeckt, wo ein trockenes, aber nahrhaftes Gras wächst, da es in diesen Hügeln überall an lebendigem Quell-wasser fehlt, und die wenigen Gewächse, ˙die˙ sich dahinˑ gleichsam verirrten, in der Mitte des Sommers meistens verdorren, so kommt auch kein Oel- und Obstbaum fort. —

Die Einwohner der zwey oder drey Dörfchen, die in den etwas bessern Gegenden der Gariken sind, befinden sich doch in der größten Armuth. Die südlichsten Arme˙ der Gariken, die in das untere Languedoc hinaus laufen, ˈha-ben durch den eisernen Fleiß ihrer Einwohner in etwas ihre Natur verändert. Man trug Erde dahin, wo die˙ Natur keine bereiten konnte, schützte sie mit Mauern, und pflanzte Reben darauf, deren Weine jetzt die besten˙und vorzüglich-sten˙der Provinz sind. Das wilde Geflügel der Gariken hat˙ einen trefflichen Geschmack. Die Schafeˊ, welche auf den bessern Grasplätzen weiden, haben auch ein äußerst wohl-schmeckendes Fleisch; sie scharren die lockern Steine weg,ˌ um die halbverborgenen Kräuter zu erhalten; die˙Naturˈ

nährt diese Kräuter kärglich, aber mit dem reinsten Aether; in diesen Kalkhügeln verdoppelt sich die Hitze durch die Reflexion der Sonnenstrahlen von allen Seiten, daher jedes Gräschen in einem Treibofen liegt. Die Wolle der Gariken-heerden giebt an Feinheit und Werth der besten spanischen wenig nach.

. Ein anderes Produkt der bessern Gegenden der Gariken ist die Stechpalme, die hier gemeiniglich die grüne Eiche genannt wird, worauf das Kermesinsekt lebt, welches von den Bewohnern der Dörfer aufgesucht, mit Essig besprützt, getrocknet, und an die Färbereyen verkauft wird, um zu einer rothen Farbe gebraucht zu werden, die man für die schönste hielt, ehe die Cochenille in Europa bekannt wurde, und die noch immer starken Absatz findet. — Das Verwittern der Gariken würde diese Gegend in kurzer Zeit mit einer nutzbaren Erdrinde bedecken, wenn nicht ein einziger der gewöhnlich sehr starken Regengüße des Herbstes immer so viel Erde auf einmal wegschwemmte, als die Natur in einem ganzen Jahre bereiten konnte; diese Erde wird dann von den Bergströmen in die Etangs geführt. —

Die zweyte Region besteht aus einer Reihe von Bergen, die mit den Gariken parallel laufen; sie sind mittlerer Höhe, und gehören zu den Gang- oder Flötzgebirgen; sie sind gneus- und schieferartig, hie und da mit Quarzadern durchbrochen. Zuweilen haben sie einen Kern von Granit, oft beträchtliche Thonlagen zu ihren Füßen. Diese Berge sind um vieles fruchtbarer, als die Kalkfelsen der Gariken, und haben eine Rinde verwitterten Gesteines zur Bedeckung; da sie aber gewöhnlich sehr steil sind, und die Pflanzen auf ihrem lockern Grund nicht recht festwurzeln können, so gleitet oft alle Erde von denselben herab, und der nackte Fels bleibt stehen, auf dem nun die Natur zwieder ein halbes

Jahrhundert arbeiten muß, um neue Pflanzenerde zu
ziehen.

Die Thäler zwischen diesen Bergen sind meistens sehr
enge, aber ziemlich fruchtbar; hier trifft man wieder Wiesen und Felder, und ganze kleine Waldungen von Kastanien,
Maulbeeren 2c. an.   Der Kastanien- und Maulbeerbaum gedeihen hier vorzüglich; der Weinstock und Oelbaum kommen
nur in einigen Stellen fort; das Oel und der Wein dieser
Gegend sind von sehr geringer Qualität.   Obstbäume werden
häufig gezogen, und ihre Früchte erreichen einen seltenen
Grad von Vollkommenheit und Wohlgeschmack.   Der Korn-
bau dieser Gegend reicht bey weitem nicht für das Bedürfniß der Bewohner zu, und zur Hornviehzucht sind die Wiesen
nicht hinlänglich; die Berge sind zu trocken, zu steil, die
Thäler zu enge.   Die Cevennalen halten daher nicht mehr
Rindvieh, als zum Bau ihres Landes nöthig ist; in manchem Dorfe trifft man nicht einmal eine Kuh an.

Die Bevölkerung ist bedeutend; neben sehr vielen Dörfern werden mehrere ansehnliche Flecken gezählt.   Aus dieser
Region des Gebirges ziehen Montpellier und Cette ihre Fäßer
von Castanienholz; hier werden die vortrefflichen Käse bereitet, die man nachher in Roquefort in Eishöhlen zur Reife
kommen läßt, und in ganz Frankreich nach diesem Stapel-
orte benennt.   Der Hauptnahrungszweig der sämmtlichen
Einwohner indessen ist der Seidenbau und die Seidenfabri-
katur.   In dieser Region liegt auch das schöne, freundliche
Städtchen Vigand, das seiner gesunden Luft und lieblichen,
quellenreichen Gegend wegen, zu einem passenden Sommer-
aufenthalte dienen kann.

Die dritte Region enthält das Hauptgebirge, den
Kamm, der, wie alle Urgebirge, aus Gneus und Granit

besteht. Der Fuß des Granitgebirges ist durchgehends mit Gneus oder Schiefersteinen bedeckt. Der Granit kommt gewöhnlich erst an der halben Höhe der Berge zum Vorschein; auf dem Esperou, dem höchsten Gipfel der Cevennen, findet man die Spitze mit einer Schieferlage bedeckt. Unter allen diesen Bergen sieht man keinen, der noch unzweydeutige Spuren der Urform an sich trüge, welche die Natur den Urgebirgen gegeben hat; also keine der senkrecht aus den tiefsten Thälern aufgethürmten Felswände, keine der ungeheuern Pyramiden und Pfeiler, die man in der Schweiz Hörner, Zähne, Firsten nennt, kein Wetterhorn, Schreckhorn, Viescherhorn ꝛc. ꝛc. Alles ist hier abgerundet, abgestumpft, alle Abgründe sind ausgefüllt; das Auge stürzt nirgends über unermeßliche Felsmauern, in die schwarze, schauerliche Nacht tiefer Alpenthäler hinab.

Die Elemente haben den rohen Stoff an diesen Bergmassen schon so gewaltig zerarbeitet, daß die ersten Formen nun gänzlich verwischt sind. Die häufigen Vulcane, die über und unter der Kette der cevennischen Gebirge liegen, haben nothwendiger Weise, in den allerältesten Zeiten der Erde, diese Berge so gewaltig zerrüttelt und zerrissen, die nahe Meeresluft, der dunstbeladene Südostwind, haben die Oberfläche derselben aufgelöst. Den an der Luft liegenden Granit kann man meistens zwischen den Fingern zerreiben *).

Dieser Theil der Cevennen ist schwächer bevölkert, als der vorige; doch findet man auf den südlichen Abhängen der Berge Schafweiden, Brennholz, und in den Thälern,

---

*) Ueber die Vulcane, die den Cevennen gegen Norden und Süden liegen, f. Académie royale des Sciences de Paris, 1752. 1760. 1771. 1778. 1779.

etwas Getreide;   man findet auch Silber, Bley, Alaunerde,
Steinkohlen, und Braunstein.

Wer von Bigand aus die Reise auf den Esperou und
dann nach Merveys, das 8 Stunden von Bigand entfernt ist, machen will, muß sich und sein Pferd hinlänglich
mit Lebensmitteln versehen, weil man unter Weges solche
nicht findet. Man kommt aus einer wilden Felsenwelt endlich ins Thälchen von Merveys hinab;   am Eingange desselben steht, in einer eben nicht reizenden Lage, das Schloß
Roguedols, ein Gebäude von einer gefälligen Form und
einem so frischen Ansehen, als ob es noch ganz neu wäre,
da es doch,   nach seiner Bauart zu urtheilen,   wenigstens
ein Jahrhundert stehen muß;   es besteht aus einem länglicht-
viereckigen Hauptgebäude mit 2 runden Thürmen an beyden
Ecken der Hauptfacade;   hinter ihm ist ein mit hohen Mauern
umschlossener Hof,   mit 2 andern runden Thürmen an den
Ecken. —

Ein angenehmes Thälchen führt von hier in einer Stunde
nach Merveys. Dieses Städtchen liegt zwischen hohen
Bergen, wo zwey enge Thäler sich begegnen, und so nahe
zusammen laufen, daß nur das Flüßchen Jonte, mit dem
Gewässer von der Nordseite des Esperou, und der Südseite
des Lirou, einen engen Durchgang findet. Einsam und
finster ist die Lage dieses an eine hohe Felswand angelehnten
Städtchens; seine 1500 Einwohner sind meistens Prote-
stanten; Kastanien, Aepfel und Milch sind ihre Nahrung.
Die Schafzucht ist die Hauptquelle ihres Einkommens; die
hiesigen Schafe sind von einem vorzüglichen Werthe; ihr
Fleisch wird so hoch geschätzt, daß die Fleischpächter von
Marseille angehalten werden, alle Jahre wenigstens 3000
Schafe aus der Gegend von Merveys zu schlachten. Die
Mauleselzucht ist ein anderer Zweig des Erwerbs, wodurch

alle Jahre etwas Ansehnliches gewonnen wird. Junge Maulesel werden in Poitou eingekauft, hier groß gezogen, und
jedes Stück für 500 — 700 franz. Liv. in's untere Languedoc verkauft. Eine kleinere Art dieser Thiere wird aus
Auvergne gebracht, und, nach einigen Jahren in's flache
Land für 50 — 300 Liv. abgegeben. —

Jenseits des Berges, den man von hieraus zu besteigen
hat, sind die Grenzen der Cevennen. Die Bewohner der
Cevennen und der Landschaft Rovergue sollen im Charakter
eben so verschieden seyn, als die Natur ihres Landes es ist.
Alle Welt sagt Gutes von den Cevennalen, und alle Welt
Böses von den Roverguern, die in einer schönern, fruchtbarern Landschaft leben. Bey Merweys hört die bisherige
breite, schöne, sichere Straße auf, die Ludwig XIV. anlegen ließ, nachdem er die für Freyheit und Religion kämp-
fenden Cevennalen zur Ruhe gebracht hatte; diese in die
fernsten Thäler, über die steilsten Berge führende Straße
beraubte die Cevennalen des Schutzes ihrer sonst unwegsa-
men Gebirge. Nur ein schmaler Pfad führt am Berge hin,
über lockere Felstrümmer; nach 1½ St. hat man die Höhe
des Berges erreicht; hier zieht sich eine mehrere Stunden
lange Fläche über seinen Rücken hin; diese ist noch meistens
ein nackter, kahler Fels; nirgends ist hier eine Quelle, ein
Bächlein; die Hirten und ihre Schafe helfen sich mit
Cisternen; auf dem langen Wege über diese flache Berghöhe
findet man nur hie und da eine einsame Zwergtanne, oder
ein Paar Fichten; in einer Vertiefung liegen einige armselige Hütten. —

Nach 3 Stunden ist man an der Grenze von Rovergue; eine neue Straße, mit unbeschreiblicher Mühe am
steilen Abhange hin und her gezogen, führt schnell in ein
tiefes, enges Thälchen hinab, wo die Dourbie zwischen

losgerissenen Felsstücken schäumend ihre Fluthen wälzt. Dieß
Thälchen ist sehr schön in seiner wilden Natur; es hat den
Charakter des Feyerlichen, aber nicht des Schauerlichen
eines Grimselthales; — hier schaudert die Einbildungskraft
unter den Trümmern einer zerstörten Welt; dort ergötzt sie
sich an den Bemühungen der Natur, das Große und Wilde
mit sanften Gegenständen zu paaren. Der Bergstrom benagt
hier den Fuß einer senkrechten Felsenwand; auf der andern
Seite erhebt sich steil eine andere, wo Bäume und Gebüsche
aus Ritzen herab hängen. Pappeln- und Weidenbäume stehen
längs dem Ufer; oft sieht man eine Steineiche, einen
Strauch auf einem Felsstücke im Flusse. An einer drohend
über den Fluß hängenden Felswand streicht eine Steinkohlen-
lage hin, wo auf Leitern sich der Bergmann hinauf wagt,
und einen Stollen hinein treibt. Ganz oben ist die Felswand in seltsame Gestalten zerborsten; man glaubt Säulen,
Obelisken rc. zu erblicken. Zuweilen wird das romantische
Thälchen unten wieder etwas freyer und heimlicher, mit
großen Baumgruppen angefüllt, zwischen denen der Fluß
friedlich durchzieht; dann nähern sich die Felsen wieder,
zwischen denen sich die Dourbie unter lautem Geräusche gewaltsam durcharbeitet. —

Nach 2 Stunden findet man ein armes Dörfchen, wo
sich ein anderes kleines Thal nach der Dourbie herabsenkt. Auf
einem hohen, isolirten Fels ruhen die Ruinen einer Burg.
Nun wird das Thälchen immer freyer; schmale Wiesen
erscheinen neben dem Strome; einzelne Häuser erscheinen im
Schatten von Nuß- und Kastanienbäumen; am steilen Berge
erheben sich Tannen- und Fichtenwälder. Bey Mouna,
einem artigen Dorfe, finden schon einzelne Kornäcker Raum;
in den Gärten stehen Obst- und Mandelbäume in reizenden
Gruppen vermischt. Zwey Stunden lang wird das Thal

immer schöner und heiterer, und der Fluß ruhiger; wal-
dichte Inseln erscheinen in seinem Bette; an der Straße
ziehen sich Reihen von Maulbeerbäumen hin, und längs
dem Berge Landhäuser, die den Einwohnern von Milhaud
gehören, und die sich durch Geschmack und ländliche Einfalt auszeichnen.

Der Berg auf der rechten Seite bricht auf einmal ab,
und der Tarn, der aus dem Gevaudan kommt, streicht an
seinem Fuße vorbey, und nimmt die Dourbie auf; am
Zusammenflusse dieser Ströme liegt Milhaud in einem
großen Thalgrunde, wo fruchtbare Hügel in mäßiger Entfernung sanft sich heben, und der fernste zum Berge wird.
Diese Stadt hat eine Lage, wie sie nur in Bergländern
möglich ist, wo eine Menge reizender Gegenstände verschiedener Arten, hinter- und nebeneinander perspektivisch geordnet, ein Gemälde von mannigfaltigen Schönheiten bildet,
die kein Pinsel malt, keine Feder beschreibt, keine Phantasie
aus sich selbst heraus spinnt, wenn sie nicht auf einem
solchen Schauplatze gelebt und gewebt hat. —

In Milhaud sind viele adeliche Familien, aber keine
ist sehr reich; alle leben vom Ertrage ihrer Landgüter, die
um die Stadt her liegen. Auch die Bürger der mittlern
Klasse sind im Wohlstande, weil sie arbeitsam sind. Es ist
der Mühe werth von hier aus eine Wanderung nach dem
merkwürdigen, 4 Stunden entfernten Orte Roquefort
zu machen, wo vermittelst eiskalter Felsenkeller schon seit
Jahrhunderten aus den Schafkäsen, dem Hauptprodukte
dieses Theiles der Landschaft Rovergue ein Leckerbissen bereitet wird, den man in Frankreich allen andern berühmten
Käsen Hollands, der Schweiz und der Lombardei vorzieht.
Man kommt beym Dorfe Creissel vorbey, das ganz
ummauert ist, und auf einem isolirten Felsen steht.

Dann kommt man ferner in das Dorf St. Georges, wo man in der Nähe ein Alaunbergwerk findet; ein wohlbebautes, angenehmes Thal führt an den Fuß des Berges, wo Roquefort liegt. Hoch am Berge ruht eine ungeheure Felsmasse rings herum frey; eine Kluft trennt sie von der senkrechten Wand des Felsenberges.

Unter dieser Felsmasse sind Ritzen und Spalten, aus denen ein sehr kalter Wind dringt, und Höhlen und Grotten, die so kalt sind als Eisgruben; über dieselben sind die Käsekeller gebaut, und einige Häuser stehen rund um den Felsstock her. Die Eigenthümer dieser Keller kaufen den Bergbewohnern von Rovergue alle ihre Schafkäse ab. Alle Tage schleppen 6 starke Maulesel die frischen Käse von nahen und fernen Bergen zusammen; dann werden sie reichlich mit Salz gerieben und in die Keller gesetzt, welche den geringsten Grad von Kälte haben; dort bleiben sie einige Zeit stehen, bis sich die ersten Anzeigen von einer gewissen Gährung bemerken lassen; dann werden sie geschabt, wieder mit Salz gerieben, und in kältere Keller gesetzt. Das Schaben und Salzeinreiben wird auf diese Weise viermal wiederholt, und nach jedem male werden die Käse in noch kältere Keller gebracht.

Nach dem zweyten male setzt sich auf denselben nach und nach ein weißer Schimmel an; beym dritten ein röthlicher, beym vierten male ein hochrother; er ist oft bey einem Zolle lang, und schön anzusehen. So ist der Käs reif geworden; seine Oberfläche ist roth, das Innere hingegen mit großen, blauen Adern durchzogen. Was beym Schälen weggeht, wird zu Kuchen geknetet, und wieder an die Bergleute verkauft. Vermittelst der Kälte dieser Keller, die in den heißesten Sommertagen nahe an den Gefrierpunkt grenzt, entsteht die Gährung, welche den Käs zur Reife

bringt; und so wird ein gewisser, vom Schimmel herrüh-
render, angenehmer Geschmack, in einer Vollkommenheit
entwickelt, welchen man in andern Höhlen und Grotten,
deren in Rovergue eine Menge gefunden wird, nie erreicht;
daher sind die Bergleute genöthigt, ihre Waare ausschließend
hieher zu verkaufen. Die Besitzer der Keller von Roquefort haben es also in ihrer Gewalt, die Preise der Käse
nach Wohlgefallen zu bestimmen. —

Die Kälte dieser Keller kommt von einem schneidenden
Winde her, der aus den häufigen Spalten und Löchern im
Fels mit Gewalt hervor dringt. Er entsteht wahrscheinlich
durch den Sturz von Wassern in den Höhlen des Felsenberges. Im Winter ist Roquefort unbewohnt; die Eigenthümer ziehen in eine der nächstgelegenen großen Städte;
die übrigen Personen, lauter Taglöhnerinnen aus den nächsten Dörfern, kehren zu den Ihrigen zurück. — Die Käse
haben eine Schwere von 4 — 20 ℔; die meisten von 6 — 12 ℔.
Die Zeit ihrer gänzlichen Reife ist 6 — 8 Wochen. Jährlich gehen 20 — 30,000 Stück durch diese Keller. Sie
werden theils zu Toulouse für den Verbrauch im Innern
abgesetzt, oder zu Bordeaux, um nach den Inseln verführt
zu werden, wo sie sehr geschätzt sind. —

Milhaud liegt ganz eben, und hat einige artige Gebäude; die Gassen sind enge und schmutzig; mitten in der
Stadt ist ein bedeckter Spaziergang, wie in Ganges. Zur
Handlung ist Milhaud nicht gut gelegen; der Tarn ist nicht
immer schiffbar; über die Berge umher geht keine fahrbare
Straße. — Einwohner kann man 6000 rechnen, von denen
der 4te Theil reformirt ist. — Ueber den Berg Larsak
reist man nach der Stadt Lodeve; auf seiner Höhe erscheint das große, offene, fruchtbare Thal von Milhaud
in seiner ganzen Schönheit; es ist ein wahres Paradies

gegen das Land, durch das man nun eine Tagreise
machen muß *). —

Nach zwey Stunden kommt man bey einem armen Dörfchen vorbey, wo die Ruinen einer zerstörten Burg liegen,
nach Hospitalet. Dann kommt man nach 3 Stunden
auf der Fläche der Berghöhe nach Caylar, einem Dorfe
mit den Trümmern einer alten, hohen Ritterburg; nach
einer weitern Stunde kommt man zum Dörfchen St.
Pierre, am südlichen Abhange des Larsak. Dieser Berg,
dessen flacher Rücken 3 Meilen breit, und noch mehrere
lang ist, besteht aus einem Kalkfels, den nur eine geringe
Erdrinde deckt, und keine einzige Quelle fruchtbar macht.
Schon Jahrhunderte ringt der Fleiß der Armuth mit dem
stiefmütterlichen Boden, der doch schon tiefer ist, als auf
der ähnlichen Bergfläche zwischen Milhaud und Merweys;
doch stehen die Saaten noch dünne; man sieht keine Obstbäume, keinen Wald von einigem Werthe, hie und da nur
einen Zwerg von Maulbeerbaum. —

Die ganze Oberfläche des Berges ist mit nackten Felsblöcken angefüllt, die seit Jahrhunderten seltsame Gestalten
erhielten; oft steht eine große Menge dieser Felsstücke beysammen; man glaubt die ehrwürdigen Trümmer einer Kö-
nigsstadt über der Ebene verbreitet zu sehen; man unterscheidet Säulengänge, Tempelgebäude, und hohe Mauern
zerfallener Paläste. Mit Mühe überzeugt man sich von seinem
Irrthume, wenn man mitten unter diese Zaubergestalten

---

*) A. Young. „Ich untersuchte die Berge zwischen Ganges und Lodeve sehr
aufmerksam, weil sie mir erbärmlich vernachläßigt, und unter allen in Languedoc am wenigsten einträglich schienen; ich bin überzeugt, daß man sie mit
leichter Mühe 4 mal einträglicher als jetzt machen könnte, wenn man sie
blos zur Schafzucht nützte."

tritt.

tritt. Der ganze Weg durch diese Gegend ist traurig und
einförmig; man versinkt unwillkührlich in ernstes Hinstau-
nen. Bey St. Pierre erblickt man die neuangelegte Straße,
ein der schönsten Zeit der römischen Baukunst würdiges
Werk; zuweilen ist sie hoch aus der Tiefe aufgemauert! zuweilen in den Fels gehauen; hie und da ist eine schöne
steinerne Brücke über eine tiefe Kluft gebauet; ein 2 Stunden langes Thal zieht sich nach Lodeve hinab. —

Lodeve liegt zwischen 2 hohen Bergen eingeengt; es
ist eine finstere, enge, schmutzige Stadt, aber voller Industrie. Ihre 10 — 12000 Einwohner nähren sich meistens
von Manufakturen und Handlung; man fabricirt einige Seidenzeuge; das Hauptgewerb aber besteht in wollenen Tüchern, Rattinen, Trikots rc.; man fabricirt auch wollene Mützen, Strickwaaren rc., die zu Friedenszeiten
nach Marseille gebracht werden, um in die Levante zu gehen. Die hiesigen Färbereyen stehen in gutem Rufe; man
handelt auch etwas mit roher Seide und Oel; der Wein
dieser Gegend wird geschätzt, und viel Branntwein daraus
gemacht. Reformirte sind nicht viele hier. Die Schäfer
führen Heerden auf die benachbarten Berge, deren Wolle
ganz schwarz ist. —

Unter Lodeve läuft das Thal noch immer südlich zwischen schönen Bergen fort; es wird aber immer breiter,
und die Berge werden immer niedriger. So wie man über
der Stadt nichts als einen weißen Kalksteingrund sieht, so
erblickt man hier nichts als eine dunkelrothe Erde, worein
sich die Schieferberge dieser Gegend auflösen. Diese rothe
Erde ist sehr locker, daher graben sich Flüsse und Bäche sehr
tiefe Betten hinein, über welche einige prachtvolle steinerne
Brücken gebauet sind. Diese Erde ist nicht sehr fruchtbar;
man sieht auf ihr Getreide, Obst- und Oelbäume, und

viele Reben. In einigen Bergen des Bisthums Lodeve bricht man Schiefertafeln; sie sind aber weder so schwarz von Farbe, noch so rein, hart und dauerhaft, als die Schiefertafeln des Glarnerlandes. —

In einem Thälchen, 2 Stunden von Lodeve, und in der Gegend von Clermont weiter südlich hinab, sind einige vulcanische Berge. Beym Dorfe St. Jean de la Blaquiere wird eine Art Schilf gepflanzt, dessen Fibern zu Zeugen verarbeitet werden. Der trockenste und unfruchtbarste Grund wird zu dieser Pflanzung gewählt; mit dem Pfluge oder der Hacke wird der Boden bearbeitet, in den nachher der Schilfsame gesäet wird; nach 3 Jahren ist die Pflanze ausgewachsen; nun wird der Schilf abgeschnitten und 9 Tage in's Wasser gelegt, alsdann mit hölzernen Keulen gequetscht, gehechelt, gesponnen, zu grobem Zeuge gewoben, den die Landleute zu Kleidern brauchen. Aus einer feinern Art dieser Pflanze wird mit etwas mehr Sorgfalt auch ein feinerer Zeug gewonnen, der auf der Bleiche so weiß als die schönste Leinwand wird.

Drey Stunden unter Lodeve kommt man in die Ebene des untern Languedocs, wo sich der Weg längs der Gariken nach Osten zieht. St. Andre, ein mit Mauern umgebenes Dorf, mit einer alten Burg, steht in einer Gegend, die einem wahren Garten ähnlich sieht. Bald muß man wieder durch eine Strecke der Gariken, deren äußerste Aeste hier weit in die Ebene vorrücken. Jenseits dieser traurigen, öden Gegend hat man den Herault, und das Städtchen Gignac vor sich; man passirt den Herault auf einer prächtigen, steinernen Brücke. Noch 2 Meilen weit führt der Weg durch eine steinigte Landschaft, und dann ist man wieder in Montpellier.

Unter Colberts Ministerium lebten die Bewohner der
Cevennen ruhig in ihren Gebirgen; dieser aufgeklärteste Minister seines Jahrhunderts glaubte, daß die Stärke eines Staates
in der Menge seiner Einwohner bestehe; er betrachtete die
Cevennenbewohner als nützliche, industriöse, brave Bürger.
Nach seinem Tode gaben sich die Geistlichen, der römische
Hof, der Kanzler Tellier, und sein Sohn Louvois, beyde
ehemalige geheime Feinde des großen Colbert, alle Mühe,
Ludwig XIV. gegen diese friedlichen Bergbewohner, als
gegen Rebellen einzunehmen; es gelang ihnen, er glaubte
der Schrecken könne sie allein zu ihrer Pflicht zurück führen.
Von nun an raubte man ihnen ihre Privilegien, verbot
ihnen die öffentliche Ausübung ihrer Religion; da flohen sie
in finstere Wälder, um Gott nach ihrer Weise anzubeten.
Ihre grausamen Verfolger Basville, Intendant von
Languedoc, und Broglio, der die Truppen commandirte,
stellte Soldaten an mehrere Orte, mit dem Befehle, auf
alle kleinen Versammlungen, die sie mit dem Gottesdienste
beschäftigt finden würden, Feuer zu geben, ihre Wohnungen zu plündern und zu zerstören.

Bald waren die Cevennen verheert, aber der Eifer ihrer
Bewohner entflammte sich, wie die Verfolgung gewaltsamer
wurde. Ihr Muth und ihre Zahl nahm immer zu, und
machte sie endlich dem Hofe furchtbar, wo man ehemals
kaum etwas von ihrer dunkeln, friedlichen Existenz wußte.
Man schickte die bedeutendsten Generale gegen sie, aber
ohne Erfolg; man brachte ihnen oft Niederlagen bey, aber
man bezwang sie nie. Die Camisarden, denen man auch
mit dem Schwerte in der Faust, die Art, Gott anzubeten,
vorschreiben wollte, empörten sich; der Krieg mit ihnen
dauerte 3 Jahre; von Großbrittannien unterstützt, trotzten
sie in den unzugänglichen Winkeln ihrer Gebirge der Macht

des Königs, und entzogen sich den Gewaltthätigkeiten, die man ihnen anthun wollte. —

Es ist bekannt genug, daß der Landmann in ganz Frankreich sehr arm ist, auch hier ist er es im Schoose der reichsten und fruchtbarsten Natur. Die Kleidung der Landleute kommt der städtischen nahe, ihr Geschmack hat das Weiße zur Lieblingsfarbe gewählt, zu einem Wams, zu einer Weste, und zu Beinkleidern von weißem Leinenzeug gehören aber schwarze Strümpfe; die Eitelkeit verführt sie oft, besonders junge Leute, sich an Sonn- und Feyertagen ganz in Seide zu kleiden. Die Kleidung des weiblichen Geschlechts ist häßlich, und macht, mit ihren schwarzen Gesichtern und groben, unangenehmen Gesichtszügen, eine wiedrige Wirkung. — Die Landleute essen sehr schwarzes Brod, pflanzen wenig Gartengewächse; vom Einmachen saurer Gemüser für den Winter wissen sie nichts.

Der Kartoffelbau ist noch wenig im Gange; Butter und Käse kennen sie kaum dem Namen nach; da sie wenig Wieswachs haben, so können sie keine Kühe halten; das Fleisch ist sehr theuer, und kommt deswegen selten auf ihren Tisch. Suppe mit schwarzem Brod und Rettiche sind ihre Hauptspeisen, dazu trinken sie einen essigsauern, herben Wein, den sie Pikete nennen, sie ziehen ihn aus den schon ausgepreßten Trauben, worüber sie noch Wasser schütten; den guten Wein verwandeln sie meistens in Branntwein, daher ist selten ein Haus, wo nicht ein Destillirkessel zu finden wäre. Das Getreide wird meistens in Windmühlen gemahlen; Mehl und Kleien werden erst zu Hause durch die Weiber, vermittelst des Haarsiebes gesondert; das Brod wird in öffentlichen Backöfen, deren jedes Dorf einen hat, gebacken.

Gewitter entſtehen ſelten; ſie ſteigen aus dem Meere, werden immer von heftigen Winden gegen die Cevennen hinaufgetrieben, und eilen ſo geſchwind über die Ebene weg, daß keines über 10 Minuten dauert; dabei gehen ſie gewöhnlich hoch, und entladen ſich ihres Feuerſtoffes in der Luft. —

Das gewöhnliche Hausthier des Landmanns iſt der Eſel, ein ihm höchſt nützliches Thier, das allein ſeinen Zuſtand noch erträglich macht und ſeine ſchwerſten Laſten theilt. Der languedokiſche Bauer geht nirgends hin, ohne ſeinen getreuen Eſel; dieſem ladet er alle ſeine Bürden auf, und gewöhnlich ſitzt er noch ſelbſt auf deſſen Rücken. Der Eſel zieht den Pflug im Felde, ſchleppt ſeine und ſeines Herrn Nahrung und Bedürfniſſe nach Hauſe, geht mit auf den Markt ꝛc. Weiber und Mädchen laſſen ſich von dem Eſel auf das Feld, in die Stadt, von Dorf zu Dorf tragen, und legen ihnen die Bürden auf, unter denen ſo mancher Dorfbewohnerin in Deutſchland und der Schweiz faſt der Nacken bricht; wie ſehr würden dieſe Thiere, die ſo wohlfeil zu erhalten ſind, auch unſern Landleuten das Leben erleichtern, wenn man ſich an ihren Gebrauch gewöhnen möchte!

Der Eſel fordert wenig zu ſeinem Unterhalte, nimmt mit Futter vorlieb, das Pferde, Rindvieh und Schafe nicht freſſen wollen; läßt man ihn eine halbe Stunde die Diſteln aus einem Zaun heraus ſuchen, oder neben der Straße weiden, ſo arbeitet er wieder einen halben Tag lang dafür; er trägt und zieht die ſchwerſten Laſten, hat eine derbere und feſtere Natur als das Pferd, und geht einen ſichern Schritt *). Es giebt im ſüdlichen Frankreich recht hübſche

***

*) Ueber den Werth des Eſels ſchrieben Geßner in ſeiner Abhandlung De antiqua asinorum honestate, in den Commentaren der Göttinger Societät,

Arten von Eseln; sie sind sehr groß, haben einen kleinen Kopf, fleischigen Rücken, feine Füße, und sind beynahe ganz schwarz; ich sahe genug solcher stattlichen Esel.

Der Feldbau ist hier viel weniger mühsam, als bey uns; der Boden ist sehr leicht, warmer Natur, und besteht aus einem feinen Sande. Der Pflug ist so einfach und leicht, daß ihn der Landmann auf den Schultern in's Feld trägt, indeß sein Esel, oder Maulthier, das er vorspannen will, vor ihm her geht. Auf Weihnachten fällt die Oliven erndte; man sammelt die Oliven vom Baume, legt sie auf einen Haufen, bis eine leichte Gährung entsteht; dann kommen sie in die Oelpresse; auf einem hölzernen Bette zerdrückt ein von Maulthieren herumgetriebener, runder Stein die Oliven zu einem Brey; über diesen wird heißes Wasser gegossen, das den milchigten Saft in fettes Oel verwandelt, welches ausgepreßt, in einen steinernen Behälter fließt, wo das obenauf schwimmende Oel abgeschöpft, und in steinernen Krügen aufbewahrt wird.

Bey einer sorgfältigern Behandlung könnte das hier gewonnene Oel, dem Oele der Provence vollkommen an die Seite gestellt werden. Die mit einander zermalmten Oliven haben nicht immer alle denselben Grad der Reife; viele sind noch grün, wenn sie gepflückt werden, und haben noch herbe Säfte; andere sind überreif, und haben einen ranzigen Geschmack; man sollte die Oliven zu 3 verschiedenen Zeiten sammeln. Dann giebt's verschiedene Arten des Oelbaums; man findet sie angezeigt in Valmont de Bomare Dictionnaire de l'Histoire naturelle, artic. Olivier; der Landmann zieht nicht den besten, sondern nur den fruchtbarsten, ölreichsten

T. II. Büffon in seiner Naturgeschichte, Blumenbach in seinem Handbuche der Naturgeschichte S. 111.

Baum vor. Am meisten hängt der Geschmack des Oels von der Zeit ab, die der Gährung gelassen wird; je länger die Oliven gähren, desto mehr entwickelt sich der ölichte Stoff; aber auch desto mehr nähert sich sein Geschmack dem Ranzigen. Der Eigennutz treibt immer die Gährung so weit als möglich, und so wird viel gewonnen, das aber von geringer Qualität ist.

Die Oelbäume stehen auf den Feldern zerstreuet; ihr geringer Schatten ist dem Getreide nicht nachtheilig. Acht Jahre, nachdem der Oelbaum gepflanzt ist, trägt er seine ersten Früchte, im 16ten erst findet bey ihm der volle Ertrag Statt; er wird bis 100 Jahre alt, ohne daß seine Früchte merklich an Güte abnehmen. Nur über das andere Jahr trägt er sein volles Quantum; im Zwischenjahre ist sein Ertrag sehr geringe. Ein guter Oelbaum trägt in seinem vollen Wachsthume, ein Jahr in's andere gerechnet, 8 Liv. ein; seine Abwartung erfordert nicht viel Mühe. Nach der Olivenerndte wird er geschnitten; die abgehenden Aeste dienen zur Feuerung; das immer grünende Oelblatt brennt, so wie es vom Baume kommt, mit einer starken hellen Flamme. Holz und Blätter sind voll ölichten Stoffes.

Den Winter durch beschäftigt sich der Bauer mit Branntweinbrennen. Im Frühling, wenn der Maulbeerbaum belaubt ist, fängt die Wartung der Seidenraupen an. Arme Leute beschäftigen sich am meisten damit; sie kaufen die Blätter eines Maulbeerbaumes gewöhnlich von reichen Landbesitzern um 6 Liv.; die Männer pflücken die Blätter vom Baume; die übrige Arbeit, mit der Wartung der Seidenraupen, besorgen die Weiber. An verschiedenen Orten wird nach der Kornerndte gegen den Herbst, eine 2te Seidenzucht vorgenommen, deren Ertrag aber geringer ist, weil die Maulbeerblätter alsdann einen weniger guten

Seidenstoff geben. Die Heuerndte ist unbedeutend in dieser Provinz; nur im Leytbale von Montpellier bis an die Etangs herunter wird Heu gewonnen, das in der Stadt verbraucht wird. —

Zu Ende des May fängt die Erndte einiger Arten von Wintergetreide an; im Junius folgt die große Kornerndte. Das Korn wird in sehr kleine Bündel gebunden; die Garben werden im Felde in kegelförmige Haufen geschlagen, die Aehren einwärts gekehrt. Nach der Erndte wird das Austreten des Getreides vorgenommen. Die verschiedenen Kornhaufen der Besitzer eines ganzen Feldes stehen im Cirkel um einen Platz herum, der fest geschlagen, und dann die Aire (area) genannt wird. Acht hundert bis tausend der kleinen Kornbündel werden zusammen aufgestellt, die Aehren nach oben gekehrt; dann werden einige Pferde, oder Maulesel mit verbundenen Augen darauf geführt; ein Mann in der Mitte des Platzes treibt die Thiere einige Stunden lang um sich her; die Arbeit ist anfangs für die Thiere sehr beschwerlich; sie stehen bis an den Bauch im Getreide; nach und nach wird alles zusammengetreten. Nach einigen Stunden ist das Stroh ganz kurz getreten, und so wird es auch als Futter für die Pferde, Maulesel und Esel gebraucht, die den Winter über nichts anders erhalten. Man denkt nicht an das Dreschen mit Flegeln; nur wenn das Stroh mit Gabeln gelüftet und abgehoben wird, schlägt man einige male mit einem Stabe, der locker an einen eben so dicken und langen angebunden ist, auf das liegende Korn; um es vollends von den Ueberresten der Halme los zu machen; darauf kommt es in das Sieb, das aus einer durchlöcherten Pferdehaut besteht. Einige wohlhabende Landleute reinigen das Getreide noch mit der Windmühle. —

Die Aecker liegen ein Jahr um's andere brach; nach
der Erndte wird nichts mehr darauf gepflanzt. Der Kleebau
ist unbekannt, würde auch in dem dürren Boden nicht fortkommen. Auf die Aecker kommt wenig, oder gar kein Dünger; da der Landmann kein Rindvieh besitzt, auch seinem
Vieh kein Stroh unterlegt, so reicht der gewonnene Dünger kaum hin, die Gärten zu bebauen; dennoch trägt das
Land 8—12 fältig, und in dem getrockneten Schlamme
der Etangs 16 fältig. Die gewöhnlichsten Getreidearten sind
Waizen, Dinkel und Rocken. Der Dinkel (Spelt) wird am
häufigsten gepflanzt. Die Provinz ist so fruchtbar an Getreide, daß nicht nur die Cevennen, das Velai, Gevaudan,
und Vivarais, nebst dem Bisthum Lodeve und ein Theil von
Auvergne damit versorgt werden können, sondern es wird
auch, wenn der Fruchtverkauf erlaubt ist, vieles in die
nordischen Reiche verführt. —

Auch der Rebenbau ist weniger mühsam, als bey
uns. Die Weingärten werden mit dem Pfluge bearbeitet,
indem alle Reben nach der Schnur gepflanzt sind, und zwar
in einer Entfernung, die 2—3 Furchen gestattet; nur
zunächst an der Rebe wird der Boden mit der Hacke gelüftet. Die Reben hält man klein; sie werden nicht an
Stöcke aufgebunden; auch werden die Blätter nicht ausgebrochen. Die Trauben werden in großen, hölzernen Gefäßen zusammen gestoßen, so bleiben sie eine Woche und
länger stehen, bis sich eine Gährung zeigt, welche die rothe
Farbe entwickelt; dann wird der Most abgezapft, und die
Trauben werden gekeltert; man kennt nur Schraubenkel-
tern; eine solche Kelter steht auf 3 Rädern; ein Dorf hat
immer 3—6 derselben, die von einem Hause zum andern
geführt werden; der ausgepreßte Wein, als der geringere,
wird besonders aufbewahrt. — Die Weine um Montpellier

sind von vorzüglichem Werthe, dunkelroth von Farbe, aber nicht zum Verführen gut, sie vertragen die Seereise nicht. Daher ist der Wein von St. George und St. Dreseri an Kraft und Feuer dem besten Burgunder überlegen, aber unbekannt im Auslande. Je näher den Gariken er wächst, desto besser ist er; am vollkommensten ist er auf Hügeln, wo nur eine dünne Erdrinde den Kalkfels bedeckt. —

* * *

„Das Herault-Departement, dessen Hauptort Montpellier ist, ist ein Theil von Nieder-Languedoc; der Heraultfluß durchströmt es von Norden nach Süden. Der Boden ist außerordentlich verschieden; die Landschaft auf der Ostseite des Heraults ist im Allgemeinen trocken, dürre; das Land westlich vom Herault ist gewöhnlich gut und fruchtbar. Es besitzt alle Arten von Obst, vortreffliche Weine, besonders Muscatweine. Das Oel ist ein sehr bedeutendes Produkt; doch hat seine Quantität seit dem Winter 1789, wo die Oelbäume erfroren, ziemlich abgenommen, wie in allen Departemens, wo Oelbäume gepflanzt werden. Eine Hauptquelle des Reichthums ist die Seidenzucht. An Weiden ist Ueberfluß, so wie an Vieh, besonders an Schafen. An der Meeresküste treibt man einen einträglichen Fischfang; besonders wichtig ist der Sardellenfang bey Cette. Man findet Gold, Bley, Ultramarin, Steinkohlen und Marmor; ferner viele Fabriken, Tuch- und Seidenfabriken, Gerbereyen, Töpferwaaren, Grünspanfabriken, Wachsbleichen, Branntweinbrennereyen. Man handelt mit diesen Waaren, besonders mit Branntwein, Muscatweinen, Sardellen, Grünspan, Fayence und Bauholz.

„Die vornehmsten Fabrik- und Handelsorte des Departements, außer Lunel, Cette, und Frontignan, für deren vorzüglichste Exporte und Importe Montpellier

der Stapelplatz ist, sind: Lodeve mit 7900 Einw.;
dieser gewerbsame Ort hat Fabriken von Strümpfen, Wachs-
lichtern, Hüten, Tüchern, Weinstein, Papier, Seife,
Grünspan, Branntwein, mehrere Färbereyen und Glas-
hütten; Clermont l'Herault, mit 4888 Einw., hat
Tuchfabriken und ansehnliche Gerbereyen. Gignac, mit
2777 Einw., handelt mit Wein, Korn, Branntwein,
Grünspan, Oel, und besonders mit eingemachten Oliven;
Ganges, mit 3500 Einw., ist wegen seiner seidenen
Strümpfe und vortrefflichen Hämmel bekannt, Meze, mit
2100 Einw., hat sehr ansehnliche Branntweinbrennereyen;
Beziers, mit 12500 Einw., hat Indienne-, Tuch-, Mol-
ton- und Strumpffabriken; ist auch berühmt wegen seiner
Essenzen, Weine, Branntweine; Pezenas, mit 7250
Einw., treibt einen ansehnlichen Handel mit Korn, Wein,
Oel, Leder, Seidenwaaren und vortrefflichen Gemüsen, hat
auch eine sehr besuchte Messe, die der Vereinigungspunkt
des ganzen languedokischen Handelsstandes ist; Beda-
rieux, mit 1370 Einw., hat ansehnliche Fabriken von
Tüchern, Hüten, Strümpfen; St. Pons, mit 4475 Einw.,
hat grobe und feine Tuchfabriken, sehr viele Wollen- und
Baumwollenspinnereyen; St. Chinian, mit 1500 Einw.,
hat die besten Tuchfabriken in ganz Languedoc.

„ Das Aveyron-Departement, worin der durch
seine Käse so berühmte Ort Roquefort liegt, und dessen
Hauptort Rodez ist, entstand aus einem Theile von
Guyenne; der Aveyron durchströmt es von Osten nach Westen, und bildet einen nördlichen und südlichen Theil. Man
zieht wenig Waizen, aber desto mehr Rocken, Haber,
Buchwaizen (blé noir); die Rebenpflanzungen machen
den Hauptreichthum aus. Die Einwohner brauchen ihren
Wein nicht allen selbst; er ist von mittelmäßiger Qualität;

man macht auch Branntwein daraus. Es wird auch Hanf
gepflanzt. Die zahlreichen Wiesen nähren vieles Vieh, besonders Maulesel, die ein Gegenstand des Handels sind. Man
findet einige Kupfer-, Eisen- und Bleyminen, auch Alaun,
Vitriol, Spiesglas, besonders aber Steinkohlen. Der Handel besteht besonders im Verkauf der Landesprodukte, der
Wolle der Heerden, der Käse, Tücher und anderer Zeuge,
z. E. der Sersche, Etamine, Burats ꝛc., des gegerbten Le-
ders, der Hüte, Mützen ꝛc.

Kapitel 34.

Den 25sten Junius verließen wir Montpellier, und steuerten auf die 12 Stunden entfernte Stadt Beziers los.
Wir fanden die Landschaft überall schön angebauet; überall sahen wir Reben und Getreidefelder, auch manche Olivenpflanzungen; doch sollte die Zahl nützlicher Bäume auf
den weiten Ebenen, die wir durchwanderten, weit größer
seyn; die felsigen Berge, die man überall zerstreuet sieht,
sind ferner, wie bisher, weit herab wälderlos und öde. Ob
man gleich auf diesem Wege da und dort eine angenehme
landschaftliche Partie findet, so ist doch der Anblick der
Landschaft im Ganzen gar einförmig und wenig unterhaltend.
Die Landstraße fanden wir auch, wie bisher, vortrefflich.

Nicht weit vom Städchen Meze, das 5 Stunden von
Montpellier entfernt ist, kamen wir endlich dem Meere bis
auf einige hundert Schritte nahe; das Städchen selbst wird
von seinen Wellen bespühlt. Es war ein großer, herzerschüt-
ternder Eindruck, den der erste Anblick der ganz nahen, unermeßlichen, dunkeln Fläche des Meeres, daß ich noch nie

In meinem Leben ganz in der Nähe sah, auf mich machte; ich konnte mich nicht enthalten, nach seinem Ufer hinzugeben, meine Hand in seine reinen, krystallenen Wellen hinab zu tauchen, und mit einigen Tropfen derselben meine Lippen zu benetzen.

Mit hoher Wonne erfüllte mich der Blick über diese düstere, grenzenlose Wasserwelt, das dumpfe, ferne Tosen derselben, der Gedanke an die furchtbaren Kräfte, die dieses Element in Bewegung setzt, wann wilde Stürme, von finstern Wetterwolken begleitet, es zum schrecklichen Kampfe heraus fordern, und seinen Zorn reizen, wenn es dann voll Wuth, unter entsetzlichem Toben und Brausen, seine ungeheuersten Wogen aus den tiefsten Abgründen nach den Wolken schleudert, und mit diesen Giganten den Himmel bestürmt, indeß in dem Nachtgewölke oben, schreckliche Donner rollen, und Blitze fliegen, die den gräßlichen Kampf der bis in die Tiefe des Meeres hinabstürmenden Wetterwolken, und der zum Himmel empor tobenden Meereswellen beleuchten, und dem Menschenauge, das von fernen, felsigen Ufern in dieß entsetzliche Gewühl hinein starrt, das grauenvolle Bild des alten, gährenden und kochenden Chaos, und die Schrecken der Unterwelt darstellen; und dann erfreute mich innig der Gedanke, nach Besiegung so mancher Schwierigkeiten, endlich am Ufer eines Meeres zu stehen, von dem, und von dessen Umgebung, ich schon von früher Jugend an so viel Interessantes in Reisebeschreibungen, in Geschichtbüchern, in den klassischen Werken der Griechen und Römer gelesen hatte.

Die großen Schatten der Helden des Alterthums, die Gemälde der furchtbaren Schlachten, die sie auf den Gewässern und an den Ufern dieses Meeres gewannen, und wodurch sie ihre Namen unsterblich machten, die Schatten erhabener

Weisen, genialischer Künstler, und menschenfreundlicher Könige, die einst im grauen Alterthume, im Schoose, oder in
der Nähe dieses Meeres lebten, und ihre Nationen durch
ihre Lehren, ihre Schriften und Meisterstücke, durch ihre
sanfte und weise Regierung erleuchteten, beglückten und
verherrlichten, umschwebten mich, von der Glorie Elysiums
umstrahlt, in schimmernden Reihen; die Bilder der prachtvollen,
berühmten Städte, welche einst die Ufer dieses Meeres und
seine Inseln schmückten, so glänzende Rollen spielten, und
von deren Größe und Herrlichkeit ihre zerstreueten, erhabenen Trümmer noch zeugen, zogen vor mir vorüber; ich war
von dem innigsten Gefühle des Glückes durchdrungen, dessen
ich vor Tausenden gewürdigt wurde. —

Das Städtchen Meze, so wie die kleine Stadt Mar-
seillan, liegen beyde am Ufer des Etangs von Thau,
und haben Häfen, worin einige Barken zur Ueberfahrt des
Weines und Branntweines nach Cette liegen. Vor Meze
steht ein großes Gebäude zur Einquartierung für Soldaten.
Dieser Ort soll schon vor Pomponius Melas Zeiten eine Stadt
gewesen seyn, er hat etwa 2000 Einwohner, liegt ¼ St.
von Cette, in einer schönen Gegend, die aber im Sommer,
wegen Ausdünstungen des Sees, ziemlich ungesund ist. Nicht
weit von hier (eine französische Meile von Frontignan, am
Etang von Thau) liegt Balaruk mit seinen berühmten
Heilbädern; diese Bäder werden innerlich und äußerlich gebraucht. Die Quelle ist ¼ St. vom Orte, nahe am Ufer
des Etangs von Thau. Die Erdfläche, wo sie heraus quillt,
ist 3 — 4 Fuß unter der Oberfläche des Etangs, in den
bey Stürmen oft das Meer tritt. Also ist das Feuer, das
dieses Wasser wärmt, unter der Wasseroberfläche des Mittelmeeres. Bey warmem Wetter geht die Wärme des Wassers nach dem reaumurschen Wärmemesser, bis zum 42 und 43°,

im Winter bis zum 37 und 38°; die Hauptbestandtheile scheinen Alkalisalz, Acidum, und etwas Schwefel zu seyn. Man braucht dieß Wasser gegen schwache Fibern, Schwindel, Verstopfungen, Lähmungen, Flüße ꝛc. Das gewöhnliche Bad, deren 3 sind, ist an der Quelle selbst. Ganz nahe bey der Quelle ist im Etang von Thau eine Quelle süßen Wassers, die sich mit Gewalt über das Seewasser hinauf arbeitet, 10° Wärme hat, und nie gefriert. Der Stoß ist zuweilen so heftig, daß es gefährlich ist, sich ihr mit einem Schiffe zu nähern.

Nach 3 — 4 Stunden erreichten wir das Städtchen Pezenas; es liegt auf einer Anhöhe, die eine angenehme und fruchtbare Ebene beherrscht, die der kleine Fluß Puyne, der in den Herault fällt, bewässert. Obgleich diese kleine Stadt alt ist, so ist sie doch gut gebauet; es wird hier alle Jahre eine Messe gehalten, worauf ein großer Wollenhandel getrieben wird. Die Stadt hat angenehme Promenaden; außerhalb derselben ist ein schöner Cours, und innerhalb derselben ein öffentlicher Platz, der von schönen Bäumen umringt, und an beyden Enden mit Fontainen geziert ist. Pezenas ist eine sehr betriebsame Stadt, mit etwa 8000 Einwohnern; sie hat einen Theil des Handels von Beziers, Montpellier ꝛc. ꝛc.; man fabricirt hier Branntwein und Spriete, Grünspan, Hefenasche, Seife, Leder, wollene und baumwollene Decken, und andere baumwollene Gewebe, Musselin, Tücher ꝛc. ꝛc *).

---

*) Young. Route von Pezenas nach Montpellier. „Pezenas öffnet die Aussicht in ein schönes, großes Thal, das, überall aufs beste angebauet ist; man sieht hier eine Mischung von Reben, Maulbeer- und Olivenpflanzungen, dazwischen Städtchen, Dörfer, und einzelne Häuser zerstreuet, samt schönen Luzernfeldern. Alles umgeben von sanft aufsteigenden, angenehmen Hügeln, die bis an den Gipfel angebauet sind. Die Chaussee in dem Thale ist vortrefflich, und eine halbe Stunde lang seitwärts, 8 — 12

„Pezenas hat etwa 1600 Feuerstellen, liegt in einer sehr schönen Gegend, am rechten Ufer des Herault, und an der Hauptstraße von Montpellier nach Narbonne und Pergignan, 3 fr. M. nördlich von Agde, 6 südwestlich von Montpellier, 4 westnordwestlich von Cette, und eben so viel nordöstlich von Beziers. Sie ist ein alter Ort, hatte vormals den Titel einer Grafschaft, ein Collegium und ein theolog. Seminarium. Das ehemalige Oratorium ist ein großes, schönes Gebäude, mit lachenden Gärten umgeben. Eins der schönsten Gebäude von Languedoc, und das schönste der Stadt ist das ehemalige herrschaftliche Schloß, La Grange-des-pres, am Ufer des Herault, in einer kleinen Entfernung von der Stadt; es sind aber auch mehrere, wirklich sehr schöne Häuser in dieser selbst, unter welchen sich vorzüglich die Wohnung des ehemaligen Intendanten des Prinzen Conti auszeichnet. Dieß Gebäude besteht aus einem Hauptgebäude und 2 Flügeln; ersteres führt, vermittelst einer Terrasse, auf ein Parterre, auf welchem man in einer balsamischen, von Orangen- und Citronendüften erfüllten Luft, die reizendste Augenweide, und einen von dem Silberschimmer der hohen, weitreichenden Springbrunnen belebten und veredelten Anblick hat.

Das sogenannte Poulain, der Hanswurst von Pezenas, in Gestalt eines jungen Pferdes, ist eine große Maschine, die bey öffentlichen Lustbarkeiten in Wirksamkeit gesetzt wird; es hat eine blaue Kleidung, mit Lilien von Gold durchwirkt, tanzt und sucht den Vexationen seiner Gegner durch Bisse zu begegnen. In der Collegiatkirche ist das Grabmal eines der

---

Fuß hoch aufgemauert, und 10 Schritte breit. Ueberhaupt sind die Chausseen herrlich in Languedoc; England hat keinen Begriff von solchen Werken.”

vorzüglichsten

vorzüglichsten schönen Geister des 17. Jahrhunderts des franz. Sarrazin. Die hiesigen Tuchmanufakturen liefern schönes Tuch zum Handel, das an Wolle und Farbe die Tücher vieler anderer Städte Frankreichs übertreffen soll. Der hiesige Jahrmarkt ist einer der blühendsten der Provinz, und eine der Haupttriebfedern des Verkehrs in dieser Landschaft.

Etwa eine Stunde hinter Pezenas fanden wir in der Nähe der Straße ein Landgut, das an einem kleinen Walde, der nach allen Seiten von Spaziergängen durchschnitten ist, und an einer Menge der schönsten Alleen eine äußerst liebliche Umgebung hat. Nach einer Weile kamen wir auf die Höhe, wo wir nach mehrern Seiten höchst angenehme Aussichten hatten. Näher gegen Beziers wurde die Landschaft immer schöner; besonders fanden wir jetzt gewaltig große, schattige Oelbäume von so dicken Stämmen, wie sie uns bisher noch nicht vorgekommen waren. Beziers liegt auf einer Bergebene, die nach dem Thale hin, wo die Orbe fließt, sich ziemlich hoch herab senkt. Der Anblick der Stadt hat nichts Anziehendes; weit herum sind keine Berge zu sehen; wir erblickten jetzt das Meer wieder in ziemlicher Ferne. So mancherley Annehmlichkeiten nun die Gegend von Beziers hat, so fand ich doch das Paradies nicht, das ich hier, den Schilderungen mancher Reisenden gemäß, erwartet hatte. Ich war sehr betreten, eine ganz gewöhnliche Natur zu finden, wo ich ganz außerordentliche, ländliche Schönheiten anzutreffen dachte, die alles bisher Gesehene weit hinter sich lassen würden.

Schon lange vor meiner Reise freuete ich mich ganz besonders auf den Anblick von Beziers und seiner Gegend; auch berechtigte mich das französische Sprichwort: Wenn Gott auf der Erde wohnen wollte, so würde er Beziers zu

seinem Aufenthalte wählen, zu sehr großen Erwartungen;
wie sehr fand ich mich nun getäuscht! *) Aber so gieng es
mir oft auf dieser Reise; die Paradiese der Saone, des
Campanthales, und einiger anderer Pyrenäenthäler, die
Paradiese von Avignon, Montpellier, Aix, Marseille,
Toulon, Hyeres, Nizza, Genua, Turin, waren an dem
weiten Wege hin, den ich durchwanderte, nicht so dicht gesäet, als ich mir vorgestellt hatte, und als mich glänzende
Schilderungen in Reisebeschreibungen erwarten ließen.

Besonders fand ich von Dijon an bis zu den Pyrenäen,
in denen ich die Natur und Naturprodukte der Schweiz und
Deutschlands wieder fand, und dann an der Seeküste bis
Genua hin, im Allgemeinen bey weitem nicht den Reichthum und die Mannigfaltigkeit von Bäumen und andern
Pflanzen, auch die üppige, frische Vegetation nicht, wie
man dieß alles in Deutschland und der Schweiz antrifft.
Ueberall auf den Feldern sieht man fast nichts als Oelbäume,
Maulbeerbäume, Pappeln, hie und da Cypressen, Feigenbäume, Reben und Getreide. Die Oelbäume, da sie gewöhnlich nicht größer sind, als unsere mittelmäßigen Weidenbäume, auch ganz die kleinen, schmalen, blaßgrünen,
und im Rücken weißlichen Blätter derselben haben, und also
hellgraulich aussehen, geben keinen erquickenden Schatten,
und tragen nicht viel zur Verschönerung der Landschaft bey;
eben so auch die Maulbeerbäume, die eine so schöne, dunkelgrüne, glänzende, zarte Belaubung, und Anlage zu einer
ansehnlichen Größe haben; ich sah sie in den allermeisten
Gegenden wegen der Seidenzucht sehr niedrig, tellerförmig

---

*) Nur die ausgezeichnete Fruchtbarkeit, nicht die malerische Schönheit der
Gegend von Beziers, kann das obige Sprichwort veranlaßt haben.

und zickzackig verschnitten und verkrüppelt, fast immer ihrer
herrlichen Blätter halb oder ganz beraubt.

Ich hatte immer herzliches Mitleiden mit diesen armen
Bäumen, die in der schönsten Jahreszeit so nackend, so
zerrissen und ausgeplündert . da standen, indeß alle andern
Kinder, der wieder verjüngten Natur umher, in ihrem
schönsten Schmucke glänzten. Bey manchen sahe ich, von
dem zarten, seidenen Blättergewande, nur noch einzelne
Lappen hie und da herum hängen; sie standen beym großen
Hochzeitfeste der bräutlich geschmückten Erde, und des glänzenden Himmels, wie Bettler unter andern geschmückten
Gästen da, des festlichen Kleides beraubt. Dagegen fand ich
die Oel- und Maulbeerbäume in der Provence groß, oft
riesenhaft, wie die breitsten und höchsten Linden und Eichen.
Fast nirgends, die Pyrenäen und Piemont ausgenommen,
sah ich in den Gegenden der Landstraße Kirschen-, Zwetsch-
ken-, Birn-, Aepfel- oder Nußbäume, die wir alle so
reichlich haben; in den meisten Gegenden sah ich bey den
Dörfern keine Obst-, Gras-, Gemüs- oder Blumengärten,
auf den Feldern keinen Hanf, Flachs, keine Grundbirnen
oder Küchenkräuter; nirgends sah ich tiefer im Süden,
ein Kleefeld, äußerst selten daselbst eine Wiese, die in unsern nördlichen Gegenden so häufig sind, so viel zur Verschönerung der Landschaft beytragen.

Auf meiner ganzen Reise fand ich nur ein einziges mal
Zwetschken, und zwar bey Toulouse; immer, bis Genua,
fanden wir nur schlechte Aepfel, Birnen und Pfirsiche; wir
mußten uns daher nur an Trauben, Melonen und Feigen
halten. Kartoffeln konnten wir fast gar keine bekommen; nirgends sahen wir, außer den Pyrenäen, Kartoffelfelder. Fast
nirgends sahen wir in Languedoc und der Provence einen
Stier, eine Kuh, nur in den Pyrenäen konnten wir wieder

Kuhmilch erhalten; auch die Schweine waren uns ein äußerst
seltener Anblick;   man sieht überall nichts als Esel und
Maulesel, und zuweilen ein Pferd.   Den Wein fanden wir
fast überall auf den Dörfern ganz erbärmlich; der Geschmack
ist meistens sehr widerwärtig, häufig ist er sauer, da man
ihn nicht in kühlen Kellern, sondern in der Stube, oder in
einer Nebenkammer hat; man bekommt fast nirgends weißen
Wein; ich konnte mich, leider! wenn ist durstig und abge-
mattet war, niemals bey Erblickung eines languedokischen
oder provençalischen Dorfes freuen, da auch das Wasser
häufig elend ist.

Die vielen Bergketten von Dijon an, das Rhonethal
hinab, in Languedoc, an den Meeresufern hin, sind wilde,
felsige Kalkberge; oben, und oft weit herab, ganz kahl und
dürre, und tiefer unten, blos mit' Oel- und Maulbeerbäumen und Reben bepflanzt. Da sieht man nichts von den
majestätischen Tannen-, Eichen- und Buchenwäldern, und
andern schönen Waldbäumen, womit unsere nördlichen
Berge sämmtlich überdeckt sind; auch sind die Felder der
meisten Gegenden durch die wir kamen, bey weitem nicht so
reich mit Bäumen bepflanzt, wie bey uns. Fast nirgends
findet man einen Baum an der Straße, und man muß'oft
bey tagelangem Wandern, wo man auch nicht ein einziges
Schattenplätzchen am Wege findet, fast verschmachten im
brennenden Sonnenstrahl; da im Gegentheil in unsern Gegenden die Landstraßen so häufig mit Bäumen an der Seite
besetzt·sind, oder sich durch größere oder kleinere, schattige
Waldungen ziehen. Der Mangel an Wäldern zwingt die
Einwohner so vieler Gegenden, fast lauter Buschholz, Dorn-
gebüsche, Oel- und Maulbeerbaumzweige, Rosmarinstauden,
Rebholz ꝛc. zu brennen.

Von Vienne bis zu den Pyrenäen, und von da bis
Genua hörte und sah ich fast keinen einzigen Sangvogel,
keine Lerche, Grasmücke, Nachtigall, keinen Distelfinken ꝛc.,
weil die Franzosen die Gewohnheit haben, jedes Vögelein,
das friedlich auf einem Zweige singt, zu fangen oder zu
schießen, um einen Braten aus ihm zu machen; einen solchen heillosen Vogelfänger fand ich auf der Steinebene
hinter Arles; er hatte eben, da ich in seine Nähe kam,
15 — 20 Lerchen, Distelfinken ꝛc. mit seinem Netze gefangen, und drehte den zierlichen Thierchen die Hälse um.
Statt unserer vielen und mannigfaltigen Gesangvögel in Feldern und Wäldern, deren anmuthige Melodien uns Deutschen
lieber sind, als ihr Fleisch, hörte ich meistens nichts, als
das einförmige, oft unausstehliche Geräusch, das die in den
Oel- und Maulbeerbäumen wohnenden Cicaden (Cigales)
mit ihren rauhen, sich an einander reibenden Brustschildern
machen.

Brächten nicht zuweilen reizende Aussichten von Höhen
herab in weite Fernen, schöne Aussichten bey Flüßen, beym
Meere, oder nach mannigfaltig sich gruppirenden Felsen,
nach alten Schlößern und Landhäusern, nach terrassenweise
hinter einander aufsteigenden Gebirgen, einige Mannigfaltigkeit in die einförmige Landschaft, wo noch oft, wegen Monate lang ausbleibendem Regen, und wegen austrocknenden
Winden, welche die Bäume und niedrigen Pflanzen weit
umher mit Staub, wie mit Schnee überdecken, die ganze
Pflanzenwelt halb verdorrt, und jämmerlich lechzend da steht,
so möchte man oft auf der stäubenden, schattenlosen Landstraße, von ihrem hellen Schimmer halb verblendet, vor
Langerweile, Unmuth und Ermattung, fast den Geist aufgeben.

Steigt man auf den Theaterfelsen von Orange, auf
den Felsen der päbstlichen Burg in Avignon, auf den
Schloßberg bey Beaucaire, auf den Thurmberg bey Nimes,
auf die Bergspitzen bey Marseille, Turin 2c. 2c., so blickt
man freylich in ein Paradies hinab, weil sich da die oft
ziemlich weit auseinander stehenden Bäume, Pflanzen, und
schöne landschaftliche Partien für das Auge näher zusammen schieben, und manches Mißbehagliche gar nicht sichtbar
wird, oder durch die Ferne gemildert erscheint; kommt man
aber in die Tiefe hinab, und etwa eine halbe Stunde von
solchen Orten hinweg, so hat sich der Zauber verloren, so
ist alles ganz anders, und Einförmigkeit und Langeweile
leisten oft dem armen Wanderer, durch weite Landstriche
hin, treulich Gesellschaft.

Ja, wenn irgend ein wohlthätiger und mächtiger Genius die endlose Ebene des Rhonethals, und andere südliche Ebenen und Thäler, mit einer reichen und mannigfaltigen, frischen, nördlichen Vegetation bedecken, die nackten,
nach Süden hinab streichenden, und dann am Meere sich
hinziehenden Reihen von Kalkfelsenbergen mit prächtvollen,
nördlichen Wäldern bekleiden und schmücken, und zu rechter
Zeit über die lechzenden Thäler und Berge erquickende Regenwolken hinweg führen wollte, dann wäre geholfen, dann
fände man nicht blos hie und da im südlichen Frankreich ein
kleines Elysium, sondern das ganze Land, mit seinen endlosen Thälern und Ebenen, mit seinen über einander aufsteigenden Bergketten, und weit ausgedehnten Meeresufern
am Fuße himmelhoher Gebirge, wäre dann eine paradiesische Feenwelt.

Wie war mir so wohl, als ich in den kühlen, frischen,
reizenden Thälern der Pyrenäen unsere nördliche Natur,
unsere Hanf-, Kraut- und Kartoffelfelder, unsere Nußbäume,

unsere Aepfel- und Birnbäume, unsere Wiesen, unsere
Rinderheerden, und unsere Sangvögel wieder fand. Es war
mir, als wäre ich wieder auf dem Boden der Heimat angekommen. Eine gleiche Herzenslust wurde mir späterhin wieder zu Theil, als ich Genua und die Boechetta im Rücken
hatte, und in den Thälern Piemonts die lieben, vaterländischen Thiere, Bäume und Pflanzen, als alte, werthe
Bekannte, wieder zum Vorschein kamen, und mich, den
Landsmann, gleichsam bewillkommten.)

Aber unaussprechlich und grenzenlos war mein Wohlbehagen und Wonnegefühl, als ich in der Nähe der herrlichen Ufer des Genfersees, zu dem ich von den himmelhohen
Felsen des großen Bernhards herab gekommen war, bey
Bex, bey Aigle, bey Villeneuve ungeheure Strecken
der allerschönsten Wiesen, am Fuße endlos dahin laufender
Rebenhügel, im Schatten gewaltiger Nußbaumalleen durch-
zog, und nachher vom Genfersee, bis Basel herab, so
manches schöne, große, überall Wohlstand verkündende Dorf
der glücklichen Schweiz, wie ich in Frankreich keines fand,
so manchen schattigen, schönen Buchen- und Tannenwald,
durch den die Straße lief, durchstrich, wo ich beym Heraustreten mein durch Kühle und Schatten erquicktes Auge,
wieder an prächtigen, gras- und baumreichen, mit freundlichen Wohnungen übersäeten, unermeßlichen Wiesen, welche
Thäler und Hügel bedeckten, und an den hinter ihnen wegziehenden, glänzenden Reihen kolossaler Eisberge, wie
Frankreich sie nicht hat, und an Bäumen zu tausenden
weiden konnte, welche die Seiten der Straße schmückten,
und mit großen, purpurrothen, malerisch zwischen dunkelm
Laube hervor blickenden Aepfeln, wie überschneiet waren.

· Behaltet also immer euere blassen und unscheinbaren
Oelbäume, euere mißhandelten, trauernden Maulbeerbäume,

euere Pomeranzen- und Granatbäume, euere Feigen- und
Lorbeerbäume, aber auch euere, so mancher köstlichen Küchengewächse entbehrenden, dürren, ausgebrannten Felder,
euere schönen, aber so oft von den Stürmen eueres so wind-
reichen Landes, mit erstickenden Staubwolken überdeckten,
baum- und schattenlosen Straßen, euere dürren, kahlen,
wälderlosen Felsengebirge, euere glühende Sonne, euern
wüthenden Mistral, euern so oft sauern, rothen Wein, und
euere lermenden Cigalen, ihr armen, schwarzgebrannten
Südländer! und laßt uns unsere Regenwolken, unsern
rauhen Winter mit seinem Eise, der uns aber die Reize
der wiederkehrenden, schönern Jahreszeiten, durch die Ent-
ziehung derselben für einige Monate, so unaussprechlich erhöht, da sie euch dagegen, beym fast beständigen Genuße
derselben, so gleichgültig werden; aber laßt uns auch unsere, mit reicher, mannigfaltiger Vegetation bedeckten Felder,
unsere köstlichen Kraut- und Kartoffeläcker, die man fast
nirgends bey euch sieht, unsere vielen, schönen Wiesen,
unsern Reichthum an Aepfel- und Birnbäumen von den mannigfaltigsten Arten, unsere Zwetschken- und Kirschenbäume, die
majestätischen und reich bevölkerten Tannen-, Eichen- und
Buchenwälder auf unsern Gebirgen, unsere schönen Kühe
und Stiere, für die ihr meistens kein Futter habt; laßt
uns unsere melodienreichen Nachtigallen, und Lerchen, und
noch so viele uns so werthe Sangvögel, die ihr theils nicht
schätzt, und tödet, theils nicht kennt; wir wollen euch nicht
beneiden. Es lebe daher das schöne Schweizerland! es
lebe mein schönes, deutsches Vaterland hoch! und ewig
hoch!

Die Römer erkannten und benutzten die Vortheile der
Lage von Beziers; der Reichthum und die Mannigfaltigkeit der Naturprodukte dieser Landschaft zog sie an; sie

nannten die Stadt Baeterra Septimanorum, weil Jul.
Cäsar die 7te Legion hieher verlegt hatte. Diese Stadt
hatte eine große Anzahl Häuser, die im 5ten Jahrhunderte
durch die Gothen zerstört wurden. Die Saracenen bemächtigten sich nachher derselben im 8ten Jahrhunderte; aber sie
wurden von Carl Martel besiegt, und daraus verjagt, und
dieser zerstörte Beziers von Grund aus, da man diese
Stadt als einen ihrer vornehmsten Plätze betrachtete. Die
Einwohner, denen dieß von der Natur so gesegnete Land
allzu werth war, kamen bald wieder zurück, und unter
Carl dem Großen hatte Beziers schon wieder eine sehr
ansehnliche Zahl neuer Häuser. Diese Stadt wurde durch Grafen beherrscht, die ihre Lehen erblich machten. Zur Zeit
des unseligen Kreuzzuges gegen die unglücklichen Albigenser,
deren Meinungen die Einwohner auch angenommen hatten,
wurde die Stadt der Schauplatz gräßlicher Blutbäder *);
auf's neue wurde sie während der Kriege mit den Engländern
dern mit Blut überschwemmt, und ihre Festungswerke wurden mehrere male zerstört und wieder aufgebauet. Endlich
schlug sie sich unter Ludwig XIII. zur Parthey des Mon-
sieur, und dieß wurde die Ursache, warum man ihre
Citadelle zerstörte **).

---

*) „Die Albigenser hatten sich nach Beziers geflüchtet; gerührt von
dem Jammer der Einwohner, von denen manche Katholiken waren, wollte
der Graf Simon von Montfort die letztern mit dem Leben davon kommen
lassen. Der heilige Dominicus aber setzte sich dagegen: „Tödet sie alle!"
sagte der Spanier, „Gott wird nachher die Seinigen schon erkennen;"
und die Soldaten schonten nun weder des Kindes, noch des Weibes und
Greisen: 30,000 Menschen kamen durchs Schwert um." —

**) S. über Beziers: Piganiol de la Force, Description de la
France. VI. — Guibal, Histoire abrégée de la ville de Beziers, dans
les recherches sur la France de M. Herissant, L 84.

Die Stadt liegt auf einer Anhöhe, von der sie eine lachende, von der Orbe bewässerte Ebene beherrscht; sie ist ziemlich gut gebauet. Gleich innerhalb des Thores, durch das uns der Weg von Pezenas führte, ist ein weiter, offener Platz, mit einer vortrefflichen Aussicht, besonders nach dem Meere; hier-suchten und fanden wir ein Quartier, worin wir uns dieser trefflichen Aussicht zu erfreuen hatten. In dem Garten des Gasthofes zum weißen Kreuze sieht man noch einige Bogen seines alten Amphitheaters; dieß Gebäude läßt schließen, daß Beziers unter den Römern eine sehr bedeutende Stadt war. Es ist sehr zu bedauern, daß die Kriege, deren Beute diese Stadt war, alle alten Denkmale zerstört haben.

Fast alle Beschreibungen von Languedoc reden von den sonderbaren Statuen, welche die Orgel der Kirche des heil. Nazarius unterstützen. Volkmann und Piganiol de la Force halten sie für Satyrn; aber diese angeblichen Begleiter des Bacchus sind in der That ehrwürdige Doktoren der Rechte, deren Kinn von einem langen Barte beschattet wird. Man zeigt auch den Fremden eine . alte steinerne Statue, die man Pepesuk nennt; sie ist grob gearbeitet, und mit einem Mantel bekleidet, und scheint irgend einem ältern Monumente angehört zu haben. Etwas ganz gewisses weiß man aber nicht darüber zu sagen. Auf der Mauer eines Hauses, dem bischöfflichen Palaste gegen über, liest man eine römische Inschrift. Diese Stadt ist bey den Leckermäulern als eine von denen bekannt, wo man die besten Mahlzeiten findet. — Beziers ist die Vaterstadt des Paul Riquet, dem man den königlichen Canal von Languedoc zu verdanken hat, durch den der Ocean und das Mittelmeer in Verbindung gebracht worden sind; hier wurde auch der Dichter Baniere geboren, der die

Gärten in einem Gedichte voll Grazie besang; und in schönen Versen das schöne Werk seines Landsmannes verherrlichte *).

) Die sehenswürdigste Sache dieser Gegend sind die ¼ Stunde von Beziers entfernten, beym Kanal von Languedoc angebrachten Schleußen von Fonserane mit ihren prächtigen Bassins; der Weg dahin geht über die Anhöhe, auf der die Stadt gebauet ist, herab in's Thal, und über die steinerne Orbebrücke **). Das Ganze besteht aus 9 Schleußenthoren und 8 Bassins, die hinter einander über eine 125 Toisen lange, schiefe Fläche hinauf steigen; der Anblick dieses großen Werkes hat etwas sehr Imposantes. Jedes Bassin ist ein aus glatten, großen Sandsteinen erbauetes Oval, dessen längster Durchmesser von beynahe 100′ gleiche Richtung mit dem Canale hat, und dessen größte Breite etwa 30 — 35′ betragen mag; jedes Bassin hat eine ansehnliche Tiefe. Auf jeder Seite des Bassins können mehrere Personen bequem neben einander auf der Einfassungsmauer hin und her gehen. Neben jedem Schleußenthore, das unterste, das ganz auf der Fläche des Thales steht, ausgenommen, erhebt sich rechts und links eine schöne, steinerne Treppe von etwa 12 Stufen, 8 — 10 Schuh hoch; dann

---

*) Beziers ist auch der Geburtsort des M. Andogue, des Verfassers der Histoire du Languedoc et des Evêques de Beziers.

**) A. Young. „Der Kanal von Languedoc ist ein herrliches Werk, eines der schönsten und nützlichsten, die Frankreich besitzt, das Ludwig XIV. wahre Ehre macht; er hat den Bewohnern einer ansehnlichen Provinz dadurch Gemächlichkeit und Wohlstand verschafft. Der Kanal geht im Orbeflusse bey Beziers eine halbe Meile fort, und wendet sich endlich nach Cette. Beziers hat eine schöne Promenade, und ist der beliebteste Aufenthalt der Engländer in Frankreich, welche die hiesige Luft der zu Montpellier vorziehen." —

geht man auf dem schön gepflasterten, breiten Wege neben
dem langen Bassin, bis zu seinem höhern Ende hin, und
dann steigt man wieder neben dem zweyten, obern Thore
eben so hoch empor; und so steigt man über 8 Treppen,
so daß also der oberste Theil des Canales, zu dem die
Schiffe vom Wasser der Bassins empor gehoben werden,
oder von dem sie in die Tiefe herab steigen, 70 — 80′ höher
liegt, als der Theil desselben unten im Thale.

Das allergrößte Handelsschiff hat vollkommen Platz in
jedem Bassin. Jede Schleuße hat 2 Thorflügel, die, vermittelst langer, über sie hinlaufender, und rückwärts weit
herausgebender Balken, auf und zu gemacht werden können; man bewegt die Thore, indem man sich entweder
mit Gewalt an die heraus stehenden Stücke der Balken an-
drückt, oder mit Hülfe zweyer Stricke, die an dem Ende
der Balken, und an 2 außerhalb der Treppen angebrachten
Drehmaschinen befestigt sind, an denen die Seile umgewi-
ckelt werden. Auf jedem Thorflügel ist eine perpendiculär,
in die Tiefe sich senkende Schraube angebracht; unten an
derselben ist ein 2′ hohes und 3′ breites Bret befestigt, mit
welchem ein unten in jedem Thore befindliches Loch verschlossen und geöffnet werden kann. In jedem Bassin wird
das von unten herkommende Schiff, das hinauf steigen will,
durch Anfüllung der Wasserkammer mit dem aus dem zweyten,
höhern Bassin herablaufenden Wasser, um etwas über 8′
gehoben; eben so tief sinkt in jedem Bassin ein oben her-
abkommendes Schiff, indem man nach und nach das Wasser,
von dem es getragen wird, in's nächste untere Bassin auslaufen läßt. Die Schiffe steigen und sinken in diesen 8 Wasserkammern 70 — 80′. Die ganze Kette dieser Wasserkammern hat eine Länge von 125 Toisen.

Das Wasser des untersten, 8ten Bassins hat gleiche Höhe mit dem Canale außen im Thale; nähert sich nun ein Schiff mit der Absicht, in die Höhe gehoben zu werden, so wird das unterste, 9te Schleußenthor geöffnet; das Schiff fährt in das Bassin, und nun wird dieß Thor wieder fest verschlossen. Jetzt wird das nächste, höhere, 8te Thor geöffnet, und dann zieht man im 7ten, vermittelst der auf den beyden Flügeln desselben angebrachten Schrauben, nach und nach die Breter in die Höhe, wodurch die Löcher unten in jedem Thorflügel geschlossen werden; aus diesen beyden Löchern schießen nun gewaltige Wasserstrahlen mit donnerndem Getöse hervor, durchkreuzen sich, und stürzen schäumend in's leere, 7te Bassin hinab, und bilden einen wirklich schönen, breiten Wasserfall. Ist das 6te Bassin endlich ausgeleert, das 8te ganz, und das 7te nur einige Schuh hoch angefüllt, so setzt sich nun das Schiff im 8ten Bassin, das durch die vermehrte Wassermasse immer mehr in die Höhe gehoben wurde, in Bewegung, und schwimmt durch's 8te Thor herein in's 7te Bassin. Sogleich wird nun hinter ihm das 8te Thor zugemacht, das 7te vor ihm geöffnet, und dann zieht man im 6ten die Breter von den Löchern weg. Ein neuer Wasserfall erscheint; das Schiff steigt in seiner 7ten Wasserkammer wieder immer höher, und fährt endlich durch's 7te Thor in's 6te Bassin hinein; und so fährt man fort, es in allen noch übrigen, 6 höhern Wasserkammern empor zu heben; endlich ist es in dem höchsten Bassin in gleicher Höhe mit dem Canal auf dem Berge; man öffnet das letzte Thor, und nun schwimmt es aus dem letzten Bassin in's Freye hinaus *).

---

*) „Bey Beziers vereinigt sich der Canal mit der Orbe, in deren Gesellschaft er eine 4tel Lieue bleibt.‟

Will ein Schiff auf der Anhöhe den Weg in's Thal hinab machen, so wird es in's oberste Bassin eingelassen; dann wird das Schleußenthor hinter ihm zugeschlossen, und vor ihm öffnet man die Löcher des 2ten Thores; nun ergießt sich das Wasser des ersten Bassins in's zugeschlossene zweyte; ist dieses voll, und das Wasser in gleicher Höhe mit dem Reste des Wassers im ersten, so öffnet man das 2te Schleußenthor, durch dessen Löcher das Wasser größtentheils abgeflossen war; nun fährt das Schiff in's 2te Bassin; jetzt wird das 2te Thor, nebst seinen Löchern, wieder zugeschlossen, und man öffnet die Löcher des 3ten Thores 2c. 2c.

Die Fabriken von Beziers sind schon oben angegeben worden. „Die Gegend von Beziers gehört zu den fruchtbarsten in Languedoc; sie liefert mehr Getreide, als die Einwohner für sich brauchen; eben so bringt sie viel Oel und guten Wein hervor *). Einen starken, vortrefflichen Essig fabricirt man hier von der Weinmutter; er geht häufig nach Norden; auch Grünspan wird hier gemacht; weißer und rother Weinstein wird in Fäßern nach Norden verschickt. Diese Stadt treibt auch einen beträchtlichen Seidenhandel; die Kokons werden aus den umliegenden Gegenden hieher zu Markte gebracht, hier gesponnen und präparirt, und dann nach Lyon verkauft. Beziers treibt, wie Cette, Montpellier 2c. einen Handel mit allerley benachbarten, südlichen Produkten, als mit Mandeln, Nüssen, Früchten, Baumöl, Kork und Pfropfen, Lorbeer, Honig, Soda, Sardellen, Capern 2c. In der Nähe von Beziers ist eine Glasfabrik **).

---

*) „In der Nähe des Fleckens Gabian, 3 M. von Beziers, ist auf einer Bergseite eine Steinölquelle, die zwischen Felsen hervor kommt, und jährlich etliche Centner liefert."

**) A. Young. „Es giebt nicht leicht einen fruchtbarern Boden in

Gegen dem Thale hin, durch welches die Orbe ihren
Weg nimmt, senkt sich die Berghöhe, auf der sich Beziers rechts
und links hinzieht, sehr stark herab. Eine sehr malerische
Ansicht gewährt ganz vorne, oben über dem Abhange,
die ansehnliche Kathedralkirche, mit 2 Thürmen auf
ihrer Vorderseite, und einem gewaltigen Glockenthurm hinter
ihrem Schiffe; ferner, die vor ihr hinlaufende, breite und
tief hinab sich senkende Terrassenmauer, über und hinter
welcher oben ein schöner Promenadeplatz, mit einer trefflichen Aussicht ist, und dann der große, bischöffliche, auch
zum Theil sich vor ihr, und dann seitwärts hin ziehende
Palast, vor dem sich ein mit Linien schöner, schattiger Bäume geschmückter, von einer langen, hohen Mauer gestützter
und eingefaßter Garten, nach seiner ganzen Länge aus-
breitet. Unten am Fuße des Abhanges erblickt man den
niedern Theil der Stadt, mit dem Orbefluß und seiner
Brücke.

Sonntag früh, den 28. Jun., kurz vor unsrer Abreise
nach Narbonne, eilte ich noch nach der Cathedralkirche hinauf, um mich, da der Morgen so schön war, noch der angenehmen Aussicht zu erfreuen, welche die Terrasse vor der
Cathedralkirche jedem verspricht, der im Thale unten nach
ihr hinauf blickt. Ich wurde nicht getäuscht in meinen Erwartungen; ich fand einen angenehmen, großen, ebenen
Platz vor der Kirche, der auf den äußern Seiten nach dem
Thale, mit einer Brustlehne eingefaßt war. Gerade unten
am Fuße des Berges zog sich die Straße hin, und neben
ihr erschien der stille, von schönen Gebüschen und hohen,

---

ganzen Reiche, als der ist, den ich in der Nähe des Canals von Languedoc,
auf dem Wege von Beziers nach Carcassonne antraf; es ist ein fetter,
mürber Lehm, der zähe und gleichwohl zerreibbar ist."

dichtbelaubten Bäumen beschattete Fluß; rechts und links
blickte ich in anmuthige Gärten hinab; etwas weiter, links,
erschien die Orbebrücke, und noch weiter hin auf dieser
Seite bemerkte ich die terrassenmäßig über einander empor
steigenden Schleußen von Fonserane mit ihren Bassins. Das
ganze Thal lag wie ein schöner Garten da; Linien und
Gruppen von Bäumen liefen in mancherley Richtungen aufs
angenehmste durch dasselbe hin; nahe und ferne glänzten
Dörfer und Landhäuser in der Morgensonne zwischen dunkler
Belaubung hervor; um das freundliche Ganze zog sich
in weiter Ferne ein dämmernder Halbcirkel von Gebirgen.
So anmuthig diese Aussicht ist, so kommt sie doch bey
weitem dem Prachtgemälde an Reichthum und Schönheit
nicht bey, das man auf dem Peyrou bey Montpellier um
sich her erblickt.

Wir fanden vor der Stadt, so wie auch bey Pezenas,
eine überaus große Menge hochaufgethürmter Getreide-
haufen, und glatter Feldtennen zum Austreten derselben, und durchwanderten ein fruchtbares, ebenes, zuweilen mit Anhöhen und unangebauetem Steinboden abwechselndes Land, auf dem unendlich viel Getreide gepflanzt
wurde, wo aber wenig Bäume zu sehen waren; auch
die Berge umher hatten ein ödes, kahles Ansehen. Hier ist
abermals die Landstraße unvergleichlich; zuweilen ist sie in
sumpfigtem Boden, eine Strecke von ¼ Stunde hin an
beyden Seiten gemauert, und lauft auf unzäblichen, 6—8'
hohen Bogen hin. Bey allen Dörfern, durch die wir wanderten, so wie vor beyden Thoren von Narbonne, durch die
wir kamen, fanden wir Getreidepyramiden und Feldtennen in
größter Anzahl.

Dieß Getreideaustreten veranlaßte überall auf der weiten
Getreideebene wahrhaft malerische Scenen voller Leben und
Fröhlichkeit;

Fröhlichkeit; wir sahen Menschen und Maulesel auf 20 — 30 Plätzen zerstreuet voller Thätigkeit; dieß lustige Getümmel auf dem Felde, das uns so häufig vorkam, machte uns das größte Vergnügen in der sonst einförmigen Landschaft. Wir sahen nichts als Getreidefelder auf unserm Wege nach Narbonne, und doch bemerkten wir so wenig Dörfer, und konnten wieder nicht begreifen, wo die Hände alle zu finden seyn möchten, die nöthig waren, diese unermeßliche Getreideebene anzupflanzen *). Ein Meerbusen zieht sich gegen Narbonne hin, mit dem die Stadt durch einen Canal in Verbindung steht.

Narbonne ist ein unansehnlicher, finsterer Ort, und liegt in einem tiefen Grunde zwischen Bergen; seine Cathedralkirche ist ein altes, ungeheures Gebäude. In den Mauern, neben den beyden Thoren, durch die wir in die Stadt kamen, sahen wir eine Menge antiker Steinplatten mit Inschriften und Basreliefs eingemauert. Diese einst so berühmte Stadt gab der ganzen Gegend ihren Namen, die sich von den Alpen bis zu den Pyrenäen erstreckte, und besonders derjenigen, die sich von den Ufern der Rhone bis zum Fuße dieser letztern Gebirge zieht. Ihren gegenwärtigen Namen hatte sie schon lange, ehe sie unter die Herrschaft der Römer kam. Diese Stadt war die vorzüglichste Waarenniederlage des alten Galliens. Ihren Handlungsverbindungen hat man die ersten Nachrichten über

---

*) „Eine Meile von Narbonne, auf dem Wege von Beziers, kommt man über ein Stück Weges, welches für ein Fragment der von Jul. Cäsar angelegten Via romana ausgegeben wird; es ist ein treffliches Stück Arbeit, unzerstörbar bastehend mit dem kühnen Gepräge der Unvergänglichkeit, als sey es vor wenig Jahren vollendet worden. Die Straßen sind unübertrefflich schön; man rollt dahin, wie auf einer glatten Diele; die Brücken sind überall prächtig, eine schöner und höher gewölbt als die andere."

England zu danken *). Die Lage von Narbo schien den
Römern so günstig, daß sie im Jahre Roms 534 eine Colonie dahin sandten **). In der That war ihnen diese Stadt,
wegen ihres Hafens, vom größten Nutzen; sie konnten hier
die Truppen versammeln, die sie nach Spanien schicken wollten; die Einwohner nahmen die Römer gut auf, und
lebten in gutem Einverständniß mit ihnen.

Im Jahre Roms 636 hatte die Stadt Narbonne schon
den Titel einer römischen Colonie; sie erhielt den Zunamen
Martius, wahrscheinlich wegen der Verehrung, die Mars
daselbst erhielt, oder von den Veteranen der Legion Martia,
die in der Folge dahin geschickt worden seyn konnten, um
sie zu vergrößern ***); man nannte sie auch Colonia De-
cumanorum, weil die Legion, die sich da festsetzte, die
10te war. Augustus hielt hier eine allgemeine Nationalver-
sammlung von ganz Gallien. Unstreitig weiheten damals die
Einwohner diesem Kaiser den schönen Altar, von dem bald
die Rede seyn wird; auch nahm damals wohl die Stadt,
wie Arles, den Zunamen Julia Paterna an. In dieser
Epoche machte man auch eine neue Eintheilung der Provinz.
Gallien wurde in 2 Provinzen eingetheilt, und Narbo wurde
die Hauptstadt derjenigen, die sich von den Ufern der Rhone
bis zu den Pyrenäen erstreckte. Als Galba gegen den Otho
auf Rom los marschirte, so erklärte sich Narbo für ihn,
und er nahm hier den Cäsartitel an ****).

---

*) Strabo IV. J. 4. Polyb. XXXIV.

**) „Narbonne war die erste Colonie, welche die Römer in Gallien
errichteten."

***) „Die Schriftsteller und alten Inschriften beweisen unwidersprechlich,
daß man Narbo Martius und nicht Marcius schrieb. Diese Stadt trug schon
diesen Namen, ehe Cäsar nach Gallien kam."

****) Tacit. Hist. I. VIII. 53.

Unter der Regierung Antonins des Frommen
wurde dieſe Stadt durch eine ſchreckliche Feuersbrunſt faſt
ganz verwüſtet; dieſer Fürſt ließ auf ſeine Koſten die Säulengänge, Bäder, Baſiliken und andere Gebäude wieder
herſtellen, die ein Raub der Flammen geworden waren.
Während der Empörung des Albin blieb ſie dem Septimius Severus getreu. Sie blieb bis auf die Zeit unter der Herrſchaft der Römer, da ſich Ataulph, König
der Weſtgothen ihrer bemächtigte, welcher hier ſeine Vermählung mit der Placidia feyerte. Conſtantius, der
General des Kaiſers Honorius, eroberte ſie im Namen
ſeines Herrn wieder. Der occidentaliſche Kaiſer Severus
überließ ſie im J. 461 den weſtgothiſchen Königen, welche
daſelbſt einen Palaſt für ſich erbaueten, und ſie, nachdem
Clodowich Toulouſe beſetzt hatte, zur Hauptſtadt ihrer
Staate machten *).

Ju der Folge bemächtigten ſich die Burgunder derſelben,
ſo wie auch die Oſtgothen, und Childebert, König von
Paris, der ſie wieder verließ, nachdem er ſie der Plünderung Preis gegeben hatte. Liuva I. machte ſie wieder zur

---

*) „Narbonne war die Hauptſtadt der Provinz Narbonnaiſe. Unter
den Römern war ſie eine ſehr bedeutende Stadt; ſie hatte ein Capitol,
das noch im Jahre 1232 vorhanden war, Tempel, berühmte Schulen;
die Neffen des Kaiſers Conſtantin ſtudierten hier die Rhetorik Der Kaiſer
Severus trat dieſe Stadt an die Weſtgothen ab, und dieſe übergaben ſie im
Jahre 759 Pipin dem Kurzen; die Normannen verwüſteten ſie; ſie
wurde nachher die Hauptſtadt des Marquiſats von Gothien. Narbonne,
ſo wie das Herzogthum dieſes Namens, von dem es der Hauptort war,
machte einen Theil der Domänen der Grafen von Toulouſe aus, wurde von
Simon von Montfort uſurpirt, und endlich unter Ludwig VIII. mit der
Krone Frankreichs vereinigt. Man findet in dieſer Stadt nichts, was
auf ihre alte Herrlichkeit ſchließen ließe; nichts kündigt dieſe Stadt an, die
ſchon vor ihrer Beſitznehmung durch die Römer, berühmt war, noch berühmter aber unter der Herrſchaft dieſer Weſtbezwinger; ſie iſt arm, entvöl-
kert, und ſchlecht gebauet."

Residenz der westgothischen Könige. Unter dem Könige Wamba ließ sich der Empörer, Graf Paul, daselbst krönen; aber bald wurde er wieder aus ihr verjagt. Im Jahre 719 vertrieb Zama, der Anführer der Saracenen, die West-gothen wieder aus derselben; er ließ den Einwohnern ihre Sitten, Gebräuche, Geseze und Religion. Carl Martel, und Pipin suchten vergebens sich ihrer zu bemächtigen; aber die alten Einwohner schüttelten selbst das Joch der Saracenen ab, und unterwarfen sich diesem leztern Für-sten, der eine Reise hieher machte. Carl der Große hielt hier einen Gerichtstag; er hatte vorher dieses Land zu einem Königreiche von Aquitanien erhoben, und seinen Sohn, Ludwig den Fromen, in Rom zum Könige desselben krönen lassen.

Unter der Regierung Karl des Kahlen war das ganze Land ein Raub innerlicher Unruhen. Endlich landeten die Normänner im J. 858 an den Küsten dieser Provinz, wel-che, in Verbindung mit einigen Theilen von Spanien, damals den Namen von Septimanien trug, und machten sich Meister von Narbonne. Diese Stadt wurde in der Folge die Hauptstadt des Marquisates von Septimanien oder Gothien. Der Theil von Narbonnaise nämlich, der den Westgothen noch übrig geblieben war, nachdem ihnen die Franzosen den größten Theil ihrer Eroberungen in Gallien abgenommen hatten, wurde Gothien genannt, vom Namen der Völker, die ihn erobert hatten, und Septimanien, wegen der 7 Hauptstädte, aus denen er bestand*). Die Lieutenants,

---

*) S. Guil. Besse, Histoire des Ducs, Marquis et Comtes de Narbonne, autrement apellés Princes des Goths, Ducs de Septimanie, et Marquis de Gothie. Paris 1660. in-Q. — Chronologie historique des Ducs et Marquis de Septimanie ou de Gothie — in dem Werke l'Art de vérifier les dates. II. 289. — Histoire des Vicomtes de Nar bonne, ibid. II. 315.

welche von den Marquis über Narbonne geſetzt wurden,
hießen anfänglich Vidames oder Viguiers, und in der
Folge Vicomtes. Im Anfange konnten ihnen ihre Stellen
genommen werden, gegen dem J. 1180 aber wurden ſie
erblich.

Auch in dieſer Stadt veranlaßten die Religionskriege,
Blutbäder, beſonders während der Kreuzzüge gegen die
Albigenſer. Gaſton von Foix, der in der Schlacht
bey Ravenna umkam, hatte die Würde eines Vicomtes von
Narbonne mit der eines Herzoges von Nemours vertauſcht.
Die Schatzmeiſter Frankreichs nahmen von dieſer Vicomte,
im Namen Ludwigs XII. Beſitz, und ſeit dieſer Zeit hat
ſie einerley Schickſal mit dem Reſte der Provinz gehabt. Eine
ſo alte Stadt ſollte noch koſtbare Reſte der prächtigen Monumente aufweiſen können, welche dieſelbe einſt ſchmückten;
aber die eben entworfene Geſchichte ihrer Revolutionen beweißt, daß ſie nach und nach durch Haß, Wuth, Fanatismus, Habſucht und Unwiſſenheit zerſtört wurden. Von ihrem alten Glanze kann man blos aus der großen Zahl der
Bruchſtücke von Säulen, Statuen, Inſchriften, Marmorn
aller Art urtheilen, die daſelbſt gefunden worden ſind.

Sehr merkwürdig und ſehenswerth ſind die ſchönen Vo-
tivtafeln, auf denen die Stadt Narbonne ihren Dank
gegen den Kaiſer Auguſtus an den Tag legt *); ſie machten

---

*) „Dieſe Inſchrift und mehrere andere Monumente beweiſen, daß Auguſts
Regierung nicht, wie einige behaupten, mit dem Tage des Sieges bey Actium
den 2. Sept. 723. im Jahre 31 vor Chriſto, ihren Anfang genommen habe,
ſondern erſt den 7. Januar 725, im 29. Jahre vor Chriſto.
Dio Cass. LII. 40. Von dieſer Epoche an datirt ſich die Zeitrechnung
der Kaiſer, die ſich immer von 10 zu 10 Jahren erneuerte. Faſt immer
im Januare nahmen die Verfolgungen der Chriſten ihren Anfang, weil dieß
die Zeit der Feſte war, zu denen die Zeitrechnung der Kaiſer Veranlaſſung

einen Theil des Altares aus, den das narbonnessische Volk
dem vergötterten Augustus auf dem öffentlichen Plaze errichten ließ, und auf dem mehrmals im Jahre geopfert wurde.
Sie stehen im Hofe des alten erzbischöfflichen Palastes, der jezt der Palast der Senatorerie ist; diese kostbaren
Denkmale fand man im J. 1566 in den Fundamenten der alten
Stadtmauern *); der erzbischöffliche Palast hat wegen seiner Thürme mehr Aehnlichkeit mit einer alten Burg, als
mit der Wohnung eines Prälaten.   Bey den genannten Tafeln findet man noch andere antike Inscriptionen;   unten an
der Treppe ist ein Basrelief, das eine Mahlzeit vorstellt; auf
einem andern sieht man eine Art von Holzstoß, auf den
ein Mann und eine Frau Wasser ausgießen.

Im Garten sieht man einen christlichen Sarcophag für
2 Personen mit Basreliefs; er ist von weißem Marmor,
und einem Altare ähnlich.   Das Chor der Cathedralkirche
wird mit Recht, wegen der Kühnheit des Gewölbes, und
der Eleganz des sogenannten gothischen Styles bewundert.
Das Portal der Kirche **) ist von gutem Geschmack.   Man

---

se) woran die Christen Antheil zu nehmen sich weigerten, wo dann das
Volk über sie herfiel."

*) Herr Millin führt die ganze Inschrift an.

**) „Die Cathedralkirch ist das merkwürdigste und am besten erhaltene
Denkmal von Narbonne; im 5ten Jahrh. wurde sie, da ein Brand sie
verzehrt hatte, wieder aufgebauet; sie war in 4 Jahren vollendet. Sie
wurde in der Folge wieder von Carl dem Großen aufgebauet; zulezt wurde
sie von einem Erzbischoffe von Narbonne, nach seiner Rückkehr aus Afrika,
wohin er den heil. Ludwig begleitet hatte, wieder hergestellt, da sie schon
lange zusammen gefallen war; der neue Grundstein dazu wurde im Jahre
1272 gelegt. Der Bau des Chores, der Kapellen hinter dem Hochaltare, und
die 2 großen Thürme wurden im J. 1332 vollendet. Aber das Schiff wurde
nicht gebauet, und das Gebäude blieb also unvollendet, bis zu Anfange des
18ten Jahrh., wo sich der Erzbischoff von Narbonne im Jahre 1703 entschloß,
es fortzusetzen; das Werk blieb wieder liegen, und wurde im J. 1722 auf's

sieht in dem Kreuzgange 3 antike Granitsäulen, die denen in der Kirche Ainai in Lyon ganz ähnlich sind; es ist noch nicht lange, daß man sie ausgegraben hat, da man den Boden ebnen wollte; sie haben weder Postamente, noch Capitäler; die eine ist verstümmelt und von geringer Dimension; die 2 andern sind unbeschädigt, und über 15′ hoch; unten beträgt ihr Durchmesser 2′, und oben 1′, 10″. Man wollte diese Säulen schon verkaufen; da wäre es aber dem Gouvernement, das sich dieselben für irgend ein öffentliches Gebäude anschaffen könnte, leicht, sie vermittelst des Canales von Languedoc fortzubringen.

Der erzbischöffliche Palast enthält aber nicht die meisten alten Monumente *). Vor 300 Jahren wurden alle, welche man damals zusammen bringen konnte, in die Stadt-mauern eingefügt, und auf diese Art erhalten. Diese Mauern wurden anfänglich durch die Erzbischöffe von Narbonne zur Entschädigung für diejenigen gegeben, die durch Ludwig VIII. zerstört worden waren, damit sie den Albigensern nicht zum Schutze dienen möchten. Aber erst, als man sie reparirte, unter der Regierung Franz I., und als man ihnen 3 neue Bastionen beyfügte, nemlich die von St. Felix, von St. Cosme und von St. François, erhielten sie ihre gegenwärtige, sonderbare Verzierung mit Trümmern antiker Monumente. Der Ingenieur, der dieses Bauwesen leitete, brachte alles zusammen, was er von Figuren, Basreliefs, Inscriptionen ꝛc. ꝛc. in der Stadt, und

neue fortgesetzt. Das Thor dieser Kirche wird als eines der schönsten in Frankreich betrachtet. Man bewundert hauptsächlich die Kühnheit und Höhe der Gewölbe, und eine gothische Architektur von gutem Geschmacke.

*) „Auch in dem Hause der Vicomtes sieht man römische Denkmale eingemauert.“

wahrscheinlich auch in der ganzen Gegend zusammen treiben konnte. Er stellte diese Monumente in 2 langen, horizontalen Linien über einander an der Außenseite der Mauern auf; in gleichen Entfernungen brachte er dabey Kugeln an, die halb eingemauert sind, als habe er die Werkzeuge der Verwüstung, und das Bild ihrer Wirkungen darstellen wollen.

Im Allgemeinen hat er die Inschriften auf den Mauern, und die Fragmente der Basreliefs bey den Thoren und in ihren Wölbungen angebracht; und so kam hier ein ungeheures Museum zu Stande, wie es keine andere Stadt aufweisen kann; man kann daraus auf die grausamen Verwüstungen schließen, denen Narbonne Preis gegeben wurde. Eine ansehnliche Zahl dieser Alterthümer ist so zerstückelt, daß man nichts mehr als ein Gewühl von Armen, Köpfen, Händen, Rümpfen, zerbrochenen Waffen ꝛc. sieht, durcheinander geworfene Worte, ohne Sinn. Doch sind noch einige Bruchstücke übrig, die groß genug sind, um gezeichnet und studirt werden zu können, und gegen 1000 Inschriften, die entweder noch ganz, oder doch so gut erhalten sind, daß man sie mit Interesse lesen kann; die Höhe, in der sie angebracht sind, die Breite des Grabens unten an der Mauer, machen, daß man sie nur durchs Fernglas zu entziffern im Stande ist; man brauchte wohl 3 Monate, um sie alle in's Klare zu bringen, und an mehrern Orten mußten Gerüste aufgerichtet werden.

„Ein Einwohner von Narbonne, Mr. Gillabert, hat ein sehr interessantes Manuscript in Folio, das 260 dieser Inschriften, und Zeichnungen von 30 Basreliefs enthält; es muß gegen das Ende des 16ten Jahrhundert geschrieben worden seyn. M. Gillabert besitzt auch noch einige andere Alterthümer, Gefäße, Basreliefs ꝛc. ꝛc. Mr.

Lafon, Aufseher über die Straßen und Brücken, wohnhaft in Carcassone, besitzt Manuscripte in Folio und Quarto, die zusammen mehr als 2000 Seiten über die Alterthümer und Geschichte von Narbonne enthalten. Das Manuscript in Quart enthält 750 Inschriften, mehr als 200 Figuren und Basreliefs, und mehr als 800 Seiten Text; das Werk in Folio besteht aus 3 Bänden, und aus mehr als 1000 Seiten; dieses letztere ist von Jerome Lafon, jenes in Quart von seinem Bruder, Wilhelm Lafon. Mr. Lafon besitzt auch, außer noch 3 andern Manuscripten antiquarischen Inhalts, die zusammen 700 Folioseiten enthalten, Karten über das alte und neue Narbonne. Mr. Marcorelle, Advocat beym Parlamente in Toulouse, besaß ein Manuscript über die Alterthümer von Narbonne, worin alle Alterthümer enthalten waren, welche die Brüder Lafon und andere gesammelt hatten. Abbe Bousquet hat eine Abschrift davon, 3 Bd. in Q. Aber das bedeutendste Werk dieser Art, sagt Herr Millin, fand ich bey Herrn von Viguier; er hatte die Güte, mir sein Manuscript, das aus 3 Quartbänden besteht, anzuvertrauen, und ich wendete mit Herrn Winkler 3 Tage an, um Inschriften zu copiren. Die Sammlung von 594 Inschriften, die ich der Güte der Herren Gillabert und Viguier zu danken habe, soll mit der Zeit bekannt gemacht werden."

Man findet interessante Basreliefs beym Thore von Beziers (Porte royale), beym Thore von Spanien (Porte Connetable), bey den Bastionen Montmorenci, St. Felix, St. Come, St. François, St. Paul, Damville, bey der Brücke La Chaine *).

---

*) Herr Millin führt den Inhalt vieler Basreliefs an diesen Orten an.

Hinter der Kirche St. Paul waren antike Bäder zu sehen, die man während der Revolution mit Schutt ausgefüllt hat, um eine Promenade auf der Bastion anzulegen; man hat das Gemäuer derselben nicht beschädigt, und könnte sie beym Nachgraben noch ganz wieder finden. Bey Banquier Gout findet man ein vortreffliches Basrelief, einen kleinen Amor, der den Bogen spannt. Diese reizende, aufs beste erhaltene Figur ist von Marmor, und tritt fast ganz aus der Fläche heraus. Der Cardinal von Bonzi, Erzbischoff von Narbonne, brachte dieses Basrelief aus Rom.

In dem Keller des Hauses der Mad. Burgueirole, im Kloster St. Just, bey der Cathedralkirche, findet man auch noch einige Gewölbe, von denen man glaubt, daß sie einem alten Amphitheater angehört haben. Man findet ähnliche Gewölbe in den Kellern mehrerer benachbarten Häuser. Einige Alterthümer sieht man auch noch in der Kirche Notre Dame de l'Amourguier (z. E. ein Basrelief mit Widdern und einer Erdkugel), in der Kirche der Minimen (im Glockenthurme, einen großen, steinernen Stierkopf), in der Kirche der Carmeliter, (auf der Mauer, einen Wagen mit einem Packe beladen, ferner unter dem Thurme einen Genius, der 2 Cymbeln hält, an der Seite nach der Straße, eine verstümmelte Figur, mit einem Horne des Ueberflusses, einen Priester der Cybele, und 2 halbe Figuren), und in der Kirche Notre Dame de la Major (einen Fries mit 2 Adlern, und einem Blitze in ihrer Mitte; über einem kleinen Thore ein Capital mit einem Adler, der die Flügel ausgebreitet hat).

Der Handel von Narbonne war ehemals sehr blühend;

sein Hafen *) ist der älteste in Languedoc, den man kennt. Er war zu Strabos Zeiten der Hafen und das Seearsenal des Volkes, das man Arecomici nannte. Dieser Hafen war, wo er jetzt noch ist, an der Mündung des Armes vom Audeflusse (Atax), der bey Narbonne vorbey lauft, und sich durch den Etang von Sigean zieht **). Er wurde ehemals durch einen ansehnlichen Handel belebt. Den Nachrichten des Ausonius zu Folge, benutzte diese Stadt die Reichthümer der Levante, Asiens, Siciliens und Spaniens; nur zu ihrem Vortheile schien man die Meere zu durchkreuzen. Noch im 5ten Jahrhunderte war Narbonne der Sammelplatz der Kaufleute von Egypten und Afrika, und der Handel erhielt sich hier selbst unter den Gothen und Saracenen, und unter der 2ten Dynastie der französischen Könige, erst unter der dritten fieng er an zu sinken.

---

*) „ Diese Stadt hatte, nach dem Berichte Strabos, einen Hafen, welcher das narbonnesische Gallien reich und blühend machte, und den man als den ältesten der Küste des Mittelmeeres betrachtet."

**) „ Der Etang hat seinen Namen von einem an ihm liegenden Städtchen; bey demselben schlug im J. 737 Carl Martel die Saracenen. Diese waren nämlich mit einer ungeheuern Macht durch die Pyrenäen nach Frankreich eingedrungen; schon hatte der saracenische Feldherr Abderama die Armee des treulosen Eudes, Herzogs von Aquitanien vernichtet, und war im Begriff, in's Innere von Frankreich vorzurücken; alles verheerend, drangen sie langsam vor. Ohne eines von den kraftvollen Genies, welche die Reiche am Rande des Abgrundes noch retten, ware alles verloren gewesen; endlich kam es zwischen Tours und Poitiers im Jahre 730 zu einer allgemeinen Schlacht. Carl Martel, der Sohn des Major Domus Pipins von Heristal, ein Mann voll Genie und Tapferkeit, von deutschen Truppen unterstützt, gewann dieselbe, ungeachtet der großen Feldherrntalente Abderamas, und der Tapferkeit seiner Krieger. Die Saracenen zogen sich zurück, sammelten sich aber wieder nach einiger Zeit in der Nachbarschaft von Narbonne, wo sie von Carl Martel noch einmal geschlagen wurden, worauf sie wieder nach Spanien zurück kehrten."

Doch kam nach dem J. 1166 eine Handelsverbindung zwischen Narbonne und Genua zu Stande; aber bald bemächtigte sich Montpellier fast des ganzen Handels der Provinz. Die Handelsgeschäfte der Stadt Narbonne sind gegenwärtig noch weit beschränkter. Das Getreide ist ihr Hauptartikel; in guten Jahren führt sie davon nach Spanien; der Weinwachs ist unbedeutend, aber Oel wird vieles gebauet; auch die Maulbeerbaum- und Seidenzucht wird mit Vortheil getrieben; man treibt einen ansehnlichen Handel mit vortrefflichem Honig, der unter dem Namen: Honig von Narbonne berühmt ist; er enthält den reinsten Zucker; je weißer, je kostbarer; mehrere benachbarte Gegenden liefern ihn. Die Bienen benutzen daselbst den Rosmarin, Quendel, und andere wildwachsende, wohlriechende Kräuter. Man versendet den Honig in Fäßchen von Weidenholz, die 12 — 25 ℔ halten, nach Marseille, Toulon, Lyon ꝛc.; das röthliche Wachs wird gebleicht. Die Weine von Narbonne sind roth, und ein guter Theil derselben geht vornehmlich nach Bordeaux; man macht daraus auch Branntwein von allerley Graden; sie gehen über Beziers, Bordeaux ꝛc. in's Ausland. Der Weingeist ist vortrefflich. Es wird auch in der Gegend Soda von guter und geringer Qualität gewonnen. Man bereitet Oel aus Oliven und Nüßen. Berühmt sind die narbonner-wollenen Mützen in allen Farben. Der Getreidemarkt in Narbonne ist von ansehnlichem Umfange. Man findet hier einige Gerbereyen, und verkauft auch schöne Wolle und Salzkraut, das in ansehnlicher Menge an den Meeresufern wächst *).

---

*) „Merkwürdig ist bey Narbonne der sehr schöne Canal, der mit dem Königlichen Canal zusammen stößt."

Die Regierung der Provinz hat einen neuen Hafen
erbauen lassen, den man den Hafen von St. Charles,
oder La Grau de la nouvelle nennt. Wenn der Audefluß
auch ehemals nicht durch die Stadt floß, so ist doch so viel
gewiß, daß sich ein Canal durch sie hinzog, den man Le
Goule d'Aude nannte, und der bis zum Etang gieng; auf
beyden Seiten hatte er, in einem Raume von etwa 100
Schritten, Dämme aus großen Quadersteinen gebauet, die
mit einander parallel liefen, und deren Masse und Festigkeit
die Sage unterstützen, daß sie ein Werk der Römer seyen.

Aus dem Goule d'Aude kommt man in einen andern
Canal, der an den Etang stößt; dieser ist etwa 100 Schritte
breit, 2000 lang, und 32′ tief. Auf diesen beyden Canälen
ließen die Römer ihre Schiffe in's Meer auslaufen, und
schickten auch auf diesem Wege ihre Armeen nach Spanien. Jetzt hat die Stadt alle Unannehmlichkeiten, welche
die Nähe des Meeres erzeugt, ohne irgend eine ihrer Vortheile zu haben, den Fischfang ausgenommen. Das Zu-
rücktreten des Meeres hat Sümpfe bey Narbonne hervorgebracht, die ausgetrocknet werden sollten. Man sollte auch
wieder Gehölze um die Stadt her pflanzen, zum Schutze
gegen die ungestümen Winde. Narbonne ist jetzt ein düsterer,
schlecht gebaueter Ort. Unter Julius Cäsar wurde hier der
Dichter und Krieger Terentius Varro geboren, Narbonne ist auch der Geburtsort des Kaisers Aurelius Carus,
der die Perser besiegte, und seiner Söhne Carinus und
Numerianus, unter die er das Reich theilte. Man rechnet
in Narbonne 9—10,000 Einwohner *).

---

*) Mr. George behauptet in einer Preisschrift, daß die Aude ehe-
mals durch die Stadt floß, und daß dadurch die Luft gereinigt wurde.

„Das Audedepartement, in welchem Narbonne liegt, ist ein Stück von Unter-Languedoc, und sehr bergig; im Allgemeinen ist sein Boden dürre; doch hat es sehr geschätzte Rebenpflanzungen und eben so gute Weiden, viel Getreide, Obst-, Oliven- und Maulbeerbäume für die Seidenzucht. Die Wälder geben Zimmerholz; man findet Minen mit verschiedenen Metallen, besonders Eisenminen, auch eine Menge Hütten zur Verarbeitung der Metalle. Nicht minder ansehnlich ist die Zahl der Fabriken für wollene Tücher, und Seidenzeuge, der Gerbereyen, Papierfabriken. Es ist bekannt, daß die Fabriken von Carcassonne ansehnliche Lieferungen für den Landesgebrauch und die Ausfuhr verschaffen. Merkwürdig ist dann noch der Handel mit Getreide, Olivenöl, Wein, Branntwein, Rosinen. Carcassonne ist der Hauptort, und hat über 15000 Einwohner.

Zu den Zeiten der Römer erstreckte sich Narbonne bis an den jetzt ausgetrockneten Etang Salin, welcher mit einem andern, der bis zum Städtchen Capestan gieng, und die Aude aufnahm, und mit dem Meere durch die Bucht von Vendres zusammen hieng. In dieser Bucht war ehemals der Hafen für die größern Schiffe; die kleinern luden ihre Waaren in Narbo selbst aus. Die Römer gaben aber der Aude, vermittelst eines Dammes oberhalb Cuzac, eine andere Richtung, leiteten sie bey Narbonne vorbey in den Meerbusen von Sigean, und legten daselbst einen neuen Hafen an, den sie zum Gegensatz, wegen der Mündung von Vendres, Den Neuen, nannten. Allein dieser Canal verstopfte sich nach und nach, und der Fluß suchte sein altes Bette wieder. Er fällt also heut zu Tage durch dasselbe,

und durch einen neuen Canal bey Saletes (La Robine) zum Theil in den Busen, oder See von Vendres.
Im 14ten Jahrhunderte nutzte man einen Theil des Wassers
der Aude, um ihn durch Narbonne zu leiten, und dieser
Stadt durch den Hafen La Nouvelle eine Verbindung mit
dem Meere zu verschaffen. Heutiges Tages kommen also die
kleinern Schiffe bis an die Stadt, die größern bleiben zu La
Nouvelle, um daselbst ihre Ladung einzunehmen; dieser
Hafen kommt immer mehr in Aufnahme. Der von den
Römern bis an's Meer gegrabene Canal ist breit und tief;
die Süd- und Nordwinde treiben das Wasser mit Gewalt
hinein und heraus, wodurch er gegen das Versanden gesichert
ist. Vermittelst dieses Hafens trieb Narbonne ehemals einen
wichtigen Handel nach der Levante und Aegypten. Allein
wenn solcher gleich aufgehört hat, so giebt es doch noch sehr
bemittelte Kaufleute in Narbonne, die einen ansehnlichen
Handel, besonders mit Getreide führen. Solches wird aus
dem großen Kanale aus Ober-Languedoc nach dem Hafen
Somail geführt, von da ¼ Meile weiter nach Garousti, am
Kanal La Robine geschafft, und von da in's Meer geschifft.
Andere Waaren nehmen eben diesen Weg. Aus der Gegend
von Perpignan, durch die Seen Salees und Sigean,
geht auch ein Kanal nach Narbonne. Ferner wird hier
auch ein ziemlicher Handel mit Tuchwaaren und den Produkten der umliegenden Gegend getrieben. Der Honig, der
hier herum gewonnen wird, steht in großem Rufe; man
sammelt auch viel Salz und Salicot.

Der Kanal La Robine theilt Narbonne in 2 Theile,
welche La Cite und Le Bourg heißen, und durch eine
Brücke zusammen hängen. In dieser Gegend wohnen die
reichsten Kaufleute. Beyde Theile haben einen großen Marktplatz mit einem Springbrunnen. Der Getreidemarkt ist auch

von einem ansehnlichen Umfange, und muß es auch, wegen
des starken Verkehrs damit, seyn. Narbonne hat Wälle mit
Wassergräben, die sich aus den Zeiten Königs Franz I. her-
schreiben. Die Stadt hatte sonst nur 2 Thore; es sind aber
noch 2 andere angelegt worden, um den Handel der Barken,
welche aus dem Meere, oder von dem großen Kanale kommen, zu erleichtern. Bey einem der letztern liegt das Seminarium, ein ansehnliches Gebäude.

* * *

„La Nouvelle ist eine von den beyden Mündungen
des Audeflusses, an der Grenze zwischen dem Aude- und
Herault-Department, auf der Küste des Mittelmeeres. Diese
Mündung wird La Nouvelle, die neue, genannt, im
Gegensatze der andern, welche L'Ancienne, die alte,
heißt. Aber nur der Name derselben ist neu; denn sie war
schon zu den Zeiten der Römer vorhanden, welche bereits
die Anstalten getroffen hatten, den Audefluß nach Narbonne,
und von da in den Teich und Busen von Sigean zu leiten,
wo er die Mündung und den Hafen Nouvelle bildet; in dieser
Absicht hatten sie einen starken Damm aufgeworfen, und den
schönen Kanal von Narbonne gegraben. Nach und nach
wurde aber dieser Kanal und die Mündung verschlämmt,
und der Fluß ergoß sich wieder in den Etang von Vendres,
wo noch jetzt die eine von den Mündungen desselben ist.
Erst im XIV. Jahrh. zwang man diesen Fluß, vermittelst
eines Dammes, seinen Weg wieder nach Narbonne zu nehmen, und sich durch die Mündung La Nouvelle in den mit
dem Mittelmeere zusammenhängenden Etang von Sigean,
im Audedepartement zu ergießen; diese Mündung befindet
sich 3 fr. M. südlich von Narbonne, 2 nördlich von Leucate;
nordwärts derselben liegt die Insul St. Lucie, südwärts
der Wartthurm de La Nouvelle, bey welchem der in's Meer
hinausgebaute

hinausgebaute Damm anfängt, der den Hafen La Nouvelle
bildet, wo die nach Narbonne bestimmten Tartanen, und
andere Schiffe anländen. Dieser Hafen nimmt täglich zu,
und ist durch seine Verbindung mit dem languedokischen Kanale sehr wichtig. Die neuesten Nachrichten hierüber giebt
der General Andreossy in seiner meisterhaften Histoire
du Canal du Midi.

„Der Kanal La Nouvelle geht aus der ·Gegend
von Perpignan durch den See von Salces und Sigean
nach Narbonne, wo er seine Mündung im Audeflusse hat.''

* * *

„Narbonne ist eine alte, ziemlich große und ansehnliche
Stadt, von 2100 Feuerstellen und etwa 12000 Einwohnern,
in Languedoc, jetzt Hauptort eines Cantons, wie sonst eines
Distrikts, im Audedepartement. Sie liegt 2½ fr. M. westlich vom Mittelmeere, mit dem sie durch einen Kanal zusammen hängt, 12 fr. M. östlich von Carcassonne, 31 von Toulouse. Sie liegt tief, und ist mit Bergen umgeben; daher
sammelt sich bey anhaltendem Regenwetter von einigen Tagen so viel Wasser um die Stadt, daß man oft keinen Fuß
hinaus setzen kann, und ihre Straßen werden alsdann äusserst schmuzig. Daher sind auch Bachaumont und
Chapelle in ihrer bekannten poetischen Reisebeschreibung
sehr unzufrieden mit dieser Stadt; sie sagen von derselben:

Dans cette ville de Narbonne,
Toujours il pleut, toujours il tonne.

Ferner:

Digne objet de notre courroux;
Vieille ville toute de fange,
Qui n'est que ruisseaux et qu'égoûts etc. etc.

Damit stimmt auch der Verfasser der Voyage de Languedoc et de Provence, p. 4 et 5 überein.

Der vormalige Erzbischoff von Narbonne führte als Primas den Vorsitz in den Versammlungen der Stände von Languedoc, und hatte 150,000 Liv. Einkünfte. Die vormalige Cathedralkirche ist die vorzüglichste Merkwürdigkeit der Stadt; sie ist 258 Fuß lang, und 38 Fuß breit; hat ein vortreffliches Portal, und das Chor ist ein hohes, bewundernswürdiges Gewölbe; das Gebäude wurde bereits unter Ludwig dem Heiligen angefangen, blieb aber lange unvollkommen liegen, und wurde erst zu Anfang des 18ten Jahrhunderts wieder von neuem vorgenommen. Unter verschiedenen marmornen Grabmälern dieser Kirche ist das von König Philipp dem Kühnen das vornehmste. Er starb im J. 1285 zu Perpignan; der Körper wurde aber hieher gebracht und mit königlichem Gepränge zur Erde bestattet, welches auf dem marmornen Sarge vorgestellt ist. Oben auf demselben liegt der König in königlicher Kleidung.

Der erzbischöffliche Palast ist ein altes, unförmliches Gebäude, welches eine Art von Forteresse mit vierecktem Thürmen vorstellt; man sieht mehrere schöne Alterthümer darinn. Der Garten ist groß; man bemerkt darin ein antikes, marmornes Grabmal und eine marmorne Nische, durch welche die heidnischen Priester in vorigen Zeiten, vermittelst eines viereckigen Loches, das in der Nische befindlich ist, Orakelsprüche ertheilten. In der Kirche der Karmeliterinnen bemerkt man am Hochaltare und in den Kapellen schöne Marmorarten. Es sind hier 5 Pfarrkirchen, zwey vormalige Abteyen, und eine Menge Mönchs- und Nonnenklöster; die sogenannten grauen Schwestern besorgten das große Hospital.

Der Erzbischoff von Narbonne war Herr von der

halben Stadt; die andere Hälfte gehörte dem Könige; sie hatte einen besondern Gouverneur; das Salz für die Magazine der Generalpächter wurde, aus den Salzwerken zu Sigean, und Peiriac, Orte, welche Privateigenthümern gehören, hieher geliefert. Narbonne war schon bey den Römern eine sehr wichtige Stadt, die ihr Kapitol, ihre Wasserleitungen, und andere ansehnliche Gebäude hatte; man kann sich daher wohl vorstellen, daß es hier viele Alterthümer gegeben haben muß. Heut zu Tage, ist fast gar nichts mehr davon übrig. Man hat eine Menge Inschriften und mittelmäßige Basreliefs gefunden, die in den Mauern des erzbischöfflichen Palastes und am Hause der Vicomte eingemauert sind. Jetzt ist die Stadt nicht mehr so beträchtlich als sonst. Ehemals war Narbonne und die umliegende Gegend eine besondere Vicomte; sie kam aber kurz nach Anfang des 16ten Jahrhunderts an die Krone. — Während der Kriege gegen die Albigenser, trieb der päbstliche Legat, Cardinal Peter von Benevent, eine Zeitlang sein Wesen, und nützte die Religion zum Deckmantel des schändlichsten Betruges, womit er vorzüglich den unglücklichen Grafen von Toulouse täuschte. Im Jahre 1234 zettelte hier ein Jacobinermönch, mit der Mordfakel des Fanatismus bewaffnet, einen Bürgerkrieg zwischen den Bewohnern der beyden Theile von Narbonne an, wobey viel Blut floß; erst im Jahre 1236 wurde der Friede wieder hergestellt. Dulaure (Tom. II. p. 231 etc.) erzählt diese merkwürdigen Geschichten ziemlich ausführlich.

Auf dem Wege von Narbonne nach Perpignan kommt man nach Villefaces, La Palme, Peyriac, nach dem Städchen Sigean, wo die Saracenen noch einmal von Carl Martel geschlagen wurden. An den beyden letzten Orten wird viel Salz gemacht; die Chaussee zwischen

Narbonne und Perpignan ist ein erstaunenswürdiges, prächtiges Werk; ein, nur einige hundert Ellen langes Stück derselben, das durch einen festen Felsen gearbeitet wurde, soll 90,000 Liv. gekostet haben, so wie der 3½ französische Meilen lange Theil derselben, zwischen Narbonne und Sigean, 1800,000 Liv. Diese Chaussee ist bis zur Ausschweifung prächtig; man hat ungeheure Summen angewendet, um nur mäßige Anhöhen abzutragen; häufig ist die Chaussee an beyden Seiten 6 — 8′ in die Höhe gemauert, und nie schmäler als 50′; die Brücken harmoniren mit der Pracht der Straße, von deren Breite nur ⅓ benutzt wird.

Diese Prachtstraße ist immer in der Nähe des Meeres; besonders nahe waren wir ihm am nächsten Tage nach unserer Abreise von Narbonne in der Frühe; es war der 29. Junius; es hatte jetzt nicht die düstere Farbe, in der es uns bisher immer erschienen war, sondern es glänzte in den Strahlen der Morgensonne, die uns zur Linken über ihm empor stieg, wie geschmolzenes Silber, wie eine unermeßliche Schneefläche an einem sonnigten Wintertage. Gar oft erschienen uns an diesem Tage weite Strecken des Meeres, auf dem nahe und ferne größere und kleinere Schiffe hin und her schwebten. Die köstlichen, immer auf's angenehmste wechselnden Seeprospekte, und die mannigfaltigen Anblicke der Vorberge der östlichen Pyrenäen, denen wir schon sehr nahe waren, machten diesen Tag unendlich wonnevoll für mich. Die düstern Häupter der Pyrenäen, die über die grünen, hellen Vorberge, hinter denen wir wanderten, herüber blickten, bekamen immer mehr Deutlichkeit und Interesse, je näher wir ihnen kamen; und es gelüstete mich immer mehr, die unbehagliche Bergwand auf die Seite drücken, den Felsenvorhang wegschieben zu können, der mir den größten, imposantesten Theil dieser erhabenen Gebirgmassen, diesen erstgebornen Söhne der Erde verhüllte.

Mein sehnlicher Wunsch wurde endlich erfüllt; gegen Abend traten wir hinter einer Felseneck hervor, und mit einem male stand es aufgerollt vor uns, das große, entzückende, majestätische Gebirggemälde, in aller seiner Herrlichkeit; die ungeheuern hohen Gebirgmassen zogen sich vor uns in die tiefste, südliche Ferne hinaus, und sanken zuletzt mit ihren Spitzen zum Meer hinab. Finstere Wolkenheere ruheten über den Felsenhäuptern, die aus hoher Himmelsferne herabblickten, und strömten mitternächtliche Schatten, weit über sie herab. Auf der andern Seite zog sich das dunkle Meer gegen Süden und Osten ins Unendliche hin.

Im herrlichsten Contraste, mit dieser schwarzblauen, endlosen Fläche, und der erhabenen Gebirgnacht auf der westlichen Seite derselben, standen nahe und ferne Inseln und Klippen, welche die sinkende Sonne mit dem reinsten Goldglanze überstrahlte; je mehr die Sonne sank, desto entzückender wurde der Anblick; wie der halbvolle Mond glänzten da und dort hinschwebende Segel; schreyend vor Lust schoß hie und da ein Seevogel über die dunkle Woge mit seinem schimmernden Fittig. Jetzt kam südöstlich, auf der fernen Meereshöhe, eine ganze Reihe von Schiffen, mit ausgespannten Segeln, aus einem dünnen Nebelrauche hervor; sie strahlten über die finstere Fluth, wie aufgehende Sterne der Nacht.

Auf einmal erspähete mein wonnevoll umher schweifender Blick eine noch glänzendere, überraschendere Erscheinung am äußersten, östlichen Rande des Meeres, ein wahres Feuerland, ein goldenes Feenland, eine aus höhern Lichtzonen herabgesunkene, schimmernde Stadt Gottes, über der im weißlich blauen Himmel oben, liebliche Wölkchen zerstreut, wie weidende Schäfe, in gleicher, goldener Glorie schwebten. So bildete das düstere Riesengebirge mit den Nachtwolken über seinen Häuptern, und die endlose, in den fernsten Himmel hinaus sich dehnende Meeresfläche, mit ihren, in empyreischem Lichte strahlenden Inseln, Klippen, Ufern, Segeln und Gewölken ein solches, göttliches Prachtgemälde, einen so entzückenden Widerschein, einer höhern, translunarischen Natur, als ich vor und nach diesem unvergeßlichen Abende, nie gesehen hatte, und nie wieder sah.

Wie bezaubert und erstarrt konnte ich lange mein Auge nicht abwenden von diesem goldenen Lande, von diesem himmlischen Jerusalem. Mit Wehmuth erinnerte ich mich auf einmal, mitten in diesem Wonnegenusse, meiner verlassener Geliebten in der so fernen Heimath, in ihrem freudearmen Dörfchen, und noch so mancher lieber, geist- und gefühlvoller Freunde, und wünschte so sehnlich sie jetzt an meiner Seite zu haben, um die mir dargereichten Nektartropfen aus der Schaale der Unsterblichen mit ihnen zu theilen. Endlich versank die Sonne am glühenden Abendhimmel, von Purpurgewölken umlagert; der Goldschimmer in Osten erlosch, die Nacht drang hervor aus den Klüften der Pyrenäen, kühlere Seelüfte umwehten uns; schon glänzte der Mond über dem Meere, und bestrahlte das endlose Wellengewimmel, die Felsen, Bäume und Nachtgewölke mit seinem sanften Lichte. Ruhig und schön war die Nacht, doch immer schaurig für den Wanderer im fremden, einsamen Lande; wir verdoppelten unsere Schritte, und erreichten endlich das am Meeresgestade liegende Dorf Salces, wo wir eine Herberge fanden.

Kapitel 35.

Salces ist ein Dorf mit einem Fort zur Beschützung der Landstraße; es liegt zwischen Bergen, am Etang von Salces, der auch Etang von Leucate heißt, von einem zwischen dem Etang und Meere liegenden Städtchen. Der Etang hängt durch einen Kanal mit dem von Sigean zusammen. Das Fort von Salces rührt noch von Kaiser Carl V. her; es ist viereckig, hat an jeder Ecke einen Thurm, und ist mit ungeheuern Mauern und Gewölben versehen. In den Kriegen zwischen Spanien und Frankreich, vor dem pyrenäischen Frieden, wurde es bald vom einen, bald vom andern Theile erobert; die wenigen nahe dabey liegenden Häuser sind Ueberbleibsel von dem alten römischen Salsulæ, das seinen Namen von einer Salzquelle führte, die in den Etang von Salces fällt.

Salces ist der erste Ort in dem alten Roussillon, zu dem die Landstraße führt. Die Grafschaft Roussillon erstreckt sich von Osten nach Westen, etwa 18 Meilen in die Länge; an der Küste hin ist ihre größte Breite 12 Meilen; gegen Westen wird sie gegen Cerdagne und Foix weit schmäler. Diese Grafschaft gehörte ehemals zu Spanien, bis Ludwig XIII. das Land eroberte, und so ist sie seit dem pyrenäischen Frieden im Jahre 1059 ein Theil Frankreichs. Im Besitze derselben folgten auf die Römer die Westgothen, auf diese die Saracenen, die durch Carl den Großen und seinen Sohn Ludwig daraus verjagt wurden. Damals stand nicht weit von Perpignan eine Stadt am Tetflusse, die Ruscino hieß, von der aber nichts mehr übrig ist, als ein alter

Thurm, den man den Thurm von Roussillon nennt; diese Stadt soll im J. 828 zerstört worden seyn. Carl der Große setzte Grafen oder Statthalter über diese Landschaft, die sich nach und nach unabhängig machten. Der letzte Graf setzte den König Alphons von Arragonien zum Erben ein.

Man kann diese Landschaft gewissermaaßen als ein großes, gebirgiges Thal betrachten, das durch die kleinen Pyrenäen von Nieder-Languedoc, und gegen Süden durch die großen Pyrenäen von Catalonien getrennt wird. Dieses Thal theilt sich wieder in 3 kleinere, nach dem Laufe der 3 Hauptflüße Tet, Tech und Agly. Beym See St. Sazaire und dem Flecken Canet, unweit Perpignan, sind Salzwerke, wo die Sonne das durch Canäle in große Behälter geleitete Meerwasser austrocknet. Alle 3 vorhin genannten Gewässer sind reißende Bergströme, die aus den Pyrenäen kommen, und oft großes Unheil anrichten. Je mehr sich die Pyrenäen den Küsten nähern, desto mehr nimmt ihre Höhe ab; doch steht mitten in dieser Provinz noch der 1441 Klafter hohe Canigou. Dieß kleine Land ist ungemein reich an mineralischen Quellen.

Weil Roussillon mit Bergen umgeben ist, von denen die Sonnenstrahlen in die Thäler hinab geworfen werden, und die den freyen Durchzug der Winde hindern, so ist es im Sommer in solchen unerträglich heiß; daher das verbrannte, magere Aussehen der Einwohner. Hingegen macht auf der andern Seite eben diese Hitze, und der gute Boden in den Thälern, daß diese sehr fruchtbar an Getreide, Wein und Viehweiden sind; in den Gegenden, wo Wässerung Statt findet, erndtet man 2, zuweilen 3 mal im Jahre. Zu den Feldarbeiten werden hier die Maulesel gebraucht. Der vornehmste Reichthum des Landes besteht in Oelbäumen. Die Citronen- und Pomeranzenbäume sind hier so gemein, als

in andern Gegenden, die Aepfel- und Birnbäume; es giebt
auch viele Granat- und Maulbeerbäume, und eine Menge
aromatischer Pflanzen. Man pflanzt auch Gerste, Hirse,
Flachs, Hanf. Die herrlichen Bergweiden begünstigen eine
schöne, zahlreiche Schafzucht, erzeugen feine Wolle, und
geben dem Schöpsenfleische einen vortrefflichen Geschmack;
man mästet auch Rindvieh, dessen Fleisch aber nur eine
Speise der bemittelten Einwohner ist. Man findet nicht viele
Kühe.

Das Holz ist rar; man brennt gewöhnlich nur Buch-
holz; großes Holz kann, in Ermanglung schiffbarer Flüße
und Canäle, nicht herbeygeschaft werden; durch Maulesel
wird alles Brennholz herbeygeschaft. Die Küste von Roussillon ist gefährlich, weil die Schiffe bey Stürmen keinen
sichern Zufluchtsort finden. Der einzige Hafen von Roussillon
ist der Port Vendres (Portus Veneris) *) nahe an der
catalonischen Grenze; eine geraume Zeit war er ganz ver-
schlemmt; seit 1770 aber ist er mit vielen Kosten wieder
gereinigt, und in so guten Stand gesetzt worden, daß 3 —
400 Kauffartheyschiffe Platz darinn haben. Dieser Hafen wird
durch 2 Forts geschützt. Von hier bis zum Vorgebirge Leucate ist kein sicherer Ankerplatz an der Küste. Das Meer
giebt den Anwohnern Beschäftigung, besonders mit dem reichen Thunfisch- und Sardellenfang. Es giebt hier viele und
gute Eisenminen. Der Handel besteht hauptsächlich in der
Ausfuhr von Vieh nach Spanien, von Wein, im Verkauf
von Wolle, Eisen, Seide, Korn, Hirsen. „Die Berge,
aus denen der größte Theil des Departements besteht, sind

---

*) „Ganz nahe bey Port Vendres ist das Städtchen Collioure mit
feinem Hafen."

felsig und dürre; aber die Thäler und Ebenen von Strömen und Bächen bewässert, sind höchst fruchtbar. Man findet hier auch köstliche Obstarten *).

„Diese Landschaft, die jetzt das Departement der östlichen Pyrenäen genannt wird, besitzt alles, was zum glänzendsten Wohlstande führt; der Boden ist im Allgemeinen kalkartig und gut, und an mehrern Orten vortrefflich; das Clima ist den köstlichsten Erzeugnissen günstig; diese sind aber mehr das Werk der Natur, als des Fleißes der Einwohner; ihr Ackerbau ist schlecht beschaffen, und wird mit Nachläßigkeit betrieben; nur in Wässerung ihrer Ländereyen zeigen sie sich thätig. Die Rebe kann hier mit eben so gutem Erfolg als in Spanien angebauet werden, und der Wein erwartet hier nur eine bessere, künstlichere Behandlung, um ihn mit den Weinen von Rota Malaga ꝛc. vergleichen zu können; die Luzerne wird in diesem Departement mit großer Sorgfalt überall gepflanzt, wo man leicht wässern kann; man kann sie gegen 4 mal abschneiden; man pflanzt sie auch in den languedokischen Departemens, im Departement der Isere, der Drome, der Hohen Alpen, besonders an den Ufern der Flüsse; vorzüglich häufig auch im Vaucluse-Departement, wo die Wässerungskunst, die hier fast zur höchsten Vollkommenheit gebracht worden ist, die Vegetation dieses herrlichen Futters ausnehmend erleichtert. Der Luzernebau verbessert auch das Land zum

---

*) A. Young. „Man wässert die Felder längs dem ganzen Distrikte der Pyrenäen, von Perpignan an, wo dieß Verfahren zur größten Vollkommenheit gebracht ist, so wie im größten Theile von Roussillon. Fast bis Bayonne hin wird Alles gewässert. Im nördlichen Frankreich, nämlich nordwärts von der Loire, fand ich nur unbedeutende Spuren von Wässerung. Man behauptet, daß kaum mehr als der dritte Theil Frankreichs das Wässern, eines der wichtigsten Stücke der ganzen Landwirthschaft, verstehe.“

Erstaunen, so daß man nach Wegschaffung der Luzerne, 5 — 6 mal mit Nutzen Getreide pflanzen kann.

* * *

„Port-Vendres ist ein Dorf im Spirthale, in Roussillon, nicht weit von Collioure, mit dem es verbunden, und von dem es nur durch einen Berg getrennt ist, auf dem man das Fort St. Elme erblickt. Es hat einen guten Hafen für Schiffe geringerer Größe. Der Eingang ist enge, und wird durch ein kleines Fort auf einer steilen Stelle der rechten Seite desselben vertheidigt, zu der man nur, vermittelst einer Leiter, kommen kann. Es hat übrigens nur 6 kleine Häuser längs des Einganges. Im Hintergrunde des Busens ist ebenfalls ein kleines Fort, das von einem Detachement der Garnison von Collioure besetzt ist. Das Ganze wird übrigens vom Fort St. Elme beherrscht. Der Hafen liegt etwa ¼ fr. M. von Collioure, und 6 südöstlich von Perpignan; links am Eingange ist eine beträchtliche Klippe. Das Kap Esbiere ist höchstens 40 Toisen davon entfernt. Auf einer Landspitze gegen die rechte Seite erblickt man auch eine kleine Schanze, in deren Mittelpunkte ein kleiner viereckiger Leuchtthurm steht. Der Hafen hat übrigens etwa 400 Toisen in der Länge, und gegen 100 in seiner größten Breite. In ältern Zeiten gehörte er den Spaniern, und war damals einer der besten Häfen; gegenwärtig ist er aber an mehrern Stellen versandet. Das Fahrwasser daselbst steigt gewöhnlich von 2 bis zu 4 Fahrten.

Collioure ist ein altes, festes Städtchen, mit einem kleinen Hafen, im Val-Spir, in Roussillon; es ist am Abhange der Küste gebaut, hat eine einzige, etwas ansehnliche, und 3 — 4 sehr enge Nebengassen, und mit dem ½ fr. M. südöstlich davon gelegenen Port-Vendres nur 170 Feuerstellen. Auf einer Seite werden die Stadtmauern vom

Meere bespült. Das Schloß, in dem der Commandant
wohnt, steht auf einem steilen Felsen. Auf der Landseite,
linker Hand, wenn man in die Stadt geht, steht das Schloß
Miradou, wo die Casernen für die Garnison sind. Der Hafen hat nur 3 — 4 Faden Wasser, und ist also nur für
Barken und Tartanen brauchbar. Die Ost- und Nordostwinde
machen das Meer darin hohl gehen, so daß die wenigen
Fahrzeuge, die hier einlaufen, sich oft müssen an's Land
ziehen lassen. Collioure und Port-Vendres wurden im Jahre
1793 von den Spaniern erobert; im folgenden Jahre nahmen ihnen die Franzosen aber beydes wieder ab. Der Sardellenfang ist der wichtigste Nahrungszweig der Einwohner.

Von Salces bis Perpignan beträgt der Weg 3 M.;
auf der Hälfte desselben kommt man zum Dorfe Rivesaltes,
das wegen seines herrlichen Muscatweines berühmt ist. In
der Nähe dieses Dorfes ist eine der größten Quellen, die
man sehen kann; sie entspringt am Fuße eines Felsen, und
kann sogleich Mühlen treiben.

Perpignan ist eine alte, große, feste Stadt, deren
Anblick aber nichts Anziehendes hat, die Hauptstadt von
Roussillon; sie liegt theils auf einer Ebene, theils auf
einem Hügel, am rechten Ufer des Tetflußes, der, eine
Meile weiter hin, in's Meer fällt, und über den eine lange
Brücke geht. Die Stadt hat dicke und hohe Mauern, die
noch über dieß mit Bastionen und Außenwerken verstärkt
sind. Die hochliegende Citadelle beherrscht und schützt die
Stadt; sie ist ein fast regelmäßiges Sechseck, ebenfalls mit
Außenwerken und einer Contrescarpe versehen, und wird als
Grenzfestung wohl unterhalten. Kaiser Carl V. fieng die
Citadelle zu bauen an; in derselben ist wieder ein altes
Castell mit 8 dicken Thürmen, worin sonst der Gouverneur
wohnte; man zeigt noch den Platz, wo Carl V. eine

schlafende Schildwache in den Graben hinab stieß. Die alten Grafen von Roussillon sollen in diesem fürchterlichen Castelle residirt haben. Die Wälle der Stadt bilden eine angenehme Promenade; die Esplanade, oder der Platz zwischen der Stadt und Citadelle ist so geräumig, daß 5 — 6000 Mann darauf in Schlachtordnung stehen können; auch ist er schön mit Bäumen bepflanzt. Dieser Stadt fehlt es sehr an gutem Trinkwasser *).

* * *

„Perpignan, ehemals Hauptort der Provinz Roussillon, Sitz eines Bischoffs, einer Universität, eines Intendanz, eines Oberconseils, eines Münzdepartements, eines Salzamtes ꝛc. ist jetzt Hauptort des Departements der östlichen Pyrenäen, Sitz einer Oberpräfektur und eines Obergerichtshofes. Hier sind 2000 Feuerstellen und 4 Pfarrkirchen. Die Stadt liegt an der Basse und am rechten Ufer der Tet, über welche eine Brücke führt, zum Theil in einer Ebene, zum Theil aber auf einem Hügel, in einer an gutem Wein fruchtbaren Gegend, 2 fr. Meilen vom Mittelmeere, 1½ südöstlich von Rivesaltes, 2½ südsüdwestlich von Salces, 10 südwestlich von Narbonne, 4½ nordnordwestlich von Collioure, 5 nordnordöstlich von Bellegarde, 28 südöstlich von Toulouse.

Sie hatte zur Zeit der Revolution 11 Manns- und 4 Frauenklöster, auch 3 Hospitäler, und ist auf den Ruinen der alten Municipalstadt Flavium Ebuotum aufgeführt.

---

*) „Je mehr man sich von Perpignan aus der Forteresse Bellegarde, hinter dem Dorfe Boulon nähert, desto höher steigt man, und sieht überall eine unglaubliche Menge von Korkbäumen, welche ganze Wälder formiren. Man schält hier den Korkeichen (Quercus suber) nur alle 7 — 8 Jahre die Rinde ab, dagegen man es in den weit wärmern, südlichen Provinzen Spaniens nach 5 Jahren wiederholt."

Die Brücke über die Tet, auf der Straße nach Languedoc, verbindet die Stadt selbst mit der Vorstadt von Notre Dame, ist von Stein aufgeführt, sehr lang und sehenswerth. Zwey Arme der Basse ziehen sich durch die Stadt und neben ihr hin. Der Umfang dieser großen und festen Stadt stellt beynahe eine cirkelrunde Figur vor, deren Durchmesser 400 Toisen beträgt. Ihre Mauern sind sehr hoch und dick, und werden von verschiedenen Bastionen mit Halbmonden, guten Gräben, bedeckten Wegen zc. bestrichen. Hauptthore hat die Stadt 4; das von Notre Dame mit einem großen Schwib-bogen von Stein; das von Canet, mit sehr guten, äußern Festungswerken, und sehr breiten Graben, über welche 3 hölzerne Brücke führen; das von Collioure, und das von St. Martin. Zwischen letzterm und dem Liebfrauenthore ist das Salzthor, zu welchem eine steinerne Brücke über die Basse führt. Auf dieser Seite ist eine große Bastion, und eine neu angelegte schöne Vorstadt.

Die Wälle der Stadt bilden einen angenehmen Spazier-gang; auch ist zwischen dieser und der Citadelle eine große Esplanade, die ein noch schönerer Promenadeplatz ist. Die Stadt ist im Ganzen nicht sehr gut gebaut, besonders auf der Seite der Citadelle, hat aber doch mehrere schöne, breite Straßen, vorzüglich im Innern. Unter ihren öffentlichen Plätzen verdienen nur 2 eine Erwähnung, der vor dem Stadt-thore La Lege, und der in der Gegend der Cathedralkirche und des schönen Gouvernementspalastes. An die Cathedral-kirche stößt eine andere sehr alte Kirche, deren Ursprung in's Jahr 813 gesetzt wird. Die Cathedralkirche wurde im Jahre 1324 aufgeführt, und ist ein schönes, großes Gebäude, im Innern mit Marmor verkleidet, und mit vielen Zierrathen geschmückt.

Zur Diöcese von Perpignan gehörten 180 Kirchspiele, alle in der Provinz Roussillon. Die Citadelle von Perpignan liegt auf einer Anhöhe, und beherrscht die ganze Stadt; sie ist eine der besten in ganz Frankreich. Das Thor bedeckt ein großer Halbmond, der bis an den Fuß des Glacis reicht. Die große Enveloppe hat 6 Bastionen, einen guten Graben, und von der Seite des flachen Landes mehrere Außenwerke. Eine andere Enveloppe hat ebenfalls 6 Bastionen, welche die der erstern beherrschen, und einen Graben von der Seite des flachen Landes. Der Exercier- oder Waffenplatz ist ein länglisches Viereck, das für etwa 5000 Mann in Schlachtordnung Raum genug hat. Die ganze linke Seite nimmt eine Reihe schöner Casernen ein. Zu den Merkwürdigkeiten dieser Citadelle gehört auch der Donjon, ein Viereck, das von 8 kleinen Thürmen, ebenfalls in Quadratform, zusammen gesetzt ist, deren 4 in den Winkeln, die übrigen aber im Mittelpunkte der Seiten angebracht sind. Er ist von einem mit Stein ausgemauerten Graben umgeben, und hat im Mittelpunkte einen großen Hof, mit einer schönen und großen Cisterne. Rechts ist die Wohnung des Gouverneurs., und links das Waffenmagazin. — Das Clima von Perpignan ist sehr gemäßigt, das Land sehr angenehm und fruchtbar. Nichts mangelt dieser Stadt als gutes Trinkwasser, das hier eine wahre Seltenheit ist.

Schon oft bedauerte ich es ungemein, daß ich, als ich durch Perpignan reißte, nichts von der höchst malerischen Lage der roussillonschen Seestädtchen Collioure und Port-Vendres wußte, die nur einige Stunden von Perpignan gegen Südosten entfernt sind, und nebst ihren Häfen eine vortreffliche Umgebung haben; ich hätte so leicht von Perpignan aus eine Excursion dahin machen können. Kein Reisender vernachläßige diese zwei interessanten Seehäfen!

Ziemlich weit begleitete uns, als wir Perpignan, den 30sten Jun. Nachmittags verließen, eine angenehme schattige Allee auf dem Wege nach Prades und Mont Louis; dieser letztere Ort ist etwa 12 M. von Perpignan entfernt; der Weg führt immer längs dem Tetthale hin. Wir waren am Abende nur noch in kleiner Entfernung von der, in düsterer Majestät hoch in den klaren Himmel emporsteigenden Kette der Pyrenäen; ich ergötzte mich da, besonders an den Spielen der Nebelgewölke, die an den ungeheuern, dunkeln Gebirgabhängen hin und her zogen, und an ihren mannigfaltigen Verwandlungen. Einige stiegen säulenförmig aus den Wäldern oben in den reinen, ruhigen Abendhimmel empor, wie der Rauch an windstillen Wintertagen aus den Schornsteinen; andere zogen sich queer, wie Gürtel, um die rauhen, eckigen Körper der Felsen her.

Hier saß ein Nebelkrokodil, mit immer weiter sich öffnendem Rachen, auf einer Felsenspitze; dort kletterte eine unförmliche Gnomengestalt einer andern eben so grotesken Fraze vor ihr, ganz sachte und leise auf den Rücken, und wurde nun bald so groß, daß ich ihren armen, unter ihr zusammen sinkenden Träger fast nicht mehr bemerkte. Gleich neben daran erschien eine ganze Reihe hoher und schmaler Nebelgestalten; langsam und feyerlich segelten sie, wie ossianische Geister, hinter einander durch eine Bergkluft nach dem Thale herab; plötzlich kam ein ungestümer Windstoß das Gebirg herunter, und warf die ehrwürdigen Gestalten, ihre Gravität nicht scheuend, wie Spreu durch einander. Hier stiegen 2 colossale Ungeheuer mit aufgesperrten Rachen feindselig an einander in die Höhe, und nach wenigen Augenblicken waren sie friedlich in Einen Klumpen zusammen geschmolzen; dort schien ein dunkler, waldiger Fels die Arme auszustrecken; auf ihnen lag, wie ein kleines Kind, ein längliches Nebelklümpchen;

Nebelkümpchen; gravitätisch und wohlgefällig schien sein in der Sonne glänzendes Gesicht sich nach der kleinen Nebelgestalt herüber zu neigen; diese wurde immer größer. Ich verfolgte eine Zeitlang meinen Weg, ohne wieder in die Höhe zu blicken; plötzlich fällt mir der Felsenmann mit dem Nebelkinde wieder ein; ich blicke hinauf, und sehe mit Erstaunen, wie in wenigen Minuten aus dem zarten Kinde ein ungeheurer, ungeschlachter Riese geworden ist; jetzt erhebt er sich aus den Felsenarmen; nun verwandelt sich seine Nase in einen langen Vogelschnabel; seine Haare sträuben sich empor, Hörner treten heraus, und jetzt schreitet er, mit langen, zappelnden Beinen, über Wälder und Felsen hin.

. Den folgenden Tag, es war der 1ste Julius, setzten wir unsere Reise nach Prades fort; frühe um 8 Uhr waren wir endlich hart am Fuße der Pyrenäen; wir hatten das Vergnügen, fast ½ Stunde weit, rechts und links am Wege, Granäthecken neben uns zu erblicken, die mit den schönsten Blüthen wie überschneiet waren; es war ein prächtiger Anblick; auch begegneten uns überall Maulbeerbäume von ungewöhnlicher Größe und Schönheit; seit einigen Tagen sahen wir auch Oelbäume mit ungeheuern Stämmen; überhaupt waren wir jetzt auf allen Seiten von der schönsten, üppigsten Vegetation umringt; schöne, hohe, mannigfaltig geformte, lieblich übergrünte Berge erhoben sich vor uns, und zu unserer Linken; ein Reichthum der allerschönsten, größten, laubreichsten Bäume überdeckte in Gruppen und Linien die Landschaft, und beschattete unsern Weg, was uns auf den prächtigen Landstraßen bisher so sehr gefehlt hatte.

Kleine Waldbäche und Quellen eilten, mit lieblichem Gemurmel oder lautem Geräusche, zahlreich links von den Höhen herab, und wässerten die schönen Wiesen, die sich auf unserer rechten Seite, neben reichen Getreidefeldern hin

erstreckten; Sangvögel flatterten in den Zweigen umher, und
ergötzten uns mit wohlbekannten Melodien; besonders willkommen umtönten uns wieder die lange entbehrten Gesänge
der Nachtigall; unaussprechlich wohl that es uns, diese
lieblichen Töne endlich wieder einmal zu hören, nachdem unsere Ohren auf den, in der Entfernung von Städten so
langweiligen Ebenen von Languedoc, wo man keinen einzigen
Vogel sieht, schon so lange durch den wilden, reizlosen, ein-
tönigen Lerm der Cigalen gemartert worden waren; auch die
einförmigen, aber angenehmen Töne gewisser, uns wohlbe-
kannter Waldvögel, die Stimme des Kukuks, drangen aus
den Bergklüften zu uns herab; dazu kam nahes und fernes
Brüllen weidender Stiere und Kühe, deren Anblick uns so
neu und willkommen war.

- Prächtige Eichen begegneten unsern Blicken; schöne
Nußbäume, Hanffelder, welche alle wir auch so lange nicht
mehr gesehen hatten; ein kleiner Wald nördlicher Bäume
lief neben uns am Abhange hin; es war eine reiche, herrliche, vaterländische Natur, in der wir uns jetzt befanden;
ich glaubte wieder unter unserm nördlichen Himmel, in den
Schweizeralpen, in der Nähe der geliebten Heimath, in
einem Thale des schönen badischen Oberlandes zu seyn,
welches Gefühl mich während meiner ganzen Pyrenäenreise
niemals verließ, da unsere ganze Umgebung und die Temperatur der Luft ganz vaterländisch war. Auch nach ziemlich langer Zeit erblickten wir jetzt wieder an den Abhängen
der Berge Rebenpflanzungen, wo aber nicht, wie wir es
bisher in Frankreich gesehen hatten, die Reben ohne
Stäbe auf dem Boden herumkrochen, sondern an jungen
Bäumchen sich in die Höhe wanden, die Kronen derselben
mit ihren Ranken umschlangen und durchflochten, und in

mäßiger Entfernung von einander in langen, geraden Linien sich hinzogen.

Oelbäume mit lermenden Cigalen mischten sich noch
ferner unter ihre nördlichen Brüder. Rechts und links waren nun die Getreidefelder mit Garbenhäufen übersäet, und
prächtig blühende, an der Straße zerstreute, Granatgebüsche
hörten nicht auf uns zu ergötzen. Eine Menge fröhlicher
Landleute aus den nahen Dörfern begegneten uns auf der
lieblich beschatteten Straße; die Weiber hatten weiße Tücher über den Köpfen. Jetzt erblickten wir links, hoch oben
auf den Felsen, schöne Ruinen eines alten Schloßes, denen
ein düsteres, hohes und fernes Gebirg mit Schneestreifen
zum Hintergrunde diente. Es war ein köstlicher Morgen,
und die schöne Landschaft voll mannigfaltiger, reizender, va-
terländischer Anblicke, war aufs vortheilhafteste von der
Morgensonne beleuchtet.

Wir kamen nun erst recht in die Pyrenäen hinein, die
wir bisher nur auf unserer linken Seite gehabt hatten. An
allen Berghöhen entdeckten wir jetzt einen sehr starken Wein-
bau, auch ferner überall den bisherigen Reichthum von
Bäumen. Die bisher etwas mittelmäßig gewesene Landstraße
war jetzt wieder vortrefflich. Wir kamen auf eine Berghöhe;
rechts unten rauschte der Tetstrom durch ein schmales Thal;
vor uns erblickten wir eine Reihe höher, dunkler Gebirge,
die auch voller Bäume und Rebenpflanzungen waren; da
und dort öffneten sich hohe, dämmernde Thäler in den Gebirgen, über denen schwarze Nachtgewölke brüteten. Eine
kühle Morgenluft umwebete uns; die sanfte Ruhe dieser
Gebirge, zwischen denen wir auf ziemlicher Höhe dahin
zogen, erzeugte auch einen süßen Frieden in meiner Brust;
wenige Menschen und Maulthiere begegneten uns in dieser
hohen, einsamen Gebirgwelt; wir hörten nichts als das

ernſte Rauſchen des Stromes tief unten in ſeinem Felſen-
bette, zuweilen den Laut eines Vogels, oder die Symphonie
eines Cigalenchores in den Zweigen einiger Oelbäume. Eine
Menge derſelben war von Rebenpflanzungen begleitet, rund
umher an den Bergabhängen zerſtreut.

Im Thale unten, auf unſerer rechten Seite, waren die
Bewohner der Gegend auch mit der Ernte beſchäftigt; aber
nicht allein Getreidefelder, ſondern auch die ſchönſten Wieſen-
ſtriche begleiteten den Strom in ſeiner Tiefe, der auf ſeinem
ganzen Laufe auf's anmuthigſte mit Bäumen und Gebüſchen
geſchmückt war. Das friſche Grün der Wieſen, und die
dunkle Belaubung der Bäume am Strome wurden auf's vor-
theilhafteſte gehoben, durch die rauhen, dunkelgelben, grauen
und nackten Felſen des rechts am Strome ſich wild empor-
thürmenden Gebirges, neben dem das Gewäſſer mit Wieſen
und Feldern ſich hinabſchlängelte, das aber weiter oben, wie
der größte Theil aller Bergabhänge umher, mit Oelbäumen
und Rebenpflanzungen bedeckt war, unter denen ſich zahlloſe,
lange, mit einander parallel laufende Terraſſenmäuerchen hinzogen. Das friſche, glänzende Grün dieſer Rebenpflanzungen
contraſtirte auf's angenehmſte mit den tiefblauen nähern, und
den weißlichblauen entferntern Gebirgen.

Eine höchſt angenehme Erſcheinung ſtieß uns auf, indem
wir mit unſern Blicken das liebliche Thälchen unten durch-
ſtreiften; ganz unerwartet erſpäheten wir auf einmal ein ſchönes Kartoffelfeld; es war das erſte, das wir auf unſerer bisherigen Reiſe ſahen, auf der wir, ungeachtet unſers vielen
Nachfragens, nur 2 oder 3 mal Kartoffeln zu eſſen bekommen konnten, und dieſe waren von ſehr geringer Qualität;
ſolche Kartoffelfelder fanden wir nachher noch genug in den
Pyrenäen, ſo wie Hanf- und Flachsfelder vom herrlichſten
Grün. Eine Heerde Schweine, auf die wir weiterhin ſtießen,

war uns auch eine ganz neue und angenehme Erscheinung;
nicht ein einziges Schwein hatten wir bisher in den Gegenden gesehen, durch die wir kamen, so wenig als einen Bissen
Schweinfleisch auf einem Wirthstische. Wie weit steht doch
die Küche des Südländers an Mannigfaltigkeit angenehmer
Speisen der Küche des Nordländers, besonders des Deutschen,
nach! wie arm ist die südliche Küche! wie viel besser leben
unsere deutschen Landleute, als die Landleute im Süden
Europens!

Der schöne, mir in diesen romantischen, in dieser vaterländischen, nördlichen Natur unter südlichem Himmel so
überaus angenehm verflossene Tag, endigte mit einem eben
so schönen Abend. Die Gebirge traten, als wir nicht mehr
weit von Prades entfernt waren, ansehnlich auseinander;
das bisherige enge Thal wurde jetzt weit und geräumig;
friedlich, geräuschlos und malerisch zog sich hier der Bergstrom mit seinen Gebüschen und Bäumen in weiten Schlangenwindungen durch das breite Wiesenthal; auf allen
Seiten um uns her stiegen Reihen majestätischer Gebirge
terrassenweise hinter einander zum Himmel empor; sie schützen das warme, liebliche, fruchtbare Thal vor allen rauhen Winden; die vorderste, östliche Reihe glänzte mit dem
schönsten Grün bis weit hinauf bedeckt, im sanften Lichte
der sinkenden Sonne, und stand im schönsten Contraste mit
ihrer düstern, von der Sonne abgewandten Seite; ein
weit matterer Schimmer umschwebte die zweite, höhere
Gebirgreihe hinter ihr; und ganz graulich dämmernd, starrte
hinter dieser eine noch höhere Reihe kahler, zackiger Felsen
in die heitere Abendluft.

Ausnehmend ergötzte ich mich an den schönen Abstufun-
gen des Lichtes und Colorites dieses interessanten Gebirg-
gemäldes, und an dem lieblich besonnten Wiesenthale, das

am Fuße dieser Gebirgcolossen, mit seinen Schlangenlinien
von Bäumen und Gebüschen, und dem zwischen ihnen her-
vorschimmernden Gewässer, wie ein Elysium vor uns lag.
Die Cigalen waren in ihren Oelbäumen in voller Arbeit,
und Nachtigallen schlugen aus allen Gebüschen. Jetzt entdeckten wir mit großem Vergnügen das Städchen Prades,
wo wir zu übernachten beschloßen hatten; es lag uns gegen
über am jenseitigen Ende des Thales, und schien uns freundlich zu sich einzuladen. Nun sank die Sonne hinter
die Gebirge hinab, die jetzt wie düstre Schattenbilder da
standen, vom reinen, goldenen Abendhimmel umstrahlt;
an den Spitzen der gegen überstehenden, östlichen Felsenzinnen
glüheten noch einige Rosenschimmer; bald erblaßten auch
diese, wie das Gewölk am Abendhimmel; Nebelwölkchen
umrauchten jetzt die Felsen, und verhüllten ihre schlum-
mernden Häupter, und aus der stillen Unendlichkeit über
ihnen, quoll ein freundliches Himmelslicht nach dem andern
hervor, und glänzte in unser kleines Paradies herab. So
sank zum erstenmal in einem schönen Pyrenäenthale, die
Nacht auf uns hernieder.

Prades ist ein artiges Städchen, am Ufer der Tet,
in einem reizenden Thale; außen vor demselben liegt ein
freundliches Capuzinerkloster; ¼ Stunde hinter dem Städchen dringt man wieder in die hohen Gebirge ein, und das
Thal wird wieder enger; der Reisende wird aber nicht
durch kahle, steile Felsenwände erschreckt, sondern freut sich
aufs neue der wieder überall zur höchsten Höhe empor
steigenden Rebenpflanzungen. Dieser angenehme Anblick
nimmt zu bis zu dem 1½ fr. Meile gegen Süden entfernten Städchen Villefranche, das auch an der

Tet liegt *); ungeheure Marmorberge erheben sich auf beyden Seiten; man kann nicht genug erstaunen über den Fleiß, mit welchem die Bewohner dieser Gegend diese wilden Felsenberge, mit Hülfe vieler Tausend Terrassengemäuer fruchtbar gemacht haben.

Es war ein lieblicher Morgen, an dem wir das reizende Thälchen von Prades verließen; ganze Schwärme von Nebelwolken umrauchten glänzend in der Morgensonne die Felsen; ein besonders angenehmes Spiel trieb ein Theil derselben um einen nahen, ungeheuer hohen, schwarzen Felsen; der Contrast zwischen seinen düstern, rauhen, eckigen Gliedern, und den hellglänzenden, zarten Gebilden der ihn umdampfenden Nebelwölkchen, war äußerst malerisch; es war mir, als erblicke ich einen Zögling der africanischen Wüsten, der ein zartes, weißes Hemd über die schwarzen Schultern werfe. Nicht weit von demselben sahe ich in der Höhe ein kleines Felsenamphitheater, von dem ein niedliches, ebenes Plätzchen umschloßen wurde; hier wimmelte es von vereinzelten, länglichen, einander umschwebenden, zarten, silbernen Wölkchen; es schien eine Versammlung von Engeln zu seyn.

*) „Villefranche ist die Hauptstadt der Landschaft Conflans, oder Conflens in Roussillon, die sonst den Titel einer Grafschaft und einer Viguerie hatte. Sie liegt zwischen Languedoc, dem eigentlichen Roussillon, Catalonien, dem franz. Cerdagne, und Capsir. (Capsir ist ein Ländchen 3 fr. Meilen lang und 2 breit, gehört zum Distrikt von Prades; es ist sehr bergig und hat gute Weiden; der Audefluß entspringt darin). Die Landschaft Conflans ist 8 fr. M. lang und 4 breit, und hat einen Flächeninhalt von 9 deutschen Quadratmeilen; sie ist sehr bergig; doch sind die Thäler fruchtbar, und die Weiden vortrefflich. Der Hauptfluß, die Tet, durchströmt das ganze Land, das jetzt zum Distrikt von Prades, im Departement der östlichen Pyrenäen gehört." —

Hinter Prades entdeckten wir auf den mit Oelbäumen, Rebenpflanzungen und kleinen Getreidefeldern bedeckten Bergabhängen, hie und da ein Dörfchen, das aus mehrern Häuserreihen bestand, die eben so terrassenmäßig über einander empor stiegen, wie die unzähligen Mäuerchen, die ihren Pflanzungen an den Bergen umher zur Unterstützung dienten; von den Gassen dieser Dörfchen konnte man auf die Dächer der unten daran hinlaufenden Häuserreihen hinüber schreiten. Mit dem angenehmsten Geräusche stürzten und rollten uns zur Linken kleine Bäche in Menge über schwarze Felsmassen und Abhänge von waldigen Höhen herab. Noch immer fehlte es nicht an den schönsten, ausgedehntesten Hanf-, Flachs- und Kartoffelfeldern, zwischen denen hie und da auch Felder mit türkischem Korn und Bohnen zum Vorschein kamen.

Ganze Schwärme beladener Maulthiere zogen mit ihren Treibern an uns vorüber; diese hatten rothe, wollene Mützen auf dem Kopfe, und Sandalen an den Füßen, Schuhe aus Hanf geflochten, wie sie gewöhnlich in den Pyrenäen getragen werden; sie bestehen nur aus einer, einen Zoll dicken, aus hänsenen Schnüren geflochtenen Sohle, über der vorne ein ganz schmales Käppchen angebracht ist, wodurch nur die Spitzen der Zehen bedeckt werden; sie werden mit seitwärts angenäheten, farbigen Bändern am Fuße befestigt; ein Paar solcher Sohlen kostet 20 — 30 Sous; sie halten sehr lange aus. In der Nähe von Villefranche kamen wir durch ein schauerliches Felsenthal, wo hart neben dem Wege entsetzliche Massen senkrecht zum Himmel hinaufsteigen. Einen sonderbaren Anblick gewähren in dieser Gegend die schmalen Getreidefeldchen, die in großer Anzahl an den steilsten Bergabhängen zerstreut, sich häufig bis zu den höchsten Gipfeln der Berge über einander erheben. Wir

sahen unzählige solche gelbe Streifen an allen Gebirgabhängen.

Noch immer hatte die tief im Thal unten rauschende
Tet größere und kleinere Wiesenstriche, und die schönsten
Baumreihen neben sich. Angenehme Unterhaltung gewährte
uns die unaufhörliche Abwechslung der Felsen in Größe,
Form, Bedeckung und Gruppirung. Häufig findet man in
diesen wilden, romantischen Gegenden die angenehmsten Contraste senkrechter Felsenmauern und Thürme, mit den anmuthigsten, mit schönen Bäumen geschmückten Wiesenthäl-
chen, und ihren, in kleinen, schäumenden Wasserfällen, durch
ihre Felsenbette dahin stürzenden Waldströmen. Ueberall begegneten uns die schönsten Nußbäume; blühende Granatgebüsche schwebten in Menge am Rande der Felsen, und
zogen sich in den Abgrund hinunter, wo sie im Dunkel zu
brennen schienen; bald da, bald dort rauchte ein Wald, ein
Berggipfel; in hohen, düstern Thälern bildeten sich Nebel-
massen, und dampften zu den Wolken' empor.

Der in diesen Gegenden für Fuhrwerke zu schmale Weg
läuft fast immer hoch an den Bergabhängen hin; furchtbar
donnert zuweilen neben demselben der Waldstrom in grauen-
vollem Abgrunde; 30 — 40' hohe Mauern steigen oft aus
der Tiefe empor, um den Weg zu stützen. Die Dörfer, die
uns in dieser Felsenwelt aufstießen, hatten alle ein erbärm-
liches Ansehen; die Wohnungen waren meistens wie Vieh-
ställe; fast alle hatten keine Fenster; statt ihrer hat man
nur 2 Fensterladen, die bey übler Witterung und Nachts
zugemacht werden; über beyden ist eine schmale Oeffnung,
welche nie verschlossen wird; die Häuser sind inwendig ganz
schwarz, unreinlich und unbequem; alles ist auf's plumpste
gearbeitet. Auch die Kleidung der Bewohner dieser Löcher,
so wie ihr ganzes körperliches Aussehen, war erbärmlich, und

doch waren die Thäler und Anhöhen auf's beste und sorg-
fältigste mit Reben, Getreide, Oel- und Obstbäumen, Wiesen ꝛc. angepflanzt, und belohnten den auf sie gewendeten
Fleiß auf's reichlichste.

Gegen Abend erst hörten wir, daß das ungeheure,
hohe, düstere Felsengebirge *), an dem wir in der Nähe
von Prades und Villefranche vorübergezogen waren, der
berühmte Canigou wäre; ich betrachtete ihn noch einmal
aufmerksam auf einer Anhöhe; majestätisch ragte dieses königliche Gebirg weit über alle Bergreihen umher empor;
eine Nebelwolke nach der andern quoll aus seinen Seiten,
und dampfte zum Himmel, oder zog an seinem düstern,
ungeheuern Körper hin, und verhüllte bald seine Mitte, bald
sein ehrwürdiges Haupt; die nähmlichen Erscheinungen
bemerkte ich auf einem andern, uns näher liegenden, hohen,
dämmernden Gebirg; weit hin an seiner Mitte und um
seinen Gipfel her rauchten größere und kleinere Nebelsäulen
in die Höhe, und glänzten auf dem dunkeln Gebirge, wie
Gold im Strahle der Abendsonne; sie schienen Opferflammen auf dem Altare der Natur zu seyn.

Wir übernachteten im Flecken Aulette, der auch am
Ufer der Tet, im Schoose wilder, hoher Gebirge, 3 fr.
M. südwestlich hinter Prades liegt. „Der Wollenhandel ist
hier sehr beträchtlich, und die Wolle von sehr guter Art;
hier sind mineralische Quellen, die bis auf 70° Wärme

---

*) „Der Canigou, im Distrikte von Prades, im alten Roussillon,
ist einer der höchsten Berge in den Pyrenäen; er ist 1440 Toisen über die
Meeresfläche erhaben, hat 4 Spitzen, trägt auf seinem hoch empor stehenden
Haupte jährlich 7 Monate lang Schnee, und wird auf 30 Stunden weit
gesehen. Bären, Wölfe, wilde Schweine, und Eidechsen hausen hier in
großen Heerden. Eine an diesem Berge gelegene, vormalige Benediktiner-
abtey heißt St. Martin de Canigou, und hatte 5—6000 Liv. jähr-
licher Einkünfte." —

haben." Unfere treuherzige Wirthin ließ fich in ein Gespräch mit mir ein, hörte, daß ich noch den größten Theil der Pyrenäen durchwandern wolle, und fagte mir endlich, ich folle es nur geftehen, ich feye ein Geiftlicher, fie fehe es mir wohl an; und meine weite Fußreife, befonders in fo wilde, rauhe Gebirge, feye gewiß eine Pénitence (eine Bußreife), die ich für mich und meine Gemeine übernommen habe; ich widerlegte diefe Meynung nicht, da die gute Frau mich bey derfelben als einen frommen Mann, und braven Seelforger betrachten mußte.

Den nächften Morgen, es war Freytag der 3te Jul., feßten wir frühe unfere Pilgrimfchaft weiter fort; es begegnete uns aufs neue auf unfern Felfenpfaden eine Menge Maulthiere mit ihren Begleitern; das Felfenthal wurde immer enger; wir ftiegen immer höher; furchtbar drängten fich etwa ¾ Stunden von Aulette die Felfen von beyden Seiten zufammen; der Weg wurde immer mühfeliger; die Pflanzungen im Thale unten nahmen ein Ende; kaum fand der Bergftrom noch Plaß, fich in feinem Abgrunde zwifchen den fich zufammendrängenden Felfen durchzuarbeiten. Doch erblickte ich noch hoch über dem greulichen Felfengewühle Getreidefelder, und rechts, über einem ähnlichen Chaos, Rebenpflanzungen, die terraffenweife über einander zu fchwindelnder Höhe empor ftiegen; auch erblickten wir wieder an vielen Orten blühende Granatengebüfche, die fich an Abgründen hinzogen, fo wie auch eine Menge Feigenbäume.

Ich fieng jeßt an, des ewigen Kletterns auf den mühfegen Pfaden diefer Felfenthäler, und der raufchenden Bergftröme von Herzen müde zu werden, und mich wieder aufs ebene Land heraus zu fehnen. Schon mehrmals hatte ich mich, da ich in diefen Pyrenäenthälern lange nicht die Mannigfaltigkeit der Naturfcenen fand, wie ehemals in der

Schweiz, und die Einförmigkeit, und Wiederholung des
Alten, mich zu ermüden anfieng, an . das Ende des 2ten
Buches der Maccabäer erinnert, wo es heißt: Allezeit Wein
oder Wasser zu trinken ist nicht lustig, aber zuweilen Wein,
zuweilen Wasser trinken, das ist lustig; und so dachte ich
auch: viele Tage nach einander immer mühselig und elen-
diglich in Felsen herum zu klettern, und von früh bis in
die Nacht beständig rauschende Waldbäche zu hören, ist
nicht lustig; aber zuweilen romantische Felsenthäler und
hohe Gebirge zu durchstreifen, zuweilen auf weiten, sonni-
gen, grünen Ebenen behaglich hinzuschlendern, das ist
lustig.

Ein plötzlich sich einstellender Regen nöthigte uns, einen
halben Nachmittag in einer jämmerlichen Dorfschenke zu verlieren; doch konnten wir uns in dieser Rücksicht nicht über
den Himmel beklagen, da wir seit unserm Aufenthalte in
Besançou in 7 Wochen keinen Regentropfen mehr gesehen
hatten. So wie der Regen ein wenig nachließ, machten
wir uns auf und davon; im Hochgebirge hatte es geschneiet;
die Häupter desselben waren ganz weiß, und contrastirten,
in der Sonne glänzend, auf's schönste mit seinen schwarzblauen Massen, und mit den dunkelgrünen Vorbergen. Einen
für uns ganz neuen, überaus angenehmen Anblick hatten
wir jetzt, mitten unter so vielen nackten Felsen, an einem
bis zur höchsten Spitze, ganz ohne alle Unterbrechung,
grünen Gebirge, über das sich hinten ein prächtiger, weit
herab rein mit Schnee bedeckter Berg majestätisch erhob.

Wir waren noch etwa eine kleine Stunde von Mont
Louis entfernt, und mußten uns jetzt nach der linken
Seite des Felsenthales hinüber wenden, und eine hölzerne
Brücke passiren, über und unter welcher die Tet über ziem-
lich hohe Felsmassen, in malerischen Fällen, herabstürzte;

wir ergötzten uns eine gute Weile an diesem interessanten
Anblicke in dieser Felsenwüste, so wie an dem donnernden
Getöse des Gewässers, das sich, nach dem doppelten, ansehnlichen Falle, noch weiter durch ein mit ungeheuern Felsmassen besäetes Bette fortdrängen mußte. Ich erinnerte
mich hier sogleich an das ähnliche Felsenbette der Quelle
von Vaucluse, und konnte mir jetzt noch lebhafter vorstellen,
wie das Wasser dieser Quelle schäumen und brausen müsse,
wenn es seine höchste Höhe erreicht hat. Man sieht hier
ganz nahe bey der hölzernen Brücke noch ansehnliche Reste
einer ehemaligen steinernen Brücke.

Wir verließen nun den Strom, und stiegen, ihm den
Rücken zuwendend, auf einem Zickzackwege höher nach dem
Gebirge hinauf; es war schon spät am Tage, als wir ein
Dörfchen erreichten, welches links etwas tiefer als Mont
Louis liegt, das wir rechts auf der Höhe, am Fuße eines
ungeheuer hohen Gebirges erblickten.

* * *

„Mont Louis ist ein Städchen, und eine sehr starke
Festung in Roussillon, vormals der Hauptort im französischen Cerdagne, jetzt im Departement der östlichen Pyrenäen.
Diese Festung liegt auf einer felsigen Anhöhe in den Pyrenäen, am Engpasse von Perche, 4 fr. M. südwestlich von
Villefranche. Sie ist nur klein, und zählt ungefähr 600
Einwohner, aber sie ist regelmäßig gebaut, hat 8 nach der
Schnur gezogene Gassen, und einen regelmäßigen Hauptplatz in der Mitte des Ortes; die Häuser sind alle symme-
trisch gebaut; die Pfarrkirche ist hübsch, und die Casernen
sind solid und bequem. Ludwig XIV. ließ diesen Ort im
Jahre 1681 durch den berühmten Marschall von Vauban
anlegen, um die Gebirgpässe und die Brücke über die Tet

durch eine Festung zu decken.   Das Städtchen ist unregelmäßig befestigt, weil es der Fels, auf dem es liegt, nicht
anders zuließ, und hat 3 Bastionen. Zwischen dem Städchen
und der Citadelle ist eine weit ausgedehnte Esplanade.
Diese Citadelle liegt auf dem Felsen, und ist regelmäßig
mit 4 Bastionen befestigt; es sind weitläufige Casernen und
Magazine, und die Wohnung des Commandanten in
derselben."

Die Gegend, in der wir uns jetzt befanden, hat
eine gewaltig hohe Lage; wir wurden hier durch den
Anblick von Wiesen und Feldern überrascht; diese ziehen sich besonders nach dem Col de la Perche zu,
welcher mit erstaunlichen Bergen umgeben ist, die dem
Ansehen nach den Canigou an Höhe übertreffen, und
der aus Roussillon nach Cerdagne *) führt, von welcher Landschaft Mont Louis der Hauptort ist. In diesen
Bergen hat die Tet, die wir bisher verfolgten, ihren
Ursprung.

Schöne, grüne Alpen lagen nicht weit von uns in der
Höhe mit weidenden Kühen bevölkert, und einem Dörfchen

---

*) „Das französische Cerdagne ist ein abgerissenes Stück von dem
spanischen, es wird nordlich von Capsir und Foix, südlich und westlich von
Catalonien, und östlich von Conflans, welches ein Stück von Roussillon ist,
begrenzt. Seine Länge ist 5, und die Breite 3 fr. M.; der Flächeninhalt
beträgt ungefähr 6 geogr. Quadratmeilen. Das Land ist sehr bergig, doch
fruchtbar, besonders an guter Weide. Mont Louis ist der Hauptort. Vor
Zeiten gehörte Cerdagne den Grafen von Barcellona; einige hundert Jahre
lang besaßen es apanagirte Grafen. Im pyrenäischen Frieden von 1659
trat Spanien das beschriebene Stück von Cerdagne an Frankreich ab. Diek
Stück wurde dann zum Gouvernement und der Intendanz von Roussillon
geschlagen." —

belebt; es waren mäßig hohe Hügel; hinter ihnen erhob
sich eine etwas höhere Reihe dunkler Vorberge; über diese
stieg eine sehr hohe, und rechts und links sich weit hinaus
dehnende Gebirgkette empor, in der wohl über 12 finstere,
kegelförmige Felsenmassen, mit überschneieten Häuptern, hoch
in den Himmel empor ragten; endlich erhob sich, hinter diesen Schneehäuptern, eine noch höhere, majestätische Reihe,
ganz weiß überschneieter, ungeheuer hoher und breiter, einzelner Bergkolossen; hoch über der Region der Wolken und
Gewitter blickten sie mit königlicher Würde, vom reinsten
Schneegewande umflossen, das die Abendsonne mit dem zartsten Rosenschimmer überströmte, auf die erhabene Gebirgwelt um sie her; über ihnen schwebte glühendes Purpurge-
wölk, in welchem rechts und links, in weiter Ferne, noch
andere Schneegebirge halb sichtbar und dämmernd, wie
Geisterburgen erschienen. Ein ähnliches, prachtvolles, aller
Schilderung mit Worten und Farben spottendes Gebirggemälde sahen wir bisher und auch nachher nicht wieder in
den Pyrenäen; es war, nach Composition, Größe und Colorit,
eines der herrlichsten Meisterstücke der wunderreichen Natur.
Dieß erhabene Prachtgemälde wird nie in meiner Phantasie
erblassen; es gehört zu den allererstenn der glänzenden Ge-
mäldegalerie, in deren Besitz mich meine südliche Reise gesetzt hat.

Eine Weile führte uns den nächsten Morgen der Weg
noch immer höher; überall, links und vor uns, nahe
und ferne, erblickten wir hohe Schneegebirge, von denen
unbehagliche, kalte Winde nach uns herabweheten. Wir
blickten noch einmal zurück nach der kleinen Grenzfestung
Mont Louis, die auf ihrer Höhe von einem Nebelschleier
halb verhüllt lag; hoch über Mont Louis, am Gebirge,

erblickten wir zu unserm Erstaunen noch ein Dörfchen; es soll
der am höchsten liegende Ort in ganz Frankreich seyn. Wir
erstaunten über die Menge hoch in der Luft schwebender und
singender Lerchen, die wir in dieser hohen Region nicht
vermuthet hätten.

Jetzt hatte unser Weg seinen höchsten Punkt erreicht,
und nun überraschte uns der unerwartete Anblick eines
großen, fruchtbaren, schönen, lieblich von der Morgensonne
begläuzten Thales, tief unten, westlich am Gebirge; auf's
reizendste war es von zahllosen Wiesenstrichen und Getreidefeldern durchschnitten, und mit schönen Bäumen übersäet.
Am Fuße unsers Gebirges lag in demselben das ansehnliche
Dorf Alivie; in der Mitte des Thales aber erblickten
wir auf einer Anhöhe das spanische Städtchen Puicerda.
Ein prächtiges Amphitheater, terrassenweise über einander
aufsteigende Bergreihen, deren hinterste und höchste zum
Theil aus Schneebergen bestand, umzog dieß liebliche Thal.
Auf der rechten Seite desselben erblickt man die waldige
Bergkette, an deren Fuße der Weg aus diesen Gebirgen
heraus nach Tarascon führt. Zahlreiche Schwärme von Maulthieren zogen mit ihren Treibern neben uns vorbey, das Gebirg hinab.

Nach etwa 1¼ Stunde hatten wir endlich das Dorf
Alivie erreicht; hier fanden wir, zu unserer großen Freude,
deutsche Soldaten; wir lernten unter ihnen einen sehr
gebildeten, jungen Menschen kennen, der aus Straßburg
gebürtig, und einst zum Studieren bestimmt war, auch schon
gute Fortschritte gemacht hatte, aber ganz unerwartet Sol-
dat werden mußte; er war schon in Spanien gewesen, und
unterhielt uns eine gute Weile auf's angenehmste mit seinen
Erzählungen; nach seiner Versicherung war auch in Puicerda, von dem wir nur ¼ Stunde entfernt waren, eine

ziemliche

ziemliche Anzahl deutscher Truppen; wir fanden in der
Folge noch an mehrern Orten in den Pyrenäen deutsches
Militär.

Wir verließen nun dieß höchst anmuthige Thal, ließen
Puicerda in kleiner Entfernung linker Hand auf seinem
Hügel liegen, durchwanderten noch einige Dörfer, und kamen endlich in der Mitte des Nachmittages über eine Anhöhe, in ein neues, enges, düsteres Thal, zwischen waldigen
Felsgebirgen; auch dieses unwirthliche, unangebauete Thal
hatte seinen rauschenden und schäumenden Bergstrom. In
diesem Thale wurden wir durch den plötzlichen Anblick der
ungeheuern, unzähligen Trümmer eines Felsen überrascht,
der schon vor langen Zeiten in's Thal herabgestürzt war;
durch dieses wilde, entsetzliche Chaos wand sich unser Weg;
ungeheure Massen lagen zu hunderten um uns her, und
thürmten sich über einander bis zum Waldstrome hinab.
Wir sahen an der Felsenwand oben sehr deutlich den Ort,
von dem sie sich einst los rißen. Diese colossalen Felsentrümmer setzten mich in Stand, mir von dem berühmten Chaos
von Heas, in den mittlern Pyrenäen, vorläufig eine lebhafte
Vorstellung zu machen. Die ungeheuern Klumpen waren
mit schwefelgelbem Moose überzogen.

Weiterhin erblickten wir wieder in der Tiefe, neben
dem Waldstrome, kleine Wiesenstriche, Getreidefelder, und
schöne Bäume. Ein heftiges Regengestäube, das ein stürmi-
scher, kalter Wind hoch herab aus dem Felsenthale, das
wir noch zu ersteigen hatten, und wo bedenkliches, finsteres
Regengewölke brütete, auf uns herab jagte, nöthigte uns,
in einer einzelnen, am Wege stehenden Hütte, unsere Zuflucht
zu suchen. Ein junger Mann bewohnte dieselbe mit seiner
Frau und Schwägerin; er spaltete gerade unten im Hause
Holz, und ließ uns freundlich in die warme Stube hinauf

geben; hier fanden wir seine recht hübsche, junge Frau
und ihre Schwester, die ein schlankes, schüchternes, liebliches Mädchen von 16 Jahren war. Diese beyde, anmuthige Geschöpfe räumten uns sogleich den besten Platz am
Feuer ein, das an der Wand, unter dem sich nach der
Stube öffnenden Kamine brannte. Aber leider konnten wir,
da sie nur Patois redeten und verstanden, uns ihnen nur
durch Zeichen ein wenig verständlich machen; wir lasen in
ihren Augen das redlichste Wohlwollen, und in den unsrigen konnten sie gewiß auch unsere herzliche Dankbarkeit,
und unser eben so herzliches Wohlgefallen an ihrer Liebenswürdigkeit nicht verkennen; wir bezeugten einander wechsel-
seitig, wie leid es uns thue, nicht mit einander reden zu
können; über mißgedeutete Zeichen entstand oft ein herzliches Gelächter. Nach etwa ½ Stunde schieden wir mit
treuherzigem Händedrucke von den gutmüthigen Kindern,
und wurden von ihnen eben so freundlich verabschiedet, als
empfangen.

Zwar war jetzt der Regenschauer vorüber; aber ein
unholder, naßkalter Wind blies noch immer feindselig von
den düstern, neblichten Höhen herab; die dadurch bey
uns verursachte Verkältung hatte einige Tage unangenehme
Folgen für uns; auch mußten wir jetzt früher, als sonst
geschehen wäre, uns nach einer Nachtherberge umsehen.
Beym Eingang in den Ort, wo wir über Nacht blieben,
fanden wir aufs neue deutsche Soldaten. In unserm
Wirthshause fanden wir ein sehr schönes, 18jähriges
Mädchen mit einem spanischen Haarnetze, das ihr ungemein
gut stand. Herr H. machte eine Zeichnung von diesem
Kopfputze. Am folgenden Tage (Sonntag den 5ten Jul.)
war der Morgen, wegen fortdauernder, kalter Winde, sehr
unangenehm; doch das war eine Kleinigkeit gegen den

entſetzlich mühſeligen Weg, den wir über einen hohen,
höchſt waſſerreichen, ganz mit Millionen lockern Steinen
bedeckten, faſt ganz pfadloſen Berg zu machen hatten, und
auf dem wir uns 3 — 4 Stunden mit dem ermüdend-
ſten Auf- und Abſteigen, und häufigen Sprüngen von einem
Steine zum andern, in einer öden, hohen Felſenwüſte,
martern mußten.

Den Berg hinauf gieng unſer Weg über eine tiefe
Lage beweglicher Steine, in denen wir, wie in tiefem
Schnee, oder im Moraſte, waten mußten; auf dieſem
entſetzlichen Wege wollten mir endlich die Knie faſt brechen
und das Herz im Leibe zerſpringen; alle Kräfte verließen
mich oft auf einmal, und mehr als einmal fühlte ich mich
einer Ohnmacht nahe; auch unſer arme Eſel konnte ſich
faſt nimmer durcharbeiten, und ich war oft beſorgt, er
möchte hier ſeine dünnen Beine zerbrechen. Weiter oben,
und beym Herabſteigen auf der andern Seite des Berges
fanden wir überall Waſſer und Moraſt; wer einen falſchen
Sprung that, dem ſprützte Waſſer und Schlamm an den
Kleidern hinauf und in's Geſicht. So ein ſchrecklicher Weg
war mir in meinem ganzen Leben, auf meinen vielen Fußrei-
ſen noch nicht vorgekommen.

Wir kamen endlich gegen Mittag in das jenſeitige Thal
hinab nach dem armſeligen Dorfe Carolet, wo wir im
Wirthshauſe elende Nahrungsmittel und einen erbärmlichen
Wein fanden; erſchöpft bis zum Umſinken ſaßen wir nun
da vor unſerm kläglichen Mittageſſen und ſauern Weine,
und machten beyde, da heute das Schickſal ſo übel mit
uns verfuhr, barmherzige Geſichter; und doch mußte ich,
mitten im tiefſten Gefühl unſers Jammers, faſt laut auf-
lachen, da ich die ganz neue, comiſche Art, und das
erſtaunliche Wohlbehagen bemerkte, womit die Bauern in

der Stube ihren abscheulichen Krätzer tranken. Jeder hatte nämlich eine kegelförmige, unten sehr breite Bouteille vor sich stehen, an der unten ein etwas auswärts sich beugendes Röhrchen angebracht war; wollte nun einer trinken, so faßte er die Bouteille beym Halse, senkte den Kopf rückwärts so weit er konnte, wie wenn ihm der Barbierer den Bart unter dem Kinne bearbeiten wollte, und ließ nun aus der etwas vom Gesichte entfernten Bouteille den sauern, rothen Wein durch das Röhrchen in einem Bogen, der die Breite eines Strohhalmes hatte, in den karpfenartig aufgesperrten Mund strömen.

Der Fahrweg von diesem Dorfe aus durch das ebene Thal hin, war noch weit hin voll Wasser und zahloser, beweglicher Steine, und also unendlich beschwerlich für uns. Bey diesem Dorfe, und weiter hin erschienen die Bergabhänge wieder ziemlich gut angepflanzt, und gewährten oft recht malerische Anblicke. Mit Vergnügen bemerkten wir oft bey Rückblicke die Schneeberge der Gegend von Mont Louis, die aufs angenehmste, nebst andern kahlen Felsengebirgen mit unserm grünen Thale contrastirten, und freueten uns herzlich, jene kalten, unholden Schneewege im Rücken zu haben. Gegen Abend kamen wir durch das Dorf Mellin, das noch nicht lange von den Spaniern gänzlich verbrannt worden war. Der Anblick der schwarzen Ruinen von 40 — 50 Häusern war grauenvoll; die Berge umher waren dagegen überall aufs schönste angepflanzt. Etwa 1½ Stunde vom Städtchen Ax, wo wir zu übernachten beschlossen hatten, sahen wir nach langer Zeit auch wieder einmal einen schönen Tannenwald ganz nahe über dem Gebirge ausgebreitet, an dessen Fuße wir hinzogen.

Etwa eine Stunde vor Ax machten wir Bekanntschaft mit einem sehr artigen Gendarmen; er war ein Lothringer

und sprach deutsch mit uns. Nachdem wir eine Weile mit
ihm geplaudert hatten, stieg er von seinem schön geschmückten
Pferde herab, und bot mir, der ich bisher neben ihm
hergegangen war, auf die höflichste, gutmüthigste Art von
der Welt, dasselbe zum Reiten an; ich suchte dieß auf
die glimpflichste Weise abzulehnen, allein er wollte nichts
von meinen Einwendungen wissen, ich mußte durchaus auf-
sitzen, und er ließ mich nicht eher wieder absteigen, als
bis wir das Städtchen erreicht hatten. Ich lud unsern
braven Landsmann dringend ein, den Abend bey uns in dem
Gasthause zuzubringen, das er uns recommandirt hatte;

blühendsten, jungen Männer war, die ich noch gesehen
hatte, schien zu besorgen, ich wollte ihm seine Gefälligkeit
vergelten, kam erst den folgenden Morgen, kurz vor unserer
Abreise, um Abschied von uns zu nehmen, und wies höflich
alles ab, was ich ihm zum Frühstücke anbot. Mit größtem
Vergnügen erinnere ich mich immer an diesen, höchst gutmüthigen, liebenswürdigen, jungen Mann.

Ax ist ein recht artiges, luftiges Städtchen; es hat
ein heiteres Ansehen, warme Quellen, schöne Badhäuser,
eine hübsche Lindenallee in der Nähe derselben, und artige
Spaziergänge, gleich oben am schönen, baumreichen, und
mit schönen Grasplätzen geschmückten Bergabhange, wo
man die angenehmste Aussicht nach dem kleinen, romantischen Thale hat, in welchem es liegt, so wie nach dem
malerischen, reizenden Bergamphitheater, von dem es
eingeschlossen ist. Eine sehr schöne Landstraße führt von
hier nach Toulouse. An der Straße sprudelt hier eine
heiße Quelle aus der Erde; man bedient sich ihrer zum

Waschen *). Die Straße, die von hier nach Tarascon geht, ist sehr schön; von Ax aus sind die Berge wieder gut angebauet; überall auf den Höhen und in den Tiefen erblickten wir einen Ueberfluß von reifem Getreide; in den kalten Thälern, durch die wir seit einigen Tagen gekommen waren, war das Getreide noch weit zurück.

Wir fanden jetzt die Berge wieder schön grün bis zu den Gipfeln; auch schöne Weideplätze kamen hie und da zum Vorschein; mit unzähligen Pappeln waren die Thäler und Höhen übersäet, und schmückten die Landschaft ungemein; wir sahen wieder Felder mit Hanf, mit Kartoffeln, mit türkischem Korn; überall war man in dieser schönen, fruchtbaren Landschaft mit Heuen und Erndten beschäftigt. Von den bisherigen rothen Mützen, Gürteln, und den hänfenen Sandalen der Mannspersonen, sahen wir jetzt nichts mehr, so wenig als von den weißen Kopftüchern der Weiber; diese trugen in dieser Gegend Kappen mit weißen Spitzen und farbigem Boden. Ein herrliches, breites Thal, mit der üppigsten Vegetation, breitete sich vor uns aus; wir sahen eine Menge Dörfer mit Schieferdächern, und zierliche Häuser mit Glasfenstern.

Zum erstenmal auf unserer ganzen Reise erblickten wir jetzt auch einen schönen Obstgarten mit Aepfel- und Birnbäumen; das herrliche Thal war voll der schönsten Bäume;

---

*) „Die mineralischen Quellen dieses Städtchens werden von Jahr zu Jahr mehr von Fremden besucht. Diese Waffer dienen auch dazu, die Wolle zu waschen, die von Spanien transportirt wird. Das Städtchen, das sehr höfliche Einwohner hat, liegt in einem Baffin, das die Arriege bewäffert, im Departement der Arriege, hat etwa 4000 Einwohner; seine stark besuchten Bäder werden besonders in rheumatischen Zufällen gerühmt. Das Waffer der Quelle Roffignol ist so heiß, daß man Schweine und Geflügel darin brühen kann."

besonders liefen auch an der Straße die prächtigsten Bäume
hin. Beym artigen Dörfchen Cabanjos (Carbano?),
durch das uns der Weg führte, fanden wir unter einer
großen, schattigen Linde eine lustige Tanzgesellschaft; beym
Stamme der Linde standen 2 Clarinetisten, und bließen die
schönsten, erwecklichsten Tanzmelodien; im weiten Cirkel um
sie her bewegte sich die Tanzgesellschaft; wir ergötzten uns
herzlich und eine gute Weile an den artigen, unterhaltenden
Tänzen dieser Landleute, und an der Leichtigkeit und Grazie, die sie an allen ihren Bewegungen zeigten. Die nämliche, modeste und zierliche Art zu tanzen fanden wir in der
Folge wieder in der Nähe von Marseille bey einer ländlichen
Tanzgesellschaft. Wie weit stehen doch die plumpen, ge-
schmacklosen, lermenden Tänze unsrer meisten deutschen
Bauern, diesen französischen, ländlichen Tänzen nach!

Die Gegend von Cabanjos ist allerliebst; in der
Nähe glänzten einige andere Dörfer zwischen Bäumen hervor. Dieses Thal ist wie das von Ax auf allen Seiten mit
meistens angepflanzten, hohen, majestätischen Bergen umgeben; seitwärts, auf der Höhe, erblickt man ein altes
Schloß mit einigen Gebäuden; 4 Thäler öffnen sich in dieses
schöne, größere Thal; auch hier erscheinen zahllose Pappelreihen in der Tiefe, und bis weit an den Bergabhängen
hinauf. In der Nähe von Tarascon sahen wir, hoch
an den Felsenbergen, rechts und links, eine Menge Oeffnungen von Höhlen, von denen, wie man uns sagte, viele
sich ungemein weit in das Innere der Felsen ziehen.

Jetzt erblickten wir, da die Sonne schon untergegangen
war, auf unserer hohen Felsenstraße, rechts unten im
Thale, die Stadt Tarascon am Fuße eines hohen Berges, und am Ufer der breit, still und glänzend dahin

strömenden Arriege *), die hier von den schönsten Baumreihen umschattet war. Dieß fruchtbare Thal gewährt, mit
seinem anmuthigen Strome, und der Stadt, an der er mit
seinen schönen Ufergebüschen und Bäumen vorüber zieht,
nebst den majestätischen, hohen Bergen umher, einen prächtigen
Anblick. Hinter Tarascon bedeckt die schönste Vegetation den
hohen Berg, an dessen Fuße es liegt; sie steigt bis zu
seinem Gipfel empor. Ein ähnliches, schönes, grünes Gebirg zieht sich auf der Seite desselben hin, und dann tritt
kühn, bis in die Mitte des Thales, ein vereinzelter, düsterer
Felsenberg, mit seinem schmalen Kamme, gegen Tarascon
hervor. Im angenehmsten Contraste erschienen die gelben
Getreidefelder mit den neben ihnen sich malerisch hinziehenden Schlangenlinien der schönen, dunkeln Bäume des Flusses; noch angenehmer war der Contrast der dämmernden Landschaft, und besonders der düstern Gebirge mit den über ihnen sich hinziehenden, reizenden, blaßrothen Wolkenstreifen;
auch glänzten noch hinter uns, aus weiter, südlicher Himmelsferne, vergoldete Häupter des Hochgebirges entzückend

---

*) „Die Arriege entspringt in der Grafschaft Foix, fließt bey
Ax, Tarascon, Foix, Pamiers vorbey, wird bey Hanterive in Languedoc
schiffbar, und fällt oberhalb Toulouse in die Garonne; sie ist fischreich,
und führt Goldkörner bey sich, doch nicht schon bey der Quelle, und im
Anfang ihres Laufes; diese Körner werden also nicht aus den Pyrenäen
herab geschwemmt, sondern weiter unten in ihrem Laufe von dem Wasser
aus der Erde gewaschen. Die Goldwäscher haben hölzerne Teller, die gegen
den Rand flach sind, in der Mitte aber eine Vertiefung haben. Diese Teller
füllen sie mit Sand, und bewegen sie unter dem Wasser, bis der leichteste
Sand weggeschwemmt ist; dann untersuchen sie, ob Goldkörnchen da sind,
oder nicht. Das nach der Arriege benannte Departement ist ein Landstrich
in der Region der Garonne, zu dem ein kleiner Theil von Languedoc die
ganze Grafschaft Foix und das Landchen Conserans gehört; es ist in die
Distrikte von Tarascon, St. Girons und Mirevoix getheilt."

in unfer Schattenthal herab, in welchem der Gesang der
Nachtigallen von allen Seiten her ertönte.

* * *

„Tarascon liegt am rechten Ufer der Arriege;
ehe man dahin kommt, läßt man gegen Norden die Bäder
von Ussat, wo man die Gebäude vermehrt, um die
häufiger sich einstellenden Fremden zu beherbergen. Eine
Grotte, die man auf der Südseite, mitten auf den Gebirgen
findet, verdient besucht zu werden. Die Schwierigkeiten,
die man auf dem Wege dahin überwinden muß, werden
reichlich vergolten durch die Schönheit der Stalaktiten, die
sie enthält, und die Mannigfaltigkeit ihrer Abtheilungen.
Ehe man Tarascon verläßt, verfolge man den Strom von
Vic Dessos aufwärts, und besuche die berühmten Berge
von Rancie. Auf der Ostseite von Tarascon findet man
das Thal von Saurat, dessen Aussichten und Pflanzungen eben so mannigfaltig, als die Einwohner arbeitsam
sind. Die Fremden verlassen den engen Aufenthalt von
Ussat nicht, ohne die Grotte von Bedrillac besucht
zu haben, die sich am Eingange dieses Thales befindet,
und die durch ihre ungeheuern Proportionen merkwürdig ist;
sie ist das schönste Werk der Natur von dieser Art, das
man in den Pyrenäen findet.

Das alte Schloß auf der Westseite des Fleckens
Saurat ist merkwürdig durch seine glückliche Lage; die
Natur hat alle Reize verschwendet, um es zu einem bezaubernden Aufenthalte zu machen; ungern verläßt man es,
um die schönen Gebirge von Barguilliere, die mit
reichen Weideplätzen, und großen Wäldern bedeckt sind, zu
besteigen. Obgleich die Zugänge dahin leicht, und die Formen derselben rund sind, so stellen sie doch Gipfel dar, auf
denen man mehrere fruchtbare Thäler entdeckt, deren

Verkettung den angenehmsten Anblick gewährt. Aus dem
Thale von Saurat kommt man über den Col de Port
in's Thal von Massat; hier sieht man die größten
Wälder der Pyrenäen.

Eines der 4 Thäler, die man nun vor sich sieht, und
das gegen Südost lauft, lehnt sich an den Berg Vallier
an; seine Spitze ist weniger im Rufe, als die des Pic
du Midi de Bigorre; er ist auch wirklich 60 Toisen niedriger, und hat eine Höhe von 1440 Toisen; aber sein
Platz ist ehrenvoller, da er einen Theil des Kammes der Pyrenäen ausmacht; auch ist er von hundert Bergen umringt,
die immer höher werden; er scheint ihnen zu gebieten, und
die Spitze einer ungeheuern, aus Bergen zusammen gesezten
Pyramide zu seyn. Jene 4 Thäler haben ihre Ströme; sie
vereinigen sich zu einem einzigen, den man Sallat nennt,
und der bey St. Girons und St. Lizier vorbey
strömt. Dieser Strom führt, wie die Arriege, und mehrere, die in sie fließen, Goldblättchen, welche von den Gold-
wäschern gesammelt werden.

Zwey Myriameter von St. Girons liegt gegen Norden
St. Croix, wo man Versteinerungen findet. Entfernt man
sich von hier gegen Ost-Nord-Ost, und passirt man Ca-
marades, in dessen Gebiet man eine Salzwasserquelle
findet, die gegen allerley Krankheiten gebraucht wird, so
kommt man bald nach Masdazil, einer kleinen Stadt;
hier zeigt eine ungeheure Zahl Fledermäuse den Ort an,
wo der Strom Arise die Oberfläche der Erde verläßt,
und sich in ein fast horizontales Bett, in einem langen Gewölbe verliert, das die Natur in den Schooß der Berge
grub. Man verläßt das Land Conserans nicht, ohne
die schönen Thäler von Moulis und Vallelongue
zu durchwandern; die in dem Dorfe Engoumer

neuerbaueten Erzhütten, können schon allein den Reisenden
veranlassen, seinen Weg in die Landschaft Comminges
zu nehmen, wenn auch schon die genannten, schönen Thäler nicht eben so interessant durch ihre zahlreiche Bevölkerung, als durch die Schönheit ihrer Ansichten, und die
Mannigfaltigkeit ihrer Pflanzungen wären. Man fürchte den
Gebirgweg nicht; eine weise Regierung wußte tausend Hin-
dernisse zu besiegen, um den Reisenden Wege zu verschaffen, die eben so bequem sind, als die Straßen der meisten
Ebenen."

Lange ergötzte ich mich am nächsten Morgen, als wir
Tarascon verließen, an den von der Morgensonne schön be-
leuchteten, ungeheuer hohen, unter mannigfaltigen Formen
in's Thal hervortretenden Felsenmassen, deren einige ganz,
andere nur halb mit schönen Pflanzungen bedeckt, und wieder andere vom Fuße bis zum Gipfel ganz nackend waren.
Es war eine wilde Felsennatur, durch die wir jetzt noch eine
Zeitlang wanderten. Aber bald kamen wir nachher aus
einem schönen, fruchtbaren Thale in das andere, und immer
waren die Berge auf beyden Seiten weit hinauf angepflanzt;
auch kamen wir durch mehrere Dörfer, ehe wir Foix erreichten. Nicht weit von diesem Städtchen sahen wir wieder
ganz in unsrer Nähe Reben, die sich um junge Bäumchen
in die Höhe schlangen, und in langen Linien sich durch Felder zogen, die mit Welschkorn, Bohnen ꝛc. bepflanzt waren.
Die Bäumchen waren, wie gewöhnlich, 8 — 10' hoch;
von einer Krone zur andern waren lange Stecken oder
Stricke von wilden Reben gezogen, um die Ranken daran
hinzuleiten; die Bäumchen standen 6 — 7 Schritte von
einander.

Wir erblickten endlich Foix am Ende eines weiten und
fruchtbaren Thales, und am Fuße eines hohen Felsenberges;

es hat keine so zahlreichen und wild empor starrenden
Felsen um sich her, wie Tarascon; schöne Wiesen, und
zahllose Bäume schmückten das weite, heitere Thal; die
Berge in der Nähe sind alle, bis zur höchsten Spitze, wenige kleine Plätze ausgenommen, mit allerley Pflanzungen,
Bäumen und Gebüschen überdeckt. Tief unter uns rauschte
die Arriege hin, deren Lauf bisher bey Tarascon und noch
weiter hin so stille war. Unterhalb Foix verloren wir das
Hochgebirg der Pyrenäen nach und nach ganz aus dem Gesichte. Vorberge verdeckten sie uns, und traten an ihre
Stelle. An diesen Vorbergen liefen zahllose, liebliche Hügel hin, ein anmuthiges Thal voll schöner Wiesen, Getreidefelder und Bäume, welche zahllose Gruppen und Wäldchen
bildeten, folgte an ihrer Seite auf das andere. Könnte
man durch Zauberkünste diese reizenden Thäler mit einer
stillen Saone schmücken, ihre Ufer mit anmuthigen Dörfern
und Städtchen beleben, und ihre Hügel mit Lyoner-Land-
häusern krönen, so fehlte ihnen nichts mehr, um kleine
Paradiese zu seyn. Gesangvögel ohne Zahl ergötzten uns in
diesen schönen Thälern, aber eine tiefe, drückende Einsamkeit herrschte in denselben; fast nirgends sahen wir eine
Spur von einem Dorfe; wo doch nur, muß ich abermals
ausrufen, die zahlreichen Hände stecken mochten, von denen
die Tausende von Feldern, Wiesen, Rebenpflanzungen, so
fleißig bearbeitet und besorgt wurden!

* * *

„ Die Stadt Foix hat etwa 3200 Einwohner, liegt am
linken Ufer der Arriege, über welche eine schöne, steinerne
Brücke geht, war sonst die Hauptstadt der vormaligen Graf-
schaft Foix, und ist jetzt die Hauptstadt des Departements der
Arriege, und der Sitz des Gerichtshofes des Distrikts von
Tarascon. Die Stadt ist weder schön, noch groß, noch gut

gelegen. Das alte Schloß steht neben der Stadt auf einem Felsen, und wird von zwey höhern Bergen bestrichen. Philipp der Kühne belagerte es im J. 1272, um den Grafen von Foir, der sich darin zurück gezogen hatte, wegen einer Schandthat zu bestrafen. Es setzten sich ihm viele Schwierigkeiten entgegen; da er aber Arbeiter zusammen brachte, die den Felsen durchschneiden sollten, so erschreckte dieß den Grafen so sehr, daß er sich auf Gnade und Ungnade ergab. In den Religionskriegen wurde dieß Schloß von den Hugenotten ausgeplündert. Anfangs stand hier das Schloß allein, dann kam die Abtey und endlich auch die Stadt hinzu.

Die vormalige Grafschaft Foir liegt zwischen Languedoc, den Landschaften Sault, Donnezan, Capsir, Comminges, Conserans und den Pyrenäen; sie ist 16 fr. M. lang, und 8 breit; ihr Flächeninhalt beträgt etwa 36 geog. Q. M.; das Klima derselben ist in ebenen und tiefer liegenden Gegenden gemäßigt und angenehm, in den Gebirgsgegenden aber rauh und kalt. Das ganze Land ist überhaupt sehr bergig, doch auch wohl bewässert. Die Arriege ist sein Hauptfluß. Der Theil des Landes, der südlich von der Stadt Foir liegt, heißt Ober-Foir; der nördlich liegende, Unter-Foir. Ober-Foir begreift einen Theil der Pyrenäen, und ist sehr bergig und rauh, hat, statt Getreide, Wein zc. Weiden, Holz, das aber nur zum Verbrennen taugt, Eisen und Asbest, woraus man Bänder, Schnüre, und andere Kleinigkeiten macht. Unter-Foir hat Getreide, Wein, Baumfrüchte, doch nichts im Ueberflusse.

Das wichtigste Produkt des Landes ist das Eisen, das hier in eben so großen Klumpen gefunden wird, als in den Nordländern; überhaupt ist der Vorrath von Eisen, der hier im Schooße der Gebirge liegt, ganz unbeschreiblich

groß.   Gegen 300 Bergleute fördern jährlich 40 bis 50,000
Centner Eiſen zu Tage, und die Eiſengrube zu Sem, im Thale
Vic-Deſſos iſt ſo ergiebig, daß ſie allein 50 Schmelzen
beſchäftigt.   Dennoch nimmt das Eiſen nicht ab; aber deſto
mehr nimmt hier,   durch den ungeheuern Verbrauch,   das
Holz ab,   da die Wälder gar nicht nach Regeln behandelt
werden.   Man hat deswegen angefangen, nach Steinkohlen
zu graben.   Das Eiſen dieſes Landes iſt von dreyerley
Sorten, weiches, hartes, ſtahlartiges; jede Sorte iſt vortrefflich.   In ganz Foix findet man hin und wieder mineraliſche Quellen; die bekannteſten ſind die von Acqs
und Pamiers.   Die Flüſſe geben ſehr ſchmackhafte Forellen und einige andere Fiſcharten.   Die Viehzucht iſt von
Wichtigkeit.   Außer dem Eiſen und dem Vieh führt Foix
auch aus: Harz,   Pech,   Pantoffelholz, Marmor und Ja-
ſpis.   Die Einwohner ſind gute, arbeitſame, aber ſehr un-
wiſſende, abergläubiſche Leute,   die überhaupt viele Aehnlichkeit mit ihren Nachbarn, den Spaniern haben.   Dieſe
Landſchaft mag ungefähr 70,000 Einwohner haben.   Von
den Römern kam Foix an die Gothen, von dieſen an die
Franken.   Einige Zeit beſaßen es die Herzoge von Aquitanien, welche die Saracenen herbey riefen, die Carl der
Große wieder verjagte, der es nun mit der Krone vereinigte.
Bald hernach ſtand das Land unter den Grafen von Toulouſe,
und ſpäter unter den Grafen von Carcaſſonne.   Durch
Heirath kam Foix in Verbindung mit Bearn; beyde Länder
vereinigte Heinrich IV. mit der Krone."

Lightning Source UK Ltd.
Milton Keynes UK
UKHW021238020219
336575UK00013B/630/P